普通高等学校土木工程专业创新系列规划教材

桥梁工程

主　编　马光述　李　莹
副主编　张延吉　王兴蕊
　　　　逄立伟　包会云

WUHAN UNIVERSITY PRESS
武汉大学出版社

图书在版编目(CIP)数据

桥梁工程/马光述,李莹主编．—武汉:武汉大学出版社,2018.11
普通高等学校土木工程专业创新系列规划教材
ISBN 978-7-307-19993-4

Ⅰ.桥…　Ⅱ.①马…　②李…　Ⅲ. 桥梁工程—高等学校—教材
Ⅳ.U44

中国版本图书馆 CIP 数据核字(2018)第 019108 号

责任编辑:孙　丽　杨赛君　　　责任校对:路亚妮　　　装帧设计:吴　极

出版发行:**武汉大学出版社**　(430072　武昌　珞珈山)
　　(电子邮件:whu_publish@163.com　网址:www.stmpress.cn)
印刷:北京虎彩文化传播有限公司
开本:850×1168　1/16　印张:23　字数:627 千字
版次:2018 年 11 月第 1 版　　2018 年 11 月第 1 次印刷
ISBN 978-7-307-19993-4　　定价:62.00 元

特别提示

教学实践表明，有效地利用数字化教学资源，对于学生学习能力以及问题意识的培养乃至怀疑精神的塑造具有重要意义。

通过对数字化教学资源的选取与利用，学生的学习从以教师主讲的单向指导模式转变为建设性、发现性的学习，从被动学习转变为主动学习，由教师传播知识到学生自己重新创造知识。这无疑是锻炼和提高学生的信息素养的大好机会，也是检验其学习能力、学习收获的最佳方式和途径之一。

本系列教材在相关编写人员的配合下，逐步配备基本数字教学资源，主要内容包括：

文本：课程重难点、思考题与习题参考答案、知识拓展等。

图片：课程教学外观图、原理图、设计图等。

视频：课程讲述对象展示视频、模拟动画，课程实验视频，工程实例视频等。

音频：课程讲述对象解说音频、录音材料等。

数字资源获取方法：

① 打开微信，点击“扫一扫”。

② 将扫描框对准书中所附的二维码。

③ 扫描完毕，即可查看文件。

更多数字教学资源共享、图书购买及读者互动敬请关注“开动传媒”微信公众号！

前　言

桥梁工程是土木工程专业的一门专业课。本书以我国交通运输部最新颁布的技术标准和技术规范为依据，系统地介绍了桥梁的基本概念，桥涵工程的发展、分类组成以及规划设计程序等；阐述了钢筋混凝土和预应力混凝土简支梁桥、圬工和钢筋混凝土拱桥、斜拉桥与悬索桥、桥梁墩台的主要结构、设计和施工方法。

全书共5篇21章，第1篇总论，介绍了桥梁的基本组成和分类，以及国内外桥梁发展动态；桥梁总体规划设计的原则、方法和程序；桥梁设计荷载、桥梁材料及桥面系的布置与构造。

第2篇钢筋混凝土和预应力混凝土简支梁桥，主要阐述钢筋混凝土和预应力混凝土简支梁桥的一般特点、主要特点及适用情况，桥面构造，板桥、简支梁桥及连续梁桥的构造原理、设计与计算及施工方法，梁式桥的支座；简要介绍了悬臂梁桥、连续体系梁桥的构造与设计。

第3篇圬工和钢筋混凝土拱桥，着重介绍了拱桥的特点、组成和主要类型，拱桥的构造原理、计算及施工方法。

第4篇斜拉桥与悬索桥，主要阐述了斜拉桥与悬索桥的构造原理及施工方法，并简要介绍了悬索桥的设计。

第5篇桥梁墩台，介绍了常用墩台的构造及设计与计算。

本书由北华大学马光述、长春工程学院李莹担任主编，白城师范学院张延吉、青岛理工大学王兴蕊、长春建筑学院逄立伟、宁夏理工学院包会云担任副主编。具体编写分工为：第1篇（第1～3章）、第2篇（第1章、第4章的4.1～4.4节）、第3篇（第3章）、第4篇（第2章的2.1、2.2节）由马光述编写，第2篇（第2章，第3章，第4章的4.5、4.6节，第6章）、第3篇（第1章）由李莹编写，第1篇（第4章、第5章）由张延吉、李莹编写，第3篇（第4章）由王兴蕊编写，第2篇（第5章）、第4篇（第2章的2.3节）、第5篇由逄立伟编写，第3篇（第2章）、第4篇（第1章）由包会云编写。

由于编者水平有限，书中难免有不妥和错误之处，敬请读者批评、指正。

编　者

2018年4月

目　　录

第1篇　总论

第2篇 钢筋混凝土和预应力混凝土简支梁桥

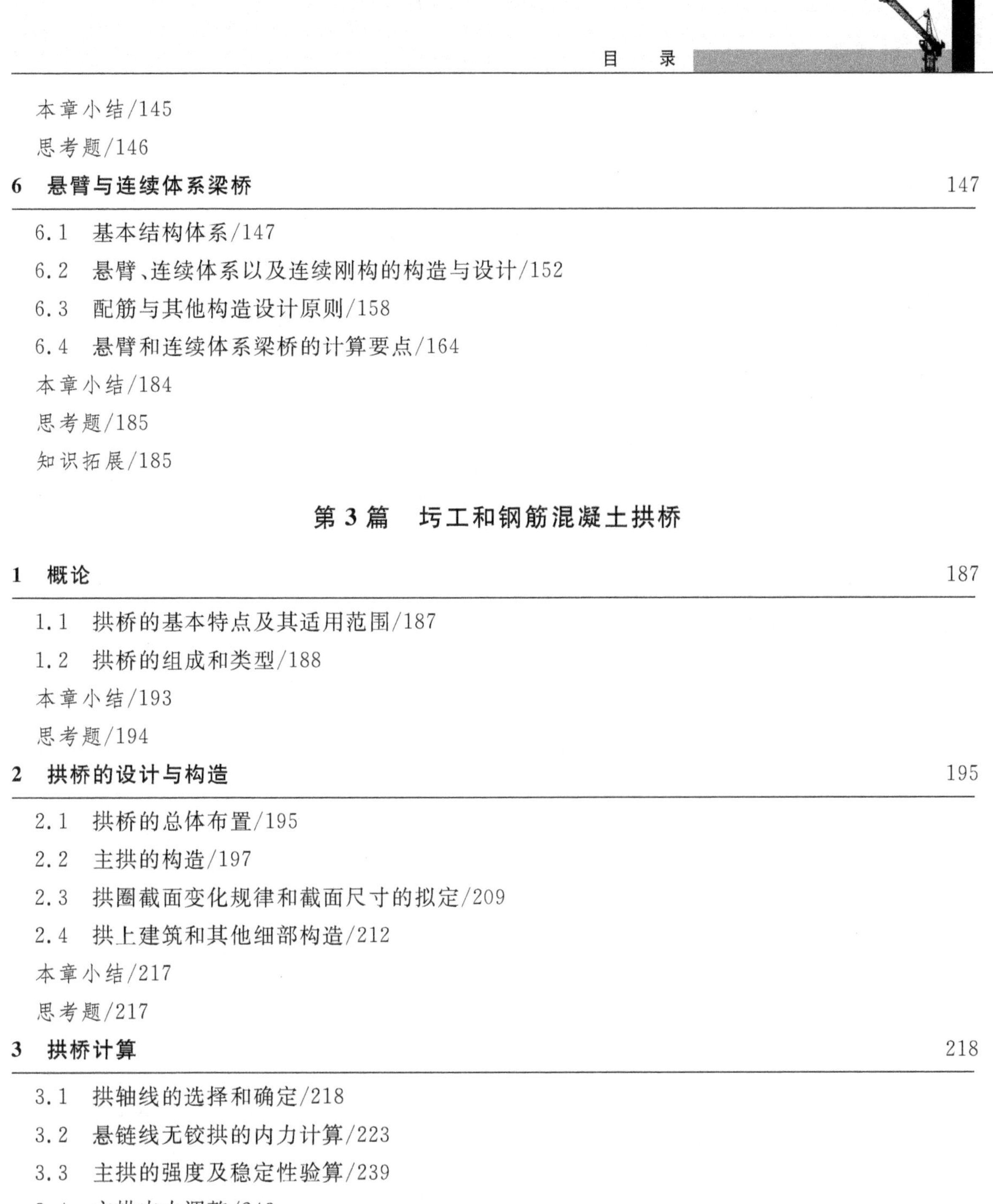

第3篇 圬工和钢筋混凝土拱桥

第4篇　斜拉桥与悬索桥

第5篇　桥梁墩台

数字资源目录

第 1 篇

总　　论

1 概　　论

1.1　桥梁工程的地位和作用

桥梁是由于道路路线通过江河湖泊、山谷深沟以及其他线路（公路或铁路）等障碍时，为了保证道路的连续性，充分发挥其正常的运输能力而修建的结构物，因此可以说桥梁是跨越障碍物的结构。桥梁是路线的“延续”，主要起着跨越、承载、传力的作用。桥梁工程在学科分类上是土木工程中的一个分支，它是交通工程中的关键性枢纽。桥梁及桥梁工程的发展反映了社会发展对交通的需求，是交通发展的重要方面之一，它从一定程度上折射出人类社会进步和科学技术发展的程度。

1.2　古代桥梁简述

闽南泉州洛阳桥视频

我国是一个有着五千年文字记载历史的伟大国家。我国幅员辽阔，地形东南低而西北高，河道纵横交错，著名的长江、黄河和珠江等流域孕育了中华民族，创造了灿烂的华夏文化。在历史的长河中，我国人民建造了数以千万计的桥梁，成为华夏文化的重要组成部分。中国古代桥梁的辉煌成就举世瞩目，在东西方桥梁发展史中，占有重要的地位，为世人所公认。

原始时期人们利用天然倒下的树木、自然地壳变化侵蚀而形成的石梁或石拱、溪涧冲流而下的石块或森林里攀缘的藤萝等来搭架人工桥梁，随之出现了原始的建桥技术。可以说人类最早开始构思搭架的桥梁，采用的建筑材料是天然的石块（石板）和树木。

随着社会的进步和科学技术的发展，出现了比石块抗压强度高的铸铁材料，人们因此又建造了铸铁拱桥。从力学特性来看，石头和铸铁都是脆性材料，其抗压能力强而抗拉能力差，如果做成拱桥并采用合理的拱轴线方程，使荷载作用下的压力线与拱轴线重合，则拱桥的任意一个横截面上受到的都是轴向压力，不产生弯矩，横截面上每一点就只会产生压应力而不产生拉应力。但如果用这些脆性材料做成梁桥或板桥，桥梁的横截面上就会产生拉应力，当工作时的拉应力达到其极限强度时就会产生脆性断裂破坏，因而用石头或铸铁等材料建成的梁桥或板桥，其跨径不能太大，也不可能承受较大的荷载。随着科学技术的进一步发展，人们发明了具有比铸铁抗拉强度高得多的钢材。而当新的建筑材料钢出现后，它完全替代了铸铁成为桥梁建筑的主导材料。钢桥的产生以及随后钢筋混凝土桥、预应力混凝土桥的出现，使桥梁建设有了一个新的飞跃。

宋代建造了为数众多的石墩、石梁桥。两百多年间，仅泉州一地，见于古籍的桥梁就有 110 座，其中名桥 10 座。例如洛阳桥（图 1-1-1），原名万安桥，位于

福建省泉州东郊的洛阳江上，是我国现存最早的跨海梁式大石桥。宋代泉州太守蔡襄主持建桥工程，从北宋皇祐四年(1052 年)至嘉祐四年(1059 年)，前后历时 7 年之久，耗银一千四百万两，建成了这座跨江接海的大石桥。桥全为花岗岩石砌筑，初建时桥长 360 丈，宽 1.5 丈，武士造像分立两旁。造桥工程规模巨大，工艺技术高超，名震四海。建桥九百余年以来，先后修复 17 次。现桥长731.29m、宽 4.5m、高 7.3m，有 44 座船形桥墩、645 个扶栏、104 只石狮、1 座石亭、7 座石塔。桥之中亭附近历代碑刻林立，有“万古安澜”等宋代摩崖石刻；桥北有昭惠庙、真身庵遗址；桥南有蔡襄祠，著名的蔡襄《万安桥记》宋碑立于祠内，被誉为书法、记文、雕刻“三绝”。洛阳桥是世界桥梁筏形基础的开端，为全国重点文物保护单位。

中国石拱桥因南北河道性质及陆上运输工具不同，所以构造也不同。北方大多为平桥(或平坡桥)，实腹、厚墩、厚拱，南方水网地区则为驼峰式薄墩、薄拱。北京宛平卢沟桥(图 1-1-2)，在北京广安门外 15km 处，跨永定河。桥始建于金大定二十八年(1188 年)，完工于金明昌三年(1192 年)。桥全长 212.2m，共 11 孔，净跨 11.4～13.45m 不等，桥宽 9.3m，墩宽 6.5～7.9m 不等。拱圈接近半圆形，桥墩迎水面有尖端，镶有三角铁柱的分水尖，背水面为削角方形。桥面上石栏杆共 269 间，各望柱头上雕刻有石狮。金代原物简单统一，后历朝改换，制作精良，石狮形态各异，且有诸多小狮，怀抱背负，足抚口啣，趣味横生。桥上及华表柱上的石狮子，已成为鉴赏重点，也是统一变化的美学原则的具体应用。

图 1-1-1 洛阳桥

图 1-1-2 北京宛平卢沟桥

1.3 我国近代桥梁建筑的成就

《中国桥梁》

中华人民共和国成立以后，特别是改革开放以来，我国社会主义现代化建设和各项事业取得了世人瞩目的成就，交通事业的大发展和西部大开发为桥梁建设带来了良好的机遇。我国大跨径桥梁的建设进入了一个辉煌时期，在中华大地上建设了一大批结构新颖、技术复杂、设计和施工技术难度大、现代化品位和科技含量高的大跨径斜拉桥、悬索桥、拱桥、连续刚构桥，并积累了丰富的桥梁设计和施工经验，标志着我国桥梁建设水平已跻身世界先进行列。

于 1957 年建成通车的武汉长江大桥(图 1-1-3)，位于湖北省武汉市龟山和蛇山之间，是中国跨越长江的第一座大桥。正桥为公路、铁路两用的双层钢桁梁桥，上层为公路桥，车行道宽 18m，人行道每侧各宽 2.25m；下层为双线铁路桥。正桥由 3 联（3 孔为一联）9 孔跨度各为 128m 的连续梁组成，共长 1155.5m，连同公路引桥总长 1670.4m。钢桁梁采用菱形腹杆，H 形截面，3 号桥梁钢，伸臂安装，未设临时墩，安装时间仅为 10 个月。下部结构首次采用新型管柱基础，管柱直径 1.55m，采用振动打桩机下沉，管柱钻孔深度 2～7m，每桩承载力 1910kN；采用导管法水下混凝土封底，其中一种混凝土封底在覆盖层内，另一种封底在岩盘上。管柱基础施工仅用了一年，这种基础的建成，为特大桥梁的深水基础创造了一种有效的新形式。

武汉长江大桥视频

于 1980 年 7 月 1 日建成通车的重庆长江大桥（图 1-1-4）位于重庆市，是一座预应力混凝土 T 形刚构桥。正桥全长 1120m，分跨为 86.5m＋4×138m＋156m＋174m＋104.5m。最大跨度 174m，悬臂端梁高 3.2m，根部高 11m，吊梁跨度 35m，桥宽 21m。上部结构由两个单室箱梁组成，较三肋式节省材料，施工方便；采用三向预应力，悬臂浇筑法施工，3d 强度要求达到 R30；在国内首次采用带有加劲型钢和氯丁橡胶管的预应力弹性伸缩缝，伸缩量可达 0.2m。桥墩采用等截面空心钢筋混凝土结构，桥墩竖壁与箱梁肋板对应设置，自基础襟边至桥面高 60～70m，采用滑动模板施工，每昼夜可升高 2.8～4.0m。

港珠澳大桥施工动画

图 1-1-3　武汉长江大桥

图 1-1-4　重庆长江大桥

跨海大桥施工动画

于 2005 年 1 月 8 日建成通车的巫山长江大桥（图 1-1-5）位于重庆市。巫山长江大桥在建设中创造了当时桥梁建设的 5 项世界第一，即大桥创下组合跨径、每节段绳索吊装重量、吊塔距离、拱圈管道直径和吊装高度 5 个世界第一。巫山大桥属于中承式钢管拱桥，全长 612.2m，主拱净跨 460m，桥宽 19m，居同类型桥梁世界第一。该桥已被列为“世界百座名桥”。巫山长江大桥的建成，连通了湖北巴东、恩施、宜昌、建始以及湖南张家界等地，对拓展巫山旅游发展空间，顺畅渝东交通，促进渝东经济发展有着深远的现实作用和历史意义。

于 1987 年 12 月建成通车的天津永和桥（图 1-1-6）是跨越永定新河的一座公路桥，位于天津市东郊，是山东公路（山海关至广州）的重要通道。桥梁全长 512.4m，是主跨为 260m 的预应力混凝土双塔斜拉桥。桥面全宽 13.6m，包括 9m 车行道及两侧人行道。主梁由预制块件拼装而成，块件重 1200 kN，按“长线法”匹配浇筑，并利用临时支架悬臂安装。桥塔基础为直径 18m 开口圆形沉井，深 35m，桥台及中间墩为预应力混凝土打入桩。桥址处于 8 度地震烈度软土地区，且因濒临渤海而时有强风，选用漂浮体系及流线型主梁断面，提供了良好的抗震抗风性能。

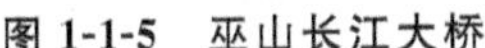
图 1-1-5 巫山长江大桥

图 1-1-6 天津永和桥

于 2005 年 10 月 7 日建成通车的南京长江三桥(图 1-1-7)，位于南京长江大桥上游约 19km 处，全长约 15.6km，其中跨江大桥长 4744m，主桥跨径 648m，是世界上第一座“人”字弧线形钢塔斜拉桥。该桥的建成使纵贯华东至西南的沪蓉干线实现了真正意义上的贯通，并首次在国际上采用高 215m、“人”字弧线形全钢结构索塔，这是南京长江三桥建设中最大的亮点和难点。建设者首创钢塔节段焊接变形控制等技术，高质量地完成了钢塔的制作、吊装任务，为我国大型桥梁工程钢塔结构的设计、制造、架设积累了宝贵的经验。

我国首座外海跨海大桥——东海大桥(图 1-1-8)工程于 2002 年 6 月 26 日正式开工建设，历经 35 个月的艰苦施工，于 2005 年 5 月 25 日实现结构贯通。大桥宽 31.5m，分上、下行双幅桥面，双向 6 车道，设计时速为 80km/h。大桥全线按高速公路标准设计，设计基准期为 100 年，设计荷载按集装箱重车密排进行校验，可抗 12 级台风、7 级烈度地震。目前，全世界在外海已经建成的跨海大桥最长的也只有 16km，而东海大桥建设总长 32.5km，是名副其实的“世界之桥”。大桥的最大主航通孔，离海面净高达 40m，相当于 10 层楼高，可满足万吨级货轮的通航要求。东海大桥施工时采用直升机架缆新技术，该桥于 2005 年 12 月全线通车。

图 1-1-7 南京长江三桥

图 1-1-8 东海大桥

1.4 世界各国桥梁建造现状

1883 年建成的纽约布鲁克林悬索桥，主跨跨径达到 483m，这是现代悬索桥建设的开端。1937 年建成的旧金山金门大桥，主跨跨径达到 1280m。目前世界上跨径最大的是日本明石海峡公路、铁路两用悬索桥，主跨跨径为 1991m。世界第一座现代化斜拉桥是 1978 年瑞典建成的主跨 182.6m

的斯特罗姆海峡桥;美国建成的跨径为299m的P-K桥,是世界上第一座密索体系的预应力混凝土斜拉桥。到目前为止,斜拉桥跨径的世界纪录保持者是日本的多多罗大桥,主跨跨径890m,1999年建成。圬工拱桥在国外已有一百多年的历史,1946年在瑞典建成的绥依纳松特桥,是一座跨度达155m的混凝土圬工拱桥。最大跨径的钢桁架拱是1977年建成的主跨跨径为518m的美国新乔河大峡谷桥;最大跨径的连续钢桁梁桥是1992年建成的主跨跨径为400m的日本生月大桥;最大简支钢桁梁桥是1973年建成的主跨跨径为227m的美国切斯特桥。

由世界桥梁建设的发展趋势可以预计,其必将迎来更大规模的建设高潮,同时也对桥梁的设计和建造技术提出了更高的要求。

本章小结

1. 桥梁是交通线路中的主要组成部分,在经济建设中具有非常重要的地位。

2. 我国古代桥梁建设取得举世公认的成就。中华人民共和国成立以后,特别是近年来,我国桥梁建设接近世界先进水平。近年来桥梁结构逐步向轻巧、纤细方面发展,但桥梁的载重、跨长却不断增长。

思考题

1. 桥梁工程的作用有哪些?

2. 试讨论我国古桥建筑的成就。

3. 我国20世纪60年代以来的桥梁建设成就有哪些?

2 桥梁与环境

2.1 千年古桥的启示

赵州桥又名安济桥，位于河北赵县城南，跨越洨河，建于595—605年，隋朝李春主持修建。桥全长64.40m，净跨37.02m，拱顶宽9m，拱脚宽9.6m，为世界首创空腹式拱桥(图1-2-1)。拱圈两肩各设有两个跨度不等的腹拱，可减轻自重，节省材料，增大泄洪断面，增强抗洪能力和抗震性能，桥型轻巧美观，使造型与两岸一望无际的大草原在景观上十分协调。赵州桥是我国古代桥梁保留至今，未被洪水、地震摧毁(河北燕山地带为地震多发区)的幸存于世的杰出代表。赵州桥的设计构思和工艺之精巧，被誉为"国际土木工程里程碑建筑"。1991年美国土木工程师协会在桥头建纪念碑，称其为"国际土木工程历史古迹"，为中华民族之骄傲。

图1-2-1 赵州桥

赵州桥桥位选在平原顺直型稳定性河段，河槽宽约50m，为较深的单式断面，河床稳定。桥梁中心线与河床正交，桥孔长度基本与河床等宽，拱矢较高，达7.23m。地处黄河冲积平原，虽为细粒砂质河床，因桥孔自重较轻，桥台基础直接砌筑在天然轻亚黏土地层上，基础埋深仅2～2.5m，却较稳固。可见1400年前古人建桥时，已全面考虑当地水文、地质、地形、景观等自然地理环境要素，才能创造桥梁与自然环境和谐共处、千年安然无恙的奇迹。

长安灞河桥是我国另一座著名的古代桥梁，是古代长安到中原及沿海南北各地的必经之路。该桥始建于秦朝，经过秦、汉、隋、唐、宋、元、明、清八个朝代，历时1800多年，前后遭十几次洪水毁坏，进行十几次大修或重建，直到1833年(清道光十三年)，重建的桥梁才较完整地保存下来。原桥墩由圆柱形石碾(轴)垒砌而成，木质桥面，宽7m，每孔6m，共67孔，桥长400m。近半个世纪以来，经1957年、1978年加固改建，将原石墩外包钢筋混凝土加固，又将桥墩加高，再将原木桥面换成钢筋混凝土桥面，作为西安城市桥。1981年将桥下河床整体防护，上游5m、下游10m做垂直潜墙防护。2000年防护部分水毁，进行返修，2002年6月9日暴雨，出现500m^3/s洪水流量，又险遭洪水水毁之灾。该桥曾通过1800m^3/s的历史洪水流量，但是，近些年来，桥梁下游人为采沙，河床床面严重下切，虽经西安市有关单位多年精心保护，但古桥已难以维持。2004 年经反复研讨，终于决定将老桥拆除，建成现代桥梁。

灞河发源于秦岭北麓山区，流经西安东郊，注入渭河。老灞河桥桥位河段为山前变迁型不稳定河段，河床宽达 400 多米，水深很浅，洪水涨落迅猛，主流摇摆不定，河床变形剧烈。古代建桥材料只有石料和木材，限于当时技术条件，只能修建跨度很小的石墩木面的梁桥。众多较宽的桥墩和很低的桥面堵塞河道，洪水严重受阻，因而屡建屡遭水毁。近 20 年来，人为无序采沙，桥梁下游床面严重下切，下游陇海铁路桥 2004 年 6 月 9 日水毁(图 1-2-2)后，此桥已难以保存。

图 1-2-2 陇海铁路灞河老桥(1934 年建)水毁

老灞河桥桥型结构受古代技术条件所限，无法实现桥梁与桥位河流环境(洪水、河床变形)协调和谐相处，屡次受到大自然灾难侵害，最终无法避免被拆除的命运。

2.2 桥梁环境

2.2.1 桥梁环境的概念

国际标准化组织的标准 ISO14001 和 ISO14004 给环境的定义是：一个组织在其间运作的周围事物(包括空气、水、土地、自然资源、植物、动物和人类等)以及它们之间的相互作用。

环境都是相对主体而言的。以桥梁为主体，桥梁跨越的河流、海域、山涧峡谷等的地形、地貌、地质等，桥位所在地区气象、水温、地表植被、生物群落等，形成了桥梁的自然环境。桥梁和桥位周围的河流、海洋及湖泊等水域、山涧峡谷等自然环境，形成一个相互影响、相互制约的系统。在建桥过程中力求做到桥梁与桥位环境和谐共存，才能使桥梁免遭自然环境的侵袭或减轻自然灾害对桥梁的侵害；同时，也不会因桥梁的建设而引起自然环境发生不利的变化，达到可持续发展的目的。

对桥梁工程来说，直接面对的环境问题主要是指自然环境，如河流环境、海洋环境等水环境及地质环境和生态环境；桥梁在施工和运营过程中可能造成环境污染，如产生噪声、污染空气和水，则涉及环境学领域；桥梁施工及建成后对河流或海洋鱼类等水生物生存条件的影响，就是生态环境的问题；桥梁作为大型建筑物，往往成为地标性建筑物，它的建筑形式及结构反映了当时的政治、文化、历史、技术等因素，这些因素就是桥梁的社会环境。

水流环境作为生态环境的重要组成部分，在人们改造自然的实践中(尤其是桥梁建设实践中)得到越来越广泛的关注，桥梁与河流环境的关系得到了深入研究并取得显著成就。苏联逐渐形成了研究及处理桥梁与河流环境相互关系的学科，即《桥位设计》(又译为《桥渡设计》)。同时，美国、

加拿大、英国、新西兰等在桥梁水力学、桥梁冲刷、桥梁水文方面也都做了大量研究。

1958年后，我国公路和铁路系统开展了全国性的桥位设计科研活动，并迅速发展起来；以1964年中国土木工程协会全国桥渡冲刷学术会议的成果为起点，到20世纪末逐渐形成了中国的桥位设计体系。

进入21世纪，随着我国交通建设事业和环境科学的迅速发展，桥位设计赋予了更为广泛的桥梁与环境相关的内容，包括桥梁与河流、海洋等水域环境，桥梁与不同自然地理环境（山涧激流、峡谷、黄土高原、戈壁滩等），桥梁与景观等内容；同时，从技术领域上，桥梁工程从传统的结构工程实体逐渐扩展为结构与环境的共同系统。

桥梁建设者在设计桥梁工程实体的同时，必须处理好桥梁与河、海、高原、山岭等自然环境的关系。桥梁修建不应阻挡洪水，不应引起河床不利变形。桥梁洪水水毁、地震破坏及大跨悬索桥被风致振动所摧毁等自然灾害，都是桥梁结构无力承受自然环境因素的作用，导致桥梁结构失去平衡而遭到破坏的结果。

2.2.2　人类活动对桥梁环境的影响

大河两岸及其冲积平原具有良好的气候、肥沃的土壤、丰富的物产，为人类生存和人类文明的发展提供了良好的自然条件。河流孕育和哺育了人类和人类文明，但是河流环境受人类活动的影响最早、最直接，改变也最明显。

修建桥梁，跨越河流，为了方便人们的交往，扩展了人类的活动空间；同时，桥梁与河流环境之间也存在一定的相互影响。

(1)河床采沙导致桥梁破坏及河床的抗洪能力下降。

近年来，我国因河床采沙人为改变天然河道形态，造成局部河段河床畸形下切，斜流、股流集中冲刷等不利变形，导致大桥、特大桥水毁的现象也时有发生，应当引起政府等有关部门高度关注。

"天梯高速"正式通车视频

2004年，福州市闽江南港洪塘公路大桥因桥上游河床大量采沙，引起深水河槽摆动，原河滩床面下切变成深槽，使灌注桩基础露出水面，从而变成一座限制交通的危桥(图1-2-3)。

图1-2-3　河床下降灌注桩顶外漏(2004年11月摄)

(2)山岭隧道的弃渣和生活区改河对自然环境的影响。

近年来,高速公路建设进入山区,山区河槽水流湍急,修建隧道和桥梁很多,隧道弃渣填埋河道,淤塞河床,对河道泄洪产生严重影响。另外,有的高速公路管理区、生活区占用了仅有的一点崇山峻岭中开阔的河谷,将水流挤压、改道,人为地改变了天然排水系统。因此,在设计阶段必须对这些工程设施对河道阻塞的影响进行评估,进行改河的平、纵、横断面设计及过渡段的设计,才能确保设计洪水泄洪畅通。否则,山洪暴发将会引起洪水灾害,既破坏了当地生态环境,又引起公路和桥梁水毁。因此,必须处理好弃渣场地的选择和污水的排放,做好保护生态环境工作。

(3)山区的纵向桥或高架桥对山区急流河槽水流的影响。

近年来,在我国山区高速公路建设中,修建的纵向桥很多。修建纵向桥(或称顺水桥)可以避免山体大填大挖和减少路基对水流的压缩,对于山区高速公路是一种合理的选择。但是,纵向桥连续设置,以桥代路,跨径较小(一般跨径为20～40m),在山区狭窄的急流峡谷中密集的桥墩交叉错落,阻水严重。这是近年来山区高速公路设计中出现的新问题,不能不引起人们深思。

应特别指出的是,这些路线通过的峡谷地带地形陡峭、河道狭窄,山洪暴发时水流多为急流流态,水流受阻,水流流线急剧扭曲,破坏力极大。由于众多桥墩对水流的挤压及干扰,水流的反应是很敏感的。设计时尽量采用独柱圆形墩,减小桥墩阻水。

另外,这些山区河流大都是大江大河的河源,对河源环境的改变将影响下游主流及其流域的变化。山区是生态很敏感和很脆弱的地区,进行生态环境保护具有重要的意义。

一般跨越山区峡谷的桥梁,孔径设计的原则是尽量一孔跨过,不可压缩水流,必要时尽量在峡谷中少建桥墩,这些早已成为共识。因此,在选线困难、不得已选用纵向桥方案时,应尽量采用较大跨径和圆形单柱墩、斜桥斜做、提高桥面高程,必须考虑纵向桥盖梁阻水等问题。如有可能,尽量将纵向桥设置在通过山坡坡脚,避开水面。

2.2.3 桥梁与环境处理较好的实例

(1)地处阿尔卑斯山区的瑞士和奥地利,在桥梁设计和保护自然地理环境方面有些经验值得借鉴。图1-2-4所示为奥地利高速公路Brenner桥,为沿陡坡的曲线形高架桥,全长1804m,桥面宽21m,跨度为36m,上部结构为预应力箱形梁,墩宽7m。车行在陡峻山坡上、林木郁郁葱葱之中,使人心旷神怡,同时,与建纵向桥相比,避免了过多桥墩阻塞河道,做到桥梁与环境的和谐与协调。

图1-2-4 奥地利Brenner桥(《桥梁美学》,樊凡)

(2)瑞士日内瓦湖畔上沿山脚修建的高速公路桥(图 1-2-5),为两条平行曲线上的高架桥,细长弯曲的主梁和轻巧而高耸的桥墩隐藏在山脚绿树林中,与湖光山色融为一体,既实现了景观协调,又保护了当地的生态环境。

图 1-2-5 瑞士日内瓦湖畔上沿山脚修建的高速公路桥

2.3 可持续发展、生态桥梁景观

2.3.1 可持续发展

可持续发展的意义表明人类是自然界的一部分,人类和自然界是不可分割的整体,人类必须与自然协调才能持续发展,人与自然对立是错误的。

1987 年,联合国环境与发展委员会发表文件《我们的未来》,指出"可持续发展是指既满足当代人的需要,又不对后代人满足其需要的能力构成危害的发展"。它有两层含义:一是将满足人类的基本需要放在优先地位来考虑;二是将人类的发展和需求限制在地球的资源和自然地理环境的承受能力相协调的承受范围之内。

可持续发展从理论上结束了把发展经济和保护环境资源相对立的错误观念,要求人们放弃高消耗、高增长、高污染的粗放型生产方式和高消费、高浪费的生活方式,把保护环境和可持续发展经济看作相辅相成、不可分割的两方面,它们是相互联系、互为因果的关系。可持续发展思想是人类面对未来建立的划时代的新观念、新思想、新意识,它关系人类未来的前途和命运,将使人类的思维、生产、生活各方面产生深刻的转变并对其有深远的影响。

可持续发展建立了新的人与自然协调发展的模式,要求人类在尽量减少资源消耗的基础上,提高资源利用率,力求少投入、多产出,物尽其利,促进再生资源的增长,使系统内部在相互协调的情况下,物质能量的转化率达到最佳效果,以满足人类的需要;同时,要求人类在消费时,尽量多利用、少排放,减少自然环境的负荷,使系统的结构和功能保持良好状态。

1992 年,联合国发表的《21 世纪议程》指出,"在制定长期的发展战略时,必须更好地了解形成地球系统的陆地、海洋、大气及其相互联系的水、养分和生物地球化学物质的循环和流动"。陆地、海洋、大气是构成地理自然环境的主要组成部分，生物地球化学的物质循环、能量流动是自然地理环境的主要过程，说明了自然地理环境即地球的自然环境在人类可持续发展中的重要性。其实，中国传统文化中就包含天人合一、人与自然相协调、人尽其力、物尽其用、节约经济的思想。只是近几十年来，曾经过分强调人类改造自然的主观能动性，带来了人口剧增和生态环境迅速破坏的负面影响，导致淡水资源、土地资源、能源的短缺和大气污染、土地荒漠化、沙尘污染、洪水等自然灾害频繁发生。

1994 年，中国制定了《21 世纪议程》，体现了我国可持续发展战略思想是生态、社会和经济三方面的可持续发展，强调发展经济要充分考虑自然资源的长期供应能力和自然环境的长期承受能力。以可持续发展作为基本国策，提出“环境建设”的新概念，即自然生态系统和人类生态系统的建设，俗称“生态建设”，就是在生产发展的同时，建设一个人类与自然互利共生的、更有利于人类发展的人类生态系统和自然环境。

这种生态环境建设应具有三个基本特征，即具有高效的经济潜力，保持高水准的生态稳定和具有美学价值的环境外貌。我国现阶段正在进行生态环境建设，生态村、生态县、生态公路、生态铁路等的建设相继出现。

2.3.2 桥梁景观、桥梁美学和桥梁造型

景观（landscape），原来是指自然地理的外貌。

施吕特（O. Schluter，1872—1952，德国）认识到人类的活动可以带来景观的变化，若将这种变化按照一定规律，使景观朝着符合人们意愿的方向发展，便产生了景观设计的概念。

布莱德里克（Frederick Gottemoelle，美国）将桥梁与景观合成了一个新的词汇“桥梁景观（bridgescape）”来表述这种新的结合，认为“桥梁景观”是“设计桥梁的艺术（the art of designing bridges）”。

桥梁景观包含桥梁本体及桥梁周围环境两方面。研究桥梁及其环境在功能、美学、生态、经济、文化等相关要素之间的关系，并进行优化，就是桥梁景观设计。桥梁美学，是对桥梁本体及其有关要素进行形式美的优化的思考和处理的学科。桥梁造型，是在桥梁美学原则的基础上，“从力学性能和形式构成两方面，进行桥梁设计的技术手段”“通过具体和实用的造型技术来创造和完善桥梁作为结构而展现出的美”（《桥梁造型》，陈艾荣等，2005 年）。

在桥梁景观学的整体概念中，桥梁美学可看作桥梁本体的景观学。桥梁本体景观设计即桥梁美学设计，包含桥型、线型、景观元素设计、色彩、肌理、景观寓意六个方面。

樊凡在《桥梁美学》中提出桥梁美的十项原则为：环境的协调、主从与对称、韵律、均衡与稳定、统一、比例与尺度、连续与明暗搭配、力线明快、色彩、风格。桥梁美学专家唐寰澄认为，三个统一性是美的最重要属性，即感性和理性的统一或感觉和意识的统一；客观和主观的统一或人和自然的协调统一，即“天人合一”的思想；形式和内容的统一，即造型和功能的一致。归纳起来的桥梁美学法则是多样和统一、协调和和谐、比例对称和韵律。另外还有八纲，即刚柔、动静、阴阳、虚实的矛盾和统一。

“改革开放以来，中国的桥梁建设以空前的规模和速度发展，令世界惊叹。但是，我们匆忙建成的大桥，是否给人以美感，是一个值得反思的问题”（项海帆院士，2002 年）。2000 年年底，我国共有公路桥梁 278809 座，其中有相当部分对桥梁景观设计考虑尚少。

我国《公路桥涵设计通用规范》（JTG D60—2015，以下简称《桥规》）中规定：“公路桥涵应根据公路功能和技术等级，考虑因地制宜、就地取材、便于施工和养护等因素进行总体设计”“公路桥涵应与自然环境和景观相协调，特殊大桥宜进行景观设计”。

2.3.3 桥梁景观实例分析

(1)20 世纪世界最美丽的桥梁——Salginatoble 桥。

Salginatoble 桥由瑞士工程师罗伯特·梅拉(Robert Maillart)设计,建于 1930 年,见图 1-2-6。

图 1-2-6 Salginatoble 桥近景

这是一座跨谷的镰刀形上承式拱桥。建筑师们说:"在桥上漫步是一种真正的精神上的享受。你和高山、白云、蓝天那么靠近,它构成了阿尔卑斯山的一幅美妙的风景画。""该桥所有部分都恰到好处,无可挑剔。""这是真正的艺术和桥梁结合的精品。"该桥为三铰拱体系,桥长 133m,跨径 90m,桥面宽 3.5m,跨越阿尔卑斯山谷;拱为箱形和Π形结构,拱顶宽 3.6m,拱脚处以曲线加宽至 6.0m;拱圈厚度由拱脚铰处逐渐增大,到 1/4 处又逐渐减小,立面呈镰刀形。设计师用简洁、明快的线条,凸显出桥梁结构中力流的传递,达到跨越功能、结构受力功能和形体美的高度统一。

(2)我国第一座正式进行景观设计的公路大桥——厦门海沧大桥。

厦门海沧大桥(图 1-2-7)是世界第二座、亚洲第一座特大型三跨连续全漂浮钢箱梁悬索桥,也是厦门市历史上投资最大的交通工程项目,工程全长 5926.527m,主跨 648m,海沧大桥设计通行能力为 50000 辆/日,行车时速为 80km/h,工程概算总投资 28.7 亿元人民币。海沧大桥工程于 1996 年 12 月 18 日破土动工,主体工程于 1997 年 6 月份正式开工建设,全桥于 1999 年 12 月 30 日顺利通车。

图 1-2-7 厦门海沧大桥

(3)与江南风光、乡土文化十分和谐的石拱桥。

我国东南沿海，长江三角洲地区，河网纵横，历来运输以船为主，大小道路上修建了众多的石拱桥。图 1-2-8 所示是苏州市建于明代的彩云桥。这些淡灰白色的拱桥，轻巧、纤细、圆韵，起伏的身躯与翠绿的树木、静静的河水、白墙灰瓦的民房浑然一体，人们在不经意中享受到了人文及自然景观和谐的美。拱桥已融入江南水乡的自然景观，成为景观的一部分。

图 1-2-8 苏州市彩云桥

(4)中国传统园林中的桥。

中国传统对桥梁景观的理解，顾名思义，反映在人在远处"观"桥与人在桥上观"景"两个方面，故称"景观"。中国古典园林在桥梁的"景"与"观"设计方面早就有独到之处。北京颐和园十七孔桥(图 1-2-9)，建于清朝乾隆年间，背后远景有葱绿的万寿山和黄顶红柱、依山而建的佛香阁，桥梁中间孔的跨径和桥下净空最大，向边孔逐渐减小，犹如绿色的湖面上微微隆起的一条白色的玉带。桥型鲜明、生动，富有活力，具有连续、渐变和起伏的韵律。蓝天、白云、青山和绿水中灰白色的桥，构成一幅色彩鲜明的风景画。人在桥上，犹如置身于开阔的昆明湖中央的水面之上，万寿山、佛香阁、石舫、西堤六桥等颐和园四周各景观都环绕着自己，尽收眼底。

图 1-2-9 十七孔桥远景

纵观以上各例，以桥位周围自然的山川环境为背景，使桥梁造型符合美学规律，力求达到桥梁和周围自然环境和谐结合，使人感受到桥梁与自然相协调的美感，从而达到桥梁景观设计的目的。桥梁和环境的和谐构成了当地的新景观，成为地标性建筑；同时，渗透、融入地方文化的内容，进而延伸出桥梁的人文景观。

本章小结

以桥梁为主体，桥梁跨越的河流、海域、山涧峡谷等的地形、地貌、地质等，桥位所在地区气象、水温、地表植被、生物群落等，形成了桥梁的自然环境。桥梁和桥位周围的河流、海洋及湖泊等水域、山涧峡谷等自然环境，形成一个相互影响、相互制约的系统。在建桥过程中力求做到桥梁与桥位环境和谐共存、友好相处，才能使桥梁免遭自然灾害的侵袭或减轻自然灾害对桥梁的侵袭；同时，也不会因桥梁的建设而引起自然环境发生不利的变化，达到可持续发展的目的。

思考题

1. 千年古桥给了人们哪些启示？
2. 桥梁与环境有何关系？人们应如何处理好这些关系？
3. 21世纪，公路和桥梁工程面临哪些新形势？出现哪些新理念？

3 桥梁的基本组成和分类

3.1 桥梁的基本组成

3.1.1 桥梁四个组成部分

(1)桥跨结构。

桥跨结构(也称上部结构)是指桥梁结构中直接承受车辆和其他荷载,并跨越各种障碍物的主要承重结构(图 1-3-1)。桥跨结构的主要作用是跨越山谷、河流及各种障碍物,并将其直接承受的各种荷载通过桥梁支座传递到指定的下部结构上去,同时保证桥上交通能在一定条件下正常安全运营。

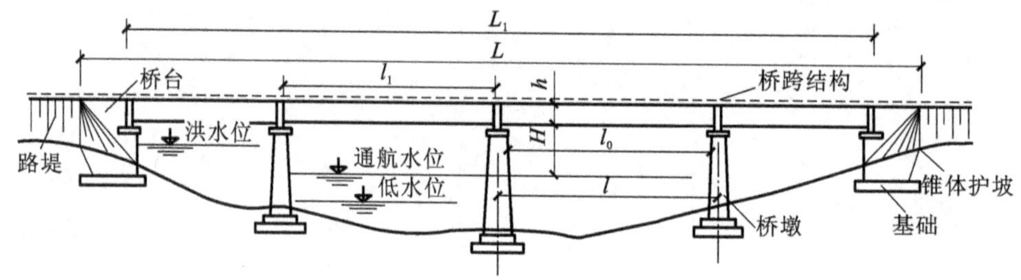

图 1-3-1 梁式桥的基本组成

(2)下部结构。

下部结构是由桥墩、桥台和基础组成的。桥墩和桥台是支承上部结构并将其恒荷载和车辆等活荷载传至基础的结构物。一座桥梁的桥台只有两个,设在桥的两端;而桥墩可以不设或在两桥台之间设一个到数个。桥墩两侧均为桥跨结构,而桥台一侧为桥跨结构,另一侧为路堤。桥台除支承桥跨结构外,还起到衔接桥梁与路堤的作用,并抵御路堤的土压力,防止其滑坡坍落。

桥梁墩台底部与地基相接触的结构部分称为墩台基础。墩台基础是桥梁结构的根基,对桥梁结构的使用安全起着举足轻重的作用。这部分是桥梁施工中最复杂、难度最大的环节之一。大量事实证明,许多桥梁的毁坏都是由于墩台基础的强度或稳定性出现问题而引起的。

(3)支座。

桥梁支座设在墩(台)顶。桥梁支座的主要作用是将桥跨结构上的恒荷载与活荷载反力传递到桥梁的墩台上去,同时保证桥跨结构所要求的位移与转动,以便使结构的实际受力情况与计算的理论图示相符合。

(4)附属设施。

桥梁的基本附属设施有桥面系、伸缩缝、桥梁与路堤衔接处的桥头搭板、桥台的锥形护坡、护岸、挡土墙、导流结构物、检查设备等。

3.1.2 桥梁常用的基本概念

(1)标准跨径。

对于梁式桥或板式桥,标准跨径是指两相邻桥墩中线之间的距离,或桥墩中心线至桥台台背前

缘之间的距离;对于拱桥,则是指净跨径。《桥规》规定,桥涵跨径在 50m 及其以下时,宜采用标准化跨径。采用标准化跨径的桥涵宜采用装配式结构及机械化、工厂化施工。桥涵标准化跨径规定如下:0.75m、1.0m、1.25m、1.5m、2.0m、2.5m、3.0m、4.0m、5.0m、6.0m、8.0m、10m、13m、16m、20m、25m、30m、35m、40m、45m、50m。共 21 级,常用的有 10m、16m、20m、40m 等。铁路桥梁的标准化跨径从 4m 到 160m,共 18 级,常用的有 16m、20m、24m、32m、48m、64m、96m 等。

(2)计算跨径。

对于带支座的桥梁,计算跨径是指桥跨结构相邻两个支座中心之间的水平距离,用 l_1 表示,如图 1-3-1 所示;对于不设支座的桥梁,如图 1-3-2 所示的拱式桥,则是指两相邻拱脚截面形心点之间的水平距离,或拱轴线两端点之间的水平距离,用 l 表示。桥跨结构的力学计算是以计算跨径为基准的。

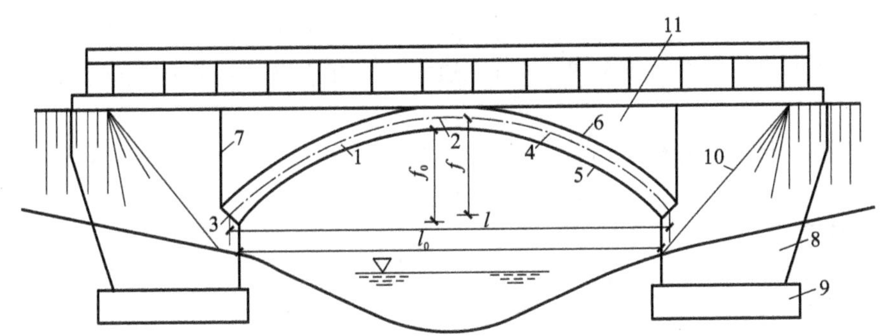

图 1-3-2 拱式桥的基本组成

1—主拱圈;2—拱顶;3—拱脚;4—拱轴线;5—拱腹;6—拱背;
7—伸缩缝;8—桥台;9—基础;10—锥坡;11—拱上建筑

(3)净跨径。

对于梁式桥,净跨径是指设计洪水位上两个相邻桥墩(桥台)之间的净距,用 l_0 表示(图 1-3-1);对于拱式桥,则是指每孔拱跨两个拱脚截面最低点之间的水平距离(图 1-3-2)。

(4)总跨径。

总跨径是指多孔桥梁中,各孔净跨径的总和,也称桥梁孔径($\sum l_0$),它反映了桥下宣泄洪水的能力。

(5)桥梁全长。

桥梁全长简称桥长,对于有桥台的桥梁是指两岸桥台侧墙或八字墙尾端点间的距离;无桥台的桥梁则为桥面系的长度,以 L 表示。

(6)桥梁高度。

桥梁高度简称桥高,是指桥面与低水位之间的高差,或为桥面与桥下线路路面之间的距离,以 H_1 表示。

(7)桥下净空高度。

桥下净空高度是指为满足通航(或行车、行人)的需要和保证桥梁安全,对桥跨结构底缘以下规定的空间界限,以 H 表示。

(8)桥梁建筑高度。

桥梁建筑高度是指桥面(铁路桥梁的轨底)到桥跨结构最下缘之间的距离(图 1-3-1 中的 h)。线路定线中所确定的桥面标高与通航(或桥下通车、人)净空界限顶部标高之差,称为容许建筑高度。显然，桥梁的建筑高度不得大于容许建筑高度，为保证桥梁的建筑高度，可以选用不同的桥跨结构形式，如斜拉桥、悬索桥、拱桥等。

(9)净矢高。

对于拱式桥，净矢高是指从拱顶截面下缘至相邻两拱脚截面下缘最低点之连线的垂直距离，以f_0表示(图 1-3-2)。

(10)计算矢高。

计算矢高是指从拱顶截面形心至相邻两拱脚截面形心之连线的垂直距离，以 f 表示。

(11)矢跨比。

矢跨比是指计算矢高 f 与计算跨径 l 之比(f/l)，也称拱矢度。

(12) 低水位、高水位、设计洪水位、通航水位。

低水位是指枯水季节的最低水位；高水位是指洪峰季节的最高水位；设计洪水位是指桥梁设计中按规定的设计洪水频率计算所得的高水位；通航水位是指在各级航道中能保持船舶正常通行时的水位。

我国《桥规》规定桥涵设计洪水频率如表 1-3-1 所示。

表 1-3-1

桥涵设计洪水频率

公路等级	设计洪水频率				
	特大桥	大桥	中桥	小桥	涵洞及小型排水构造物
高速公路	1/300	1/100	1/100	1/100	1/100
一级公路	1/300	1/100	1/100	1/100	1/100
二级公路	1/100	1/100	1/100	1/50	1/50
三级公路	1/100	1/50	1/50	1/25	1/25
四级公路	1/100	1/50	1/50	1/25	不做规定

我国《桥规》对特大、大、中、小桥及涵洞按单孔跨径或多孔跨径总长分类规定如表 1-3-2 所示。

表 1-3-2

桥梁涵洞分类

桥涵分类	多孔跨径总长 L/m	单孔跨径 L_k/m
特大桥	$L>1000$	$L_k>150$
大桥	$100\leqslant L\leqslant 1000$	$40\leqslant L_k\leqslant 150$
中桥	$30<L<100$	$20\leqslant L_k<40$
小桥	$8\leqslant L\leqslant 30$	$5\leqslant L_k<20$
涵洞	—	$L_k<5$

从上述分类方法可以看出，特大桥、大桥建设规模大，但并没有显示出桥梁设计和建造的难易、复杂程度，例如两座多孔跨径总长同为 1600m 的桥梁，一座是由 300m＋1000m＋300m 三孔组成的斜拉桥，另一座是 80 孔跨径为 20m 的简支梁桥，显然前者比后者无论从哪一方面来讲都复杂得多。国际上把单孔跨径小于 150m 的叫作中小桥，大于 150m 的叫作大桥；单孔跨径大于或等于 1000m(悬索桥)、500m(斜拉桥和钢拱桥)、300m(其他桥型)的叫作特大桥。

3.2 桥梁的基本类型

桥梁有许多分类方式，人们通常根据桥梁的结构形式、所用材料、所跨越的障碍以及其用途、跨径大小等对桥梁进行不同的分类。

3.2.1 桥梁的基本体系

该基本体系是根据桥梁的结构形式及其受力特点来分类的，有以下几种类型。

(1)梁式桥。

梁式桥(图 1-3-1)的特点是其桥跨的承载结构由梁组成。在竖向荷载作用下梁的支承处仅产生铅垂反力，而无水平反力(推力)。梁横截面上只产生弯矩和剪力，荷载作用方向通常与梁的轴线相垂直。梁主要通过抗弯来承受荷载，并通过支座将其传递至下部结构。梁式桥可分为简支梁桥、连续梁桥、悬臂梁桥。简支梁桥的计算跨径小于 25m 时，通常采用钢筋混凝土材料。而计算跨径大于 25m 时，多采用预应力混凝土材料。预应力混凝土简支梁桥的经济跨径为 40～50m。连续梁桥和悬臂梁桥由于其跨间支座上的负弯矩使其各跨跨中的弯矩减小，因此提高了跨越能力。

(2)拱桥。

拱圈或拱肋是拱桥的主要承重结构(图 1-3-3)。拱桥在竖向荷载作用下，桥墩或桥台除了承受铅垂反力外，还将承受水平推力，水平推力将显著降低荷载引起的拱圈(或拱肋)横截面内的弯矩。在设计时如采用合理的拱轴线，使拱轴线与荷载作用下的压力线相重合，则拱的横截面内主要承受轴向压力，而没有弯矩，因此，横截面内每一点只产生压应力，不产生拉应力。通常拱桥可用抗压能力强，而抗拉能力差的石料、混凝土等圬工材料和钢筋混凝土等来建造。对于特大跨径的拱桥，也可以建造成钢拱桥、钢-混凝土组合截面的拱桥。

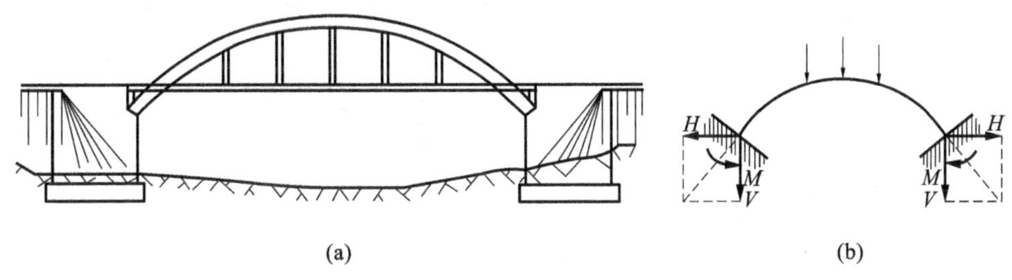

图 1-3-3 拱桥

由于拱桥的受力合理，因此其跨径可以做得很大，承载能力高，外形美观，在条件许可的情况下，修建拱桥往往是经济合理的，跨径在 500m 以内都可以作为设计方案进行比选。但为了确保拱桥能安全可靠地工作，墩台基础和地基必须能承受很大的水平推力。

(3)刚架桥。

刚架桥的主要承重结构是梁或板与立柱或竖墙整体结合在一起的刚架结构。这种结构在竖向荷载作用下各部分受力特点为：柱脚处具有竖向反力、反力偶，同时也产生水平反力；梁和柱的横截面均作用有弯矩、剪力和轴力，但梁主要以受弯为主，柱为压弯组合构件。梁和柱节点为刚性联结，梁端部承受负弯矩，使得梁跨中弯矩减小，跨中截面尺寸也可相应减小，从而降低了建筑高度；或使刚架桥的跨径增大，提高其跨越能力。根据刚架桥的受力特点，设计时常常采用钢筋混凝土或预应力混凝土材料建造。实践表明，普通钢筋混凝土刚架桥在梁柱交接处较易产生裂缝，所以设计时要多配构造钢筋避免裂缝的产生。图 1-3-4(a)所示的门式刚架桥，其受力状态介于梁桥与拱桥之间[图 1-3-4(b)]，因为是超静定结构，由于温度变化或基础的不均匀沉降，其内部将会产生较大的附加应力，设计时也必须考虑这一点。

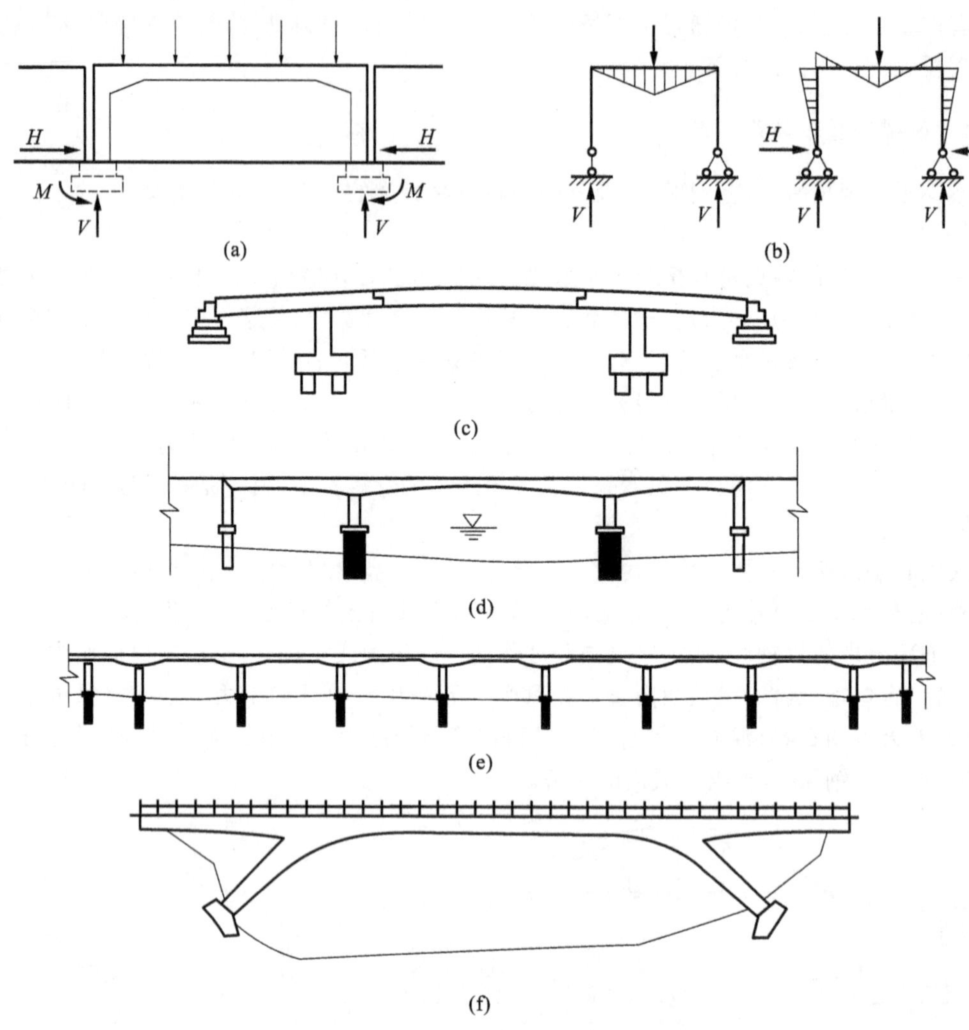

图 1-3-4 刚架桥

(a)门式刚架桥；(b)门式桥内力图；(c)T 形刚架桥；(d)连续刚架桥；(e)刚构-连续组合体系桥；(f)斜腿刚架桥

对于大跨径桥梁，可采用 T 形刚架桥型[图 1-3-4(c)]，它属于静定或低次超静定结构，是由单独立柱与主梁连接成整体，形成 T 形，各 T 形刚架之间以剪力铰或挂梁相连，在竖向荷载作用下，无水平推力产生。T 形刚架桥的悬臂部分主要承受负弯矩，预应力筋通常布置在桥面，与悬臂施工方法实现高度协调一致。但在车辆荷载作用下，T 形长悬臂内的弯、扭应力较大，易产生裂缝，在剪力铰或挂梁处行车不舒适，目前采用这种桥型的不多。为了克服上述桥型的缺点，可采用连续刚架桥[图 1-3-4(d)]，也可做成刚构-连续组合体系桥型[图 1-3-4(e)]。当跨越高速公路、陡峭河岸和深谷时往往采用斜腿刚架桥[图 1-3-4(f)]。

(4)悬索桥。

悬索桥也称为吊桥(图 1-3-5)。悬索桥是指以主缆索受拉为主要承重构件的桥梁结构。其结构构造包括基础、塔墩、锚碇、主缆索、吊索、加劲梁及桥面结构等。在桥梁设计时，当桥梁跨径在

600m 及 600m 以上时，总是首选悬索桥这一经典桥型。其主要原因是以高强度钢丝作为主要承拉结构的悬索桥具有跨越能力大、受力合理、最能发挥材料强度优势和造价经济等特点，同时其还以整体造型流畅美观和施工安全快捷等优势而备受推崇。桥跨上的荷载由加劲梁承受，并通过吊索将其传至缆索。主缆索的拉力通过对桥塔的压力和锚碇结构的拉力传至基础和地基。这种桥型充分发挥了高强度钢缆的抗拉性能，使其结构自重较轻，能以较小的建筑高度跨越其他任何桥型都无法比拟的特大跨度。目前，悬索桥的最大跨径已达 1991m（日本明石海峡大桥）。然而，相对于上述其他体系而言，悬索桥的自重轻，结构的刚度较差，在车辆动荷载作用下将产生较大的变形。例如跨度 1000m 的悬索桥，在车辆动荷载作用下，$L/4$ 区域的最大挠度可达 3m 左右。另外，悬索桥在风荷载作用下导致的振动以及稳定性的问题在设计和施工中也要给予高度重视。

悬索桥图

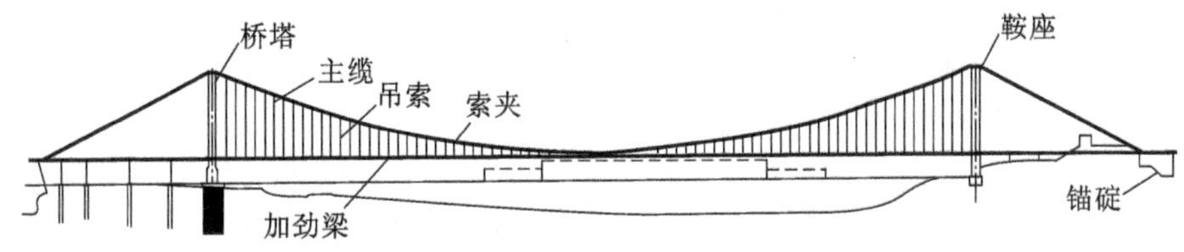

图 1-3-5 悬索桥

(5)斜拉桥。

斜拉桥由塔柱、主梁和斜拉索等组成（图 1-3-6），由于斜拉索将主要承重构件主梁吊住，使主梁变成多点弹性支承的连续梁，因此可减小主梁截面尺寸，增加桥跨跨径。斜拉桥构想起源于 19 世纪，限于当时材料水平，建成不久即被淘汰。20 世纪中叶，出现了高强度钢丝、正交异性钢板梁，加之计算机在结构分析中的广泛应用，斜拉桥这种形式又蓬勃发展起来。其由于刚度大、造价低，很快在世界上推广开，且跨度愈来愈大，日本多多罗桥跨径达 890m。从经济性考虑，可以做悬索桥也可做斜拉桥时，斜拉桥总是经济的。因为与悬索桥相比，斜拉桥的优点主要表现在：它是一种自锚体系，不需昂贵的地锚基础；防腐技术要求比悬索桥低，从而降低防腐费用；刚度比悬索桥好，抗风能力也比悬索桥好；可用悬臂法施工，且施工不妨碍通航；钢束用量比悬索桥少。

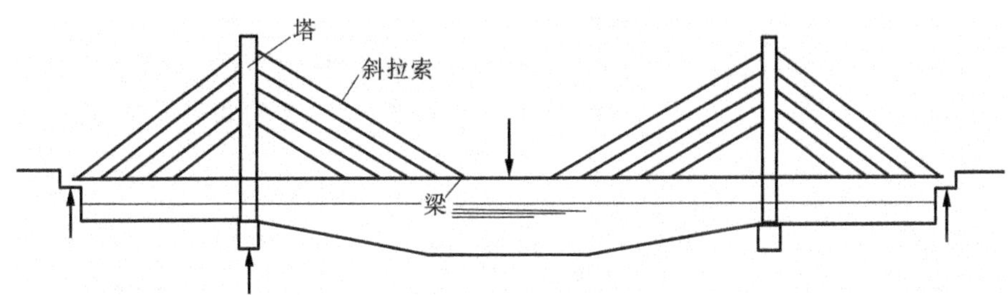

图 1-3-6 斜拉桥

3.2.2 桥梁的其他分类简述

除了上述按受力特点将桥梁分成不同结构体系外，也可按用途、建桥材料、建桥规模等进行分类。

(1)按用途划分。

桥梁按用途可分为公路桥、铁路桥、公路铁路两用桥、农桥、人行桥、水运桥、管线桥等。

(2)按主要承重结构所用材料划分。

桥梁按主要承重结构所用材料可分为圬工桥(包括砖、石、混凝土桥)、钢筋混凝土桥、预应力混凝土桥、钢桥、钢-混凝土组合桥和木桥等。由于木材易腐,而且资源有限,因此除了少数临时性桥和林区桥梁外,木桥一般不用于建造永久性桥梁。

(3)按桥梁全长和跨径不同划分。

桥梁按全长和跨径不同可分为特大桥、大桥、中桥和小桥。我国《桥规》对特大、大、中、小桥及涵洞按单孔跨径或多孔跨径总长分类的规定见表 1-3-2。

(4)按跨越障碍的性质划分。

桥梁按跨越障碍的性质可分为跨河桥、跨线桥(立体交叉)、高架桥和栈桥。高架桥一般是指跨越深沟峡谷以代替高路堤的桥梁。为将车道升高至周围地面以上并使下面的空间可以通行车辆或做其他用途(如堆栈、码头、店铺等)而修建的桥梁,称为栈桥。

(5)按上部结构的行车位置划分。

桥梁按上部结构的行车位置可分为上承式桥、下承式桥和中承式桥。桥面布置在主要承重结构之上者称为上承式桥,桥面布置在承重结构之下的称为下承式桥,桥面布置在桥跨结构高度中间的称为中承式桥。

上承式桥结构简单,施工方便,主梁和拱肋的数量和间距可按需要调整,且宽度可做得小一些,因而可节省墩台圬工数量。同时,在上承式桥上行车时,视野开阔,视觉舒适。不足之处是桥梁的建筑高度较大。

在建筑高度受严格限制的情况下,就应采用下承式桥或中承式桥。由于桥跨结构在桥面之上,故横向结构宽度相对较大,墩台尺寸也相应有所增加。

(6)按特殊使用条件划分。

桥梁按特殊使用条件可分为开启桥、浮桥、漫水桥等。

除上述桥梁分类方法外,还有按桥梁使用时间划分的永久性桥梁和临时性桥梁,按平面形状划分的直线桥、斜桥、弯桥,等等。

本章小结

桥梁是公路、城市道路、铁路和管线等跨越江河湖泊、山沟深谷以及其他障碍(如公路路)的架空构造物。桥梁由上部结构、下部结构、支座和附属设施组成。桥梁按结构体系分类有梁式桥、拱桥、刚架桥、悬索桥和斜拉桥,以及由以上基本体系组合而成的组合体系桥,如刚构桥和斜拉桥等。

思考题

1. 桥梁由哪几部分组成?

2. 什么叫作桥梁的上部结构和下部结构?它们的作用分别是什么?

3. 对于不同的桥型,计算跨径都是如何确定的?

4. 什么叫作桥梁的容许建筑高度?当容许建筑高度严格受限时,桥梁设计如何去满足它的要求?

5. 请阐述梁式桥、拱桥、刚架桥、斜拉桥和悬索桥的主要受力特点。

 桥梁的总体规划和设计

4.1 桥梁设计的基本原则与程序

4.1.1 桥梁设计的基本原则

桥梁是公路、铁路和城市道路的重要组成部分，特别是大、中桥梁的建设对当地政治、经济、国防等都具有重要意义。因此，桥梁工程的设计应符合安全可靠、适用耐久、环境保护、经济合理以及美观的要求。桥梁设计应遵循的各项原则分述如下。

(1)安全可靠。

①所设计的桥梁结构在强度和稳定方面应有足够的安全储备。

②防撞栏杆应具有足够的高度和强度，人与车流之间应做好防护栏，防止车辆撞入人行道或撞坏栏杆而落到桥下。

③对于交通繁忙的桥梁，应设计好照明设施，并有明确的交通标志，两端引桥坡度不宜太陡，以避免发生车辆碰撞等引起的车祸。

④对于修建在地震区的桥梁，应按抗震要求采取防震措施；对于河床易变迁的河道，应设计好导流设施，防止桥梁基础底部被过度冲刷；对于通行大吨位船舶的河道，除按规定加大桥孔跨径外，必要时设置防撞构筑物等。

(2)适用耐久。

①应保证桥梁在100年的设计基准期内正常使用。

②桥面宽度能满足当前以及今后规划年限内的交通流量(包括行人通行)。

③桥梁结构在通过设计荷载时不出现过大的变形和过宽的裂缝。

④应考虑不同的环境类别对桥梁耐久性的影响，在选择材料、保护层厚度、阻锈等方面满足耐久性的要求。

⑤桥跨结构的下面有利于泄洪、通航(跨河桥)或车辆和行人的通行(旱桥)。

⑥桥梁的两端方便车辆的进入和疏散，不致产生交通堵塞现象等。

⑦考虑综合利用，方便各种管线(水、电气、通信等)的搭载。

(3)环境保护。

桥梁设计必须考虑环境保护的要求，包括生态、水、空气、噪声等几方面，应从桥位选择、桥跨布置、基础方案、墩身外形、上部结构施工方法、施工组织设计等多方面考虑环境要求，采取必要的工程控制措施，并建立环境监测保护体系，将不利影响减至最小。

桥梁施工完成后，将两头植被恢复或进一步美化桥梁周边的景观，亦属环境保护的内容。

(4)经济合理。

①桥梁设计应遵循因地制宜、就地取材和方便施工的原则。

②经济的桥型应该是造价和使用年限内养护费用综合最省的桥型，设计中应充分考虑维修的方便和维修费用少，维修时尽可能不中断交通，或使中断交通的时间最短。

③所选择的桥位应是地质、水文条件好的河段，桥梁长度也较短。

④桥位应考虑选择在能缩短河道两岸的运距、促进该地区的经济发展、产生最大的效益的位置，对于过桥收费的桥梁应能吸引更多的车辆通过，达到尽快回收投资的目的。

(5)美观。

一座桥梁应具有优美的外形，而且这种外形从任何角度看都应该是优美的，结构布置必须精练，并在空间上有和谐的比例。桥型应与周围环境相协调，城市桥梁和游览地区的桥梁，可较多地考虑建筑艺术上的要求。合理的结构布局和轮廓是美观的主要因素，结构细部的美学处理也十分重要。另外，施工质量对桥梁美观也有重大影响。

4.1.2 桥梁设计的程序

一座桥梁的规划设计所涉及的因素很多，特别是对于工程比较复杂的大、中桥梁，是一个综合性的系统工程。设计的合理性，将直接影响区域的政治、经济、文化以及人民的生活，因此必须建立一套严格的管理体制和有序的工作程序。在我国，基本建设程序分为前期工作阶段和正式设计工作阶段。前者又分为工程预可行性研究（简称"预可"）报告阶段和工程可行性研究（简称"工可"）报告阶段；后者则又分成初步设计、技术设计和施工图设计三个阶段。现分别介绍它们的主要内容及要求。

(1)"预可"阶段。

"预可"阶段着重研究建桥的必要性以及宏观经济上的合理性。

在"预可"阶段研究形成的"工程预可行性研究报告书"（简称"预可报告"）中，应从经济、政治、国防等方面，详细阐明建桥理由和工程建设的必要性和重要性，同时初步探讨技术上的可行性。对于区域性线路上的桥梁，应以建桥地点（渡口等）的车流量调查（计及国民经济逐年增长）为立论依据。"预可"阶段的主要工作目标是解决建设项目的上报立项问题，因而，在"预可报告"中，应编制几个可能的桥型方案，并对工程造价、资金来源、投资回报等问题应有初步估算和设想。设计方将"预可报告"交业主后，由业主据此编制"项目建议书"报主管上级审批。

(2)"工可"阶段。

在"项目建议书"被审批确认后，着手"工可"阶段的工作。在这一阶段，着重研究和制定桥梁的技术标准，包括设计荷载标准，桥面宽度，通航标准，设计车速，桥面纵坡，桥面平、纵曲线半径等，并应与河道、航运、规划等部门共同研究，以共同协商确定相关的技术标准。在"工可"阶段，应提出多个桥型方案，并按《公路工程基本建设项目投资估算编制办法》(JTG M20—2011)估算造价，资金来源和投资回报等问题应基本落实。

(3)初步设计。

初步设计应根据批复的可行性研究报告、测设合同和初测、初勘或定测、详勘资料编制。

初步设计的目的是确定设计方案，应通过多个桥型方案的比选，推荐最优方案，报上级审批。在编制各个桥型方案时，应提供平、纵、横布置图，标明主要尺寸，并估算工程数量和主要材料数量，提出施工方案的意见，编制设计概算，提供文字说明和图表资料，初步设计经批复后，成为施工准备及编制施工图设计文件和控制建设项目投资等的依据。

(4)技术设计。

对于技术上复杂的特大桥、互通式立交或新型桥梁结构，需进行技术设计。

技术设计应根据初步设计批复意见、测设合同的要求，对重大、复杂的技术问题通过科学试验、专题研究、加深勘探调查及分析比较，进一步完善批复的桥型方案的总体和细部各种技术问题以及施工方案,并修正工程概算。

(5)施工图设计。

两阶段(或三阶段)施工图设计应根据初步设计(或技术设计)批复意见、测设合同,进一步对所审定的修建原则、设计方案、技术决定加以具体和深化,在此阶段中,必须对桥梁各种构件进行详细的结构计算,并且确保强度、稳定、刚度、裂缝、构造等各种技术指标满足规范要求,绘制出施工详图,提出文字说明及施工组织计划,并编制施工图预算。

国内一般的(常规的)桥梁采用两阶段设计,即初步设计和施工图设计,对于技术简单、方案明确的小桥,也可采用一阶段设计,即施工图设计。

4.2 桥梁的纵、横断面设计和平面布置

4.2.1 桥梁的平面设计

小桥和涵洞的位置和线形一般应符合线路的总走向,为满足线路的要求,可设计斜交桥或弯桥,对于公路上的特大桥、大桥、中桥的桥位,原则上应符合线路的走向,桥、路综合考虑,尽量选择在河道顺直、水流稳定、地质良好的河段上。桥梁的平曲线半径、平曲线超高和加宽、缓和曲线、变速车道设置等,均应满足相应等级线路的规定。桥梁的线形及桥头引道要保持平顺,使车辆能顺利地通过。小桥涵的线形及其与公路的衔接,可按线路的要求布置。大、中桥梁的线形一般为直线。当桥面受到两岸地形限制,允许修建曲线桥,曲线的各项指标应符合线路的要求;也允许修建斜桥,其交角(桥墩沿水流方向的轴线与河道主流方向间的夹角)一般不大于45°,通航河流上不宜大于5°。

4.2.2 桥梁的纵断面设计

桥梁纵断面设计包括桥梁的总跨径、桥梁的分孔、桥道的高程与桥下净空、桥上和桥头引道的纵坡以及基础的埋置深度等。

(1)桥梁总跨径的确定。

对于一般跨河桥梁,总跨径一般根据水文计算来确定。由于桥梁墩台和桥头路堤压缩了河床,桥下过水断面减小,流速加大,引起河床冲刷。因此,桥梁的总跨径必须保证桥下有足够的排洪面积,使河床不致遭受过大的冲刷。

在某些情况下,为了降低工程造价,可以在不超过允许的桥前壅水和相关规范规定的允许最大冲刷系数的条件下,适当增大桥下冲刷,以缩短总跨径。由此可见,桥梁的总跨径应根据具体情况经过全面分析后加以确定。例如,对于深埋基础,一般允许稍大一点的冲刷,使总跨径能适当减小;对于平原区稳定的宽滩河段,流量较小,漂流物也少,主河槽较大,这时,可以对河滩的浅水流区段做较大的压缩,但必须慎重校核,压缩后桥梁的壅水不得危及河滩路堤以及附近农田和建筑物。

(2)桥梁的分孔。

对于一座较长的桥梁,应当分成若干孔,但孔径划分的大小,有几个河中桥墩,哪些是通航孔,哪些不是通航孔,这些问题要根据通航要求、地形和地质情况、水文情况以及技术经济和美观的条件来加以确定。

桥梁的分孔关系桥梁的造价。跨径和孔数不同时,上部结构和墩台的总造价是不同的。跨径愈大,孔数愈少,上部结构的造价就愈大,而墩台的造价就愈小。通常,采用最经济的分孔方式,即使得上、下部结构的总造价最低。因此,当桥墩较高或地质不良,基础工程较复杂而造价较高时,桥

梁跨径就选得大一些；反之，当桥墩较矮或地基较好时，跨径就可选得小一些。在实际工作中，应对不同的跨径布置进行粗略的方案比较，来选择最经济的跨径和孔数。

①对于通航河流，在分孔时首先应满足桥下的通航要求。桥梁的通航孔应布置在航行最方便的河域。对于变迁性河流，考虑航道可能发生变化，应多设几个通航孔。

②对于平原区宽阔河流上的桥梁，通常在主河槽部分按需要布置较大的通航孔，而在两侧浅滩部分按经济跨径进行分孔。如果经济跨径较通航要求还大，则通航孔也应取较大跨径。

③在山区深谷上、水深流急的江河上，或水库上修桥时，为了减少中间桥墩数量，应加大跨径。如果条件允许，甚至可以采用特大跨径的单孔跨越。

④对于河流中存在的不利地质段，例如岩石破碎带、裂隙、溶洞等，在布孔时要将桥基位置移开，或适当加大跨径。

⑤在有些体系中，为使结构受力合理和用材经济，分跨布置时要考虑合理的跨径比例。例如，为了使钢筋混凝土连续梁桥的中跨和相邻边跨的跨中最大弯矩接近，其中跨和相邻边跨的跨径比值，对于三跨连续梁约为1∶0.8，对于五跨连续梁约为1∶0.9∶0.65。

⑥跨径的选择也与所采用的施工方法密切相关，如同样是预应力混凝土连续桥梁，采用支架施工和采用悬臂施工，其边跨与中跨的比例就不相同。采用支架施工法，边跨长度取中跨的80%左右是经济合理的；采用悬臂施工法，考虑一部分边跨采用悬臂施工外，剩余的边跨部分还需另搭脚手架施工，为使脚手架长度最短，边跨长度取中跨长度的65%为宜。

⑦跨径的选择还与施工能力有关，有时选用较大跨径虽然在经济上是合理的，但是，如果限于现有的施工技术能力和设备条件，也只能将跨径减小。对于大桥施工，基础工程往往对工期起控制作用，在此情况下，从缩短工期出发，就应减少基础数量而修建较大跨径的桥梁。

总之，对于大、中型桥梁来说，分孔问题是设计中最基本、最复杂的问题，必须进行深入、全面的分析，才能做出比较完美的施工方案。

(3)桥道标高的确定。

对于跨河桥梁，桥道的标高应保证桥下排洪和通航的需要；对于跨线桥，则应确保桥下安全行车。在平原区建桥时，桥道标高的抬高往往伴随着桥头引道路堤土方量的显著增加。在修建城市桥梁时，桥高了会使两端引道的延伸影响市容，或者需要设置立体交叉或高架栈桥，这导致造价提高。合理的桥道标高必须根据设计洪水位、桥下通航(通车)净空的需要，并结合桥型、跨径等一起考虑。在有些情况下，桥道标高在路线纵断面设计中已做规定。下面介绍与确定桥道标高有关的问题。

①流水净空要求。

按计算水位(设计水位计入壅水、浪高等)计算桥面最低高程时，应按下式计算：

$$H_{\min}=H_{j}+\Delta h_{j}+\Delta h_{0} \tag{1-4-1}$$

$$H_{j}=H_{s}+\sum\Delta h \tag{1-4-2}$$

式中 $H_{\min}$——桥面最低高程，m；

H_{j}——计算水位，m；

H_{s}——设计水位，m；

$\sum\Delta h$——考虑壅水、浪高、波浪壅高、河弯超高、水拱、局部股流壅高(水拱与局部股流壅高两者中，只取其大者)、床面淤高、漂浮物高度等诸因素的总和，m；

Δh_{j}——桥下最小净空，m，应符合表1-4-1的规定；

Δh_{0}——桥梁上部构造建筑高度，应包括桥面铺装高度，m。

表 1-4-1 **非通航河流桥下最小净空 Δh_j**

桥梁部位		高出计算水位/m	高出最高流冰面/m
梁底	洪水期无大漂流物	0.50	0.75
	洪水期有大漂流物	1.50	—
	有泥石流	1.00	—
支座垫石顶面		0.25	0.50
拱脚		0.25	0.25

注:1. 无铰拱的拱脚,允许被设计洪水淹没,但不宜超过拱圈高度的 2/3,且拱顶底面至计算水位的净高不得小于 1m。

2. 山区河流水位变化大,桥下净空安全值可适当加大。

当河流有形成流冰阻塞的危险或有漂浮物通过时,应按实际调查的数据,在计算水位的基础上,结合当地具体情况酌留一定富余量,作为确定桥下净空的依据。对于有淤积的河流,桥下净空应适当增加。

在不通航和无流筏的水库区域内,梁底面或拱顶底面离开水面的高度不应小于计算浪高的75%加上 0.25m。

按设计最高流冰水位计算桥面最低高程时,应按下式计算:

$$H_{min}=H_{sb}+\Delta h_j+\Delta h_0 \tag{1-4-3}$$

式中 H_{sb}——设计最高流冰水位,m,应考虑床面淤高。

桥面设计高程不应低于式(1-4-1)和式(1-4-3)的计算值。

②通航净空要求。

在通航及通行木筏的河流上,必须设置保证桥下安全通航的通航孔。通航孔桥跨结构下缘的标高,应高出自设计通航水位算起的通航净空高度。所谓通航净空,就是在桥孔中垂直于水流方向所规定的空间界限(见图 1-4-1 和图 1-4-2 中虚线所示的多边形图),任何结构构件或航运设施均不得伸入其内。《内河通航标准》(GB 50139—2014)规定了水上过河建筑物的通航净空尺度表,表 1-4-2列出了天然和渠化河流的通航净空尺寸,对于限制性河道、黑龙江水系和珠江三角洲至港澳内河航道的通航净宽另有相关规定。表 1-4-2 中的符号所表示的含义如图 1-4-3 所示。此外我国还颁布了《通航海轮桥梁通航标准》(JTJ 311—1997),该标准适用于沿海、海湾及区域内通航海轮航道的桥梁。

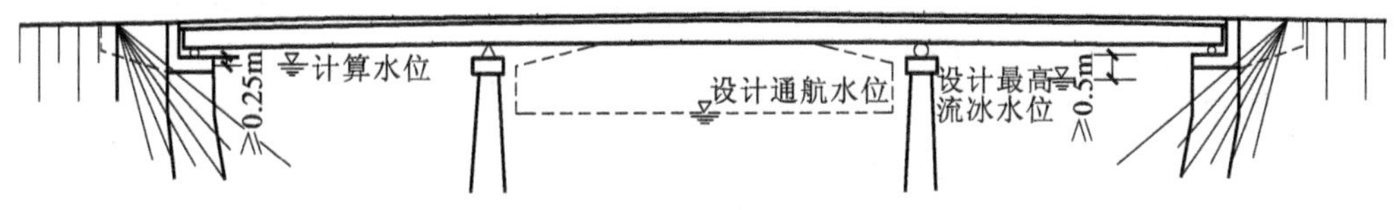

图 1-4-1 梁式桥桥下净空图

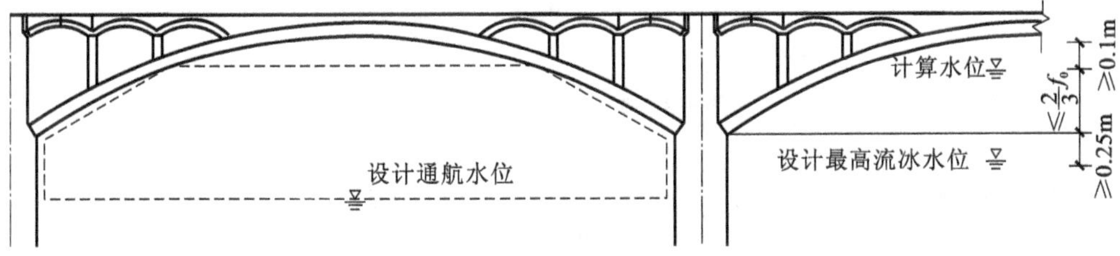

图 1-4-2 拱桥桥下净空图

表 1-4-2　**天然和渠化河流水上过河建筑物通航净空尺寸**

航道等级	净高 H/m	单向通航孔			双向通航孔		
		净宽 B/m	上底宽 b/m	侧高 h/m	净宽 B/m	上底宽 b/m	侧高 h/m
Ⅰ-(1)	24.0	200	150	7.0	400	350	7.0
Ⅰ-(2)	18.0	160	120	7.0	320	280	7.0
Ⅰ-(3)		110	82	8.0	220	192	8.0
Ⅱ-(1)	18.0	145	108	6.0	290	253	6.0
Ⅱ-(2)		105	78	8.0	210	183	8.0
Ⅱ-(3)	10.0	75	56	6.0	150	131	6.0
Ⅲ-(1)	18.0☆	100	75	6.0	200	175	6.0
	10.0						
Ⅲ-(2)	10.0	75	56	6.0	150	131	6.0
Ⅲ-(3)		55	41	6.0	110	96	6.0
Ⅳ-(1)	8.0	75	61	4.0	150	136	4.0
Ⅳ-(2)		6.0	49	4.0	120	109	4.0
Ⅳ-(3)		45	36	5.0	90	81	5.0
Ⅳ-(4)							
Ⅴ-(1)	8.0	55	44	4.5	110	99	4.5
Ⅴ-(2)	8.0 或 5.0▲	40	32	5.5 或 3.5▲	80	72	5.5 或 3.5▲
Ⅴ-(3)							
Ⅵ-(1)	4.5	25	18	3.4	40	33	3.4
Ⅵ-(2)	6.0			4.0			4.0
Ⅶ-(1)	3.5	20	15	2.8	32	27	2.8
Ⅶ-(2)	4.0						

注：1. 带☆的尺度仅适用于长江，带▲的尺度仅适用于通航拖带船队的河流。

2. 当水上过河建筑物的法线方向与水流方向间的交角大于 5°，且横向流速大于 0.3m/s 时，通航净宽需适当加大；当横向流速大于 0.8m/s 时，应一跨过河或在通航水域中不设置墩柱。

3. 当水上过河建筑物的墩柱附近可能出现碍航紊流时，通航净宽值应适当加大。

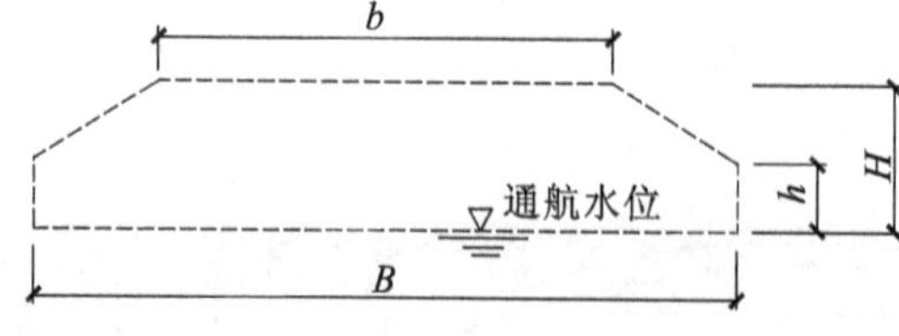

图 1-4-3　表 1-4-2 中符号示意图

③跨线桥桥下的交通要求。

在设计跨线路(铁道或公路)的立体交叉时，桥跨结构底缘的标高应高出规定的车辆净空高度。对于公路所需的净空限界，见桥梁横断面设计部分，铁路的净空限界可查阅《铁路桥涵设计规范》(TB 10002—2017)。

综上所述,全桥位于河中的各跨桥道标高均应首先满足流水净空的要求;对于通航或桥下通车的桥孔还应满足通航净空或建筑净空限界的要求。另外,还应考虑桥的两端是否能够与公路或城市道路顺利衔接等因素。因此,全桥各跨的桥道标高是不相同的,必须综合考虑和规划,一般将桥梁的纵断面设计成具有单向或双向坡度的桥梁,既利于交通又美观,还便于桥面排水(对于不太长的小桥,可以做成平坡桥)。但桥上纵坡不宜大于4%,桥头引道纵坡不宜大于5%。对于位于市镇混合交通繁忙处的桥梁,桥上纵坡和桥头引道纵坡均不得大于3%,并应在纵坡变更的地方按规定设置竖曲线。

4.2.3 桥梁的横断面设计

桥梁横断面的设计,主要取决于桥面的宽度和不同桥跨结构横截面的形式。桥面宽度取决于行车和行人的交通需要,为保证桥梁的服务水平,桥面宽度应当与所在路线的路基宽度保持一致。《公路工程技术标准》(JTG B01—2014)中规定了各级公路的净空限界,如图1-4-4所示,路面各组成部分的宽度依据设计速度这一路线基准要素来确定,在建筑界限内,不得有任何部件侵入。各级公路设计速度的规定见表1-4-3。路面各部分宽度可以分别从表1-4-4~表1-4-7中选取。

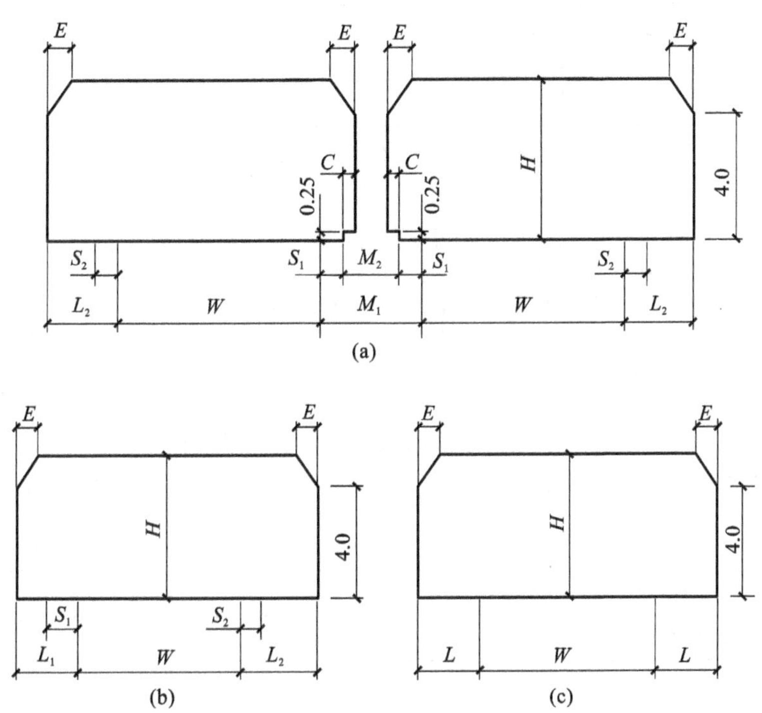

图1-4-4 桥涵净空(尺寸单位:m)

(a)高速公路、一级公路(整体式);(b)高速公路、一级公路(分离式);(c)二、三、四级公路

(注:当桥梁设置人行道时,桥涵净空应包括该部分的宽度;人行道、自行车道与行车道分开设置时,其净高不应小于2.5m。)

图1-4-4中,W为行车道宽度,为车道数乘以车道宽度,并计入所设置的加(减)速车道、紧急停车道、爬坡车道、慢车道或错车道的宽度,车道宽度规定见表1-4-4。当设计速度大于100km/h时C为0.5m,小于或等于100km/h时C为0.25m。S_1为行车道左侧路缘带宽度,见表1-4-5。S_2为行车道右侧路缘带宽度,应为0.5m。M_1为中间带宽度,由两条左侧路缘带和中央分隔带组成。M_2为中央分隔带宽度。E为桥涵净空顶角宽度,$L\leqslant 1$m时,$E=L$;$L>1$m时,$E=1$m。H为净空高度,一条公路应采用一个净高,高速公路和一、二级公路上的桥梁为5.0m,三、四级公路上的桥梁应为

4.5m。L_1为桥梁左侧路肩宽度，见表1-4-6。八车道及八车道以上高速公路上的桥梁宜设置左路肩，其宽度应为2.5m。左侧路肩宽度内含左侧路缘带宽度。L_2为桥梁右侧路肩宽度，见表1-4-7，当受地形条件及其他特殊情况限制时，可采用最小值。高速公路和一级公路上桥梁应在右侧路肩内设右侧路缘带，其宽度为0.5m。设计速度为120km/h的四车道高速公路上桥梁，宜采用3.5m的右侧路肩；六车道、八车道高速公路上的桥梁，宜采用3.0m的右侧路肩。高速公路、一级公路上桥梁的右侧路肩宽度小于2.5m且桥长超过500m时，宜设置紧急停车带，紧急停车带宽度包括路肩在内为3.5m，有效长度不应小于30m，间距不宜大于500m。L为侧向宽度。高速公路、一级公路上桥梁的侧向宽度为路肩宽度(L_1、L_2)，二、三、四级公路上桥梁的侧向宽度为其相应的路肩宽度减去0.25m。

表1-4-3 **各级公路设计速度**

公路等级	高速公路			一级公路			二级公路		三级公路		四级公路	
设计速度/(km/h)	120	100	80	100	80	60	80	60	40	30	30	20

表1-4-4 **车道宽度**

设计速度/(km/h)	120	100	80	60	40	30	20
车道宽度/m	3.75	3.75	3.75	3.50	3.50	3.25	3.00

表1-4-5 **左侧路缘带宽度**

设计速度/(km/h)	120	100	80	60
左侧路缘带宽度/m	0.75	0.75	0.50	0.50

表1-4-6 **分离式断面高速公路、一级公路左侧硬路肩宽度**

设计速度/(km/h)	120	100	80	60
左侧硬路肩宽度/m	1.25	1.00	0.75	0.75

表1-4-7 **右路肩宽度**

公路等级(功能)		高速公路			一级公路(干线功能)	
设计速度/(km/h)		120	100	80	100	80
右侧硬路肩宽度/m	一般值	3.00(2.50)	3.00(2.50)	3.00(2.50)	3.00(2.50)	3.00(2.50)
	最小值	1.50	1.50	1.50	1.50	1.50

4.3 桥梁设计的方案比较

为了获得经济、适用和美观的桥梁设计方案，设计者必须根据自然和技术条件，因地制宜，在综合应用专业知识，了解和掌握国内外新技术、新材料、新工艺的基础上，进行深入细致的研究和分析对比，才能得出完美的设计方案。

桥梁设计方案的比选和确定可按下列步骤进行。

(1)明确各种高程的要求。在桥位纵断面图上，按比例绘出设计洪水位、通航水位、堤顶标高、桥面标高、通航净空、行车净空位置图。

(2)桥梁分孔和初拟桥型方案草图。在确定了上述各种标高的纵断面图上，根据泄洪总跨径的

要求，做出桥梁分孔和桥型方案的草图。作草图时思路要开阔，只要基本可行，尽可能多做一些方案草图，以免遗漏可能的桥型方案。

(3)方案筛选。对各方案草图做技术和经济上的初步分析和判断，筛去弱势方案，从中选出2～4个构思好、有特点的方案，做进一步详细的研究和比较。

(4)详绘桥型方案。根据不同桥型、不同跨度、不同宽度和施工方法，拟定主要的结构尺寸，并尽可能细致地绘制各个桥型方案的尺寸详图。对于新结构，应做初步的力学分析，以确定各方案的主要尺寸。

(5)编制估算或概算。依据编制方案的详图，计算上、下部结构的主要工程数量，依据各省、市或行业的“估算定额”或“概算定额”，编制出各方案的主要材料(钢、木、混凝土等)用量、劳动力数量和全桥总造价。

(6)方案选定和文件汇总。综合考虑建设造价、养护费用、建设工期、营运适用性、美观等因素，阐述每个方案的优缺点，经分析论证，选定一个最佳的推荐方案。在深入研究和比较的过程中，应当及时发现并调整方案中的不合理之处，确保最后选定的方案是强中选强的方案。

上述工作完成之后，着手编写方案说明。说明书中应阐明方案编制的依据和标准、各方案的主要特色、施工方法、设计概算以及方案比选的综合性评述。对于推荐方案应做详细的说明。各种测量资料、地质勘查和地震烈度复核资料、水文调查与计算资料等应按附件载入。

本章小结

1.公路桥梁设计的基本原则为：安全、耐久、适用、环保、经济和美观。

2.桥梁设计的基本要求包括：使用上的要求、经济上的要求、结构尺寸和构造上的要求、施工上的要求、美观上的要求、结构造型与力学行为相协调。

3.桥梁设计程序包括：工程预可行性研究、工程可行性研究、初步设计、技术设计和施工图设计。

4.桥梁纵断面设计包括：桥梁的总跨径、桥梁的分孔、桥道的高程与桥下净空、桥上和桥头引道的纵坡以及基础的埋置深度等。

5.桥梁横断面设计的主要内容：桥面的宽度和桥跨结构横断面的布置。

6.桥梁方案比较的主要步骤包括：拟定桥梁的图示、编制方案、技术经济比较和最优方案的选定。

思考题

1.大型桥梁的设计程序包括哪些内容？

2.桥梁纵断面设计包括哪些内容？

3.什么是桥梁的净空(限界)？它的用途是什么？

4.桥面横坡有哪几种设置方法？各有什么特点？

5 桥梁的设计作用及其效应组合

5.1 作用分类

“作用”是引起桥涵结构反应的各种原因的统称，它可以归纳为性质不同的两类：一类是施加于结构之上的外力，如车辆、人群、结构自重等，它们直接施加于结构之上，可用“荷载”这一术语来概括；另一类不是以外力的形式施加于结构，它们产生的效应与结构本身的特性、结构所处的环境等有关，如地震、基础变位、混凝土收缩和徐变、温度变化等，它们间接作用于结构上，如果也称荷载，容易引起人们的误解。因此，目前国际上普遍将引起结构反应的原因称为“作用”，而“荷载”仅限于施加于结构上的直接作用。

作用的种类、形式和大小的选定是桥梁计算工作中的主要部分，它关系桥梁结构在其设计使用期限内的安全系数和桥梁建设费用的合理投资。《桥规》中，将作用分为永久作用、可变作用、偶然作用和地震作用四大类，如表 1-5-1 所示。

表 1-5-1　**作用分类**

序号	分类	名称
1	永久作用	结构重力(包括结构附加重力)
2		预加力
3		土的重力
4		土侧压力
5		混凝土收缩、徐变作用
6		水浮力
7		基础变位作用
8	可变作用	汽车荷载
9		汽车冲击力
10		汽车离心力
11		汽车引起的土侧压力
12		汽车制动力
13		人群荷载
14		疲劳荷载
15		风荷载
16		流水压力

续表

序号	分类	名称
17	可变作用	冰压力
18		波浪力
19		温度(均匀温度和梯度温度)作用
20		支座摩阻力
21	偶然作用	船舶的撞击力
22		漂流物的撞击作用
23		汽车撞击作用
24	地震作用	地震作用

(1)永久作用:结构使用期内,其量值不随时间变化,或其变化值与平均值相比可以忽略不计的作用。

(2)可变作用:在结构使用期内,其量值随时间变化,且其变化值与平均值相比不可忽略的作用。

(3)偶然作用:在结构使用期内,出现的概率很小,一旦出现其值很大且持续时间很短的作用。

(4)地震作用:是一种特殊的偶然作用,因此,将地震作用单列为一种类型。

5.2 永久作用、可变作用和偶然作用

5.2.1 永久作用

永久作用包括结构重力、预加力、土的重力、土侧压力、混凝土收缩及徐变作用、水的浮力和基础变位作用。

结构物的重力及桥面铺装、附属设备等外加重力均属于结构重力,结构自重可按结构构件的设计尺寸与材料的重力密度进行计算确定。桥梁结构的自重往往占全部设计荷载的大部分,采用轻质高强度材料对减轻桥梁自重、增强跨越能力有着重要的意义。

对于预应力混凝土结构,预加力在结构进行正常使用极限状态设计和使用阶段构件应力计算时,应作为永久作用计算其主、次效应,计算时应考虑相应阶段的预应力损失,但不计由于预加力偏心距增大引起的附加效应。在设计结构承载能力极限状态时,预加应力不作为作用,而将预应力钢筋作为结构抗力的一部分,但在超静定结构中,仍需计算预加力引起的次效应。

温度降低会使混凝土收缩,并在其内部产生收缩应力。结构构件在长时间使用过程中会发生变形,这种随时间的增长而产生的变形称为徐变。由这种变形而产生的内力为徐变内力。对于超静定混凝土结构及结合桥梁等,均应考虑混凝土的收缩和徐变作用。

5.2.2 可变作用

桥梁设计中考虑的可变作用有汽车荷载和人群荷载。同时,对于汽车荷载应计及其冲击力、制动力和离心力。所有车辆荷载尚应计算其所引起的土侧压力。

此外可变作用还包括支座摩阻力、温度(均匀温度和梯度温度)作用、风荷载、流水压力和冰压力等。

5.2.2.1　汽车荷载

汽车荷载由车道荷载和车辆荷载组成,车道荷载由均布荷载和集中荷载组成。桥梁结构的整体计算采用车道荷载;桥梁结构的局部加载、涵洞、桥台和挡土墙土压力等的计算,则采用车辆荷载。车道荷载与车辆荷载的作用不得叠加。

进行公路桥涵设计时,将汽车荷载分为公路-Ⅰ级和公路-Ⅱ级两个等级,其荷载等级参照表1-5-2确定。

桥梁汽车荷载动力效应缩尺模型实验视频

表1-5-2　**各级公路桥涵的汽车荷载等级**

公路等级	高速公路	一级公路	二级公路	三级公路	四级公路
汽车荷载等级	公路-Ⅰ级	公路-Ⅰ级	公路-Ⅰ级	公路-Ⅱ级	公路-Ⅱ级

二级公路为集散公路且交通量小、重型车辆少时,其桥涵的设计可采用公路-Ⅱ级汽车荷载。

对交通组成中重载交通比重较大的公路桥涵,宜采用与该公路交通组成相适应的汽车荷载模式进行结构整体和局部验算。

(1)车道荷载。

车道荷载的计算图示如图1-5-1所示。

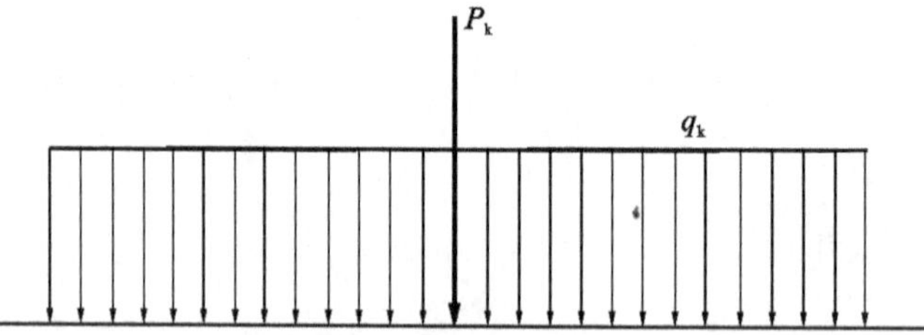

图1-5-1　车道荷载计算图示

①公路-Ⅰ级车道荷载均布荷载标准值 $q_k=10.5\text{kN/m}$;集中荷载标准值 P_k 取值见表1-5-3。计算剪力效应时,上述集中荷载标准值应乘以系数1.2。

表1-5-3　**集中荷载 P_k 取值**

计算跨径 L_0/m	$L_0\leqslant5$	$5<L_0<50$	$L_0\geqslant50$
P_k/kN	270	$2(L_0+130)$	360

注:计算跨径 L_0,设支座的为相邻支座中心间的水平距离;不设支座的为上、下部结构相交面中心间的水平距离。

②公路-Ⅱ级车道荷载的均布荷载标准值 q_k 和集中荷载标准值 P_k 按公路-Ⅰ级车道荷载的75%采用。

③车道荷载的均布荷载标准值应满布于使结构产生最不利效应的同号影响线上,集中荷载标准值只作用于相应影响线中一个影响线峰值处。

(2)车辆荷载。

车辆荷载的立面、平面尺寸如图1-5-2所示,主要技术指标规定见表1-5-4。公路-Ⅰ级和公路-Ⅱ级汽车荷载采用相同的车辆荷载标准值。

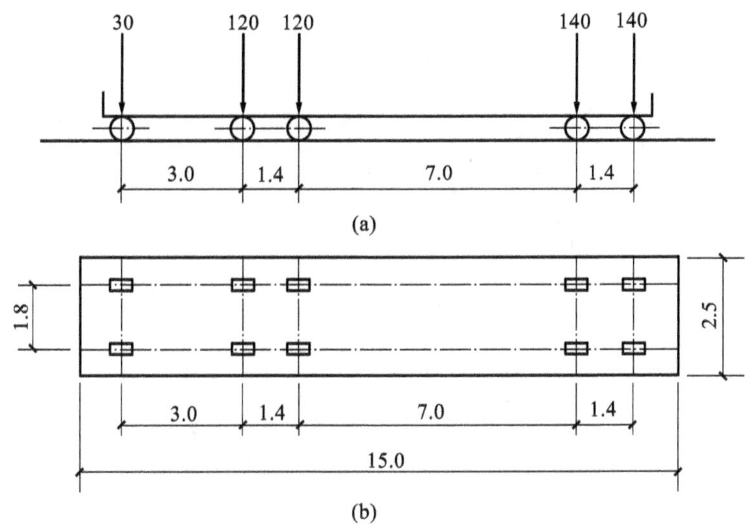

图 1-5-2 车辆荷载的立面、平面尺寸(尺寸单位:m;荷载单位:kN)

(a)立面布置;(b)平面尺寸

表 1-5-4 车辆荷载主要技术指标

项目	单位	技术指标	项目	单位	技术指标
车辆重力标准值	kN	550	轮距	m	1.8
前轴重力标准值	kN	30	前轮着地宽度及长度	m	0.3×0.2
中轴重力标准值	kN	2×120	中、后轮着地宽度及长度	m	0.6×0.2
后轴重力标准值	kN	2×140	车辆外形尺寸(长×宽)	m	15×2.5
轴距	m	3+1.4+7+1.4			

(3)设计车道数、车道荷载的横向布置及荷载效应的折减。

①车道荷载的横向布置。

车道荷载横向分布系数应按表 1-5-5 给出的设计车道数,如图 1-5-3 所示布置车辆荷载进行计算。

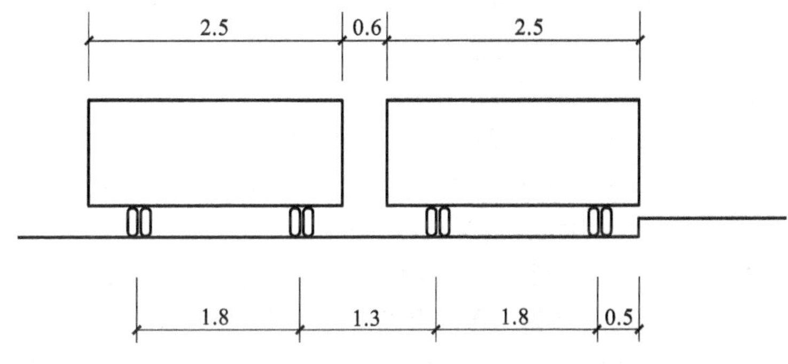

图 1-5-3 车辆荷载横向布置(尺寸单位:m)

②设计车道数。

桥涵设计车道数应符合表 1-5-5 的规定。横桥向布置多车道汽车荷载时,应考虑汽车荷载的折减;布置一条车道汽车荷载时,应考虑汽车荷载的提高。横向车道布载系数应符合表1-5-6的规定。多车道布载的荷载效应不得小于两条车道布载的荷载效应。

表1-5-5　**桥涵设计车道数**

桥面宽度 W/m		桥涵设计车道数
车辆单向行驶时	车辆双向行驶时	
$W<7.0$		1
$7.0\leqslant W<10.5$	$6.0\leqslant W<14.0$	2
$10.5\leqslant W<14.0$		3
$14.0\leqslant W<17.5$	$14.0\leqslant W<21.0$	4
$17.5\leqslant W<21.0$		5
$21.0\leqslant W<24.5$	$21.0\leqslant W<28.0$	6
$24.5\leqslant W<28.0$		7
$28.0\leqslant W<31.5$	$28.0\leqslant W<35.0$	8

表1-5-6　**横向车道布载系数**

横向布载车道数/条	1	2	3	4	5	6	7	8
横向车道布载系数	1.20	1.00	0.78	0.67	0.60	0.55	0.52	0.50

③荷载效应的纵向折减。

大跨径桥梁上的汽车荷载应考虑纵向折减。当桥梁计算跨径大于150m时,应按表1-5-7规定的纵向折减系数进行折减。当为多跨连续结构时,整个结构应按最大的计算跨径考虑汽车荷载效应的纵向折减。

表1-5-7　**纵向折减系数**

计算跨径 L_0/m	纵向折减系数	计算跨径 L_0/m	纵向折减系数
$150<L_0<400$	0.97	$800\leqslant L_0<1000$	0.94
$400\leqslant L_0<600$	0.96	$L_0\geqslant 1000$	0.93
$600\leqslant L_0<800$	0.95	—	—

5.2.2.2　汽车荷载冲击力

汽车以一定速度在桥上行驶,由于桥面不平整、车轮不圆以及发动机抖动等,会使桥梁结构产生振动,致使桥梁产生的应力与变形比相应的静荷载引起的应力与变形要大。这种由于荷载的动力作用使桥梁发生振动,而造成内力加大的现象称为冲击作用。

冲击影响一般都是用静力学的方法反映,即引入一个竖向动力效应的增大系数——冲击系数μ,汽车荷载的冲击力标准值用汽车荷载标准值乘以冲击系数来表达。

钢桥、钢筋混凝土及预应力混凝土桥、圬工拱桥等上部构造和钢支座、板式橡胶支座、盆式橡胶支座及钢筋混凝土柱式墩台,应计算汽车的冲击作用。填料厚度(包括路面厚度)大于或等于0.5m的拱桥、涵洞以及重力式墩台不计冲击力。支座的冲击力,按相应的桥梁取用。

冲击系数μ可按下列公式计算。

当结构的基频 $f<1.5\text{Hz}$ 时：

$$\mu=0.05$$

当 $1.5\text{Hz}\leqslant f\leqslant 14\text{Hz}$ 时：

$$\mu=0.1767\ln f-0.0157$$

当 $f>14\text{Hz}$ 时：

$$\mu=0.45$$

结构基频的计算宜采用有限元法，对于常规结构，可采用《桥规》条文说明中的公式估算。如简支梁桥的基频计算公式如下：

$$f=\frac{\pi}{2l^2}\sqrt{\frac{EI_c}{m_c}}$$

$$m_c=G/g$$

式中 l——结构的计算跨径，m；

E——结构材料的弹性模量，N/m^2；

I_c——结构跨中截面的截面惯性矩，m^4；

m_c——结构跨中处的单位长度质量，kg/m，当换算为重力计算时，其单位应为 $\text{N}\cdot\text{s}^2/\text{m}$；

G——结构跨中处延米结构重力，N/m；

g——重力加速度，$g=9.81\text{m/s}^2$。

汽车荷载的局部加载及在 T 梁、箱梁悬臂板上的冲击系数 $\mu=0.3$。

5.2.2.3 汽车荷载离心力

汽车荷载离心力是一种伴随着车辆在弯道行驶时所产生的惯性力，其以水平力的形式作用于桥梁结构，是弯桥横向受力与抗扭设计计算所考虑的主要因素。离心力的大小与平曲线半径成反比。当曲线桥桥墩较高时，即使桥梁曲线半径较大，比如大于 250m，离心力较小，但是由于墩高的影响，离心力产生的弯矩也较大，不能忽略。

离心力标准值为汽车荷载(不计冲击力)标准值乘以离心力系数 C，离心力系数按下式计算：

$$C=\frac{v^2}{127R}$$

式中 v——设计速度，应按桥梁所在公路等级的规定采用，km/h；

R——曲线半径，m。

计算多车道桥梁的汽车荷载离心力时，应考虑横向折减系数。离心力的着力点在桥面以上 1.2m，为计算简便，也可移至桥面上，不计由此引起的竖向力和力矩。

5.2.2.4 汽车荷载引起的土侧压力

汽车荷载引起的土压力采用车辆荷载加载。车辆荷载作用在桥台台背或路堤挡土墙后填土的破坏棱体上引起的土侧压力，可按下式换算成等代均布土层厚度 h(单位：m)：

$$h=\frac{\sum G}{Bl_0\gamma}$$

式中 γ——土的重度，kN/m^3；

$\sum G$——布置在 $B\times l_0$ 面积内的车轮的总重力，kN；

l_0——桥台或挡土墙后填土的破坏棱体长度，m；

B——桥台横向全宽或挡土墙的计算长度，m。

当挡土墙分段长度小于 13m 时，B 取分段长度，并应在该长度内按不利情况布置轮重。计算涵洞顶上汽车荷载引起的竖向土压力时，车轮按其着地面积的边缘向下作30°角分布。当几个车轮的压力扩散线重叠时，扩散面积以最外边的扩散线为准。

5.2.2.5　*汽车荷载制动力*

汽车荷载制动力是车辆在制动时，为克服车辆的惯性力而在路面与车辆之间发生的滑动摩擦力。汽车荷载制动力按同向行驶的汽车荷载（不计冲击力）计算，并按照使桥梁墩台产生最不利纵向力的加载长度进行纵向折减。

一个设计车道上由汽车荷载产生的制动力标准值按车道荷载标准值在加载长度上计算的总重力的10%计算，但公路-Ⅰ级汽车荷载的制动力标准值不得小于165kN，公路-Ⅱ级汽车荷载的制动力标准值不得小于90kN。同向行驶双车道的汽车荷载制动力标准值为一个设计车道制动力标准值的2倍，同向行驶三车道的为一个设计车道制动力标准值的2.34倍，同向行驶四车道的为一个设计车道的2.68倍。

制动力的着力点在桥面以上1.2m处，计算墩台时，可移至支座铰中心或支座底面上。计算刚构桥、拱桥时，制动力的着力点可移至桥面上，但不计因此而产生的竖向力和力矩。

设有板式橡胶支座的简支梁、连续桥面简支梁或连续梁排架式柔性墩台，应根据支座与墩台的抗推刚度的刚度集成情况分配和传递制动力。设有板式橡胶支座的简支梁刚性墩台，应按单跨两端的板式橡胶支座的抗推刚度分配制动力。

设有固定支座、活动支座（滚动或摆动支座、聚四氟乙烯板支座）的刚性墩台传递的制动力，按表1-5-8的规定采用。每个活动支座传递的制动力，其值不应大于其摩阻力；当大于摩阻力时，按摩阻力计算。

表1-5-8　**刚性墩台各种支座传递的制动力**

桥梁墩台及支座类型		应计的制动力	符号说明
简支梁桥台	固定支座	T_1	T_1——加载长度为计算跨径时的制动力； T_2——加载长度为相邻两跨计算跨径之和时的制动力； T_3——加载长度为一联长度的制动力
	聚四氟乙烯板支座	$0.30T_1$	
	滚动（或摆动）支座	$0.25T_1$	
简支梁桥墩	两个固定支座	T_2	
	一个固定支座，一个活动支座	见注	
	两个聚四氟乙烯板支座	$0.30T_2$	
	两个滚动（或摆动）支座	$0.25T_2$	
连续梁桥墩	固定支座	T_3	
	聚四氟乙烯板支座	$0.30T_3$	
	滚动（或摆动）支座	$0.25T_3$	

注：固定支座按T_4计算，活动支座按$0.30T_5$（聚四氟乙烯板支座）或$0.25T_5$（滚动支座或摆动支座）计算，T_4和T_5分别为与固定支座或活动支座相应的单跨跨径的制动力，桥墩承受的制动力为上述固定支座与活动支座传递的制动力之和。

5.2.2.6　*人群荷载*

设有人行道的桥梁，当用汽车荷载计算时，应同时计入人行道上的人群荷载。

对于公路桥梁，人群荷载标准值应按表1-5-9采用，对跨径不等的连续结构，以最大计算跨径为准。

表1-5-9　**人群荷载标准值**

计算跨径 L_0/m	$L_0 \leqslant 50$	$50 < L_0 < 150$	$L_0 \geqslant 150$
人群荷载/(kN/m²)	3.0	$3.25-0.005L_0$	2.5

非机动车、行人密集的公路桥梁，人群荷载标准值取上述标准值的 1.15 倍。专用人行桥梁，人群荷载标准值为 3.5kN/m^2。人群荷载在横向应布置在人行道的净宽度内，在纵向施加于使结构产生最不利荷载效应的区段内。人行道（局部构件）可以一块板为单元，按标准值 4.0kN/m^2 的均布荷载计算。计算人行道栏杆时，作用在栏杆立柱顶上的水平推力标准值取 0.75kN/m，作用在栏杆扶手上的竖向力标准值取 1.0kN/m。

5.2.2.7　支座摩阻力

支座摩阻力是上部构造因温度变化而产生的，其标准值可按下式计算：

$$F=\mu \cdot W$$

式中　W——作用于活动支座上由上部结构重力产生的效应；

μ——支座摩擦系数，宜采用实测数据，无实测数据时可按表 1-5-10 取用。

表 1-5-10　**支座摩擦系数**

支座种类		支座摩擦系数 μ
滚动支座或摆动支座		0.05
板式橡胶支座	支座与混凝土面接触	0.30
	支座与钢板接触	0.20
	聚四氟乙烯板与不锈钢板接触	0.06（加 5201 硅脂润滑后，温度低于－25℃时为 0.078）
		0.12（不加 5201 硅脂润滑后，温度低于－25℃时为 0.156）
盆式支座		加 5201 硅脂润滑后，常温型活动支座摩擦系数不大于 0.03（支座适用温度为－25～60℃）
		加 5201 硅脂润滑后，耐寒型活动支座摩擦系数不大于 0.06（支座适用温度为－40～60℃）
球形支座		加 5201 硅脂润滑后，活动支座摩擦系数不大于 0.03（支座适用温度为－25～60℃）
		加 5201 硅脂润滑后，活动支座摩擦系数不大于 0.05（支座适用温度为－40～60℃）

5.2.3　偶然作用

（1）船舶或漂流物的撞击作用。

通航水域中的桥梁墩台，设计时应考虑船舶的撞击作用，船舶的撞击作用设计值宜按专题研究确定。四至七级内河航道当缺乏实际调查资料时，船舶撞击作用的设计值可按表 1-5-11 所列数值的 50％取值。当缺乏实际调查资料时，海轮撞击作用的设计值可按表 1-5-12 取值。

表 1-5-11　**内河船舶撞击作用设计值**

内河航道等级	船舶吨级 DWT/t	横桥向撞击作用/kN	顺桥向撞击作用/kN
四	500	550	450
五	300	400	350
六	100	250	200
七	50	150	125

表 1-5-12　　**海轮撞击作用设计值**

船舶吨级 DWT/t	3000	5000	7500	10000	20000	30000	40000	50000
横桥向撞击作用/kN	19600	25400	31000	35800	50700	62100	71700	80200
顺桥向撞击作用/kN	9800	12700	15500	17900	25350	31050	35850	40100

规划航道内可能遭受大型船舶撞击作用的桥墩，应根据桥墩的自身抗撞击能力、桥墩的位置和外形、水流流速、水位变化、通航船舶类型和碰撞速度等因素作桥墩防撞设施的设计。当设有与墩台分开的防撞击的防护结构时，桥墩可不计船舶的撞击作用。内河船舶的撞击作用点，假定为计算通航水位线以上 2m 的桥墩宽度或长度的中点。海轮船舶撞击作用点需视实际情况而定。

有漂流物的水域中的桥梁墩台，设计时应考虑漂流物的撞击作用，其横桥向撞击力设计值可按下式计算，漂流物的撞击作用点假定在计算通航水位线上桥墩宽度的中点。

$$F=\frac{Wv}{gT}$$

式中　W——漂流物重力，kN，应根据河流中漂流物情况按实际调查确定；

v——水流速度，m/s；

T——撞击时间，s，应根据实际资料估计，在无实际资料时，可用 1s；

g——重力加速度，$g=9.81\text{m/s}^2$。

(2)汽车撞击作用。

桥梁结构必要时可考虑汽车的撞击作用。汽车撞击力设计值在车辆行驶方向应取 1000kN，在与车辆行驶方向垂直的方向应取 500kN，两个方向的撞击力不同时考虑。撞击力应作用于行车道以上 1.2m 处，直接分布于撞击涉及的构件上。

对设有防撞设施的结构构件，可视防撞设施的防撞能力，对汽车撞击力涉及值予以折减，但折减后的汽车撞击力设计值不应低于上述规定值的 1/6。

5.2.4　地震作用

公路桥梁地震作用应符合《公路工程抗震规范》(JTG B02—2013)和《公路桥梁抗震设计细则》(JTG/T B02—01—2008)的规定。

5.3　作用效应组合

公路桥涵结构设计应考虑结构上可能同时出现的作用，按承载能力极限状态、正常使用极限状态进行作用组合，均应按下列原则取其最不利组合效应进行设计：

(1)只有在结构上可能同时出现的作用，才进行组合。当结构或结构构件需做不同受力方向的验算时，应以不同方向的最不利的作用组合效应进行计算。

(2)当可变作用的出现对结构或结构构件产生有利影响时，该作用不应参与组合。实际不可能同时出现的作用或同时参与组合概率很小的作用，按表 1-5-13 规定不考虑其参与组合。

表 1-5-13　　**可变作用不同时组合表**

作用名称	不与该作用同时参与组合的作用
汽车制动力	流水压力、冰压力、波浪力、支座摩阻力
流水压力	汽车制动力、冰压力、波浪力

续表

作用名称	不与该作用同时参与组合的作用
波浪力	汽车制动力、流水压力、冰压力
冰压力	汽车制动力、流水压力、波浪力
支座摩阻力	汽车制动力

(3)施工阶段的作用组合，应按计算需要及结构所处条件而定，结构上的施工人员和施工机具设备均应作为可变作用加以考虑。组合式桥梁，当把梁底作为施工支撑时，作用组合效应宜分两个阶段计算，底梁受荷为第一阶段，组合梁受荷为第二个阶段。

(4)多个偶然作用不同时参与组合。

(5)地震作用不与偶然作用同时参与组合。

5.3.1 按承载能力极限状态设计时作用效应的组合

公路桥涵结构按承载能力极限状态设计时，对持久设计状况和短暂设计状况应采用作用的基本组合，对偶然设计状况应采用作用的偶然组合，对地震设计状况应采用作用的地震组合，并应符合下列规定。

(1)基本组合：永久作用设计值与可变作用设计值相组合。

①作用基本组合的效应设计值可按下式计算：

$$S_{ud} = \gamma_0 S(\sum_{i=1}^{m}\gamma_{G_i}G_{ik},\gamma_{Q_1}\gamma_L Q_{1k},\psi_c\sum_{j=2}^{n}\gamma_{Lj}\gamma_{Qj}Q_{jk})$$

或

$$S_{ud} = \gamma_0 S(\sum_{i=1}^{m}G_{id},Q_{1d},\sum_{j=2}^{n}Q_{jd})$$

式中 S_{ud}——承载能力极限状态下作用基本组合的效应设计值。

$S(\cdot)$——作用组合的效应函数。

γ_0——结构重要性系数，按表1-5-14规定的结构设计安全等级采用，按持久状况和短暂状况承载能力极限状态设计时，公路桥涵结构设计安全等级应不低于表1-5-14的规定，对应于设计安全等级为一级、二级和三级分别取1.1、1.0和0.9。

γ_{G_i}——第i个永久作用的分项系数，应按表1-5-15的规定采用。

G_{ik}，G_{id}——第i个永久作用的标准值和设计值。

γ_{Q_1}——汽车荷载(含汽车冲击力、离心力)的分项系数。采用车道荷载计算时取$\gamma_{Q_1}=1.4$；采用车辆荷载计算时，其分项系数取$\gamma_{Q_1}=1.8$。当某个可变作用在组合中其效应值超过汽车荷载效应时，该作用取代汽车荷载，其分项系数$\gamma_{Q_1}=1.4$；对专为承受某作用而设置的结构或装置，设计时该作用的分项系数取$\gamma_{Q_1}=1.4$；计算人行道板和人行道栏杆的局部荷载，其分项系数也取$\gamma_{Q_1}=1.4$。

Q_{1k}，Q_{1d}——汽车荷载(含汽车冲击力、离心力)的标准值和设计值。

γ_{Qj}——在作用组合中除汽车荷载(含汽车冲击力、离心力)、风荷载外的其他第j个可变作用的分项系数，取$\gamma_{Qj}=1.4$；但风荷载的分项系数取$\gamma_{Qj}=1.1$。

Q_{jk}，Q_{jd}——在作用组合中除汽车荷载(含汽车冲击力、离心力)外的其他第j个可变作用的标准值和设计值。

ψ_c——在作用组合中除汽车荷载(含汽车冲击力、离心力)外的其他可变作用的组合值系数，

取 $\psi_c=0.75$。

Q_{jk}——在作用组合中除汽车荷载(含汽车冲击力、离心力)外的第 j 个可变作用的组合值。

γ_{Lj}——第 j 个可变作用的结构设计使用年限荷载调整系数。公路桥涵结构的设计使用年限按现行《公路工程技术标准》(JTG B01—2014)取值时,可变作用的设计使用年限荷载调整系数取 $\gamma_{Lj}=1.0$;否则,γ_{Lj} 取值应按专题研究确定。

表 1-5-14　**公路桥涵结构设计安全等级**

设计安全等级	破坏后果	适用对象
一级	很严重	(1)各等级公路上的特大桥、大桥、中桥; (2)高速公路、一级公路、二级公路、国防公路及城市附近交通繁忙公路上的小桥
二级	严重	(1)三、四级公路上的小桥; (2)高速公路、一级公路、二级公路、国防公路及城市附近交通繁忙公路上的涵洞
三级	不严重	三、四级公路上的涵洞

注:本表所列特大、大、中桥等是按《桥规》表 1.0.5 中的单孔跨径确定,对多跨不等跨桥梁,以其中最大跨径为准。

表 1-5-15　**永久作用的分项系数**

序号	作用类别		永久作用分项系数	
			对结构的承载能力不利时	对结构的承载能力有利时
1	混凝土和圬工结构重力(包括结构附加重力)		1.2	1.0
	钢结构重力(包括结构附加重力)		1.1 或 1.2	
2	预加力		1.2	1.0
3	土的重力		1.2	1.0
4	混凝土收缩及徐变作用		1.0	1.0
5	土侧压力		1.4	1.0
6	水的浮力		1.0	1.0
7	基础变位作用	混凝土和圬工结构	0.5	0.5
		钢结构	1.0	1.0

注:本表序号 1 中,当钢桥采用钢桥面板时,永久作用分项系数取 1.1;当采用混凝土桥面板时,取 1.2。

②当作用与作用效应可按线性关系考虑时,作用基本组合的效应设计值 S_{ud} 可通过作用效应代数相加计算。

③设计弯桥时,当离心力与制动力同时参与组合时,制动力标准值或设计值按 70%取用。

(2)偶然组合:永久作用标准值与可变作用某种代表值、一种偶然作用设计值相组合;与偶然作用同时出现的可变作用,可根据观测资料和工程经验取用频遇值或准永久值。

①作用偶然组合的效应设计值可按下式计算:

$$S_{ad}=S(\sum_{i=1}^{m}G_{ik},A_d,(\psi_{f1}\text{ 或 }\psi_{q1})Q_{1k},\sum_{j=2}^{n}\psi_{qj}Q_{jk})$$

式中 S_{ad}——承载能力极限状态下作用偶然组合的效应设计值。

A_d——偶然作用的设计值。

ψ_{f1}——汽车荷载(含汽车冲击力、离心力)的频遇值系数,取 $\psi_{f1}=0.7$;当某个可变作用在组合中其效应值超过汽车荷载效应时,该作用取代汽车荷载,人群荷载 $\psi_f=1.0$,风荷载 $\psi_f=0.75$,温度梯度作用 $\psi_f=0.8$,其他作用 $\psi_f=1.0$。

$\psi_{f1}Q_{1k}$——汽车荷载的频遇值。

ψ_{q1},ψ_{qj}——第1个和第 j 个可变作用的准永久值系数,汽车荷载(含汽车冲击力、离心力) $\psi_q=0.4$,人群荷载 $\psi_q=0.4$,风荷载 $\psi_q=0.75$,温度梯度作用 $\psi_q=0.8$,其他作用 $\psi_q=1.0$。

$\psi_{q1}Q_{1k},\psi_{qj}Q_{jk}$——第1个和第 j 个可变作用的准永久值。

②当作用与作用效应可按线性关系考虑时,作用偶然组合的效应设计值 S_{ad} 可通过作用效应代数相加计算。

(3)作用地震组合的效应设计值应按《公路工程抗震规范》(JTG B02—2013)的有关规定计算。

5.3.2 按正常使用极限状态设计时作用效应的组合

公路桥涵结构按正常使用极限状态设计时,应根据不同的设计要求,采用作用的频遇组合或准永久组合,并应符合下列规定。

(1)频遇组合:永久作用标准值与汽车荷载频遇值、其他可变作用准永久值相组合。

①作用频遇组合的效应设计值可按下式计算:

$$S_{fd}=S(\sum_{i=1}^{m}G_{ik},\psi_{f1}Q_{1k},\sum_{j=2}^{n}\psi_{qj}Q_{jk})$$

式中 S_{fd}——作用频遇组合的效应设计值;

ψ_{f1}——汽车荷载(不计汽车冲击力)频遇值系数,取0.7。

②当作用与作用效应可按线性关系考虑时,作用频遇组合的效应设计值 S_{fd} 可通过作用效应代数相加计算。

(2)准永久组合:永久作用标准值与可变作用准永久值相组合。

①作用准永久组合的效应设计值可按下式计算:

$$S_{qd}=S(\sum_{i=1}^{m}G_{ik},\sum_{j=2}^{n}\psi_{qj}Q_{jk})$$

式中 S_{qd}——作用准永久组合的效应设计值;

ψ_{qj}——汽车荷载(不计汽车冲击力)准永久值系数,取0.4。

②当作用与作用效应可按线性关系考虑时,作用准永久组合的效应设计值 S_{qd} 可通过作用效应代数相加计算。

钢结构构件抗疲劳设计时,除特别指明外,各作用应采用标准值,作用分项系数应取为1.0。结构构件当需进行弹性阶段截面应力计算时,除特别指明外,各作用应采用标准值,作用分项系数应取为1.0,各项应力限值应按各设计规范规定采用。验算结构的抗倾覆、滑动稳定时,稳定系数、各作用的分项系数及摩擦系数,应根据不同结构按各有关桥涵设计规范的规定确定。构件在吊装、运输时,构件重力应乘以动力系数1.2(对结构不利时)或0.85(对结构有利时),并视构件具体情况进行适当增减。

本章小结

1.作用于公路桥梁上的作用分为永久作用、可变作用、偶然作用和地震作用四大类。

2.公路汽车荷载分为公路-Ⅰ级和公路-Ⅱ级两个等级，公路汽车荷载由车道荷载和车辆荷载组成，车道荷载由均布荷载和集中荷载组成。

3.使用汽车荷载进行计算时应采用的原则：

(1)桥梁结构的整体计算采用车道荷载；

(2)桥梁结构的局部加载，涵洞、桥台和挡土墙土压力等的计算采用车辆荷载；

(3)车辆荷载和车道荷载的作用不得叠加。

4.车道荷载在影响线上进行最不利加载时的原则：

(1)均布荷载标准值应满布于使结构产生最不利效应的同号影响线上；

(2)集中荷载标准值只作用于相应影响线中的一个最大影响线峰值处。

5.汽车荷载的冲击力。

(1)车辆以一定速度驶过桥梁时，桥面的不平整、车轮不圆以及发动机抖动等，会使桥梁结构产生振动，这种动力效应通常称为冲击作用。

(2)钢桥、钢筋混凝土及预应力混凝土桥、圬工拱桥等上部结构和钢支座、板式橡胶支座、盆式橡胶支座及钢筋混凝土柱式墩台，应计算汽车的冲击作用。

(3)填料厚度(包括路面厚度)大于或等于0.5m的拱桥、涵洞以及重力式墩台不计冲击作用。

6.桥梁设计体系规定了桥涵结构的两种极限状态：承载能力极限状态和正常使用极限状态。根据桥涵在施工和使用过程中面临的不同情况，桥涵结构设计分为三种设计状况：持久状况、短暂状况和偶然状况。

7.按承载能力极限状态设计时，作用效应的组合包括基本组合和偶然组合；按正常使用极限状态设计时，作用效应的组合包括频遇组合和准永久组合。

思考题

1.桥梁设计作用(荷载)分为哪几类？各类作用(荷载)主要包括哪些作用力？

2.什么是作用效应？公路桥涵结构按正常使用极限状态设计时，采用哪两种效应组合？

3.公路桥梁汽车荷载分为哪几个等级？汽车荷载由哪几种荷载组成？分别用在什么情况下？

第 2 篇

钢筋混凝土和预应力混凝土简支梁桥

1 概 论

1.1 钢筋混凝土和预应力混凝土梁桥的一般特点

(1)钢筋混凝土梁桥的一般特点。

钢筋混凝土梁桥是钢筋混凝土结构的一种结构类型，因此，它具有钢筋混凝土结构的所有特点，即混凝土骨料可以就地取材，因而成本低；耐久性好，维修费用极少；材料可塑性强，可以按照设计意图做成各种形状的结构，例如适应道路线型的曲线桥；可以采用装配式结构，工业化程度高，既提高工程质量又加快施工进度；整体性好，结构刚度大，变形小；噪声小等。

钢筋混凝土梁桥也有一些明显的不足之处。在钢筋混凝土梁桥中，梁的受拉区布置有受力钢筋，以承担外荷载产生的拉应力，钢筋和混凝土黏结在一起共同变形，由于受到混凝土裂缝宽度的限制，因此钢筋的拉应变或应力也将受到相应的制约，因为这一制约关系，钢筋混凝土结构无法利用高强度材料减轻结构自重，增强跨越能力。钢筋混凝土梁桥，由于材料强度不高而重度较大，当结构跨径增大时，其自重也相应增大，所以承载能力大部分消耗于结构自重，因而限制了它的跨越能力。另外，就地浇筑的整体式钢筋混凝土梁桥，施工工期长，消耗的支架和模板多，而且施工受季节的影响很大，往往会使施工费用增加。

装配式钢筋混凝土简支梁桥，其经济合理的最常用跨径在20m以下。悬臂梁与连续梁桥适宜的常用跨径在60～70m以下。

(2)预应力钢筋混凝土梁桥的一般特点。

预应力混凝土可以看作是一种预先储存了压应力的新型混凝土材料，在钢筋混凝土梁桥的受拉区域虽然布置有受力钢筋，但仍不可避免地出现一些裂缝，因此采用预加应力来改善结构的使用性能。张拉预应力筋，使受拉区预先储备一定数值的压应力；当外荷载作用时，混凝土可不出现拉应力或不出现超过某个限值的拉应力。对混凝土施加预压力的高强度钢筋(或称力筋)，既是加力工具又是抵抗构件内力的受力钢筋。考虑混凝土收缩和徐变会导致预应力大量损失而采用高强度材料，使预应力混凝土结构得到广泛应用。

预应力混凝土梁桥除了具有钢筋混凝土梁桥的所有优点外，还有下述重要特点。

①能最有效地利用现代化的高强度材料(高强度混凝土、高强度钢材)，减小构件截面，显著降低自重所占全部设计荷载的比重，增大跨越能力，并扩大混凝土结构的适用范围。

②与钢筋混凝土梁桥相比，一般可以节省30%～40%钢材，跨径愈大，节省愈多。

③全预应力混凝土梁在正常使用荷载下不出现裂缝，即使是部分预应力混凝土梁，在一般荷载下也无裂缝。由于能全截面参与工作，梁的刚度比通常开裂的钢筋混凝土梁要大。因此，预应力混凝土梁可显著减小建筑高度，使大跨径桥梁显得轻柔、美观。由于能消除裂缝，这就扩大了对多种桥型的适应性，并提高了结构的耐久性。

④预应力技术的采用，为现代装配式结构提供了最有效的接头和拼装手段。根据需要，可在纵向、横向和竖向等施加预应力，使装配式结构集成理想的整体，这就扩大了装配式桥梁的使用范围。

显然，要建造好一座预应力混凝土桥梁，首先要有作为预应力筋的优质高强度钢材和高强度混凝土，同时需要有一整套专门的预应力张拉设备和材质好、制作精度高的锚具，并且要掌握较复杂的施工工艺。

预应力混凝土简支梁的最大跨径已达76m，连续刚构桥的最大跨径已达301m。

1.2　简支梁桥的主要类型及其适用情况

钢筋混凝土和预应力混凝土的梁桥(包括板桥)具有多种不同的构造类型。现根据以下两种分类方式简述钢筋混凝土和预应力混凝土梁桥的构造类型及其适用情况。

1.2.1　按承重结构的静力体系分类

图2-1-1所示为钢筋混凝土和预应力混凝土梁桥各种体系的基本图示。

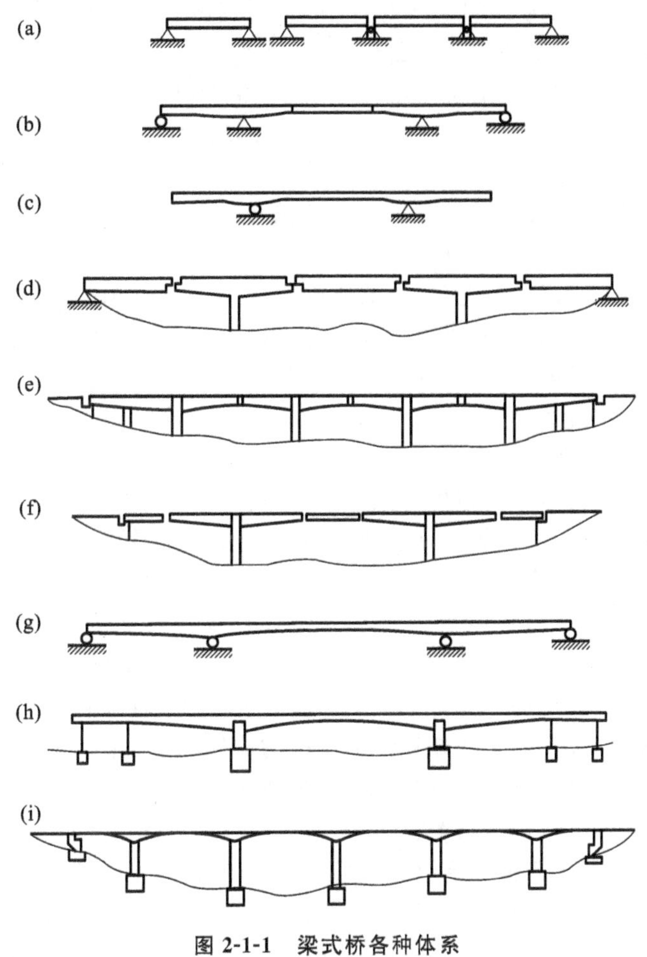

图2-1-1　梁式桥各种体系

(1)简支梁桥。

简支梁桥是梁桥中应用最早、使用最广泛的一种桥型[图2-1-1(a)]。它结构简单，最易设计成各种标准跨径的装配式结构；施工工序少，架设方便；在多孔简支梁桥中，由于各跨构造和尺寸划一，可简化施工管理工作，降低施工费用；因相邻桥孔各自单独受力，桥墩上需要设置相邻简支梁的两个支座；简支梁桥的构造较易处理而常被选用。

简支梁桥是静定结构，结构内力不受地基变形等的影响，因而能在地基较差的桥位上建桥。

简支梁的设计主要受跨中正弯矩的控制，在钢筋混凝土简支梁桥中，经济合理的常用跨径在

20m 以下。我国预应力混凝土简支梁的标准跨径在 40m 以下。

(2)悬臂体系梁桥。

将简支梁梁体加长,并越过支点就成为悬臂梁桥。仅梁的一端悬出的称为单悬臂梁[图 2-1-1(b)],两端均悬出的称为双悬臂梁[图 2-1-1(c)]。在较长桥中,则可由单悬臂梁、双悬臂梁与简支挂梁联合组成多孔悬臂桥。习惯上悬臂梁主跨称为锚跨。

T 形刚构桥是一种只有悬臂受力特点的梁式桥。因墩上伸出悬臂,形同 T 形,由此而得名。钢筋混凝土 T 形刚构桥[图 2-1-1(d)]是从墩上伸出较短的悬臂,跨中用简支挂梁组合而成。由于钢筋混凝土梁式结构承受负弯矩,不可避免在顶面出现裂缝,因而钢筋混凝土 T 形刚构桥不可能做成较大的跨径。而预应力混凝土结构,采用悬臂施工方法,适宜做成长悬臂结构。目前,预应力混凝土 T 形刚构桥的最大跨径已达 240m 左右。

预应力混凝土 T 形刚构桥分为跨中带剪刀铰和跨中设挂梁的两种基本类型,见图 2-1-1(e)、(f)。其中带铰的 T 形刚构桥是超静定结构,跨中设挂梁的 T 形刚构桥是静定结构。

钢筋混凝土 T 形刚构桥常用跨径在 40～50m,预应力混凝土 T 形刚构桥的常用跨径为60～200m。

与节段悬臂施工方法的协调配合,是 T 形刚构桥的主要特点,并为这种桥型的施工悬空作业机械化、装配化提供了有利条件,尤其对跨越深水、深谷、大河、急流的大跨径桥梁的施工十分有利,并能获得满意的经济指标。

(3)连续体系梁桥。

连续梁节段悬臂拼装施工动画

简支梁梁体在支点上连续而成连续梁桥[图 2-1-1(g)]。连续梁可以做成两跨或三跨一联的,也可以做成多跨一联的,一般每联由 3～5 跨组成。连续梁中间墩上也只需设置一个支座。而在相邻两联连续梁的桥墩上仍需设置两个支座。连续梁由于支点负弯矩的卸载作用,使跨中正弯矩显著减小,而且其弯矩分布要比悬臂梁合理。

钢筋混凝土连续梁桥同悬臂梁桥一样,因在施工上和使用上存在同样缺点而应用甚少,而预应力混凝土连续梁桥的应用却非常广泛。尤其是悬臂施工法、顶推法、逐跨施工法在连续梁桥中的应用,大大地提高了施工质量,降低了施工费用。连续梁的突出优点是:结构刚度大,变形小,动力性能好,主梁变形挠曲线平缓,有利于高速行车。

预应力混凝土连续梁桥是超静定结构,因墩台基础不均匀沉降等影响,将在结构内产生附加内力,通常应用于桥基较为良好的情况。预应力混凝土连续梁桥的常用跨径范围为 40～160m,最大跨径已达 210m 左右。

连续刚构桥是预应力混凝土梁式桥型之一[图 2-1-1(h)、(i)],它综合了连续梁桥和 T 形刚构桥的受力特点,将主梁做成连续梁体与薄壁桥墩固结(有时也称固接)而成。它同连续梁一样,可以做成一联多孔;在长桥中,可以在若干中间孔以剪力铰相连。连续刚构桥梁部结构的受力性能同连续梁一样,而薄壁墩底部所承受的弯矩、梁体内的轴力随着墩高的增大而急剧减小。

由于连续刚构桥除保持了连续梁桥的各个优点外,墩梁固结还节省了大型支座的昂贵费用,减少了墩及基础的工程量,并改善了结构在水平荷载(例如地震荷载)作用下的受力性能,即各柔性墩按刚度比分配水平力。但柔性墩的设计必须考虑上部梁体变形(转动与纵向位移)对它的影响。目前世界上连续梁桥中最大跨度的梁桥基本上都采用该类桥型,最大跨径已达 301m。

如前所述,桥梁按结构体系分类,T 形刚构桥与连续刚构桥为组合体系桥。由于 T 形刚构桥的承重结构的受力特点与长悬臂结构一样,连续刚构桥则综合了连续梁桥和 T 形刚构桥的受力特点,因此,为叙述问题方便,这里把 T 形刚构桥、连续刚构桥分别列在悬臂、连续体系梁桥的范围内。

1.2.2　按承重结构的横截面形式分类

设计构造图

(1)板桥。

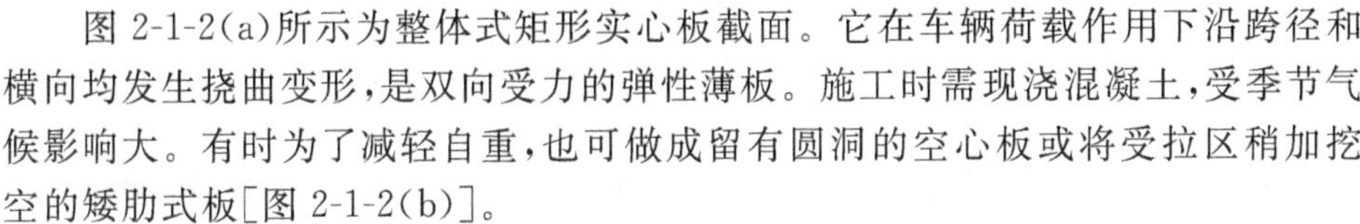

板桥的承重结构是矩形截面的钢筋混凝土或预应力混凝土板(图 2-1-2),其主要特点是构造简单,施工方便,而且建筑高度较小。从力学性能上分析,位于受拉区域的混凝土材料不但不能发挥作用,反而增大了结构的自重,当跨度稍大时就显得笨重而不经济。板桥大多为小跨径的简支梁桥。

图 2-1-2(a)所示为整体式矩形实心板截面。它在车辆荷载作用下沿跨径和横向均发生挠曲变形,是双向受力的弹性薄板。施工时需现浇混凝土,受季节气候影响大。有时为了减轻自重,也可做成留有圆洞的空心板或将受拉区稍加挖空的矮肋式板[图 2-1-2(b)]。

图 2-1-2(c)所示为小跨径桥(不超过 8m)最广泛使用的装配式实心板。它由几块预制的实心板条利用板间企口缝填入混凝土拼连而成。由受力分析可知,每块窄板主要沿跨径方向承受弯曲与扭转。装配式板也可做成横截面被挖空的空心板[图 2-1-2(d)],以达到减轻自重和加大板桥适用跨径的目的。

图 2-1-2(e)所示为一种装配-整体组合式板桥,它利用一些小型预制构件安装就位后作为底模,在其上再浇筑混凝土结合成整体,在缺乏起重设备的情况下,这种板桥能得到较好的效果。

图 2-1-3 所示为现代化高架道路上采用的单波和双波式横截面的板桥,在与柱型桥墩的配合下,桥下净空大,可布置与桥梁同向的线路,造型也美观,但这种结构的施工较为复杂。

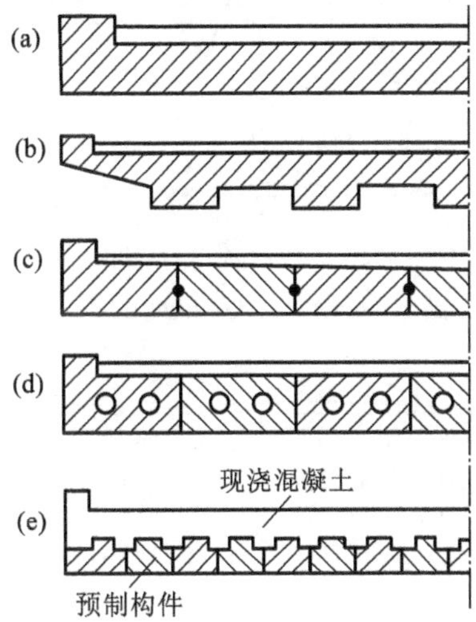

图 2-1-2　板桥横截面

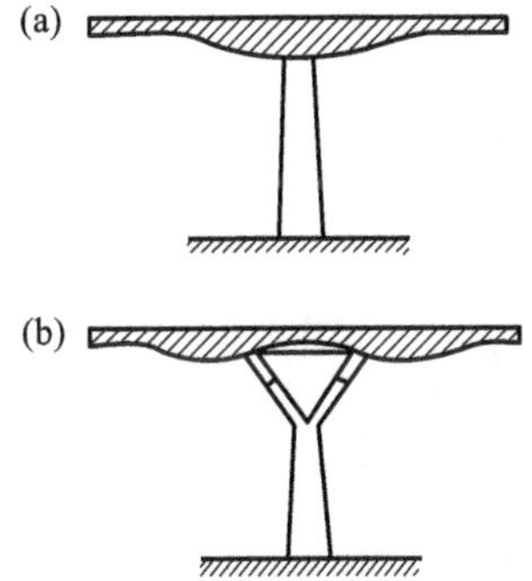

图 2-1-3　城市高架道路桥的板桥截面

(2)肋梁桥。

在承重结构横截面内形成明显肋形结构的梁桥称为肋梁桥。在此种桥上,梁肋(或称腹板)与顶部的钢筋混凝土桥面板结合在一起作为承重结构(图 2-1-4)。肋与肋之间处于受拉区域的混凝土得到很大程度的挖空,显著减轻了结构自重。特别对于仅承受正弯矩作用的简支梁来说,既充分利用了扩展的混凝土桥面板的抗压能力,又有效地发挥了集中布置在梁肋下部的受力钢筋的抗拉作用,从而使结构构造与受力性能达到理想的配合。与板桥相比,对于梁肋较高的肋梁桥来说,由于混凝土抗压和钢筋受拉所形成的力偶臂较大,因而肋梁桥也具有更大的抵抗荷载弯矩的能力。目前 13m 以上小跨径和中等跨径的梁桥,通常多采用肋梁桥。

图 2-1-4(a)、(b)所示为整体式肋梁桥的横截面形状。在设计整体式梁桥时,鉴于梁肋尺寸不受起重安装机具的限制,故可以根据钢筋混凝土体积最小的经济原则来确定截面尺寸。对于桥面净空为净-7 的桥梁,只要建筑高度不受限制,往往以采用双主梁最为合理,主梁的间距可按桥梁全宽的 0.55～0.60 布置。有时为减小桥面板的跨径,还可在两主梁之间增设内纵梁[图 2-1-4(b)]。

考虑起重设备的能力,以及预制和安装的方便,装配式肋梁桥一般采用多梁式结构。图 2-1-4(c)是目前我国最常用的装配式肋梁桥(也称装配式 T 形梁桥)的横截面形状。在每一预制 T 形梁上通常设计待安装就位后相互连接用的横隔梁,借以保证全桥的整体性。在桥上车辆荷载作用下,通过横隔梁接缝处传递剪力和弯矩而使各 T 形梁共同受力。

(3)箱形梁桥。

横截面呈一个或几个封闭箱形的梁桥称为箱形梁桥,这种结构除了梁肋和上部翼缘板外,在底部尚有扩展的底板,因此它提供了能承受负弯矩的足够的混凝土受压区。箱形梁桥的另一重要特点是在一定的截面面积下能获得较大的抗弯惯矩,而且抗扭刚度也较大。在偏心活荷载作用下各梁肋的受力比较均匀。因此箱形截面能适用于较大跨径的悬臂梁桥和连续梁桥,也可用来修建全截面均参与受力的预应力混凝土简支梁桥。显然,对于钢筋混凝土简支梁桥来说,底板除增加自重外,并无其他益处,故不宜采用。在目前已建成的大跨径预应力混凝土梁桥中,当跨径超过 60m 后,除极少数外,其横截面大多为箱形截面。

图 2-1-5(a)、(b)所示为单室和多室的整体式箱形梁桥的横截面。图 2-1-5(c)所示为装配式的多室箱形截面,腹板和底板的一部分构成 L 形和倒 T 形的预制构件,在底板上留出纵向的现浇接头,顶板采用微弯板以节省钢材。

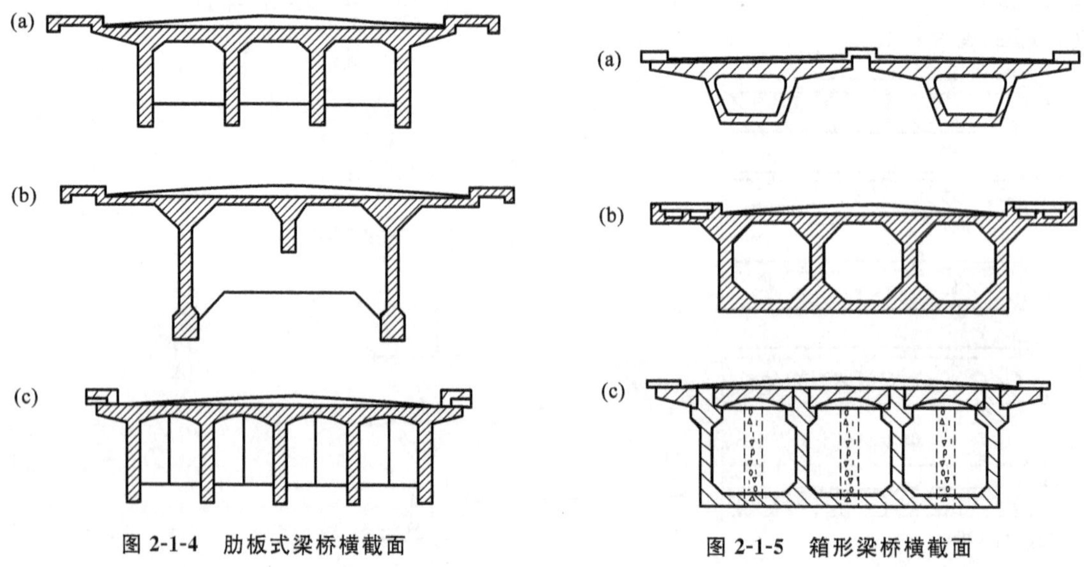

图 2-1-4　肋板式梁桥横截面

图 2-1-5　箱形梁桥横截面

本章小结

1.钢筋混凝土和预应力混凝土梁桥按施工方法可分为整体式梁桥和装配式梁桥。

2.钢筋混凝土与预应力混凝土梁桥在桥梁工程中占有较为重要的地位,至今绝大多数中、小跨径桥梁都属于钢筋混凝土与预应力混凝土梁式结构。

3.钢筋混凝土与预应力混凝土梁桥(包括板桥)按承重结构的静力体系分为简支梁桥、悬臂体系梁桥;按承重结构横截面形式可分为板桥、肋梁桥和箱形梁桥。

思考题

1.钢筋混凝土与预应力混凝土梁桥按施工方法如何分类?

2.为什么钢筋混凝土梁桥的跨越能力会受到限制?

3.预应力混凝土结构得到广泛应用的原因是什么?

2 桥面构造

桥面构造通常包括桥面铺装、防水和排水设施、伸缩缝、人行道(或安全带)、缘石、栏杆和灯柱照明设备等,如图 2-2-1 所示。桥面构造多属于天然敞露部分,对自然因素的影响十分敏感,且直接与车辆、行人接触,虽然不是主要承重结构,但它对桥梁功能的正常发挥,对主要构件的保护,对车辆、行人的安全以及桥梁的美观等都十分重要。因此,必须了解桥面构造各部件的工作性能,合理选择,认真设计,精心施工,以降低桥梁在使用阶段桥面构造部分的维修、更换费用。

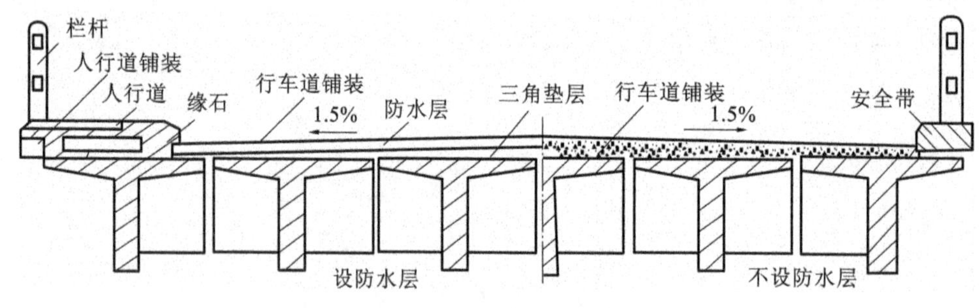

图 2-2-1 桥面构造组成部分

2.1 桥面铺装

桥面铺装也称行车道铺装,其功用是保护桥面板不受车辆轮胎(或履带)的直接磨耗,防止主梁遭受雨水的侵蚀,并能对车辆轮重的集中荷载起一定的分散作用。因此,桥面铺装应具有足够的强度且抗冲击,耐疲劳,同时还应与桥面板有良好的结合性,抗滑,不透水,以及对温度变化具有良好的适应性等。

桥面铺装一般不做受力计算,如果在施工中能确保铺装层与行车道板紧密结合成整体,则铺装层的混凝土(扣除一定厚度的磨耗层,1～2cm 厚)也可合计在桥面板内一起参与工作,共同受力。桥面铺装部分在桥梁恒荷载中占有相当的比重,特别对于小跨度桥梁尤为显著,故应尽量设法减轻桥面铺装的重量,以使桥梁的受力更为合理。

2.1.1 桥面纵、横坡的设置

为了迅速排除桥面雨水,桥面通常需要设置纵、横坡,以防止或减轻雨水对铺装层的渗透,从而保护行车道板,延长桥梁使用寿命。

一般小桥可以不设纵坡,做成平坡桥。对于大、中桥梁,为了利于桥面排水和降低路堤高度,减小引桥桥长或桥头引道土方量,往往设置从中间向两端倾斜的双向纵坡,纵坡坡度一般不超过3%～4%。

桥梁除了设有纵向坡度以外,还应将桥面铺装沿横向设置足够的桥面横坡,坡度可按路面横坡取用或比后者大 0.5%。对于沥青混凝土或水泥混凝土铺装,桥面横坡通常为 1.5%～2%,行车道桥面通常采用抛物线形横坡,人行道则用直线形。

桥面横坡的形式通常有以下三种：

(1)对于板桥(矩形板梁或空心板梁)或就地浇筑的肋板式梁桥，将墩台顶部做成倾斜的，在其上搁置桥面板，此时，铺装层在整个桥宽上就可以做成等厚的，如图 2-2-2(a)所示。

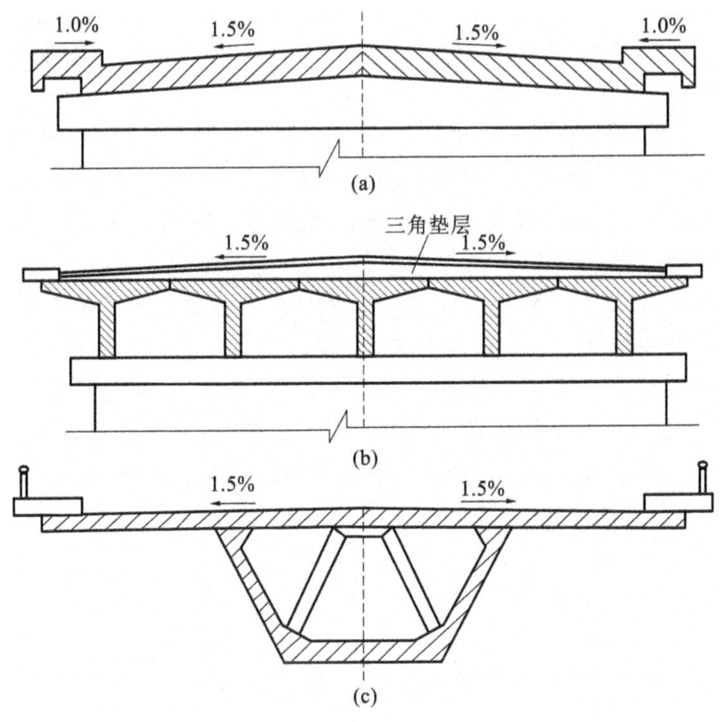

图 2-2-2　桥面横坡的设置

(2)对于装配式肋梁桥，通常采用不等厚的铺装层，包括混凝土的三角垫层和等厚的路面铺装层，如图 2-2-2(b)所示，这种方法方便施工。

(3)桥宽较大时，用三角垫层设置横坡将使混凝土用量过多，导致恒荷载增加过大，这种情况下可直接将行车道板做成双倾斜的，如图 2-2-2(c)所示。这样可减轻恒荷载，但主梁构造、施工均较复杂。

2.1.2　桥面铺装的类型

桥面铺装可采用沥青表面处治、沥青混凝土和水泥混凝土等类型。公路桥梁桥面铺装的结构形式宜与所在位置的公路路面相协调，桥面铺装应综合考虑桥梁的上部结构、协调设计。沥青表面处治桥面铺装耐久性较差，仅在中级或低级公路桥梁上使用。水泥混凝土和沥青混凝土桥面铺装性能良好，应用较广。

沥青表面处治桥面铺装是用沥青和集料按层铺装或拌和法铺筑而成的厚度不超过 30mm 的沥青面层，供车轮磨耗之用。

沥青混凝土路面施工图

沥青混凝土桥面铺装是按级配原理选配原料，加入适量的沥青均匀拌和，并经摊铺与压实而成的桥面铺装。沥青混凝土桥面铺装宜由黏层、防水层、保护层及沥青面层组成。考虑大桥和特大桥中，由于结构体系的原因，桥面板常受拉、压应力的交替作用，为防止桥面铺装参与受力而导致开裂，《桥规》规定，高速公路和一级公路上的特大桥、大桥的桥面铺装宜采用沥青混凝土桥面铺装，高速公路和一、二级公路上桥梁的沥青混凝土桥面铺装厚度不宜小于70mm，二级以下公路铺装层厚度不宜小于50mm。

混凝土养护视频

沥青混凝土桥面铺装维修、养护方便，铺筑后几小时就能通车，但易老化和变形。因此，沥青材料应采用重交通沥青或改性沥青。改性沥青混凝土是近年来国内开展研究和铺筑的高性能沥青混凝土材料，它具有抗滑、密水、抗车辙、减少开裂等优点，值得推广应用。

水泥混凝土桥面铺装是以水泥和水合成的水泥浆为结合料，碎(砾)石为粗集料，砂为细集料，经过拌和、摊铺、振捣和养护所形成的桥面铺装。水泥混凝土的耐磨性能好，适合重载交通，但养护期长，使用阶段修补较麻烦。

桥面铺装层直接承受车辆轮压的作用，既是保护层，又是受力层，要减少和消除桥面铺装层在预定的设计试用期内的早期破坏，满足行车荷载和环境因素作用下的使用功能，必须强化铺装层结构的抗裂性能和耐疲劳特性。水泥混凝土桥面铺装直接铺设在防水层或桥面板上，层厚不宜小于8cm，其混凝土强度等级应尽量与桥面板的混凝土强度等级接近，且不应低于C40，铺设时应避免二次成形。水泥混凝土铺装层内应配置钢筋网，钢筋直径不应小于8mm，间距不宜大于10cm。

2.2 桥面防水及排水设施

混凝土结构无论施工质量如何好，均不能完全保证在使用阶段不开裂，雨水渗入混凝土结构的裂缝中会导致钢筋锈蚀，在气温较低时会产生冻胀破坏，降低混凝土结构的耐久性。防止桥面结构受降水侵蚀，应设置完善的桥面防水和排水设施。

2.2.1 防水层的设置

桥面的防水层一般设置在行车道铺装层和桥面板之间，防水层不但本身要起到防水的作用，而且要求与水泥混凝土和沥青混凝土都有很好的亲和性，附着力好，使其与铺装层和桥面板牢固黏结，避免形成一个层间抗剪力很低的夹层而导致桥面铺装出现壅包、滑移，甚至松散、破坏。

《桥规》中规定，桥梁上部结构应设置防水层，圬工桥台背及拱桥拱圈与填料间应设防水层，并设盲沟排水。沥青混凝土和水泥混凝土都是不能完全防水的。防水层的设置可避免或减少钢筋的锈蚀，保证桥梁结构的质量。桥面铺装内防水层的设置如图2-2-3所示。

防水层有三种类型，分述如下：

(1)沥青涂胶下封层，即撒布薄层沥青或改性沥青，其上布一层砂，经碾压形成。

(2)高分子聚合物涂胶，如聚氨酯胶泥、环氧树脂、阳离子乳化沥青和氯丁胶乳等。

(3)沥青或改性沥青防水卷材,以及浸渍沥青的无纺土工布等。

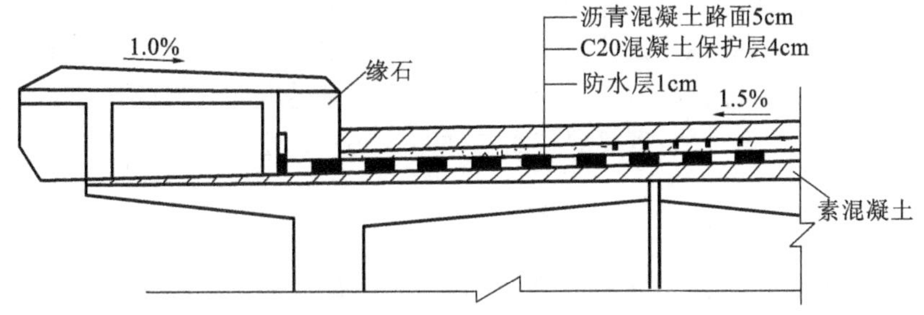

图 2-2-3　桥面防水层的设置

对于特殊情况无专门防水层,应采用防水混凝土铺装或加强排水和养护。

2.2.2　排水设施的设置

桥梁及其引道的设计应保证桥面上的径流迅速地排走,以保障桥面行车通畅、安全,防止桥面结构受降水侵蚀,应设置完善的桥面排水设施。排水设施主要为设置桥面纵坡、横坡,包括超高排水并设置排水管外泄。桥面排水管的数量应根据径流面积计算确定。

2.2.2.1　泄水管的形式与布置

跨越一般河流、水沟的桥梁,桥面水流入泄水口后可通过泄水管直接向下排放。泄水管通常用于肋板式梁桥、箱形梁桥、肋拱桥及刚架拱桥、桁架拱桥等轻型拱桥上。竖向泄水管道通过桥面板上预留的孔洞伸到桥面板下方,桥面积水可以通过竖向泄水管道直接泄到桥下。安装泄水管时应将其下端伸出桥面板底面以下150～200mm,以防止雨水浸润桥面板。如果桥面铺装层内设有防水层,则应让管道与防水层紧密结合,以便防水层上所积存的渗水能通过泄水管道排出桥外。

梁式桥上常用的泄水管宜设置在桥面行车道边缘处,距离缘石10～50cm,如图2-2-4所示,沿行车道两侧可以对称排列,也可以交错排列。

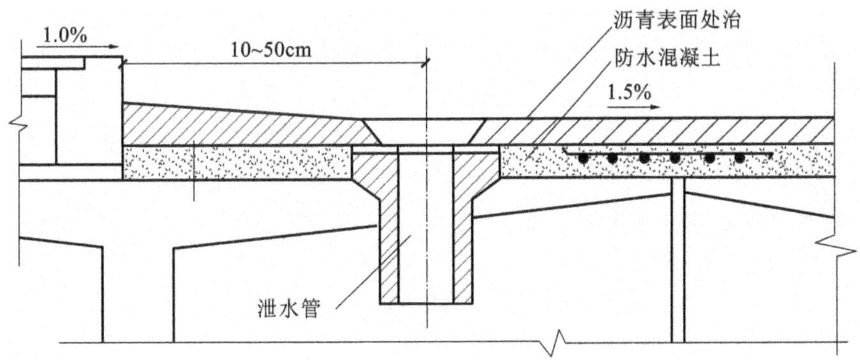

图 2-2-4　竖向泄水管的设置

泄水口的间距应依据设计径流量计算确定,但最大间距不宜超过20m。通常当桥面纵坡大于2%而桥长小于50m时,一般能保证从桥头引道上排水,桥上可以不设泄水管,此时,可在引道两侧设置流水槽,以免雨水冲刷路基;当桥面纵坡大于2%而桥长大于50m时,桥上每隔12～15m设置一个泄水管;当桥面纵坡小于2%时,应每隔6～8m设置一个泄水管。另外,在桥梁伸缩缝的上游方向应增设泄水管,在凹形竖曲线的最低点及前后3～5m处也应各设一个泄水管。桥面上泄水管的过水面积按每平方米桥面不小于2～3cm^{2}来布置。

泄水管可采用圆形或矩形。圆形泄水管口的直径宜为 15～20cm；矩形泄水管口的宽度宜为 20～30cm，长度为 30～40cm。泄水管口顶部采用铸铁格栅盖板，其顶面应比周围路面低 5～10mm。泄水管常采用铸铁管或塑料管，最小内径为 15cm。泄水管周围的桥面板应配置补强钢筋网。

对于一些跨径不大、不设人行道的小桥，可以直接在行车道两侧的安全带或路缘石上预留横向孔道，用铁管或竹管将水排出桥外，管口要伸出构件 2～3cm 以便滴水，但这种做法的缺点是孔道容易淤塞。

2.2.2.2 排水管和排水槽

跨越公路、铁路、通航河流的桥梁以及城市高架桥，落在地面上的降水通过桥面横坡和纵坡排入泄水口后，应汇集到纵向排水管(或排水槽)，并通过设在墩台处的竖向排水管(落水管)流入地面排水设施或河流中。排水管有铸铁管、塑料管(聚氯乙烯 PVC 或聚乙烯 PE)或钢管，其内径应大于或等于泄水管的内径。排水槽宜采用铝质或钢质材料，也可采用水泥混凝土预制件，其横截面为矩形或 U 形，宽度和深度均宜为 20cm 左右。纵向排水管或排水槽的坡度不得小于 0.5%。桥梁伸缩缝处的纵向排水管或排水槽，应设置可供伸缩的柔性套筒。寒冷地区的竖向排水管，其末端宜距地面 50cm 以上。

2.3 桥面伸缩缝与桥面连续

2.3.1 伸缩缝的作用及基本要求

2.3.1.1 伸缩缝的作用

桥面伸缩装置是为使车辆平稳通过桥面，并满足桥梁上部结构在气温变化，活荷载作用，混凝土收缩、徐变等因素的影响下变形的需要，一般设在两梁端之间以及梁端与桥台背墙之间的各种装置的总称。通常工程技术人员所指的伸缩缝是桥梁接缝处安设的一整套伸缩装置。特别要注意，在伸缩缝附近的栏杆、人行道结构也应断开，以满足梁体的自由变形要求。

以设置伸缩缝装置时为基准，把桥梁结构在伸缩装置处由于温度升高引起的伸长量、由于温度下降引起的收缩量、由于混凝土收缩徐变影响引起的收缩量等的绝对值的合计值，即伸缩装置的拉伸值和压缩值的总和，称为伸缩量。

伸缩装置还需要留有一定的富余量，主要考虑桥梁结构的挠度产生的变位、由结构形式应考虑的必需余量以及伸缩装置加工和安装时的误差等因素的影响而预留的余量，通常可按计算变形量的 30%估算。伸缩量计算公式为：

$$\Delta l = \Delta l_t + \Delta l_e + \Delta l_s + \Delta l_E \tag{2-2-1}$$

式中 Δl——总伸缩变形量；

Δl_t——温度引起的伸缩量，可按下式计算：

伸长量

$$\Delta l_t^+ = (T_{max} - T_{set})\alpha l \tag{2-2-2}$$

缩短量

$$\Delta l_t^- = (T_{set} - T_{min})\alpha l \tag{2-2-3}$$

$$\Delta l_t = \Delta l_t^+ + \Delta l_t^- \tag{2-2-4}$$

式中 $T_{max}, T_{min}, T_{set}$——最高温度、最低温度和安装温度；

l——梁的长度；

α——线膨胀系数，混凝土 $\alpha=10\times10^{-6}℃^{-1}$，钢 $\alpha=12\times10^{-6}℃^{-1}$。

$\Delta l_e+\Delta l_s$ 为混凝土徐变、收缩引起的收缩量，可按下式计算：

$$\Delta l_e=\frac{\sigma_P}{E_c}\cdot\varphi\cdot l\cdot\beta \tag{2-2-5}$$

$$\Delta l_s=20\cdot\alpha\cdot l\cdot\beta \tag{2-2-6}$$

式中 σ_P——预应力等引起的平均轴向力；

E_c——混凝土的弹性模量；

φ——混凝土的徐变系数，对于一般野外情况，φ 可取 2.0；

β——混凝土徐变、干燥收缩的递减系数，见表 2-2-1。

表 2-2-1 **混凝土徐变、干燥收缩的递减系数**

混凝土的龄期/月	0.25	0.5	1	3	6	12	24
徐变、干燥收缩的递减系数 β	0.8	0.7	0.6	0.4	0.3	0.2	0.1

2.3.1.2 伸缩缝的基本要求

桥梁伸缩装置暴露在大气中，直接经受车辆或人群荷载的反复摩擦、冲击作用，稍有缺陷或不足，就会引起跳车等不良现象，严重时还会影响桥梁结构本身和通行者的生命安全，是桥梁中最易损坏而又较难修缮的部位。需要经常维护，清除缝内杂物，并及时更换。为减少、避免桥梁伸缩装置在使用阶段破坏，保证行车的舒适性和安全性，在设计、施工和养护管理方面应满足以下基本要求。

(1)设计施工方面的基本要求。

①能适应桥梁由温度变化引起的伸缩；

②能适应桥梁由挠度变化等引起的变位；

③选用行驶性能良好的构造；

④具有良好的整体性、高刚度和耐久性；

⑤具有良好的排水性和防水性；

⑥加强设置伸缩装置的桥面板端；

⑦选用构造简单，施工、维修容易的构造。

(2)维护管理上的基本要求。

①建立桥梁档案。

②常规检查及处理：伸缩缝装置前后桥面出现凸凹不平大于 5mm 时，最好及时进行修补；在伸缩装置的前后，看到裂缝或发出响声时，可从桥面板下面的状况、伸缩装置的状态和声音、振动等方面进行观察调查，以确定破损的具体部位和严重程度，提出修补方案及时进行修补；伸缩装置上表面间，如填塞泥沙或杂物，应立即清除干净；对表面裂缝，清除泥沙或杂物后，再灌注填充材料，特别在冬季应及时处理；对钢制梳齿板和钢平板叠合式伸缩装置，通常容易被砂土堆积、堵塞，妨碍自由伸缩，应经常巡视，及时清扫；雨季前，要全面检查，及时清除排水装置中的砂、土和杂物，对已锈蚀部分做防护处理，以确保排水通畅；伸缩装置的隅角处的裂缝、坑槽和破坏处，要尽快清除，填筑修补。

(3)修补方法。

①如果夜间施工，白天要开放交通，则应使用桥面盖板的方法加盖保护；

②夜间进行交通管制，在桥面跨度半幅(或特殊情况高速公路的 1/4 宽度)内进行施工，白天采取加盖板保护桥面伸缩缝。

2.3.2 常用伸缩缝的构造

我国公路桥梁和城市桥梁工程上使用的伸缩缝种类很多，可分成五大类，即对接式伸缩缝、钢制支承式伸缩缝、橡胶组合剪切式伸缩缝、模数支承式伸缩缝、无缝式伸缩缝，见表2-2-2。

表2-2-2　桥梁伸缩缝装置分类

类别	形式	种类举例	说明
1.对接式	填塞对接型	沥青、木板填塞型	以沥青、木板、麻絮、橡胶等材料填塞缝隙的构造（在任何状态下，都处于受压状态）
		U形镀锌铁皮型	
		矩形橡胶条型	
		组合式橡胶条型	
		管形橡胶条型	
	嵌固对接型	W型	采用不同形状的钢构件将不同形状橡胶条（带）嵌固，以橡胶条（带）的拉压变形吸收梁变位的构造
		SW型	
		M型	
		SDII型	
		PG型	
		FV型	
		GNB型	
		GQF-C型	
2.钢制支承式	钢制式	钢梳齿板型	采用面层钢板或梳齿钢板的构造
		钢板叠合型	
3.橡胶组合剪切式	板式橡胶型	BF、JB、JH、SD、SC、SB、SG、SEG型	将橡胶材料与钢件组合，以橡胶的剪切变形吸收梁的伸缩变位，桥面板缝隙支承车轮荷载的构造
		SEJ型	
		UG型	
		BSL型	
		CD型	
4.模数支承式	模数式	TS型	采用异形钢材或钢组焊件与橡胶密封带组合的支承式构造
		J-75型	
		SSF型	
		SG型	
		XF斜向型	
		GQF-MZL型	
5.无缝式	暗缝型	GP型（桥面连续）	路面施工前安装的伸缩构造
		TST弹塑体	以路面等变形吸收梁变位的构造
		EPBC弹性体	

2.3.2.1　对接式伸缩装置

对接式伸缩装置，根据其构造形式和受力特点的不同，可分为填塞对接型和嵌固对接型两种。填塞对接型伸缩装置是以沥青、木板、麻絮、橡胶等材料填塞缝隙，伸缩体在任何状态下都处于受压状态。该类伸缩装置一般用于伸缩量在40mm以下的常规桥梁工程上。嵌固对接型伸缩装置利用不同形状的钢构件将不同形状橡胶条（带）嵌固固定，以橡胶条（带）的拉压变形吸收梁体变形，其伸缩体可以处于受压状态，也可以处于受拉状态。该类伸缩装置被广泛应用于伸缩量在80mm及80mm以下的桥梁工程中。

对于中小跨径的桥梁，当变形量为20～40mm时，常采用以锌铁皮为跨缝材料的伸缩缝构造。弯成U形断面的长条锌铁皮分上、下两层，上层的弯形部分开凿了孔径为0.6cm、孔距为3cm的梅花眼，其上设置石棉纤维垫绳，然后用沥青胶填塞。这样，当桥面伸缩时锌铁皮可随之变形，下层U形锌铁皮可将渗下的雨水沿横向排出桥外。

2.3.2.2　钢制支承式伸缩装置

钢制支承式伸缩装置是用钢材装配制成的，能直接承受车轮荷载的一种构造。以前这种伸缩装置多用于钢桥，现也用于混凝土桥梁。钢制支承式伸缩装置的形状、尺寸和种类繁多，其中面层板为齿形，从左、右伸出桥面板间隙处相互啮合的悬臂式构造，或者面层板成悬架的支承式构造，统称为钢梳形板伸缩装置。国内常见的为梳齿形板型和折板型。面层板为矩形的叠合悬架式的构造，叫作钢板叠合型伸缩缝。

图2-2-5所示为钢梳齿板型伸缩装置，适用于梁端变形量较大（40～60mm以上）的情况，多用于中、大型桥梁。

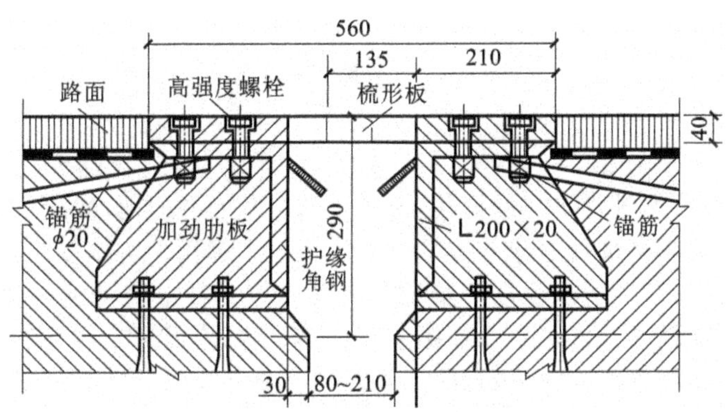

图2-2-5　钢梳齿板型伸缩缝

2.3.2.3　橡胶组合剪切式（板式）伸缩装置

橡胶板式伸缩装置是利用橡胶材料剪切模量低的原理设计制造而成的。剪切型橡胶伸缩体设有上、下凹槽，橡胶体内埋设承重钢板和锚固钢板，并设有预留螺栓孔，通过螺栓与梁端连成整体。它是依靠上、下凹槽之间的橡胶体剪切变形来满足梁体结构的相对位移；橡胶伸缩体内预埋钢板，跨越梁端间隙，承受车辆荷载；另外在橡胶伸缩体内两侧预埋两块钢板，通过螺栓与梁端连接的受力原理形成结构构造。

这种伸缩装置是一种刚柔结合的装置。它承受荷载之后，有一定的竖向刚度，所以具有跨越间隙能力大（即伸缩量大）、行车平稳的优点。国外产品最大伸缩量已达到330mm，国内外均广泛采用。

2.3.2.4　模数支承式伸缩装置

随着我国高等级公路和城市高架桥建设事业的迅速发展，桥梁的跨度和长度得到突破性发展，这就要求有结构合理、大位移量的桥梁伸缩装置来满足这一发展的需要。然而板式橡胶伸缩装置很难满足大位移量的要求；钢制伸缩装置又很难做到密封不透水，而且容易造成对车辆的冲击，影响车辆的行驶性能。因此，出现了利用吸振缓冲性能好又容易做到密封的橡胶材料与强度高、刚性好的异形钢材组合，在大位移量情况下能承受车辆荷载的各种模数支承式(模数式)桥梁伸缩装置系列。

这类伸缩装置的构造相同点是均由 V 形截面或其他截面形状的橡胶密封条(带)嵌接于异形边钢梁内组成可伸缩的密封体，异形钢梁直接承受车辆荷载，且可根据要求的伸缩量随意增加中钢梁和密封橡胶条(带)，加工组装成各种伸缩量的系列产品；其不同点仅在于承重异形钢梁和传递伸缩力的传动机构形式和原理。

2.3.2.5 无缝式(暗缝式)伸缩装置

无缝式伸缩装置，是接缝构造不伸出桥面时，在桥梁端部的伸缩间隙中填入弹性材料并铺上防水材料，然后在桥面铺装层铺筑黏弹性复合材料，使伸缩接缝处的桥面铺装与其他铺装部分形成一连续体，以连接缝的沥青混凝土等材料的变形承受伸缩的一种构造，我国常用的桥面连续构造如图 2-2-6所示。

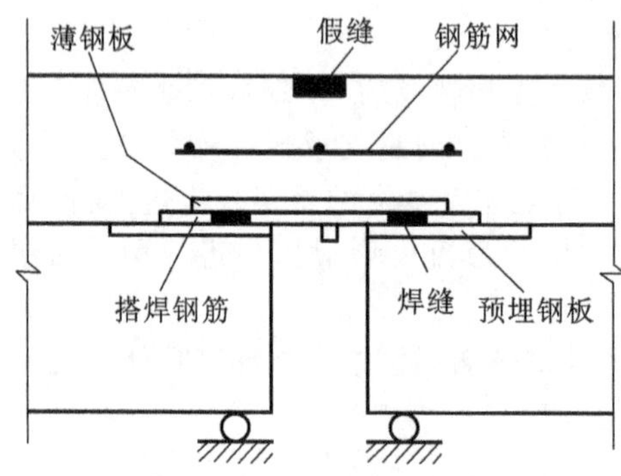

图 2-2-6 桥面连续构造

2.3.3 桥面连续

桥面上的伸缩缝在使用过程中容易损坏，为了提高行车的舒适性，减少桥梁的养护工作量和提高桥梁的使用寿命，应力求减少伸缩缝的数量。近年来对于多孔简支体系的桥梁，减少桥梁伸缩缝的做法主要是采用桥面连续。桥面连续的实质是将简支梁在伸缩缝处的桥面部分做成连续体，由于其刚度较小，不致影响简支梁的基本受力体系，故主梁仍能满足简支体系的受力特征。对于多跨简支梁桥，桥面应做到尽量连续，使得多孔简支梁在竖直荷载作用下的变形形态为简支或部分连续体系，而在纵向水平力作用下则属于连续体系。

桥面连续的基本构造，对于简支板而言是在桥面铺装混凝土中设置连接钢筋网，钢筋网跨越相邻板梁两端接缝处，并在接缝处设置假缝和垫铺橡胶片，将混凝土桥面铺装在一定长度范围内与板梁隔开，使梁端之间的变形由这一整段铺装层来分布承担，从而减小混凝土铺装层中的拉应力。对于肋板式简支梁桥，则首先把梁端接头处的桥面板用连接钢筋连接起来，连接钢筋在一定长度范围内用玻璃丝布和聚乙烯胶带包裹，使其与现浇混凝土隔开，梁端之间的变形由这段范围内的分布钢筋承担，另外在桥面铺装混凝土中设置连续钢筋网，使整个桥面铺装形成连续构造。

桥面连续一般为 3～7 跨一联，通常跨径大时一联的跨数少，跨径小时一联的跨数多。

2.4 人行道、栏杆与灯柱

2.4.1 人行道与安全带

位于城镇和近郊的桥梁均应设置人行道，其宽度和高度应根据行人的交通流量和周围环境来

确定。人行道的宽度为0.75m或1m，当宽度要求大于1m时，按0.5m的倍数增加，其高度至少高出行车道0.20～0.25m，以保证行人和行车的安全。

人行道顶面应做成倾向桥面1%～1.5%的排水横坡，城市桥梁人行道顶面可铺彩砖，保证美观。此外，人行道在桥面断缝处必须做伸缩缝。

人行道的构造形式多种多样，根据不同的施工方法，有就地浇筑式、预制装配式、部分装配和部分现浇的混合式，其中就地浇筑式的人行道现在已经很少采用。而预制装配式的人行道具有构件标准化、拼装简单化等优点，在各种桥梁结构中应用广泛。

人行道一般构造如图2-2-7所示。图2-2-7(a)所示为整体预制的F形人行道，它搁置在主梁上，适用于各种净宽的人行道，人行道下可以放置过桥的管线，但是对管线的检修和更换十分困难；图2-2-7(b)所示为小跨宽桥上将人行道部分墩台加高，在其上搁置独立的人行道板；图2-2-7(c)所示为人行道附设在板上，人行道部分用填料填高，上面敷设2～3cm砂浆面层或沥青砂，人行道内层设置缘石；图2-2-7(d)所示为就地浇筑式人行道，适用于整体浇筑的钢筋混凝土梁桥，而将人行道设在挑出的悬臂上，这样就可以缩短墩台宽度，但施工不太方便。在快速路、主干路、次干路或行人稀少地区，若两侧无人行道，则两侧应设安全带。安全带就是为了保证车辆在桥上靠边行驶时的安全而设置的带状构造物，宽度为0.50～0.75m，高度不小于0.25m。近年来，在较多桥梁设计中，为了保证行车的安全，安全带的高度已经达到0.4m以上。

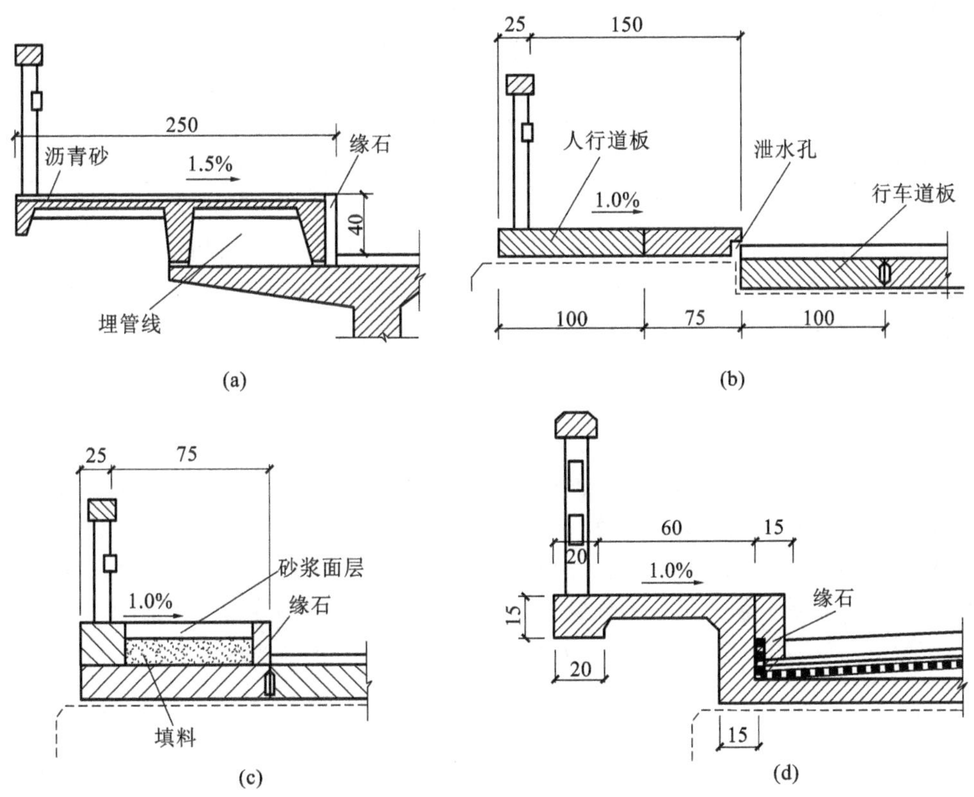

图2-2-7　人行道一般构造(尺寸单位:cm)

2.4.2　栏杆、护栏、灯柱

(1)栏杆。

桥梁栏杆是设置在桥面两侧以利车辆、行人安全过桥的防护设施。其设计应符合受力要求，并要经济，有利施工，维修、养护方便，美观。应注意，在靠近桥面伸缩缝处所有的栏杆均应断开，使扶手与柱之间能自由变形。

按照制作材料的不同，栏杆可分为钢筋混凝土栏杆、钢栏杆、混合式栏杆、木栏杆及塑料栏杆等。公路桥梁上，常采用钢筋混凝土栏杆、钢栏杆和砖石栏杆。栏杆从形式上可划分为节间式和连续式。公路和城市道路桥梁上栏杆的高度不应小于1.10m。栏杆的装饰和颜色要与大自然的景色相协调，并且要与桥梁的基色相匹配。

(2)护栏。

为了避免机动车辆碰撞行人，以及非机动车辆严重事故的发生，对于高速公路、汽车专用一级公路上的特大桥，大、中桥梁，必须根据其防撞等级在人行道与车行道之间设置桥梁护栏。一般公路的特大及大、中桥梁在条件许可的情况下也应设置。在有人行道的桥梁上，应按实际需要在人行道和行车道分界处，设置汽车与行人之间的分隔护栏。

护栏按设置部位可分为桥侧护栏、桥梁中央分隔带护栏和人行道与车道分界护栏；按构造特征，可分为梁柱式护栏、钢筋混凝土墙式护栏和组合式护栏。可采用的材料有金属（钢、铝合金）和钢筋混凝土。护栏按照防撞性能又可分为刚性护栏（多为钢筋混凝土）、半刚性护栏（钢、铝合金）和柔性护栏（缆索）。

钢筋混凝土墙式护栏有NJ型和F型两种，其中NJ型已为世界各国广泛使用，F型近年来才使用。当车速较高时，NJ型和F型护栏都有车辆越过现象发生，所以在设计车速较低的公路上，可以使用这两种护栏，其中F型护栏更适合于重要交通的公路使用。梁柱式护栏有钢筋混凝土制和金属制两种，钢筋混凝土梁柱式护栏较钢筋混凝土墙式护栏的防撞性能要好，并且具有节省材料、减轻自重和外形纤巧、美观的特点，是高等级公路及其上桥梁所常用的防撞护栏形式之一。组合式护栏兼有钢筋混凝土墙式护栏的坚固和金属制梁柱式护栏美观的优点，在我国高速公路的桥梁上普遍采用。

桥梁护栏形式的选择，首先应满足其防撞等级的要求，避免在相应设计条件下的失控车辆跃出，同时还应综合考虑公路等级、桥梁护栏外侧危险物的特征、美观、经济性，以及养护维修等因素。例如，在美观要求较高或积雪严重的地区，宜采用梁柱式或组合式结构；钢桥为了减轻恒荷载，宜采用金属制护栏。

(3)灯柱。

在城市桥上以及城郊行人和车辆较多的公路桥上，都要设置照明设备。桥梁照明应防止眩光，必要时应采用严格控光灯具，而不宜采用栏杆照明方式。大型桥梁和具有艺术、历史价值的中小桥梁的照明应进行专门设计，既满足功能要求，又顾及艺术效果，并与桥梁的风格相协调。

照明灯柱可以在栏杆扶手的位置上，在较宽的人行道上也可设在靠近缘石处。照明用灯一般高出车道8～12m。钢筋混凝土灯柱的柱脚可以就地浇筑，并将钢筋锚固于桥面中。铸铁灯柱的柱脚可固定在预埋的锚固螺栓上。照明以及其他用途所需的电信线路等，通常都从人行道下的预留孔道内通过。

本章小结

1.桥面构造通常包括桥面铺装、防水和排水设施、伸缩缝、人行道（或安全带）、缘石、栏杆和灯柱照明设备等。

2.桥面铺装的功用是保护桥面板不受车辆轮胎（或履带）的直接磨耗，防止主梁遭受雨水的侵蚀，并能对车辆轮重的集中荷载起一定的分散作用。桥面铺装主要有沥青表面处治、沥青混凝土和水泥混凝土等类型。

3.桥面的排水设施主要为设置桥面纵坡、横坡，包括超高排水并设置排水管外泄。桥面纵坡一般不超过3%～4%，桥面横坡通常为1.5%～2%，桥面排水管的数量应根据径流面积计算确定。

4.为了使车辆平稳通过桥面，并满足桥梁上部结构在气温变化、活荷载作用、混凝土收缩徐变等因素的影响下变形的需要，一般需要在两梁端之间以及梁端与桥台背墙之间设置桥面伸缩装置。我国公路桥梁和城市桥梁工程上使用的伸缩缝通常可分成五大类，即对接式伸缩缝、钢制支承式伸缩缝、橡胶组合剪切式伸缩缝、模数支承式伸缩缝、无缝式伸缩缝。

5.当桥梁上允许行人通过时，在桥梁两侧需设置人行道，否则应设置安全带。

6.桥梁的两侧人行道(或安全带)外侧应设置栏杆或护栏。桥梁栏杆是车辆、行人安全过桥的防护设施，其设计应符合受力要求，并要经济，有利施工，维修、养护方便，美观。为了避免机动车辆碰撞行人，以及非机动车辆严重事故的发生，对于高速公路、汽车专用一级公路上的特大桥，大、中桥梁，必须根据其防撞等级在人行道与车行道之间设置桥梁护栏。

思考题

1.桥面构造包括哪些部分？各部分的作用是什么？

2.桥面铺装的主要作用是什么？桥面铺装有哪几种类型？

3.桥面为什么要设置纵、横坡？一般如何设置桥面纵、横坡？

4.桥面伸缩缝装置的主要作用是什么？主要有哪些类型的伸缩缝装置？阐述各类伸缩缝装置的主要特点。

5.桥面连续如何设置？其实质是什么？

3 板桥的设计与构造

3.1 简支板桥的构造及特点

3.1.1 板桥的特点与分类

板桥是小跨径桥中最常用的桥型之一。它在建成以后外形像一块薄板，故习惯称之为板桥。

(1)板桥的优缺点。

板桥的优点主要有以下几个方面：

①建筑高度小，适用于桥下净空受限制的桥梁，与其他类型的桥梁相比，可以降低桥头引道路堤高度和缩短引道长度。

②外形简单，制作方便。

③做成装配式板桥的预制构件时，重量轻，架设方便。

板桥的缺点主要是跨径不宜过大，跨径超过一定限度时，截面显著加高，从而导致自重加大，由于截面材料使用的不经济，板桥建筑高度小的优点也被抵消。因此，通过实践，简支板桥的经济合理跨径一般限制在 13～15m 以下，预应力混凝土板桥一般也不宜超过 30m。

(2)板桥的分类。

板桥按照有无预应力可分为钢筋混凝土板桥及预应力混凝土板桥；按照施工方法可划分为整体式板桥和装配式板桥；按照截面形式可以划分为实心板桥、空心板桥及异形板桥等。

3.1.2 整体式简支板桥的构造

整体式板桥一般可以做成实体式等厚度矩形截面，如图 2-3-1(a)所示，具有形状简单、施工方便、建筑高度小等优点，但施工时需现浇混凝土，受季节气候影响，又需模板与支架。从受力要求看，截面材料不经济、自重大，所以只在钢筋混凝土板桥中使用。有时为了减轻自重，也可将截面受拉区稍加挖空做成肋式的板截面，如图 2-3-1(b)所示。作为城市高架桥的板桥可采用单波[图 2-3-1(c)]或双波[图 2-3-1(d)]截面，与独柱墩配合使用，桥下净空开阔，造型优美。

整体式简支板的跨径一般为 4～10m，板的高跨比为 1/23～1/16，但板厚不宜小于 10cm，随跨径增大取用较小值。整体式板桥的跨径通常与板宽相差不大，故在车辆荷载作用下实际上处于双向受力状态。因此，除了配置纵向受力钢筋外，还要在板内设置垂直于主钢筋的横向分布钢筋。

整体式板的截面配筋应依据计算的纵、横弯矩确定。板中主筋直径不宜小于 10mm，间距不大于 20cm，分布筋设在主筋的内侧，直径不宜小于 8mm，间距不大于 20cm，且截面面积不宜小于板的截面面积的 0.1%。考虑当车辆荷载在靠近板边行驶时，参与受力的板宽要比中间的小，除在板中

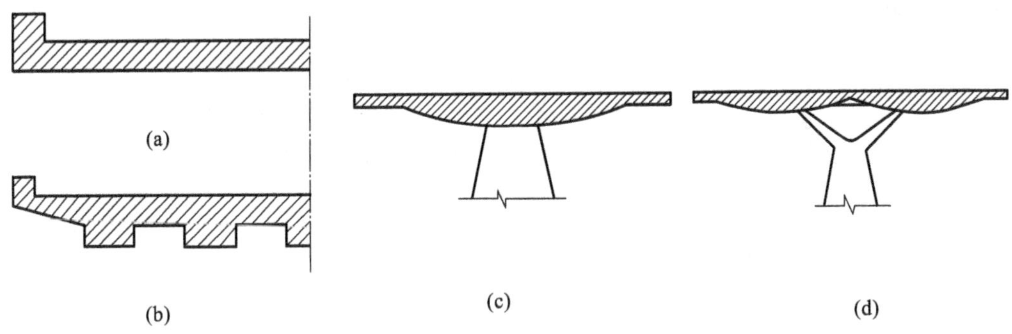

图 2-3-1　整体式板桥横截面

间 2/3 范围内按计算需要量进行配筋外，在板边缘的 1/6 板宽内主筋配筋量通常增加 15%，同时应考虑布置适量边缘构造钢筋。此外，整体式板主拉应力较小，不需设置弯起钢筋，但通常还是将部分主筋在 1/6～1/4 跨径处按照 30°或 45°弯起，但通过支点的不弯起主筋，每米板宽不少于 3 根，并不小于主钢筋面积的 1/4。

图 2-3-2 所示为标准跨径 8m，桥面净宽为(10.75＋2×0.5)m 的整体式简支板桥的构造与配筋。板的长度为 7.96m，板厚 50cm。纵向主筋为直径 20mm 的 HRB400 钢筋，布置间距为 7～8.5cm，并在跨径两端 1/6～1/4 的范围内按 30°弯起。横向分布钢筋为直径 12mm 的 HRB400 钢筋，沿纵向按间距 10～15cm 布置。

3.1.3　装配式简支板桥的构造

装配式板桥横向一般由数块一定宽度的实心或空心预制板组成。各板利用板间企口混凝土连接或采用钢板焊接连接，形成整体共同承载。装配式简支板桥的横截面形式主要有实心板和空心板两种，实心板使用跨径一般在 10m 以下，当跨径增大时，宜采用空心板截面。

3.1.3.1　装配式空心板桥

为了减轻自重，充分发挥材料的性能，在跨径 6～13m 钢筋混凝土板桥及跨径 10～20m 的预应力混凝土板桥的标准图中，采用空心板截面，板厚为 40～90cm。空心板的顶板和底板厚度应不小于 8cm，空洞端部应予填封，以保证施工质量和承载的需要。

《公路桥涵标准图》编制了 6m、8m、10m 和 13m 跨径的装配式钢筋混凝土简支空心板标准图，各跨径对应的预制板厚度分别为 0.4m、0.5m、0.6m 和 0.7m；还编制了 10m、13m、16m 和 20m 跨径的后张法装配式预应力混凝土简支空心板标准图，各跨径对应的预制板厚度分别为 0.5m、0.6m、0.75m 和 0.9m。此外，还编制了先张法装配式预应力混凝土简支空心板的标准图，跨径有 10m、13m 和 16m 三种。

图 2-3-3 所示为标准跨径 16m、半幅桥梁净宽(11.5＋2×0.5)m、板厚 0.8m 的预应力混凝土空心板桥的横断面图，半幅桥面由 12 块板组成，板间隙 1cm。

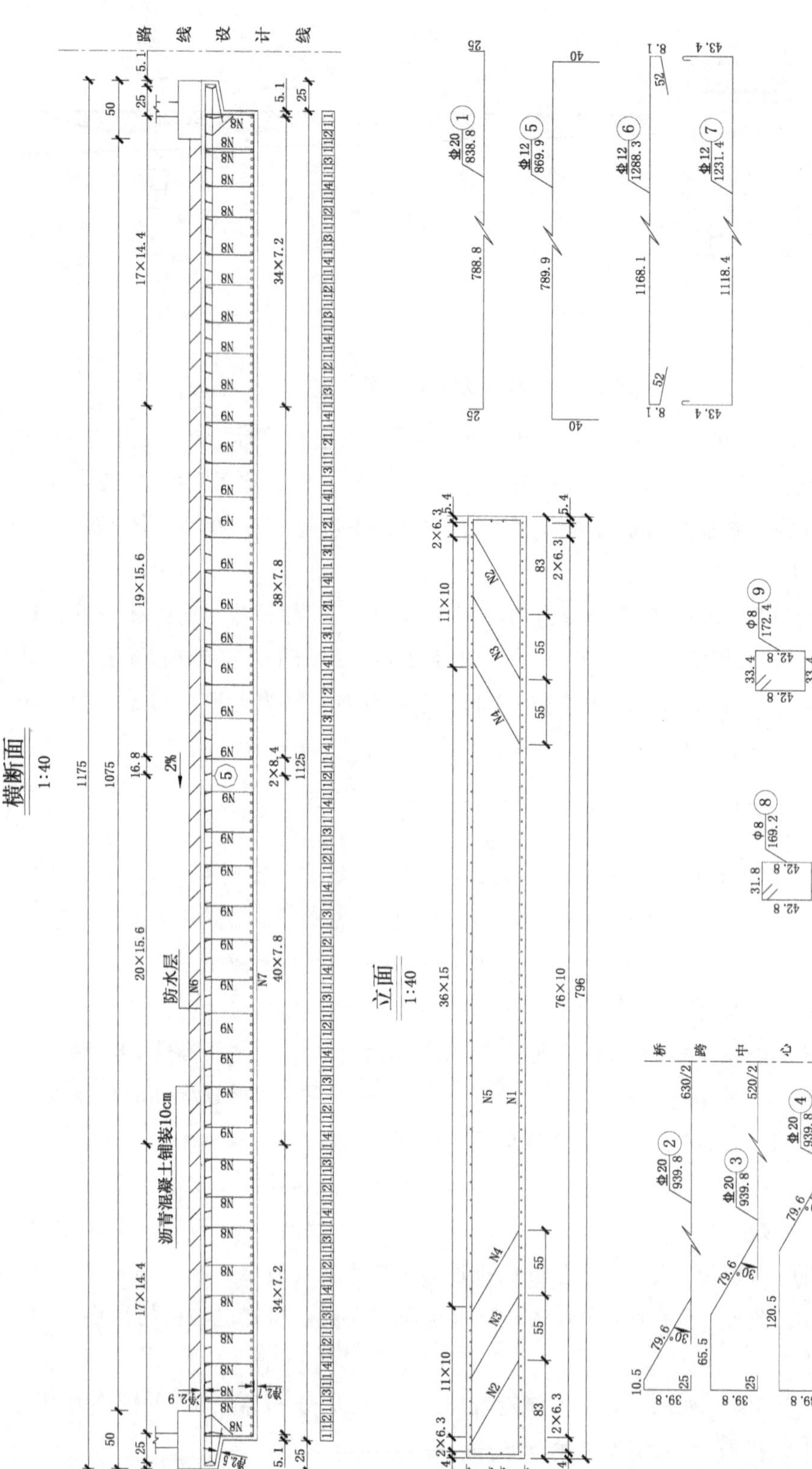

图 2-3-2　整体式简支板桥示例(尺寸单位:钢筋直径为 mm,其余为 cm)

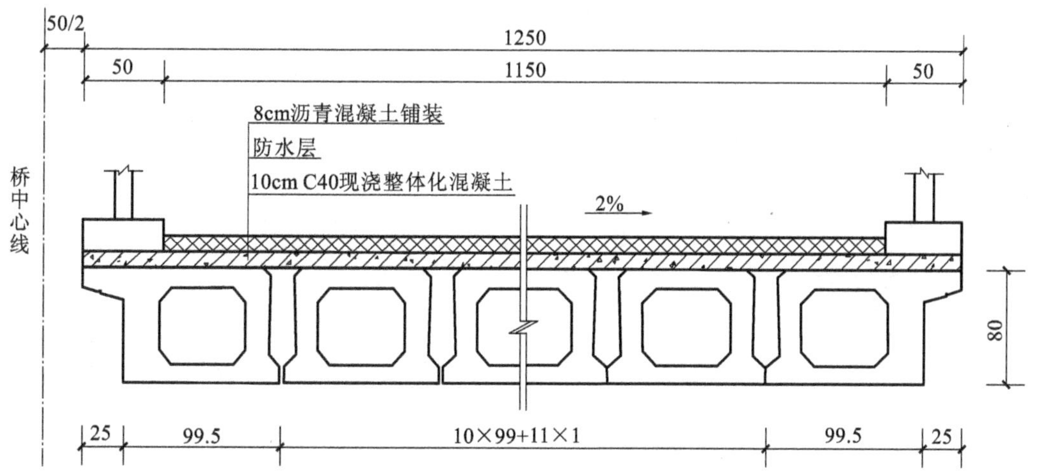

图 2-3-3　空心板横断面图(尺寸单位:cm)

装配式预制空心板截面开孔形式很多,通常有矩形、圆形、圆端形和菱形等。图 2-3-4 所示为几种常用的空心板截面形式,挖成单个较宽的孔洞,挖空体积最大,块件重量最轻,但顶板需满足一定的厚度,且在顶板内要布置一定数量的横向受力钢筋。图 2-3-4(a)所示的顶板略呈微弯形,可以节省一些钢筋,但模板较图 2-3-4(b)所示复杂些。如图 2-3-4(c)所示,挖成两个正圆孔,施工时可用无缝钢管(或充气囊)做芯模,其挖空体积较小,自重较重。如图 2-3-4(d)所示,芯模由两个半圆及两块侧模板组成,对不同厚度的板只要更换两块侧模板就能形成空形,它挖空体积较大,适用性也较好。

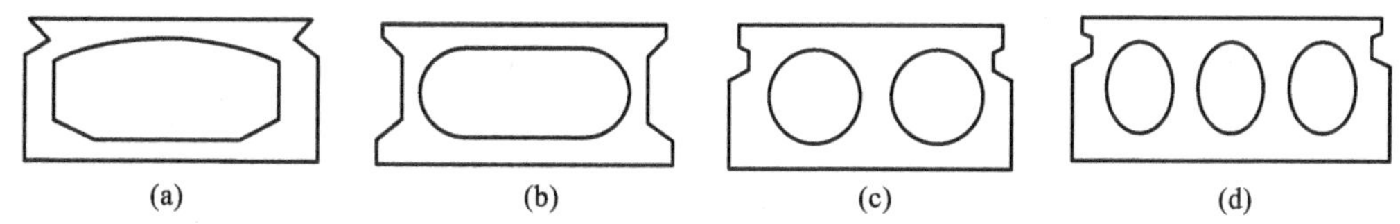

图 2-3-4　空心板的截面挖空形式

图 2-3-5 所示为标准跨径 16m 的装配式先张法预应力混凝土空心板桥的中板配筋图,设计荷载等级为公路-Ⅰ级。桥梁的横断面布置见图 2-3-3,两侧的边板带有 0.25m 的小悬臂,板全长 15.96m,计算跨径为 15.50m。板采用 C50 混凝土,先张法施工,钢绞线公称截面面积为 140mm^2,标准强度为 1860MPa,张拉控制应力 $\sigma_k=1370$MPa。在混凝土龄期 7d 以上,且达到设计强度 90%以上时分批放松钢绞线。图中 1~4 号是钢绞线,预应力筋应考虑其有效长度,有效长度范围以外的部分,采取有效措施进行处理,失效范围的预应力筋可用硬塑料管套住,使预应力筋与混凝土不结合。预制板顶面混凝土要进行正规的拉毛处理,以使现浇桥面混凝土与其结合。

3.1.3.2　装配式板桥的横向连接

为了使装配式板块组成整体,共同承受车辆荷载,块件之间必须具有横向连接的构造。常用的连接方法有企口混凝土铰连接和钢板连接。

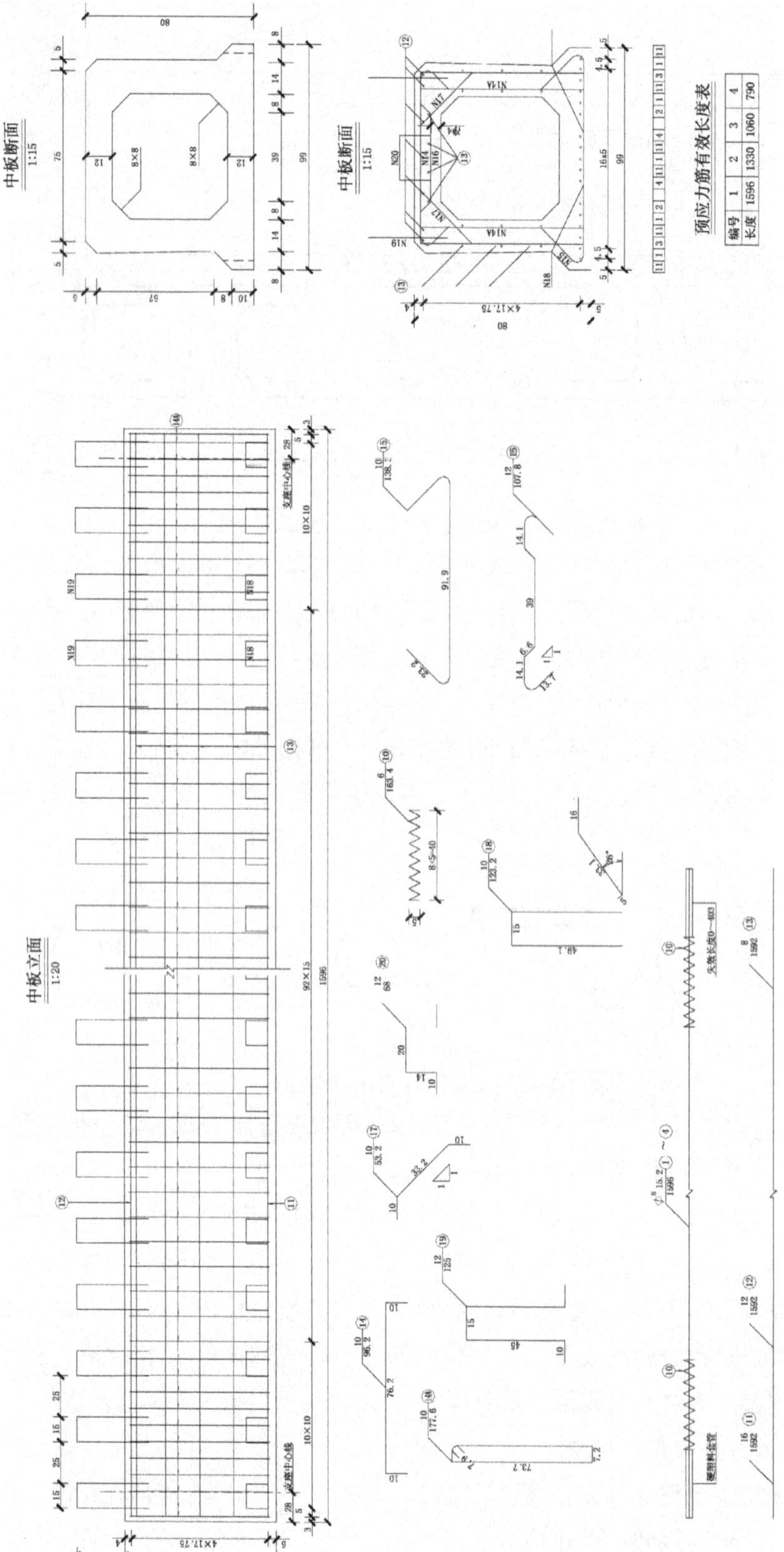

图 2-3-5 装配式预应力混凝土空心板中板钢筋图(尺寸单位:钢筋直径为 mm,其余为 cm)

(1)企口混凝土铰连接。

企口混凝土铰常采用的构造形式如图 2-3-6 所示，铰的上口宽度应保证插入式振捣器能够伸入，铰的深度不应小于板厚的 2/3。为使桥面铺装层与桥面板共同受力，将预制板中的 N1 钢筋伸出与相邻板的同样钢筋互相绑扎，再浇筑在铺装层内；将相邻板的底层箍筋 N2 伸入铰缝绑扎，铰缝内用 C25～C30 以上的细骨料混凝土填实。实践证明，企口混凝土铰能保证传递横向剪力，使各板共同受力。

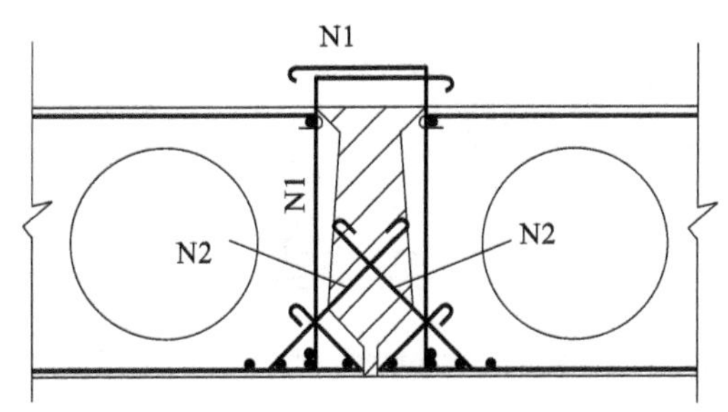

图 2-3-6　企口混凝土铰构造

(2)钢板连接。

由于企口混凝土铰需要现场浇筑混凝土，并需待混凝土达到设计强度后才能通车，为了加快工程进度，亦可采用钢板连接。钢板连接一般采用在预制板顶面沿纵向两侧边缘每隔 0.8～1.5m 预埋一块钢板。连接时将钢盖板与相邻预制板顶面对应的预埋钢板焊接在一起。通常在跨中部分钢板连接布置较密，而两端支点部分较稀疏。

3.2　斜板桥的受力特点与构造

在桥梁建设中，常常由于桥址所处地形的限制，或者由于高等级公路对线形的要求而将桥梁做成斜交。斜板桥的板的支承轴线的垂直线与桥纵轴线间的夹角 φ 称为斜交角，如图 2-3-7 所示。斜板桥的受力状态是很复杂的，迄今尚无力学经典解答，多借助计算机以求得数值解。为了对斜板桥的受力性能有定性的了解，以便从构造上予以保证，这里只简单介绍。

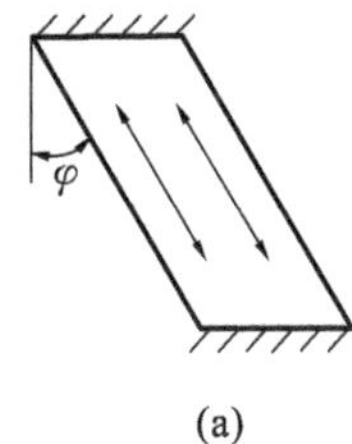

(a)

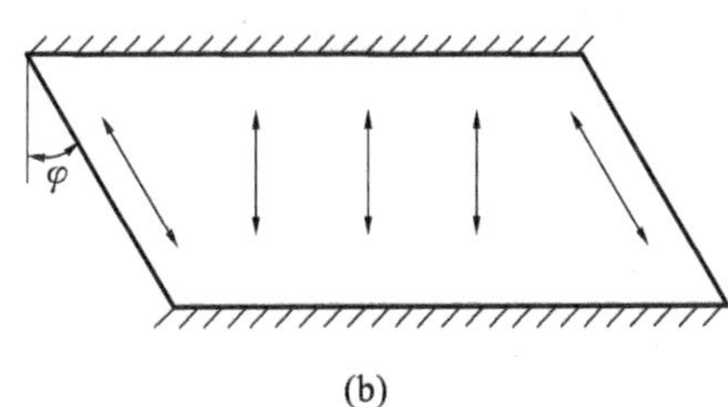

(b)

图 2-3-7　斜板的最大主弯矩方向

3.2.1　斜板桥的受力特点

斜板桥的受力与正交板桥相比，有其特别之处。理论与试验表明，斜板在垂直荷载作用下一般具有下列特征。

(1)荷载有向两支承边之间最短距离方向传递的趋势。

如图 2-3-7(b)所示，在较宽的斜板中部，其最大主弯矩方向(即在垂直于该方向的截面上没有扭矩)几乎与支承边正交。其次，无论对宽的或窄的斜板，其两侧的主弯矩方向虽接近平行于自由边，但仍有向支承边垂线方向偏转的趋势。

(2)各角点受力情况可以用比拟连续梁的工作来描述。

如图 2-3-8 所示，在斜板“Z”形条带 A—B—C—D 上各点的受力情况，可以用三跨连续梁来比拟，在钝角 B、C 产生较大的负弯矩，其方向垂直于钝角的二等分线；同时，在 B、C 点的反力也较大，锐角 A、D 点的反力较小，当斜交角与斜的跨宽比都较大时，锐角便有向上翘起的趋势。此时若固

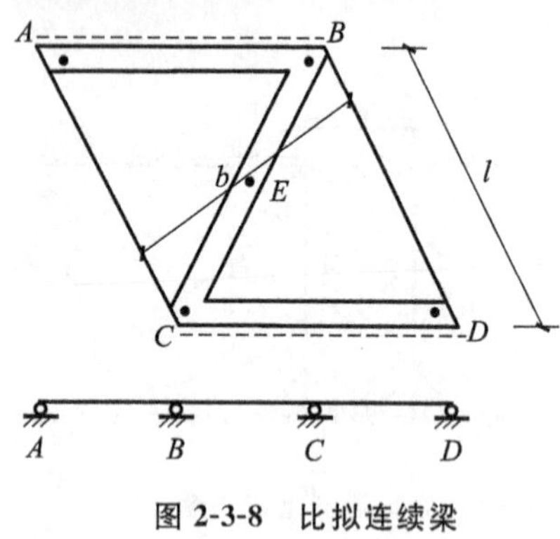

图 2-3-8 比拟连续梁

定锐角角点，势必导致板内有较大的扭矩。

(3)在均布荷载下，当桥轴线方向的跨长相同时，斜板桥的最大跨内弯矩比正桥要小，跨中弯矩的折减主要取决于斜交角 φ 和抗弯刚度与抗扭刚度的比值 K。在 $K \geqslant 10$ 且 $\varphi \leqslant 20°$ 时，斜板桥可按正交板桥计算；在 $5 \leqslant K < 10$ 且 $\varphi \leqslant 15°$ 时，可按正交板桥设计斜板桥；在 $0 \leqslant K < 5$ 且 $\varphi \leqslant 10°$ 时，可按正板桥设计斜板桥。这样，两者间主要控制截面的内力误差不超过 5%。跨内纵向最大弯矩或最大应力的位置，随着斜交角 φ 的变大而自中央向钝角方向移动。

图 2-3-9(a)所示为斜板桥最大跨内弯矩 M_φ 与正交板桥跨中弯矩 $M_{\varphi=0}$ 的比值，随斜交角 φ 改变而变化的曲线；图 2-3-9(b)所示为在满布均布荷载时，跨内最大弯矩位置沿板宽的变化曲线。

(4)在上述同样的情况下，斜板桥的跨中横向弯矩比正交板桥的要大，可以认为横向弯矩增加的量，相当于跨径方向弯矩减少的量。由于斜交引起的纵向弯矩的折减系数可查公路桥涵设计手册《梁桥》(上册) 第一篇附表(二)。

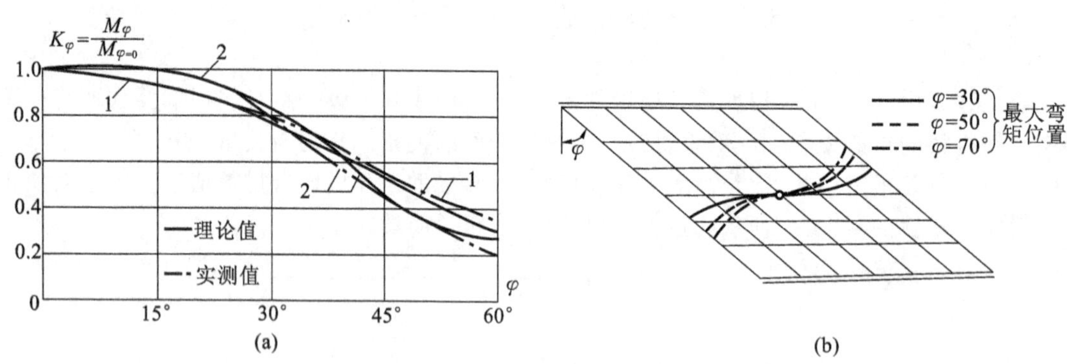

图 2-3-9 弯矩随斜交角的变化

1—板跨中央；2—自由边中点

3.2.2 斜板桥的构造

熟悉了斜板的工作性能后，即可据以配置斜板桥的钢筋。如图 2-3-10 所示，斜板桥的钢筋可按下列规定布置。

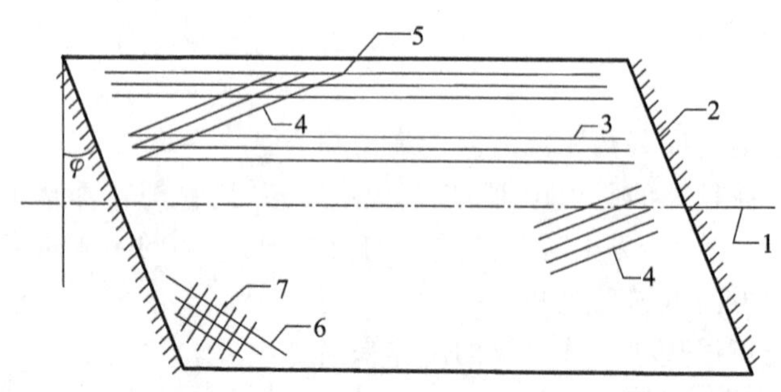

图 2-3-10 斜板桥钢筋布置

1—桥纵轴线；2—支承轴线；3—顺桥纵轴线钢筋；4—与支承轴线正交钢筋；
5—自由边钢筋带；6—垂直于钝角平分线的钝角钢筋；7—平行于钝角平分线的钝角钢筋

(1)对于整体式斜板桥，当斜交角 $\varphi \leqslant 15°$ 时，主筋平行于桥纵轴线方向布置；当斜交角 $\varphi > 15°$ 时，主筋宜垂直于板的支座轴线方向布置，此时，在板的自由边上、下应各设一条不少于 3 根平行于自由边的钢筋带，并用箍筋箍牢。在钝角部位靠近板顶的上层，应布置垂直于钝角平分线的加强筋，在钝角部位靠近板底的下层，应布置平行于钝角平分线的加强筋，加强筋的直径不小于 12mm，间距为 100～150mm，布置于钝角两侧 1.0～1.5m 边长的扇形面积内。

(2)斜板的分布钢筋宜垂直于主筋方向设置，其直径不小于 8mm，间距不大于 200mm，分布钢筋的面积不宜小于板截面面积的 0.1%，在斜板的支座附近宜设平行于支座轴线的分布钢筋，或使分布钢筋向支座方向呈扇形分布，过渡到平行于支承轴线。

(3)预制斜板的主筋可与桥纵轴线平行，其钝角部位的加强筋布置与整体式斜板桥相同。

本章小结

1. 板桥是小跨径桥中最常用的桥型之一，它通常具有建筑高度小，外形简单，制作方便，预制构件重量轻、架设方便等优点。

2. 混凝土简支板桥按施工工艺分为整体式和装配式两大类。为使装配式板桥的各块板件能共同受力，必须在板与板之间做好连接构造。常用的连接方式有企口混凝土铰连接和钢板连接两种。

3. 斜板桥的受力有其特别之处，荷载有向两支承边之间最短距离方向传递的趋势；其各角点受力情况可以用比拟连续梁的工作来描述；在均布荷载下，当桥轴线方向的跨长相同时，斜板桥的最大跨内弯矩比正交板桥要小，跨中弯矩的折减主要取决于斜交角 φ 和抗弯刚度与抗扭刚度的比值 K。在 $K \geqslant 10$ 且 $\varphi \leqslant 20°$ 时，斜交桥可按正交板桥计算；在 $5 \leqslant K < 10$ 且 $\varphi \leqslant 15°$ 时，可按正交板桥设计斜交桥；在 $0 \leqslant K < 5$ 且 $\varphi \leqslant 10°$ 时，可按正交板桥设计斜交桥。

思考题

1. 简述混凝土简支板桥的受力特点、主要截面形式及跨径适用范围。
2. 整体式板桥的受力、配筋特点是什么？
3. 装配式板桥横向连接方式有哪些？
4. 简述斜板桥的受力及配筋特点。

知识拓展

装配式简支梁桥的设计与构造

4 简支梁桥的计算

4.1 概　　述

简支梁桥是由一根两端分别支撑在一个活动支座和一个铰支座上的梁作为主要承重结构的梁桥，属于静定结构。简支梁桥具有受力明确、构造简单、施工方便等优点，是梁式桥中应用最早、使用最广泛的一种桥型。

简支梁桥的上部构造由主梁、横隔梁、桥面板、桥面构造等部分组成。主梁是桥梁的主要承重结构；横隔梁保证各根主梁相互结成整体，以提高桥梁的整体刚度；主梁的上翼缘构成桥面板，组成行车(人)平面，承受车辆(人群)荷载的作用。这类桥梁可采用整体现浇和预制装配两种不同的方式进行施工。

在设计桥梁时，首先拟定组成桥梁结构的各构件尺寸，然后对其进行强度、刚度和稳定性等方面的计算，从而判断所拟定的尺寸是否合理，如果合理，则所拟定尺寸通过，反之再重复以上过程，直到所设定的尺寸满足要求为止。简支梁桥分为上、下部结构计算。上部结构计算包括主梁、横隔梁、行车道板、支座以及其他构造细部的计算，同时还要考虑结构变形、施工验算或其他特殊项目验算；下部结构计算则包括墩、台和基础的计算。本章主要介绍简支梁桥上部结构中主梁内力、横隔梁内力和行车道板的计算，以及结构挠度与预拱度的计算。有关其他体系梁桥、支座和墩台的计算，将在后面章节中介绍。至于钢筋混凝土和预应力混凝土构件的截面计算和验算等问题，则属于结构设计原理课程的内容。

4.2 行车道板的计算

4.2.1 行车道板的类型

钢筋混凝土和预应力混凝土肋梁桥的桥面板(也称行车道板)，是直接承受车辆轮压的钢筋混凝土板，它在构造上与主梁梁肋和横隔梁连接在一起，既保证了梁的整体作用，又将活荷载传于主梁。

从结构形式上看，在具有主梁和横隔梁的简单梁格系[图 2-4-1(a)]以及具有主梁、横梁和内纵梁(或称为副纵梁)的复杂梁格体系[图 2-4-1(b)]中，桥面板实际上都是周边支承的板。

从受力特点来看，在矩形的四边支承板上当板中央作用一竖向荷载 P 时，虽然荷载 P 要向相互垂直的两对支承边传递，但由于板沿 l_a 和 l_b 跨径的相对刚度不同，因此传递的荷载也不相等。根据弹性薄板的研究，对于四边简支的板，只要板的长边与短边之比 $l_a/l_b \geqslant 2$，则荷载的绝大部分会沿短跨方向传递，而沿长跨方向传递的荷载将不足 6%。l_a/l_b 的比值愈大，向 l_a 跨度方向传递的荷载愈小。为了简明起见，对图 2-4-2 所示十字形梁在荷载 P 作用下进行简单的受力分析，即求出 P_a 和 P_b，就不难领会这一概念的基本原理。

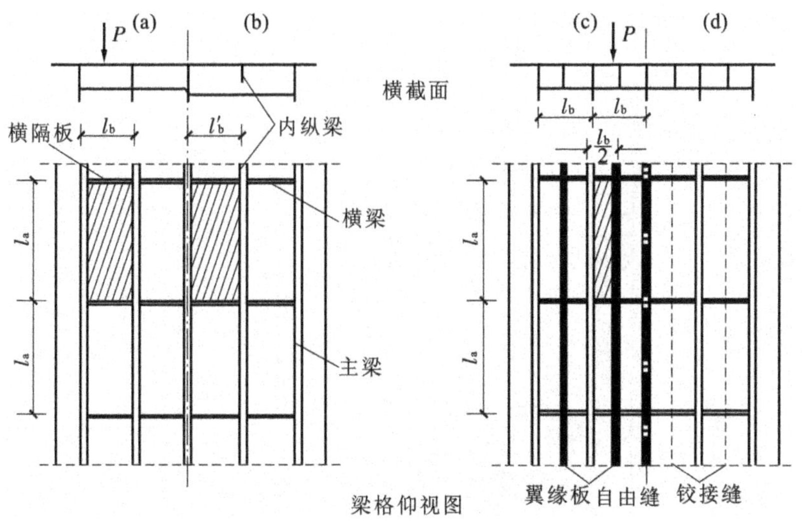

图 2-4-1　梁格构造和桥面板支撑方式

鉴于上述理由，通常可把边长比或长宽比大于或等于 2 的周边支承板看作仅由短跨承受荷载的单向受力板（简称单向板），设计时在长跨方向只要适当配置一些分布钢筋即可；而对长宽比小于 2 的板，则称为双向板，需按两个方向的内力分别配置受力钢筋。

对于常见的 $l_a/l_b \geqslant 2$ 的装配式 T 形梁桥，也可有两种情形：当翼缘板的端边是自由边[图 2-4-1(c)]时，同样鉴于上述原因，实际是三边支承的板，可以像边梁外侧的翼缘板一样，作为沿短跨一端嵌固而另一端为自由端的悬臂板来分析；当相邻翼缘板在端部互相做成铰接接缝[图 2-4-1(d)]时，桥面板应按一端嵌固一端铰接的铰接悬臂板进行计算。

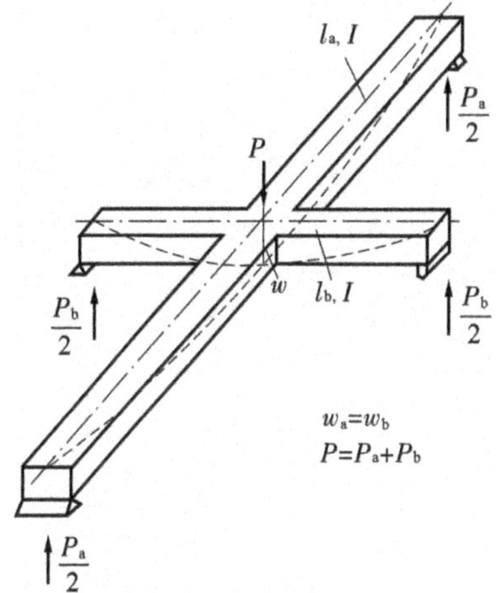

图 2-4-2　荷载的双向传递

综上所述，在实践中最常遇到的桥面板受力图示为单向板、悬臂板和铰接悬臂板三种，下面将分别阐明它们的计算方法。至于双向板的桥面板，由于用钢量稍大，构造也较复杂，目前已很少使用，这里就不做介绍。

4.2.2　车轮荷载在板上的分布

根据试验研究，作用在混凝土或沥青混凝土桥面铺装面层上的车轮荷载，可以偏安全地假定呈 45°角扩散到混凝土行车道板上。

轮载与桥面的实际接触面近似于椭圆形，简化按矩形处理。所以，假定汽车车轮与桥面的接触面为 $a_2 \times b_2$ 的矩形（a_2 为沿行车方向的车轮的着地长度，b_2 为垂直于行车方向的车轮的着地宽度），如图 2-4-3 所示，则最后作用于行车道板顶面的矩形荷载压力面的边长如下：

沿桥的纵向

$$a_1 = a_2 + 2H$$

沿桥的横向

$$b_1 = b_2 + 2H \tag{2-4-1}$$

式中　H——桥面铺装层的厚度。

若 P 为车辆荷载的后轴重，则车轮重为 $\frac{P}{2}$，由一个车轮引起的行车道板上的局部分布荷载为：

$$p=\frac{\frac{P}{2}}{a_1b_1}=\frac{P}{2a_1b_1} \tag{2-4-2}$$

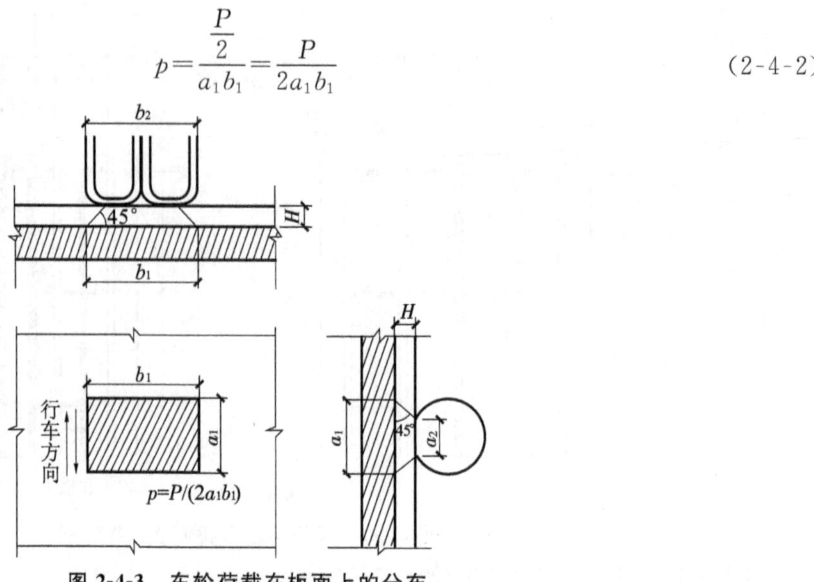

图 2-4-3　车轮荷载在板面上的分布

4.2.3　桥面板的有效工作宽度

4.2.3.1　板的有效工作宽度概念

如图 2-4-4 所示，已知跨径为 l 的单向板，当荷载以 $a_1\times b_1$ 的分布面积作用在行车道板上时，板不仅在计算跨径 x 方向产生挠曲变形 ω_x，也在垂直于计算跨径的 y 方向产生挠曲变形 ω_y。这说明荷载作用下使直接承压的宽度为 a_1 的板条受力，其邻近的板也参与工作，共同承担车轮荷载所产生的弯矩。

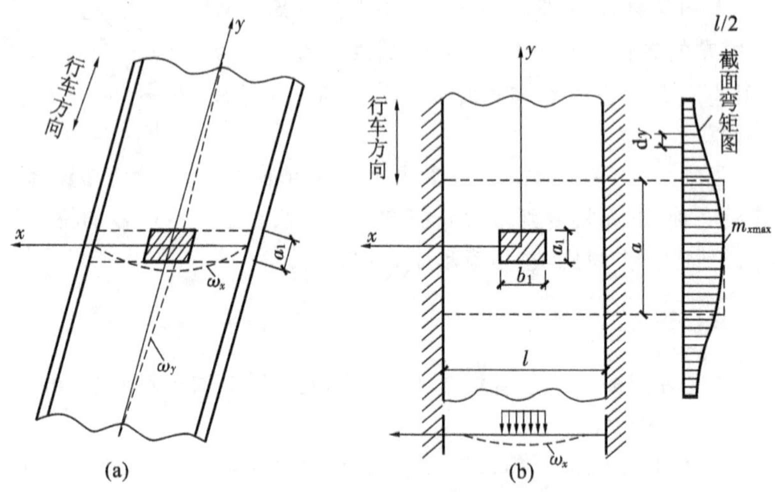

图 2-4-4　行车道板的受力状态

计算时可以这样简化：用宽为 a、高为 $m_{x\max}$ 的矩形面积代替图 2-4-4(b)所示的曲线面积来计算车轮荷载产生的总弯矩，也就是

$$a\times m_{x\max}=\int m_x\mathrm{d}y=M$$

则得弯矩图的换算宽度为

$$a=\frac{M}{m_{x\max}} \tag{2-4-3}$$

式中　M——车轮荷载产生的跨中总弯矩；

$m_{x\max}$——荷载中心处的最大单宽弯矩值。

通常把式(2-4-3)中的 a 定义为荷载有效工作宽度或板的有效分布宽度。

当荷载作用于板上时，在荷载的直接作用处，板的内力最大，其他部位的内力逐渐减小。我们要求的是最大内力，精确计算板的最大内力值比较麻烦。为了简化计算，假设全部荷载由宽度 a 范围内的板带均摊，且产生的内力达到最大值，a 即为板的有效宽度。

4.2.3.2　板的有效工作宽度计算

《桥规》中对于板的有效分布宽度做了如下规定。

(1)单向板。

①车轮位于板的跨中。

单个车轮在板的跨径中部时：

$$a=a_1+\frac{l}{3}=a_2+2H+\frac{l}{3}\geqslant\frac{2l}{3} \tag{2-4-4}$$

多个车轮在板的跨径中部时，当各单个车轮按式(2-4-4)计算的荷载分布宽度发生重叠时，按下式计算：

$$a=a_1+d+\frac{l}{3}=a_2+2H+d+\frac{l}{3}\geqslant\frac{2l}{3}+d \tag{2-4-5}$$

②车轮位于板的支承处：

$$a'=a_1+t=a_2+2H+t\geqslant\frac{l}{3} \tag{2-4-6}$$

③车轮位于板的支承附近，至支点的距离为 x 时：

$$a_x=a'+2x=a_2+2H+t+2x \tag{2-4-7}$$

式中　l——板的计算跨径；

d——多个车轮时外轮之间的中距；

t——板的厚度；

x——荷载作用点至支承边缘的距离。

单向板的荷载有效工作宽度如图 2-4-5 所示。

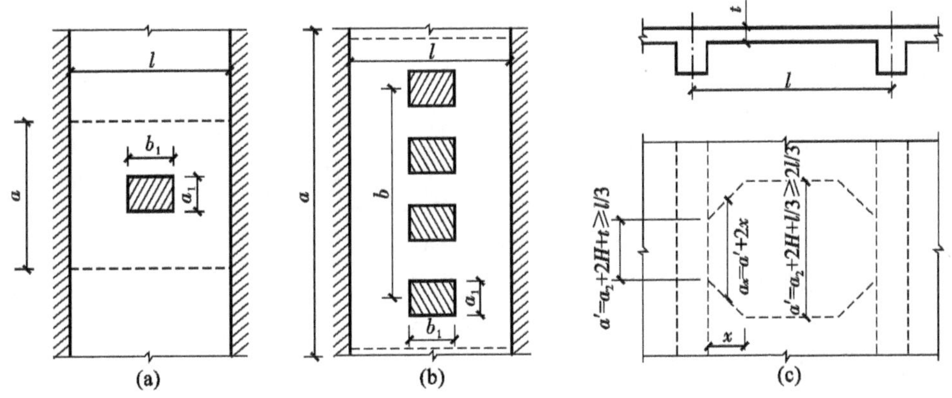

图 2-4-5　单向板的荷载有效工作宽度

(2)悬臂板。

悬臂板规定的有效分布宽度为

$$a=a_1+2b'=a_2+2H+2b'\quad(b'\leqslant 2.5\text{m}) \tag{2-4-8}$$

式中　b'——承重板上的荷载压力面外侧边缘至悬臂板根部的距离。

对于分布荷载靠近板边的最不利情况，b 即为悬臂板的跨径 l_0，于是

$$a=a_1+2t_0 \tag{2-4-9}$$

悬臂板的有效分布宽度如图 2-4-6 所示。

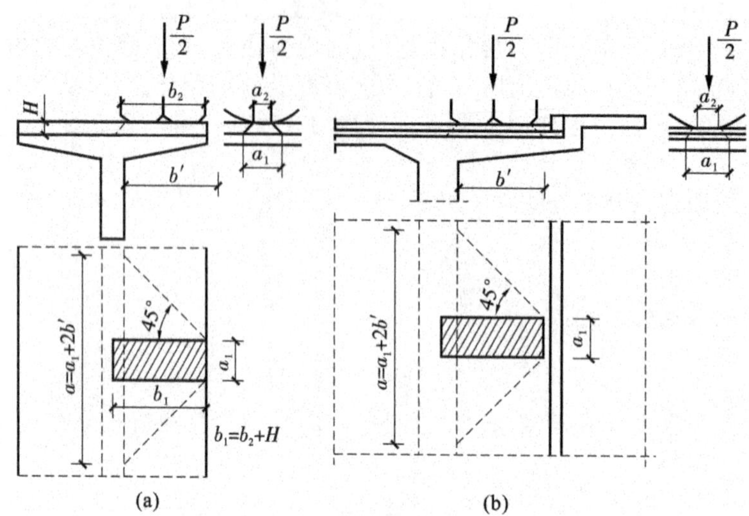

图 2-4-6 悬臂板的有效工作宽度

4.2.4 行车道板的内力计算

(1)多跨连续单向板的内力。

对于现浇多跨连续单向板的内力计算,《公路钢筋混凝土及预应力混凝土桥涵设计规范》(JTG D62—2004,以下简称《公预规》)规定如下。

当 $t/h<1/4$ 时:

$$\left.\begin{aligned}&\text{跨中弯矩}\quad M_{中}=+0.5M_0\\&\text{支点弯矩}\quad M_{支点}=-0.7M_0\end{aligned}\right\}\tag{2-4-10}$$

当 $t/h\geqslant 1/4$ 时:

$$\left.\begin{aligned}&\text{跨中弯矩}\quad M_{中}=0.7M_0\\&\text{支点弯矩}\quad M_{支点}=-0.7M_0\end{aligned}\right\}\tag{2-4-11}$$

式中 t——板厚;

h——梁肋高度;

M_0——与计算跨径相同的简支板 1m 宽板条跨中弯矩。

$$M_0=M_{op}+M_{og}$$

式中 M_{op}——1m 宽简支板条的跨中活荷载引起的弯矩;

M_{og}——1m 宽简支板条的恒荷载引起的跨中弯矩。

对于汽车荷载[图 2-4-7(a)]:

$$M_{op}=(1+\mu)\cdot\frac{P}{8a}\left(l-\frac{b_1}{2}\right)\tag{2-4-12}$$

式中 $1+\mu$——车辆荷载的冲击系数。

计算单向板支点剪力时,可不考虑主梁的弹性固结作用,而直接按简支板的图示进行,如图 2-4-7(b)所示。

对于跨内只有一个车轮荷载的情况,宽 1m 的简支板支点剪力 Q_S 的计算公式为

$$Q_S=\frac{gl_0}{2}+(1+\mu)(A_1\cdot y_1+A_2\cdot y_2)\tag{2-4-13}$$

式中　A_1——矩形部分荷载合力，$A_1=p\cdot b_1=\dfrac{P}{2ab_1}\cdot b_1=\dfrac{P}{2a}$。

A_2——三角形部分荷载的合力，$A_2=\dfrac{1}{2}(p'-p)\cdot\dfrac{1}{2}(a-a')=\dfrac{P}{8aa'b_1}\cdot(a-a')^2$。

p,p'——对应于有效工作宽度 a 和 a' 处的荷载强度，$p=\dfrac{P}{2ab_1}$，$p'=\dfrac{P}{2a'b_1}$。

y_1,y_2——对应于荷载合力 A_1、A_2 的支点剪力影响线竖标值。

l_0——板的净跨径。

如行车道板的跨径内不止一个车轮，还需计及其他车轮的影响。

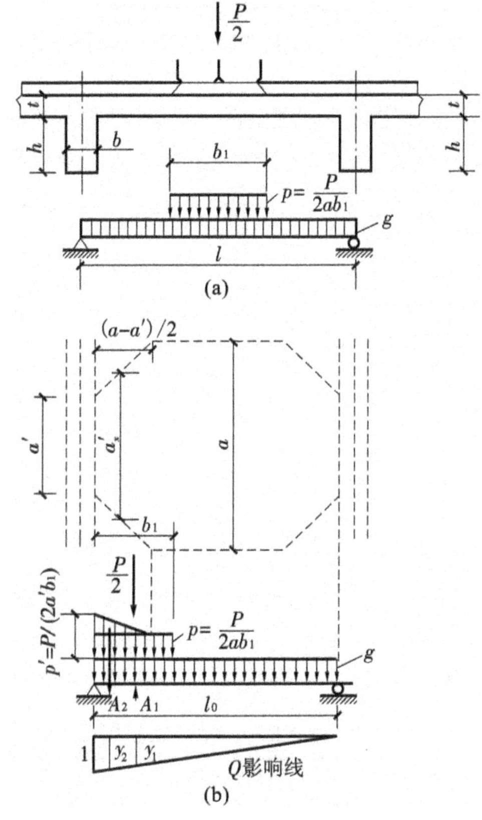

图 2-4-7　单向板内力计算图示

(a)跨中弯矩；(b)支点剪力

(2)铰接悬臂板的内力。

对于沿纵缝用铰连接的铰接悬臂板，计算内力时把车轮荷载对称布置在铰链处，利用对称性，可知铰内的剪力为零，如图 2-4-8(a)所示。

每米宽板条的弯矩为

$$M=-\frac{gl_0^2}{2}-(1+\mu)\frac{P}{4a}\left(l_0-\frac{b_1}{4}\right) \tag{2-4-14}$$

每米宽板条的剪力为

$$Q=gl_0+(1+\mu)\frac{P}{4a} \tag{2-4-15}$$

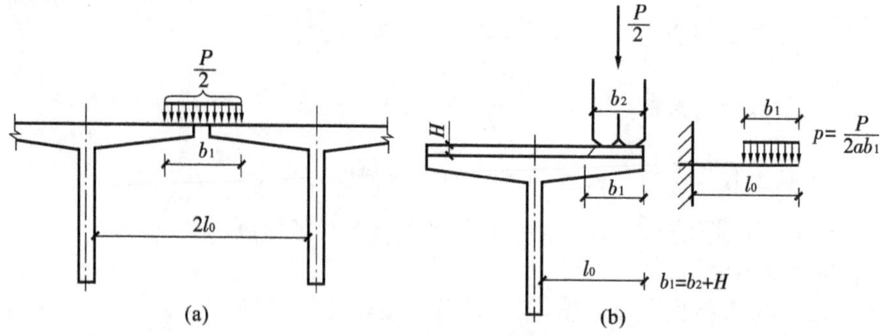

图 2-4-8　悬臂板计算图示

(a)相邻翼缘板沿板边做成铰接的桥面板;(b)沿板边纵缝不相连的自由悬臂板

(3)悬臂板的内力。

如图 2-4-8(b)所示,对于沿板边纵缝不相连的悬臂板,在计算根部最大弯矩时,应将车轮荷载靠板的边缘布置,此时 $b_1=b_2+H$(无人行道一侧)或 $b_1=b_2+2H$(有人行道一侧),每米宽板条的弯矩为

$$M=-\frac{gl_0^2}{2}-(1+\mu)\frac{1}{2}pl_0^2=-\frac{gl_0^2}{2}-(1+\mu)\frac{P}{4ab_1}l_0^2\quad(b_1\geqslant l_0\text{ 时})\tag{2-4-16}$$

或

$$M=-\frac{gl_0^2}{2}-(1+\mu)pb_1\left(l_0-\frac{b_1}{2}\right)=-\frac{gl_0^2}{2}-(1+\mu)\frac{P}{2a}\left(l_0-\frac{b_1}{2}\right)\quad(b_1<l_0\text{ 时})\tag{2-4-17}$$

悬臂板的剪力为

$$Q=gl_0+(1+\mu)\frac{P}{2ab_1}l_0\quad(b_1\geqslant l_0\text{ 时})\tag{2-4-18}$$

或

$$Q=gl_0+(1+\mu)\frac{P}{2a}\quad(b_1<l_0\text{ 时})\tag{2-4-19}$$

【例 2-4-1】 计算图 2-4-9 所示 T 形梁翼板所构成的铰接悬臂板的设计内力。设计荷载为公路-Ⅰ级,冲击系数 $\mu=0.267$。桥面铺装为 6cm 厚沥青混凝土面层(重力密度为 23kN/m³)和平均 10cm 厚混凝土垫层(重力密度为 24kN/m³),T 形梁翼板的重力密度为 25kN/m³。

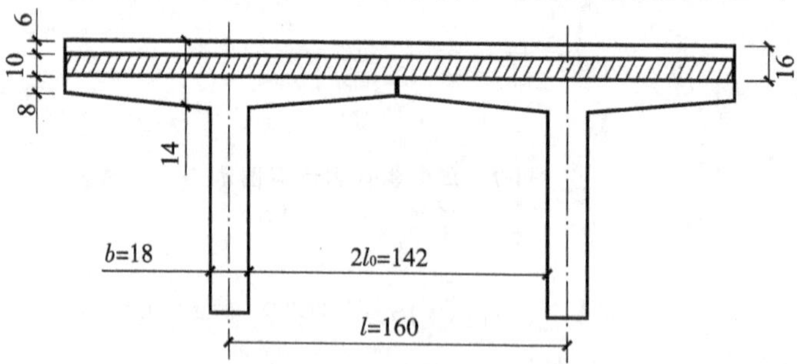

图 2-4-9　铰接悬臂行车道板(尺寸单位:cm)

【解】 (1)结构重力及其内力(取纵向 1m 宽的板条计算)。

每米板上的结构重力计算如下:

沥青混凝土面层:$g_1=0.06\times1.0\times23=1.38$(kN/m);

混凝土垫层:$g_2=0.10\times1.0\times24=2.4$(kN/m);

T 形梁翼板自重:$g_3=\frac{0.08+0.14}{2}\times1.0\times25=2.75$(kN/m);

合计:$g=6.53$ kN/m。

每米宽板条的结构重力引起的内力：

$$M_{sg}=-\frac{gl_0^2}{2}=-\frac{1}{2}\times 6.53\times 0.71^2=-1.646(\text{kN}\cdot\text{m})$$

$$Q_{sg}=gl_0=6.53\times 0.71=4.636(\text{kN})$$

(2)公路-Ⅰ级车辆荷载产生的内力。

将公路-Ⅰ级车辆荷载的两个轴重140kN的后轮(轴间距为1.4m)沿桥梁的纵向，作用于铰缝轴线上为最不利荷载。由《公路工程技术标准》(JTG B01—2014)查得重车后轮的着地长度$a_2=0.2\text{m}$，着地宽度$b_2=0.6\text{m}$，车轮在板上的布置及其压力分布图形如图2-4-10所示，铺装层总厚度为$H=0.06+0.10=0.16(\text{m})$，则$a_1=a_2+2H=0.2+2\times 0.16=0.52(\text{m})$，$b_1=b_2+2H=0.6+2\times 0.16=0.92(\text{m})$。

由图2-4-10可见，重车后轴两车轮的有效分布宽度重叠，荷载对于悬臂根部的有效分布宽度为

$$a=a_1+d+2l_0=0.52+1.4+2\times 0.71=3.34(\text{m})$$

作用于每米宽板条上的弯矩为

$$\begin{aligned}M_{sp}&=-(1+\mu)\frac{P}{4a}\left(l_0-\frac{b_1}{4}\right)\\&=-1.267\times\frac{2\times 140}{4\times 3.34}\times\left(0.71-\frac{0.92}{4}\right)\\&=-12.746(\text{kN}\cdot\text{m})\end{aligned}$$

作用于每米宽板条上的剪力为

$$Q_{sp}=(1+\mu)\frac{P}{4a}=1.267\times\frac{2\times 140}{4\times 3.34}=26.554(\text{kN})$$

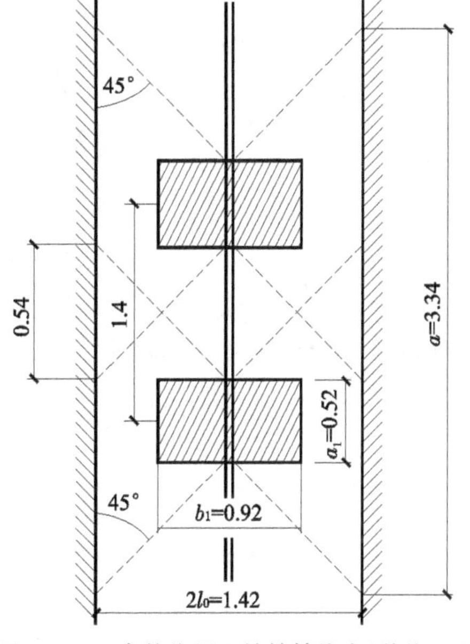

图2-4-10　车轮作用于铰缝轴线上(单位：m)

(3)内力组合。

按承载能力极限状态作用基本组合弯矩和剪力的设计值分别为

$$M_{ud}=1.2M_{sg}+1.4M_{sp}=-1.2\times 1.646-1.4\times 12.746=-19.820(\text{kN}\cdot\text{m})$$

$$Q_{ud}=1.2Q_{sg}+1.4Q_{sp}=1.2\times 4.636+1.4\times 26.554=42.739(\text{kN})$$

有了以上内力设计值就可按结构设计原理的方法计算行车道板的配筋。

4.3　荷载横向分布计算

4.3.1　横向分布系数的概念

(1)内力影响线。

单位移动荷载在梁上移动时，表示某个量值变化规律的图形，称为该量值的影响线，图2-4-11(a)所示是简支梁C截面弯矩的影响线。

利用影响线可求恒荷载或移动荷载作用下简支梁C截面弯矩的最大值。如图2-4-11(b)所示，在梁上C处作用外力P时，C截面弯矩通过影响线求得为

$$S=M_C=\overline{M_C}P=P\frac{ab}{l}=P\eta_1(x)\tag{2-4-20}$$

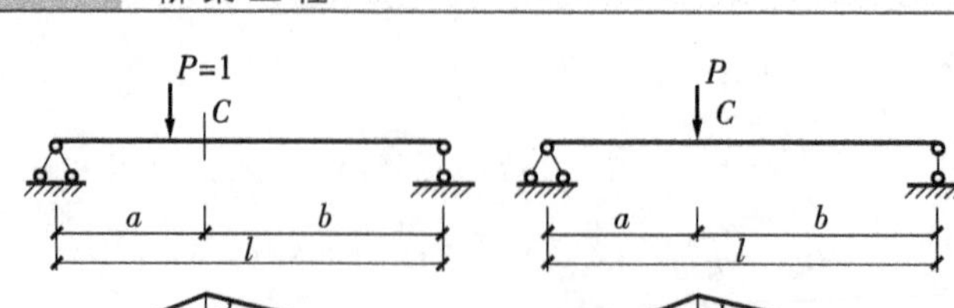

图 2-4-11 简支梁弯矩影响线及 C 截面弯矩

(2)内力影响面。

对于横截面形式为T形、箱形等多片主梁依靠横梁和桥面板联结成整体而组成的空间结构，如图 2-4-12 所示，它在垂直于桥面移动荷载的作用下，产生的内力影响线不再是平面结构问题中的直线或曲线，而是空间问题中的一个曲面方程，一般把由这个曲面方程 $\eta(x,y)$ 绘制的空间曲面称为某根主梁某个截面的内力影响面。

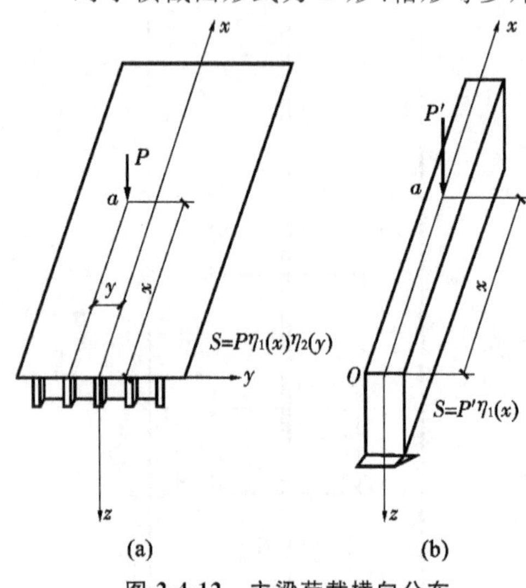

图 2-4-12 主梁荷载横向分布

因此，在 P 作用下某根主梁某个截面的内力值 S 为

$$S=P\eta(x,y)$$

但是，要想求出内力影响面方程是较困难的，可以用分离变量的方法来做近似的处理。令 $\eta(x,y)\approx\eta_2(y)\eta_1(x)$，这样在 P 作用下某根主梁某个截面的内力值 S 为

$$S=P\eta(x,y)\approx P\eta_2(y)\eta_1(x)=P'\eta_1(x) \tag{2-4-21}$$

$$P'=P\eta_2(y)$$

式中 $\eta_1(x)$——某根单梁在 x 轴方向某一截面的内力影响线，如图 2-4-12(b)所示；

$\eta_2(y)$——单位荷载沿桥面横向(y 轴方向)作用在不同位置时该单梁所分配的荷载比值变化曲线，也称为对于某梁的荷载横向分布影响线。

这样就把求空间结构影响面方程的问题转化为求平面问题的影响线问题，从而使求解结构的内力变得简便。

(3)横向分布系数的概念。

图 2-4-13(a)所示为桥上作用着一辆前、后轴分别重 P_1 和 P_2 的汽车荷载。如求③号梁 k 点的截面内力，则可先用③号梁的荷载横向分布影响线，求出桥上横向各排轮重对该梁分布的总荷载(按横向最不利荷载位置求最大值)，然后用这些荷载通过单梁 k 点截面的内力影响线来计算③号梁该截面的最大内力值。桥梁结构给定时，轮重在桥上的位置也就定下来了，这样分布于③号梁的荷载也是一个定值。在桥梁设计中，通常用一个系数 m 与轴重的乘积来表示③号梁所分配的荷载，即 mP_1 和 mP_2，如图 2-4-13(b)所示。这个 m 值就称为荷载横向分布系数，通常 $0<m<1$。

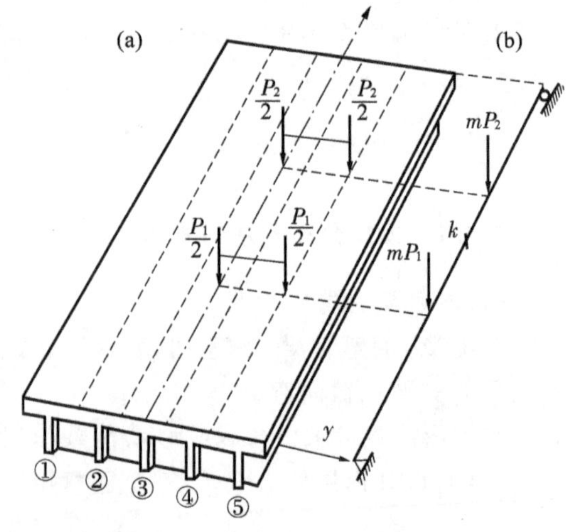

图 2-4-13 荷载在桥上的横向分布

在计算桥梁的荷载横向分布系数时，根据不同的横向连接刚度，不同的桥的宽跨比可采用不同的方法进行计算。常用的有以下几种：杠杆原理法、偏心压力法、修正偏心压力法、横向铰接板(梁)法、横向刚接梁法、比拟正交异性板法。现重点介绍杠杆原理法、偏心压力法和比拟正交异性板法。

4.3.2　杠杆原理法

按杠杆原理法进行荷载横向分布的基本假定是，忽略主梁之间横向结构的联系作用，即假设桥面板在主梁上断开，把桥面板当作沿横向支承在主梁上的简支梁或悬臂梁，如图 2-4-14(b)所示。根据以上假定可做出主梁荷载横向分布影响线。例如做①、②号主梁荷载横向分布影响线时，将单位荷载 $P=1$ 在图 2-4-14(b)所示桥的横断面上移动，按机动法或静力法可分别作出①、②号主梁的荷载横向分布影响线，如图 2-4-14(c)所示。有了每一根主梁的横向分布影响线，就可以将荷载沿横向在影响线上进行最不利布载，求出每一根主梁的荷载横向分布系数。

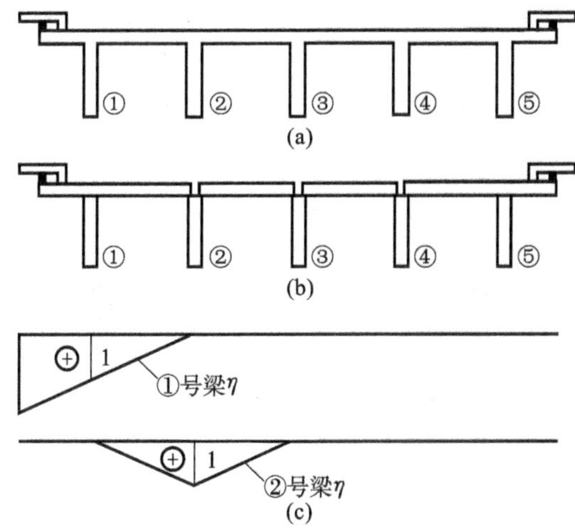

图 2-4-14　杠杆原理法

杠杆原理法适用于双主梁桥或横向联系弱的无中间横隔梁的桥梁，也适用于多梁式桥当荷载位于靠近主梁支点时的荷载横向分布系数计算，此时主梁的支承刚度远大于主梁间横向联系的刚度，受力特性与杠杆原理法的假设相符合。

【例 2-4-2】　图 2-4-15(a)所示为桥面净空为净-7＋2×0.75m 人行道的五梁式钢筋混凝土 T 形梁桥。试求荷载位于支点处时①号梁和②号梁相应于公路-Ⅰ级设计荷载和人群荷载的横向分布系数。

【解】　(1)绘制①、②号梁的荷载反力影响线，见图 2-4-15(b)、(c)。

(2)确定荷载的横向最不利布置，见图 2-4-15(b)、(c)。

(3)计算主梁在公路-Ⅰ级设计荷载和人群荷载作用下的横向分布系数。

对于①号梁：

$$m_{汽}=\frac{1}{2}\sum\eta_{ik}=\frac{1}{2}\times 0.875=0.438$$

$$m_{人}=\sum\eta=1.422$$

对于②号梁：

$$m_{汽}=\frac{1}{2}\sum\eta_{ik}=\frac{1}{2}\times 1.0=0.5$$

$$m_{人} = \sum \eta = 0$$

这里在人行道上没有布载，是因为人行道荷载引起②号梁产生负反力，在考虑荷载组合时反而会减小②号梁的受力。

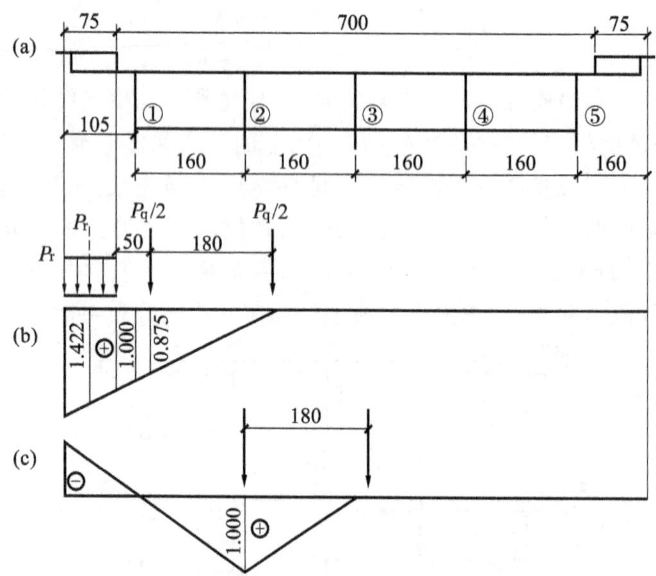

图 2-4-15 杠杆原理法计算横向荷载分布系数(尺寸单位:cm)

(a)桥梁横截面;(b),(c)①、②号梁荷载横向分布影响线

4.3.3 偏心压力法

4.3.3.1 偏心压力法的基本假设及基本概念

(1)偏心压力法的基本假设。

把梁桥看作由主梁和横梁组成的梁格系，荷载通过横梁由一片主梁传到其他主梁上去，同时主梁又对横梁起弹性支承作用。当桥的宽跨比 $B/L \leqslant 0.5$(一般称为窄桥)，且主梁间具有可靠横向连接的情况下，在车道荷载作用时，中间横隔梁的抗弯刚度远大于主梁的抗弯刚度。

(2)偏心压力法的基本概念。

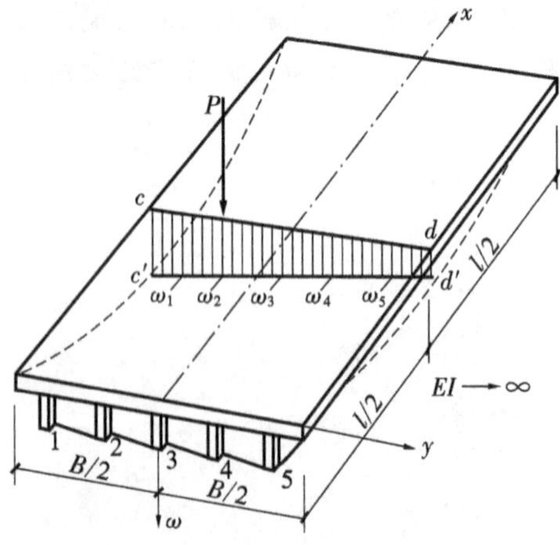

图 2-4-16 偏心压力法梁的变形图示

根据以上假设，可以认为中间横隔梁像一根无穷大的刚性梁一样保持直线形状，依此计算荷载横向分布系数的方法称为“偏心压力法”，也称为“刚性横梁法”，如图 2-4-16 所示。按计算中是否考虑主梁的抗扭刚度，其又可分为“偏心压力法”和“修正偏心压力法”两种。

4.3.3.2 偏心压力法的计算公式

偏心压力法在计算荷载横向分布系数时不考虑主梁抗扭刚度的影响。取图 2-4-16 跨中截面($x=l/2$)，如图 2-4-17(a)所示。由于假定横梁为刚体，可将偏心荷载 $P=1\text{kN}$ 平移到中心线上，就形成中心荷载 $P=1\text{kN}$ 和偏心力矩 $M=1\times e$ 的作用，如图 2-4-17(b)所示。这样就把求偏心荷载 $P=1\text{kN}$[图 2-4-17(a)]对各根主梁荷载横向分布系数的问题转化成求解图 2-4-17(b)的问题，现在用叠加法导出计算公式。

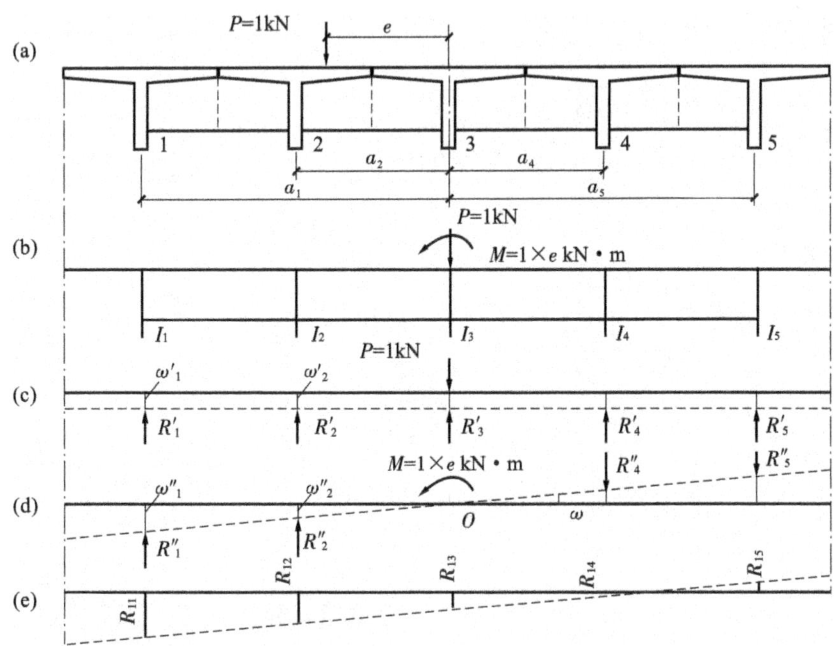

图 2-4-17　偏心压力法计算图示

(1)中心荷载 $P=1\text{kN}$ 作用下[图 2-4-17(c)]。

此时各根主梁在跨中截面产生相等的向下挠度：

$$\omega_1'=\omega_2'=\omega_3'=\cdots=\omega_n' \tag{2-4-22}$$

设各根主梁分担的荷载为 $R_i'(i=1,2,\cdots,\eta)$，与挠度的关系为

$$\omega_i'=\frac{R_i'l^3}{48EI_i} \quad 或 \quad R_i'=\alpha I_i\omega_i' \tag{2-4-23}$$

式中　I_i——各根主梁横截面对其中性轴的惯性矩；

α——常数，$\alpha=\dfrac{48E}{l^3}$；

E——主梁材料的弹性模量。

由理论力学平衡方程 $\sum Y=0$ 可得

$$\sum_{i=1}^{n}R_i'=\alpha\omega_i'\sum_{i=1}^{n}I_i=1$$

可导出

$$\alpha\omega_i'=\frac{1}{\sum\limits_{i=1}^{n}I_i} \tag{2-4-24}$$

将式(2-4-24)代入式(2-4-23)，可得中心荷载 $P=1\text{kN}$ 作用下各主梁分配的荷载为

$$R_i'=\frac{I_i}{\sum\limits_{i=1}^{n}I_i} \tag{2-4-25}$$

如果各主梁横截面对中性轴的惯性矩相同，即 $I_1=I_2=I_3=\cdots=I_n=I$，则

$$R_i'=\frac{1}{n} \tag{2-4-26}$$

(2)偏心力矩 $M=1\times e$ 的作用[图 2-4-17(d)]。

在偏心力矩 $M=1\times e$ 的作用下，桥的横截面将产生绕中心点 O 的转角 φ，各梁产生竖向挠度为：

$$\omega_i''=a_i\tan\varphi \tag{2-4-27}$$

式中　a_i——各片主梁到截面形心的距离。

由理论力学静力学力矩平衡方程 $\sum M_0=0$，可得

$$\sum_{i=1}^{n}R_i''\cdot a_i=1\times e \tag{2-4-28}$$

主梁所受反力与挠度成正比，即

$$R_i''=\alpha I_i\omega_i''$$

$$R_i''=\alpha I_i\omega_i''=\alpha I_i a_i\tan\varphi=\beta_1 a_i I_i\quad(\beta_1=\alpha\tan\varphi) \tag{2-4-29}$$

因为 $\sum_{i=1}^{n}R_i''\cdot a_i=1\times e=\sum_{i=1}^{n}\beta_1 a_i I_i\cdot a_i$，所以有

$$\beta_1=\frac{e}{\sum_{i=1}^{n}a_i^2 I_i} \tag{2-4-30}$$

式中，$\sum_{i=1}^{n}a_i^2 I_i=a_1^2 I_1+a_2^2 I_2+\cdots+a_n^2 I_n$。对于已经确定的桥梁横截面，它是一个常数。将式(2-4-30)代入式(2-4-29)，得偏心力矩 $M=1\times e$ 作用下各主梁所分配的荷载为

$$R_i''=\frac{ea_i I_i}{\sum_{i=1}^{n}a_i^2 I_i} \tag{2-4-31}$$

应当注意，当荷载作用位置与计算的梁的位置位于桥梁中心线的同一侧时，$e\cdot a_i$ 的乘积取正号，反之取负号。

当各主梁横截面对其中性轴的惯性矩相同时，即 $I_1=I_2=I_3=\cdots=I_n=I$，有

$$R_i''=\frac{ea_i}{\sum_{i=1}^{n}a_i^2} \tag{2-4-32}$$

(3)偏心距离为 e 的单位荷载 $P=1\text{kN}$ 对各主梁的总作用[图 2-4-17(e)]。

设荷载位于 k 号梁轴线上($e=a_k$)，任意 i 号主梁荷载分布的一般公式为

$$R_{ik}=\frac{I_i}{\sum_{i=1}^{n}I_i}+\frac{a_i a_k I_i}{\sum_{i=1}^{n}a_i^2 I_i} \tag{2-4-33}$$

例如，要做①号梁的荷载横向分布影响线，求出 η_{11}、η_{51} 就可以了，即

$$\eta_{11}=R_{11}=\frac{I_i}{\sum_{i=1}^{n}I_i}+\frac{a_1^2 I_i}{\sum_{i=1}^{n}a_i^2 I_i}$$

$$\eta_{51}=R_{51}=\frac{I_i}{\sum_{i=1}^{n}I_i}-\frac{a_1^2 I_i}{\sum_{i=1}^{n}a_i^2 I_i}$$

若各主梁截面对中性轴的惯性矩 I_i 均相等，则式(2-4-33)简化为

$$R_{ik}=\frac{1}{n}+\frac{ea_i}{\sum_{i=1}^{n}a_i^2} \tag{2-4-34}$$

有了每一根主梁的荷载横向分布影响线，就可以将荷载沿横向在影响线上进行最不利布载，求

出每一根主梁的荷载横向分布系数。

【例 2-4-3】 有一计算跨径 l=19.5m 的简支梁，沿桥长有 5 道横隔梁。图 2-4-18(a)所示为桥面净空为净-7+2×0.75m 人行道的五梁式钢筋混凝土 T 形梁桥。试求荷载位于跨中时①号梁相应于公路-Ⅰ级设计荷载和人群荷载的横向分布系数。

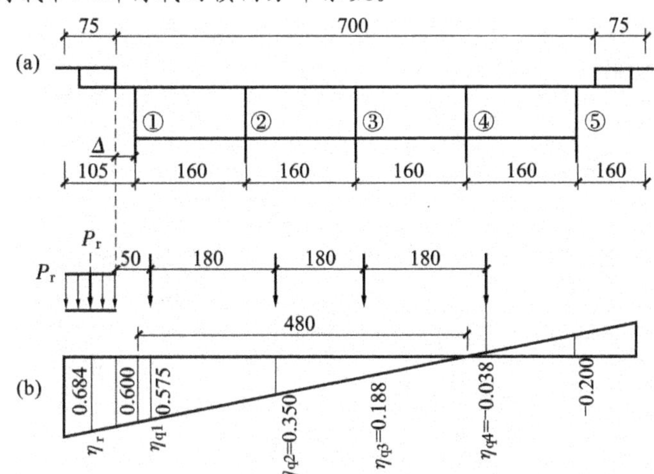

图 2-4-18　偏心压力法计算荷载横向分布系数

(a)桥梁横截面；(b)①号梁荷载横向分布影响线

【解】 因为$\dfrac{l}{B}=\dfrac{19.50}{5\times1.60}=2.4>2$，可按偏心压力法计算荷载横向分布系数。

(1)作①号梁荷载横向分布影响线。

$$\sum_{i=1}^{5}a_i^2 = 3.2^2+1.6^2+0+(-1.6)^2+(-3.2)^2 = 25.60(\text{m}^2)$$

由式(2-4-34)可得

$$\eta_{11} = R_{11} = \frac{1}{n}+\frac{a_1^2}{\sum\limits_{i=1}^{n}a_i^2} = \frac{1}{5}+\frac{3.2^2}{25.6} = 0.2+0.4 = 0.6$$

$$\eta_{15} = R_{15} = \frac{1}{n}-\frac{a_1^2}{\sum\limits_{i=1}^{n}a_i^2} = \frac{1}{5}-\frac{3.2^2}{25.6} = 0.2-0.4 =-0.2$$

①号梁荷载横向分布影响线如图 2-4-18(b)所示。

(2)求荷载横向分布系数。

将公路-Ⅰ级设计荷载和人群荷载布置在①号梁荷载横向分布影响线上最不利位置，如图 2-4-18(b)所示。

设荷载横向分布影响线的零点到①号梁位的距离为 x，由图中比例关系可得

$$\frac{x}{0.6}=\frac{4\times1.6-x}{0.2}$$

解得 x=4.8m，Δ=1.05−0.75=0.3(m)。

计算出各荷载作用点对应的①号梁荷载横向分布影响线上的竖坐标，如图 2-4-18(b)所示，从而可求出荷载横向分布系数。

公路-Ⅰ级：

$$m_{cq} = \frac{1}{2}\sum\eta_q = \frac{1}{2}(\eta_{q1}+\eta_{q2}+\eta_{q3}+\eta_{q4}) = \frac{1}{2}\times(0.575+0.35+0.188-0.038) = 0.538$$

人群荷载：

$$m_{cr}=\eta_r=0.684$$

4.3.4 修正偏心压力法

如计算荷载横向分布时考虑主梁抗扭刚度的影响，则称为修正偏心压力法。

(1)修正偏心压力法的计算原理。

前面推导出偏心压力法的计算公式为

$$R_{ik}=\frac{I_i}{\sum_{i=1}^{n}I_i}+\frac{a_i a_k I_i}{\sum_{i=1}^{n}a_i^2 I_i}$$

导出这个公式时，假定横隔梁为刚体且没有考虑主梁抗扭刚度的影响，导致边梁计算结果偏大。此时只需对上式中的第二项进行修正。

(2)修正偏心压力法的计算公式。

$$\eta_{ik}=R_{ik}=\frac{I_i}{\sum_{i=1}^{n}I_i}+\beta\frac{a_i a_k I_i}{\sum_{i=1}^{n}a_i^2 I_i} \tag{2-4-35}$$

式中 β——抗扭修正系数，计算式为：

$$\beta=\frac{1}{1+\frac{Gl^2}{12E}\frac{\sum_{i=1}^{n}I_{Ti}}{\sum_{i=1}^{n}a_i^2 I_i}}<1$$

对于简支梁，如各梁的 $I_i=I$，$I_{Ti}=I_T$，则

$$\beta=\frac{1}{1+\frac{nGl^2I_T}{12EI\sum_{i=1}^{n}a_i^2}}$$

$$R_{ik}=\eta_{ik}=\frac{1}{n}+\beta\frac{a_k a_i}{\sum_{i=1}^{n}a_i^2} \tag{2-4-36}$$

当主梁的间距相同时，有如下关系式：

$$\beta=\frac{1}{1+\xi\frac{GI_T}{EI}\cdot\left(\frac{l}{B}\right)^2}\quad\frac{n}{12\sum_{i=1}^{n}a_i^2}=\frac{\xi}{B^2}$$

式中 l——简支梁的计算跨径；

I_T——主梁的抗扭惯性矩；

G——材料的剪切模量(对于混凝土，$G=0.421E$)；

n——主梁根数；

B——桥梁的全宽；

ξ——与主梁根数有关的系数，见表 2-4-1。

表 2-4-1 主梁根数 n 与 ξ 的关系

n	4	5	6	7
ξ	1.067	1.042	1.028	1.021

4.3.5　铰接板(梁)法

4.3.5.1　铰接板(梁)法的概念

对于预制的板(梁),沿桥的纵向连接时,用现浇混凝土企口缝或仅在翼板间用焊接钢板或伸出交叉钢筋连接的无中间横隔梁的装配式桥,这类结构的受力状态实际接近于数根并列而相互间横向铰接的狭长板(梁),利用横向铰接板(梁)理论来计算荷载横向分布系数的方法称为铰接板(梁)法。

4.3.5.2　用正弦级数计算简支梁挠度的方法

(1)均布荷载作用(图 2-4-19)。

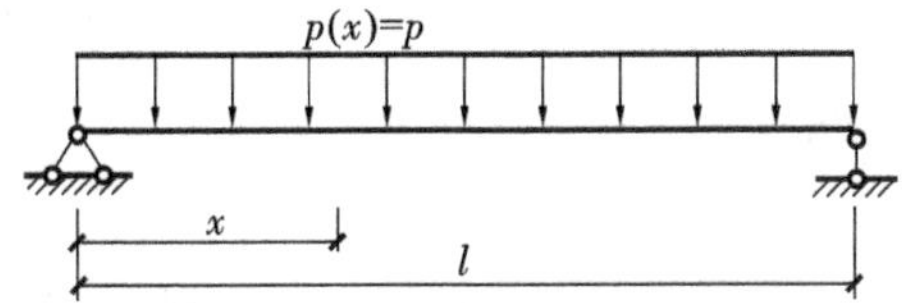

图 2-4-19　用正弦级数代替均布荷载

可用下面的级数去代替 p:

$$p=\sum_{n=1}^{\infty}a_n\sin\frac{n\pi x}{l} \tag{a}$$

式(a) 两边同时乘以 $\sin\frac{\pi mx}{l}$ 并进行积分运算,即

$$\int_0^l p\sin\frac{\pi mx}{l}\mathrm{d}x=\int_0^l\sum_{n=1}^{\infty}a_n\sin\frac{n\pi x}{l}\sin\frac{m\pi x}{l}\mathrm{d}x \tag{b}$$

$$\left.\begin{aligned}&\int_0^l\sin\frac{n\pi x}{l}\sin\frac{\pi mx}{l}\mathrm{d}x=0\quad(m\neq n)\\&\int_0^l\sin\frac{n\pi x}{l}\sin\frac{\pi mx}{l}\mathrm{d}x=\frac{1}{2}\quad(m=n)\end{aligned}\right\} \tag{c}$$

$$\left.\begin{aligned}&\int_0^l p\sin\frac{m\pi x}{l}\mathrm{d}x=\int_0^l p\sin\frac{n\pi x}{l}\mathrm{d}x=\frac{2pl}{n\pi}\quad(n=1,3,5,7,\cdots)\\&\int_0^l p\sin\frac{m\pi x}{l}\mathrm{d}x=\int_0^l p\sin\frac{n\pi x}{l}\mathrm{d}x=\frac{2pl}{n\pi}\quad(n=2,4,6,8,\cdots)\end{aligned}\right\} \tag{d}$$

将式(c)、式(d) 代入式(b) 得 $a_n=\frac{4p}{n\pi}$(n 为奇数),将它代入式(a) 得

$$p(x)=\frac{4p}{\pi}\sum_{n=1,3,\cdots}^{\infty}\frac{1}{n}\sin\frac{n\pi x}{l} \tag{2-4-37}$$

由材料力学,可推得弯矩、剪力、荷载集度之间存在如下的微分关系:

$$M_{(x)}=-EI\frac{\mathrm{d}^2\omega}{\mathrm{d}x^2};\quad Q_{(x)}=-EI\frac{\mathrm{d}^3\omega}{\mathrm{d}x^3};\quad p_{(x)}=-EI\frac{\mathrm{d}^4\omega}{\mathrm{d}x^4} \tag{2-4-38}$$

设

$$\omega_{(x)}=\sum_{n=1}^{\infty}c_n\sin\frac{n\pi x}{l} \tag{e}$$

对式(e) 求四阶导数,连同式(2-4-37) 代入式(2-4-38) 中最后一式得

$$\frac{\pi^4}{l^4}\sum_{n=1,3,\cdots}^{\infty}c_n n^4\sin\frac{n\pi x}{l}=\frac{4p}{\pi EI}\sum_{n=1,3,\cdots}^{\infty}\frac{1}{n}\sin\frac{n\pi x}{l} \tag{f}$$

由此可得 $c_n=\dfrac{4pl^4}{\pi^5 EIn^5}$（$n$ 为奇数），代入式(e)得

$$\omega_{(x)}=\frac{4pl^4}{\pi^5 EIn^5}\sum_{n=1,3,\cdots}^{\infty}\frac{1}{n^5}\sin\frac{n\pi x}{l} \tag{2-4-39}$$

$$M_{(x)}=-EI\frac{\mathrm{d}^2\omega}{\mathrm{d}x^2}=\frac{4pl^2}{\pi^3}\sum_{n=1,3,\cdots}^{\infty}\frac{1}{n^3}\sin\frac{n\pi x}{l} \tag{2-4-40}$$

仅取首项，可算得简支梁在均布荷载作用下跨中的挠度和弯矩分别为

$$\omega_{(x=l/2)}=\frac{5.019l^4}{384EI},\quad M_{(x=l/2)}=\frac{1.013pl^2}{8}$$

与精确值相比，上式计算误差为 $\delta_\omega=0.04\%$，$\delta_M=0.38\%$。可见用正弦级数代替均布荷载来计算简支梁挠度及弯矩具有很高的精度。

(2) 集中荷载作用(图 2-4-20)。

与求均布荷载作用下的挠度和弯矩的方法相同，可以同样得到在集中荷载作用下梁的挠度和弯矩为

$$\omega_{(x)}=\frac{2}{\pi^4}\frac{pl^3}{EI}\sum\frac{1}{n^4}\sin\frac{n\pi a}{l}\sin\frac{n\pi x}{l} \tag{2-4-41}$$

$$M_{(x)}=\frac{2}{\pi^2}\cdot pl\sum\frac{1}{n^2}\sin\frac{n\pi a}{l}\sin\frac{n\pi x}{l} \tag{2-4-42}$$

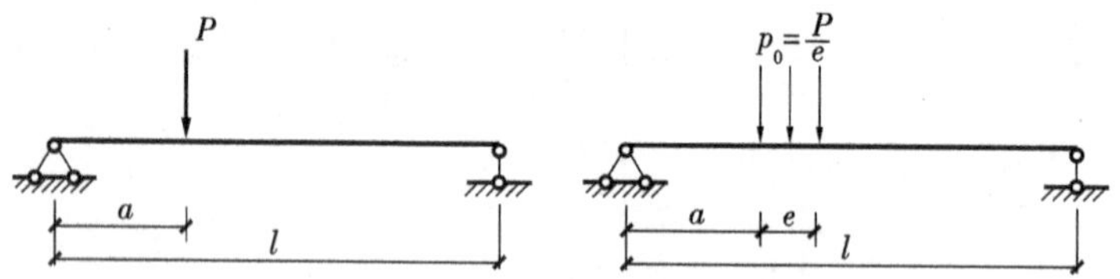

图 2-4-20 用正弦级数代替集中荷载

当 P 作用于跨中时，$a/l=1/2$，$\sin\dfrac{n\pi a}{l}=\pm1$，且 n 为奇数，此时梁的跨中挠度和弯矩分别为

$$\omega_{(x=l/2)}=\frac{0.985pl^3}{48EI}\left(1+\frac{1}{3^4}+\frac{1}{5^4}+\cdots\right);\quad M_{(x=l/2)}=\frac{0.808pl}{4}\left(1+\frac{1}{3^2}+\frac{1}{5^2}+\cdots\right)$$

如果取级数的首项，与精确值相比较，误差分别为 1.5%和 19.2%。可见，对于挠度的计算，用半波正弦荷载已达到相当准确的程度；然而对于弯矩的计算，误差就较大(且级数收敛较慢)。但桥上一般作用多个集中荷载，而此时的内力计算误差将降低。

4.3.5.3 铰接板桥的荷载横向分布

(1)铰接板桥的受力特点及基本假定。

图 2-4-21(a)所示为一座由 6 块板组成且用混凝土企口缝连接的装配式简支板桥，当②号板块上受到荷载 P 作用时，不但本身产生纵向挠度，而且其他板块也产生相应的挠度。如图 2-4-21(b)所示，一般情况下结合缝上可能引起的内力为横向弯矩 $m(x)$、竖向剪力 $g(x)$、纵向剪力 $t(x)$、法向力 $n(x)$；$t(x)$、$n(x)$ 同 $g(x)$ 相比，影响很小可忽略不计；假设各块板之间沿纵向在板缝处近似铰接，则横向弯矩也可忽略。这样，为了简化计算，就可以假定在竖向荷载作用下结合缝内只传递竖向剪力 $g(x)$，这是横向铰接板(梁)计算理论的基本假定，如图 2-4-21(c)所示。

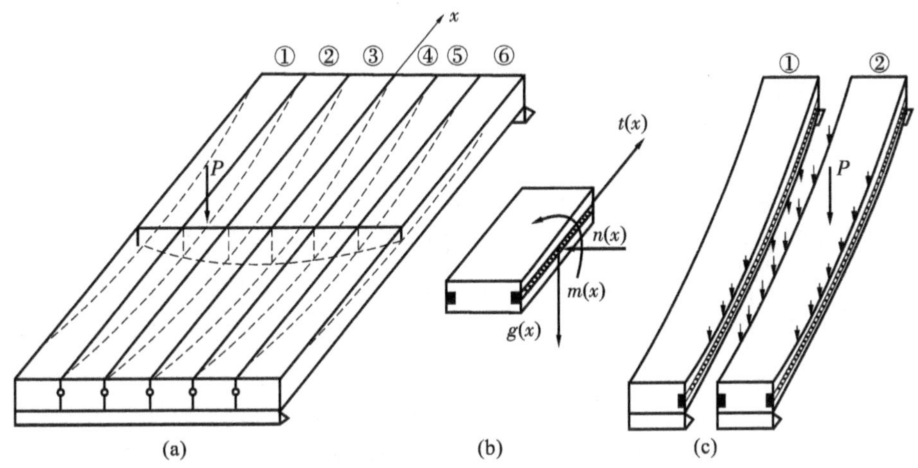

图 2-4-21　铰接板桥受力示意图

(2)铰接板桥的荷载横向分布。

如图 2-4-22 所示，在正弦荷载 $p(x)=p\sin\frac{\pi x}{l}$作用下，各条铰缝处将产生按正弦分布的铰接力 $g_i(x)=g_i\sin\frac{\pi x}{l}$。由于荷载、铰接力和挠度三者间相互协调，对于研究各条板梁所分布荷载的相对规律来说，取跨中单位长度和截割段来进行分析既方便又不失其一般性，此时各板条间铰接力可用正弦分布铰接力的峰值 g_i 表示。

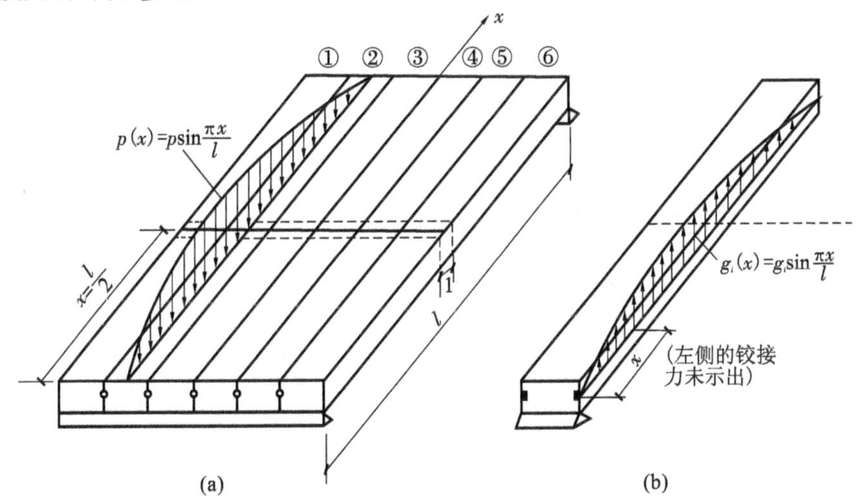

图 2-4-22　铰接板桥在正弦荷载作用下受力分析

图 2-4-23 所示为一座铰接板桥的横截面图和单位正弦荷载作用在①号板梁轴线上时荷载在各条板梁内的横向分布计算图。一般情况下，对于具有 n 条板梁组成的桥梁，将有$(n-1)$条铰缝。在板梁间沿铰缝切开，则每一铰缝内作用着一对大小相等、方向相反的正弦分布剪力，因此对于 n 条板梁就有$(n-1)$个剪力峰值 g_i。如果求得了所有的 g_i，就可根据理论力学静力学平衡方程，得出分配到各板块的竖向荷载峰值 p_i。以图 2-4-23 所示的五块板为例，即

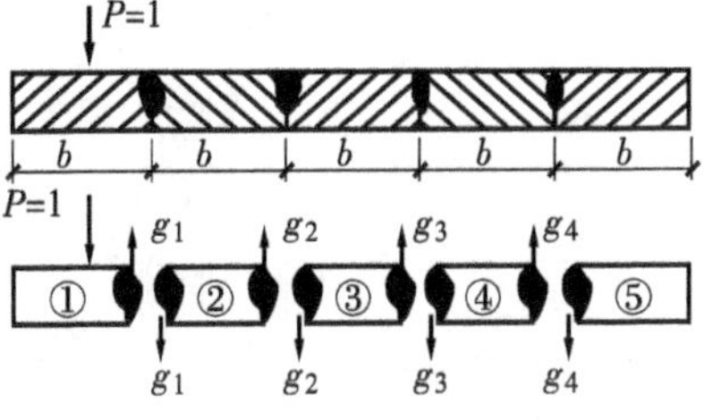

图 2-4-23　铰接板桥的计算图

$$\left.\begin{aligned}&\text{①号板}\quad p_{11}=1-g_1\\&\text{②号板}\quad p_{21}=g_1-g_2\\&\text{③号板}\quad p_{31}=g_2-g_3\\&\text{④号板}\quad p_{41}=g_3-g_4\\&\text{⑤号板}\quad p_{51}=g_4\end{aligned}\right\}\tag{2-4-43}$$

可见，如果用力法求解，对于具有 4 个未知剪力的 4 次超静定结构，可列出 4 个力法典型方程，从而解出全部剪力的峰值。对于图 2-4-23 所示的基本体系，其力法典型方程为

$$\left.\begin{aligned}\delta_{11}g_1+\delta_{12}g_2+\delta_{13}g_3+\delta_{14}g_4+\delta_{1p}=0\\\delta_{21}g_1+\delta_{22}g_2+\delta_{23}g_3+\delta_{24}g_4+\delta_{2p}=0\\\delta_{31}g_1+\delta_{32}g_2+\delta_{33}g_3+\delta_{34}g_4+\delta_{3p}=0\\\delta_{41}g_1+\delta_{42}g_2+\delta_{43}g_3+\delta_{44}g_4+\delta_{4p}=0\end{aligned}\right\}\tag{2-4-44}$$

式中 δ_{ik}——铰接缝 k 内作用单位正弦铰接力，在铰缝 i 处引起的竖向相对位移；

δ_{ip}——外荷载 P 在铰缝 i 处引起的竖向位移。

δ_{ip} 称为自由项，δ_{ik} 称为副系数，δ_{ii} 称为主系数。为了求出未知力 g_i，就必须先求出 δ_{ik}、δ_{ip}、δ_{ii}。

为了确定力法典型方程中的主、副系数及自由项，现在来研究图 2-4-24(a)所示任意板条在左边铰缝内作用单位正弦铰接力的情况。图 2-4-24(b)所示为跨中单位长度截割段的示意图。对于横向接近刚性的板块，偏心单位正弦铰接力可以用一个中心作用的荷载和一个正弦分布的扭矩来代替，如图 2-4-24(c)所示，作用在跨中段上的相应峰值 $g_i=1$ 和 $m_i=b/2$。设上述中心作用荷载在板跨中央产生的挠度为 ω，而扭矩引起的跨中扭角为 φ，则在板块左侧产生的总挠度为 $\omega+\dfrac{b}{2}\varphi$，在板块右侧则为 $\omega-\dfrac{b}{2}\varphi$。同理，根据图 2-4-23 所示的基本体系，就可以求出式(2-4-44)中以 ω、φ 表示的 δ_{ik}、δ_{ip}、δ_{ii} 系数。计算中应遵循下述符号规定：当 δ_{ik} 与 g_i 的方向一致时取正号，也就是说，使某一铰缝增大相对位移的挠度取正号，反之取负号。因此

$$\delta_{11}=\delta_{22}=\delta_{33}=\delta_{44}=2\left(\omega+\frac{b}{2}\varphi\right)$$

$$\delta_{12}=\delta_{23}=\delta_{34}=\delta_{21}=\delta_{32}=\delta_{43}=-\left(\omega-\frac{b}{2}\varphi\right)$$

$$\delta_{13}=\delta_{14}=\delta_{24}=\delta_{31}=\delta_{41}=\delta_{42}=0$$

$$\delta_{1p}=-\omega,\quad \delta_{2p}=\delta_{3p}=\delta_{4p}=0$$

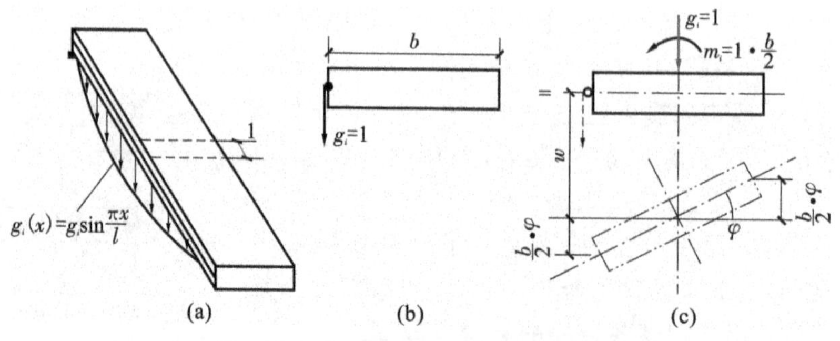

图 2-4-24　板的受力与位移的关系图

将上述系数代入式(2-4-44)，并进行整理后，力法典型方程简化为如下形式：

$$\left.\begin{aligned}&2(1+\gamma)g_1-(1-\gamma)g_2=1\\&-(1-\gamma)g_1+2(1+\gamma)g_2-(1-\gamma)g_3=0\\&-(1-\gamma)g_2+2(1+\gamma)g_3-(1-\gamma)g_4=0\\&-(1-\gamma)g_3+2(1+\gamma)g_4=0\end{aligned}\right\}\tag{2-4-45}$$

式中　γ——刚度参数，$\gamma=\dfrac{\frac{b}{2}\varphi}{\omega}$。

通常板桥是由 n 块板组成的，必然有 $(n-1)$ 个联立方程，其主系数 $\frac{1}{\omega}\delta_{ii}$ 都是 $2(1+\gamma)$，副系数 $\frac{1}{\omega}\delta_{ik}(k=i\pm1)$ 都为 $-(1-\gamma)$，其余都为零。荷载项系数除了受荷的①号板块处为 -1 以外，其余均为零。由此可见，只要确定了刚度参数 γ、板块数量 n 和荷载作用位置，就可解出所有 $(n-1)$ 个未知铰接力的峰值。

(3)铰接板桥的荷载横向分布系数。

要求铰接板桥的每一块板的荷载横向分布系数，需要绘出每一块板在单位移动荷载作用下的荷载横向影响线。

图 2-4-25(a)所示为荷载作用于①号板梁轴线上时，各块板梁的挠度和所分配的荷载图示。

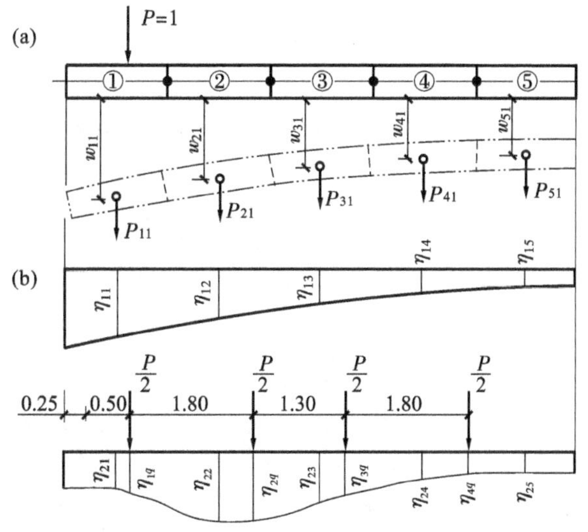

图 2-4-25　①、②号板跨中荷载横向分布影响线

对于在线弹性范围内工作的板梁，对三角函数荷载而言，荷载与挠度成正比，也就是

$$p_{i1}=\alpha_1\omega_{i1};\quad p_{1i}=\alpha_2\omega_{1i}$$

由位移互等定理，即 $\omega_{i1}=\omega_{1i}$，当各块板梁的截面相同(比例常数 $\alpha_1=\alpha_2$)，可得

$$p_{i1}=p_{1i}$$

上式表明，单位荷载作用于①号板梁轴线上时任一板梁所分配的荷载，就等于单位荷载作用于任一板梁轴线上时①号板梁所分配的荷载，也就是①号板梁荷载横向影响线的竖标值，通常以 η_{1i}

表示。①号板梁荷载横向影响线的竖标值为

$$\left.\begin{aligned}\eta_{11}&=p_{11}=1-g_1\\\eta_{12}&=p_{12}=g_1-g_2\\\eta_{13}&=p_{13}=g_2-g_3\\\eta_{14}&=p_{14}=g_3-g_4\\\eta_{15}&=p_{15}=g_4\end{aligned}\right\}$$

把各个 η_{1i} 按比例描绘在相应板梁的轴线位置，用光滑的曲线（或近似地用折线）连接这些竖标点，就得到①号板梁的荷载横向影响线；同理，如将单位荷载作用在②号板梁轴线上，就可求得 p_{i2}，从而可得 η_{2i}，按比例可绘出②号板梁的荷载横向影响线。图 2-4-25(b)所示为①、②号板梁跨中荷载横向分布影响线。

在进行板桥设计时，为了简化计算，可以利用对于板块数目 n 为 3～10 所编制的各号板的横向影响线竖标计算表格（见附录Ⅰ）；表中按刚度参数 $\gamma=0.0\sim2.0$ 列出了 η_{ik} 的数值，对于非表列的 γ 值，可用直线内插法来计算。还可以用算法语言编制成计算机程序进行计算，从而绘出各块板的跨中荷载横向分布影响线。有了跨中荷载横向影响线，就可按前面介绍的方法计算各类荷载的跨中横向分布系数。

4.3.5.4 刚度参数 γ

由于 $\gamma=\dfrac{b}{2}\varphi/\omega$，可见要计算 γ，只要求出在偏心的正弦荷载作用下，所产生的跨中竖向挠度 ω 和扭转角 φ 就可以了。

(1)跨中挠度 ω 的计算。

将偏心的正弦荷载[图 2-4-26(a)]向板的轴线上进行简化，得到简支板受到中心正弦荷载 $p(x)=p\sin\dfrac{\pi x}{l}$ 和作用于板轴线上正弦分布的外力偶矩 $m_1(x)=p\,\dfrac{b}{2}\sin\dfrac{\pi x}{l}$ 作用，分别如图 2-4-26(b)、(c)所示。

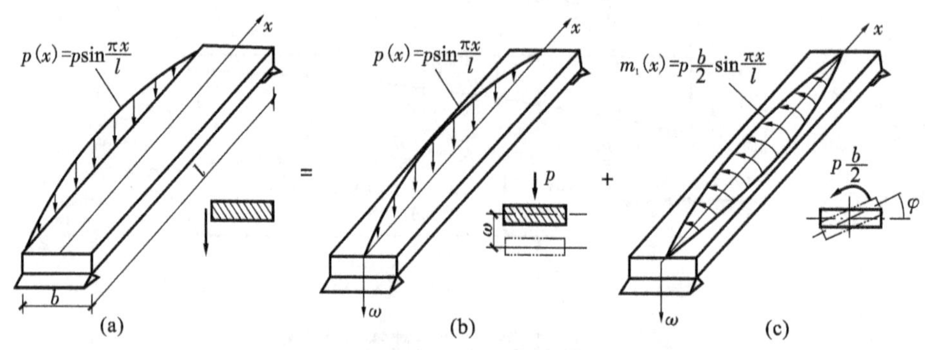

图 2-4-26 γ 值的计算图示

由材料力学可得梁的挠曲线近似微分方程为 $EI\omega''=-M(x)$，而 $\dfrac{\mathrm{d}^2M(x)}{\mathrm{d}x^2}=-p(x)$，因此有

$$EI\omega''=p(x)=p\sin\frac{\pi x}{l} \tag{2-4-46}$$

对式(2-4-46)两边连续积分四次可得

$$EI\omega(x)=\frac{pl^4}{\pi^4}\sin\frac{\pi x}{l}+Ax^3+Bx^2+Cx+D \tag{2-4-47}$$

式(2-4-47)中的 A、B、C、D 为积分常数，可根据简支梁的边界条件来确定，即

$$\omega(0)=0,\quad \omega''(0)=0,\quad \omega(l)=0,\quad \omega''(l)=0$$

四个边界条件可定出四个积分常数，即 $A=B=C=D=0$，代入式(2-4-47)可得简支板受到中心正弦荷载作用下的挠度方程为

$$\omega(x)=\frac{pl^4}{\pi^4 EI}\sin\frac{\pi x}{l} \tag{2-4-48}$$

当 $x=l/2$ 时，简支板跨中挠度为

$$\omega(x)=\frac{pl^4}{\pi^4 EI} \tag{2-4-49}$$

(2)跨中扭转角 φ 的计算。

根据材料力学梁的扭转理论，可得微分方程为

$$GI_{\mathrm{T}}\varphi''=-m_1(x)=-p\,\frac{b}{2}\sin\frac{\pi x}{l} \tag{2-4-50}$$

$$GI_{\mathrm{T}}\varphi(x)=\frac{pbl^2}{2\pi^2}\sin\frac{\pi x}{l}+Ax+B \tag{2-4-51}$$

式中，A、B 为积分常数，由简支板两端无扭转角的边界条件来确定，即 $\varphi(0)=0$，$\varphi(l)=0$，可得 $A=B=0$，代入式(2-4-51)，得到扭转角方程为

$$\varphi(x)=\frac{pbl^2}{2\pi^2 GI_{\mathrm{T}}}\sin\frac{\pi x}{l} \tag{2-4-52}$$

当 $x=l/2$ 时，跨中扭转角为

$$\varphi(x)=\frac{pbl^2}{2\pi^2 GI_{\mathrm{T}}} \tag{2-4-53}$$

(3)刚度参数 γ 值的计算。

$$\gamma=\frac{b}{2}\varphi/\omega=\frac{b}{2}\cdot\left(\frac{pbl^2}{2\pi^2 GI_{\mathrm{T}}}\right)\Big/\left(\frac{pl^4}{\pi^4 EI}\right)=\frac{\pi^2 EI}{4GI_{\mathrm{T}}}\left(\frac{b}{l}\right)^2\approx 5.8\frac{I}{I_{\mathrm{T}}}\left(\frac{b}{l}\right)^2 \tag{2-4-54}$$

式中，对于混凝土取 $G=0.425E$。

(4)截面抗扭惯性矩 I_{T} 的计算。

因为要计算 γ，就得先算出 I_{T}，下面分实心截面、开口薄壁截面和闭口薄壁截面三种情况对 I_{T} 进行计算。

①实心截面 I_{T} 的计算。

对于直径为 d 的实心圆形截面，其抗扭惯性矩 I_{T} 等于它的极惯性矩 I_{P}：

$$I_{\mathrm{T}}=I_{\mathrm{P}}=\frac{\pi d^4}{32} \tag{2-4-55}$$

对于短边为 t 而长边为 b 的实心矩形截面，其抗扭惯性矩 I_{T} 可由弹性力学的方法推出如下的公式：

$$I_{\mathrm{T}}=cbt^3 \tag{2-4-56}$$

$$c=\frac{1}{3}-\frac{64}{\pi^5}\sum_{m=1,3,5,\cdots}^{\infty}\tanh\frac{m\pi b}{2t}/m^5\approx\frac{1}{3}\left[1-0.63\,\frac{b}{t}+0.052\left(\frac{b}{t}\right)^5\right] \tag{2-4-57}$$

也可按上式制成表 2-4-2 直接查得 c 值。

表 2-4-2　**实心矩形截面 c 值**

b/t	1.0	1.5	1.75	2.0	2.5	3.0	4.0	6.0	8.0	10	∞
c	0.141	0.196	0.214	0.229	0.249	0.263	0.281	0.299	0.307	0.313	0.333

当 $t/b=0.1$ 时，令 $c=1/3$ 已经具有足够的精度。

②开口薄壁截面 I_T 的计算。

对于由狭长矩形截面组成的开口薄壁截面，如图 2-4-27 所示的 T 形、工字形等，其横截面可看成由若干个实体矩形截面组成的组合截面，它的抗扭惯性矩等于各个矩形截面的抗扭惯性矩之和，也就是

$$I_T = \sum_{i=1}^{n} c_i b_i t_i^3 \tag{2-4-58}$$

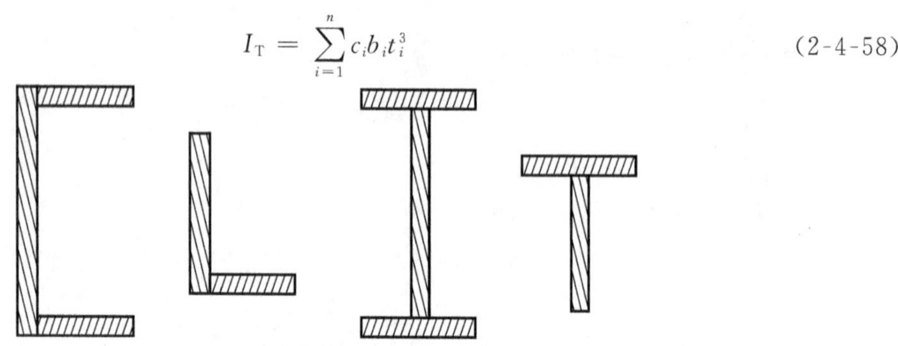

图 2-4-27　由狭长矩形截面组成的开口薄壁截面

对于开口薄壁截面，当其每一组成部分的狭长矩形厚度 t_i 与宽度 b 之比甚小时，即 $t_i/b \leqslant 0.1$，$c_i \approx 1/3$，所以有

$$I_T = \frac{1}{3}\sum_{i=1}^{n} b_i t_i^3 \tag{2-4-59}$$

在桥梁工程中，对于用钢筋混凝土、预应力混凝土或型钢制成的开口薄壁截面等直杆，它们在承受扭转变形时，由于在实际截面中各组成部分联结成一个整体，且在联结处有过渡圆角，这就增加了杆的刚度；而且在工字形、T 形等截面中，其翼缘是变厚度的，故应对式(2-4-59)进行修正，即

$$I'_T = \eta \cdot \frac{1}{3}\sum_{i=1}^{n} b_i t_i^3 \tag{2-4-60}$$

式中　η ——修正系数。对于 L 形截面，可以取 $\eta=1.0$，T 形截面 $\eta=1.15$，槽形截面 $\eta=1.12$，工字形截面 $\eta=1.20$。

③闭口薄壁截面 I_T 的计算。

下面分析推导任意形状的闭口薄壁截面 I_T 的计算式。

在工程中还有一类薄壁截面，其壁厚中线是一条封闭的折线或曲线，这类截面称为闭合薄壁截面，例如环形薄壁截面和箱形薄壁截面。桥梁中经常采用箱形截面梁，它们在外力作用下也可能出现扭转变形。现在讨论这类杆件在自由扭转时的应力和变形计算，从而导出任意形状的闭口薄壁截面 I_T 的计算公式。

设一横截面为任意形状的、变厚度的闭合薄壁截面等直杆，在两自由端承受一对扭转外力偶作用，如图 2-4-28(a)所示。由于杆横截面上的内力为扭矩，因此，其横截面上将只有剪应力。又因为是闭合薄壁截面，故可假设剪应力沿壁厚无变化，且其方向与壁厚的中线相切[图 2-4-28(b)]。当杆的壁厚远小于其横截面尺寸时，由此假设所引起的误差甚小，在工程计算所允许的误差范围以内。

取长为 dx 的一段杆，再用两个与壁厚中线正交的纵截面从杆壁中取出小块 $ABCD$，如图 2-4-28(c)所示。设横截面上 C、D 两点处壁的剪应力分别为 τ_1 和 τ_2，而壁厚则分别为 δ_1 和 δ_2；根据剪应力互等定理，在上、下两纵截面上应分别有剪应力 τ_1 和 τ_2[图 2-4-28(c)]。由平衡方程 $\tau_1\delta_1 dx=\tau_2\delta_2 dx$，可得

$$\tau_1\delta_1 = \tau_2\delta_2 \tag{a}$$

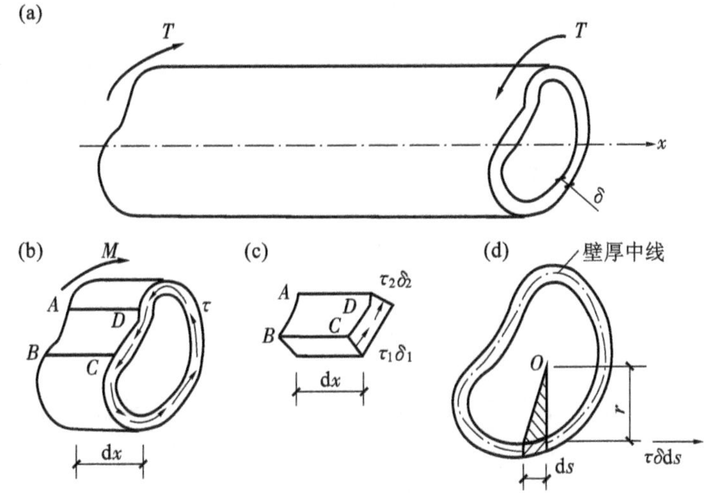

图 2-4-28　闭合薄壁截面等直杆的扭转

由于所取的两纵截面是任意选择的，故此式说明横截面沿其周边任一点处的剪应力 τ 与该点处的壁厚 δ 之乘积为一常数，即

$$\tau\delta=\text{常数}$$

下面分析横截面上的剪应力 τ 与扭矩 M_T 之间的关系。为此沿壁厚中线取出长为 ds 的一段，在此段上的内力元素为 $\tau\delta ds$[图 2-4-28(d)]，其方向与壁厚中线相切。它对横截面平面内 O 点的矩为

$$dM_T=(\tau\delta ds)r \tag{b}$$

式中 r 是从矩心到内力元素 $\tau\delta ds$ 作用线的垂直距离。由力矩合成原理可知，此截面上扭矩应为 dM_T 沿壁厚中线全长 s 的积分。利用式(b)中的关系即得

$$M_T=\int_s dM_T=\int_s(\tau\delta ds)r=\tau\delta\int_s r\,ds$$

由图 2-4-28(d)可知，rds 是图中阴影线三角形面积的两倍，故此乘积沿壁厚中线全长 s 的积分应是该中线所围成的面积 A_0 的两倍。所以可得 $M_T=r\delta\cdot 2A_0$，从而

$$\tau=\frac{M_T}{2A_0\delta} \tag{2-4-61}$$

这就是薄壁截面等直杆在自由扭转时横截面上任一点处剪应力的计算公式。式中的扭矩 M_T 可用截面法从外力偶矩 T 求得。闭合薄壁截面等直杆的单位长度扭转角 θ 可按应变能在数值上等于外力功的原理来求得。由比能 μ 来计算单位长度杆内的应变能 U。在纯剪切应力状态下杆内任一点的比能表达式为

$$\mu=\frac{\tau^2}{2G}=\frac{1}{2G}\left(\frac{M_T}{2A_0\delta}\right)^2=\frac{M_T^2}{8GA_0^2\delta^2} \tag{c}$$

单位长度杆内的应变能为：

$$U=\int_V\mu\,dV=\frac{M_T^2}{8GA_0^2}\int_V\frac{dV}{\delta^2}$$

式中　V——单位长度杆壁的体积。

$dV=1\cdot\delta\cdot ds$。将 dV 代入上式，并沿壁厚中线的全长 s 积分，即得

$$U=\frac{M_T^2}{8GA_0^2}\oint\frac{ds}{\delta} \tag{d}$$

然后来计算单位长度杆两端截面上的力偶对此段杆的扭转角 θ 所做的功。对此段杆而言，横截面上的扭矩 M_T 是外力偶矩。由于杆在线弹性范围内工作，因此它所做的功应为

$$W=\frac{M_T\theta}{2} \tag{e}$$

式(d)、式(e)中的 U 和 W 在数值上应相等，从而解得

$$\theta=\frac{M_T}{4GA_0^2}\oint\frac{ds}{\delta} \tag{2-4-62}$$

由材料力学的公式

$$\theta=\frac{d\varphi}{dx}=\frac{M_T}{GI_T} \tag{2-4-63}$$

以上两式应该相等，由此可得任意形状的闭口薄壁截面 I_T 的计算公式为

$$I_T=\frac{4A_0^2}{\oint\frac{ds}{\delta}} \tag{2-4-64}$$

④对于带有"翅翼"的封闭薄壁截面和箱形截面 I_T 的计算。

对于图 2-4-29 所示的带有"翅翼"的封闭薄壁截面及图 2-4-30 所示的单箱单室薄壁箱形截面，其 I_T 的计算分为两部分，即开口部分和闭口薄壁部分，则

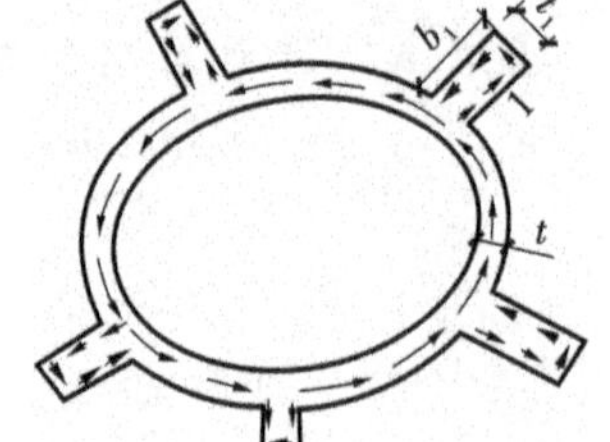

图 2-4-29　带有"翅翼"的封闭截面

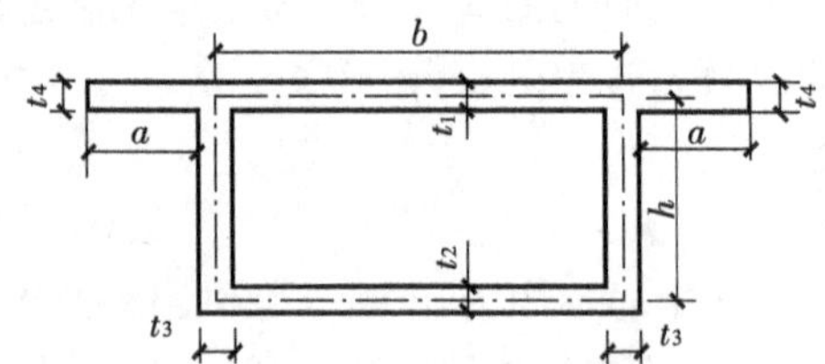

图 2-4-30　箱形截面

$$I_T=\frac{4A_0^2}{\oint\frac{ds}{\delta}}+\sum_{i=1}^{n}c_ib_it_i^3 \tag{2-4-65}$$

对于图 2-4-30 所示的单箱单室薄壁箱形截面，由式(2-4-65)可求得 I_T 的值为

$$I_T=\frac{4A_0^2}{\oint\frac{ds}{\delta}}+\sum_{i=1}^{n}c_ib_it_i^3=\frac{4b^2h^2}{b\left(\frac{1}{t_1}+\frac{1}{t_2}\right)+\frac{2h}{t_3}}+2c\cdot at_4^3 \tag{2-4-66}$$

式中 c 可根据 a/t_4 查表 2-4-2 得到。

对于图 2-4-31 所示的空心板，可近似看作薄壁矩形闭合截面，也可根据式(2-4-65)计算如下：

$$I_T=4b^2h^2\frac{1}{\frac{2h}{t}+\frac{b}{t_1}+\frac{b}{t_2}} \tag{2-4-67}$$

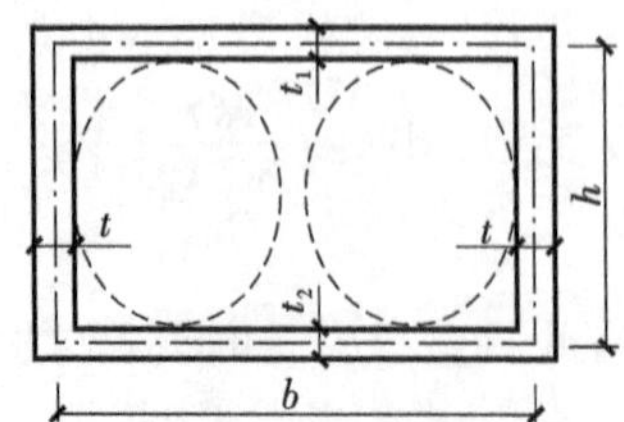

图 2-4-31　薄壁矩形截面的抗扭惯性矩

4.3.5.5 铰接T形梁桥的荷载横向分布

铰接T形梁桥与铰接板桥比较，它们的不同之处是在力法典型方程式(2-4-44)中的δ_{ii}计算不一样。这里在计算δ_{ii}中除了像铰接板桥考虑ω和φ以外，还要计入T形梁翼板悬臂端的弹性挠度f，如图2-4-32所示。当翼缘板边作用单位正弦荷载时，翼板可看作在梁肋处固定的悬臂板，其板端挠度接近于正弦分布，即$f(x)=f\sin\frac{\pi x}{l}$($f$为挠度峰值)，见图2-4-32(d)，即

$$f=\frac{d_1^3}{3EI_1}=\frac{4d_1^3}{Eh_1^3}$$

式中 d_1——翼板的悬出长度；

h_1——翼板的厚度，对于变厚度的翼板，可近似地取距离梁肋$\frac{d_1}{3}$处的板厚来计算[图2-5-32(c)]；

I_1——单位宽度翼板的抗弯惯性矩，$I_1=\frac{h_1^3}{12}$。

因此，对于铰接T形梁桥，力法典型方程(2-4-44)中δ_{ii}应为

$$\delta_{11}=\delta_{22}=\delta_{33}=\cdots=2\left(\omega+\frac{b}{2}+f\right) \tag{2-4-68}$$

如令$\beta=\frac{f}{\omega}$，则有

$$\beta=\left(\frac{4d_1^3}{Eh_1^3}\right)\Big/\left(\frac{l^4}{\pi^4 EI}\right)\approx 390\frac{I}{l^4}\left(\frac{d_1}{h_1}\right)^3 \tag{2-4-69}$$

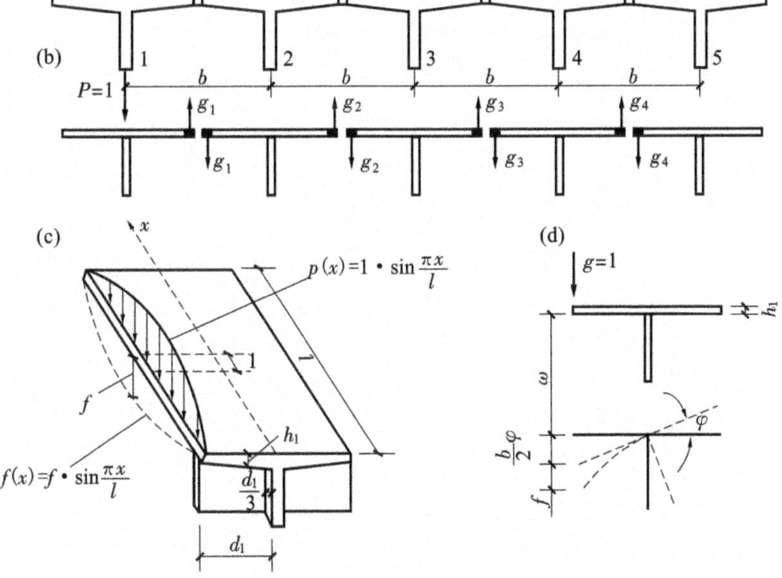

图2-4-32 铰接T形梁桥的计算图示

将δ_{ii}代入式(2-4-44)，得铰接T形梁的力法典型方程为

$$\left.\begin{aligned}2(1+\gamma+\beta)g_1-(1-\gamma)g_2=1\\-(1-\gamma)g_1+2(1+\gamma+\beta)g_2-(1-\gamma)g_3=0\\-(1-\gamma)g_2+2(1+\gamma+\beta)g_3-(1-\gamma)g_4=0\\-(1-\gamma)g_3+2(1+\gamma+\beta)g_4=0\end{aligned}\right\} \tag{2-4-70}$$

因此，只要确定了刚度参数 γ 和 β，就可以解出所有未知铰接力的峰值，并利用 $\eta_{ki}=p_{ik}$ 的关系，绘出各片梁的荷载横向影响线。

4.3.6 刚接梁法的计算特点

如各 T 形梁在翼缘板处刚性连接形成的桥梁，只要在铰接板（梁）桥计算理论的基础上，在铰接缝处补充引入多余未知弯矩 m_i，就可建立计及横向刚性连接特点的多余力法典型方程。用该方法求解各梁荷载横向分布系数的问题，就称为刚接梁法。

图 2-4-33 所示为翼缘板刚性连接的 T 形简支梁桥的跨中横截面。设有单位正弦荷载 $p(x)=1\cdot\sin\frac{\pi x}{l}$ 作用在①号梁的轴线上。在各板跨中央沿纵缝将板切开，并代以按正弦分布的多余力 $x_i\sin\frac{\pi x}{l}$（这里 $i=1,2,3$，表示剪力；$i=4,5,6$，表示弯矩），式中 x_i 均为多余力素在梁的跨中截面处的峰值，如图 2-4-33 所示。

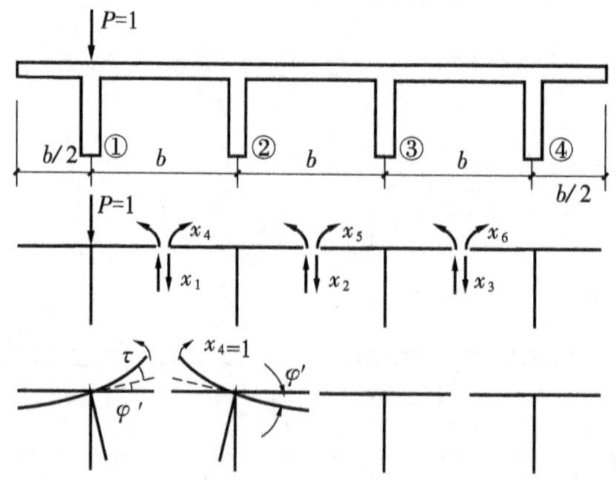

图 2-4-33 刚接梁法计算图示

根据力法原理，写出用矩阵形式表示的力法典型方程为

$$[\delta_{ij}][x_i]+[\delta_{ip}]=0 \tag{2-4-71}$$

式中，i 或 $j=1,2,3,\cdots,6$。经过推导并进行整理，最后可得以多余力 g_i 和 m_i 表示的力法典型方程为

$$\begin{bmatrix} \delta_g & \gamma-1 & 0 & 0 & \gamma & 0 \\ \gamma-1 & \delta_g & \gamma-1 & -\gamma & 0 & \gamma \\ 0 & \gamma-1 & \delta_g & 0 & -\gamma & 0 \\ 0 & -\gamma & 0 & \delta_m & -\gamma & 0 \\ \gamma & 0 & -\gamma & -\gamma & \delta_m & -\gamma \\ 0 & \gamma & 0 & 0 & -\gamma & \delta_m \end{bmatrix}\begin{bmatrix} g_1 \\ g_2 \\ g_3 \\ m_1 \\ m_2 \\ m_3 \end{bmatrix}+\begin{bmatrix} -1 \\ 0 \\ 0 \\ 0 \\ 0 \\ 0 \end{bmatrix}=0 \tag{2-4-72}$$

式中

$$\delta_g=2(1+\gamma+\beta),\quad \delta_m=2(\gamma+3\beta'),\quad \beta'=\left(\frac{b}{2d_1}\right)\cdot\beta \tag{2-4-73}$$

式中的 d_1、b 如图 2-4-34 所示。式(2-4-73)包含了 γ、β、β' 三个参数，其中 γ、β 与铰接板桥的相同，对于 T 形梁和工字形梁也可近似地认为 $\beta'\approx\beta$，这样可减少参数数目，使编制计算表格得以简化。

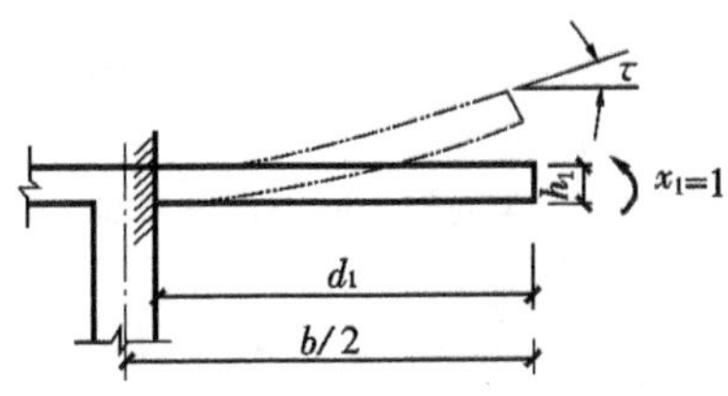

图 2-4-34　局部挠曲计算图示

竖向荷载的横向分布，与铰接梁桥一样，仍只考虑剪力 g_i 的影响。因此，由式(2-4-72)求得 g_i 后，就可编制荷载横向分布影响线坐标 η_{ik} 的计算表格。

以上介绍了无横隔梁的刚接梁桥计算。当有中间横隔梁时，可以近似地把横隔梁与实有的桥面板一起转化成等刚度的虚拟桥面板来计算。有关刚接梁法的详细阐述和计算表格可参阅同济大学李国豪、石洞著《公路桥梁荷载横向分布计算》一书。

【例 2-4-4】　图 2-4-35(a)所示为跨径 $l=12.60$m 的铰接空心板桥的横截面布置，桥面净空为净-7+2×0.75m 人行道。全桥跨由 9 块预应力混凝土空心板组成，欲求 1、3、5 号板在公路-Ⅱ级和人群荷载作用的跨中荷载横向分布系数。

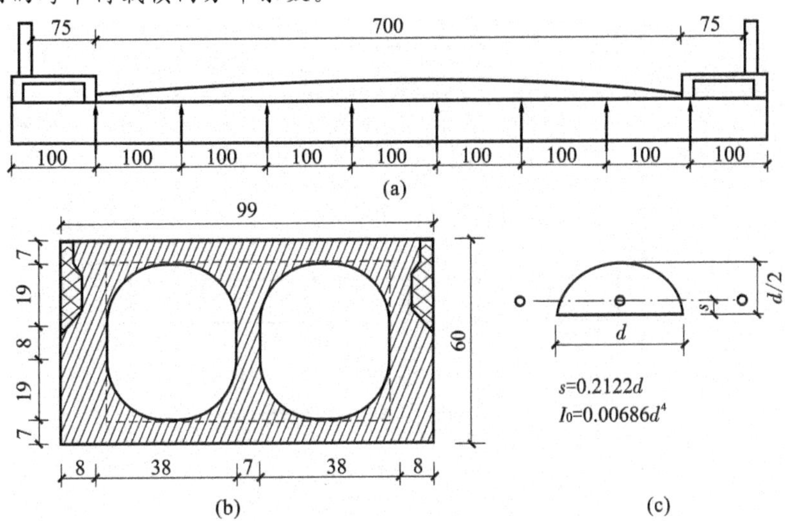

图 2-4-35　空心板桥的横截面(尺寸单位:cm)

【解】　(1)计算空心板截面的抗弯惯性矩 I。

本例空心板是上下对称截面，形心轴位于高度中央，故其抗弯惯性矩[图 2-4-35(c)]为

$$I=\frac{99\times60^3}{12}-2\times\frac{38\times8^3}{12}-4\times\left[0.0068\times38^4+\frac{1}{2}\times\frac{\pi\times38^2}{4}\times\left(\frac{8}{2}+0.2122\times38\right)^2\right]$$

$$=178200-3423-4\times96828=1391\times10^3(\text{cm}^4)$$

(2)计算空心板截面的抗扭惯性矩 I_T。

本例空心板截面可近似简化成图 2-4-35(b)中虚线所示的薄壁箱形截面来计算 I_T，按式(2-4-67)得

$$I_T=\frac{4\times(99-8)^2\times(60-7)^2}{(99-8)\times\left(\frac{1}{7}+\frac{1}{7}\right)+\frac{2\times(60-7)}{8}}=2.37\times10^6(\text{cm}^4)$$

(3)计算刚度参数 γ。

$$\gamma=5.8\frac{I}{I_T}\left(\frac{b}{l}\right)^2=5.8\times\frac{1391\times10^3}{2370\times10^3}\times\left(\frac{100}{1260}\right)^2=0.0214$$

(4)计算跨中荷载横向分布影响线。

由铰接板荷载横向分布影响线计算用表(附录Ⅰ),用直线内插法求得 $\gamma=0.0214$ 的影响线竖标值 η_{1i}、η_{3i}、η_{5i}。计算结果见表 2-4-3(表中的数值为实际 η_{ki} 的小数点后三位数字)。

表 2-4-3 **$\gamma=0.0214$ 的影响线竖标值计算表**

板号	γ	单位荷载作用位置(i 号板中心)									$\sum \eta_{ki}$
		1	2	3	4	5	6	7	8	9	
1	0.02	236	194	147	113	088	070	057	049	046	≈1000
	0.04	306	232	155	104	070	048	035	026	023	
	0.0214	241	197	148	112	087	068	055	147	044	
3	0.02	147	160	164	141	110	087	072	062	057	≈1000
	0.04	155	181	195	159	108	074	053	040	035	
	0.0214	148	161	166	142	110	086	071	060	055	
5	0.02	088	095	110	134	148	134	110	095	088	≈1000
	0.04	070	082	108	151	178	151	108	082	070	
	0.0214	087	094	110	135	150	135	110	094	087	

将表中 η_{1i}、η_{3i}、η_{5i} 的值按一定比例尺,绘于各号板的轴线下方,连接成光滑曲线后就得 1、3 和 5 号板的荷载横向分布影响线,如图 2-4-36(b)、(c)和(d)所示。

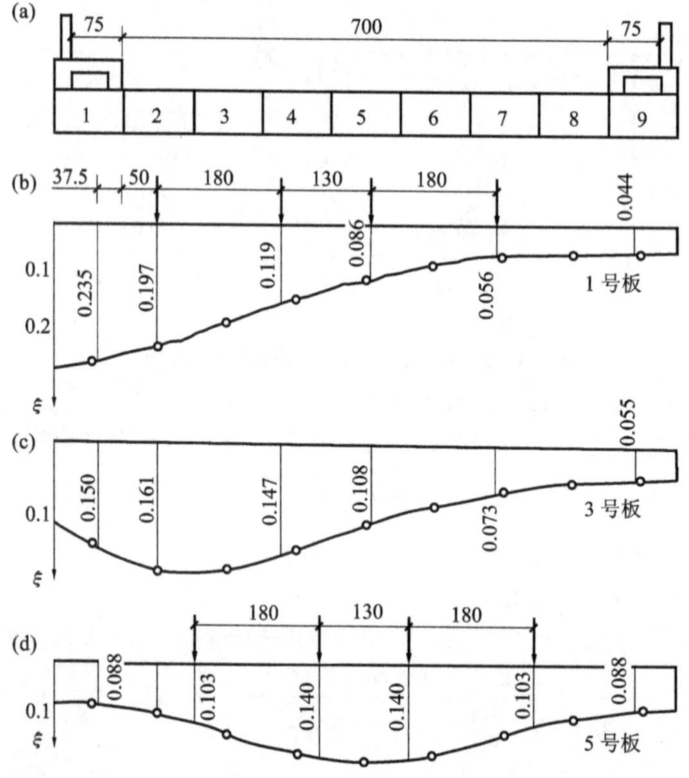

图 2-4-36 1、3、5 号板的荷载横向分布影响线(尺寸单位:cm)

(5)计算荷载横向分布系数。

将公路-Ⅱ级荷载和人群荷载沿横向布置,找出最不利荷载位置,如图 2-4-36 所示,从而可计

算跨中荷载横向分布系数如下。

①1 号板。

公路-Ⅱ级：

$$m_{cq}=\frac{1}{2}\times(0.197+0.119+0.086+0.056)=0.229$$

人群荷载：

$$m_{cr}=0.235+0.044=0.279$$

②3 号板。

公路-Ⅱ级：

$$m_{cq}=\frac{1}{2}\times(0.161+0.147+0.108+0.073)=0.245$$

人群荷载：

$$m_{cr}=0.150+0.055=0.205$$

③5 号板。

公路-Ⅱ级：

$$m_{cq}=\frac{1}{2}\times(0.103+0.140+0.140+0.103)=0.243$$

人群荷载：

$$m_{cr}=0.088+0.088=0.176$$

4.3.7　比拟正交异性板法(G-M 法)

以上介绍的几种计算荷载横向分布系数的方法，还不能够反映实际中桥梁结构的受力情况。例如，对于由主梁、连续的桥面板和多道横隔梁所组成的钢筋混凝土梁桥，当其宽度与跨度之比值较大时，为了能比较精确地反映实际结构的受力情况，还可把此类结构简化成为纵横相交的梁格系，按杆件系统的空间结构来求解；也可设法将其比拟简化为一块矩形的平板，按古典弹性理论作为弹性薄板来进行分析，并且做出计算图表便于实际应用。我们把后一种方法称为“比拟正交异性板法”。1946 年法国的居翁(Guyon)引用正交异性板理论解决了无扭梁格($\alpha=0$)的荷载横向分布计算问题，1950 年麦桑纳特(Massonnet)用正交异性板理论解决了有扭转梁格($\alpha=1$)的荷载横向分布计算问题，故此法也称 G-M 法。

在这里首先介绍各向同性板挠曲微分方程，从而引出比拟正交异性板的挠曲微分方程，然后阐明桥梁结构近似比拟成板的方法，最后讨论图表的原理和实用计算方法，并且通过计算实例加以说明。

4.3.7.1　弹性板的挠曲面微分方程

图 2-4-37(b)表示了从板中取出的一个单元体 $dx\cdot dy\cdot h$ 的横截面上的内力。由于板是双向受弯的，因此有弯矩 M_x 和弯矩 M_y 产生的弯应力 σ_x 和 σ_y，以及剪力 Q_x 和 Q_y 产生的剪应力 τ_{xz} 和 τ_{yz}，这和受弯的梁截面上的应力分布完全相同。板和梁的突出差异在于，梁一般不受或仅仅略受扭转，而板则一般总是在双向受到扭转，如图 2-4-37(b)所示的扭矩 M_{xy} 和 M_{yx} 及其产生的扭转剪应力 τ_{xy} 和 τ_{yx}，后两者沿板厚按直线分布，在截面的上下边缘最大，在板中面(平分板厚的平面)等于零。

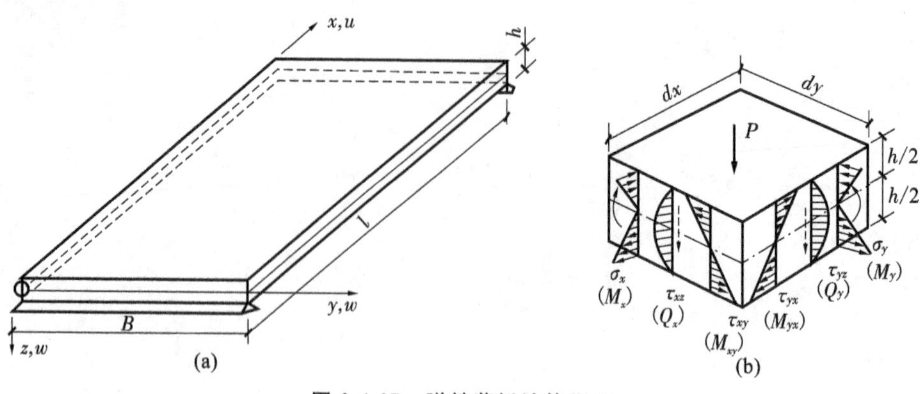

图 2-4-37 弹性薄板计算图示

(a)板的一般图示;(b)板微元上的应力和内力

(1)薄板的小挠度弯曲理论的计算假定。

薄板的小挠度弯曲理论,是以三个计算假定为基础的(这些假定已被大量的实验所证实)。取薄板的中面为 xy 面,如图 2-4-37(a)所示,这些假定可陈述如下。

①垂直于中面方向的正应变(即 ε_z)可以不计。

②应力分量 τ_{zx}、τ_{zy}、σ_z 远小于其余三个应力分量,因而是次要的,它们引起的形变可以不计(注意:它们本身却是维持平衡所必需的,故不能不计)。

③薄板中面内的各点都没有平行于中面的位移。

根据这些近似假设,可以得到弹性板的挠曲面微分方程。

(2)正交各向同性弹性薄板的挠曲面微分方程。

由弹性理论,可得到如下的关系。

①应力与应变之间的关系为

$$\sigma_x=\frac{E}{1-\nu^2}(\varepsilon_x+\nu\varepsilon_y),\quad \sigma_y=\frac{E}{1-\nu^2}(\varepsilon_y+\varepsilon_x),\quad \tau_{xy}=G\gamma_{xy}=\frac{E}{2(1+\nu)}\gamma_{xy} \tag{2-4-74}$$

②应变与位移之间的关系为

$$\varepsilon_x=-z\frac{\partial^2\omega}{\partial x^2},\quad \varepsilon_y=-z\frac{\partial^2\omega}{\partial y^2},\quad \gamma_{xy}=-2z\frac{\partial^2\omega}{\partial x\partial y} \tag{2-4-75}$$

③内力与位移之间的关系为

$$M_x=-D\left(\frac{\partial^2\omega}{\partial x^2}+\nu\frac{\partial^2\omega}{\partial y^2}\right),\quad M_y=-D\left(\frac{\partial^2\omega}{\partial y^2}+\nu\frac{\partial^2\omega}{\partial x^2}\right),\quad M_{xy}=-(1-\nu)D\frac{\partial^2\omega}{\partial x\partial y} \tag{2-4-76}$$

式中 D——板的单宽抗弯刚度,$D=\dfrac{Eh^3}{12(1-\nu^2)}$。

④内力与荷载的平衡关系为

$$\frac{\partial^2 M_x}{\partial x^2}+2\frac{\partial^2 M_{xy}}{\partial x\partial y}+\frac{\partial^2 M_y}{\partial y^2}=-p \tag{2-4-77}$$

⑤正交各向同性弹性薄板的挠曲面微分方程。

式(2-4-76)已利用弹性关系把板的内力与板的挠度联系起来了。现将其引入平衡方程式(2-4-77),便得到各向同性弹性薄板的挠曲平衡微分方程如下:

$$\frac{\partial^2\omega}{\partial x^4}+2\frac{\partial^2\omega}{\partial x^2\partial y^2}+\frac{\partial^2\omega}{\partial x^4}=\frac{p}{D} \tag{2-4-78}$$

(3)正交各向异性板的挠曲面微分方程。

正交异性板是指结构材料在 x 和 y 两个方向的弹性性质不同,若以弹性性质的对称面作为坐

标面，可得应力与应变间的本构关系为

$$\varepsilon_x=\frac{1}{E_x}(\sigma_x-\nu_x\sigma_y),\quad \varepsilon_y=\frac{1}{E_y}(\sigma_y-\nu_y\sigma_x),\quad \gamma_{xy}=\frac{\tau_{xy}}{G} \tag{2-4-79}$$

式中　E_x,E_y——材料沿 x、y 方向的弹性模量；

ν_x,ν_y——引起应变 ε_x、ε_y 的泊松比。

式(2-4-79)中应力也可用应变来表达，即：

$$\sigma_x=E'_x\varepsilon_x+E''\varepsilon_y,\quad \sigma_y=E'_y\varepsilon_y+E''\varepsilon_x,\quad \tau_{xy}=G\gamma_{xy} \tag{2-4-80}$$

式中：

$$E'_x=\frac{E_x}{1-\nu_x\nu_y},\quad E'_y=\frac{E_y}{1-\nu_x\nu_y},\quad E''=\frac{\nu_xE_y}{1-\nu_x\nu_y}=\frac{\nu_yE_x}{1-\nu_x\nu_y}$$

把式(2-4-75)代入式(2-4-80)，再将所得的应力表达式代入内力计算式，即得

$$\left.\begin{aligned}
M_x&=\int_{-\frac{h}{2}}^{+\frac{h}{2}}\sigma_xz\,\mathrm{d}z=-\left(D_x\frac{\partial^2\omega}{\partial x^2}+D_1\frac{\partial^2\omega}{\partial y^2}\right)\\
M_y&=\int_{-\frac{h}{2}}^{+\frac{h}{2}}\sigma_yz\,\mathrm{d}z=-\left(D_y\frac{\partial^2\omega}{\partial y^2}+D_1\frac{\partial^2\omega}{\partial x^2}\right)\\
M_{xy}&=\int_{-\frac{h}{2}}^{+\frac{h}{2}}\tau_{xy}z\,\mathrm{d}z=-D_{xy}\frac{\partial^2\omega}{\partial x\partial y}
\end{aligned}\right\} \tag{2-4-81}$$

将式(2-4-81)做相应微分后代入平衡方程式(2-4-77)，经整理后可得正交各向异性板的挠曲面微分方程为

$$D_x\frac{\partial^4\omega}{\partial x^4}+2H\frac{\partial^4\omega}{\partial x^2\partial y^2}+D_y\frac{\partial^4\omega}{\partial x^4}=p(x,y) \tag{2-4-82}$$

式中　D_x,D_y——材料 x、y 方向的单宽抗弯刚度。

$$D_x=\frac{E'_xh^3}{12},\quad D_y=\frac{E'_yh^3}{12}$$

$$H=D_1+D_{xy}$$

式中　D_{xy}——单宽抗扭刚度；

D_1——单宽相关抗弯刚度。

若 $E_x=E_y=E$，$\nu_x=\nu_y=\nu$，代入式(2-4-82)后就可得到各向同性板的挠曲面微分方程式(2-4-78)。

4.3.7.2　比拟正交异性板挠曲微分方程及其解答

图 2-4-38(a)所示为实际桥梁结构的横截面，主梁中到中的距离为 b，每片主梁的截面抗弯惯性矩和抗扭惯性矩分别为 I_x 和 $I_{\mathrm{T}x}$；横隔梁中到中的距离为 a，每片横隔梁的抗弯和抗扭惯性矩分别为 I_y 和 $I_{\mathrm{T}y}$。假定桥面板与主梁肋之间具有整体性，且 b 与整个桥的宽度 B 相比很小，同样 a 与整个桥的跨径 l 相比也相当小，那么 I_x 和 $I_{\mathrm{T}x}$ 可分摊在宽度 b 上，I_y 和 $I_{\mathrm{T}y}$ 也能分摊在宽度 a 上。这样就把实际的梁格系比拟成正交各向异性的假想平板，如图 2-4-38(b)所示。比拟板在纵向和横向每米宽度的截面抗弯惯性矩和抗扭惯性矩相应为

$$J_x=\frac{I_x}{b},\quad J_{\mathrm{T}x}=\frac{I_{\mathrm{T}x}}{b},\quad J_y=\frac{I_y}{a},\quad J_{\mathrm{T}y}=\frac{I_{\mathrm{T}y}}{a} \tag{2-4-83}$$

对于单位长度内抗弯刚度为 EJ_x、EJ_y 和单位长度内抗扭刚度为 $GJ_{\mathrm{T}x}$、$GJ_{\mathrm{T}y}$ 的比拟正交各向异性板，其内力与弯曲变形的关系为(此处 $E_x=E_y=E$)：

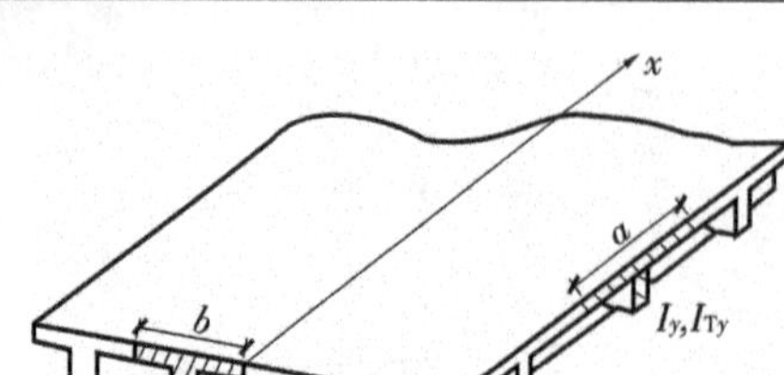

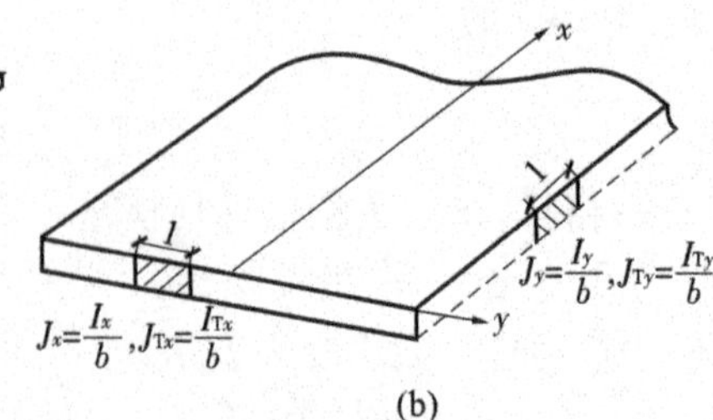

图 2-4-38 实际结构换算成比拟异性板的图示

(a)实际结构;(b)换算后的比拟异性板

$$M_x=-EJ_x\left(\frac{\partial^2\omega}{\partial x^2}+\nu_x\frac{\partial^2\omega}{\partial y^2}\right),\quad M_y=-EJ_y\left(\frac{\partial^2\omega}{\partial y^2}+\nu_y\frac{\partial^2\omega}{\partial x^2}\right)$$

$$M_{xy}=-GJ_{\mathrm{T}x}\frac{\partial^2\omega}{\partial x\partial y},\quad M_{yx}=-GJ_{\mathrm{T}y}\frac{\partial^2\omega}{\partial y\partial x}\tag{2-4-84}$$

这里,对于钢筋混凝土或预应力混凝土,ν_x、ν_y 在 0.15～0.2 之间变化。为了简化计算,可以认为 $\nu_x=\nu_y=0$,如果 $\nu_x=\nu_y\neq0$,则无法比拟。这样得出的微分方程与各向异性板相似,故将梁格换算成各向异性板,此法称为比拟正交各向异性板法。式(2-4-84)可以简写成

$$M_x=-EJ_x\frac{\partial^2\omega}{\partial x^2},\quad M_y=-EJ_y\frac{\partial^2\omega}{\partial y^2},\quad M_{xy}=-GJ_{\mathrm{T}x}\frac{\partial^2\omega}{\partial x\partial y},\quad M_{yx}=-GJ_{\mathrm{T}y}\frac{\partial^2\omega}{\partial x\partial y}\tag{2-4-85}$$

将式(2-4-85)代入式(2-4-77)中,则得到

$$EJ_x\frac{\partial^4\omega}{\partial x^4}+G(J_{\mathrm{T}x}+J_{\mathrm{T}y})\frac{\partial^4\omega}{\partial x^2\partial y^2}+EJ_y\frac{\partial^4\omega}{\partial y^4}=p(x,y)\tag{2-4-86a}$$

在上式中,引入一个参数 α,并令 $\alpha=\frac{G(J_{\mathrm{T}x}+J_{\mathrm{T}y})}{2E\sqrt{J_xJ_y}}$,式(2-4-86a)可改写为

$$EJ_x\frac{\partial^4\omega}{\partial x^4}+2\alpha E\sqrt{J_xJ_y}\frac{\partial^4\omega}{\partial x^2y^2}+EJ_y\frac{\partial^4\omega}{\partial y^4}=p(x,y)\tag{2-4-86b}$$

设 $D_x=EJ_x$,$D_y=EJ_y$,$H=\alpha E\sqrt{J_xJ_y}$,则式(2-4-86b)改写为

$$D_x\frac{\partial^4\omega}{\partial x^4}+2H\frac{\partial^4\omega}{\partial x^2\partial y^2}+D_y\frac{\partial^4\omega}{\partial y^4}=p(x,y)\tag{2-4-87}$$

这样就得到与正交各向异性板的方程式(2-4-82)在形式上完全一致的挠曲面微分方程,这是一个四阶非齐次的偏微分方程,解得荷载作用下任意点的挠度值 ω 后,就可得到相应的内力值。但在桥梁结构中,由于梁格系的梁肋并非对称于板的中面布置,因此所得解是近似的。

求解式(2-4-86b),可得到桥面宽度为 $2B$ 的简支梁桥挠度曲面的普遍公式,即通解为

$$\omega=\sum_{m=1}^{\infty}\left\{e^{m\omega\sqrt{\frac{1+\alpha}{2}}y}\left[A_m\cos\left(m\omega\sqrt{\frac{1-\alpha}{2}}y\right)+\frac{B_m}{\sqrt{\frac{1-\alpha}{2}}}\sin\left(m\omega\sqrt{\frac{1-\alpha}{2}}y\right)\right]+\right.$$

$$e^{m\omega\sqrt{\frac{1+\alpha}{2}}y}\left[C_m\cos\left(m\omega\sqrt{\frac{1-\alpha}{2}}y\right)+\frac{D_m}{\sqrt{\frac{1-\alpha}{2}}}\sin\left(m\omega\sqrt{\frac{1-\alpha}{2}}y\right)\right]+$$

$$C_me^{-m\omega\sqrt{\frac{1+\alpha}{2}}|y-e|}\left[\cos\left(m\omega\sqrt{\frac{1-\alpha}{2}}|y-e|\right)+\right.$$

$$\sqrt{\frac{1+\alpha}{1-\alpha}}\sin\left(m\omega\sqrt{\frac{1-\alpha}{2}}\mid y-e\mid\right)\Big]\Big\}\sin\frac{m\pi x}{l} \tag{2-4-88}$$

式中，$\omega=\frac{\pi}{l}\sqrt[4]{J_x/J_y}$；$e$ 为平行于 x 轴的正弦型线荷载至 x 轴的距离；其他系数可根据边界条件来确定，读者可参阅有关著作。

4.3.7.3 应用图表计算荷载的横向分布

在设计桥梁时，如果利用弹性挠曲面方程来求解简支梁的各点内力值，则很费时间。而 G-M 法可利用编制的计算图表得出相对来说比较精确的结果。这种方法适用于各种桥面净空宽度和多种荷载组合的情况，并能很快求出各片主梁的相应内力值。所以该方法在实际设计中得到了广泛应用。计算过程如下：

(1)绘制荷载横向分布影响线。

图 2-4-39 所示为一块纵、横向截面单宽惯性矩分别为 J_x、J_{Tx}、J_y、J_{Ty} 的简支比拟板。当在板上任意横向位置 k 作用单位正弦荷载 $p(x)=1\cdot\sin\frac{\pi x}{l}$ 时，板在跨中产生图 2-4-39 中 $o'\sim e'$ 弹性挠曲。

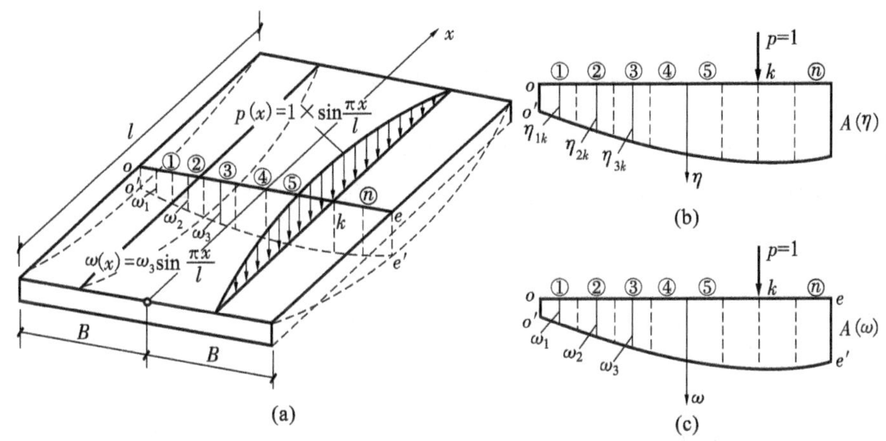

图 2-4-39 比拟板的横向挠度 ω 和横向影响线竖标 η

把全板分为许多纵向板条①、②、③、④、…、ⓝ，以单位板宽（简称板条）来考虑，这样，在 k 处有单位正弦荷载作用时，任一板条沿 x 方向的挠度为

$$\omega_i(x)=\omega_i\sin\frac{\pi x}{l} \tag{2-4-89}$$

式中 ω——与荷载峰值 1 相对应的第 i 根板条的挠度峰值。

如果研究各板条在跨中($x=l/2$)的挠度和受力的关系，则可得荷载和挠度分布图形，如图2-4-39(b)、(c)所示。图中 η_{1k}、η_{2k}、η_{3k}、η_{4k}、…、η_{nk} 表示 k 点在单位荷载作用下各板条所分担的荷载。

荷载与挠度间成正比，即：

$$\eta_{ik}=C\omega_i \quad (i=1,2,3,\cdots,n) \tag{2-4-90}$$

式中 C——与跨度和截面刚度相关的系数。

将式(2-4-90)等号左边所有的 η_{ik} 相加，并乘以板条宽度，再由平衡条件就可得到

$$\sum_{i=1}^{n}\eta_{ik}\cdot 1=A(\eta)=1 \tag{2-4-91}$$

同样，将式(2-4-90)等号右边所有的 $C\omega_i$ 相加，并乘以板条宽度 1，可得

$$C\sum_{i=1}^{n}\omega_i\cdot 1=CA(\omega) \tag{2-4-92}$$

上述两式应相等，由此可得

$$C=\frac{1}{A(\omega)} \tag{2-4-93}$$

式中 $A(\eta)$，$A(\omega)$——跨中荷载横向分布图形的面积和挠度横向分布图形的面积，见图 2-4-39(b)、(c)。

显然，在荷载 $p(x)=1\cdot\sin\frac{\pi x}{l}$ 作用下的挠度图面积，也可用每一板条承受等分荷载 $\frac{1}{n}\sin\frac{\pi x}{l}$ 时的平均挠度 $\overline{\omega}$ 来表示，则

$$A(\omega)=2B\cdot\overline{\omega} \tag{2-4-94}$$

式中 B——桥宽的一半。

因此得到

$$C=\frac{1}{2B\overline{\omega}} \tag{2-4-95}$$

将式(2-4-95)代入式(2-4-90)得

$$\eta_{ik}=\frac{\omega_{ik}}{2B\overline{\omega}} \tag{2-4-96}$$

根据变位互等定理和反力互等定理，上式也可写成：

$$\eta_{ki}=\frac{\omega_{ki}}{2B\overline{\omega}} \tag{2-4-97}$$

将荷载作用在任意位置 i 时 k 点的挠度值 ω_{ki} 与同一荷载下的平均挠度值 $\overline{\omega}$ 之比定义为影响系数 K_{ki}，即 $K_{ki}=\frac{\omega_{ki}}{\overline{\omega}}$，将它代入式(2-4-97)得

$$\eta_{ki}=\frac{K_{ki}}{2B} \tag{2-4-98}$$

η_{ki} 为 $p=1$ 作用在任意位置 i 时分配至 k 点的荷载，这是对于 k 点的荷载横向影响线的坐标值，等于影响系数 K_{ki} 除以桥宽 $2B$。

由求解 ω_{ki} 可见，K_{ki} 是计算的板条位置 k、荷载位置 i、扭弯参数 α 以及纵、横向界面的抗弯刚度之比 θ 的函数。居翁和麦桑纳特已根据理论分析编制了 $K_0=f(\alpha=0,\theta,k,i)$ 和 $K_1=f(\alpha=1,\theta,k,i)$ 的曲线图表（见附图Ⅱ-1～附图Ⅱ-13）。对于一般肋式结构所比拟成的正交各向异性板来说，α 的变化范围在 0～1 之间。而 K_α 可精确地由下式内插求得

$$K_\alpha=K_0+(K_1-K_0)\sqrt{\alpha} \tag{2-4-99}$$

参数 θ 和 α 为

$$\theta=\frac{B}{l}\sqrt[4]{\frac{J_x}{J_y}},\quad \alpha=\frac{G(J_{\mathrm{T}x}+J_{\mathrm{T}y})}{2E\sqrt{J_xJ_y}}$$

附录Ⅱ中的 K_0 和 K_1 的图表是将桥的全宽 $2B$ 分为 8 等份，共 9 个点的位置计算的，以桥宽中间点为 0，向左（或向右）依次为正（或负）$\frac{1}{4}B$、$\frac{1}{2}B$、$\frac{3}{4}B$ 和 B。如所求的主梁位置与以上 9 个点的位置不重合，可根据相邻两点的 K_0（或 K_1）值内插。若求图 2-4-40 中①号梁（梁位 $f=\xi B$）处的 K 值，则要根据相邻两个点的 K_{Bi} 和 $K_{\frac{3}{4}Bi}$ 值进行内插，最后求得 $K_{\xi Bi}$，如图 2-4-40 中虚线所示。利用 $K_{iB}=K_{Bi}$ 这一关系，可缩减查表计算的工作量。

至此说明了比拟板上某点位置（或某一板条）的横向影响线 9 个坐标值的计算方法。对于中心距为 b 的某一主梁 k 求算其影响线坐标值，只要首先求出对于轴线位置 k 处的各点影响线坐标，再

将这些坐标值乘以主梁中心距 b 即可，也就是

$$R_{Ki}=\eta_{Ki}\cdot b=\frac{K_{Ki}}{2B}\cdot b \tag{2-4-100}$$

式中　R_{Ki}——对于某片主梁的荷载横向影响线坐标。

考虑全桥共有 n 片主梁，则 $b=\frac{2B}{n}$，将其代入式(2-4-100)得

$$R_{Ki}=\frac{K_{Ki}}{2B}\frac{2B}{n}=\frac{K_{Ki}}{n} \tag{2-4-101}$$

由此可见，对于横截面对称布置的梁桥，只要将影响系数 K 除以梁数 n，就可绘出一片主梁的横向影响线，接着可计算某一主梁的荷载横向分布系数。用比拟板法求得的荷载横向分布系数也是对于位于跨中的荷载而言的。

需要指出的是，由附录Ⅱ中 K_0、K_1 的曲线图可发现，当弯曲刚度参数 $\theta<0.3$ 时，曲线沿 K 轴方向的间隔基本上相等，也就是说，当 $\theta<0.3$ 时，横断面的挠曲线接近于直线。这就与“偏心压力法”中假定横向刚度无限大的结果趋于一致。因此为了计算方便，可以认为 $\theta\leqslant0.3$ 时属于窄桥，$\theta>0.3$ 时属于宽桥，这样规定所发生的误差在5%左右，最大不超过10%。可见，用 θ 值来作为窄桥与宽桥的界限，要比简单地由宽跨比来考虑更加合理。

(2)关于 K 值的校核。

为了校验查表、内插的正确性，需对所得的 K 值进行校核。

图2-4-41所示为比拟板跨中截面在 $P=1$ 作用下和将 $P=1$ 均分作用于1～9点上的挠曲图形，可见后者产生平均挠度 $\bar{\omega}$。

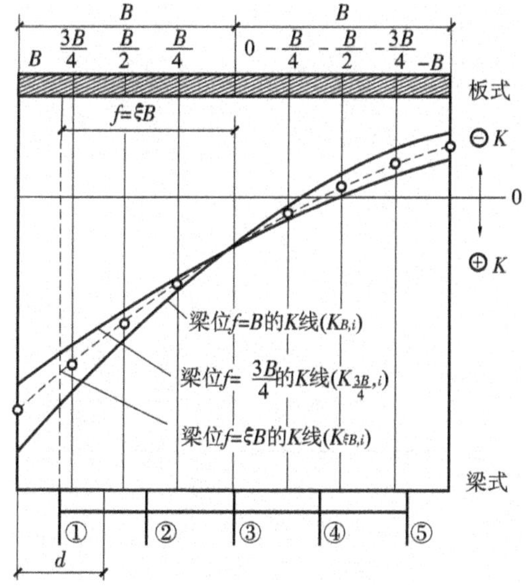

图2-4-40　梁位 $f=\xi B$ 的 K 值计算

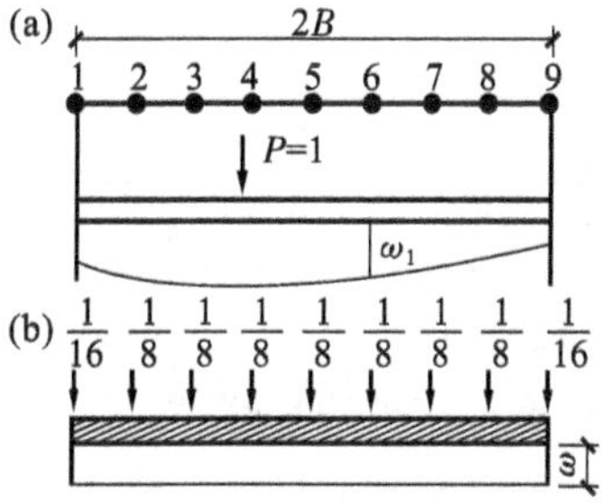

图2-4-41　跨中截面的挠曲图示

根据功的互等定理，可得

$$1\cdot\bar{\omega}=\frac{1}{8}\sum_{i=2}^{8}\omega_i+\frac{1}{16}(\omega_1+\omega_9)$$

上述方程两边同乘以 $\frac{8}{\bar{\omega}}$，得

$$\sum_{i=2}^{8}\frac{\omega_i}{\bar{\omega}}+\frac{1}{2}\left(\frac{\omega_1}{\bar{\omega}}+\frac{\omega_9}{\bar{\omega}}\right)=8$$

$$\sum_{i=2}^{8} K_i + \frac{1}{2}(K_1 + K_9) = 8 \qquad (2\text{-}4\text{-}102)$$

式(2-4-102)可用来检验 K 值的准确性。

(3)关于截面抗弯和抗扭刚度的计算。

在利用 G-M 法的图表计算荷载横向影响线坐标时，首先要计算参数 θ、α，因此，需要计算纵、横向的单宽抗弯惯性矩和抗扭惯性矩值：

$$J_x = \frac{I_x}{b}, \quad J_{Tx} = \frac{I_{Tx}}{b}, \quad J_y = \frac{I_y}{a}, \quad J_{Ty} = \frac{I_{Ty}}{a}$$

①抗弯惯性矩。

对于纵向主梁横截面为 T 形的，根据抗弯惯性矩 I_x 定义即可用一般方法计算出来。

而对于横隔梁的抗弯惯性矩 I_y 的计算，由于肋的间距较大，受弯时翼板宽度为 a 的 T 形梁变形后不再保持为平面，不符合平面假设，这样横隔梁翼板内的压应力沿宽度 a 的分布很不均匀，如图 2-4-42 所示。从图 2-4-42 可见，实际应力图形是长度为 a 的曲线所围成的面积。为了简化计算，引入受压翼板有效宽度 λ 的概念，以 $2\lambda+\delta$ 为长、最大压力 δ_{max} 为高的矩形图形代替实际的应力图形。由理论分析可知，λ 值可由 c/l 之比查表 2-4-4 得到。其中 l 为横梁的长度，可取两边主梁的中心距计算。查出 λ 值后，就可按翼板宽度为 $2\lambda+\delta$ 的 T 形截面来计算 I_y 值。

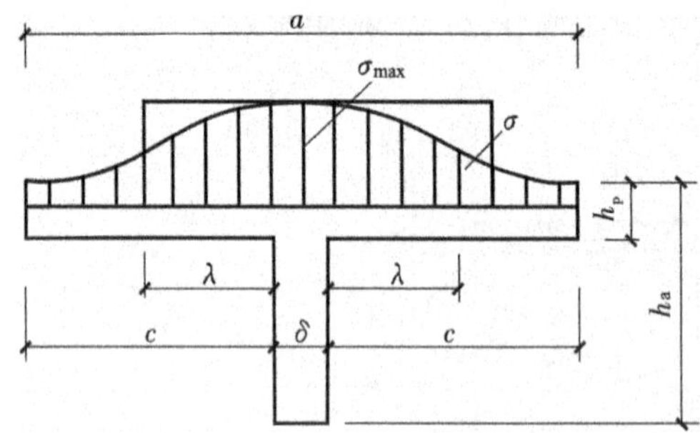

图 2-4-42 沿桥横向翼板内的应力分布

表 2-4-4 有效宽度 λ

c/l	0.05	0.10	0.15	0.20	0.30	0.35	0.40	0.45	0.50
λ/c	0.983	0.936	0.867	0.789	0.635	0.568	0.509	0.459	0.416

②抗扭惯性矩。

纵向和横向的单宽抗扭惯性矩 J_{Tx}、J_{Ty}，可分为梁肋和翼板两部分计算。梁肋部分的抗扭惯性矩仍按式(2-4-58)和表 2-4-2 进行计算。对于翼板部分，应分图 2-4-43 所示的两种情况。

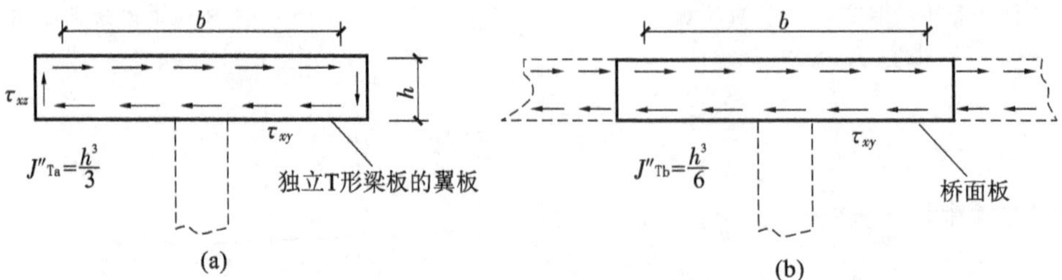

图 2-4-43 翼板抗扭惯性矩计算图示

对于图 2-4-43(a)所示的独立宽扁矩形截面(b 比 h 大得多)，按一般公式可知其抗扭惯性矩为

$$J''_{\mathrm{T}}=\frac{I''_{\mathrm{T}}}{b}=\frac{1}{b}\cdot\frac{1}{3}bh^3=\frac{h^3}{3}$$

对于图 2-4-43(b)所示的连续桥面板来说，情况就不同。根据对弹性薄板的分析，由式(2-4-76)和式(2-4-84)则有

$$GJ_{\mathrm{Ty}}=(1-\nu)D$$

将 $G=\dfrac{E}{2(1+\nu)}$ 和 $D=\dfrac{Eh^3}{12(1-\nu^2)}$ 代入上式，可得

$$J_{\mathrm{Tx}}=\frac{h^3}{6}$$

可见，连续桥面板的单宽抗扭惯性矩只有独立宽扁板的一半。这一点可以这样解释：独立板沿短边的剪应力 I_{xz} 也参与抗扭作用，而连续板的单宽部分则不出现此种剪应力(图 2-4-43)。

这样，对于连续桥面板的整体式梁桥以及对于翼缘板刚性连接的装配式梁桥，在应用 G-M 法时，为计算扭弯参数 α 所需的纵、横向截面单宽抗扭惯性矩之和可由式(2-4-103)求得。

$$J_{\mathrm{Tx}}+J_{\mathrm{Ty}}=\frac{1}{3}h^3+\frac{1}{b}I'_{\mathrm{Tx}}+\frac{1}{a}I'_{\mathrm{Ty}} \tag{2-4-103}$$

式中　h——桥面板的厚度；

I'_{Tx}，I'_{Ty}——主梁肋和内横梁肋的截面抗扭惯性矩。

4.3.8　荷载横向分布系数沿桥跨的变化

由前面的分析与计算可知：荷载位于桥跨中间部分时，由于桥梁横向结构(桥面板和横隔梁)的传力作用，使所有主梁都参与受力，因此荷载的横向分布比较均匀。但当荷载在支点处作用在某主梁上时，如果不考虑支座弹性变形的影响，则荷载就直接由该主梁传至支座，其他主梁基本上不参与受力。因此，荷载在桥跨纵向的位置不同，对某一主梁产生的横向分布系数也是不同的。

由前面的分析可知，杠杆原理法适用于计算荷载位于支点截面处的横向分布系数 m_0，其他方法均适用于计算荷载位于跨中截面处的横向分布系数 m_c。当荷载位于桥跨其他位置时，如何确定荷载横向分布系数 m，找出精确计算 m 值沿桥跨连续变化的规律，显然从理论上讲是相当复杂的。为了简化计算，目前在桥梁设计中采用以下实用的计算方法。

对于无中间横隔梁或仅有一根中横隔梁的情况，跨中部分采用不变的 m，从离支点 $l/4$ 处起至支点的区段内，$m(x)$呈直线形过渡至支点截面处的横向分布系数 m_0，如图 2-4-44(a)所示；对于有多根内横隔梁，跨中部分采用不变的 m_c，一根内横隔梁起至支点 $m(x)$从 m_c 直线形过渡到 m_0，如图 2-4-44(b)所示。

在计算简支梁支点最大剪力时，由于车道荷载的集中荷载 P_k 位于所考虑一端的支点处，而且相对应的内力影响线竖标为最大值(图 2-4-44)，故应考虑该区段的横向分布系数变化的影响；而另一端由于相应影响线竖标值显著减小，故可近似取用不变的 m_c 简化计算。

在计算简支梁跨中最大弯矩时，由于弯矩影响线竖标在跨中最大，车道荷载的集中荷载 P_k 应位于跨中，为了简化计算，通常采用不变的跨中横向分布系数 m_c 来计算。

其他截面的弯矩计算，一般也可取用不变的 m_c。但对于中梁来说，m_0 与 m_c 的差值可能较大，且内横隔梁又少于 3 根，这时应计及 $m(x)$沿跨径变化的影响。

对于跨内其他截面的主梁剪力，也可视具体情况计及 $m(x)$ 沿跨径变化的影响。

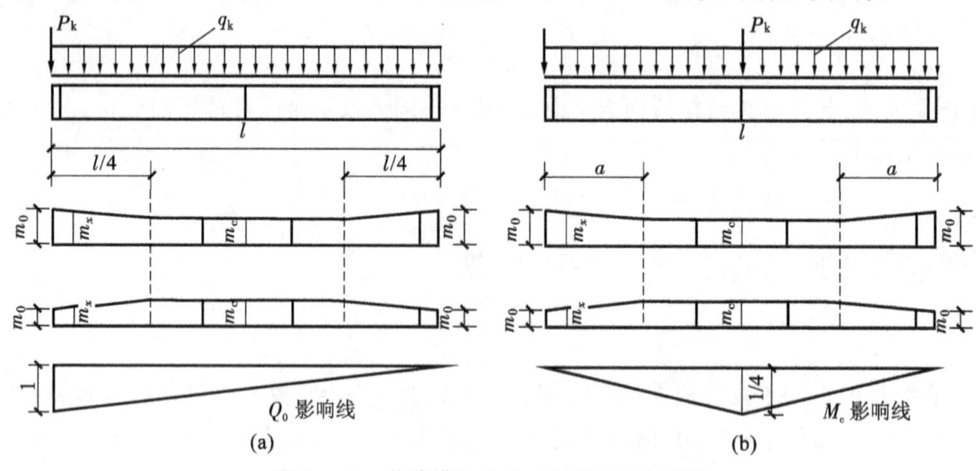

图 2-4-44　荷载横向分布系数沿跨长的变化

4.4　主梁内力计算

4.4.1　结构重力引起的内力计算

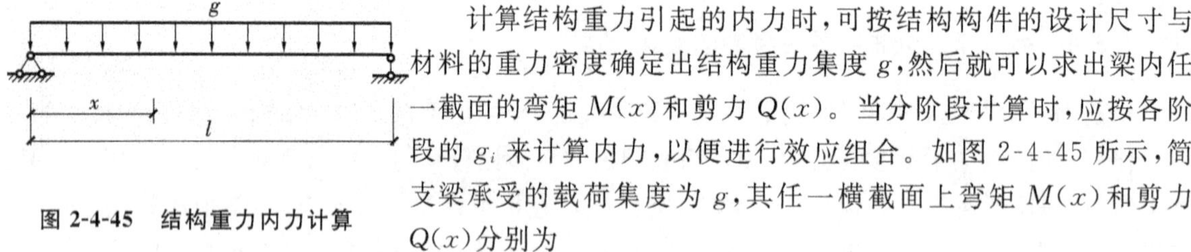

图 2-4-45　结构重力内力计算

计算结构重力引起的内力时，可按结构构件的设计尺寸与材料的重力密度确定出结构重力集度 g，然后就可以求出梁内任一截面的弯矩 $M(x)$ 和剪力 $Q(x)$。当分阶段计算时，应按各阶段的 g_i 来计算内力，以便进行效应组合。如图 2-4-45 所示，简支梁承受的载荷集度为 g，其任一横截面上弯矩 $M(x)$ 和剪力 $Q(x)$ 分别为

$$M(x)=\frac{gl}{2}x-gx\cdot\frac{x}{2}=\frac{gx}{2}(l-x),\quad Q(x)=\frac{gl}{2}-gx=\frac{g}{2}(l-2x) \tag{2-4-104}$$

4.4.2　汽车、人群荷载内力计算

求得汽车、人群荷载的横向分布系数后，就可以计算出作用于每一片主梁上的作用力数值，再根据某一截面内力影响线，即可确定该截面的内力。

(1)汽车荷载、人群荷载作用下跨中截面内力计算公式。

汽车荷载[图 2-4-46(a)]：

$$S_q=(1+\mu)\xi m_{cq}(P_k y_k+q_k\Omega) \tag{2-4-105}$$

人群荷载[图 2-4-46(b)]：

$$S_r=m_{cr}q_r\Omega \tag{2-4-106}$$

式中　S_q，S_r——汽车荷载和人群荷载作用下截面的弯矩或剪力；

$1+\mu$——汽车荷载的冲击系数；

ξ——多车道汽车荷载横向折减系数；

m_{cq}，m_{cr}——汽车荷载和人群荷载跨中截面横向分布系数；

P_k，q_k——车道荷载的集中荷载、均布荷载的标准值；

Ω——弯矩或剪力影响线的面积；

q_r——人群荷载集度；

y_k——与车道荷载的集中荷载对应的影响线的竖标值。

q_k、q_r 在计算跨中截面弯矩与剪力时，应分别采用全跨与半跨加载，与其影响线正区范围相应。

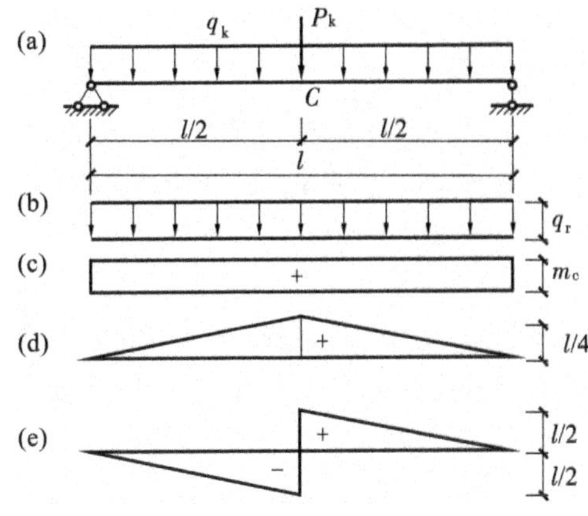

图 2-4-46　跨中内力计算图

(a)车道荷载；(b)人群荷载；(c)荷载横向分布系数沿桥跨的变化；

(d)跨中弯矩影响线；(e)跨中剪力影响线

(2)汽车荷载、人群荷载作用下支点截面剪力计算公式。

汽车荷载[图 2-4-47(a)]：

$$S_q=(1+\mu)\xi m_{cq}(P_k y_k+q_k\Omega)+(1+\mu)\xi\Omega_1\overline{y} \tag{2-4-107}$$

人群荷载[图 2-4-47(b)]：

$$S_r=m_{cr}q_r\Omega+q_r\Omega_1\overline{y} \tag{2-4-108}$$

式中，$y_k=1$；$\Omega=\dfrac{l}{2}$，即图 2-4-47(d)中三角形的面积；对于汽车荷载，$\Omega_1=\dfrac{(m_{0q}-m_{cq})a}{2}$，而对于人群荷载，$\Omega_1=\dfrac{(m_{0r}-m_{cr})a}{2}$；$\overline{y}=1-\dfrac{a}{3l}$。

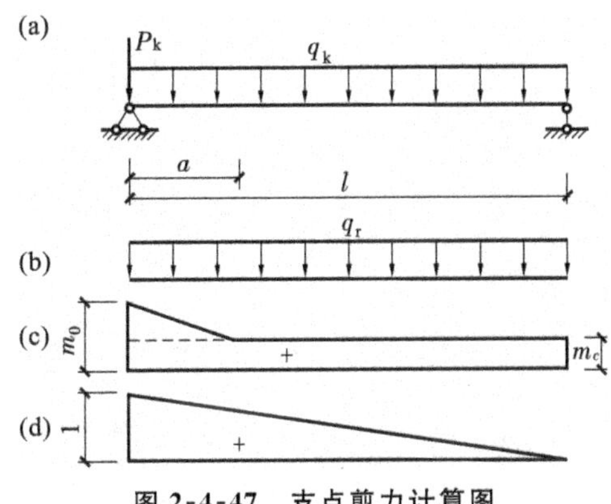

图 2-4-47　支点剪力计算图

(a)车道荷载；(b)人群荷载；(c)荷载横向分布系数沿桥跨的变化；(d)支点剪力影响线

图 2-4-47(d)中，如果是汽车荷载，则 $m_c=m_{cq}$，$m_0=m_{0q}$；对于人群荷载，$m_c=m_{cr}$，$m_0=m_{0r}$；其他符号同前。

分别求得各截面由结构重力、汽车荷载、人群荷载等产生的内力后，就可以按照第 1 篇第 5 章 5.3 节的介绍进行相应的内力效应组合。

4.4.3 综合例题

【例 2-4-5】 钢筋混凝土简支T形梁桥，计算各梁在结构重力(包括附加重力)及汽车荷载、人群荷载作用下跨中最大弯矩及支点最大剪力。

设计资料与结构尺寸如下：

①设计资料。

桥面净空为净-7+2×1m；标准跨径 $l_b=13\text{m}$，计算跨径 $l=12.5\text{m}$，主梁全长 $L=12.96\text{m}$；设计荷载，公路-Ⅰ级汽车荷载，人群荷载为 3.45kN/m^2；结构重要系数 $\gamma_0=1.0$；主梁纵向受力主筋采用HRB335钢筋，箍筋采用HPB235钢筋，主梁采用C35混凝土。

②结构尺寸。

行车道净宽为7m，每侧人行道宽度为1.0m，全桥每跨采用4根预制的钢筋混凝土T形梁。每根行车道板宽2.20m，沿主梁纵向布置5根横隔梁。图2-4-48所示为桥梁横断面布置及主梁一般构造。

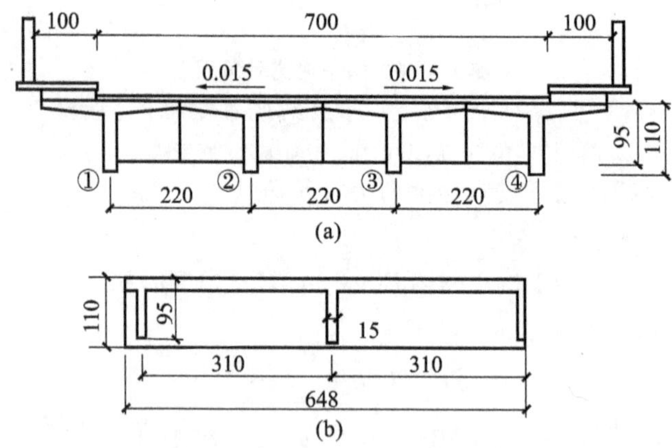

图 2-4-48 桥梁横断面布置及主梁一般构造(尺寸单位:cm)

(a)桥梁横断面;(b)桥梁纵断面

【解】 (1)主梁荷载横向分布系数计算。

①主梁跨中荷载横向分布系数计算。

a. 计算主梁的抗弯及抗扭惯性矩 I_x 和 I_{Tx}。

由于 $\dfrac{B}{l}=\dfrac{4\times2.2}{12.5}=0.704>0.5$，属于宽桥，故采用G-M法计算荷载横向分布系数。

求主梁截面的形心位置 a_x(图2-4-49)。平均板厚：

$$h_1=\frac{1}{2}\times(12+20)=16(\text{cm})$$

$$a_x=\frac{(220-18)\times16\times\dfrac{16}{2}+110\times18\times\dfrac{110}{2}}{(220-18)\times16+110\times18}=25.85(\text{cm})$$

$$I_x=\frac{1}{12}\times(220-18)\times16^3+(220-18)\times16\times\left(25.85-\frac{16}{2}\right)^2+$$

$$\frac{1}{12}\times18\times110^3+18\times110\times\left(\frac{110}{2}-25.85\right)^2=4.78\times10^6(\text{cm}^4)$$

T形截面抗扭惯性矩 I_{Tx} 按式(2-4-58)计算，即 $I_{Tx}=\sum c_ib_it_i^3$，c_i 可查表2-4-2。

$$I_{Tx}=\frac{1}{3}\times 2.2\times 0.16^3+0.293\times (1.1-0.16)\times 0.18^3=4.6\times 10^{-3}(m^4)$$

则单位抗弯及抗扭惯性矩：

$$J_x=I_x/b=4.78\times 10^{-2}/220=2.173\times 10^{-4}(m^4/cm)$$

$$J_{Tx}=I_{Tx}/b=4.6\times 10^{-3}/220=2.09\times 10^{-5}(m^4/cm)$$

b.计算横梁抗弯及抗扭惯性矩。

翼板有效宽度λ计算(图 2-4-50)。横梁长度取为两边主梁的轴线间距，则

$$l=4b=4\times 220=880(cm)$$

$$c=\frac{1}{2}\times (310-15)=147.5(cm)$$

$$h'=95cm,\quad b'=15cm$$

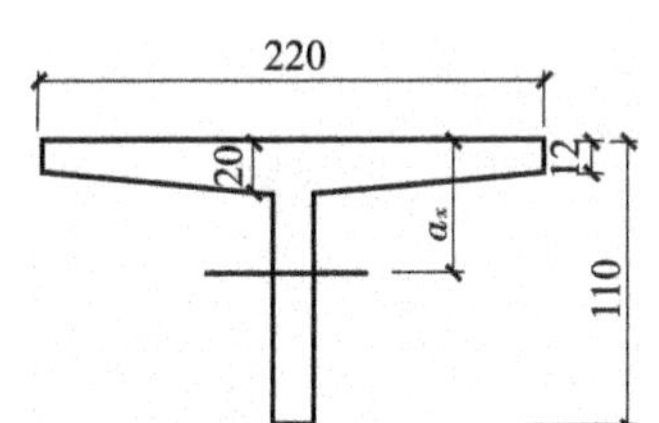

图 2-4-49 T形梁横截面

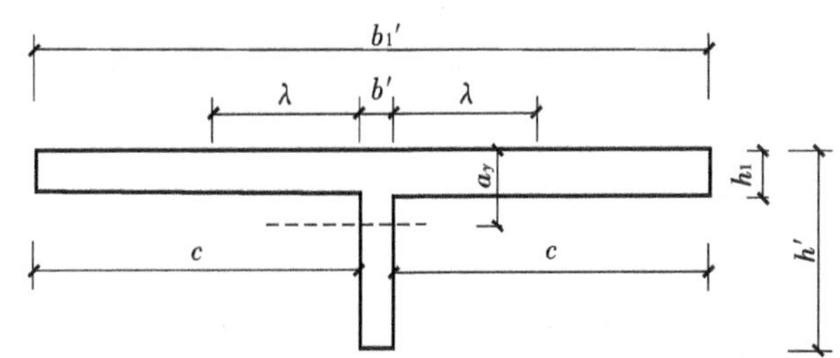

图 2-4-50 横梁抗弯及抗扭惯性矩计算图示

$c/l=147.5/880=0.17$，可查表 2-4-4 得$\lambda/c=0.836$，所以$\lambda=0.836\times 147.5=123(cm)=1.23m$。

横梁截面重心位置：

$$a_y=\frac{2\lambda h_1\frac{h_1}{2}+h'b'\frac{h'}{2}}{2\lambda h_1+h'b'}=\frac{2\times 123\times \frac{16^2}{2}+\frac{1}{2}\times 15\times 95^2}{2\times 123\times 16+15\times 95}=18.5(cm)$$

横梁的抗弯和抗扭惯性矩I_y和I_{Ty}：

$$\begin{aligned}I_y&=\frac{1}{12}\times 2\lambda\times h_1^3+2\lambda h_1\left(a_y-\frac{h_1}{2}\right)^2+\frac{1}{12}b'h'^3+b'h'\left(\frac{h'}{2}-a_y\right)^2\\&=\frac{1}{12}\times 2\times 123\times 16^3+2\times 123\times 16\times \left(18.5-\frac{16}{2}\right)^2+\\&\quad\frac{1}{12}\times 15\times 95^3+15\times 95\times \left(\frac{95}{2}-18.5\right)^2\\&=2.8\times 10^6(cm^4)=2.8\times 10^{-2}m^4\end{aligned}$$

$$I_{Ty}=c_1b_1t_1^3+c_2b_2t_2^3,\quad t_1/b_1=16/310=0.05<0.1$$

查表 2-4-2 得，$c_1=\frac{1}{3}$，但由于连续桥面板的单宽抗扭惯性矩只有独立宽扁板的一半，故取

$$c_1=\frac{1}{6},\quad t_2/b_2=15/(95-16)=0.19$$

查表得$c_2=0.293$，所以

$$I_{Ty}=\frac{1}{6}\times 310\times 16^3+0.293\times (95-16)\times 15^3=2.90\times 10^5(cm^4)$$

单位抗弯惯性矩及抗扭惯性矩为

$$J_y=\frac{I_y}{b_1}=\frac{2.8\times 10^6}{310}=0.9\times 10^4(cm^4/cm)$$

$$J_{\mathrm{Ty}}=\frac{I_{\mathrm{Ty}}}{b_1}=\frac{2.90\times10^5}{310}=935(\mathrm{cm^4/cm})$$

c. 计算抗弯参数 θ 和抗扭参数 α。

$$\theta=\frac{B}{l}\sqrt[4]{\frac{J_x}{J_y}}=\frac{4.4}{12.5}\times\sqrt[4]{\frac{2.173\times10^4}{0.9\times10^4}}=0.439$$

取 $G=0.43E$，则

$$\alpha=\frac{G(J_{\mathrm{T}x}+J_{\mathrm{T}y})}{2E\sqrt{J_xJ_y}}=\frac{0.43\times(2.09\times10^3+935)}{2\times\sqrt{2.173\times10^4\times0.9\times10^4}}=0.047,\quad \sqrt{\alpha}=\sqrt{0.047}=0.217$$

d. 计算荷载弯矩横向分布影响线坐标。

已知 $\theta=0.439$，查 G-M 法附录Ⅱ图表，可得表 2-4-5 中数值。

表 2-4-5 **各梁位 K 值计算**

	梁位	荷载位置									
		B	$3B/4$	$B/2$	$B/4$	0	$-B/4$	$-B/2$	$-3B/4$	$-B$	校核
K_0	0	0.67	0.85	1.00	1.17	1.25	1.17	1.00	0.85	0.67	7.96
	$B/4$	1.53	1.44	1.37	1.32	1.15	0.92	0.64	0.33	0.08	7.98
	$B/2$	2.43	2.12	1.80	1.43	1.00	0.63	0.23	−0.18	−0.54	7.98
	$3B/4$	3.43	2.80	2.10	1.44	0.85	0.34	−0.17	−0.55	−1.0	8.02
	B	4.5	3.5	2.37	1.52	0.65	0.08	−0.55	−1.02	−1.57	8.02
K_1	0	0.89	0.95	1.00	1.07	1.11	1.07	1.00	0.95	0.89	8.04
	$B/4$	1.10	1.12	1.14	1.14	1.07	0.97	0.88	0.79	0.74	8.03
	$B/2$	1.31	1.28	1.23	1.12	1.0	0.89	0.80	0.70	0.60	7.97
	$3B/4$	1.62	1.48	1.30	1.11	0.95	0.80	0.69	0.61	0.54	8.02
	B	2.00	1.53	1.34	1.09	0.88	0.74	0.62	0.54	0.45	7.97

校核：

$$\sum_{i=2}^{8}K_i+\frac{1}{2}(K_1+K_9)=8$$

各梁位处的 K 值见图 2-4-51。

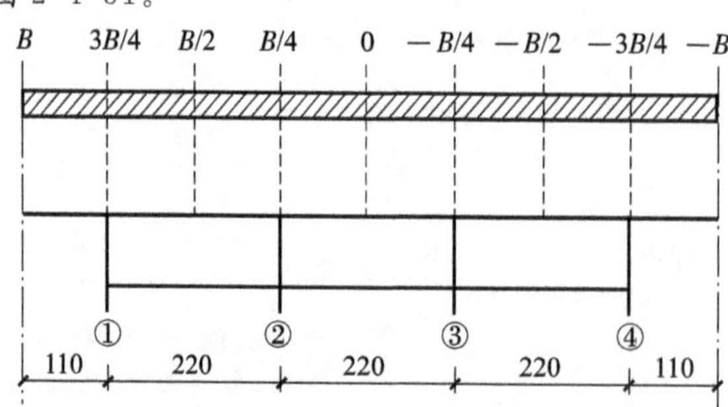

图 2-4-51 各梁位处 K 值

①、④号梁：$K'=K_{\frac{3}{4}B}$；

②、③号梁：$K'=K_{\frac{1}{4}B}$。

如所求的主梁位置与以上 9 个点的位置不重合，可根据相邻两点的 K 值用内插法求解。

列表计算各梁的横向分布影响线坐标值 η，计算结果见表 2-4-6。

表 2-4-6　**各主梁荷载横向分布影响线坐标值**

梁号	计算式	荷载位置								
		B	$3B/4$	$B/2$	$B/4$	0	$-B/4$	$-B/2$	$-3B/4$	$-B$
①号	$K_1'=K_{1\frac{3B}{4}}$	1.62	1.48	1.30	1.11	0.95	0.80	0.69	0.61	0.54
	$K_0'=K_{0\frac{B}{4}}$	3.43	2.80	2.10	1.44	0.85	0.34	−0.17	−0.55	−1.00
	$\Delta=K_1'-K_0'$	−1.81	−1.32	−0.80	−0.33	0.10	0.46	0.86	0.16	1.54
	$\Delta\sqrt{\alpha}$	−0.39	−0.29	−0.17	0.07	0.02	0.10	0.19	0.25	0.34
	$K_\alpha=K_0'+\Delta\sqrt{\alpha}$	3.04	2.51	1.93	1.51	0.87	0.44	0.02	−0.30	−0.66
	$\eta_{1i}=K_\alpha/4$	0.76	0.63	0.48	0.38	0.22	0.11	0.01	−0.08	−0.17
②号	$K_1'=K_{1\frac{B}{4}}$	1.10	1.12	1.14	1.14	1.07	0.97	0.88	0.79	0.74
	$K_0'=K_{0\frac{B}{4}}$	1.53	1.44	1.37	1.32	1.15	0.92	0.64	0.33	0.08
	$\Delta=K_1'-K_0'$	−0.43	−0.32	−0.23	−0.18	−0.08	0.05	0.24	0.46	0.66
	$\Delta\sqrt{\alpha}$	−0.09	−0.07	−0.05	−0.04	−0.02	0.01	0.05	0.10	0.14
	$K_\alpha=K_0'+\Delta\sqrt{\alpha}$	1.44	1.37	1.32	1.28	1.13	0.93	0.69	0.43	0.22
	$\eta_{2i}=K_\alpha/4$	0.36	0.34	0.33	0.32	0.28	0.23	0.17	0.11	0.06

e. 绘制荷载横向分布影响线，求跨中截面荷载横向分布系数。

按《桥规》规定，汽车荷载至人行道边缘距离不小于0.5m。针对各主梁进行荷载最不利位置布置，可计算各主梁荷载横向分布系数，见图 2-4-52。

各梁的横向分布系数如下。

公路-Ⅰ级：

$$m_{1汽}=\frac{1}{2}\times(0.588+0.387+0.208+0.033)=0.608$$

$$m_{2汽}=\frac{1}{2}\times(0.339+0.321+0.278+0.189)=0.564$$

人群荷载：

$$m_{1人}=0.711,\quad m_{2人}=0.353$$

②主梁支点处荷载横向分布系数计算。

利用 G-M 法计算所得荷载横向分布系数适用于跨中，因此还需采用杠杆法计算靠近支点处的荷载横向分布系数(计算过程略)。将计算结果列于表 2-4-7。

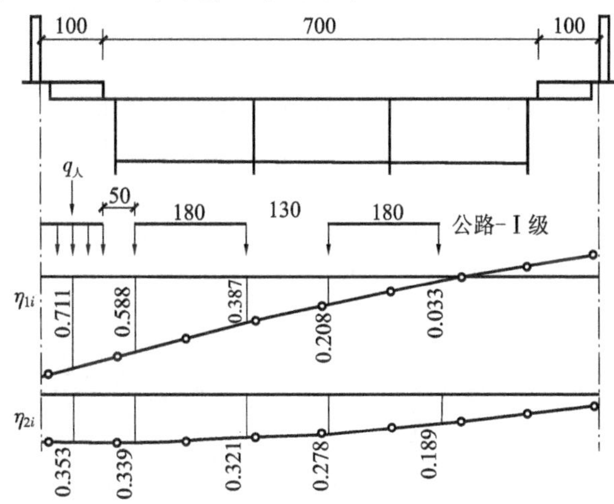

图 2-4-52　各主梁跨中荷载横向分布系数计算(尺寸单位:cm)

表 2-4-7　**各主梁荷载横向分布系数汇总**

荷载	跨中 1/4 跨 m_c		支点 m_0	
	①号梁	②号梁	①号梁	②号梁
公路-Ⅰ级	0.608	0.564	0.454	0.773
人群荷载	0.711	0.353	1.318	0

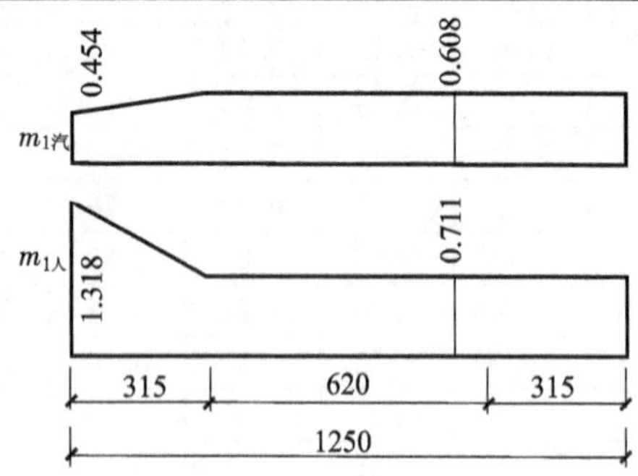

图 2-4-53　*m* 值沿桥跨方向的变化
(尺寸单位:cm)

荷载横向分布系数沿桥跨方向的变化按下述方法进行:跨中部分采用不变的跨中荷载横向分布系数 m_c,从第一根内横隔梁起向支点荷载横向分布系数 m_0 过渡,图 2-4-53 所示为①号主梁荷载横向分布系数沿桥跨的变化。在实际应用中,当求跨中、1/4 跨截面处的弯矩和剪力时,一般为了简化计算,均采用不变化的 m_c;在计算梁端支点剪力时,在主要荷载所在端需考虑荷载横向分布系数沿桥跨的变化。而离主要荷载较远的一端,由于相应影响线竖标值显著减小,故可近似地取用不变 m_c 简化计算。

(2)主梁内力计算。

①重力内力计算。

a.重力集度,见表 2-4-8。

表 2-4-8　**各梁重力集度汇总**　(单位:$kN \cdot m^{-1}$)

梁号	主梁	横梁	栏杆及人行道	铺装层	合计
①(④)	13.03	1.25	3.04	2.72	20.04
②(③)	13.03	2.48	3.04	2.72	21.72

b.重力引起的内力,见表 2-4-9。

表 2-4-9　**重力内力计算表**

主梁	$g/(kN \cdot m^{-1})$	l/m	$M/(kN \cdot m)$		Q/kN	
			$M_{1/2}$	$M_{1/4}$	Q_0	$Q_{1/4}$
①(④)	20.24	12.5	391.41	293.55	125.25	62.63
②(③)	21.27	12.5	415.43	311.57	132.94	66.47

②荷载内力计算。

可直接在内力影响线上布置荷载来计算荷载内力。

a.计算公路-Ⅰ级汽车活荷载的跨中弯矩(图 2-4-54)。

桥梁结构的基频:

$$f=\frac{\pi}{2l^2}\sqrt{\frac{EI_c}{m_c}}=\frac{\pi}{2\times 12.5^2}\times\sqrt{\frac{2.8\times 10^4\times 10^6\times 4.78\times 10^{-2}}{\frac{20.04\times 10^3}{9.81}}}=8.14(\text{Hz})$$

$$\mu=0.1767\ln 8.14-0.0157=0.35$$

$$1+\mu=1+0.35=1.35$$

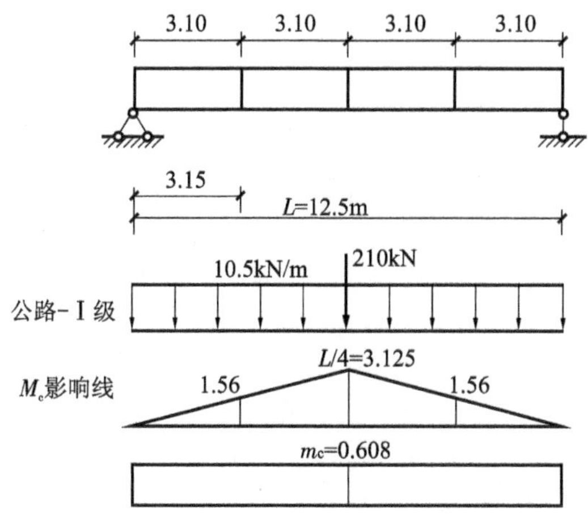

图 2-4-54　计算公路-Ⅰ级汽车荷载的跨中弯矩

$\xi=1$，双车道，不折减。

$$M_{Q1k,\frac{l}{2}}=(1+\mu)\cdot\xi\cdot P_k\cdot m_k\cdot y_k+(1+\mu)\cdot\xi\cdot q_k\cdot m_c\cdot\Omega$$

$$=1.35\times1\times210\times0.608\times3.125+1.35\times1\times10.5\times0.608\times\frac{3.125\times12.5}{2}$$

$$=706.98(\text{kN}\cdot\text{m})$$

b. 计算人群荷载的跨中弯矩。

如图 2-4-53 所示，此时 $m_c=m_{cr}=0.711$，且没有集中力作用，故

$$M_{Q2k,\frac{l}{2}}=m_c\times q_r\times\Omega=0.711\times3.45\times\frac{3.125\times12.5}{2}=47.91(\text{kN}\cdot\text{m})$$

c. 计算跨中截面公路-Ⅰ级荷载最大剪力(图 2-4-55)。

$$Q_{Q1k,\frac{l}{2}}=(1+\mu)m_c\xi\times1.2P_k\cdot y_k+(1+\mu)\xi m_c q_c\Omega$$

$$=1.35\times1\times1.2\times0.608\times210\times0.5+1.35\times1\times0.608\times10.5\times\frac{0.5\times12.5}{2}\times\frac{1}{2}$$

$$=116.89(\text{kN})$$

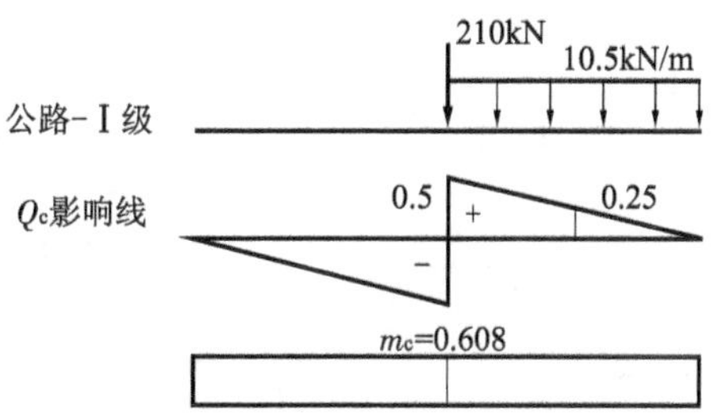

图 2-4-55　跨中截面剪力计算图

d. 计算跨中截面人群荷载最大剪力：

$$Q_{Q2k,\frac{l}{2}}=m_{cr}\cdot q_r\cdot\Omega=0.711\times3.45\times0.5\times\frac{12.5}{4}=3.83(\text{kN})$$

e. 计算支点截面公路-Ⅰ级荷载最大剪力(图 2-4-56)。

$$Q_{Q1k,0}=(1+\mu)\xi\cdot 1.2P_k m_c y_k+(1+\mu)\xi q_k m_c \Omega-$$

$$(1+\mu)\xi\cdot q_k\left[\frac{(m_c-m_0)a}{2}\times 0.916+\frac{(m_c-m_0)a}{2}\times 0.083\right]$$

$$=1.35\times 1\times 1.2\times 210\times 0.608\times 1+$$

$$1.35\times 1\times 10.5\times 0.608\times\frac{1}{2}\times 1\times 12.5-1.35\times 1\times 10.5\times$$

$$\left[\frac{(0.608-0.454)\times 3.15}{2}\times 0.916+\frac{(0.608-0.454)\times 3.15}{2}\times 0.083\right]$$

$$=257.28(\text{kN})$$

f. 计算支点截面人群荷载最大剪力(图 2-4-57)。

$$Q_{Q2k,0}=q_r\cdot m_c\cdot\Omega_c+q_r\times\left[\frac{(m_0-m_c)a}{2}\times 0.916+\frac{(m_0-m_c)a}{2}\times 0.083\right]$$

$$=3.45\times 0.711\times\frac{1\times 12.5}{2}+3.45\times\left[\frac{(1.318-0.711)\times 3.15}{2}\times(0.916+0.083)\right]$$

$$=18.62(\text{kN})$$

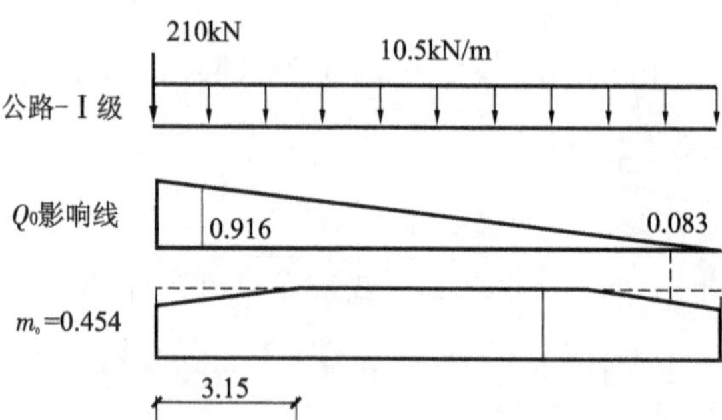

图 2-4-56 计算支点截面公路-Ⅰ级荷载最大剪力

g. 计算 1/4 跨截面公路-Ⅰ级荷载弯矩(图 2-4-58)。

$$M_{Q1k,\frac{l}{4}}=(1+\mu)\xi\cdot P_k\cdot 1.2\cdot m_k\cdot y_k+(1+\mu)\xi\cdot q_k\cdot m_c\cdot\Omega_c$$

$$=1.35\times 1\times 210\times 1.2\times 0.608\times 2.344+1.35\times 1\times 10.2\times 0.608\times\frac{2.344\times 12.5}{2}$$

$$=608.58(\text{kN}\cdot\text{m})$$

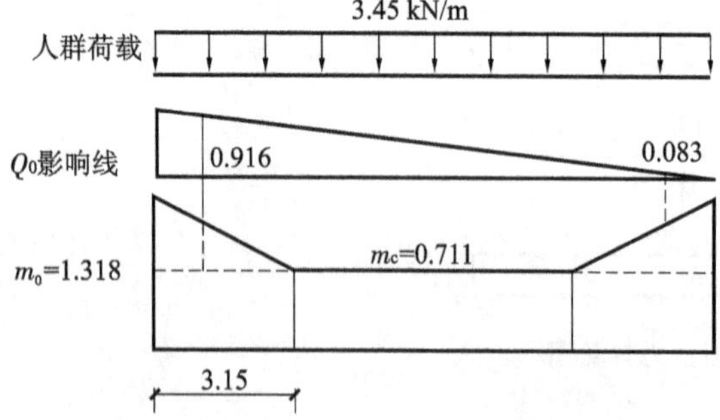

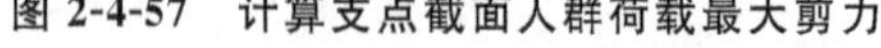

图 2-4-57 计算支点截面人群荷载最大剪力

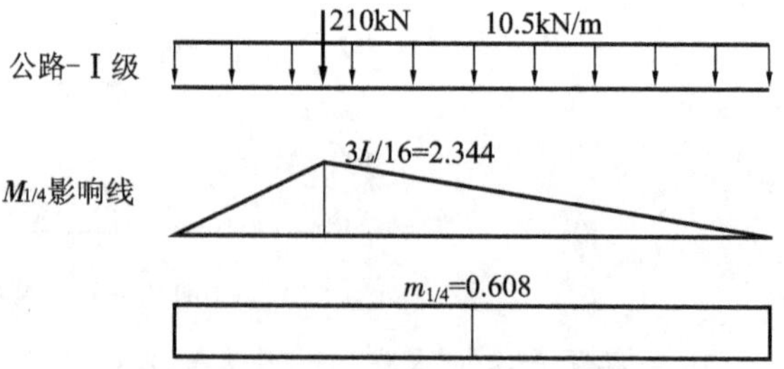

图 2-4-58 计算 1/4 跨截面公路-Ⅰ级荷载弯矩

h. 计算 1/4 跨截面人群荷载弯矩(图 2-4-59)。

$$M_{Q2k,\frac{l}{4}}=m_{r,\frac{l}{4}}\cdot q_r\cdot\Omega=0.711\times 3.45\times 2.344\times 12.5/2=35.94(\text{kN}\cdot\text{m})$$

i. 计算 1/4 跨截面公路-Ⅰ级荷载最大剪力(图 2-4-60)。

$$Q_{Q1k,\frac{l}{4}}=(1+\mu)\xi\cdot m_c\cdot P_k\cdot 1.2\cdot y_k+(1+\mu)\xi\cdot m_c\cdot q_c\cdot \Omega$$

$$=1.35\times1\times0.608\times210\times1.2\times0.75+1.35\times1\times0.608\times10.5\times\frac{1}{2}\times0.75\times\frac{3}{4}\times12.5$$

$$=185.43(\text{kN})$$

j. 计算 1/4 跨截面人群荷载最大剪力(图 2-4-61)。

$$Q_{Q2k,\frac{l}{4}}=m_c\cdot q_k\cdot \Omega=0.711\times3.45\times0.75\times3\times12.5/8=8.62(\text{kN})$$

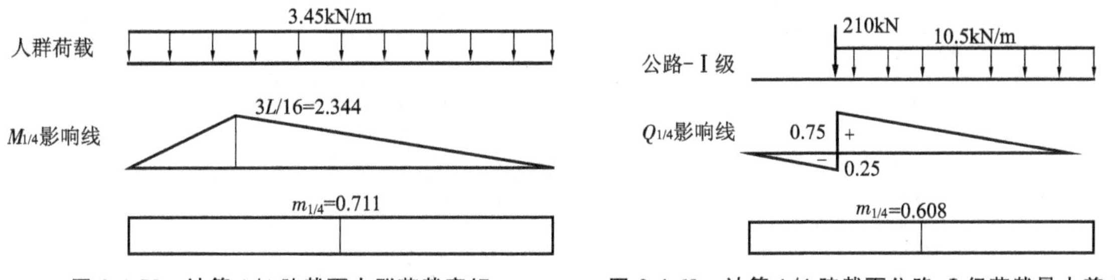

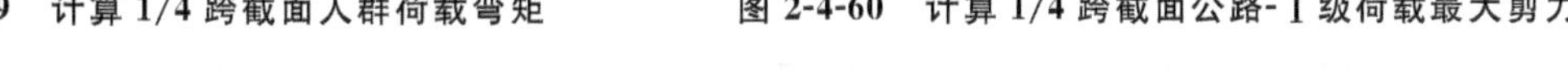

图 2-4-59　计算 1/4 跨截面人群荷载弯矩　　　图 2-4-60　计算 1/4 跨截面公路-Ⅰ级荷载最大剪力

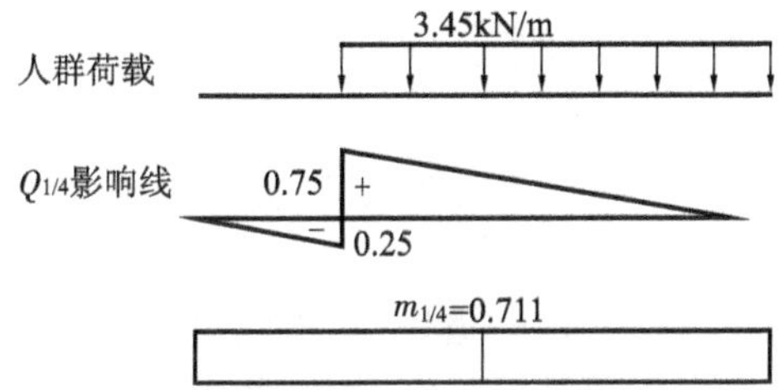

图 2-4-61　计算 1/4 跨截面人群荷载最大剪力

下面把①号主梁活荷载内力汇总于表 2-4-10 中,②号主梁的计算结果直接列入表 2-4-10 中。

表 2-4-10　　**主梁荷载内力汇总表**

梁号	荷载类别	弯矩 $M/(\text{kN}\cdot\text{m})$		剪力 Q/kN		
		跨中	1/4 跨	支点	跨中	1/4 跨
①	公路-Ⅰ级荷载	706.98	608.58	257.28	116.89	185.43
	人群荷载	47.91	35.94	18.62	3.84	8.62
②	公路-Ⅰ级荷载	655.82	564.54	246.50	108.43	172.01
	人群荷载	23.79	17.84	5.19	1.91	4.28

(3)主梁内力组合。

根据《桥规》,按基本组合(用于承载内力极限状态计算)、偶然组合、作用短期效应组合(按正常使用极限状态设计时)、作用长期效应组合(按正常使用极限状态设计时),分别按第 1 篇第 5 章 5.3 节进行效应组合,其组合结果见表2-4-11。

表 2-4-11 荷载内力组合计算结果

梁号	序号	荷载类别	弯矩 M/(kN·m)		剪力 Q/kN		
			跨中	1/4 跨	跨中	1/4 跨	支点
①	1	恒荷载	391.41	293.55	0	62.63	125.25
	2	公路-Ⅰ级荷载	706.98	608.58	116.89	185.43	257.28
	3	人群荷载	47.91	35.94	3.84	8.62	18.62
	4	基本组合	1526.54	1254.59	169.02	346.83	536.56
	5	短期组合	935.21	755.50	85.66	201.05	323.97
	6	长期组合	693.37	551.36	48.29	140.25	235.61
②	7	恒荷载	415.43	311.57	0	66.47	132.94
	8	公路-Ⅰ级荷载	655.82	564.54	108.43	172.01	246.50
	9	人群荷载	23.79	17.84	1.91	4.28	5.19
	10	基本组合	1449.97	1189.22	154.48	326.57	511.89
	11	短期组合	898.29	724.59	77.81	191.16	310.68
	12	长期组合	687.27	544.52	44.14	136.99	233.62

根据上表可知，①号梁设计弯矩最大值 $M_d=1526.54\text{kN}$。有了以上各种效应组合设计值，就可以按结构设计原理对桥梁进行配筋设计了。

4.5 横隔梁内力计算

为了保证各主梁共同受力和加强结构的整体性，横隔梁本身或其装配式接头应具有足够的强度。对于纵横向由主梁和横隔梁组成的梁格结构，要精确分析横隔梁的内力也是十分复杂的；对于具有多根内横隔梁的桥梁，通常就只计算受力最大的跨中横隔梁的内力。下面介绍根据主梁计算中的偏心压力法原理来计算横隔梁内力的实用方法。

4.5.1 计算模型

刚性横梁法将桥梁的中横隔梁近似看作是竖向支承在多根弹性主梁上的多跨弹性支承连续梁，如图 2-4-62 所示。由于各主梁的荷载横向影响线，即弹性支承力影响线，在主梁计算中已经求得，故这根连续梁可以用静力平衡条件来求解。鉴于桥上荷载的横向移动性，通常采用绘制横隔梁内力影响线的方法计算比较方便。

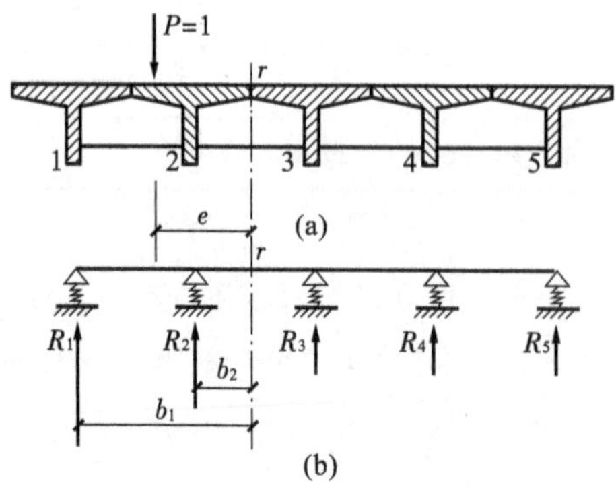

图 2-4-62 横隔梁计算图示

4.5.2 横隔梁的内力影响线

如图 2-4-63 所示，当桥梁在跨中有单位荷载 $P=1$ 作用时，各主梁所受的荷载为 $R_1, R_2, \cdots, R_n$，这也是横隔梁的弹性支承反力。因此，由力的平衡条件就可写出横隔梁任意截面 r 的内力计算公式。

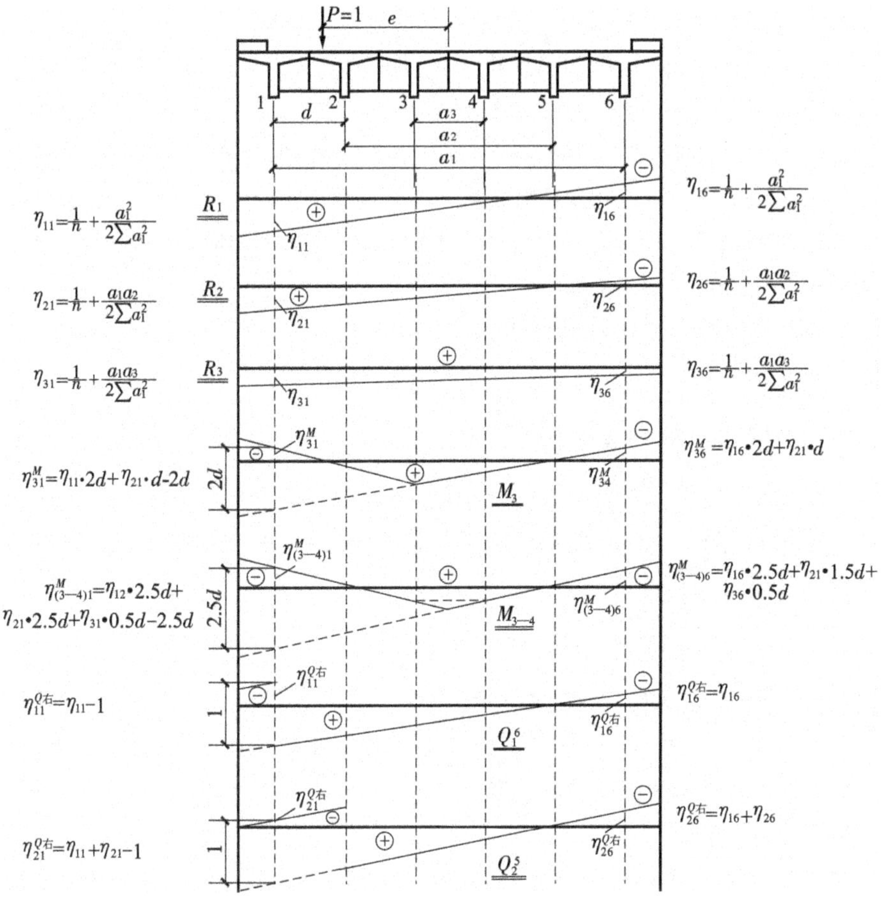

图 2-4-63 按刚性横梁法计算横隔梁的 R、M、Q 影响线

①荷载 $P=1$ 位于截面 r 的左侧时：

$$M_r = R_1 b_1 + R_2 b_2 - 1 \cdot e = \sum^{左} R_i b_i - e \tag{2-4-109}$$

$$Q_r = R_1 + R_2 - 1 = \sum^{左} R_i - 1 \tag{2-4-110}$$

②荷载 $P=1$ 位于截面 r 的右侧时：

$$M_r = R_1 b_1 + R_2 b_2 = \sum^{左} R_i b_i \tag{2-4-111}$$

$$Q_r = R_1 + R_2 = \sum^{左} R_i \tag{2-4-112}$$

式中 M_r, Q_r——横隔梁任意截面 r 的弯矩和剪力；

e——荷载 $P=1$ 至所求截面的距离；

b_i——支承反力 R_i 至所求截面的距离；

$\sum^{左} R_i$—— 所示截面以左的全部支承反力的作用。

以上公式对于确定的计算截面 r 来说，所有的 b_i 是已知的，而 R_i 则随荷载 $P=1$ 位置 e 的变化而变化。因此就可以直接利用已经求得的 R_i 的横向影响线来绘制横隔梁的内力影响线。

通常横隔梁的弯矩在靠近桥中线的截面较大，剪力则在靠近桥两侧边缘处的截面较大。所以，以图 2-4-63 为例，一般可以只求 3 号梁处和 2 号与 3 号主梁之间（对于装配式桥，为横隔板接头处）截面的弯矩，以及 1 号主梁右侧和 2 号主梁右侧等截面的剪力。

图 2-4-63 所示为按刚性横梁法计算的横隔梁支承反力 R、弯矩 M 和剪力 Q 的影响线。鉴于 R_i 影响线呈直线规律变化，故绘制内力影响线时只需要标出几个控制点的竖坐标值。例如，对于 M_3 影响线只要算出 $P=1$ 作用在 1 号梁和 6 号梁上时的相应坐标 η_{31}^{M} 和 η_{36}^{M}。对于非直接作用于横隔梁上的荷载，在计算内力时实际上应考虑间接传力的影响，如图 2-4-63 中 M_{3-4} 影响线在 3 号梁和 4 号梁之间区段应取虚线之值。但鉴于计算中主要荷载作用于横隔梁上，为了简化起见，仍可偏安全地忽略间接传力的影响。

也可以按修正的刚性横梁法来计算横隔梁的内力影响线，这时仅 R_i 影响线的竖坐标稍有变化，计算方法与上述完全相同。

4.5.3 作用在横隔梁上的计算荷载

对于跨中一根横隔梁来说，除了直接作用在其上的轮重外，前后的轮重对它也有影响。在计算中可假设荷载在相邻横隔梁之间按杠杆原理法传布，如图 2-4-64 所示。因此，纵向一列汽车车道荷载轮重分布给该横隔梁的计算荷载为：

$$P_{oq}=\frac{1}{2}(q_k\Omega+P_k y_1)=\frac{1}{2}q_k l_a+\frac{1}{2}P_k y_1 \tag{2-4-113}$$

同理，人群荷载分布给该横隔梁的计算荷载为：

$$P_{or}=q_r\cdot\Omega=q_r l_a \quad \text{（影响线上布满荷载）} \tag{2-4-114}$$

式中 Ω——按杠杆原理计算的纵向荷载影响线面积；

l_a——横隔梁的间距；

y_1——P_k 布置在中横隔梁上时，所对应的按杠杆原理计算的纵向荷载影响线竖向坐标值，为 1；

P_k，q_k——汽车车道荷载标准值；

q_r——单侧人群的荷载集度。

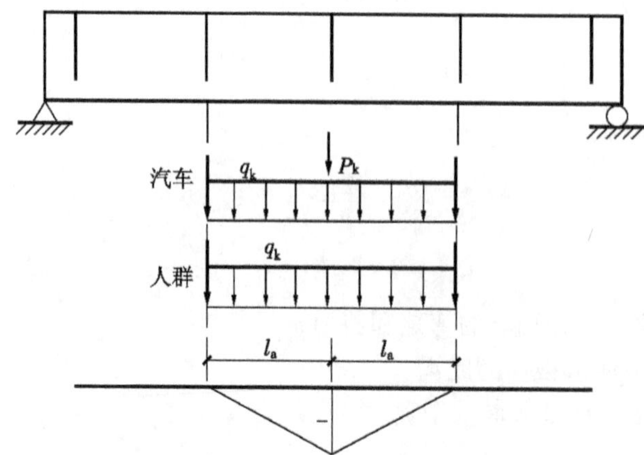

图 2-4-64 横隔梁上计算荷载的计算图示

4.5.4 横隔梁内力计算

用上述的计算荷载在横隔梁某截面的内力影响线上按最不利位置加载，就可求得横隔梁在该截面上的最大(或最小)内力值。

$$S=(1+\mu)\cdot\xi\cdot P_{oq}\sum\eta \tag{2-4-115}$$

式中 η——横隔梁内力影响线竖标；

μ,ξ——通常可近似地取用主梁的冲击系数 μ 和 ξ 值。

4.6 挠度、预拱度的计算

4.6.1 桥梁挠度验算

对于一座钢筋混凝土或预应力混凝土梁桥，除了要对主梁进行持久状况承载能力极限状态的强度计算或应力验算，以确定结构具有足够的强度安全储备外，还要对正常使用极限状态下梁的变形(裂缝和挠度)进行验算，以确保结构具有足够的刚度。若桥梁发生过大的变形，不但会导致高速行车困难，加大车辆的冲击作用，引起桥梁的剧烈振动和使行人不适，而且可能使桥面铺装层和结构的辅助设备遭到损坏，甚至危及桥梁的安全。

钢筋混凝土和预应力混凝土受弯构件在正常使用极限状态下的挠度，可根据给定构件的刚度，用结构力学方法计算。由结构力学分析可知，受弯构件挠度为：

$$f=\int_0^l\frac{\overline{M}_1 M}{B}\mathrm{d}x \tag{2-4-116}$$

式中 $\overline{M}_1$——在挠度计算点作用单位力时产生的弯矩；

M——荷载产生的弯矩；

B——受弯构件的刚度。

对于钢筋混凝土构件，抗弯刚度为：

$$B=\frac{B_0}{\left(\frac{M_{cr}}{M_s}\right)^2+\left[1-\left(\frac{M_{cr}}{M_s}\right)^2\right]\frac{B_0}{B_{cr}}} \tag{2-4-117}$$

$$M_{cr}=\gamma f_{tk}W_0 \tag{2-4-118}$$

式中 B——开裂构件等效截面的抗弯刚度；

B_0——全截面的抗弯刚度，$B_0=0.95E_cI_0$，I_0 为全截面换算截面惯性矩；

B_{cr}——开裂截面的抗弯刚度，$B_{cr}=E_cI_{cr}$，I_{cr}为开裂截面换算截面惯性矩；

M_{cr}——开裂弯矩；

M_s——按作用频遇组合计算的弯矩值；

γ——构件受拉区混凝土塑性影响系数，且 $\gamma=\frac{2S_0}{W_0}$，S_0 为全截面换算截面重心轴以上(或以下)部分面积对重心轴的面积矩；

W_0——换算截面抗裂边缘的弹性抵抗矩；

f_{tk}——混凝土轴心抗拉强度标准值。

预应力混凝土构件根据构件不允许开裂和允许开裂，计算其抗弯刚度。

桥梁的挠度，按产生的原因可分成永久作用挠度和可变作用挠度。永久作用挠度（包括预应力、混凝土徐变和收缩作用）是恒久存在的，其产生的挠度与持续时间相关，可分为短期挠度和长期挠度。恒荷载挠度并不表征结构的刚度特性，它可通过施工时预设的反向挠度（预拱度）来加以抵消，使竣工后的桥梁达到理想的线型。

可变作用挠度是临时出现的，在最不利的荷载位置下，挠度达到最大值，随着活荷载的移动，挠度逐渐减小，随着可变作用挠度的不断变化，梁产生反复变形，变形的幅度（即挠度）越大，可能发生的冲击和振动作用也越强烈，对行车的影响也越大。因此在桥梁设计中，需验算可变作用的挠度，以体现结构的刚度特性。

受弯构件在使用阶段考虑荷载长期效应影响的长期挠度值为：

$$f_c = f\eta_\theta \tag{2-4-119}$$

式中 f——按荷载短期效应组合和抗弯刚度计算的挠度值，短期效应组合中汽车荷载频遇值为汽车荷载标准值（不考虑冲击系数）的 70%，恒荷载以及人群荷载的频遇值等于其标准值。

η_θ——挠度长期增长系数，C40 以下混凝土时，$\eta_\theta=1.60$；C40～C80 混凝土时，$\eta_\theta=1.35\sim1.45$；中间强度等级可按直线内插取用。计算预应力混凝土简支梁预加力反拱值时，取为 2.0。

钢筋混凝土和预应力混凝土受弯构件，可变作用频遇值产生的长期最大挠度不应超过计算跨径的 1/600；梁式桥主梁的悬臂端不应超过悬臂长度的 1/300。

4.6.2 桥梁施工预拱度

受弯构件的预拱度可按下列规定设置。

(1)钢筋混凝土受弯构件。

①当荷载短期效应组合并考虑荷载长期效应影响产生的长期挠度不超过计算跨径的 1/1600 时，可不设预拱度；

②若不符合上述规定，则应设预拱度，预拱度值按结构自重和 1/2 可变荷载频遇值计算的长期挠度值之和采用。预拱度的设置应按最大的预拱度值沿顺桥向做成平顺的曲线。

(2)预应力混凝土受弯构件。

①当预加应力产生的长期反拱值大于按荷载短期效应组合计算的长期挠度时，可不设预拱度；

②当预加应力的长期反拱值小于按荷载短期效应组合计算的长期挠度时应设预拱度，其值应按该项荷载的挠度值与预加应力长期反拱值之差采用。

对自重相对于活荷载较小的预应力混凝土受弯构件，应考虑预加应力反拱值过大可能造成的不利影响，必要时采取反预拱或施工上的其他措施，避免桥面隆起甚至开裂破坏。

本章小结

1. 梁桥上部结构的计算包括主梁、横隔梁、桥面板、支座以及其他构造细部的计算，同时还会考虑结构变形、施工验算或其他特殊项目的验算。

2. 根据作用于一片主梁的恒荷载和通过荷载横向分布系数求得的计算活荷载，就可以按一般工程力学的方法计算主梁的截面内力（弯矩和剪力）。

3. 主梁恒荷载内力，包括主梁自重（前期恒荷载）引起的主梁自重内力和后期恒荷载引起的主梁恒荷载内力。

4. 主梁沿桥跨各个板面的计算内力就是将各种作用效应乘以相应的组合系数后按《桥规》规定进行效应组合得到的内力值。有了最大、最小的计算内力后，可绘制内力包络图，为在主梁内配置预应力筋、纵向钢筋、斜筋和箍筋提供设计依据，并进行各种验算。

5. 横隔梁的弯矩在靠近桥中线的截面较大，剪力则在靠近桥两边缘处的板面较大。计算横梁内力主要有偏心压力法和 G-M 法。

6. 计算中横隔梁内力，先计算作用在横隔梁上的计算荷载，然后计算中横隔梁某截面的最不利内力值。

7. 钢筋混凝土和预应力混凝土肋梁桥的桥面板(也称行车道板)为直接承受车辆轮压的钢筋混凝土板。实践中常见桥面板的受力图示有单向板、铰接板和悬臂板。

8. 为计算方便，在桥面板的内力计算中引入了板的有效工作宽度的概念。借助板的有效工作宽度，可得到作用在每米板宽上的荷载引起的内力。

9. 桥梁挠度由恒荷载和活荷载产生。恒荷载挠度可通过设置预拱度加以抵消，活荷载挠度体现结构的刚度特性，其最大挠度值应限制在《桥规》规定的范围内。

思考题

1. 主梁内力计算的步骤是什么？
2. 偏心压力法计算横隔梁内力的基本假定是什么？哪个截面受力最大？
3. 何谓钢筋混凝土简支梁的设计弯矩包络图和抵抗弯矩图？在工程上是如何应用此两图的？
4. T 形梁行车道板结构形式有哪几种？各按什么力学模式计算？
5. 如何确定行车道板中板的有效分布宽度？
6. 广义恒荷载挠度和活荷载挠度有什么不同？什么叫作预拱度？

5 梁式桥的支座

5.1 概　　述

5.1.1 支座的功能与要求

支座是设置在桥梁的上部结构与墩台之间的支承传力装置，它是桥跨的支承部分，是桥梁结构的重要组成部分。它的作用是把上部结构的各种荷载传递到墩台上，并能够适应活荷载、温度变化、混凝土收缩与徐变等因素所产生的变位（位移和转角），使上、下部结构的实际受力情况符合设计的计算图示，如图 2-5-1 所示。按照梁式桥受力的要求，钢筋混凝土和预应力混凝土梁式桥在桥跨结构和墩台之间均需设置支座。

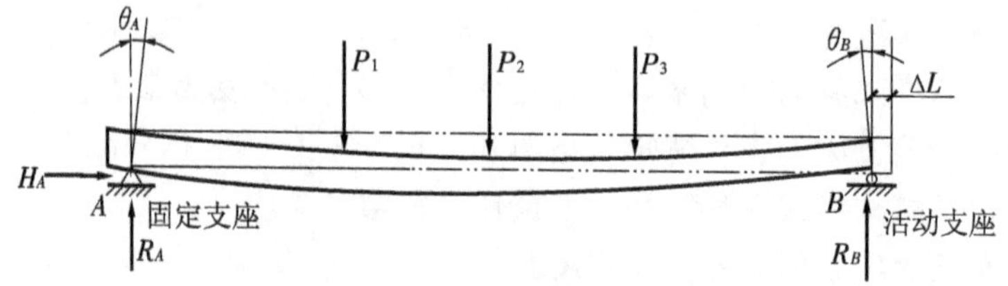

图 2-5-1　简支梁的静力图示

作用在支座上的竖向力有结构自重的反力、活荷载的支点反力及其影响力。当支座出现负反力时，应设置为拉力支座。正交直线桥的支座，一般仅需计入纵向水平力。斜桥与弯桥的支座，还需考虑由于车辆离心力及风力等产生的横向水平力。

桥梁支座是工厂的定型产品，一般的桥梁设计人员只需进行支座选型和必要的验算，有关支座结构本身一般不做计算要求。

桥梁支座按其变位的可能可分为固定支座和活动支座两种。固定支座既要固定主梁在墩台上的位置并传递竖向压力和水平力，又要保证主梁发生挠曲时在支承处能自由转动，但不能水平移动。活动支座又可分为多向活动支座（纵向、横向均可自由移动）和单向活动支座（仅一个方向可自由移动）。活动支座只传递竖向压力，但要保证主梁在支承处既能自由转动又能水平移动。

支座由于受力面积较小，往往承受着很高的压力，因此，支座首先必须具有足够的承载能力，以保证安全、可靠地传递支座反力；其次应根据桥梁结构对支座处变位的要求，满足相应的变形条件，保证结构的实际受力状态与设计计算图示相吻合；最后，支座还应力求构造简单，安装方便，应具有一定的耐久性，便于维修养护及必要时可更换。

5.1.2 支座的布置

桥梁支座的布置方式，主要根据桥梁的结构形式及桥梁的宽度确定。对梁式桥而言，主要有以下几种形式：

①对预制安装的简支梁桥，工程中一般选用板式橡胶支座形式；若严格区分固定、活动支座，则应在一端布置固定支座，另一端布置活动支座。固定支座的布置，应根据以下原则确定：a. 对桥跨

结构而言，最好使得梁的下缘在制动力的作用下受压，例如固定支座在行车方向的前方；b. 对桥墩而言，最好让制动力的方向指向桥墩中心，使墩顶圬工在制动力作用下受压而不受拉；c. 对桥台而言，最好让制动力的方向指向堤岸，使墩台顶部圬工受压，并能平衡一部分台后土压力。固定、活动支座在墩台上的布置应以有利于墩台传递纵向水平力为原则。

对于整体式简支板桥或箱梁桥，一般采用图 2-5-2(b)所示的支座布置方式，以满足桥跨结构纵、横向变位的要求。

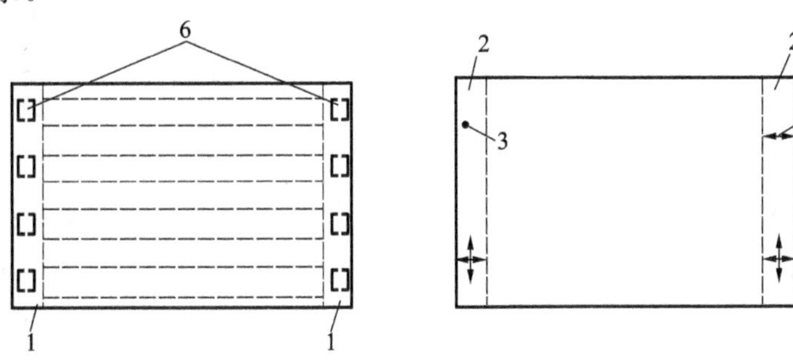

图 2-5-2　单跨简支梁

1，2—桥台；3—固定支座；4—单向活动支座；5—多向活动支座；6—板式橡胶支座

对于多跨简支梁桥，一般在桥台上布置一个(组)固定支座，每个桥墩上布置一个(组)固定支座与一个(组)活动支座。若个别墩较高，也可在高墩上布置两个活动支座，以减小支座的不平衡水平推力。对于坡桥，宜将固定支座布置在高程较低的墩台上。

铁路桥梁由于桥宽较小，支座横向变位很小，一般只需设置单向活动支座(纵向活动支座)，如图 2-5-3 所示(图中箭头所指表示支座活动方向，无箭头者表示不能活动)。公路 T 形梁桥由于桥面较宽，因而要考虑支座横桥向移动的可能性，支座布置如图 2-5-4 所示，即在固定墩上设置一个固定支座，相邻的支座设置为横向可动、纵向固定的单向活动支座；而在活动墩上设置一个纵向活动支座(与固定支座相对应)，其余均设置多向活动支座。

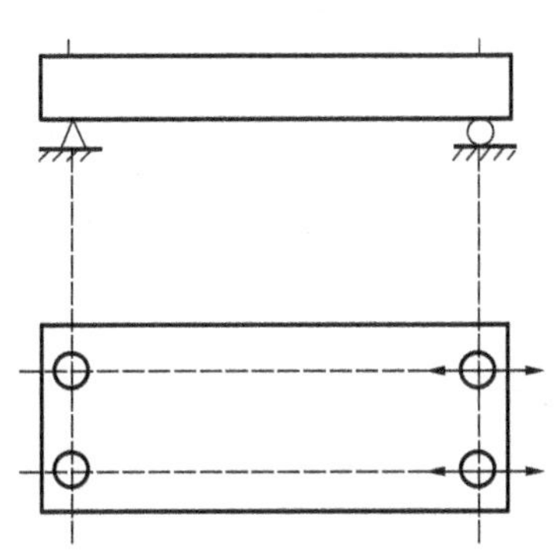

图 2-5-3　铁路简支梁桥支座布置图

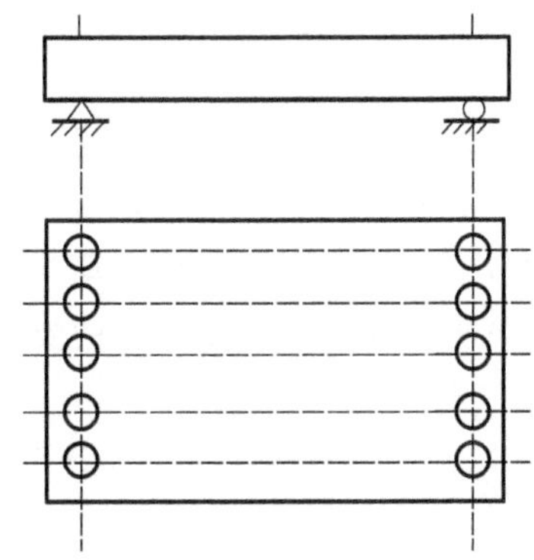

图 2-5-4　公路简支梁桥支座布置图

②对于连续梁桥，应在每联的一个桥墩(或桥台)上设置固定支座，其他墩台上均应设置活动支座。为避免梁的活动端伸缩缝过大，固定支座宜置于每联的中间支点上，其支座布置如图 2-5-5 所示。但若该处墩身较高或因地基受力等原因，对承受水平力十分不利，则可根据具体情况将固定支座布置在靠边的其他墩台上。此外，悬臂梁桥和连续梁桥在某些特殊情况下支座需要传递竖向拉力时，也应设置能承受拉力的支座。对于较宽的连续梁桥，如果在梁体下横桥向布置有两个支座，还要根据需要布置固定支座和单向或多向活动支座。

曲线连续桥的支座布置会直接影响梁的内力分布，同时，支座的布置应使其能充分适应曲梁的纵、横向自由转动和移动的可能性。通常，宜采用球面支座，且为多向活动支座。此外，曲线箱梁中间常设单支点支座，仅在一联梁的端部(或桥台上)设置双支座，以承受扭矩。有意将曲梁支点向曲线外侧偏离，可调整曲梁的扭矩分布。图 2-5-6 所示为曲梁支座布置的示意图。

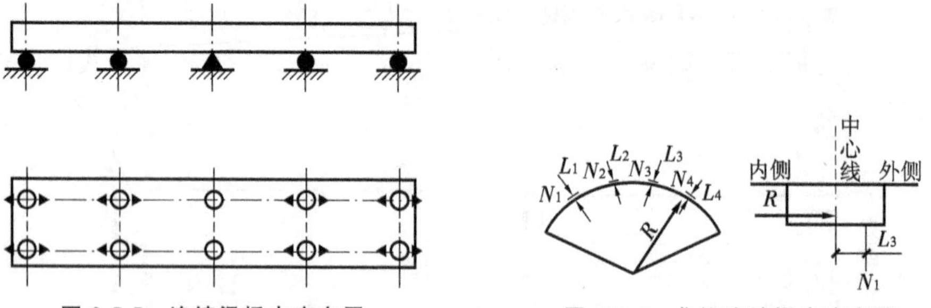

图 2-5-5 连续梁桥支座布置

图 2-5-6 曲线连续梁支座布置

③当桥梁位于坡道上时，固定支座应设在较低一端，以使梁体在竖向荷载沿坡道方向分力的作用下受压，以便能抵消一部分竖向荷载产生的梁下缘拉力；当桥梁位于平坡上时，固定支座宜设在主要行车方向的前端。

④悬臂梁桥的锚固跨也应在一侧设置固定支座，另一侧设置活动支座。挂梁在牛腿处的支座布置方式一般与简支梁相同，但有时也可在挂孔两端均设置固定支座。

⑤对于处在地震区的桥梁，其支座构造还应考虑桥梁防震的设施，通常应确保由多个桥墩分担水平力。

桥梁的使用效果，与支座能否准确地发挥其功能有着密切的关系。因此，在安放支座时，应使上部结构的支点位置与下部结构的支座中线对中，但绝对的对中是很难做到的，因此要注意使可能的偏心在允许的范围内，不致影响支座的正常工作。

正确地确定支座所受的荷载和活动支座的位移量，直接关系支座的使用寿命。一般而言，固定支座除承受竖向压力外，还必须能承受水平力，其中包括可能产生的制动力、风力、活动支座的摩阻力、主梁弹性挠曲对支座的拉力等。这些水平力总是应当偏大取用，且要求支座应伸至上、下部结构中进行锚固或销结。对于弯、斜和宽桥，支座的受力比较复杂，需要从三个坐标方向去研究，即使是在同一支座位置，不同的部位在受力上可能会有很大的差别。

位移量的计算是要考虑各种可能出现的工况，对温差产生的位移，要有足够的估计。桥梁的挠曲、基础的不均匀沉降都会产生纵向位移。对于高桥墩，墩顶位移可通过活动支座上的挡块加以限制，它能使基底反力变化，并阻止不均匀沉降。由于一些不可估计的因素，通常计算的位移量宜乘以 1.3 左右的安全系数。梁桥支座的支承面一般水平设置。

5.2 支座的类型和构造

桥梁支座形式多样，其性能的优劣根据支座功能的完善程度来判断。随着桥梁跨度及载重的不断增加和技术的进步，桥梁界业已发展出由不同材料做成的各种形式的支座，大致可分为简易支座、钢支座、钢筋混凝土支座、橡胶支座以及特种支座(如减振支座、拉力支座等)。支座形式和规格的选用，要考虑的因素包括桥梁跨径，支点反力，对建筑高度的要求，适应单向和多向位移及其位移量的需要，以及防震、减震的需要。以下简单介绍各类支座的构造特点和变形机理。

5.2.1 简易支座

简易支座是在梁底和墩台顶面之间设置垫层来支承上部结构。垫层可用油毛毡、石棉板或铅板等做成，这些材料比较柔软，又具有一定强度以适应梁端比较微小的转动与伸缩变形的要求，并承受支点荷载。固定的一端，加设套在铁管中的锚钉锚固，锚钉预埋在墩台帽内。简易支座仅适应于标准跨径在10m以下的公路桥和4m以下的铁路板桥。由于这种支座自由伸缩性差，为避免主梁端部和墩台混凝土拉裂，通常应将墩、台顶部的前缘削成斜角，并且在板或梁端底部以及墩、台顶部内增设1～2层钢筋网予以加强。

5.2.2　钢支座

钢支座是靠钢部件的滚动、摇动和滑动来完成支座的位移和转动的。它的特点是承载能力强，能适应桥梁的位移和转动的需要，目前仍广泛应用于铁路桥梁中。20世纪60年代以前，我国公路桥梁也曾采用过钢支座，但目前已被橡胶支座所取代。钢支座常用的有铸钢支座和特种钢支座。

5.2.2.1　铸钢支座

铸钢支座使用碳素钢或优质钢经过制模、翻砂、铸造、热处理、机械加工和表面处理制成，是一种传统形式的支座。视跨度与荷载的大小，铸钢支座有平板支座、弧形支座、摇轴支座、辊轴支座等几种形式。

各类支座基本上都由可以相对摆动的所谓上、下摆组成。摇轴与辊轴支座还包括摇轴(可以看作下摆)、辊轴与底板。

(1)平板支座。

图2-5-7所示的平板支座的上、下摆就是两块平板。固定支座的上、下平板间用钢销固定。活动支座只将上平板销孔改成长圆形。平板支座构造简单，加工容易，但反力不集中，梁端不能自由转动，伸缩时要克服较大的摩阻力，故只适用于小跨度的梁。平板支座已被板式橡胶支座代替而遭淘汰。

图2-5-7　平板支座

(a)固定支座；(b)活动支座

(2)弧形支座。

如图2-5-8所示，弧形支座是将平板支座上、下摆的平面接触改为弧面接触，其他完全一样。这样，反力便能集中传递，梁端也能自由转动；但伸缩时仍要克服较大的摩阻力，所以仍只适用于较小跨度的梁。

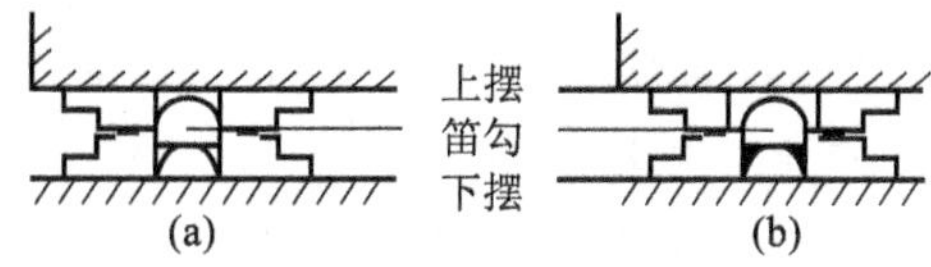

图2-5-8　弧形支座

(a)固定支座；(b)活动支座

(3)摇轴支座。

跨度大于20m左右的梁，固定支座就得改用图2-5-9(a)或图2-5-10(a)所示的形式，将下摆加高，做成类似钢轨截面形式，两侧用肋加强。这样，下摆底部具有较大的面积，摆身有足够的刚性，可将较大的支承反力均匀分布于墩台顶垫石面上。活动支座应采用图2-5-9(b)所示的摇轴支座，或图2-5-10(b)所示的辊轴支座。摇轴支座由上摆、底板和两者之间的辊子组成。将圆辊多余部分削去成扇形，就是所谓的摇轴。摇轴支座能很理想地满足活动要求，摇轴的直径可以任意加大，它的承载能力从理论上讲是没有限制的。但支承反力愈大，相应要求辊子（摇轴）的直径也愈大，这就使支座高度变得很大。

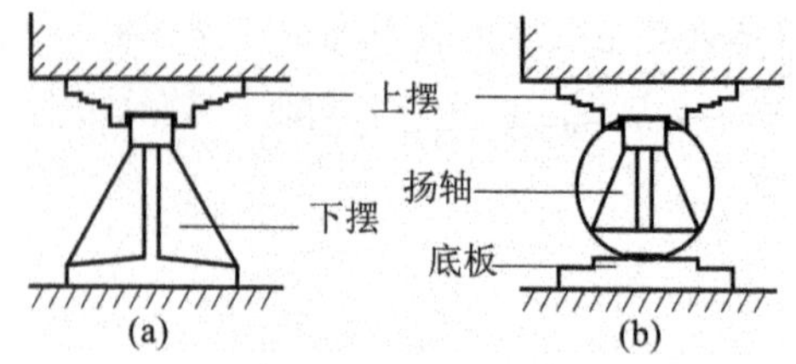

图 2-5-9 摇轴支座

(a)固定支座；(b)活动支座

（4）辊轴支座。

为了克服摇轴支座的缺点，跨度更大的梁可以采用辊轴支座，它相当于将图 2-5-9(a)所示的固定支座放在一些钢辊子上。辊轴支座除了能很好地满足活动支座的各项要求外，由于反力是通过若干辊轴压在底板上的，因此辊子的直径可以随其个数的增多而减小，反力也可分散而均匀地分布到墩台垫石面上。辊轴支座适用于各种大型桥梁。辊轴的个数视承载力大小而定，一般为 2～10 个。

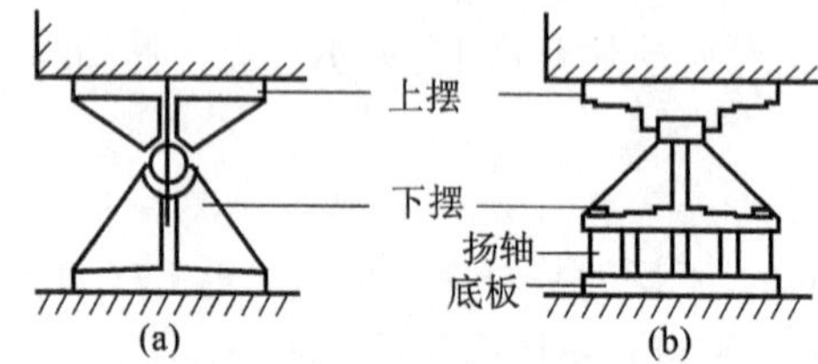

图 2-5-10 辊轴支座

(a)固定支座；(b)活动支座

铸钢支座能较好地适应不同跨度桥梁的要求。但钢支座构造复杂，用钢量大，大型辊轴支座可高达数米。当弧面直径很大时，若积有污垢，就会转动不灵，需要定期养护。目前公路桥梁已较少采用铸钢支座，铁路桥梁也开始使用其他类型支座，如橡胶支座。

5.2.2.2 特种钢支座

特种钢支座主要采用的形式有：①采用不锈钢或高级合金钢支座，并封闭在油箱内，以防生锈；②对承受接触应力的部分进行表面硬化处理，以提高其容许承载力；③将支座的转动部分用钢或黄铜做成球冠形，在钢制球冠的上、下分别设置聚四氟乙烯板，构成球面（形）支座。

德国克劳茨·阿莫高级钢支座是将辊轴不锈钢表面硬化到 600HB，深 13mm，大大提高了辊轴的表面接触应力，从而减小支座的重量和高度。例如一个支座反力为 6000kN，位移为±45mm 的普通辊轴支座高达 900mm，重 2880kg，而改为克劳茨·阿莫高级钢支座时支座高度仅为490mm，重量仅 1550kg，即支座的高度和重量都减小了 50%。

球面支座由高级锻钢或热处理的合金钢制作，球面的转动依靠光洁度高的接触面的滑动来完成，润滑后的滚动摩擦系数非常小。若要保持它的使用效果，通常将支座密封在油箱内。改进的滑动面由聚四氟乙烯板与不锈钢板或镀铬钢板的滑动来完成。球面支座的优点在于全向转动，并能预先调整支座上板的角度，适用于梁端转角较大的桥梁。按工作性能，球面支座可分为固定支座、单向活动支座和多向活动支座。

5.2.3 钢筋混凝土支座

5.2.3.1 摆柱式支座

钢筋混凝土摆柱式支座（图 2-5-11）曾用于跨径大于或等于 20m 的公路梁桥，或跨径大于 13m

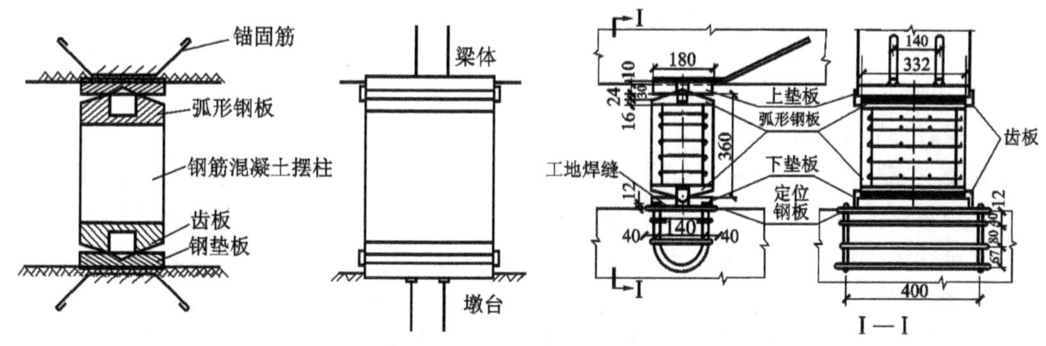

图 2-5-11　钢筋混凝土摆柱式支座

的公路悬臂梁桥的挂孔，它的水平位移量较大并且灵活，承载力高达 5000～6000kN，摩阻系数为 0.05。

钢筋混凝土摆柱放在梁底与支承垫石之间，它的上、下两端各放弧形固定钢支座一个。摆柱由 C40～C50 混凝土制成，柱体内一般按含筋率为 0.5％左右配置竖向钢筋，同时要配置水平钢筋网，以承受支座受竖向压力时所产生的横向拉力。摆柱的平面尺寸根据柱体混凝土强度计算确定。摆柱高度取用圆弧形钢板半径的 2 倍，以使圆弧的圆心与摆柱的对称中心点重合，这样易于摆动。与摆柱式支座接触的梁底及墩台上的支承垫石内须用钢筋网加强，以改善局部受压不均匀的现象。摆柱式支座高度变化范围为 20～100cm，支座占用高度较大，其制作工艺复杂，安装困难，且只能作为活动支座，其应用并不普遍。

5.2.3.2　混凝土铰

混凝土铰有各种类型。桥梁上可用弗莱西奈铰，它是利用颈缩部分混凝土的双向或三向应力状态而使其受压能力提高，并可沿铰竖向轴线作少量转动。混凝土铰是最简单、最便宜的中心可转动的支座。

混凝土铰需要在铰颈上、下设置足以抵抗横向拉应力的钢筋，铰颈高度为铰颈宽度的 1/3～1/2。铰颈部分应做成顺滑的抛物线形，铰颈两旁可用玛𤧛脂或沥青材料填塞。

混凝土铰曾多次在大跨径桥梁中采用，支承反力可达 10000kN。它的优点是支座高度小，构造简单，用钢量小；缺点是不能抵抗拉力，不能调整高度，转动量小，不便于更换和修理，目前较少应用。

5.2.4　橡胶支座

随着合成橡胶和塑料工业的发展，工程橡胶及塑料在桥梁支座上得到广泛应用。20 世纪 40 年代末法国最早出现橡胶支座。由于它的优越性能和价格优势，20 世纪 50 年代橡胶支座在国外很快普及。我国自 20 世纪 60 年代开始发展橡胶支座，并很快得到推广。

橡胶支座与其他金属刚性支座相比，具有构造简单、加工方便、节省钢材、造价低、结构高度小、安装方便等一系列优点。此外，橡胶支座能方便地适应任意方向的变形，故对于宽桥、曲线桥和斜桥具有特别的适应性。橡胶的弹性还能消减上、下部结构所受的动力作用，这对抗震十分有利。目前，橡胶支座已经得到越来越广泛的使用。《公预规》明确指出，钢筋混凝土和预应力混凝土受弯构件如无特殊要求，宜选用橡胶支座。

在桥梁工程中使用的橡胶支座大体上可分为两类，即板式橡胶支座和盆式橡胶支座。这两类支座应分别符合《公路桥梁板式橡胶支座》(JT/T 4—2004，以下简称《板式支座》)和《公路桥梁盆式橡胶支座》(JT/T 391—2009，以下简称《盆式支座》)的技术要求。板式橡胶支座按结构形式还可分为普通板式橡胶支座和四氟滑板式橡胶支座。为了满足桥梁对支座的特殊要求，近年来，还在此基础上发展了如球冠圆板式橡胶支座、坡形板式橡胶支座及盆式球形橡胶支座等改进型橡胶支座。

(1)板式橡胶支座。

①普通板式橡胶支座。

板式橡胶支座是仅用一块橡胶板做成的适用于中、小跨度桥梁的一种简单橡胶支座。它的活动机理是利用橡胶的不均匀弹性压缩实现转角，利用其剪切变形实现水平位移。因橡胶与钢或混凝土之间有足够大的摩阻力(摩擦系数为0.25～0.40)，橡胶板与梁底和墩台顶之间一般无须连接。在墩台顶部，需铺设一层砂浆，以保证支座放置平稳。采用橡胶支座可以不设固定支座，所有水平力由各个支座均匀分担，必要时也可采用不等高的橡胶板来调节各支座传递的水平力。

无加劲层的纯橡胶支座，在水平力的作用下能满足水平位移的需要，但在竖向荷载作用下，支座的垂直压缩变形过大，橡胶向侧向膨胀，在四周产生较大的凸出，此处橡胶有较大的拉伸变形，从而产生应力老化。这类支座的容许压应力甚小，约为3000kPa，故只适于小跨径桥梁。

常用的板式橡胶支座都用几层薄钢板或钢丝网作为加劲层。橡胶片之间的加劲层能起阻止橡胶片侧向膨胀的作用，从而显著提高了橡胶片的抗压强度和支座的抗压刚度。其抗压容许应力可以达到8～10MPa，而加劲物对橡胶板的转动变形和剪切变形几乎没有影响。加劲板式橡胶支座的承载能力可达2000～8000kN，目前已广泛用于中、小跨度的公路及铁路桥梁。加劲板式橡胶支座常用的橡胶片厚度为5mm、8mm、11mm、15mm等，薄钢板的厚度为2mm、3mm、5mm等，选用时根据具体要求计算确定。

板式橡胶支座的橡胶材料以氯丁橡胶(CR)为主，氯丁橡胶具有较好的耐老化性能，但其耐寒性较差，仅适用于温度范围在－25～60℃的地区，故称为常温型橡胶支座。也可以采用天然橡胶(NR)或三元乙丙橡胶(EPDM)等。当温度在－40～60℃和－35～60℃的范围时，可分别选用三元乙丙橡胶和天然橡胶取代氯丁橡胶，故称为耐寒型橡胶支座。一般地，上、下保护胶层的厚度不应小于2.5mm，中间橡胶层的厚度不应小于5mm。加劲钢板的厚度不应小于2mm，它至支座边缘的最小距离不应小于5mm。

板式橡胶支座一般不分固定支座和活动支座，这样能将水平力均匀地分配给各个支座且便于施工，但如有工程要求必须设置固定支座，也可采用不同厚度的橡胶支座来实现。

普通板式橡胶支座按平面形状的不同，又可分为矩形板式橡胶支座[代号GJZ，如GJZ300×400×47(CR)，表示公路桥梁矩形、平面尺寸300mm×400mm、厚度为47mm的氯丁橡胶支座]和圆形板式橡胶支座[代号GYZ，如GYZ300×400×47(CR)，表示公路桥梁圆形、平面尺寸300mm×400mm、厚度为47mm的氯丁橡胶支座；又如$GYZF_4$300×54(NR)，表示公路桥梁圆形、直径为300mm、厚度为54mm、带聚四氟乙烯滑板的天然橡胶支座]两种。不同的平面形状适用于不同的桥跨结构，正交桥梁一般用矩形支座，曲线桥、斜交桥及圆柱墩桥则采用圆形支座。

常温下橡胶支座切变模量G_e＝1.0MPa。橡胶支座切变模量随橡胶变冷而递增，当累年最冷月平均温度的平均值为－10～0℃时，G_e值应增大20%；当低于－10℃时，G_e值应增大50%；当低于－25℃时，G_e值为2MPa。

橡胶支座的抗压弹性模量与支座的形状系数有关，形状系数应按以下公式计算：

$$E_e=5.4G_eS^2 \tag{2-5-1}$$

矩形支座：

$$S=\frac{l_{0a}\times l_{0b}}{2t_{es}(l_{0a}+l_{0b})} \tag{2-5-2}$$

圆形支座：

$$S=\frac{d_0}{4t_1} \tag{2-5-3}$$

式中　E_e——支座抗压弹性模量，MPa；

G_e——支座切变模量；

S——支座形状系数；

l_{0a}——顺桥向橡胶支座长度（通常 $l_{0a}=l_a-10$），mm；

l_{0b}——横桥向橡胶支座长度（通常 $l_{0b}=l_b-10$），mm；

d_0——圆形支座直径；

t_{es}——支座中间层单层橡胶厚度。

支座形状系数应在 $5\leqslant S\leqslant 12$ 范围内取用。

橡胶弹性体体积模量 $K=2000$MPa。

板式橡胶支座安装应尽量选择在年平均气温时进行。支座下面应按局部承压计算设置支承垫石，垫石的长度、宽度应比支座相应的尺寸增加 50mm 左右，高度应为 100mm 以上，且应考虑便于支座更换。安装时，支座的短边应布置在顺桥向，支座中心应尽可能对准上部结构的计算支点。为防止支座受力不均匀，上部结构底面及墩台顶面应保持表面清洁和粗糙，并且梁底及墩台与支座接触面应保持水平和密贴，必要时可先在墩台顶面铺设一薄层水灰比不大于 0.5 的 1∶3水泥砂浆垫层。

当桥梁纵坡坡度不大于 1%时，板式橡胶支座可直接设于墩台上，但应考虑纵坡影响所需要的厚度；否则，为了避免整个桥跨下滑，应采用预埋钢板、混凝土垫块或其他措施将梁底调平，保证支座平置。

②四氟滑板式橡胶支座。

当桥梁的位移量较大，仅靠普通板式橡胶支座的剪切变形难以满足水平变形的要求时，必须增加橡胶板的厚度。这样一则多耗材料，再则支座不稳，而且相邻支座厚度可能不一，车辆驶过时会产生高差，行车不顺。为克服这一缺点，可以采用聚四氟乙烯滑板式橡胶支座，简称四氟滑板式橡胶支座。这类支座是由普通板式橡胶支座在顶面粘贴一层聚四氟乙烯板而形成的。它除了具有普通板式橡胶支座的优点外，由于四氟板与梁底不锈钢板之间的摩擦系数较小，还可利用它们之间的相对滑动来满足活动支座处对位移的要求。所以，这种支座特别适用于跨度较大或桥面连续的简支梁桥和连续梁桥；此外，这种支座还可在顶推、横移等施工中作为滑道垫板使用。

四氟乙烯视频

四氟滑板式橡胶支座可分为矩形（代号 $GJZF_4$）和圆形（代号 $GYZF_4$）两种。其上粘贴的聚四氟乙烯板材和梁底不锈钢板的最小厚度：当矩形支座长边（或圆形支座直径）不超过 500mm 时，取2mm；否则，矩形取不小于 3mm，圆形取不小于 2.5mm。四氟滑板不能设置在支座底面，不锈钢板也不能设置在桥梁墩、台垫石上。特别注意，四氟滑板式橡胶支座应水平安装。

③球冠板式及坡形板式橡胶支座。

球冠板式橡胶支座和坡形板式橡胶支座是随着高速公路和一级公路的修建，为适应弯桥、坡桥、斜桥和宽桥的变形要求而出现的两类改进型支座。

球冠板式橡胶支座是在圆形板式橡胶支座顶部加设球形纯橡胶层(厚 4～10mm)而成,目的在于利用顶部的橡胶球冠来调整受力的中心位置,改善支座安装过程中的偏压脱空现象。它特别适用于有较大纵横坡度(3%～5%)的桥梁,工程中可根据不同坡度的需要来调整球冠的半径。如果在球冠板式橡胶支座的底面再粘贴一层聚四氟乙烯板,则成为球冠板式四氟乙烯橡胶支座,它与配套的不锈钢板配合,可实现较大的水平位移量。

坡形板式橡胶支座是在板式橡胶支座的基础上改制而成的一种楔形支座,其斜坡的角度可依据桥梁的纵横坡度而定。坡形支座可分为矩形坡形、圆形坡形和球冠坡形等不同类型。

采用球冠板式橡胶支座或坡形板式橡胶支座解决桥梁的纵横坡问题,可以减少梁底的处理工作,大大方便了桥梁的设计与施工,目前已在一些桥梁的设计中得到应用。但是,《桥规》和《板式支座》中明确指出,公路桥梁工程不宜使用带球冠的橡胶支座或坡形的橡胶支座。《美国公路桥梁设计规范——荷载与抗力系数设计法》中也有类似的规定。实际上,鉴于这两类支座的受力和变形比较复杂,设计不能简单套用普通橡胶支座标准、规范中的相关设计参数,其使用效果也有待进一步研究。

(2)盆式橡胶支座。

一般的板式支座处于无侧限受压状态,故其抗压强度不高,加之其位移量取决于橡胶的允许剪切变形和支座高度,所以板式橡胶支座的承载能力和位移值受到一定的限制。当竖向力较大时应采用盆式橡胶支座。

盆式橡胶支座是在板式橡胶支座的基础上进一步改进后的更为完善的一种橡胶支座。它与板式橡胶支座的主要区别在于:它不是利用置于橡胶中的加劲物来加强橡胶,而是将素橡胶板置于圆形钢盆内来加强橡胶。橡胶在受压后的变形由于受到钢盆的约束,处于三向受压状态,只要钢盆不破坏,橡胶就永远不会丧失承载力。这时橡胶的容许压强可以提高到 25MPa。密封在钢盆内的橡胶板,可以通过适度不均匀压缩来实现转动,如果再加上聚四氟乙烯板和不锈钢板,则还可以实现水平位移。因此,盆式橡胶支座可做成固定支座(代号 GD),也可做成活动支座,活动支座又分为多向活动支座(代号 SX)和单向活动支座(代号 DX)。双向和单向活动支座由上座板(包括顶板和不锈钢滑板)、聚四氟乙烯滑板、中间钢板、密封圈、橡胶板、底盆、地脚螺栓和防尘罩等组成,单向活动支座沿活动方向还设有导向挡块。固定支座无须设置不锈钢滑板和聚四氟乙烯滑板。

盆式橡胶支座具有很大的承载能力,水平位移量大,摩擦系数小,支座建筑高度低,节省钢材。在同样的载重下,它的体积(高度)和重量不到钢支座的 1/10;而且,它在纵向及横向均可转动和移动,在功能上优于钢支座,能满足宽桥对支座横向能转动及伸缩的要求。因此,盆式橡胶支座在铁路及公路桥上均已得到广泛应用。我国目前已能生产系列化的盆式橡胶支座产品,如铁路桥常用的 TPZ 系列和公路常用的 GPZ 系列。

5.2.5 几种特殊功能的支座

5.2.5.1 拉压支座

在连续梁桥、悬臂梁桥、斜桥、宽悬臂翼缘箱梁桥以及小半径曲线桥上,由于荷载的作用,在某些支点上会产生拉力。在这种情况下,必须设置既可以同时承受正负反力,又能实现相应的转动和水平位移的支座,即拉压支座,又称为负反力支座。

球形钢支座、盆式和板式橡胶支座都能变更功能作为拉力支座。板式橡胶拉压支座适用于拉力较小的桥梁,对于反力较大的桥梁,则用球形抗拉钢支座或盆式拉力支座更合适。

5.2.5.2　抗震支座

地震地区的桥梁支座不仅应满足功能要求，还应具备减震、防震的功能。按照抗震设计要求，支座必须具有抵抗地震力的能力，而减、隔震支座的作用就是尽可能地将结构或部件与可能引起破坏的地震地面运动分离开来，以大大减小传递到上部结构的地震力和能量。

目前国内主要的减隔震支座、抗震支座的类型有抗震型球形钢支座、铅芯橡胶支座和高阻尼橡胶支座等。抗震型球形钢支座是通过变更上下支座板的构造形式来实现的，除保证满足常规支座要求外，还能承受地震时的反复荷载及满足防落梁要求。铅芯橡胶支座是在多层橡胶支座中插入铅芯，当多层橡胶产生剪切变形时，利用铅芯的塑性变形吸收能量。高阻尼橡胶支座是将特殊配置的具有较高耗能能力的橡胶代替普通橡胶支座中的氯丁橡胶、天然橡胶等常用材料制作而成的。该种支座的特点是滞回环面积较大，具有较大的吸收地震能量的能力。

5.3　支座的设计与计算

5.3.1　支座的受力与变形分析

在进行桥梁支座的设计时，必须事先求得每个支座上所承受的竖向力和水平力以及所需要适应的位移和转角。然后，根据它们来选定支座的各部尺寸并进行强度、稳定等各项验算。

5.3.1.1　受力分析

作用于支座上的竖向力有结构自重的反力、活荷载的支点反力及其影响力。在计算活荷载的支点反力时，要按照最不利位置加载，并计入冲击效应。当支座可能会出现上拔力(负反力)时，应分别计算支座的最大竖向力和最大上拔力。例如，当连续梁边跨较小而中跨较大时，或桥跨结构承受较大的横向风力时，支座锚栓会受到负反力作用。

作用于支座上的水平压力，包括由列车或汽车荷载的制动力(牵引力)、风力、支座摩阻力或温度变化、支座变形所引起的水平力以及其他原因如桥梁纵坡产生的水平力。汽车或列车的制动力(或牵引力)应分别按照《桥规》与《铁路桥涵设计规范》(TB 10002—2017)的要求确定，制动力(或牵引力)在各支座上的分配亦应按各自规范计算。正交直线桥梁的支座，一般仅需计算纵向水平力。斜桥和弯桥，还需要计算由于汽车荷载的离心力或风力等原因所产生的横向水平力。

位于地震区的桥梁支座的设计计算，应根据设计的地震烈度，按公路或铁路抗震设计规范的规定进行。

5.3.1.2　位移分析

支座除了作为上部结构的支承点，满足传递支承反力的要求之外，还必须具有适应桥梁结构变形要求的功能。固定支座要保证主梁的自由转动，活动支座既要保证自由转动又能水平移动。

支座的水平位移包括纵向位移和横向位移。支座纵向位移有温度伸缩位移、混凝土收缩徐变变位、活荷载作用下梁体下翼缘伸长、下部结构的位移等；支座横向位移有温度伸缩变化、混凝土收缩徐变变位、下部结构横向位移、斜桥和弯桥荷载引起的横向变位等。

支座沿纵向的转角有结构自重和活荷载产生的梁端转角、混凝土收缩徐变产生的梁端转角、因下部结构变位产生的梁端转角等。

把以上各项支座反力和变位的计算结果按《桥规》的规定进行组合，就可为支座的设计提供计算数据。下面仅以板式橡胶支座和钢支座为例，对其设计和计算作简要说明。

5.3.2 板式橡胶支座的设计与计算

在没有特殊要求的情况下，桥梁支座设计的过程实际上是一个成品支座选配的过程，尤其是常用的板式和盆式橡胶支座。

板式橡胶支座的设计，包括确定支座的平面尺寸 $l_a \times l_b$ 及厚度 h，验算梁截面发生转角时支座不致与梁底脱空而形成局部受压情况，以及验算支座的抗滑性能。现行《桥规》与《铁路桥涵设计规范》(TB 10002—2017)对板式橡胶支座的计算规定有所不同，应根据桥梁的使用情况采用相应的规范进行设计。板式橡胶支座的设计步骤如下所述。

(1)确定支座的平面尺寸 l_a、l_b。

板式橡胶支座的平面尺寸 $l_a \times l_b$，由橡胶板的抗压强度和梁部或墩台顶混凝土的局部承压强度来确定，对于橡胶板应满足的条件：

$$\sigma=\frac{R_{ck}}{A_e}=\frac{R_{ck}}{l_{0a}\times l_{0b}}\leqslant[\sigma_c] \tag{2-5-4}$$

式中 R_{ck}——支座压力标准值，汽车荷载应计入冲击系数；

A_e——支座有效承压面积(承压加劲钢板面积)；

$[\sigma_c]$——橡胶支座的平均容许压应力，当支座形状系数 $S>5$ 时，$[\sigma_c]=10\text{MPa}$。

(2)确定支座的厚度 h。

板式橡胶支座的重要特点是梁的水平位移要通过全部橡胶片的剪切变形来实现，因此要确定支座的厚度 h，先要知道主梁由于温度变化等因素预计将产生的纵向最大水平位移 Δ_l。显然，橡胶片的厚度 t_e 与水平位移 Δ_l 之间应满足下列关系：

$$\tan\alpha=\frac{\Delta_l}{t_e}\leqslant[\tan\alpha] \tag{2-5-5}$$

式中 $[\tan\alpha]$——橡胶片的容许剪切角正切值，《桥规》规定，当不计活荷载制动力作用时采用0.5，计活荷载制动力时可采用0.7。

Δ_l——由上部结构温度变化、混凝土收缩和徐变等作用标准值引起的剪切变形和纵向力标准值产生的支座剪切变形，按下式计算：

不计汽车制动力时

$$\Delta_l=\Delta_g$$

计入汽车制动力时

$$\Delta_l=\Delta_g+\Delta_{Fbk}$$

式中 Δ_g——由上部结构温度变化、混凝土收缩和徐变、桥面纵坡等因素引起支座顶面相对于底面的水平位移。当跨径为 l 的简支梁两端均采用等厚的橡胶支座时，由温度变化引起的每个支座的 Δ_l，取用桥梁水平位移总量的一半，即 $\Delta_g=\frac{1}{2}\alpha\Delta tl$。

Δ_{Fbk}——由制动力引起支座顶面相对于底面的水平位移，可按下式计算：

$$\Delta_{Fbk}=\frac{F_{bk}t_e}{2G_eA}$$

式中 F_{bk}——制动力分配到一个支座上的水平力；

G_e——橡胶的切变模量；

A——橡胶支座的毛面积，即 $A=l_al_b$。

因此橡胶片的总厚度，从满足剪切变形考虑，应符合下列条件：

不计汽车制动力时

$$t_e \geqslant 2\Delta_l \tag{2-5-6}$$

计入汽车制动力时

$$t_e \geqslant 1.43\Delta_l \tag{2-5-7}$$

当板式橡胶支座在横桥向平行于墩台帽横坡或盖梁横坡设置时，支座橡胶层总厚度应符合下列条件：

不计汽车制动力

$$t_e \geqslant 2\sqrt{\Delta_l^2+\Delta_t^2}$$

计入汽车制动力

$$t_e \geqslant 1.43\sqrt{\Delta_l^2+\Delta_t^2}$$

式中　t_e——支座橡胶层总厚度；

Δ_l——由上部结构温度变化、混凝土收缩和徐变等作用标准值引起的剪切变形和纵向力标准值（当计入制动力时包括制动力标准值）产生的支座剪切变形，以及支座直接设置于不大于1%纵坡的梁底面下，在支座顶面由支座承压力标准值顺纵坡方向分力产生的剪切变形；

Δ_t——支座在横桥向平行于不大于2%的墩台帽横坡或盖梁横坡上设置，由支座承压力标准值平行于横坡方向分力产生的剪切变形。

板式橡胶支座橡胶总厚度从保证受压稳定考虑，还应符合下列条件：

矩形支座

$$\frac{l_a}{10} \leqslant t_e \leqslant \frac{l_a}{5}$$

圆形支座

$$\frac{d}{10} \leqslant t_e \leqslant \frac{d}{5}$$

式中　l_a——矩形支座短边尺寸；

d——圆形支座直径。

橡胶片的总厚度 t_e 确定后，再加上加劲薄钢板的总厚，即是所需的橡胶支座的厚度。

板式橡胶支座加劲钢板应符合下列规定，且其最小厚度不应小于2mm。

$$t_s = \frac{K_p R_{ck}(t_{es,u}+t_{es,t})}{A_e \sigma_s} \tag{2-5-8}$$

式中　t_s——支座加劲钢板厚度；

K_p——应力校正系数，取1.3；

$t_{es,u}$，$t_{es,t}$——一块加劲钢板上、下橡胶层厚度；

σ_s——加劲钢板轴向拉应力限值，可取钢材屈服强度的65%。

加劲钢板至支座边缘的最小距离不应小于5mm，上、下保护层厚度不应小于2.5mm。

(3)验算支座的偏转情况。

主梁受荷载后发生挠曲变形时，梁端将引起转角 θ，此时，支座伴随出现线性的压缩变形，在外侧为 δ_1，在内侧为 δ_2，其平均压缩变形为（忽略薄板的变形）：

$$\delta_{e,m} = \frac{1}{2}(\delta_1+\delta_2) = \frac{R_{ck}t_e}{E_e A_e} + \frac{R_{ck}t_e}{E_b A_e} \tag{2-5-9}$$

式中 E_e——橡胶支座的抗压弹性模量；

E_b——橡胶弹性体体积模量。

若已知梁端转角 θ，或按材料力学公式计算 $\theta\left(一般取用\ \theta=\frac{16f}{5l}\ \text{rad}\right)$，则可得：

$$\theta \times l_a = \delta_1 - \delta_2$$

因为 $\delta_{e,m}=\frac{1}{2}(\delta_1+\delta_2)$，所以

$$\delta_2 = \delta - \frac{1}{2}\theta \times l_a \tag{2-5-10}$$

当 $\delta_2<0$ 时，表示支座与梁底有部分脱空，支座局部承压，不能容许脱空，因此设计时必须保证 $\delta_2 \geqslant 0$。《桥规》还规定，橡胶支座的平均压缩变形 $\delta_{e,m}$ 应满足以下条件：$\theta \times \frac{l_a}{2} \leqslant \delta_{e,m} \leqslant 0.07t_e$。

(4)验算支座的抗滑稳定性。

板式橡胶支座通常放置在墩台顶面与梁底之间，橡胶面直接与混凝土相接触。当梁体因温度变化等因素引起水平位移以及有活荷载制动力作用时，支座将承受相应的纵向水平力作用。为了保证橡胶支座与梁底或墩台顶面间不发生相对滑动，支座与混凝土之间要有足够大的摩阻力来抵抗水平力，则应满足以下条件：

不计汽车制动力时

$$\mu R_{Gk} \geqslant 1.4 G_e A \frac{\Delta_l}{t_e} \tag{2-5-11}$$

计入汽车制动力时

$$\mu R_{ck} \geqslant 1.4 G_e A \frac{\Delta_l}{t_e} + F_{bk} \tag{2-5-12}$$

式中 R_{Gk}——结构自重引起的支座反力；

F_{bk}——由汽车荷载引起的制动力标准值；

μ——摩阻系数，橡胶支座与混凝土表面的摩阻系数采用 0.3，与钢板的摩阻系数采用 0.2；

$G_e A \frac{\Delta_l}{t_e}$——由温度变化等因素引起的在一个支座上的水平力。

对于聚四氟乙烯滑板式支座，其摩擦力产生的剪切变形，不应大于支座内橡胶层允许的剪切变形，即应满足如下要求：

不计汽车制动力时

$$\mu_f R_{Gk} \leqslant G_e A \tan\alpha \tag{2-5-13}$$

计入汽车制动力时

$$\mu_f R_{ck} \leqslant G_e A \tan\alpha \tag{2-5-14}$$

式中 μ_f——聚四氟乙烯与不锈钢板的摩擦系数；

$\tan\alpha$——橡胶支座剪切角正切值的限值。

5.3.3 计算示例

【例 2-5-1】 某桥为五梁式钢筋混凝土 T 形简支梁桥，标准跨径 $L=20$m，主梁全长 19.96m，计算跨径 $l=19.50$m。主梁采用 C40 混凝土，支座处梁肋宽度为 30cm，梁两端采用等厚度的板式橡胶支座，计算荷载为公路-Ⅱ级，人群荷载为 3.0kN/m²。

已知支座反力标准值 $R_{ck}=364.25$kN，其中上部结构恒荷载反力 $R_{Gk}=162.70$kN，汽车荷载

(计入冲击力)最大反力 $F_{bk}=183.95$kN,人群荷载最大反力 $R_{rk}=17.6$kN,汽车荷载与人群荷载共同作用下产生的跨中挠度 $f=19.6$mm。根据当地的气象资料,计算温差 $\Delta t=36$℃。试计算板式橡胶支座。橡胶的切变模量 G_e:常温取 1MPa,−10℃取 1.2MPa,−25℃取 2MPa。

【解】 (1)确定支座的平面尺寸。

选用定型设计的板式橡胶支座,初拟顺桥向长 $l_a=200$mm,横桥向长 $l_b=220$mm,则按构造要求,钢板的尺寸为 $l_{0a}=190$mm,$l_{0b}=210$mm。采用中间层的橡胶片厚度 $t_1=5$mm。

①计算支座的平面形状系数 S。

$$S=\frac{l_{0a}\times l_{0b}}{2t_{es}(l_{0a}+l_{0b})}=\frac{190\times 210}{2\times 5\times(190+210)}=9.98>5$$

取用橡胶支座的容许压应力 $\sigma_c=10$MPa。

②验算橡胶支座的承压强度。

$$\sigma=\frac{R_{ck}}{A_e}=\frac{364.25\times 10^{-3}}{0.19\times 0.21}=9.13(\text{MPa})<10\text{MPa}\quad(\text{合格})$$

(2)确定支座厚度 h。

①主梁的计算温差 $\Delta t=36$℃,温度变形由两端的支座均摊,则每一支座承受的水平位移 Δ_l 为:

$$\Delta_l=\frac{1}{2}\alpha\Delta tl=\frac{1}{2}\times 1\times 10^{-5}\times 36\times 19.5\times 10^3=3.51(\text{mm})$$

②为了计算汽车制动力引起的水平位移 Δ_l,首先要确定作用在每一支座上的制动力 H_T,对于计算跨径为 19.50m,一个设计车道上公路-Ⅱ级车道荷载引起的制动力为(10.5×0.75×19.5+224.25)×10%=37.78(kN),按《桥规》规定,制动力不得小于 90kN,故取制动力为 90kN 参与计算。五根梁共 10 个支座,每个支座承受水平制动力为

$$F_{bk}=\frac{90}{5\times 2}=9(\text{kN})$$

③确定需要的橡胶片总厚度 t_e。

不计汽车制动力时:

$$t_e\geqslant 2\Delta_l=2\times 3.51=7.02(\text{mm})$$

计入汽车制动力时:

$$t_e\geqslant 1.43\Delta_l=1.43\times 3.51=5.02(\text{mm})$$

为保证受压稳定性,橡胶支座短边应满足以下要求:

$$20(\text{mm})=\frac{200}{10}=\frac{l_a}{10}\leqslant t_e\leqslant\frac{l_a}{5}=\frac{200}{5}=40(\text{mm})$$

由以上计算分析可知,该支座橡胶板的最小总厚度应为 20mm。

单层加劲钢板的厚度为

$$t_s=\frac{K_pR_{ck}(t_{es,u}+t_{es,t})}{A_e\sigma_s}$$

其中,$K_p=1.3$;$A_e=190\times 210=39900(\text{mm}^2)$;取钢材的屈服强度为 340MPa,$\sigma_s$ 取钢材屈服强度的 65%,即 $\sigma_s=0.65\times 340=221(\text{MPa})$。将各项数值代入上式得

$$t_s=\frac{K_pR_{ck}(t_{es,u}+t_{es,t})}{A_e\sigma_s}=\frac{1.3\times 364.25\times 10^3\times(5+5)}{39900\times 221}=0.54(\text{mm})$$

另外,还规定单层加劲钢板的厚度不得小于 2mm。所以,单层钢板的厚度取为 2mm。

按构造规定,加劲钢板上、下橡胶保护层取为 2.5mm,选用 4 层钢板和 5 层橡胶片组成的支座。

橡胶厚度 $t_e=2.5\times2+3\times5=20(\mathrm{mm})$，满足最小厚度的要求。加劲板总厚度 $\sum t_s=4\times2=8(\mathrm{mm})$，支座高度 $h=20+8=28(\mathrm{mm})$。

(3)验算支座的偏转情况。

①计算支座的平均压缩变形。

$$\delta=\frac{1}{2}(\delta_1+\delta_2)=\frac{R_{ck}t_e}{E_eA_e}+\frac{R_{ck}t_e}{E_bA_e}$$

橡胶体积弹性模量 $E_b=2000\mathrm{MPa}$。支座的抗压弹性模量 $E_e=5.4G_eS^2=5.4\times1.0\times9.98^2=537.84(\mathrm{MPa})$。

代入上式，得

$$\delta_{e,m}=\frac{1}{2}(\delta_1+\delta_2)=\frac{R_{ck}t_e}{E_eA_e}+\frac{R_{ck}t_e}{E_bA_e}=\frac{364.25\times10^3\times20}{537.84\times39900}+\frac{364.25\times10^3\times20}{2000\times39900}=0.43(\mathrm{mm})$$

②计算梁端转角 θ。

由材料力学关系式 $f=\frac{5gl^4}{384EI}$和 $\theta=\frac{gl^3}{24EI}$可得

$$\theta=\left(\frac{5l}{16}\times\frac{gl^3}{24EI}\right)\frac{16}{5l}=\frac{16f}{5l}$$

设结构自重作用下，主梁处于水平状态。而已知公路-Ⅱ级荷载下的跨中挠度 $f=19.6\mathrm{mm}$，代入上式得

$$\theta=\frac{16\times19.6}{5\times19.5\times10^3}=0.00322(\mathrm{rad})$$

③验算偏转情况。

按《桥规》规定，$\delta_{e,m}$ 应满足 $\theta\times\frac{l_a}{2}\leqslant\delta_{e,m}\leqslant0.07t_e$。

$$\theta\times\frac{l_a}{2}=0.00322\times\frac{200}{2}=0.322(\mathrm{mm})$$

$$0.07t_e=0.07\times20=1.4(\mathrm{mm})$$

$\delta_{e,m}=0.43\mathrm{mm}$，所以支座满足偏转要求。

④验算支座的抗滑稳定性。

不计汽车制动力时：

$$\mu R_{Gk}\geqslant1.4G_eA\frac{\Delta_l}{t_e}$$

$$\mu R_{Gk}=0.3\times162.70=48.81(\mathrm{kN})$$

$$1.4G_eA\frac{\Delta_l}{t_e}=1.4\times1.0\times10^3\times0.2\times0.22\times\frac{3.51}{20}=10.811(\mathrm{kN})$$

由计算可知，在自重作用下，支座不会滑动。

计入汽车制动力时：

$$\mu R_{ck}\geqslant1.4G_eA\frac{\Delta_l}{t_e}+F_{bk}$$

$$\mu R_{ck}=0.3\times364.25=109.275(\mathrm{kN})$$

$$1.4G_eA\frac{\Delta_l}{t_e}+F_{bk}=1.4\times1.0\times10^3\times0.2\times0.22\times\frac{3.51}{20}+9.0=19.811(\mathrm{kN})$$

由计算可知，制动力作用下，支座不会滑动。

5.3.4　盆式橡胶支座的选用

盆式橡胶支座的设计验算内容有：确定聚四氟乙烯板和氯丁橡胶板的尺寸；确定底盆的直径；中间钢板的计算（包括底面面积尺寸、钢板厚度、钢板的抗滑验算等）；钢密封环的设计；橡胶密封圈的设计；盆环顶偏转的控制；钢盆环与顶板之间的焊缝应力验算等。而实际工程中，设计人员主要根据支座反力和变形直接在成品目录上选配适合的支座，同时考虑温度和地震两个因素，以确定适配常温型或耐寒型支座和采用何种抗震型支座或减隔震装置。这里只介绍盆式橡胶支座设计计算的要点。

5.3.4.1　聚四氟乙烯板的尺寸

(1)直径 D_1。

$$D_1=\sqrt{\frac{4N}{\pi[\sigma_1]}} \tag{2-5-15}$$

式中　N——由恒荷载与活荷载产生的最大支点反力（对于汽车荷载应计入冲击力）；

$[\sigma_1]$——聚四氟乙烯板的容许承压应力。

纯聚四氟乙烯板的容许应力为 24.5～29.4MPa，填充聚四氟乙烯板的容许应力为 29.4～35.3MPa，《桥规》规定，填充聚四氟乙烯板的容许压应力取 30MPa。

(2)厚度 h_1。

聚四氟乙烯板的厚度，一般可取 $h_1=(1/80\sim1/40)D_1$。直径愈大，取值愈小，对于大直径的板选取的比值还可再小些，通常 $h_1=4\sim8$mm，外露量为 3～4mm。

5.3.4.2　氯丁橡胶板的尺寸

(1)橡胶板直径 D_2。

$$D_2=\sqrt{\frac{4N}{\pi[\sigma_2]}} \tag{2-5-16}$$

式中　$[\sigma_2]$——钢盆内橡胶板的容许承压应力，氯丁橡胶板一般取 25MPa。

(2)橡胶板厚度 h_2。

$$h_2=\left(\frac{1}{18}\sim\frac{1}{10}\right)D_2$$

5.3.4.3　钢盆和盆塞的尺寸

(1)底盆式构造。

这种盆式橡胶支座的底部为圆钢盆，上面加盆塞，在两者之间嵌入橡胶板。圆钢盆的计算图示见图 2-5-12。

①钢盆内径 D_3。

钢盆直径由橡胶板内径确定，为使橡胶板置入盆内紧密贴合，一般取等于橡胶板直径或比橡胶板直径小 0.5～1mm。

②盆壁厚度 h_3。

先按厚壁圆筒应力公式估算厚度。

钢盆的受力压强为：

$$q_1=\frac{N}{A}$$

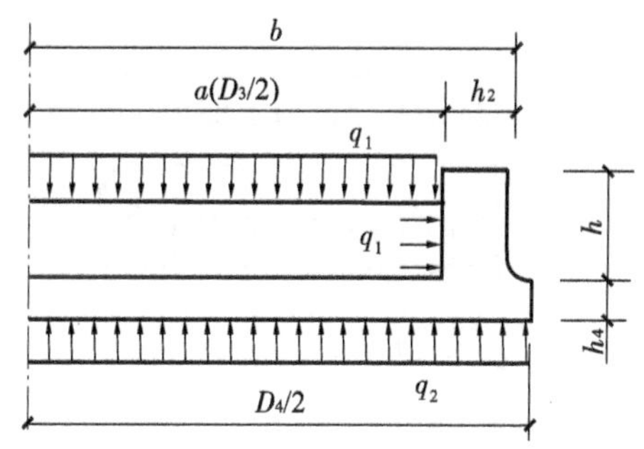

图 2-5-12　圆钢盆的计算图示

式中　N——恒荷载与活荷载产生的支点反力；

A——橡胶板的受力面积。

因此，钢盆所受的环向拉力为：

$$P=\frac{q_1\overline{D}h_2}{2} \tag{2-5-17}$$

式中　$\overline{D}$——钢盆内外直径的平均值；

h_2——橡胶板的厚度。

则盆壁厚度 h_3：

$$h_3=\frac{P}{h[\sigma]} \tag{2-5-18}$$

式中　h——盆壁高度，初估时可取 $h=1.5h_2$；

$[\sigma]$——钢盆材料的容许应力。

③盆底厚度 h_4。

在忽略钢盆壁的侧压力和假定盆底反力均匀分布的情况下，可近似采用盆底受弯计算的方法确定盆底厚度。

盆底中央截面的弯矩：

$$M=\frac{N}{2}\cdot\frac{2}{3\pi}(D_4-D_3) \tag{2-5-19}$$

式中　D_4——圆钢盆底面直径。

通过计算底部应力确定厚度，也可先假定厚度，再进行应力验算，则：

$$\sigma=\frac{6M}{D_4h_4^2}\leqslant[\sigma] \tag{2-5-20}$$

④盆壁应力验算。

按厚壁圆筒验算钢壁顶面的切向应力：

$$\sigma_\tau=\frac{q_1}{\frac{b^2}{a^2}-1}\left(1+\frac{b^2}{r^2}\right)\frac{h_2}{h}\leqslant[\sigma] \tag{2-5-21}$$

式中　a——钢盆内径；

b——钢盆外径；

r——计算应力点到圆心的距离。

⑤盆塞厚度 δ_1。

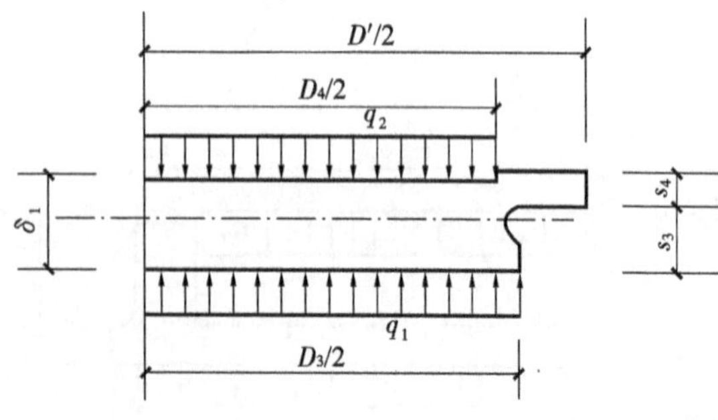

图 2-5-13　作用在盆塞上的力

盆塞的受力图示如图 2-5-13 所示。圆形盆塞厚度 δ_1 的计算可按悬臂板的受力状态考虑，计算的方法与式(2-5-19)和式(2-5-20)相同，其中两个直径应分别为盆塞底面直径与嵌放聚四氟乙烯板的直径。根据构造需要，设计选用的钢盆厚度较大，同时荷载的偏心弯矩较小，因此在一般情况下，盆塞的材料强度利用不足，具有较大的安全系数。

(2)底部为钢盆塞，顶面有钢盆环的构造。

钢盆塞是一块圆形钢板，与下支座板焊接或采用沉头螺钉和嵌槽的方法连接，如图 2-5-14 所示。

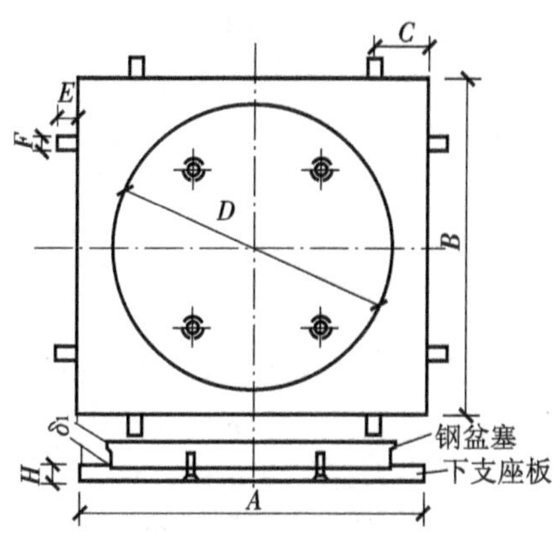

图 2-5-14　盆塞与下支座的连接

①盆塞验算。

盆塞的计算图示见图 2-5-15。作用在盆塞中心截面的外力：

$$N'=\frac{N}{2}(f_1+f_2) \tag{2-5-22}$$

$$M'=\frac{N}{2}(f_1-f_2)\frac{\delta_1}{2} \tag{2-5-23}$$

式中　N——支座反力；

f_1——氯丁橡胶与钢板的摩擦系数，取 0.4；

f_2——盆塞与底板之间的摩擦系数，取 0.1～0.2；

δ_1——盆塞厚度。

按偏心受压的公式进行应力验算：

$$\sigma=\frac{N'}{A}\pm\frac{M'}{W}\leqslant[\sigma] \tag{2-5-24}$$

②盆塞与下支座板连接螺钉面积。

如图 2-5-16 所示计算图示，作用在接触面上的外力：

$$H=Nf_3 \tag{2-5-25}$$

$$M=He \tag{2-5-26}$$

式中　f_3——不锈钢板与聚四氟乙烯板的摩擦系数；

e——摩阻力的作用面至盆塞地面的距离。

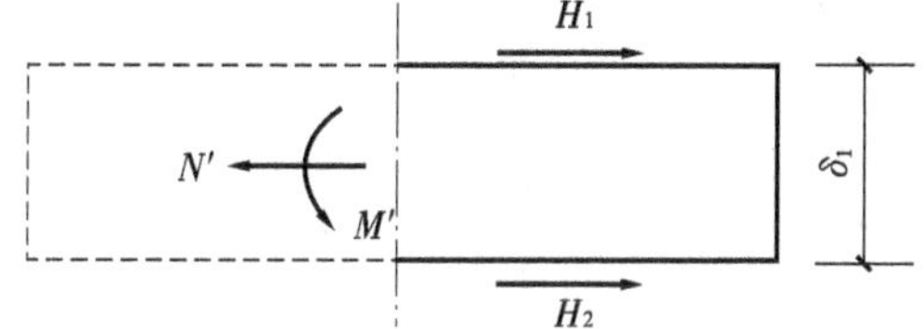

图 2-5-15　盆塞的计算图示

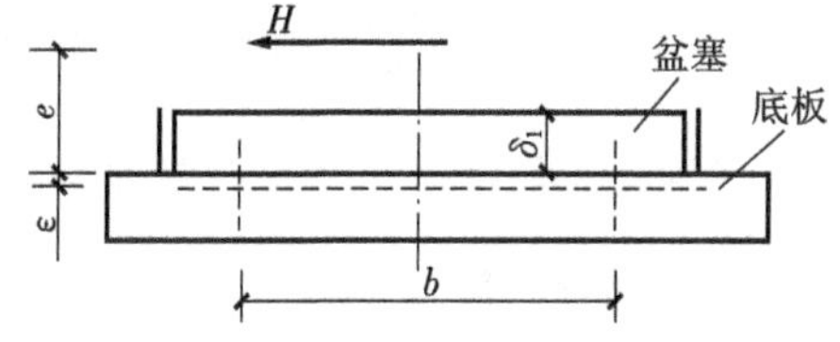

图 2-5-16　连接螺钉的计算图示

所需连接螺钉的面积：

$$A=\frac{M}{[\sigma]b} \tag{2-5-27}$$

式中　$[\sigma]$——螺钉材料的容许拉、压应力；

b——螺钉的间距。

③盆环尺寸。

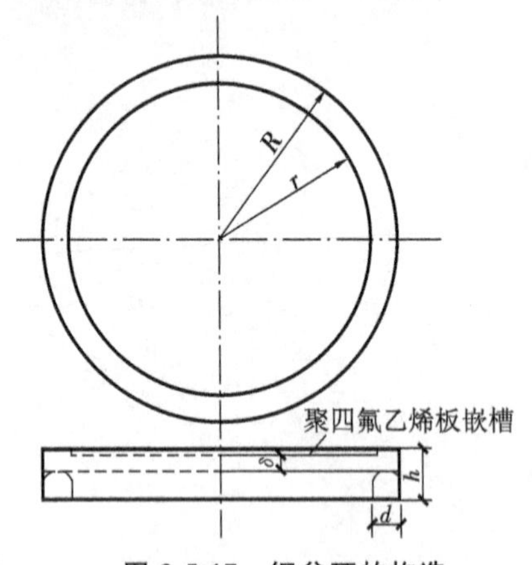

图 2-5-17 钢盆环的构造

钢盆环的构造如图 2-5-17 所示。盆环的内径比橡胶板的直径小 0.5～1mm，钢盆环壁的切向应力可参照式(2-5-21)进行验算。环壁的径向应力，当盆环与橡胶板等高时：

$$\sigma=\frac{\frac{R^2}{r^2}+1}{\frac{R^2}{r^2}-1}[\sigma]_{橡}\leqslant[\sigma] \qquad (2\text{-}5\text{-}28)$$

式中 $[\sigma]_{橡}$——橡胶板的容许压应力；

r——盆环的内径；

R——盆环的外径。

盆环顶板厚度 δ_2 可参照式(2-5-22)、式(2-5-23)和式(2-5-24)进行验算，顶板厚度一般取用壁厚的 3/5～3/4。

5.3.4.4 上支座板尺寸和支承混凝土局部承压计算

(1)上支座板的平面尺寸。

需要设置上支座板的盆式橡胶支座，其平面尺寸主要取决于支座的最大位移量、盆环的直径和螺栓连接位置所需要的尺寸总和。直线桥梁上下支座板的顺桥向长度主要取决于前两项，横桥向宽度需要考虑连接螺栓的位置。

上支座板与梁底接触面为方形，而镶嵌不锈钢板与四氟板的接触面为圆形，在方盘上可设置螺栓孔与梁连接。

(2)上支座板厚度 δ_3。

上支座板可采用等厚与不等厚的板，不等厚的板是在方形的部分主要起连接作用，受力较小，可选取薄些。上支座板的厚度可采用材料力学的公式，如式(2-5-20)和式(2-5-24)进行验算，其中的弯矩项还要考虑滑动摩擦力产生的弯矩。

以上的计算方法比较粗略，但是偏安全。从试验和有限元分析的结论可知，支座板的受力中间大边缘小，在板上除产生支承压力外，还有环向应力和径向应力。

(3)支承混凝土局部承压验算。

盆式橡胶支座反力大，支承混凝土要设钢筋，应按配置间接钢筋的钢筋混凝土构件进行局部抗压承载力计算：

$$\gamma_0 N_{ld}\leqslant 0.9(\eta_s\beta f_{cd}+k\rho_V\beta_{cor}f_{sd})A_l \qquad (2\text{-}5\text{-}29)$$

式中 N_{ld}——局部承压面积上的局部压力设计值，取作用效应组合计算的支座反力的最大值。

f_{cd}——支承混凝土抗压强度设计值。

β——混凝土局部承压强度提高系数，按 $\beta=\sqrt{\frac{A_b}{A_l}}$ 计算，A_b 为混凝土局部承压时的计算底面面积，按《桥规》规定计算。

A_l——混凝土局部承压面积，取盆环或盆塞的接触面按45°刚性角扩大面积。

η_s——混凝土局部承压修正系数，混凝土强度等级为 C50 以下时取 $\eta_s=1.0$，混凝土强度等级为 C50～C80 时取 $\eta_s=0.76$～1.0，中间按直线内插取值。

ρ_V——间接钢筋体积配筋率，按《桥规》规定计算。

k——间接钢筋影响系数，按《桥规》规定取用。

β_{cor}——配置间接钢筋时局部抗压承载力提高系数，且 $\beta_{cor}=\sqrt{\frac{A_{cor}}{A_l}}$，$A_{cor}$ 为方格网或螺旋形间

接钢筋内表面范围内的混凝土核芯面积，其重心应与 A_l 的重心相重合，当 $A_{cor}>A_b$ 时，应取$A_{cor}=A_b$。

f_{sd}——间接钢筋抗拉强度设计值。

5.3.4.5 支座偏转验算

盆式橡胶支座中，要求在梁偏转时钢盆顶板与橡胶板的接触面不能出现脱空现象，即不容许出现局部承压的状态，则：

$$\sigma=\frac{N}{A}-\frac{M}{W}\geqslant 0 \tag{2-5-30}$$

与板式橡胶支座的偏转验算类似，盆式橡胶支座要求满足下式：

$$\frac{Nh_2}{AE_2}-\frac{D\theta}{2}\geqslant 0 \tag{2-5-31}$$

式中 A——与钢盆环或中间钢板接触的橡胶板面积；

h_2——橡胶板厚度；

E_2——有侧向约束的橡胶板弹性模量，其值可取 530MPa；

D——与钢盆环或中间钢板接触的橡胶板直径。

我国成品盆式橡胶支座系列主要有中交公路规划设计院设计的 GPZ 系列，以及中国铁道科学研究院设计的 TPZ-1 系列等，支座竖向承载力一般为 1000～5000N，最多分为近 40 个等级，并有 DX(单向)、SX(双向活动)及 GD(固定)之分，有效水平位移量从±40～±250mm，支座的允许转角为 40°，GDZ 则为抗震型固定支座的代号。

合适的支座不但应满足结构变形的需要，而且其最大支撑反力一般不超过支座允许承载力的 5%，最小支撑反力不低于允许承载力的 80%，以确保支座具有良好的滑移性能。例如，计算得到一个支座的最大反力为 4100kN，最小反力为 3700kN，则宜选择承载力为 4000kN 的盆式支座，而不宜选用承载力为 5000kN 的支座。这是因为 4000kN 的支座允许反力变化范围是 3200～4200kN，而 5000kN 的支座允许反力变化范围是 4000～5200kN。

另外，固定支座在各方向和单向活动支座非滑移方向的水平承载力均不得小于支座竖向承载力的 10%。抗震型支座水平承载力不得小于支座竖向承载力的 20%。

本章小结

1. 梁式桥设置支座的目的在于将作用于上部结构的荷载传递到桥梁的下部结构，并能适应上部结构的自由变形。

2. 梁式桥支座一般分为固定支座和活动支座两种，其布置以有利于墩台传递纵向水平力为原则。

3. 我国目前使用最广泛的是橡胶支座，它一般分为板式橡胶支座和盆式橡胶支座两类。板式橡胶支座的活动机理是利用橡胶的不均匀弹性压缩实现转角 θ，利用剪切变形实现水平位移 Δ；盆式橡胶支座是利用设置在钢盆中的橡胶板承压和转动，用聚四氟乙烯板和不锈钢板之间的平面滑动来适应桥梁的位移要求。盆式橡胶支座特别适宜在大跨度桥梁上使用。

4. 板式橡胶支座的设计与计算包括确定支座尺寸、验算支座受压偏转情况以及验算支座的抗滑稳定性等内容。

5. 盆式橡胶支座的设计与计算包括确定其基本尺寸，验算上支座板的尺寸、支承混凝土局部承压强度和支座偏转等情况。

思考题

1. 桥梁支座的功能是什么？
2. 桥梁支座的基本布置原则是什么？
3. 按支座变形可能性分析，桥梁支座一般可分为哪几种？如何区别？
4. 从立面图上看，简支梁桥和连续梁桥支座的布置有什么异同？
5. 橡胶支座一般分为哪几类？各适应于哪些情况？
6. 板式橡胶支座的活动机理是什么？
7. 板式橡胶支座的平面尺寸及厚度如何确定？

6 悬臂与连续体系梁桥

6.1 基本结构体系

梁式桥是指在垂直荷载作用下，仅产生垂直反力而无水平反力的结构体系总称。按受力特点，梁桥基本结构体系一般可以划分成仅受正弯矩的简支体系、以负弯矩为主的悬臂体系和正负弯矩并存的连续体系。

混凝土简支梁桥受施工及结构等条件的限制，当其跨径超过一定范围时（如 40～50m），就很难做出经济合理的设计。因而，大跨径混凝土桥梁常采用内力分布较为合理的其他梁桥形式，如悬臂梁桥、连续梁桥、连续刚构桥，如果跨径更大，还可以考虑其他体系桥梁，如拱桥和斜拉桥等。

由于悬臂与连续体系梁桥在支点附近负弯矩区段内梁的上翼缘受拉，使得修建钢筋混凝土大跨度结构具有一定的局限性，因此应结合悬臂施工法推广采用预应力混凝土结构。

6.1.1 悬臂梁桥

将简支梁梁体加长，并超过支点就成为悬臂梁桥。仅有一端越过支点的称为单悬臂梁桥，如图 2-6-1(c)所示；两端同时越过支点的称为双悬臂梁桥，如图 2-6-1(b)所示。由此可见，悬臂梁桥一般应布置成三跨以上，习惯上将悬臂主跨称为锚跨。

图 2-6-1 所示为简支梁和悬臂梁在恒荷载作用下的弯矩图。图中各种梁式体系的跨径布置相同，假定其恒荷载集度也相同（实际上简支梁的恒荷载集度较大），比较图 2-6-1(a)、(b)、(c)，显然，简支梁的各跨跨中恒荷载弯矩最大。由于悬臂梁悬出支点以外的伸臂对支点截面产生负弯矩，对锚跨跨中正弯矩产生了卸载作用，无论单悬臂梁还是双悬臂梁在锚跨跨中正弯矩显著减小，而悬臂跨中因简支体系的跨径缩短而跨中正弯矩也同样显著减小。从表征材料用量的弯矩图面积（绝对值之和）来看，悬臂梁比简支梁小得多。以图 2-6-1(c)所示的中跨弯矩图为例，当悬臂长度等于中孔跨径的 1/4 时，正负弯矩图面积的总和仅为相同跨径简支梁的 1/3.2。

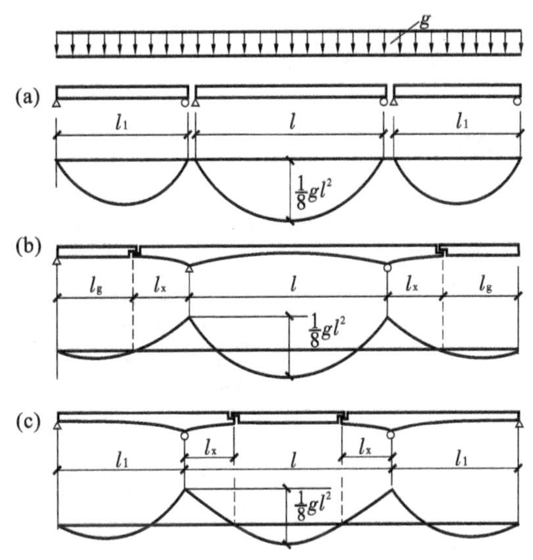

图 2-6-1　简支梁与悬臂梁恒荷载弯矩图比较

(a)简支梁；(b)，(c)悬臂梁

再从活荷载的作用来看，如果在图 2-6-1(b)、(c)所示的悬臂梁的锚跨中布满活荷载，则其跨中最大正弯矩自然与锚跨跨径相同的简支梁布满活荷载时的结果一样，且并不因为有悬臂的存在而有所减小。而在具有挂梁的悬臂跨中，活荷载引起的跨中最大正弯矩只按支承跨径较小（通常只有桥孔跨径的 0.4～0.6）的简支挂梁产生的正弯矩计算，因此其设计弯矩也比简支梁小得多。

由此可见，与简支梁相比，悬臂梁可以减小跨内主梁高度和降低材料用量。悬臂梁桥为静定结构，结构内力不受地基变形的影响，对基础要求较低。与简支梁相比，墩上均只需设置一个支座，减小了桥墩的尺寸，节省了基础工程量。

钢筋混凝土或预应力混凝土悬臂梁桥的应用，与其施工方法及结构的使用性能密切相关。悬臂梁在力学性能上优于简支梁，可适用于更大跨径的桥型方案，但因跨径较大时，梁体质量过大不易装配化施工，而往往要在支架上现浇。钢筋混凝土悬臂梁还因支点负弯矩区段存在，不可避免地将产生裂缝，顶面虽有防护措施，也常因雨水侵蚀而降低使用年限。预应力混凝土悬臂梁桥虽然没有这种隐患，并可采用节段悬臂方法，但它同连续梁一样，支点因是简单支承，施工时必须采用临时固定措施。与连续梁相比，悬臂梁跨中还要增加悬臂与挂梁间的牛腿、伸缩缝的构造，行车不如连续梁平顺。正是由于结构构造和施工方法等方面的问题，无论是钢筋混凝土悬臂梁还是预应力混凝土悬臂梁，在实际桥梁工程中采用较少。国内钢筋混凝土悬臂梁桥的最大跨径一般在 55m 以下，而预应力混凝土悬臂梁桥的最大跨径也在 100m 以下。

6.1.2 连续梁桥

将简支梁梁体在支点上连续就成为连续梁桥，连续梁至少布置成两跨，一般布置成多跨一联。每联跨数越多，联长就越长，由温度变化和混凝土收缩等引起的纵向位移就越大，伸缩缝和活动支座的构造就越复杂；每联跨数越少，联长就越短，伸缩缝数量越多，则对高速行车越不利。为了充分发挥连续梁在高速行车中平顺的优点，现代伸缩缝及支座构造已经做了极大的改进，梁体连续长度 1500m、伸缩缝伸缩长度 1m 已经成为可能。一般情况下，连续梁中间墩上只需设置一个支座，而在相邻两联连续梁的桥墩处仍需设置两个支座。在跨越山谷的连续梁中，中间高墩也可采用双柱(壁)式墩，每柱(壁)上都设有支座，连续梁支点负弯矩尖峰可被削低。

6.1.2.1 连续梁桥的受力特点

连续梁桥的主要受力特点叙述如下：

①除了按简支-连续法施工的连续梁桥外，一般一次落架施工的连续梁桥在结构自重荷载作用下，跨中截面产生正弯矩，支点截面产生负弯矩，且支点截面负弯矩大于跨中截面正弯矩。与同等跨径的简支梁相比，连续梁的最大正弯矩及负弯矩均小于简支梁的跨中正弯矩，如图 2-6-2 所示。因此，连续梁的内力分布比简支梁要均匀，有利于充分发挥材料的作用。

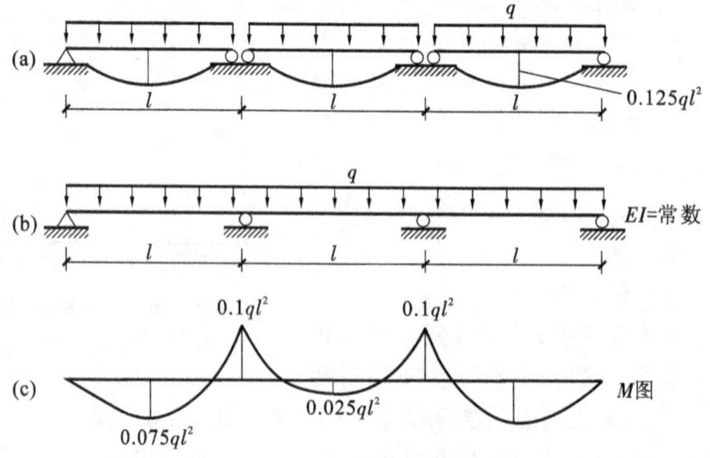

图 2-6-2 等跨简支梁与连续梁弯矩图比较

②连续梁为超静定结构,刚度比相应的简支梁大,即在汽车荷载作用下跨中产生的挠度比简支梁小,如图 2-6-3 所示,行车平顺舒适。

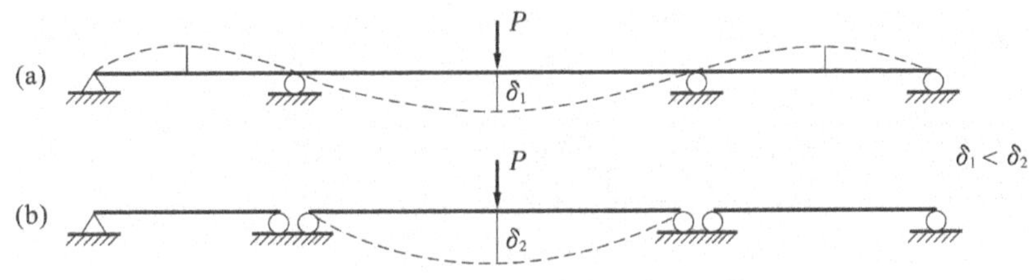

图 2-6-3 连续梁与简支梁变形比较

③连续梁因结构整体发生均匀温度变化引起纵向水平位移,在结构中不产生附加内力及支承反力,这一特点与简支梁相同。但是,连续梁属于超静定结构,非线性温度变化、预应力作用、混凝土收缩和徐变及基础沉降等将引起结构附加内力,增加了设计计算的复杂程度。

6.1.2.2 连续梁桥施工方法概要

连续梁桥在施工过程中的内力、成桥状态的内力及最终设计内力与施工方法密切相关,从而影响其配筋设计,包括预应力筋的布置方式和数量。因此,本节将简要介绍连续梁桥的施工方法。

(1)整体施工法。

导梁式运架一体式架桥机动画

整体施工法也称为一次落架法,就是预先搭好支架,在支架上立模板,绑扎钢筋,整体现浇梁体混凝土,一次卸落支架的施工方法。此法是最古老、最简单的施工方法,由于需要大量的支架且施工期长,该法一般仅用于桥墩较矮的中、小跨径连续梁桥的施工,如图 2-6-4(a)所示。

使用整体法施工的桥梁,施工过程中结构受力体系不发生变化,即在结构自重和使用荷载作用下的结构计算简图相同。

(2)逐跨施工法。

逐跨施工法是逐孔现场现浇或逐跨装配、连续施工的一种方法,如图 2-6-4(b)所示。这种方法需要的施工支架及其他设备少,施工速度快,特别适合连续跨数较多的桥梁施工。施工过程中结构体系发生变化,可根据施工缝位置的区别,由悬臂梁或简支梁转换为连续梁。

(3)简支-连续施工法。

先现浇或预制简支梁,并在简支梁的端部预留接缝位置,包括预留钢筋接头、预应力索管道,待简支梁达到强度并安装就位后,再浇筑接缝混凝土及张拉连接预应力筋,成为连续梁,如图 2-6-4(c)所示。采用简支-连续法施工时,结构将发生体系转换,由简支梁转换为连续梁,在梁的自重作用下为简支梁受力,使用荷载作用下为连续梁受力。

(4)悬臂施工法。

悬臂施工法包括悬臂浇筑法和悬臂拼装法。施工过程中,墩梁临时固结,主梁从墩顶向两边同时对称分段浇筑或拼装,直至合龙。合龙之前的结构受力呈 T 构状态,属于静定结构,梁的受力与悬臂梁相同;合龙后拆除临时固结,转换为连续梁体系。悬臂浇筑施工法仅需要挂篮等少量施工设备,避免了大量的支架,特别适合于建造跨越深谷、河流的大跨连续梁桥,如图 2-6-4(d)所示。

(5)顶推施工法。

在岸上分段预制梁,然后逐步向对岸顶推的施工方法,称为顶推法,如图 2-6-4(e)所示。顶推施工过程中结构受力体系不断变化,梁的各截面内力也在变化,甚至正负弯矩交替出现。顶推法一般适用于等截面连续梁桥。

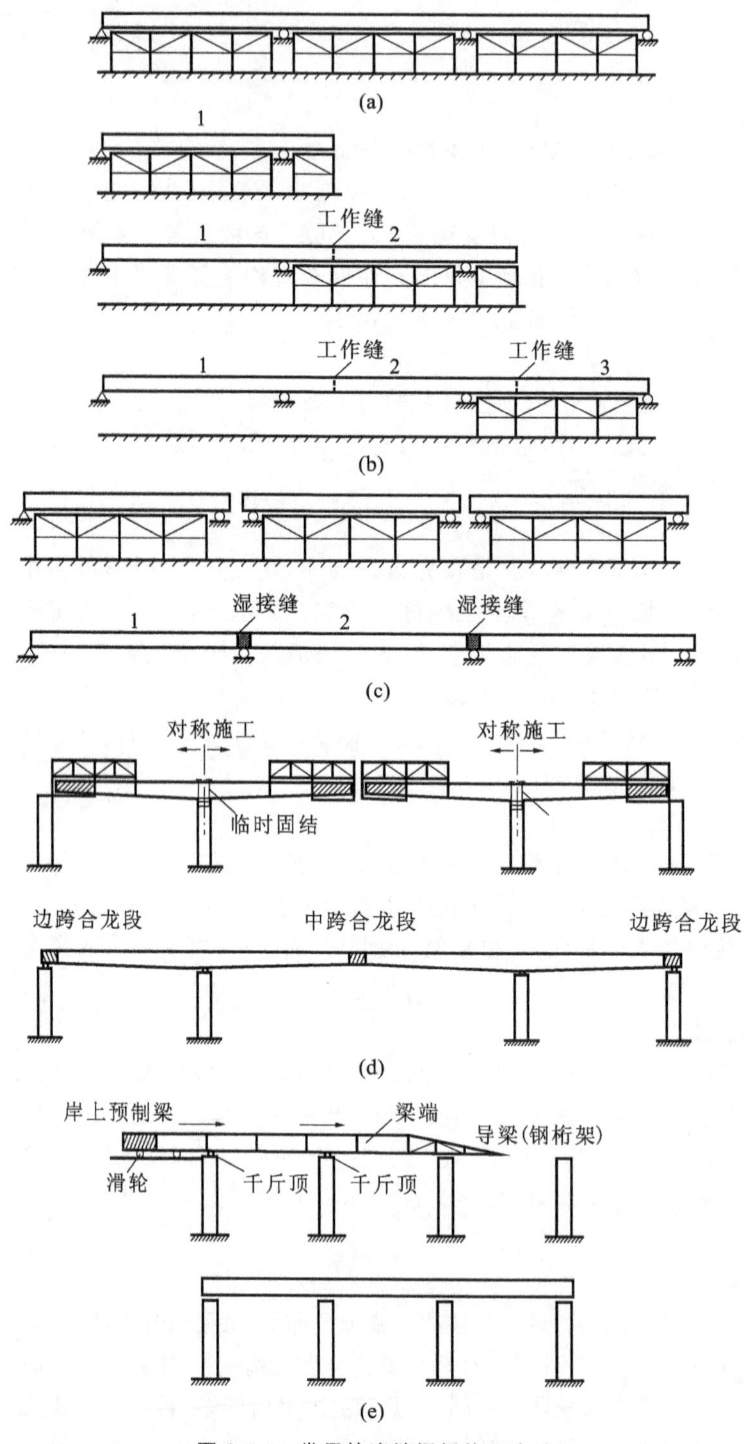

图 2-6-4　常用的连续梁桥施工方法

(a)整体施工法;(b)逐跨施工法;(c)简支-连续施工法;(d)悬臂施工法;(e)顶推施工法

钢筋混凝土连续梁同悬臂梁一样，因在施工和使用上的相同缺陷，限制了它的使用，仅在城市高架桥和小半径弯桥中少量采用，一般跨径不超过25～30m。但是预应力混凝土连续梁桥的应用范围很广，常用跨径达到了150m，在数量上仅次于简支梁桥。尤其是悬臂施工法、顶推施工法、逐跨施工法等分段施工技术在连续梁桥中的应用，充分发挥了预应力技术的优点，使施工设备机械化和构件生产工厂化，从而提高了施工质量，降低了施工费用。

6.1.3 刚构桥

刚构桥是一种具有悬臂受力特点的墩梁固结梁式桥，因桥墩向两侧伸出悬臂形同字母"T"，故又称为T形刚构桥。由于悬臂部分承受负弯矩，刚构桥几乎都是预应力混凝土结构。预应力混凝土刚构桥一般可以分为带剪力铰刚构桥、带挂梁刚构桥和连续刚构桥三种基本类型，如图2-6-5所示。

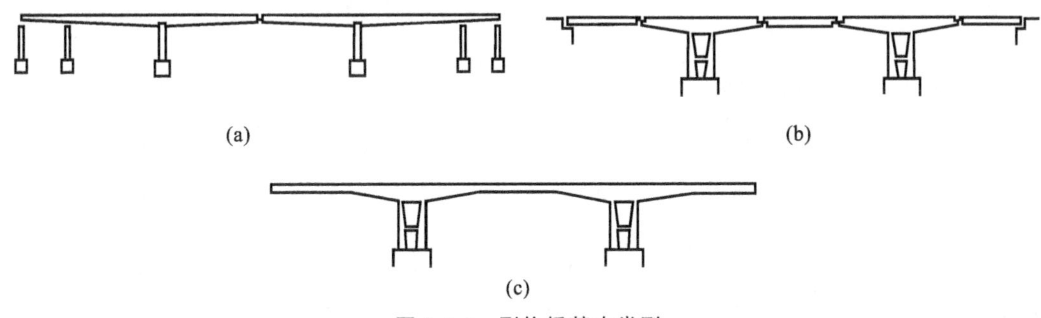

(a) (b) (c)

图 2-6-5 刚构桥基本类型

(a)带剪力铰刚构桥；(b)带挂梁刚构桥；(c)连续刚构桥

带剪力铰刚构桥的上部结构全部由悬臂组成，如图2-6-5(a)所示，相邻两悬臂端通过剪力铰相连接。所谓剪力铰，是一种只能传递竖向剪力，不能传递水平推力和弯矩的连接构造。当在一个T形刚构单元上作用竖向力时，相邻的T形刚构单元将通过剪力铰共同参与受力，从而减轻了直接受荷T形刚构单元的结构受力，从结构受力与牵制悬臂梁端竖向变形来看，剪力铰起到了有利作用。对称布置的带剪力铰刚构桥在恒荷载作用下属于静定结构，但在活荷载作用下是外部超静定结构。在结构温差作用、混凝土收缩和徐变、基础不均匀沉降等因素影响下，剪力铰两侧悬臂端的挠度不同，必然产生超静定结构附加内力。这些挠度和附加内力，事先难以准确估计，又不易采用措施加以调整。同时，中间铰结构复杂，用钢量很大，但耐久性又比较差。此外，在运营中发现，剪力铰处往往因下挠而形成折角，导致车辆跳车，损坏剪力铰。因此，带剪力铰刚构桥目前已较少采用。

带挂梁刚构桥的上部结构由部分悬臂和挂梁组成，如图2-6-5(b)所示，它是一种静定结构，与带剪力铰刚构桥相比，虽由于各个T形刚构单元独立作用，在受力和变形方面略差一些，但它的受力明确，不受各种内外因素的影响。带挂梁刚构桥在跨内因有正、负弯矩分布，其总弯矩图面积要比带剪力铰刚构桥小，虽然增加了牛腿构造，但免去了构造复杂的剪力铰。带挂梁刚构桥的主要缺点是桥面伸缩缝较多，对高速行车不利；除了悬臂施工工序和机具设备外，还增加了挂梁预制、安装工序及机具设备。目前国内经常采用的预应力混凝土带挂梁刚构桥的跨径在60～150m之间。

连续刚构桥综合了连续梁和上述两种刚构的受力特点，将主梁做成连续体，并与薄壁桥墩固结[图2-6-5(c)]。连续刚构桥的主要受力特点如下：

①连续刚构桥是梁墩固结体系，梁墩整体受力。

②悬臂法施工的同等跨径的连续刚构桥与连续梁桥相比，在结构自重作用下两者的结构内力与变形基本一致，如主梁跨中正弯矩、支点截面负弯矩及跨中挠度等，两者基本相等。

③由于梁墩固结，活荷载作用下，连续刚构桥主梁跨中截面正弯矩及支点截面负弯矩都小于相

同跨径的连续梁，因此连续刚构桥的梁高一般略小于相同跨径的连续梁，连续刚构桥比连续梁桥适应更大的跨径。

④连续刚构桥由于温度变化、混凝土收缩等因素，桥梁将产生较大的纵向变形及在墩顶产生较大的水平推力等结构附加内力。为了减小结构附加内力，设计中在确保桥墩抗压与抗弯刚度的前提下，应尽量减小桥墩的水平抗推刚度。

⑤由于高墩的水平抗推刚度小，属于柔性墩，因此连续刚构桥适用于高墩。

混凝土连续刚构桥一般适用于100～240m跨径范围，最大跨径可达300m；一般采用预应力混凝土结构，施工方法一般采用悬臂法，较多采用悬臂浇筑法。

6.2 悬臂、连续体系以及连续刚构的构造与设计

6.2.1 悬臂梁桥的构造特点

悬臂梁桥的截面形式，一般采用带马蹄的T形截面或箱形截面。混凝土悬臂梁桥的一般立面布置如图2-6-6所示，其中图2-6-6(a)为三跨双悬臂结构，图2-6-6(b)为三跨单悬臂带挂梁结构，图2-6-6(c)为多跨双悬臂带挂梁结构。

三跨双悬臂结构的悬臂梁桥常用于跨线桥，中孔跨径由跨线桥的行车净空要求确定，两侧悬臂端伸入路堤可省去两个体积庞大的桥台，但需在悬臂与路堤衔接处设置搭板以利于行车。主梁采用T形截面(较少应用)时，悬臂长度一般为中跨长度的30%～40%；当采用箱形截面时，为使跨中最大正弯矩和支点最大负弯矩的绝对值大致相等，充分发挥材料性能，悬臂长度可达中跨长度的40%～60%。但悬臂过长，活荷载挠度增大，悬臂端与路堤衔接处的结构容易遭到破坏。T形悬臂梁的中支点梁高为$l/13$～$l/10$，跨中梁高通常减至中支点梁高的2/3～5/6。对于大跨径箱形截面悬臂梁，中支点梁高为$l/18$～$l/12$，在此情况下跨中梁高为中支点梁高的2/5～1/2。

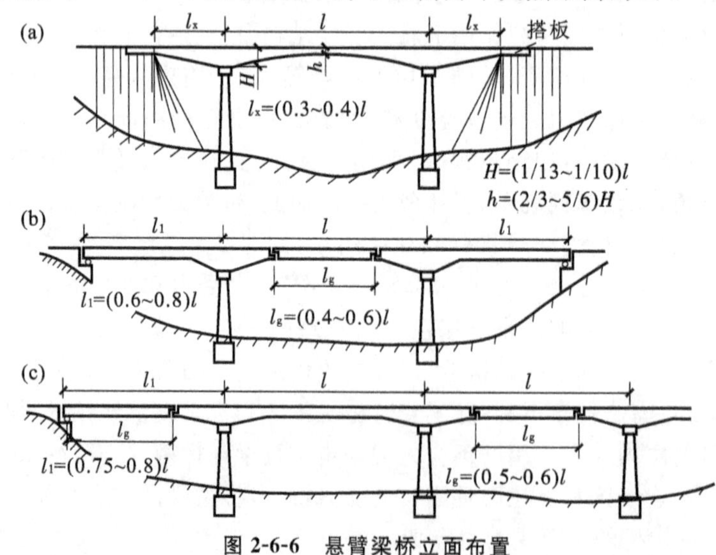

图2-6-6 悬臂梁桥立面布置

(a)三跨双悬臂结构；(b)三跨单悬臂带挂梁结构；(c)多跨双悬臂带挂梁结构

三跨带挂梁的钢筋混凝土单悬臂梁，中孔为悬臂孔，其跨径通常由通航净空确定，或与边孔一起由河床地形和地质等条件综合考虑来选定。当不受以上条件限制时，可按照梁的弯矩包络图面积最小的原理确定边孔与中孔的跨径划分，以达到节省材料的目的。对于带挂梁的三孔悬臂梁桥，通常挂

孔的跨度取 $l_g=(0.4\sim0.6)l$，锚孔(或称为边孔)跨径取 $l_1=(0.6\sim0.8)l$(中孔跨径较小时取稍大值，中孔跨径较大时取较小值)。在特殊情况下必须进一步减小锚孔的跨径时，应考虑活荷载作用在中孔时锚孔边支点可能出现负反力的情况，为此应采取加设平衡重或设置拉力支座等特殊措施。

当桥梁长度较大，通航跨径要求在 60m 以下时，可采用图 2-6-6(c)所示多跨双悬臂梁带挂梁结构的悬臂梁桥，通常设计成中跨跨径相同，两侧边跨跨径稍小的立面布置形式。通常两个悬臂一般都做成相同的尺寸，其挂梁长度 $l_g=(0.5\sim0.6)l$，挂梁高度 $h_g=(1/20\sim1/12)l_g$。

一般而言，当跨径超过 50～60m 时，钢筋混凝土悬臂梁桥不再适用，此时可以采用预应力混凝土悬臂梁桥。预应力混凝土悬臂梁桥同钢筋混凝土悬臂梁桥在立面布置上的主要差别在于，钢筋混凝土悬臂梁桥因承受负弯矩时顶面受拉会形成裂缝，故悬臂不宜过长，一般在 $(0.15\sim0.3)l$，而预应力混凝土悬臂梁桥悬臂长度可以更长，一般可达 $(0.3\sim0.5)l$，当悬臂长度达到 $0.5l$ 时跨中即用剪力铰连接；预应力混凝土悬臂梁因全截面参与作用，梁高可以减小至 $l/25\sim l/20$，而支点处梁高可以增大至 $H=(2\sim2.5)h$，以利于悬臂的受力；此外，当采用悬臂施工法时，结构一般采用对称布置，边跨与中跨之比为 0.5～0.8。

6.2.2　连续梁桥的构造与设计

6.2.2.1　等高度连续梁桥

一般情况下连续梁桥在恒荷载与活荷载作用下，支点截面负弯矩大于跨中截面正弯矩，但跨径不大时这个差值不大，可以考虑等高度梁的形式，以简化施工。等截面连续梁桥的适用跨径为 40～60m(国外最大达 80m)，适用于整体施工、逐孔施工、先简支后连续施工及顶推施工等施工方法。

等高度连续梁桥可以采用等跨和不等跨两种布置方式，如图 2-6-7 所示。如果采用等跨布置，边跨内力将控制全桥设计，这样做是不经济的。为使边跨正弯矩减小，受力均匀合理，大多采用不等跨形式，即边跨跨径小，中跨跨径大，一般取边跨与中跨跨径之比为 0.6～0.8，大多采用三跨、五跨一联布置。梁高与跨径之比通常为 $h/l=1/25\sim1/15$。

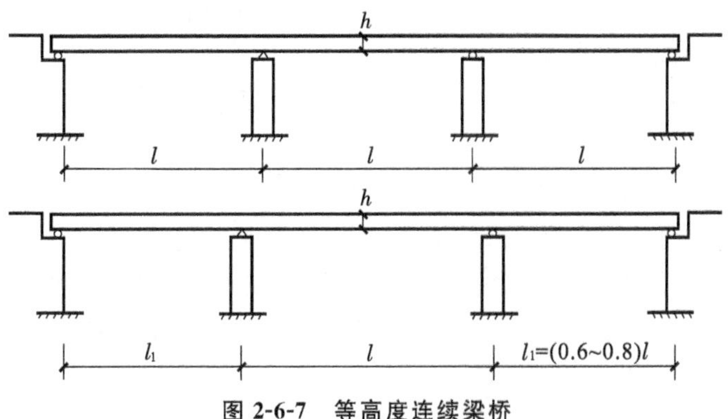

图 2-6-7　等高度连续梁桥

6.2.2.2　变高度连续梁桥

随着跨径的增大($l\geqslant70$m)，采用变截面设计显得经济合理。由于连续梁的支点截面负弯矩大于跨中截面正弯矩，因此往往采用支点梁高大于跨中梁高的变截面形式。增加支点截面梁高有利于抵抗支座截面较大的剪力，减小跨中梁高可减轻自重弯矩，归纳起来有下面三个特点：

①采用支点梁高大于跨中梁高的变截面形式，使得梁高的变化规律与连续梁的弯矩图变化规律一致，可充分发挥材料性能。

②减小跨中梁高，有利于减小结构自重产生的弯矩、剪力。

③增大支座截面梁高，还有利于抵抗支座截面较大的剪力。

因此，与等截面连续梁相比，变截面连续梁可适用于较大的跨径。变高度连续梁桥的适用跨径为70～120m，大于120m跨径目前较少见，大多采用悬臂浇筑或悬臂拼装施工法。连续梁桥采用悬臂法施工时，施工过程中墩梁临时固结，待合龙后拆除临时固结措施，进行体系转换。

变高度连续梁桥一般采用三跨或五跨布置，跨数太多，连续长度过长，因温度变化使得桥梁纵向水平位移大，给伸缩缝设置带来困难。为了使边跨与中跨的最大正弯矩基本相等，一般取边跨与中跨跨径之比 $l_1/l=0.6\sim0.8$；对于城市桥梁，为了满足跨线要求，有时 $l_1/l\leqslant0.5$，此时需要在边跨进行压重，以抵消边支座可能产生的负反力，如图2-6-8所示。

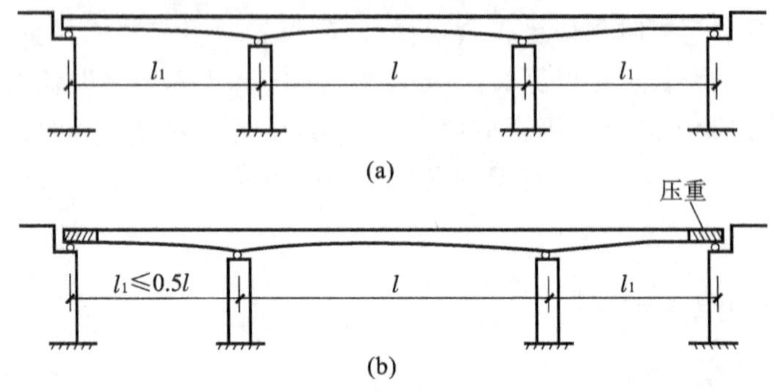

图2-6-8 变高度连续梁桥

变截面连续梁桥的梁高在支点截面一般取 $l/18\sim l/16$，不小于 $l/20$；跨中梁高 $h_{中}=(2/5\sim2/3)h_{支}$。梁底一般按二次抛物线、圆弧线或折线变化，由于连续梁的恒荷载弯矩变化规律与二次抛物线相似，因此一般选用二次抛物线。而折线形截面变化布置可以使桥梁构造简单，施工方便，常用于中、小跨径的连续梁桥。

6.2.2.3 连续梁桥的截面设计

混凝土连续梁桥截面形式主要有板式、肋梁式及箱形截面三种形式。其中，板式、肋梁式截面主要用于中、小跨径（$l<50$m）；当 $l\geqslant50$m 后，主要采用箱形截面。

(1)各种不同截面形式的特点及适用范围。

①板式截面。板式截面包括实体板与空心板，此类截面自重大，但构造简单，施工方便，而且建筑高度较小，一般适用于小跨径连续梁桥（$l\leqslant20$m）。

②肋梁式截面。肋梁式截面包括T形截面、带马蹄的T形截面及I字形截面等，比板式截面挖空率高，结构自重有所减轻，抗弯惯性矩增大，可适用于更大的跨径；但截面抗扭性能差（抗扭刚度低），且不适应连续梁有正负弯矩存在的受力要求。为了减少伸缩缝的数量，满足行车的舒适性，装配式T形梁桥也可以采用简支转连续的形式，但是其受力性能较小箱梁差，因此简支转连续梁桥近年较多采用小箱梁截面。

③箱形截面。箱形截面空心率高，有利于减轻结构自重；截面抗弯与抗扭刚度大，受力性能好，同时适于抵抗正、负弯矩。因此，箱形截面是大跨径连续梁桥的主要截面形式。

(2)箱形截面设计。

下面主要介绍箱形截面的尺寸设计。

当悬臂与连续体系桥梁的跨径较大时，箱形截面是最适宜的横断面形式。在已建成的跨径超过40m的预应力混凝土梁桥中，横截面大多为箱形截面。箱形截面的顶板和底板都具有比较大的面积，因而能有效地抵抗正负双向弯矩，满足配筋要求，并具有较T形截面高的截面效率指标；而且由于截面闭合，抗扭刚度较大，当桥梁承受偏心荷载时内力分布比较均匀，整体性能也较好；此外，箱形截面具有良好的动力特性，并且收缩变形数值也较小。

①截面形式。

箱形截面根据桥面宽度、施工方法等不同可以采用各种不同的形式。常见的箱形截面基本形式有单箱单室、单箱双室、双箱单室和斜腹板箱梁。

单箱单室截面如图 2-6-9(a)所示，这种截面整体性好，受力明确，施工方便，节省材料用量，但由于钢筋混凝土桥面板的跨度和两侧悬臂的长度受到一定限制，因而只适用于桥面宽度较窄的情况。要在桥面较宽的条件下使用单箱单室截面，就需要在构造上采取一定措施，例如在悬臂上设置横梁加劲并在横梁上施加横向预应力，或者在桥面板内设置横向预应力筋。

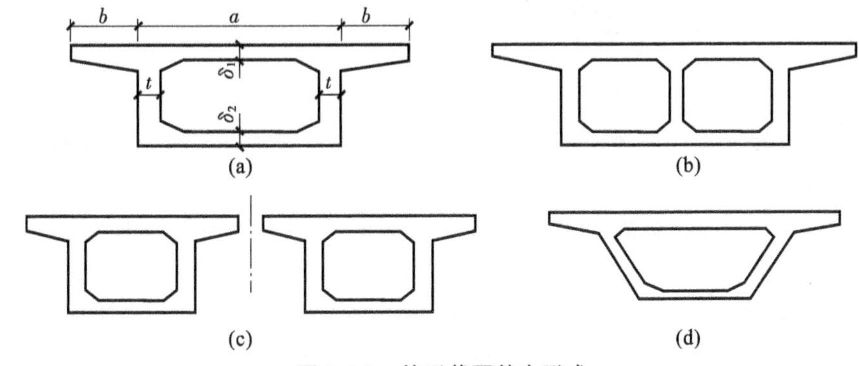

图 2-6-9　箱形截面基本形式

(a)单箱单室；(b)单箱双室；(c)双箱单室；(d)斜腹板箱梁

单箱双室截面如图 2-6-9(b)所示，相比单箱单室截面，采用单箱多室截面可以有效地减小顶板所承受的正负弯矩数值，而且腹板厚度的增加使主拉应力和剪力都减小，也给布置预应力筋增加了空间。单箱多室截面施工比较困难，腹板自重弯矩占恒荷载总弯矩的比例较大，这些都影响了多室截面的应用。

双箱单室截面如图 2-6-9(c)所示，对于桥面较宽的桥梁，采用多箱单室截面比采用单箱多室截面要经济。例如，在重庆长江大桥的初步设计中曾进行过双箱单室截面和双箱双室截面的比较，结果表明前者比后者减轻重量 13%左右。在悬臂施工时，多箱单室截面可采用分箱施工，从而减小施工荷载，降低施工费用。分离式单箱截面也因为施工方便得到了应用，分离的箱梁分别支承在独立的桥墩上，箱梁之间设纵向接缝连接。

斜腹板箱梁如图 2-6-9(d)所示，箱梁腹板大多采用竖直形式，但也有采用斜腹板形式，施工稍困难，但在城市桥梁中采用斜腹板有利于美观，而且斜腹板使底板尺寸减小，也有利于缩小墩台等下部结构尺寸。

②截面设计。

箱形截面主梁的顶板主要按照行车道板的要求来设计，箱梁顶板宽度一般取接近桥面的总宽度；悬臂长度为 b，两腹板之间距离为 a，一般取 $b/a=1/3\sim2/5$，见图 2-6-9(a)；考虑悬臂板横向受力(根部弯矩)，一般 $b\leqslant5\text{m}$，当 $b>3\text{m}$ 时，宜布置横向预应力筋。对于顶板的厚度 δ_1，一般考虑需要满足桥面板横向受力，主要是受弯的要求，以及布置箱梁纵、横向预应力筋的要求。悬臂端部厚度一般不小于 10cm，若设置防撞墙或需锚固横向预应力筋，则不小于 20cm。

对于箱梁底板的厚度，考虑连续体系梁桥中支点负弯矩较大而跨中正弯矩较大的因素，一般采用变厚度设计，箱梁底板厚度从跨中向中支点逐渐变厚，以适应支点附近截面下缘的受压要求。底板厚度 δ_2 与跨径 l 之比一般取 1/170～1/140；跨中区域底板厚度则可按构造要求设计，一般取22～28cm。

梁肋(腹板)主要承受截面的剪应力和主拉应力，腹板厚度要满足抗剪要求，对于连续梁桥，在 $l/4$ 跨径区域，剪力较大，弯矩、扭矩及剪力的共同作用导致腹板承受较大的主拉应力，若腹板强度不够，则会产生斜裂缝。同时，还应考虑预应力钢束管道布置、普通钢筋布置及混凝土浇筑要求，腹板设计不宜太薄。考虑连续梁支座处剪力较大，跨中区域剪力较小，因此箱梁腹板一般设计成从跨中向支座处逐渐变厚的形式，跨中截面梁肋总厚度不宜小于桥宽的1/20～1/12，而支点截面则不宜小于桥宽的1/12～1/8。

为了减小局部应力，在箱梁顶板与腹板、腹板与底板的交接处，一般需设置梗腋（承托），如图2-6-9所示，梗腋可以加强竖肋同水平板的联系，并提高截面的抗扭刚度和抗弯刚度，减小扭转剪应力、畸变应力和次应力；此外在构造上利用梗腋所提供的空间布置纵向和横向预应力筋，也为减小顶底板的厚度提供了构造上的保证，承托的坡度一般可采用1∶1或者其他合适的比例。

6.2.3 连续刚构桥的构造与设计

6.2.3.1 连续刚构桥的构造

连续刚构桥是墩梁固结的连续梁桥。这种体系因为利用主墩的柔性来适应桥梁的纵向变形，所以在大跨高墩连续梁中比较适用。连续刚构桥分为跨中无铰和跨中带铰两种类型，两者一般均采用变高度梁。梁墩固结点多设置在大跨、高墩的桥墩上，因为利用高墩的柔度可以适应结构由预加力、混凝土收缩和徐变及温度变化所引起的纵向位移。边跨较矮的桥墩，相对刚度较大，可设置滑动支座。带铰的连续刚构桥，由于跨中的铰可以满足一部分纵向位移，因此桥墩的刚度可以比不设铰的连续刚构大一些。桥梁的伸缩缝通常设在连续梁梁端的桥台或过渡墩处，设铰的长桥也可将伸缩缝设在铰处。为保证结构的水平稳定性，梁端需要设置控制水平位移的挡块。

当跨径较大而墩的高度不高时，为增加墩的柔性，常采用双薄壁墩。此外，双薄壁墩还有削减墩顶负弯矩峰值的作用。因此，目前国内多数连续刚构桥都采用这种桥墩形式。

预应力混凝土连续刚构桥一般采用3～5跨布置，如果采用刚构连续组合体系桥，则跨数可以更多。边跨与中跨的跨径之比l_1/l一般取0.5～0.7；当采用悬臂法施工时，在深谷条件下，支架现浇很困难，为了减小边跨的支架现浇长度，或取消边跨落地支架采用导梁合龙的方式，往往取边中跨比l_1/l为0.5～0.55。

连续刚构桥的主梁一般采用箱形截面；根部梁高$h_{支}$一般取$l/20$～$l/16$，跨中梁高与根部梁高之比$h_{中}/h_{支}$一般取2/7～2/5，略小于连续梁的跨中梁高；连续刚构桥箱梁截面的细部尺寸与连续箱梁基本相同；大跨连续刚构桥一般采用悬臂法施工。

对于连续刚构桥的桥墩设计，在满足桥墩抗压、抗弯刚度的前提下，应减小其水平抗推刚度，以适应桥梁纵向变形，减小结构次内力，可采用水平抗推刚度较小的单肢薄壁墩或双肢薄壁墩。一般情况下，墩的长细比可取16～20，双肢薄壁墩的中距与主跨之比a/l可取1/25～1/20。

因薄壁墩的防撞能力较弱，在通航河流上建桥时，应充分注意桥梁薄壁墩抵抗船舶撞击的安全度，采取合适的防撞措施；大跨连续刚构桥在横桥的约束也较弱，桥梁在横向不平衡荷载或风荷载作用下，易产生扭曲变位，为了增大其横向稳定性，桥墩的横向刚度应设计得大一些。

6.2.3.2 连续刚构桥的桥墩设计

（1）竖直双薄壁墩。它是用两个相互平行的薄壁与主梁固结的桥墩，如图2-6-10(a)所示，墩壁可以做成实心的矩形或者空心的箱形截面形式。竖直双薄壁墩抗弯刚度大，稳定性好，同时其水平抗推刚度小，适应桥梁的纵向变形；由于是双薄壁墩，主梁的负弯矩峰值出现在两肢墩的墩顶，且比单壁墩小一些，可以减小墩顶主梁截面尺寸，节约材料。因此，双薄壁墩是连续刚构桥理想的桥墩形式，被广泛采用。

（2）竖直单薄壁墩。高墩连续刚构桥，也采用竖直单薄壁墩，如图2-6-10(b)所示，其截面形式有实心的矩形和空心的箱形截面。

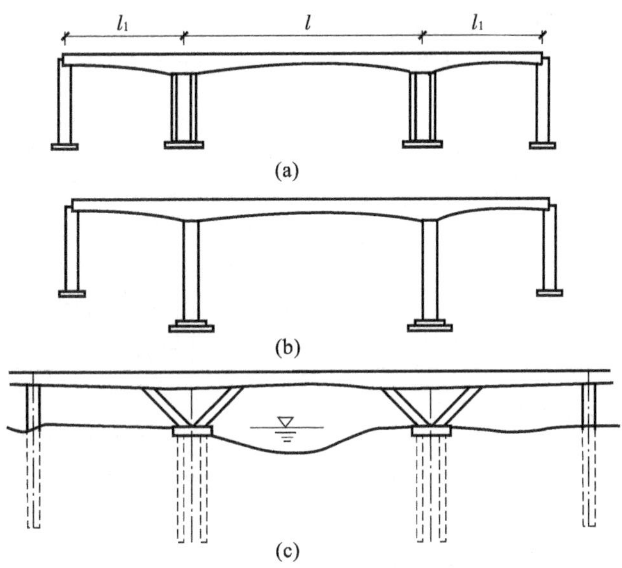

图 2-6-10　连续刚构桥形式

(a)竖直双薄壁墩;(b)竖直单薄壁墩;(c)V形墩

现以实心矩形截面为例,对单薄壁墩与双薄壁墩的水平抗推刚度比较如下。

设单薄壁墩的截面尺寸为 $b\times 2h$,双薄壁墩的单肢尺寸为 $b\times h$,如图 2-6-11 所示,墩高均为 l。材料弹性模量 E 相同,单薄壁墩的纵向抗弯惯性矩为 I_1,而双薄壁墩的单肢纵向惯性矩为 I_2,则顺桥向墩顶水平抗推刚度为:

单薄壁墩

$$k_1=\frac{3EI_1}{l^3}=\frac{2Ebh^3}{l^3} \tag{2-6-1}$$

双薄壁墩

$$k_2=2\times\frac{3EI_2}{l^3}=\frac{Ebh^3}{2l^3} \tag{2-6-2}$$

由式(2-6-1)、式(2-6-2)可知,在墩身截面面积相同的情况下,双薄壁墩的抗推刚度仅为单薄壁墩的 1/4。

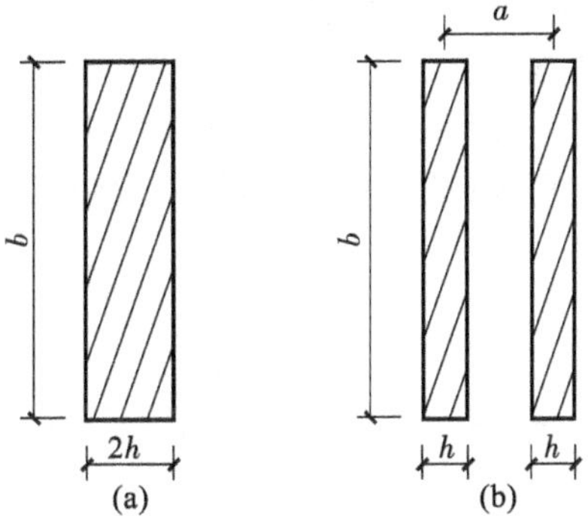

图 2-6-11　薄壁墩截面形式

(a)单壁墩;(b)双壁墩

一般来说,在截面面积相同的条件下,单薄壁墩的抗弯、抗扭及稳定性均较双薄壁墩弱,但其抗推刚度大,不利于桥梁的纵向变形。但是,随着墩身高度的增加,单薄壁墩的抗推刚度逐渐减小,柔性逐渐增强,并且箱形单薄壁墩抗弯、抗扭及稳定性好,因此对于高墩连续刚构桥,箱形单薄壁墩也是理想的墩身形式。

(3)V 形墩(或 Y 形柱式墩)。为了减小墩顶处主梁的负弯矩峰值,可将墩柱做成 V 形墩形式,如图 2-6-10(c)所示。Y 形墩是上部为 V 形托架,下部为单柱式,构成 Y 形桥墩,这种桥墩施工较麻烦。

连续刚构桥的梁墩固结处构造与受力均十分复杂,是结构设计的关键部位。固结处的连接形式,首先取决于墩柱的形式,同时应考虑使传力路径明确简捷、力线流畅和施工方便。

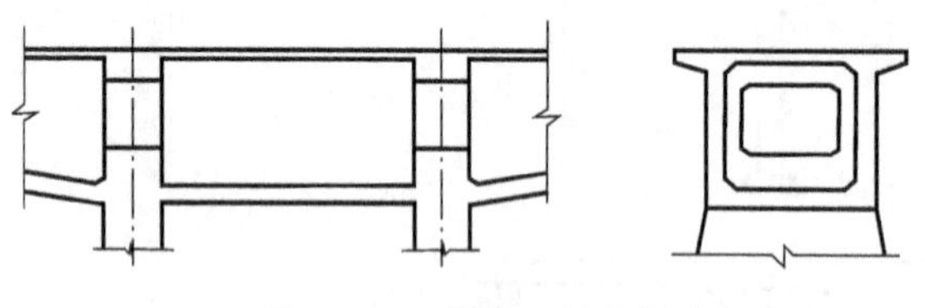

图 2-6-12 墩梁固结处构造

图 2-6-12 所示为纵向带横联的双壁墩,在固结处采用了梁部箱体直接同接于双壁墩顶部的形式,并使双壁轴线与固结处梁部的横隔板中心线一致。墩顶钢筋经底板伸至横隔板内,有足够的锚固长度。为了防止结合部位横向开裂,在横隔板上下部包括底板设置横向预应力筋,在梁墩连接部位底板顶面应力集中过大处增设了梗腋。对于特大跨径的连续刚构桥,其薄壁空心墩顶宜布置高度为 2m 左右的实体段。

6.3 配筋与其他构造设计原则

6.3.1 悬臂梁桥配筋

对钢筋混凝土悬臂梁桥而言,主梁内主钢筋的布置要满足正负弯矩的要求。在悬臂部分和支点附近负弯矩区段,主钢筋要布置在梁的顶部;跨中部分承受正弯矩,主钢筋应布置在梁的底部;在正负弯矩过渡区域,两个方向的弯矩都可能发生,所以梁的顶部和底部都要布置适量的主钢筋。主梁内抵抗主拉应力的斜钢筋可以根据受力需要由梁顶和梁底的主钢筋弯折而成。对于跨中正弯矩区段主钢筋密集的部位,可通过敷设加强钢筋网来改善混凝土的裂缝分布;在支点负弯矩区段,可在桥面铺装层内敷设钢筋网并采取有效的防水措施,以避免雨水渗入梁体。

预应力筋的布置形式同梁桥结构体系、受力情况、构造形式和施工方法都有密切的关系,如果其他条件已选择确定,那么预应力筋的布置形式应根据结构的受力要求来确定。对预应力混凝土悬臂梁而言,通常以最大设计内力图(弯矩包络图)的全部纵坐标除以一个常数来得到沿跨长预应力筋的偏心距。这些偏心距的连线即是预应力筋的重心线,也是预应力筋的压力线。图 2-6-13 和图 2-6-14 分别给出了单悬臂梁和双悬臂梁内预应力筋连续布置的形式,这通常应用在有支架的现浇预应力混凝土悬臂梁桥中。无论短跨或长跨、短悬臂或长悬臂,这样布置的预应力筋都充分利用了结构变截面的特点,既符合受力要求,又尽可能地减缓了预应力筋的曲率,从而降低了预应力筋的摩阻损失。

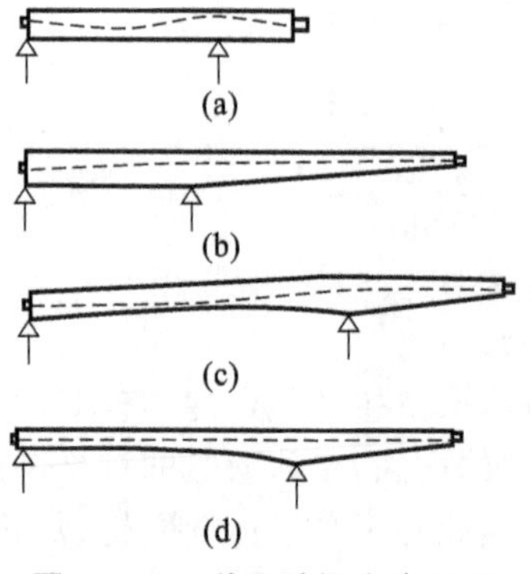

图 2-6-13 单悬臂梁布束形式

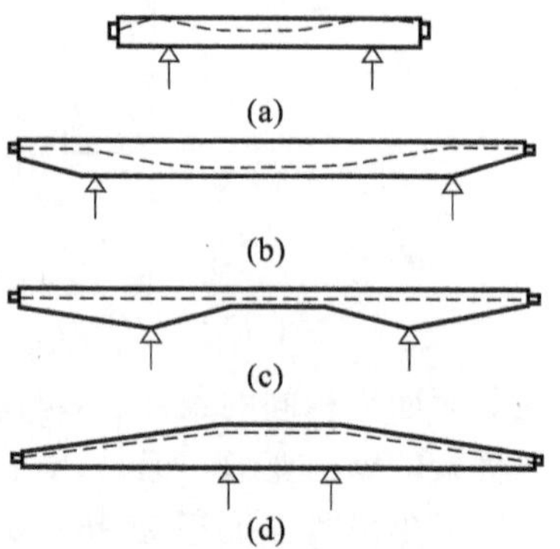

图 2-6-14 双悬臂梁布束形式

6.3.2　连续梁桥配筋

目前，采用现场整体浇筑的钢筋混凝土连续梁在城市跨线桥上仍有应用，主要原因是钢筋混凝土桥梁施工简单。其梁内纵向主钢筋需根据结构弯矩包络图进行布置，以满足正、负弯矩的要求；斜钢筋则可根据抵抗主拉应力的需要设置，既可由上、下部主钢筋弯折而成，也可另外配置。对于整体式钢筋混凝土连续板梁桥，有公路部门的标准图可供参考。

预应力混凝土连续梁桥主梁主要有三方面内力，即纵向受弯、竖向受剪及横向受弯。为了抵抗这三个内力，需布置三向预应力筋，即纵向抗弯、竖向抗剪及横向抗弯预应力筋。

6.3.2.1　纵向预应力筋

连续梁桥根据不同的施工方法，其恒荷载受力状态及活荷载受力存在一定的差别。预应力混凝土连续梁桥中预应力筋的布置形式，与所采用的施工方法及预应力筋的种类有密切的关系。

对于就地现浇连续梁的预应力束筋布置形式，在短跨的等截面连续梁中，可以连续曲束布置；而在较长的连续梁中，为了减小连续预应力束筋的摩阻损失，在梁顶上或梁底部设置锚固端，在梁的构造上要设置凹槽，可放置锚具并便于安装千斤顶张拉，凹槽在张拉后用混凝土填封。当采用这种预应力束筋时，为防止在中间锚固处因集中较大的锚固力（偏心距较大）而导致结构另一缘的拉裂，通常需要布置较多的非预应力钢筋。在跨径不大的变截面连续梁中，可在支点截面上布置帽束；在较大跨径的变截面连续梁中，应利用梁的形心轴线变化而采取束筋曲率不大的布置形式，从而获得较大的偏心距。预应力束筋的有效偏心距是从束筋重心处至梁截面形心轴的距离。

纵向预应力筋布置形式主要有如下几种主要方式。

①顶推法施工的连续梁桥，一般采用直线布筋方式，如图 2-6-15(a)所示。上、下预应力筋束使得截面接近轴心受压，以抵抗顶推过程中各截面正负弯矩的交替变化；待顶推完成后，在跨中底部和支座顶部增加局部预应力筋，以满足使用阶段活荷载内力要求；有时，在支座底部及跨中顶部附近布置设计要求的施工临时束，施工完成时予以拆除。

②简支-连续法，即先简支后连续施工的连续梁桥，先按简支梁桥布置预应力束，然后在支座接缝的顶部布置直线筋，形成连续梁以承担活荷载作用下产生的负弯矩[图 2-6-15(b)]。

③悬臂施工连续梁桥，一般采用节段浇筑或拼装的施工方法，因此一期钢束布置在截面上缘以抵抗悬臂施工阶段与使用阶段的负弯矩，合龙后在跨中区域截面下缘布置预应力束，以抵抗使用阶段活荷载产生的正弯矩。上缘预应力筋主要布置在箱梁顶板，称为顶板索；下缘预应力筋一般布置在箱梁底板，称为底板索。

顶板索有直线配筋[图 2-6-15(c)]与曲线配筋[图 2-6-15(d)]两种方式，曲线配筋锚固于腹板位置，有利于腹板抗剪，较多采用。

④连续曲线配筋方式，将跨中部位抵抗正弯矩的底板索与支座部位抵抗负弯矩的顶板索在全桥范围连续化，如图 2-6-15(e)所示。这种预应力筋布置方式一般适用于整体浇筑施工的中、小跨径连续梁桥。

图 2-6-15 中右边 M 图为连续梁施工过程中在自重作用下的弯矩示意图。预应力筋弯曲次数多，连续长度过长，预应力损失大，因此预应力筋连续长度一般不宜太长。

对于预应力混凝土梁桥预应力筋布置的经济性来说，如果在施工阶段所需布置的预应力束筋与结构使用状态下所需的预应力束筋，在布置形式与受力要求的束数一致，这将是最经济的设计。而顶推法施工的连续梁，它因施工阶段的受力包络图与连续梁的设计内力包络图很不一致，因而导致在连续梁顶推施工中要布置施工临时束，然后在最后形成连续梁后予以拆除。这将使施工中张

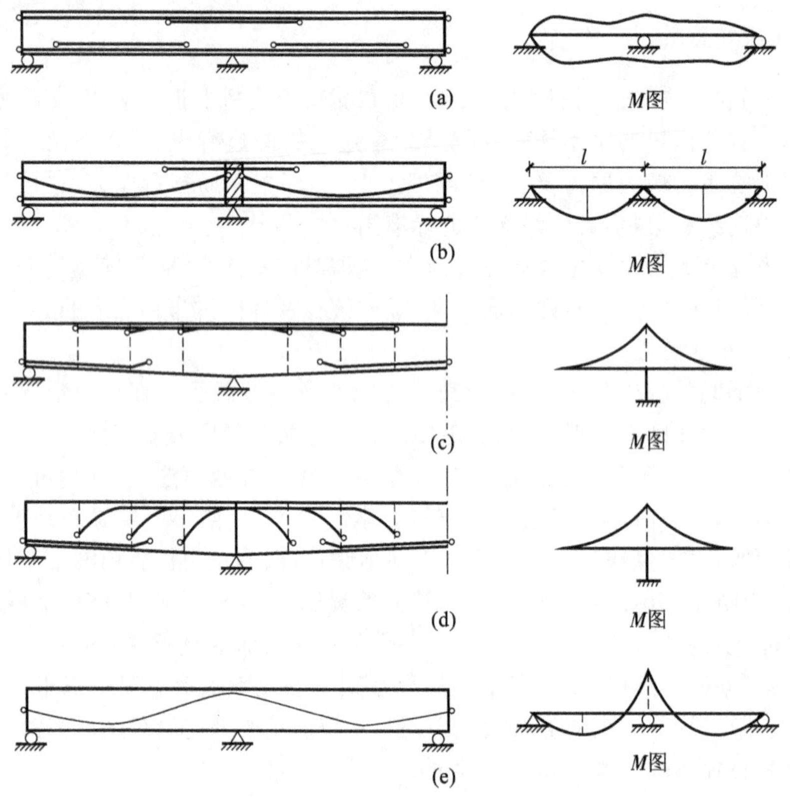

图 2-6-15 连续梁纵向预应力筋配筋方式

(a)顶推法;(b)简支-连续法;(c)悬臂法(直线配筋);(d)悬臂法(曲线配筋);(e)整体现浇法

拉顺序复杂化,并多用一些预应力束筋,这是不经济的。然而在施工的其他方面,它具有如机具简单,固定台座生产预制梁段逐步顶推等优点又节省了劳力与费用。所以,顶推法施工在布束条件上是不利于节约材料的,只有在某些特定条件下采用才可能达到综合经济效益。

6.3.2.2 横向预应力筋

横向预应力筋是用以保证桥梁横向整体性、桥面板及横隔板横向抗弯能力的主要受力钢筋。

横向预应力筋一般布置在箱梁顶板和横隔板中。顶板中的横向预应力筋在悬臂段及腹板支承处,布置在顶板上缘;在两腹板支承的跨中部位,布置在顶板下缘,如图 2-6-16 所示。因为箱梁顶板的横向弯曲相当于框架或连续梁工作。

由于箱梁顶板厚度小,横向预应力筋大多采用扁锚体系,以减小预应力管道所占空间。

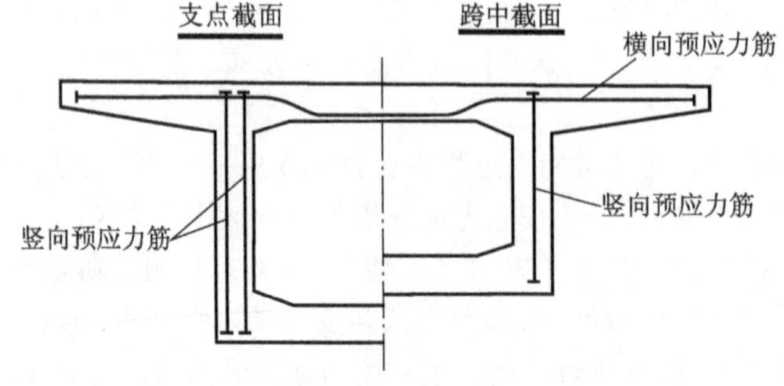

图 2-6-16 箱梁横向及竖向预应力筋布置

6.3.2.3 竖向预应力筋

①竖向预应力筋的主要作用是提高截面的抗剪能力。

②配筋方式。一般采用粗钢筋作为竖向预应力筋布置在腹板内，间距由计算要求确定。因桥墩支点截面剪力大，跨中截面剪力小，所以一般支点附近区域竖向预应力筋配置较密（即间距小），跨中区域间距稍大，如图 2-6-16 所示。

③特点。竖向预应力筋长度短，张拉延伸量小，容易造成预应力损失，一般需进行二次张拉，以确保足够的有效预应力。

预应力筋张拉后（纵、横、竖向）应及时对管道进行压浆并封锚，压浆应密实饱满，否则有可能带来严重后果；预应力箱梁大多采用 C50 及以上的高标号混凝土。

6.3.3 刚构桥配筋

带挂梁的 T 形刚构桥的悬臂部分只承受负弯矩，因此将预应力筋布置在梁肋顶部和桥面板内，以获得最大的作用力臂，如图 2-6-17 所示。预应力筋分为直线束和曲线束两类，直线束的一部分在接缝端面上锚固，另一部分直通至悬臂端部锚固在牛腿端面上。肋内的曲线束则随着施工的推进逐渐下弯而倾斜锚固在各安装块件（或现浇段）的端面上。为了使位于梁肋外承托内的力筋也能下弯锚固，通常它们在平面内也应作适当弯曲，如图 2-6-17 的平面图所示。下弯的力筋能增加梁体的抗剪能力。在大跨径桥梁中还可在肋内设置专门的竖向预应力钢筋来增强梁肋的抗剪作用。

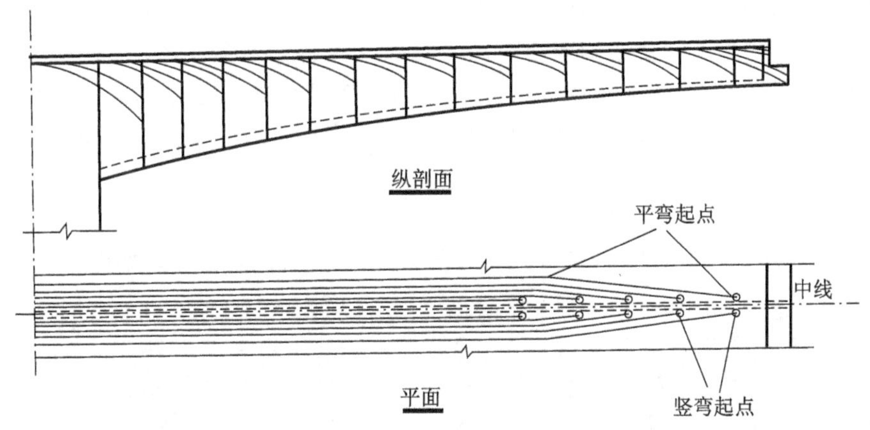

图 2-6-17 T 形刚构悬臂预应力筋布置图

对于带剪力铰的 T 形刚构桥，悬臂部分也可能出现正负异号的弯矩，在此情况下，梁的底部应布置适当的纵向预应力筋。

箱梁截面中的非预应力钢筋，大多属于构造钢筋，通常预制成钢筋网来安装，并注意在截面变化处（如承托处等）和削弱处（如检查孔处等）进行局部加强。

T 形刚构的桥墩属于压弯构件，而且墩柱两侧均可能受拉，因此必须在两侧柱壁内布置足够的受力钢筋或预应力筋。

预应力混凝土连续刚构桥的钢筋布置与连续梁桥类似，这里不再赘述。

而预应力混凝土 T 形刚构的悬臂施工法，使结构在施工时的布束原则与形式和结构使用状态下的要求完全一致，因而预应力束筋用材最小。根据统计资料分析，T 形刚构的预应力束筋用料比连续梁要节省 10%～15%。因为连续梁的结构次内力以及体系转换往往需要布置正弯矩束。

6.3.4 其他构造设计

6.3.4.1 横隔梁

横隔梁在装配式T形梁中起着保证各根主梁相互连成整体的作用，其刚度越大，桥梁的整体性越好，在荷载作用下各主梁就能更好地协同工作。然而，设置横隔梁使主梁模板工作稍复杂，横隔梁的焊接接头往往要在设于桥下专门的工作架上进行，施工比较麻烦。实践证明，对于简支梁桥，一般在跨中、四分点、支点处各设一道横隔梁就可以满足要求。

横隔梁的高度可取为主梁高度的3/4左右，在支点处可与主梁同高，以利于梁体在运输和安装中的稳定性。但如果端横隔梁高度比主梁略小一些，则对安装和维修支座是有利的。

横隔梁的肋宽常用12～20cm。预制时做成上宽下窄和内宽外窄的楔形，以便脱模。

箱梁横隔梁的基本作用是增加截面的横向刚度，限制畸变应力。支承处的横隔梁还担负着承受和分布较大支承反力的作用。箱形截面由于具有很大的抗扭刚度，因此横隔梁的布置可以比一般肋形的桥梁少一些。目前许多国家认为可以减少或不设置中间横隔梁。从受力的角度来分析，中间横隔梁对纵向应力和横向弯矩的分布影响很小，活荷载横向弯矩的增加很少超过8%，而恒荷载应力又不受横隔梁的影响，因此单从结构上考虑，中间横隔梁的作用可以用局部加强腹板或特殊的横向框架来代替。重庆长江大桥主跨跨径为174m，悬臂长69.5m，在悬臂中间仅设置一道横隔梁，边跨悬臂长51.5m，中间则不设横隔梁。日本浦户大桥主跨跨径为230m，设5道横隔梁，间距为38m。滨名、彦岛大桥横隔梁间距各为29.3m。联邦德国的本道大桥横隔梁间距为35m。

箱梁中横隔梁的配筋形式与箱梁的支承方式有关。当支承位于主梁腹板下时，在横隔梁中只要配置一定数量的水平方向的普通钢筋便可。当支承不通过主梁腹板轴线，而是通过箱梁轴线支承在底板上时，横隔梁受力类似于弹性支承的悬臂梁，在横隔梁中应设置曲线形的预应力钢筋。同时可在主梁或横隔梁腹板内布设预应力直筋，但40%～60%的支承反力是由曲线形的预应力筋来承担的。

6.3.4.2 牛腿的受力特点和构造

悬臂梁桥、T形刚构桥的悬臂端和挂梁端结合部的局部构造称为牛腿，如图2-6-18所示。

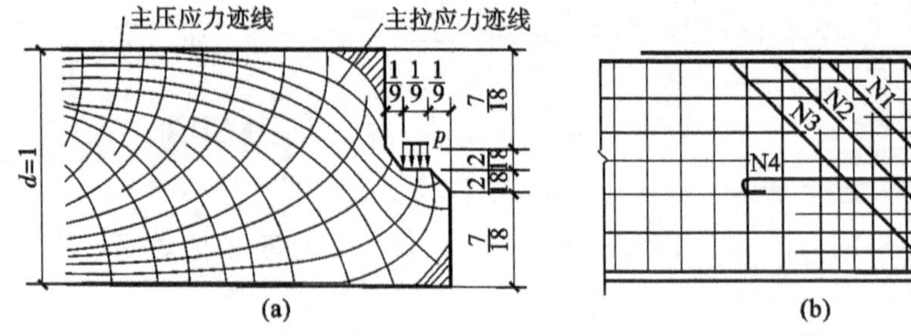

图2-6-18 牛腿的构造及受力

由于梁端的相互搭接，中间还要设置传力支座来传递较大的竖向力，因此牛腿的高度被削弱至不到悬臂梁高和挂梁梁高的一半，但却又要传递较大的竖向力。这就使其成为上部结构中的薄弱部位。鉴于牛腿处梁高的骤然减小，因此设计时除了将此处梁肋加宽并设置端横梁加强外(图2-6-19)，还应适当改变牛腿的形状，避免尖的凹角，如图2-6-18(a)所示，同时还需配置密集的钢筋网或张拉预应力。此外，为改善牛腿的受力状况，还应尽量减小支座的高度，如采用橡胶支座等(图2-6-19)。

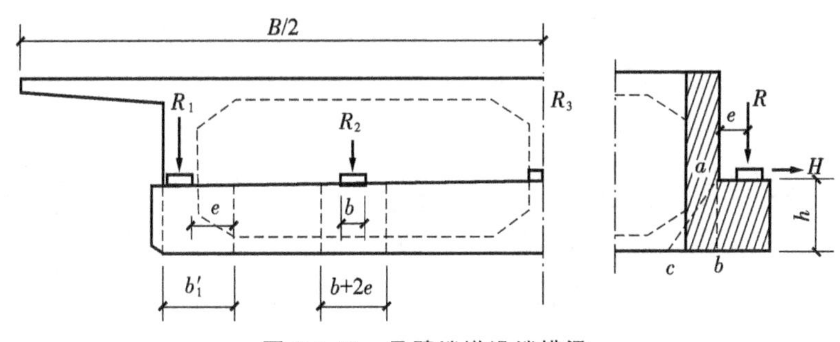

图 2-6-19　悬臂端增设端横梁

鉴于牛腿是整根梁的薄弱环节，受力情况复杂，各种验算方法也带有相当的近似性，故对于斜筋和水平钢筋的设计应偏安全些，而且在牛腿部分还应布置较密的箍筋和纵向水平钢筋。

6.3.4.3　斜腿刚构桥与门式刚构桥隅节点构造

斜腿刚构桥与门式刚构桥属于非常用桥型，其主梁与墩柱的构造与一般梁式桥相同，这里仅介绍节点构造。

单跨刚构桥的节点是指立柱（或斜支撑腿）与主梁相连接的部位，又称为角隅节点。该节点必须具有强大的刚性，以保证主梁和立柱的可靠连接。角隅节点和主梁（或立柱）相连接的截面受有很大的负弯矩，因此节点内缘的混凝土会产生很高的压应力，而节点外缘的拉力则由钢筋承担，于是压力和拉力形成一对巨大的对角压力，对角隅节点产生不利的劈裂作用，如图 2-6-20 所示。

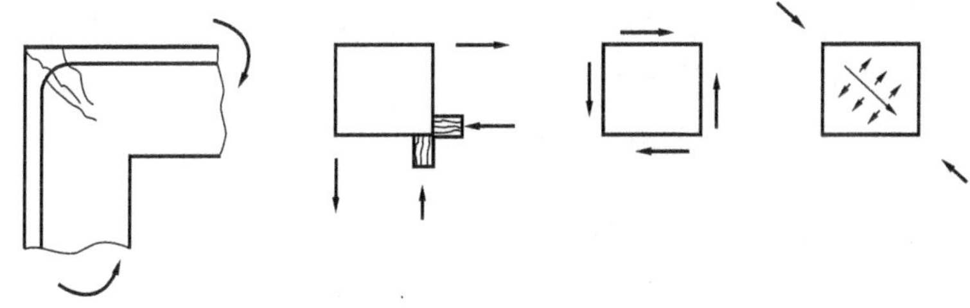

图 2-6-20　角隅节点受力示意图

当主梁和立柱都是箱形截面时，角隅节点可做成图 2-6-21 所示的三种形式：①仅在箱形截面内设置斜隔板，如图 2-6-21(a)所示，斜隔板抵抗对角压力最为有效，传力直接，施工简单，但其主筋的布置不如另两种形式方便；②节点设有竖隔板和平隔板，其传力间接，受力情况较差，但构造和施工较简单，如图 2-6-21(b)所示；③节点兼有竖隔板、平隔板和斜隔板，节点刚性强，布置主筋也较方便，但施工很麻烦，如图 2-6-21(c)所示。采用图 2-6-21(a)所示形式时，斜隔板应有足够的厚度。有时，为了使角隅节点有强大的刚性，并简化施工，也可将它做成实体。

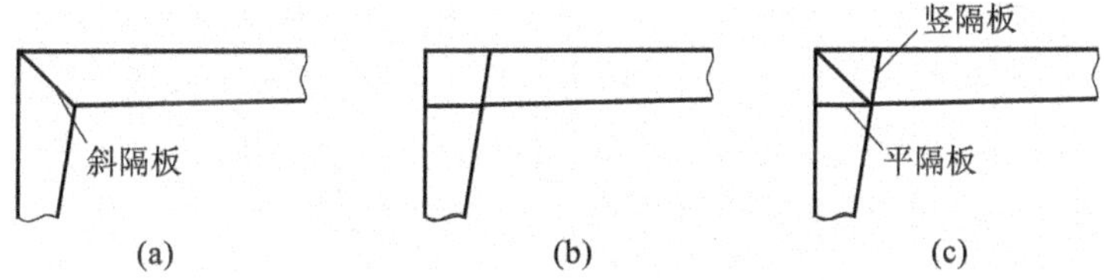

图 2-6-21　箱形截面刚架角隅节点形式

斜腿刚构桥的斜立柱与主梁相交的节点，根据截面形式的不同，可以做成图 2-6-22 所示的两种形式。

关于角隅节点的配筋，当采用普通钢筋混凝土时，一定要有足够的连续钢筋绕过角隅节点外缘，如图 2-6-23 所示，否则外缘混凝土由于受拉会产生裂缝。对于受力较大的节点，在对角力的方向要设置受压钢筋，在和对角力相垂直的方向要设置防劈钢筋。如果是预应力混凝土刚架桥，与角隅节点相邻截面的预应力钢筋宜贯穿角隅节点，并在隅角内交叉后锚固在梁顶和端头上。预应力钢筋锚头下面的局部应力区段内还应设置箍筋或钢筋，用以承受局部拉应力。对于加设梗腋的角隅节点，要设置与梗腋外缘相平行的钢筋。

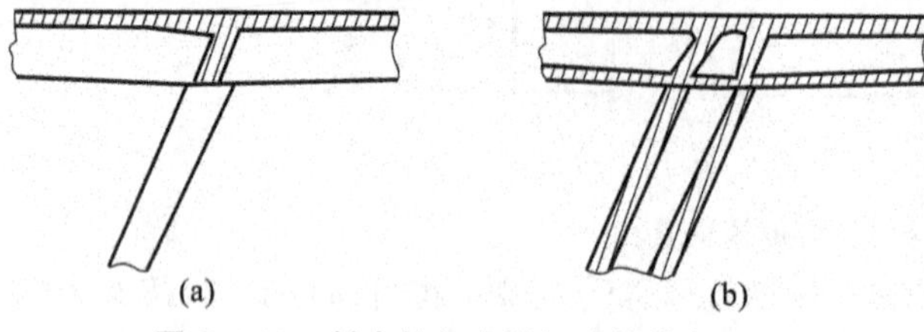

图 2-6-22 斜支柱与主梁相交的节点形式

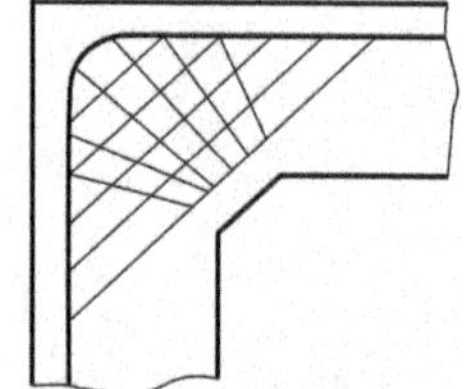

图 2-6-23 角隅节点普通钢筋的设置

6.4 悬臂和连续体系梁桥的计算要点

连续梁桥的设计与计算包括上部结构和下部结构的设计与计算。上部结构设计计算包括主梁、横隔梁、桥面板、支座以及其他构造细节，同时还要考虑结构变形、施工验算或其他特殊项目的验算。下部结构设计计算包括墩、台和基础。本节主要介绍连续梁桥上部结构主梁的内力计算。

主梁的内力计算可分为设计阶段和施工阶段内力计算两部分。设计阶段内力是强度验算及配筋设计的依据。施工阶段内力是指施工过程中，各施工阶段的临时施工荷载，如施工机具设备(挂篮、张拉设备等)、模板、施工人员等引起的内力，主要供施工阶段验算使用。把这部分内力和该阶段的主梁自重内力叠加，检验设计的截面尺寸和配筋是否满足施工时的强度和刚度要求，否则应增配临时束或对截面进行局部临时加固。

主梁内力计算包括恒荷载内力、活荷载内力和附加内力(如风力或离心力引起的内力)计算，以及由于预加力、混凝土收缩和徐变及温度变化等引起的结构次内力的计算。将它们按照规范的规定进行组合，根据最大组合效应进行配筋设计和应力验算。设计实践表明，恒、活荷载内力是预应力混凝土桥梁内力的主要来源，一般它们占整个设计最大内力的 80%～90%。

6.4.1 恒荷载内力计算

简支梁桥恒荷载内力计算，是按照成桥以后的结构图示进行的。而对于超静定连续梁桥与刚构桥的恒荷载内力计算，必须按施工过程来进行分析，根据各施工阶段内力计算结果，累积叠加得成桥状态的恒荷载内力。采用不同的施工方法，结构恒荷载内力是不同的。

连续梁桥主要有整体法、逐孔法、简支-连续法、悬臂法及顶推法等施工方法。整体施工法可按照成桥状态，一次建立结构计算图示，计算结构恒荷载内力；而其余四种施工方法均需按施工过程，分阶段建立结构受力图示，计算各阶段内力，然后叠加得最终成桥状态的内力。下面主要介绍整体浇筑法、悬臂法和顶推法施工的连续梁桥恒荷载内力计算过程。

6.4.1.1 整体浇筑法施工时连续梁的恒荷载内力计算

整体浇筑法施工过程中结构不发生体系转换，如连续梁在满堂支架上现场整体浇筑，在穿束张拉并锚固后，拆除支架。采用这种施工方法，连续梁在建造过程中就没有发生体系转换，而是一次性整体完成，故恒荷载内力按连续梁计算。计算主梁自重内力时，如主梁为等截面，则自重集度 $g(x)$ 沿跨长均布，可按均布荷载乘以主梁内力影响线总面积计算；如主梁为变截面，自重集度 $g(x)$ 沿跨长变化，则可按下式计算：

$$S_{g1} = \int_L g(x) \cdot y(x) \mathrm{d}x$$

式中　S_{g1}——主梁自重内力(弯矩或剪力);

$g(x)$——主梁自重集度;

$y(x)$——相应的主梁内力影响线坐标。

6.4.1.2　悬臂浇筑法施工时连续梁的恒荷载内力计算

以一座三跨等截面连续梁桥为例,阐明各主要施工阶段及其受力情况。该桥上部结构采用挂篮对称悬臂浇筑法施工,从整体上可分为五个阶段,现分述如下,如图 2-6-24 所示。

连续梁挂篮施工工艺动画

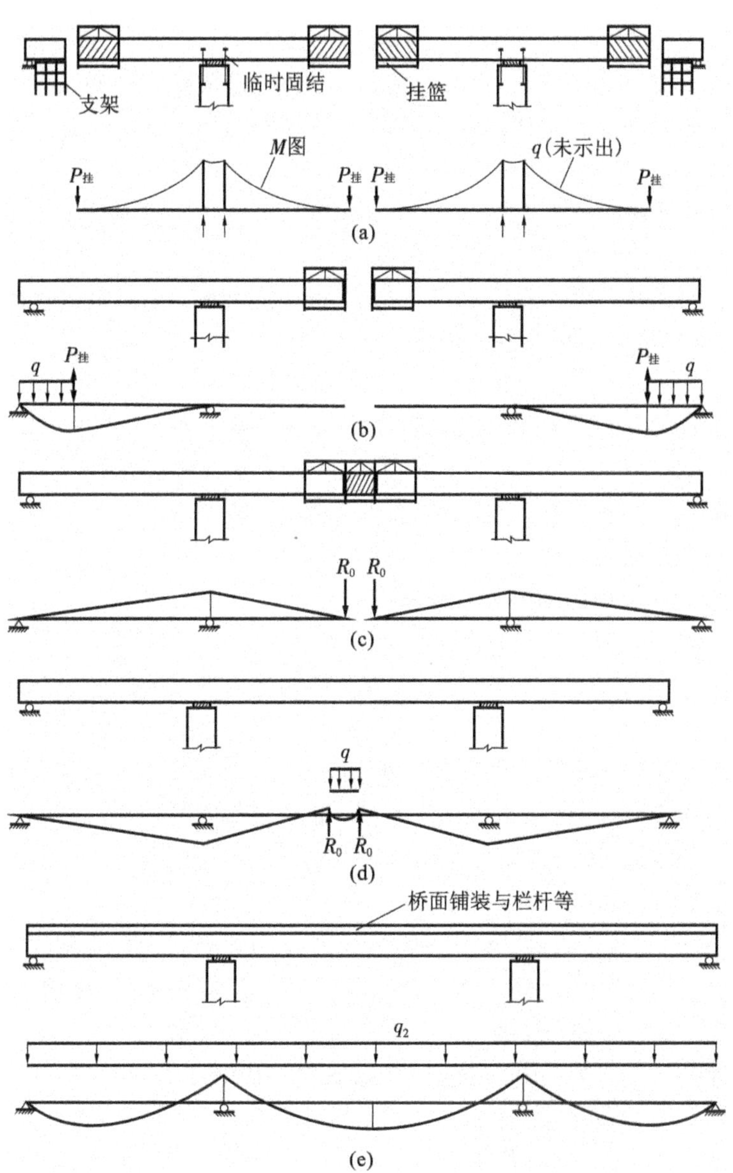

图 2-6-24　悬臂浇筑法施工时连续梁桥自重内力计算图示

(a)悬臂施工;(b)边跨合龙;(c)中跨合龙;(d)拆除合龙段挂篮;(e)上桥面二期恒荷载

①阶段 1,在主墩上悬臂浇筑箱梁。首先在主墩上采用托架现浇墩顶上面的梁段(称为 0 号块件),并用粗钢筋将梁与墩身临时固结;然后采用挂篮向桥墩两侧分节段对称平衡悬臂施工;边跨不对称部分梁段采用支架施工。

此时,桥梁边墩支座上暂不受力,结构的工作性能如 T 形结构,为静定体系,荷载为梁体自重 q 和挂篮重力 $P_{挂}$,其弯矩图与一般悬臂梁相同,如图 2-6-24(a)所示。

②阶段 2,边跨合龙[图 2-6-24(b)]。边跨合龙阶段包括:a. 浇合龙段混凝土;b. 张拉合龙索(暂不考虑预应力计算);c. 拆除中墩临时锚固,体系转换;d. 拆除支架和边跨挂篮。

此时,结构体系为一个悬臂梁,承受的荷载为边段梁体重力 q 及拆除挂篮荷载($-P_{挂}$)。

③阶段 3,中跨合龙[图 2-6-24(c)]。浇筑完中跨合龙段混凝土,当混凝土强度未达到设计强度之前,结构体系仍视为悬臂梁,将合龙段混凝土自重 q 与挂篮荷载 $P_{挂}$ 的合力重量按集中力 R_0 作用在两端。

④阶段 4,拆除中跨合龙段的挂篮[图 2-6-24(d)]。此时,全桥已形成整体结构。拆除挂篮后,原先由挂篮承担的合龙段自重转而作用在整体结构上。因此,作用在结构上的荷载为合龙段自重 q 和拆除荷载($-R_0$)。

⑤阶段 5,施工桥面(二期恒荷载),如图 2-6-24(e)所示。在二期恒荷载 q_2 的作用下,计算三跨连续梁的弯矩图。

⑥成桥状态恒荷载内力。将阶段 1 至阶段 5 的内力叠加,可得成桥状态的总恒荷载内力。

6.4.1.3 顶推法施工时连续梁的恒荷载内力计算

(1)顶推施工法的要点。

①预先在岸上预制部分梁段,采用顶推设备将其逐步向河对岸方向顶推,边顶推边预制后面的梁段,直到完成为止。

②为了减小顶推过程中悬臂梁的负弯矩,一般设置长度为桥梁跨径的 60%~70%钢导梁,钢导梁自重轻,刚度大;有时还需设置临时墩。

③顶推法施工的连续梁桥一般采用等高度等跨径设计。

(2)顶推法施工连续梁受力特点。

顶推法施工连续梁在施工过程中,由于梁是移动的,因此结构受力图示是不断变化的,其主要受力特点叙述如下:

①在顶推施工过程中,梁的每一个截面位置都在不断变化,结构受力计算图示也在不断变化,因此每一个截面的内力亦在不断变化中,由正弯矩→负弯矩→正弯矩等交替变化。

②当整个梁顶推就位后,其恒荷载内力与整体支架施工法的连续梁相同。

(3)顶推法施工时连续梁的受力计算。

以两跨等截面连续梁为例,阐明顶推法施工过程中连续梁的受力情况。为便于阐述问题,设钢导梁长度为 $l/2$,桥梁跨径为 l,导梁自重为 $q/5$,q 为混凝土梁自重。现选择四个典型阶段来考察截面 1 和截面 2 的自重弯矩,如图 2-6-25 所示。

①阶段 1,第一跨悬臂阶段[图 2-6-25(a)]。此时,在钢导梁即将到达 1 号墩之前的最大悬臂阶段,按悬臂梁分析,截面 1、2 的弯矩分别为:

$$M_1=-\frac{ql^2}{40},\quad M_2=-\frac{ql^2}{5}$$

②阶段 2,单跨简支梁阶段[图 2-6-25(b)]。在钢导梁到达 1 号墩之后,可按简支梁进行受力分析,此时截面 1、2 的弯矩分别为:

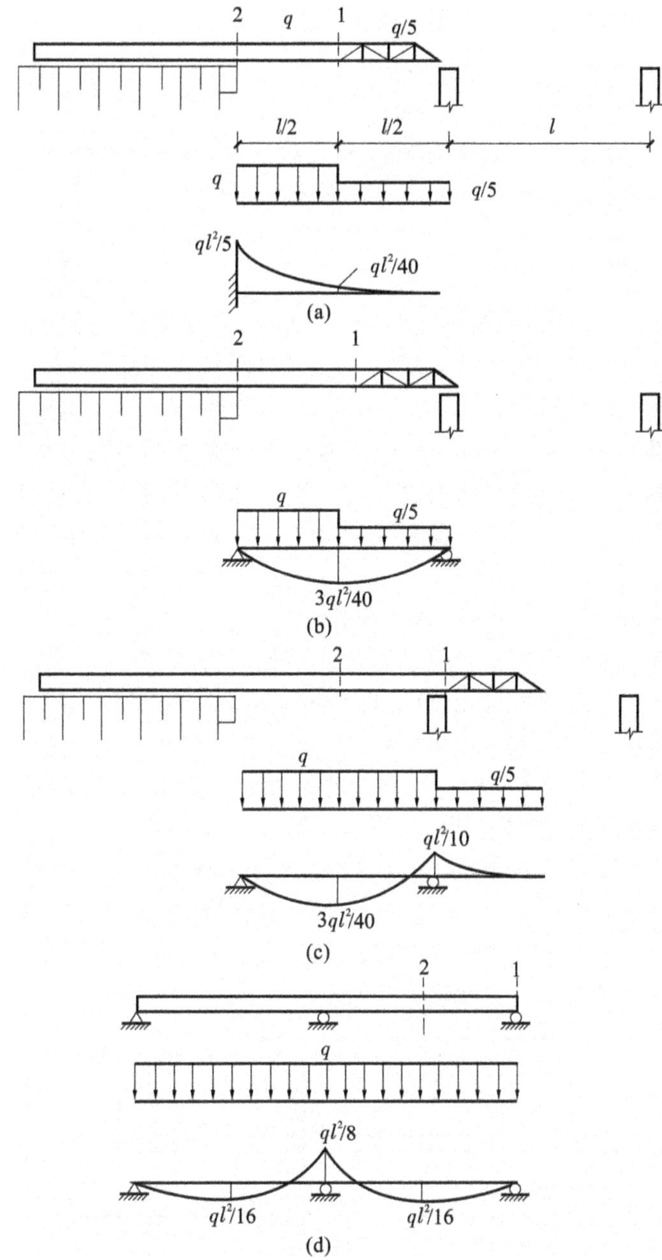

图 2-6-25　顶推法施工过程受力分析

(a)阶段 1 第一跨悬臂阶段；(b)阶段 2 单跨简支梁阶段；(c)阶段 3 第二跨悬臂阶段；(d)阶段 4 顶推完成阶段

$$M_1 = \frac{3ql^2}{40},\quad M_2 = 0$$

③阶段 3，第二跨悬臂阶段[图 2-6-25(c)]。此时截面 1、2 的弯矩分别为：

$$M_1 = -\frac{ql^2}{10},\quad M_2 = \frac{3ql^2}{40}$$

④阶段 4，顶推完成阶段[图 2-6-25(d)]。顶推完成后，拆除导梁，此时为两跨连续梁，在自重荷载 q 作用下有：

$$M_1=0,\quad M_2=\frac{ql^2}{16}$$

从上述分析可知，截面 1 M_1 从$-\frac{ql^2}{40}\to\frac{3ql^2}{40}\to-\frac{ql^2}{10}\to0$ 变化，截面 2 M_2 从$-\frac{ql^2}{5}\to0\to\frac{3ql^2}{40}\to\frac{ql^2}{16}$ 变化。可见梁截面的弯矩在顶推过程中呈现正、负交替变化，因此顶推法施工的连续梁恒荷载内力计算，需按顶推过程，计算出各截面最不利内力包络图进行设计。

6.4.2 基本活荷载内力

在内力影响线上按最不利荷载位置布置活荷载，就可求得截面的控制内力值。当内力影响线有正、负两种区段时，就应分别对正、负区段加载，以求出正、负两个内力值。在此情况下，正值和负值分别称为最大和最小活荷载弯矩(或剪力)。当只有正号影响线时，最小内力为零；反之则最大内力为零。

在计算各主梁活荷载内力时，与简支梁一样，也要分析荷载的横向分布，即确定主梁的荷载横向分布系数。悬臂梁和连续梁与简支梁的力学体系不同，因而不能直接应用前面基于简支梁分析所得到的结果。下面主要介绍连续梁桥荷载横向分布计算的等代简支梁法、经验估算法和修正偏心压力法。

6.4.2.1 荷载横向分布计算的等代简支梁法

各种桥梁位于支点处的荷载，显然均可像简支梁一样按杠杆原理法来计算其横向分布系数 m_0。

对位于悬臂梁桥锚固孔跨中的荷载，由于其力学效应与同跨径简支梁相似，故可视具体情况按窄桥($l/B\geqslant2$)或宽桥($l/B<2$)的条件采用“偏心压力法”或“G-M”法计算其横向分布系数 m_c。

然而，对于悬臂梁桥的悬臂部分和连续梁桥跨中，情况就与简支梁不同，其横向分布系数计算可采用等代简支梁法，基本原理如下所述。

①当主梁截面为T形或工字形截面时，非常适合采用等代简支梁法计算横向分布系数，当主梁为箱形截面时，可将多室箱梁假想地从各室顶、底板中点切开，成为由 n 片 T 形梁(I 字梁)组成的桥跨结构，如图 2-6-26 所示；根据刚度等效原则，将连续梁化成等效简支梁，采用简支梁荷载横向分布计算的修正偏心压力法计算其荷载横向分布系数。

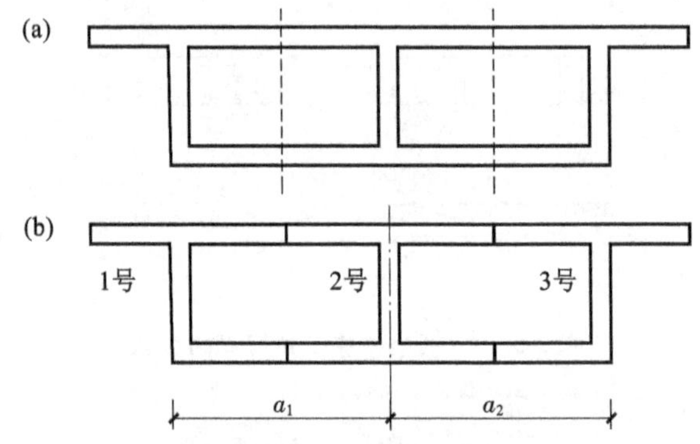

图 2-6-26 箱梁截面的划分

②按照同等集中荷载 $P=1$ 作用下跨中挠度相等的原理，反算等代简支梁的抗弯惯性矩修正系数 C_W；按照在集中扭矩 $T=1$ 作用下连续梁与等代简支梁跨中扭转角相等的条件，计算等代简支梁的抗扭惯性矩修正系数 C_θ。

如图 2-6-27 所示，设跨径布置为三跨等截面连续梁，整个箱梁截面的抗弯惯性矩和抗扭惯性矩分别为 I_c、I_{Tc}。设连续梁中跨的跨中作用荷载 $P=1$ 时，其跨中挠度为 W_l；对于跨径为 l 的简支梁，跨中荷载 $P=1$ 作用下跨中挠度 W_j 为：

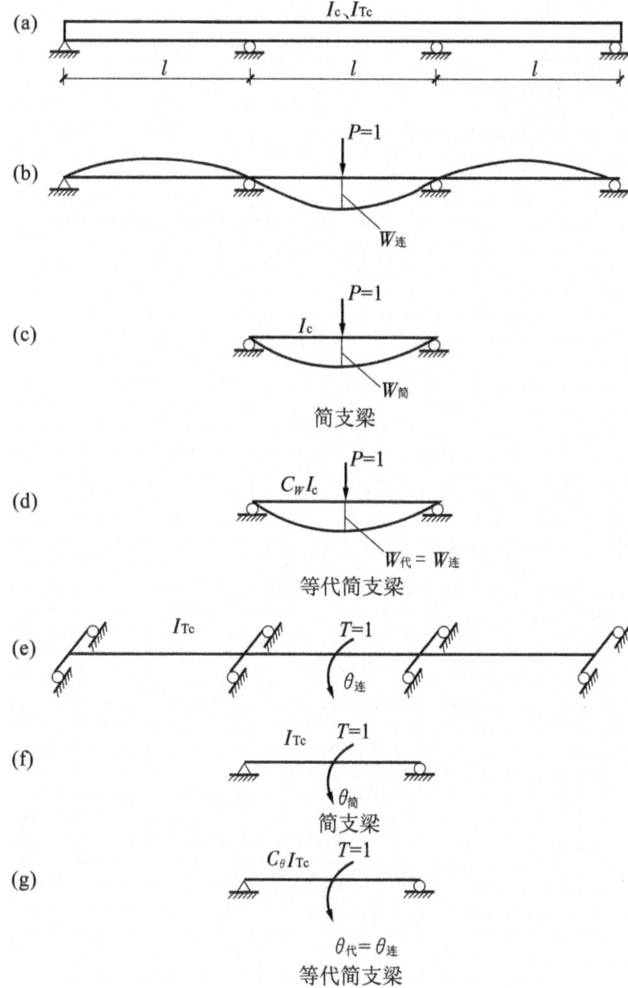

图 2-6-27　等代简支梁法原理示意图

$$W_j=\frac{Pl^3}{48EI_c} \tag{2-6-3}$$

对于跨径为 l，抗弯刚度为 $C_W EI_c$ 的等代简支梁，则在 $P=1$ 作用下，跨中挠度 W_d 为：

$$W_d=\frac{Pl^3}{48C_W EI_c} \tag{2-6-4}$$

比较式(2-6-3)和式(2-6-4)可知：

$$C_W=\frac{W_j}{W_d} \tag{2-6-5}$$

再由 $W_d=W_l$，上式可写为：

$$C_W=\frac{W_j}{W_l} \tag{2-6-6}$$

同理，可求得等代简支梁的抗扭惯性矩修正系数 C_θ：

$$C_\theta=\frac{\theta_j}{\theta_l} \tag{2-6-7}$$

$$\theta_j=\frac{Tl}{4GI_{Tc}}$$

式中 G——剪切模量；

θ_l——当 $T=1$ 作用在连续梁中跨跨中时该截面产生的扭转角。

对于边跨，C_W、C_θ 的求法是一样的，此时需将 $P=1$、$T=1$ 分别作用在连续梁边跨跨中，求得边跨跨中的竖向挠度和扭转角，并与相同跨的简支梁相比较，即可求得边跨等代简支梁的抗弯惯性矩修正系数 C_W 和抗扭惯性矩修正系数 C_θ。

由于连续梁属于超静定结构，连续梁的竖向挠度和扭转角一般应采用计算机程序求解，手算比较麻烦。求得修正系数 C_W、C_θ 后，简支梁偏压法的抗扭修正系数 β 为：

$$\beta=\frac{1}{1+\frac{nl^2}{12}\frac{G}{E}\frac{C_\theta}{C_W}\frac{I_{Tc}}{I_c}\frac{1}{\sum a_i^2}} \tag{2-6-8}$$

式中 n——划分后的主梁片数；

l——跨径，m；

G,E——材料的剪切模量和弹性模量，kN/m^2；

C_θ,C_W——抗扭惯性矩修正系数和抗弯惯性矩修正系数；

I_{Tc},I_c——整个箱梁截面的抗扭惯性矩和抗弯惯性矩；

a_i——第 i 片梁至截面中心的距离，m。

对于箱形截面梁，将其假想地划分为开口的多片主梁（T 或 I 字梁），计算每片主梁的荷载横向分布系数 m_i，一般情况下边主梁的荷载横向分布系数 m_i 大于中主梁，即边主梁的荷载横向分布系数为最大值 m_{max}。然而箱形截面为整体构造，若按分开求得的内力进行截面配筋设计，则既不合理，也较麻烦。

闭口薄壁箱形截面梁的受力特点与一般 T 形梁不同，其精确计算必须用薄壁构件结构力学的方法求解。如图 2-6-28 所示，当桥上有 K 行车辆活荷载对桥中线呈偏心作用时，横向一排车辆的总重 KP 将具有偏心距 e，此时整体箱形梁的受力可分作两种情况来计算：对称荷载 KP 作用下的平面弯曲计算和扭矩 $M_T=KPe$ 作用下的扭矩计算。

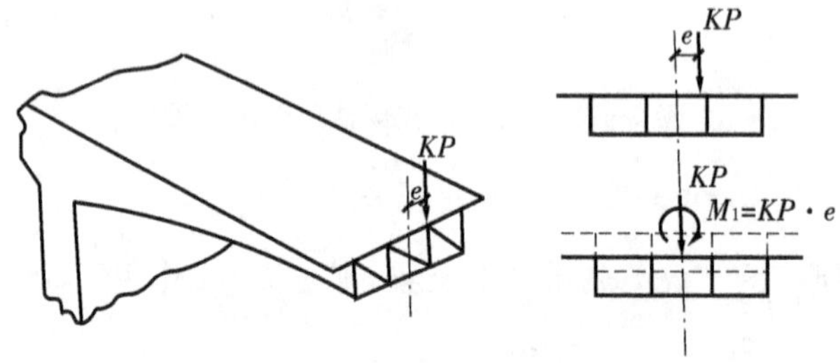

图 2-6-28 箱形截面梁的受力图示

对于平面弯曲计算，通常可用熟知的材料力学公式计算各横截面上的弯曲正应力 σ_M 和弯曲剪应力 τ_M。对于扭转计算，一般来说，箱形薄壁杆件受扭后横截面将产生自由扭转剪应力 τ_K、约束扭转正应力 σ_W 与剪应力 τ_W 以及截面发生歪扭引起的畸变正应力 σ_{dw} 与剪应力 τ_{dw}。

设计经验表明，钢筋混凝土或预应力混凝土箱形截面的抗扭刚度很大，由扭转引起的应力通常较平面弯曲引起的应力小得多。而且箱壁具有一定厚度的箱梁在横隔板的制约下截面不易发生歪扭，因而其畸变应力将更小，可以忽略不计。再考虑一般中、大跨径箱形截面桥梁的恒荷载内力比活荷载内力大很多，因而活荷载扭转应力占总应力的比重就更小了。如以我国乌龙江大桥（主跨 144m）和柳州大桥（主跨 120m）两座桥的箱形截面 T 形刚构桥为例，活荷载正应力占总应力的 11%～21%，活荷载剪应力占总剪应力的 9%～30%。如按技术文献所推荐的约束扭转正应力为活荷载弯曲应力的 15%计，扭转剪应力为活荷载弯曲剪应力的 5%计，约束扭转正应力仅占全部荷载

所产生正应力的1.7%～3.2%，扭转剪应力仅占全部荷载剪应力的0.5%～1.5%，数值甚微。

由此可见，在实际设计中，我们可以避免相当繁复的扭转应力计算而采用一些近似方法来估计这些数值，这对计算结果不会导致很大的误差。

国内对直线箱形截面的桥梁常采用下列近似方法来计算其荷载内力。

6.4.2.2　*荷载横向分布计算的经验估算法*

对于具有一定厚度且具有横隔板加劲的箱形梁，忽略歪扭变形的畸变应力，将活荷载偏心作用引起的约束扭转正应力和剪应力分别估计为活荷载对称作用下平面弯曲正应力的15%和剪应力的5%。因此当恒荷载对称作用时箱形梁任意截面计及扭转影响的总荷载内力近似估计为：

弯矩

$$M = M_g + 1.15M_p \tag{2-6-9}$$

剪力

$$Q = Q_g + 1.05Q_p \tag{2-6-10}$$

式中　M_g, Q_g——恒荷载引起的弯矩和剪力；

M_p, Q_p——全部活荷载对称于桥中线作用时引起的弯矩和剪力。

6.4.2.3　*荷载横向分布计算的修正偏心压力法*

箱形截面横向刚度和扭转刚度大，荷载作用下梁发生变形时可以认为横截面保持原来形状不变，即箱梁各个腹板的挠度呈直线变化。因此，通常可以将箱梁腹板近似看作等截面的梁肋，先按修正偏心压力法求出活荷载偏心作用下边腹板的荷载分配系数，再乘以腹板总数，这样就得到箱梁截面活荷载内力的增大系数。例如，对于图2-6-29所示的单箱三室截面，边腹板的活荷载分配系数为：

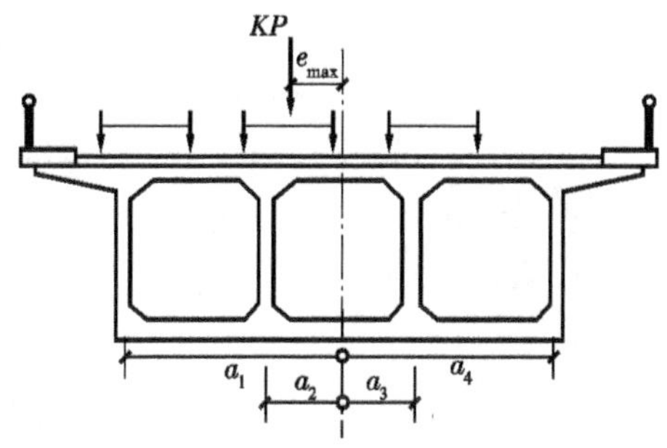

图2-6-29　内力增大系数计算图示

$$\eta_{max} = \frac{1}{n} + \beta\frac{e_{max}a_1}{\sum_{i=1}^{n}a_i^2} \tag{2-6-11}$$

式中　n——箱梁的腹板总数；

β——抗扭修正系数。

$$\beta = \frac{1}{1 + n\gamma\dfrac{G}{E}\dfrac{I_T}{I}\dfrac{1}{\sum a_i^2}} \tag{2-6-12}$$

对于简支跨的跨中截面，$\gamma = l^2/12$；对于悬臂梁的端部截面，$\gamma = l_x^2/3$；对于带锚固孔（跨径为l_1）的外伸梁的端部截面，$\gamma = [l_x(l_1 + l_x)]/3$；对于各种跨径比的连续梁的跨中截面，也可按前文简支梁计算中横向分布系数的计算中所述的原理求得γ值。I_T/I之比值在这里可用整个箱梁截面的抗扭惯性矩与抗弯惯性矩之比来代替。在计算抗扭惯性矩时可近似地忽略中间腹板的影响。

式(2-6-12)中系数γ的值是按等截面杆自由旋转推出的，对于变截面杆约束扭转来说，修正系数β将更小，因此按式(2-6-12)计算是偏于安全的。

求得了边腹板的荷载分配系数η_{max}后，即得活荷载内力增大系数ξ：

$$\xi = n\eta_{max} \tag{2-6-13}$$

因此，计及活荷载偏心扭转作用的箱形截面总内力为：

弯矩

$$M=M_g+\xi M_p \qquad (2\text{-}6\text{-}14)$$

剪力

$$Q=Q_g+\xi Q_p \qquad (2\text{-}6\text{-}15)$$

式中符号意义同前。

在设计时应分别计算出活荷载中汽车荷载及人群荷载等产生的最大和最小内力值,并与恒荷载内力组合,经比较后确定各截面的控制设计内力值。据此就可绘制最大和最小内力包络图形,以供钢筋布置和强度校核之用。

通常除了按上述方法计算横截面上的荷载内力外,还要计算沿纵截面上由恒荷载和局部活荷载引起的横向弯曲内力,也可以按常用的近似方法进行。

6.4.3 超静定结构次内力

桥梁结构在各种内外因素的影响下,可能会受到强迫的挠曲变形或轴向的伸缩变形影响。对于静定结构来说,这种变形是自由的,因此不会产生影响力;而对于超静定结构来说,在多余的约束处将会产生多余的约束力,从而就会产生桥梁结构的附加内力,称为次内力或二次内力。可能产生结构次内力的因素有预加力、基础变位、温度变化以及混凝土材料的收缩和徐变等。

6.4.3.1 预加力引起的次内力的计算

简支梁动画

如图 2-6-30(a)所示,预应力混凝土简支梁属于静定结构,在预加力作用下,只产生自由挠曲变形和预加力偏心力矩 M_0,亦称为初始力矩。

对于连续梁和连续刚构等超静定结构,预应力作用下多余约束处产生附加反力,从而导致结构产生附加内力 M',即次内力,如图 2-6-30(b)所示。

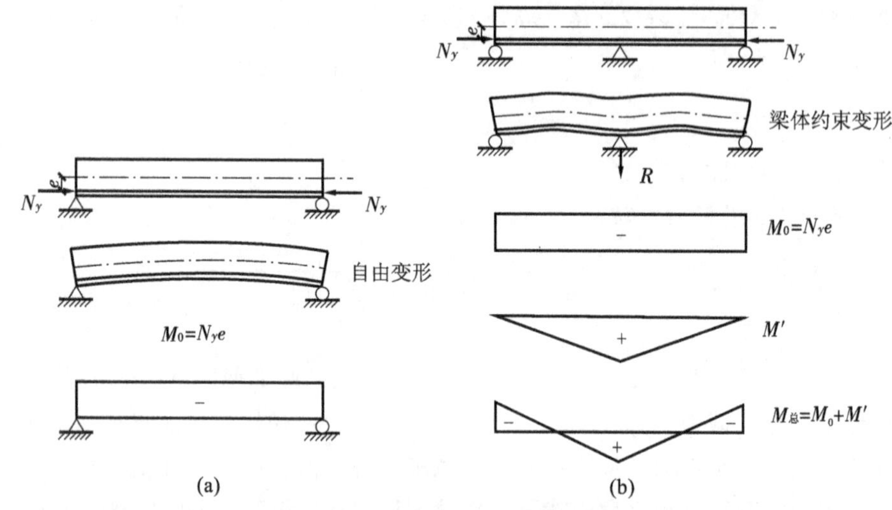

图 2-6-30 预应力引起的变形和内力

(a)简支梁;(b)连续梁

因此,由预加力产生的总内力(弯矩)为:

$$M_{总}=M_0+M'$$

式中 M_0——初预矩,$M_0=N_y e$,N_y、e 分别为预加力的值(kN)及其偏心距(m);

M'——由于多余约束的存在,预加力产生的次力矩。

总预矩和次力矩可采用力法或等效荷载法来求解。

(1)力法求解次内力。

采用力法进行总预矩的计算，一般取支点弯矩作为赘余力，通过变形协调方程求出赘余力。现以图 2-6-31(a)所示两跨连续梁为例进行介绍。

预应力束筋有效预加力为 N_y，偏心距为 e，取简支梁为基本结构，如图 2-6-31(b)所示，取中间截面弯矩 x_1 为赘余力，单位赘余力作用下的弯矩图如图 2-6-31(c)所示，初预矩 M_{N0} 如图 2-6-31(d)所示。在预加力作用下，支座 B 处的变形协调方程为：

$$\delta_{11}x_1+\Delta_{1N}=0 \tag{2-6-16}$$

δ_{11} 和 Δ_{1N} 可根据解除赘余约束后静定结构下，由于赘余力 $x_1=1$ 产生的弯矩 $\overline{M_1}$ 和预加力 N_y 产生的弯矩 M_{N0} 进行图乘得到。求解方程式(2-6-16)可得 x_1，预加力引起的附加力矩 $M_1'=x_1\overline{M_1}$[图 2-6-31(e)]，主梁内的总预矩如图 2-6-31(f)、(g)所示。

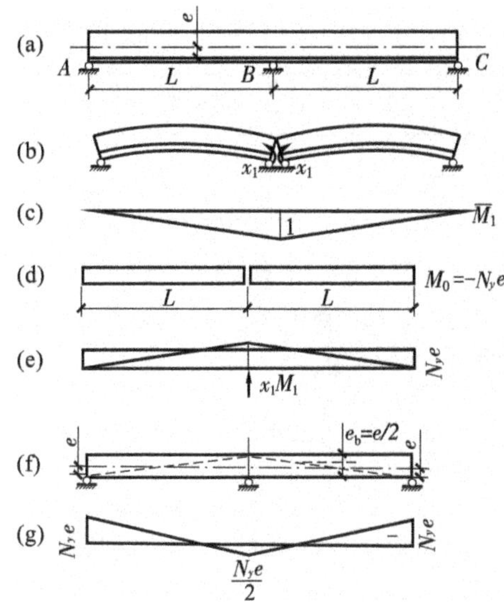

图 2-6-31　两跨连续梁预加力及其影响力计算图示

(2)等效荷载法的基本原理。

下面以简支梁为例，说明预应力内力计算的等效荷载法的基本原理。

①计算等效荷载的原则及基本假定。

根据内力等效原则，即预加力产生的结构内力与等效荷载产生的内力相等，来求预加力的等效荷载。为了简化分析，做如下基本假定：

a. 预应力筋的摩阻损失忽略不计，假定预加力 N_y 为常量；

b. 预应力筋贯穿构件全长。

②曲线预应力索的等效荷载。

如图 2-6-32 所示，预应力混凝土简支梁配置曲线索，设左端锚头倾角及偏心距分别为 θ_A、e_A，右端锚头倾角及偏心距分别为 θ_B、e_B，索曲线跨中垂度为 f。符号规定：索力偏心距 $e(x)$ 以向上为正，等效荷载 $q_{效}$ 以向上为正，反之为负。

索曲线的二次抛物线的表达式为：

$$e(x)=\frac{4f}{l^2}x^2+\frac{e_B-e_A-4f}{l}x+e_A \tag{2-6-17}$$

式中　x，$e(x)$——距原点 O 的坐标及索力至截面中心轴的偏心距。

预应力对中心轴产生的偏心力矩 $M(x)$ 为：

$$M(x)=N_y e(x)$$

$$=N_y\left(\frac{4f}{l^2}x^2+\frac{e_B-e_A-4f}{l}x+e_A\right) \tag{2-6-18}$$

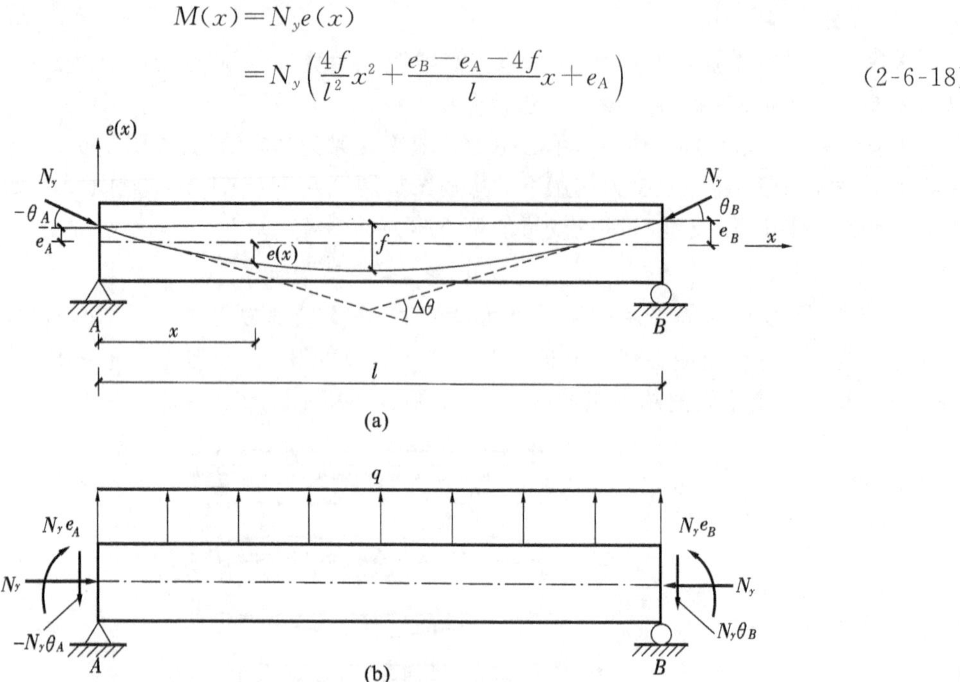

图 2-6-32 曲线索的预应力等效荷载

由材料力学中梁的弯矩与荷载的关系知：

$$q(x)=\frac{\mathrm{d}^2M(x)}{\mathrm{d}x^2}=\frac{8f}{l^2}N_y=常数 \tag{2-6-19}$$

由几何关系知：

$$\theta(x)=e'(x)=\frac{8f}{l^2}x+\frac{e_B-e_A-4f}{l} \tag{2-6-20}$$

$$\theta_A=e'(0)=\frac{e_B-e_A-4f}{l} \tag{2-6-21}$$

$$\theta_B=e'(l)=\frac{e_B-e_A+4f}{l} \tag{2-6-22}$$

所以

$$\theta_B-\theta_A=\frac{8f}{l} \tag{2-6-23}$$

比较式(2-6-19)和式(2-6-23)，可知：

$$q(x)=\frac{\theta_B-\theta_A}{l}N_y \tag{2-6-24}$$

令 $\Delta\theta=\theta_B-\theta_A$，则：

$$q(x)=\frac{N_y\Delta\theta}{l}=q_{效} \tag{2-6-25}$$

其中，$q(x)$就是所求的等效荷载 $q_{效}$，是一个常数；$\Delta\theta$ 为索曲线倾角的改变量；均布荷载 $q_{效}$ 为正值，方向朝上，它沿全跨长的总荷载 $q_{效}l$ 与两端预加力的垂直向下分力之和 $N_y(\theta_B-\theta_A)$ 相平衡。

③折线形预应力索的等效荷载。

折线形预应力索的等效荷载可由剪力等效求得。如图 2-6-33 所示，配置折线形索的索力线方程为：

AC 段

$$e_1(x)=e_A-\left(\frac{e_A+d}{a}\right)x \tag{2-6-26a}$$

CB 段

$$e_2(x)=-d+\left(\frac{d+e_B}{b}\right)(x-a) \tag{2-6-26b}$$

由此得预应力产生的剪力为：

AC 段

$$\begin{aligned} Q_1(x)&=M_1'(x)=N_y e_1'(x) \\ &=-N_y\left(\frac{e_A+d}{a}\right)=-N_y\theta_A \end{aligned} \tag{2-6-27}$$

CB 段

$$Q_2(x)=M_2{}'(x)=N_y\left(\frac{e_B+d}{b}\right)=N_y\theta_B \tag{2-6-28}$$

由式(2-6-27)、式(2-6-28)可绘出简支梁的剪力图，如图 2-6-33(b)所示，而此剪力图与在梁截面 *C* 处作用一个向上的集中荷载 $P_{效}$[图 2-6-33(c)]的结果相符合，此 $P_{效}$ 为：

$$P_{效}=N_y(\theta_B-\theta_A) \tag{2-6-29}$$

它就是折线形预加力的等效荷载。

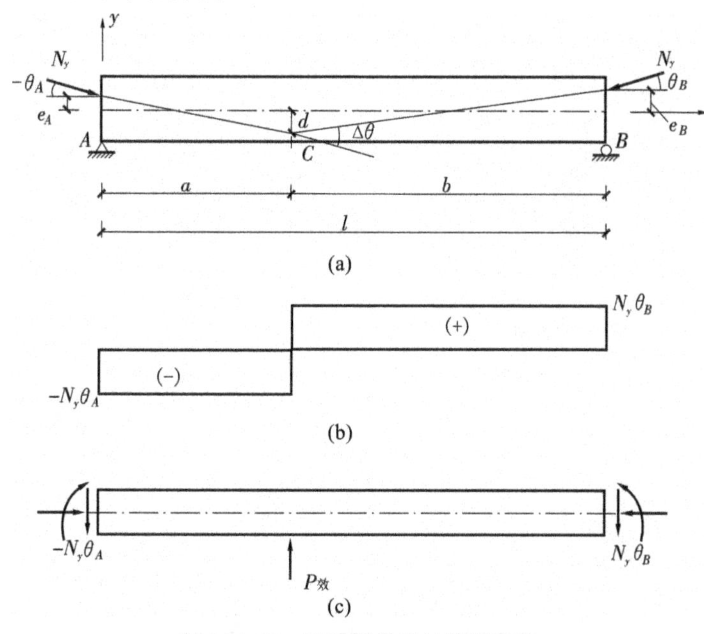

图 2-6-33　配置折线索的等效荷载

(a)配置折线索的简支梁；(b)预加力产生的剪力；(c)等效荷载

由图 2-6-33 取左段平衡可验证其弯矩也是相等的，截面 *C* 弯矩为：

$$\begin{aligned} M_C &=N_y e_A-N_y\theta_A a=N_y(e_A-\theta_A a) \\ &=N_y(-d)=-N_y d=M_{预} \end{aligned} \tag{2-6-30}$$

$M_{预}$ 为预加力在 *C* 截面产生的弯矩，故得到验证。

④锚固截面的等效荷载。

预加力对锚固截面作用的等效荷载，即为锚固点预加力对锚固截面中性轴的等效荷载，如图 2-6-34所示。

$$\left.\begin{aligned}X_A&=N_y\cos\theta_A\\Y_A&=-N_y\sin\theta_A\\M_A&=N_ye_A\cos\theta_A\end{aligned}\right\}\tag{2-6-31}$$

对于θ_A较小的情况，可取$\sin\theta_A\approx\theta_A$，$\cos\theta_A\approx1$，则式(2-6-31)变为：

$$\left.\begin{aligned}X_A&=N_y\\Y_A&=-N_y\theta_A\\M_A&=N_ye_A\end{aligned}\right\}\tag{2-6-32}$$

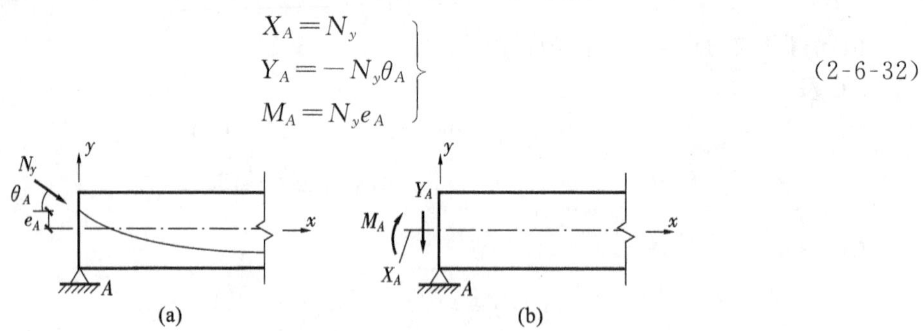

图 2-6-34　锚固截面的等效荷载

(a)预加力；(b)等效荷载

⑤等效荷载法计算步骤。

现以图 2-6-35 所示的两跨连续梁为例，来说明等效荷载法计算预应力内力的基本步骤。

a. 按预应力索曲线的偏心距e_i及预加力N_y，绘出梁的初预矩图$M_0=N_ye_i$，不考虑所有支座对梁体约束的影响，如图 2-6-35(b)所示。

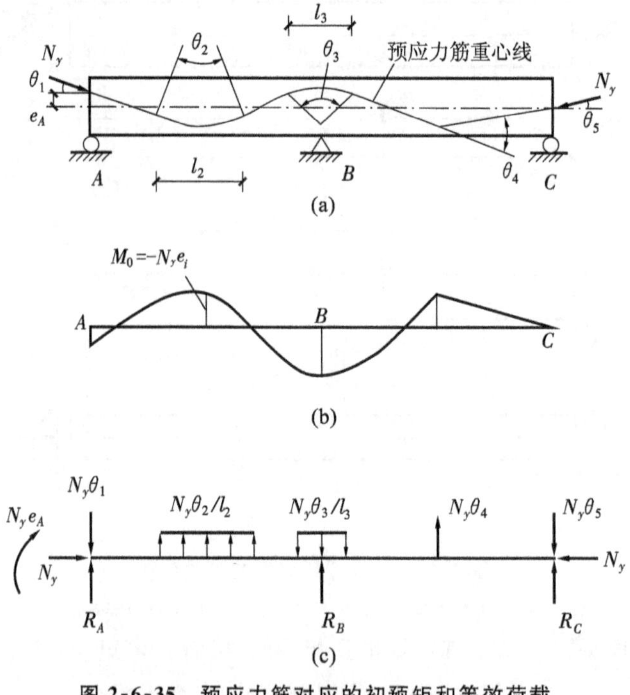

图 2-6-35　预应力筋对应的初预矩和等效荷载

(a)两跨连续梁；(b)初预矩M_0图；(c)等效荷载

b. 根据索曲线形状，分别按曲线形、折线形预应力索等效荷载计算公式[式(2-6-25)和式(2-6-29)]计算等效荷载，且考虑锚固点等效荷载确定全部的预应力等效荷载。

c. 用力法或有限单元法程序，求解连续梁在等效荷载下的截面内力，称为总内力，得出的弯矩称为总弯矩$M_{总}$。

d. 用总弯矩减去初预矩得到次力矩，即：

$$M_{次}=M_{总}-M_0 \tag{2-6-33}$$

6.4.3.2　混凝土收缩影响力

混凝土收缩是材料本身的特性，严格来讲，混凝土构件的收缩产生在空间三个方向，但桥梁一般为杆系结构，主要考虑沿杆件轴线方向的收缩。一般用收缩应变 $\varepsilon_s(t)$ 来表示收缩变化，它与时间 t、混凝土强度等级、环境湿度、水泥种类及构件尺寸等有关，具体计算公式见《公预规》。

简支梁、连续梁可自由收缩，因此收缩仅使结构发生变形，但不产生内力，如图 2-6-36 所示。收缩变形 Δ_s 等于收缩应变 ε_s 与杆长 l 的乘积，即：

$$\Delta_s=\varepsilon_s \cdot l \tag{2-6-34}$$

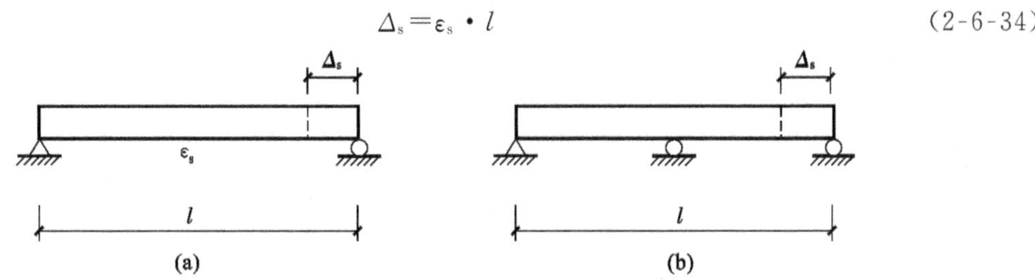

图 2-6-36　简支梁与连续梁的收缩变形

对于连续刚构桥等超静定结构，混凝土收缩不仅产生收缩变形，还将在结构中产生收缩内力。现介绍力法求解超静定结构收缩内力的计算过程。

如图 2-6-37 所示，一单跨固端梁，在计算时刻 t 的收缩应变为 ε_s。取图 2-6-37(a)所示基本结构，由于只发生轴线方向的收缩变形 Δ_s，故赘余力只有轴力 N_1，力法方程为(假定轴力 N_1 受压为正)：

$$\delta_{11}N_1+\Delta_s=0 \tag{2-6-35}$$

而

$$\delta_{11}=\int_0^l \frac{\overline{N}_1^2}{EA}\mathrm{d}x=\frac{l}{EA} \tag{2-6-36}$$

$$\Delta_s=\varepsilon_s \cdot l$$

所以

$$N_1=-\Delta_s/\delta_{11}=-EA\cdot\varepsilon_s \quad (受拉) \tag{2-6-37}$$

由此可知，收缩使单跨固端梁产生拉力。

对于一般连续刚构桥，如图 2-6-38 所示，用力法求解混凝土收缩内力的基本步骤如下。

①选取基本结构，确定赘余力 $X_1, X_2, \cdots, X_n$。

②在赘余力处分别施加各单位赘余力 $\overline{X}_i=1$，得到 $\overline{M}_i$、$\overline{N}_i$、$\overline{Q}_i$ 图。

③计算柔度系数和收缩在各赘余力约束处产生的变位，即：

$$\left.\begin{aligned}\delta_{ii}&=\sum\int_{l_i}\frac{\overline{M}_i^2}{EI}\mathrm{d}x\\ \delta_{ij}&=\sum\int_{l_i}\frac{\overline{M}_i\overline{M}_j}{EI}\mathrm{d}x\\ \Delta_{is}&=\sum\int_{l_i}\overline{N}_i\cdot\varepsilon_s\mathrm{d}x\end{aligned}\right\} \tag{2-6-38}$$

④解力法方程组求各收缩赘余力 X_i，即：

$$
\left.\begin{array}{l}
\delta_{11}X_1+\delta_{12}X_2+\cdots+\Delta_{1s}=0\\
\delta_{21}X_1+\delta_{22}X_2+\cdots+\Delta_{2s}=0\\
\cdots\cdots\\
\delta_{n1}X_1+\delta_{n2}X_2+\cdots+\Delta_{ns}=0
\end{array}\right\} \tag{2-6-39}
$$

⑤求收缩内力。对于基本结构，收缩变形不产生内力，故超静定结构收缩内力计算式为：

$$
\left.\begin{array}{l}
M=\overline{M}_iX_i\\
N=\overline{N}_iX_i\\
Q=\overline{Q}_iX_i
\end{array}\right\} \tag{2-6-40}
$$

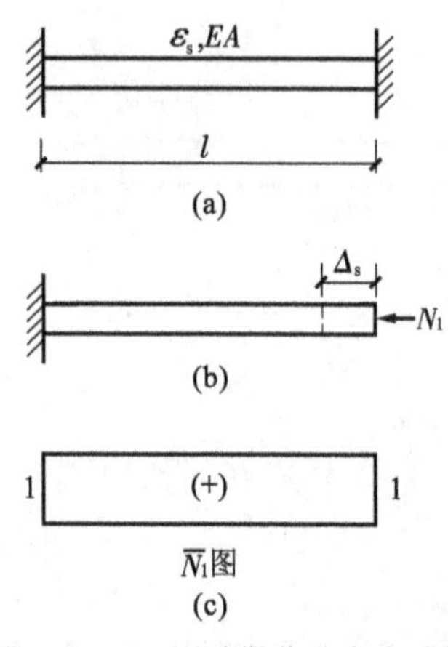

图 2-6-37　固端梁收缩内力计算

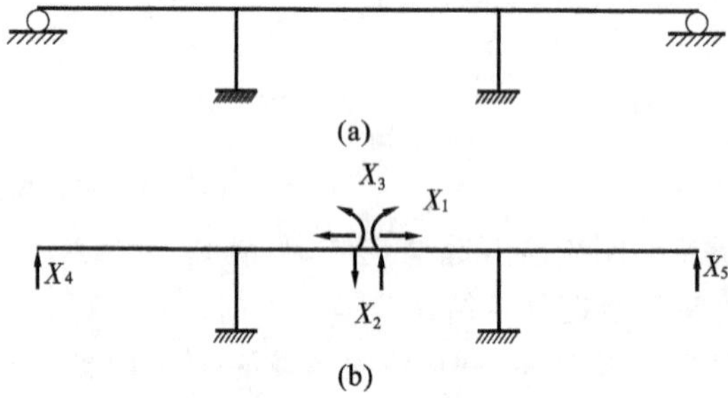

图 2-6-38　连续刚构桥收缩内力计算图示

6.4.3.3　混凝土徐变影响力

在长期荷载作用下，结构在瞬时变形 Δ_e（弹性变形）以后，随时间 t 增长而持续产生的那一部分变形量 Δ_c，称为徐变变形，如图 2-6-39 所示。

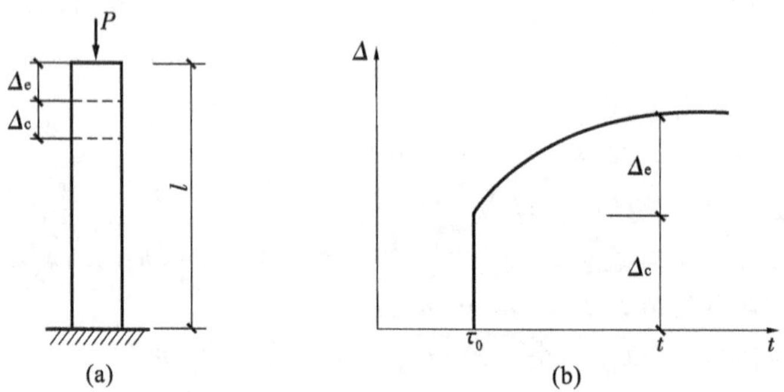

图 2-6-39　轴心受压构件的徐变变形

单位长度的徐变变形称为徐变应变 ε_c，它可表示为徐变变形量 Δ_c 与构件长度 l 之比，即：

$$
\varepsilon_c=\frac{\Delta_c}{l} \tag{2-6-41}
$$

瞬时应变 ε_e 又称为弹性应变，是指初始加载瞬间所产生的变形 Δ_e 与构件长度 l 之比，即：

$$
\varepsilon_e=\frac{\Delta_e}{l} \tag{2-6-42}
$$

徐变系数是从加载龄期 τ_0 后至某个 t 时刻，徐变应变值与弹性应变值之比，即：

$$
\varphi(t,\tau_0)=\varepsilon_c/\varepsilon_e \tag{2-6-43}
$$

或

$$\varepsilon_c=\varepsilon_e\varphi(t,\tau_0)=\frac{\sigma}{E}\varphi(t,\tau_0) \tag{2-6-44}$$

式中　$\varphi(t,\tau_0)$——徐变系数；

σ,E——混凝土弹性应力和弹性模量。

徐变系数计算较复杂，不仅与加载龄期 τ_0 有关，还与材料性质、构件尺寸、环境湿度等有关，《公预规》中列出了混凝土徐变系数和收缩应变的计算公式。

对于静定结构，徐变仅使结构产生变形，不产生徐变内力；对于超静定结构，由于存在多余约束，当混凝土发生徐变变形时，变形受到约束，结构将产生附加内力，这个附加内力称为徐变内力（或称为徐变次内力）。现举一个简单的例子说明，如图 2-6-40 所示。

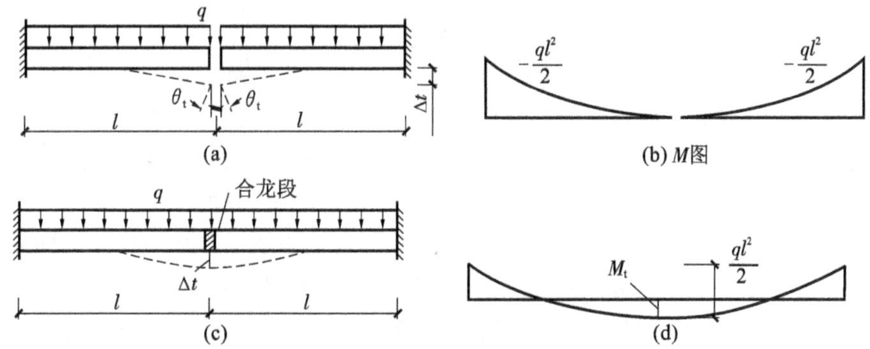

图 2-6-40　静定与超静定结构徐变后的弯矩比较

①两根悬臂梁。设两根悬臂梁[图 2-6-40(a)]在均布荷载 q 作用下完成瞬时变形后，悬臂端处于水平位置，此时根部截面弯矩 $M_{根}=-ql^2/2$，悬臂端弯矩为零[图 2-6-40(b)]。

随着时间 t 的增长，由于混凝土徐变影响，该两个悬臂梁端部将发生向下的竖向挠度 Δt 和转角 θ_t；由于悬臂梁为静定结构，变形不受约束（可自由变形），因此徐变不产生内力，徐变完成后，其内力图不发生改变，最终弯矩图仍为结构瞬时变形下的弯矩图。

②合龙后的固端梁。在两根悬臂梁瞬时变形完成后，立即将合龙段的钢筋焊接并浇筑混凝土，形成一根固端梁[图 2-6-40(c)]。由于混凝土徐变，固端梁的中点仍将发生挠度 Δt，但由于结构的对称性，该截面转角 $\theta_t=0$，这表明原两根悬臂梁端部的转角变形受到约束，从而使固端梁跨中截面产生了附加弯矩 M_t，因此固端截面弯矩也发生了改变（减小），徐变后梁的弯矩如图 2-6-40(d)所示。

超静定结构由于徐变产生徐变内力，使得徐变后结构内力与结构瞬时变形后的内力相比发生了改变，这种现象称为内力重分布（或应力重分布）。

根据徐变应变、瞬时应变及徐变系数的定义，即式(2-6-41)、式(2-6-42)和式(2-6-43)，可得到静定结构在恒荷载作用下的徐变变形 Δ_c 的计算式为：

$$\Delta_c=\Delta_e\times\varphi(t,\tau_0) \tag{2-6-45}$$

瞬时变形（弹性变形）Δ_e 可按结构力学的方法计算。

徐变是与时间 t 有关的材料非线性问题，迄今为止关于超静定结构徐变内力计算，各国学者提出了各种计算理论和方法，尚未有一种被广泛接受。这里主要介绍我国《公预规》中的简化实用方法及换算弹性模量法。

(1)《公预规》方法。

假定简支梁或悬臂梁（静定结构）在 τ_0 时间同时加载，在 τ 时转换为后期结构的连续梁，由于混凝土徐变影响，后期结构上的弯矩可按式(2-6-46)和式(2-6-47)计算。

①在先期结构上由结构自重产生的弯矩，由于混凝土徐变引起内力重分配，后期结构中 t 时弯

矩 M_{qt}，可按下式计算：

$$M_{qt}=M_{1q}+(M_{2q}-M_{1q})(1-e^{-[\varphi(t,\tau_0)-\varphi(\tau,\tau_0)]}) \quad (2\text{-}6\text{-}46)$$

式中 M_{1q}——在先期结构自重作用下，按先期结构体系计算的弯矩；

M_{2q}——在先期结构自重作用下，按后期结构体系计算的弯矩；

$\varphi(t,\tau_0)$——从先期结构加载龄期 τ_0，至后期结构计算时间 t 的徐变系数；

$\varphi(\tau,\tau_0)$——从先期结构加载龄期 τ_0，至 τ 时转换为后期结构的徐变系数。

②在先期结构上由预加力产生的弯矩，经过混凝土徐变重分配，在后期结构中 t 时的弯矩 M_{pt}，可按下式计算：

$$M_{pt}=M_{1p}+(M'_{2p}-M'_{1p})(1-e^{-[\varphi(t,\tau_0)-\varphi(\tau,\tau_0)]}) \quad (2\text{-}6\text{-}47)$$

$$M_{1p}=M^0_{1p}-M'_{1p} \quad (2\text{-}6\text{-}48)$$

式中 M_{1p}——在先期结构中的预加力作用下，按先期结构计算的总弯矩；

M^0_{1p}——在先期结构中的预加力作用下，按先期结构计算的初始弯矩；

M'_{1p}——在先期结构中的预加力作用下，按先期结构体系计算的次弯矩，对于静定体系，$M'_{1p}=0$；

M'_{2p}——在先期结构中的预加力作用下，按后期结构体系计算的次弯矩。

如果先期结构加载时间 τ_0（如预应力张拉完成时间）与结构体系转换时间 τ 相同，则 $\varphi(\tau,\tau_0)=0$，上述计算可简单一些。其次，从式(2-6-46)和式(2-6-47)中可以看出，若徐变系数 $\varphi(\tau,\tau_0)$、$\varphi(t,\tau_0)$均等于零，则 $M_{qt}=M_{1q}$，$M_{pt}=M_{1p}$，表示没有徐变效应，结构内力不发生变化。

(2)换算弹性模量法。

①基本原理。

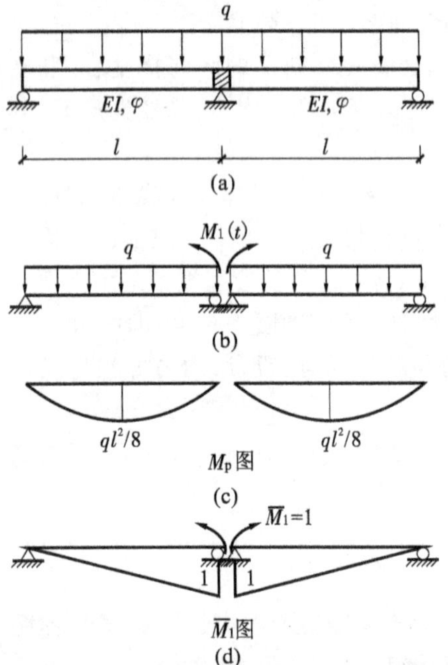

图 2-6-41 超静定结构徐变内力计算

如图 2-6-41(a)所示，先简支后连续的两等跨连续梁，结构自重荷载 q，弹性模量 E，截面抗弯惯性矩 I，设两跨徐变系数均为 φ。可取图 2-6-41(b)所示的两跨简支梁为基本结构来分析，由于该结构采用先简支后连续的方法施工，结构自重 q 作用下瞬时弹性变形完成后，B 截面的弯矩为零，因此中支点截面赘余力 $M_1(t)$完全是徐变产生的力矩。

按特劳斯德·巴曾法，在任意 t 时刻列代数方程如下：

$$M_1(t)\delta_{11}(1+\rho\varphi)+\Delta_{1p}\varphi=0 \quad (2\text{-}6\text{-}49)$$

式中 δ_{11}——赘余力$\overline{M}_1=1$ 作用下，该截面产生的转角；

Δ_{1p}——基本结构在荷载 q 作用下，赘余力矩方向产生的转角；

φ,ρ——徐变系数和老化系数。

老化系数是考虑徐变因混凝土老化而逐渐衰减的一个折减系数，一般可用下式表示(具体推导从略)：

$$\rho(t,\tau)=\frac{1}{1-e^{-\varphi}}-\frac{1}{\varphi} \quad (2\text{-}6\text{-}50)$$

引入与时间 t 有关的常变位 δ_{11t} 和载变位 Δ_{1pt}：

$$\left.\begin{aligned}\delta_{11t}&=\delta_{11}(1+\rho\varphi)\\ \Delta_{1pt}&=\Delta_{1p}\varphi\end{aligned}\right\} \quad (2\text{-}6\text{-}51)$$

则式(2-6-49)可写成力法方程形式：

$$M_1(t)\delta_{11t}+\Delta_{1pt}=0 \quad (2\text{-}6\text{-}52)$$

由式(2-6-51)及图2-6-41可知：

$$\left.\begin{aligned}\delta_{11t} &= 2\int_0^l \frac{\overline{M}_1^2 \mathrm{d}x}{EI}(1+\rho\varphi)\\ \Delta_{1pt} &= 2\int_0^l \frac{\overline{M}_1 M_p}{EI}\mathrm{d}x \times \varphi\end{aligned}\right\} \tag{2-6-53}$$

引入两个换算弹性模量 $E_{\rho\varphi}$、E_{φ}：

$$\left.\begin{aligned}E_{\rho\varphi} &= \frac{E}{1+\rho\varphi}\\ E_{\varphi} &= \frac{E}{\varphi}\end{aligned}\right\} \tag{2-6-54}$$

则式(2-6-53)成为：

$$\left.\begin{aligned}\delta_{11t} &= 2\int_0^l \frac{\overline{M}_1^2}{E_{\rho\varphi}I}\mathrm{d}x\\ \Delta_{1pt} &= 2\int_0^l \frac{\overline{M}_1 M_p}{E_{\varphi}I}\mathrm{d}x\end{aligned}\right\} \tag{2-6-55}$$

这样，只需通过式(2-6-54)求得换算弹性模量，然后按照结构力学中的力法就可计算超静定结构的徐变内力。

②计算步骤。

采用换算弹性模量法与力法相结合，计算超静定结构在恒荷载下的徐变内力与变形的基本步骤如下：

a. 选取基本结构的计算图示。

b. 按不同施工阶段计算恒荷载内力图 M_p。

c. 在赘余力处分别施加各单位赘余力 $\overline{X}_i=1$，得到 $\overline{M}_i$ 图。

d. 计算各梁段的老化系数 $\rho(t,\tau)$ 及换算弹性模量 E_{φ} 和 $E_{\rho\varphi}$。

e. 采用图乘法或积分法，计算恒荷载及徐变赘余力在赘余约束处产生的变位，即：

$$\left.\begin{aligned}\delta_{iit} &= \sum\int_{l_i} \frac{\overline{M}_i^2}{E_{\rho\varphi}I}\mathrm{d}x\\ \delta_{ijt} &= \sum\int_{l_i} \frac{\overline{M}_i \overline{M}_j}{E_{\rho\varphi}I}\mathrm{d}x\\ \Delta_{ipt} &= \sum\int_{l_i} \frac{\overline{M}_i M_p}{E_{\varphi}I}\mathrm{d}x\end{aligned}\right\} \tag{2-6-56}$$

f. 解力法方程求各徐变赘余力 X_{it}，即：

$$\left.\begin{aligned}&\delta_{11t}X_{1t}+\delta_{12t}X_{2t}+\cdots+\Delta_{1pt}=0\\ &\delta_{21t}X_{1t}+\delta_{22t}X_{2t}+\cdots+\Delta_{2pt}=0\\ &\cdots\cdots\\ &\delta_{n1t}X_{1t}+\delta_{n2t}X_{2t}+\cdots+\Delta_{npt}=0\end{aligned}\right\} \tag{2-6-57}$$

g. 根据求得的徐变赘余力 X_{it} 计算结构的徐变内力。

h. 将各施工阶段的恒荷载内力和徐变内力结果叠加，得结构总的内力。

6.4.3.4　基础沉降内力计算

关于超静定连续梁、连续刚构桥等结构，因基础沉降产生的结构内力计算在“结构力学”课程中已做了介绍。如图2-6-42(a)所示的三跨连续梁，当中墩基础分别产生不等的地基沉降 $\Delta_{1\Delta}$ 和 $\Delta_{2\Delta}$

时，可取图 2-6-42(b)所示基本结构，其力法方程为：

$$\left.\begin{aligned}\delta_{11}X_1+\delta_{12}X_2+\Delta_{1\Delta}=0\\ \delta_{21}X_1+\delta_{22}X_2+\Delta_{2\Delta}=0\end{aligned}\right\}\tag{2-6-58}$$

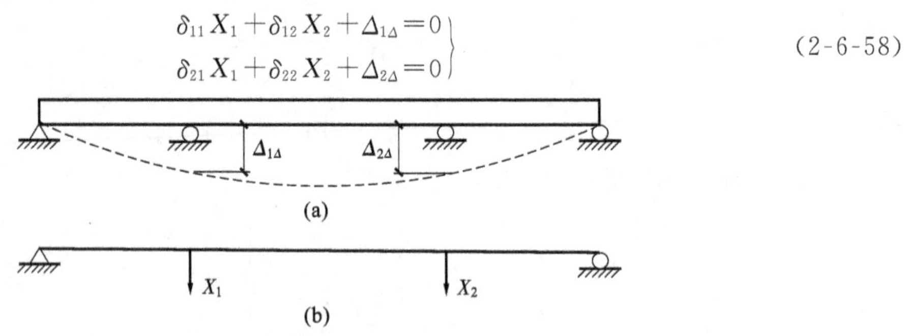

图 2-6-42 连续梁因基础沉降的计算图示

一般来讲，连续梁与连续刚构桥的桥墩，应支承在坚硬的岩石上(使用桩基础等方案)。但有时覆盖层太厚，对于非支承在岩石地基上的桥墩，需要考虑基础沉降引起的结构内力。考虑大跨连续梁桥、刚构桥一般采用悬臂施工法，且恒荷载占的比例较大，基础的沉降大部分在施工阶段完成，因此基础沉降的计算主要考虑后期的沉降影响。有关地基沉降量的具体计算方法，可参照《公预规》，一般为：

(1)墩台均匀总沉降为 $2.0\sqrt{l}$(以 cm 计，不包括施工中的沉降)。

(2)相邻墩台均匀总沉降为 $1.0\sqrt{l}$(以 cm 计，不包括施工中的沉降)。

其中，l 为相邻墩台间最小跨径，以 m 计。$l<25$m 时仍按 25m 计算。

6.4.3.5 温度影响力

当任何一种结构的温度有所改变时，它的各个部分材料都将由于温度的升高或降低而趋于膨胀或收缩，由于结构物所受的外部约束以及各个部分相互之间的内部约束，这种膨胀或收缩所引起的变形并不能自由发生，于是就产生了应力，即所谓的温差应力或者温度应力。

温度影响一般包括两个方面，即短期温差和长期温差。短期温差影响下的温度荷载主要是指结构构件沿厚度方向两个表面在某一时刻的温差，即温度梯度，而其控制温度荷载一般出现在日辐射强度最大或寒流强度最大的季节。长期温差影响下的温度荷载，主要是指结构构件的平均温度在某段时间内的温差，即温度梯度，而其控制温度荷载一般是年最大温差荷载。

(1)温差荷载形式。

考虑长期(年)温差比较简单，只需假定整个梁截面均匀上升或下降某个温度即可，对于水平约束的结构，长期(年)温差只会引起结构的均匀伸缩，并不会产生结构温度次内力。如果结构的均匀收缩受到了水平约束的限制，长期(年)温差就会在结构中产生温度次内力。而短期(日)温差往往是设计控制荷载。各国桥梁规范对梁式结构沿梁高方向的温度梯度的规定略有不同，其中主要分为线性温度变化和非线性温度变化两种。对于线性温度变化的情况，梁式结构只会发生挠曲变形，而梁在变形后仍然服从平截面假定。因此，在静定的梁式结构中，线性温度的变化梯度只会引起结构的位移而不会产生温度次内力。而在超静定的梁式结构中，由于多余约束的存在，结构不仅会有相应的位移，还会产生结构内的温度次内力。而对于非线性温度变化来说，即使是静定梁式结构，由于梁要服从平截面假定，截面上的纵向纤维因温差的变化而受到约束，就会产生纵向约束应力。故以下温差荷载形式主要针对日照温差和寒流降温等短时温度变化所引起的非线性温差荷载与温差应力。

①T 形梁温差荷载。

在日照作用下，T 形梁或 Π 梁底部的温差和肋板水平方向的温差一般被忽略，温差分布近似为：

$$T(y)=T_0e^{-C_0y}\tag{2-6-59}$$

式中 T_0——梁顶、梁底的温差，一般最大可取 20℃；

C_0——指数系数，一般可取 5。

其中 y 以 m 计，温差分布和应变如图 2-6-43 所示。

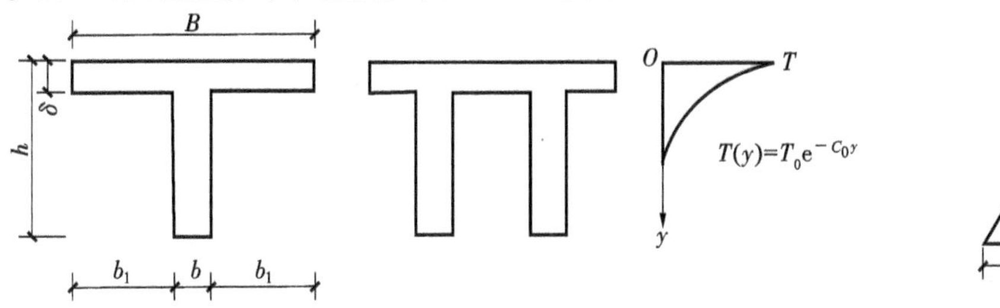

图 2-6-43 T 形梁或 Π 梁温度荷载与应变

②单室箱梁温差荷载。

单室箱梁在日照升温或降温等因素作用下，竖向沿梁高与横向沿梁宽的温差分布(图 2-6-44)可简化为：

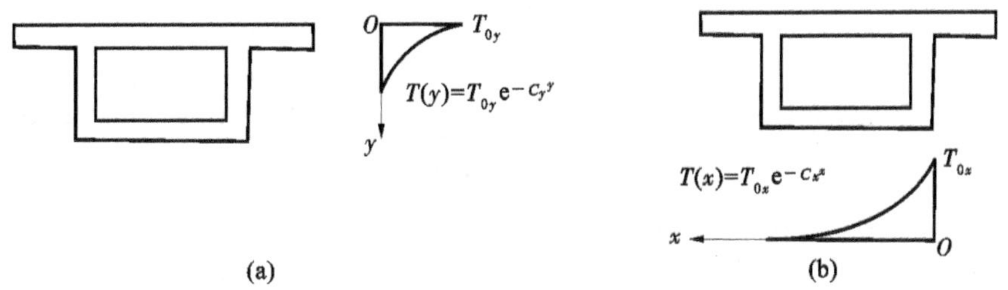

图 2-6-44 单室箱梁日照温差分布

$$T(y)=T_{0y}e^{-C_yy} \tag{2-6-60}$$

$$T(x)=T_{0x}e^{-C_xx} \tag{2-6-61}$$

式中 T_{0y}——箱梁顶、底的温差，一般取 15℃，仅计算竖向温差时取 20℃；

T_{0x}——箱梁两外侧腹板温差，一般取 15℃；

C_y，C_x——指数系数，一般可取 7，仅考虑竖向温差时，C_y 取 5。

其中，x 和 y 以 m 计。

因受寒流骤然降温影响，箱梁各板壁厚方向的温差分布可按下式计算(图 2-6-45)：

$$\overline{T}(y)=\overline{T}_0e^{\overline{C}\delta} \tag{2-6-62}$$

式中 $\overline{T}_0$——箱梁壁板的负温差，一般可取－10℃；

$\overline{C}$——指数系数，一般可取 12℃；

δ——壁厚方向坐标，m。

图 2-6-45 单室箱梁寒流温差分布

③多室箱梁温差荷载。

双室或多室箱梁的温差荷载分布规律与单室箱梁基本一致，根据实测资料比较分析，可用单室箱梁的温差荷载图示来分析双室与多室箱梁的温差荷载状况，仅有中腹板的温度变化较小，故在竖向温差分布上略有变化。双室与多室箱梁横向的温差荷载分布规律和数值，均与单室箱梁相同，这是由实测温差荷载资料分析后得出的。

(2)温差变形与应力。

在由温差荷载引起的变形与应力计算中，一般采用以下假定：沿梁长方向的温度分布是均匀的，并略去断面局部变化引起的梁体温差分布的微小差别；假定混凝土或钢材是均质、各向同性的，在未开裂之前，符合弹性变形规律；平截面假定仍然适用；按单向温差荷载计算温差变形和应力，然后叠加组合多向温差荷载状态下的温差变形和应力。

①纵向自由约束应力。

设梁高各点由温差产生的自由应变为：

$$\varepsilon_T(y)=\alpha T(y) \tag{2-6-63}$$

式中 α——材料的线膨胀系数；

$T(y)$——沿梁高的温差分布函数。

其中，y 的原点设在梁底，方向向上。

根据平截面假定，实际应变为：

$$\varepsilon(y)=\varepsilon_0+\rho y \tag{2-6-64}$$

式中 ε_0——梁底处的应变；

ρ——截面不同位置处的曲率。

上述两项应变差即为自由约束应变 $\varepsilon_\sigma(y)$，即：

$$\varepsilon_\sigma(y)=\varepsilon_T(y)-\varepsilon(y)=\alpha T(y)-(\varepsilon_0+\rho y) \tag{2-6-65}$$

自由约束应变 $\varepsilon_\sigma(y)$ 引起的自约束应力 $\sigma_\varepsilon(y)$ 为：

$$\sigma_\varepsilon(y)=E\varepsilon_\sigma(y)=E[\alpha T(y)-(\varepsilon_0+\rho y)] \tag{2-6-66}$$

式中 E——弹性模量。

因为截面的自约束应力处于自平衡状态，故利用 $\sum M=0$，$\sum NM=0$ 等平衡条件，联立方程可求得 ε_0 与 ρ，将其代入式(2-6-66)可计算纵向自约束应力。

②纵向外约束应力与变形。

由于温差荷载引起的截面自约束作用，桥梁构件将发生变形，当结构为静定结构时，仅有变形而无应力；当结构为超静定结构时，外部多余约束将引起内力及应力，可按有限元分析方法求解。

③横向温差应力与变形。

箱梁各板在板厚范围内的温差荷载一般可分为两种情况：由日照引起的沿梁高、梁宽两个方向的温差分布所产生的板厚范围内的温差荷载；由寒流引起的板厚范围内的温差荷载。板的横向自约束应力的分析方法与纵向自约束应力相同。

箱梁横向框架约束应力的计算方法，与纵向外约束应力计算方法相似，可采用有限元法按计算图示(图 2-6-46)进行计算。横向温差应力与变形可由上述两项计算结果叠加而成。

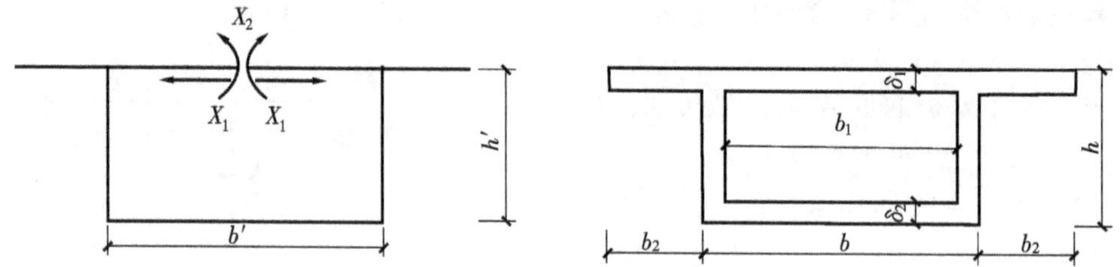

图 2-6-46 箱梁横向框架计算图示

④结构温差受力分析。

温度荷载确定之后，结构温差受力分析可以将温度荷载转换成等效节点荷载，采用有限元方法进行分析。

本章小结

1. 连续梁桥的内力分布比简支梁要均匀，有利于充分发挥材料的作用。连续梁为超静定结构，刚度比相应的简支梁大，跨中产生的挠度比简支梁小，行车平顺舒适。连续梁在非线性温度变化、预应力作用、混凝土收缩和徐变及基础沉降等因素作用下将引起结构附加内力。

2. 混凝土连续梁桥截面形式主要有：板式、肋梁式及箱形截面三种。其中，板式、肋梁式截面主要用于中小跨径，即 $l<50\mathrm{m}$；当 $l\geqslant 50\mathrm{m}$，主要采用箱形截面。

3. 对于连续刚构桥的桥墩设计，在满足桥墩抗压、抗弯刚度的前提下，应减小其水平抗推刚度，以适应桥梁纵向变形，减小结构次内力，可采用水平抗推刚度较小的单肢薄壁墩或双肢薄壁墩。一般情况下，墩的长细比可取 16～20；双肢薄壁墩的中距与主跨之比 a/l 可取 1/25～1/20。

4. 预应力混凝土连续梁桥主梁主要有三方面内力：纵向受弯、竖向受剪及横向受弯。为了抵抗这三个内力，需布置三向预应力筋，即纵向抗弯预应力筋、竖向抗剪预应力筋及横向抗弯预应力筋。

5. 连续梁桥主要有整体法、逐孔法、简支-连续法、悬臂法及顶推法等施工方法。整体施工法可按照成桥状态，一次建立结构计算图示，计算结构恒荷载内力；而其余四种施工方法，均需按施工过程，分阶段建立结构受力图示，计算各阶段内力，然后叠加得最终成桥状态的内力。

6. 悬臂梁桥和连续梁桥在计算各主梁活荷载内力时，与简支梁一样，也要分析荷载的横向分布，即确定主梁的荷载横向分布系数。悬臂梁和连续梁与简支梁的力学体系不同，因而不能直接应用基于简支梁分析所得到的结果。连续梁桥荷载横向分布计算主要有等代简支梁法、经验估算法和修正偏心压力法。

思考题

1. 简述连续梁桥的主要受力特点。

2. 大跨径公路预应力混凝土连续梁桥为什么大多采用不等跨和变截面的形式？（以三跨为例说明）

3. 大跨连续梁及连续刚构桥的结构自重内力为什么要按施工过程来分析？

4. 平衡悬臂法施工的三跨连续梁，计算其主梁自重内力应经过哪些主要阶段？请画出各阶段主梁自重内力计算图示。

5. 连续梁桥有哪几种主要施工方法？并绘出相应的纵向预应力筋配筋方式。

6. 简述等效荷载法计算预应力内力的基本原理和步骤。

7. 预应力混凝土连续梁桥采用闭口薄壁箱形截面时承受哪些内力？为什么可以采用经验估算法计算结构内力？

8. 为什么连续刚构桥一般采用水平抗推刚度小的柔性墩？

9. 简述徐变变形、徐变系数、徐变内力及内力重分布的基本概念。

10. 简述换算弹性模量法计算徐变内力的基本步骤。

知识拓展

简支梁桥的施工

梁式桥实例

第 3 篇

圬工和钢筋混凝土拱桥

1 概　　论

1.1 拱桥的基本特点及其适用范围

拱桥是我国公路上使用广泛且历史悠久的一种桥梁结构形式，它的外形宏伟壮观且经久耐用。拱桥与梁桥不但外形上不同，而且在受力性能上有着较大的区别。由力学知识可知，在竖向荷载作用下，梁在支承处将仅受到竖向反力作用，而拱桥在竖向荷载作用下，两端支承处除有竖向反力外，还产生水平推力。正是这个水平推力的作用，使拱承受的弯矩将比相同跨径的梁小很多，使之成为偏心受压构件，截面上的应力分布[图 3-1-1(a)]与受弯梁的应力[图 3-1-1(b)]相比较为均匀，因而可以充分利用主拱截面的材料强度，使跨越能力增大。根据理论推算，混凝土拱桥的极限跨度可以达到 500m 左右，钢拱桥的极限跨度可达 1200m 左右。正是这个推力，使修建拱桥时要有庞大的墩、台和良好的地基。

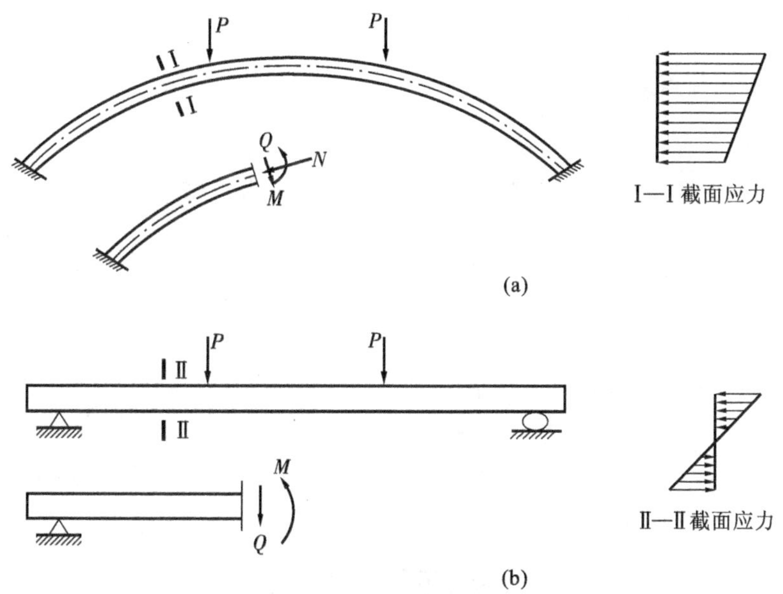

图 3-1-1　拱和梁的应力分布

由于拱是主要承受压力的结构，因而可以充分利用抗拉性能差而抗压性能较好的圬工材料(石料、混凝土、砖等)来建造拱桥，这种由圬工材料建造的拱桥，也称为圬工拱桥。这种拱桥具有就地取材、节省钢材和水泥、构造简单、技术容易掌握、承载能力大、耐久性好、养护费用少等优点。目前世界上跨度最大的石拱桥是我国于 1990 年建成的山西晋城丹河大桥，跨度达到 146m。

以混凝土和钢筋为主要建筑材料的拱桥，称为钢筋混凝土拱桥。相对于圬工拱桥，钢筋混凝土拱桥自重小、跨越能力大，充分利用了混凝土与钢材的受力优势。钢筋混凝土拱桥也能通过选择合理的体系突出结构线条，达到良好的建筑艺术效果。目前世界上第一、二跨径的钢筋混凝土拱桥，分别为 1997 年建成的跨径为 420m 的重庆万县长江大桥和 1980 年建成的 390m 跨径的南斯拉夫KRK桥。

拱桥的主要优点：①能充分做到就地取材，与钢筋混凝土梁桥相比，可节省大量的钢材和水泥；②跨越能力较大；③构造较简单，尤其是圬工拱桥，技术容易被掌握，有利于广泛采用；④耐久性能好，维修、养护费用少；⑤外形美观。

拱桥的主要缺点：①自重较大，相应的水平推力也较大，增加了下部结构的工程量，当采用无铰拱时，基础发生变位或沉降所产生的附加力是很大的，因此，对地基条件要求高。②多孔连孔的中间墩，其左右的水平推力是相互平衡的，一旦一孔出现问题，其他孔也会因水平力不平衡而相继毁坏。③与梁桥相比，上承式拱桥的建筑高度较高，当用于城市立交及平原区的桥梁时，因拱面标高提高，而使桥两头接线的工程量增大，或使桥面纵坡增大，既增加了造价又对行车不利。④混凝土拱桥施工需要劳动力较多，建桥时间较长等。

混凝土拱桥虽然存在这些缺点，但由于它的优点突出，在我国公路桥梁中得到了广泛的应用，而且，这些缺点也正在得到改善和克服。如在地质条件不好的地区修拱桥时，可从结构体系上、构造形式上采取措施，以及利用轻质材料来减轻结构自重，或采取措施提高地基承载能力。为了节约劳动力，加快施工进度，可采用预制装配及无支架施工。这些都有效地扩大了拱桥的适用范围，提高了跨越能力。

1.2 拱桥的组成和类型

1.2.1 拱桥的主要组成

拱桥和其他桥梁一样，也是由上部结构和下部结构组成。

拱桥的桥跨结构的主要承重构件是曲线形的拱圈，也称为主拱圈或主拱。拱圈在横桥向有整体式和分离式两种构造方式。分离式拱圈通常由两条以上的拱肋组成。整体式拱圈的顶曲面称为拱背，底曲面为拱腹。根据桥面系或桥面结构在拱桥上部结构中的位置，拱桥可以分为上承式、中承式和下承式三种形式。图 3-1-2 为拱桥各主要组成部分及其名称。

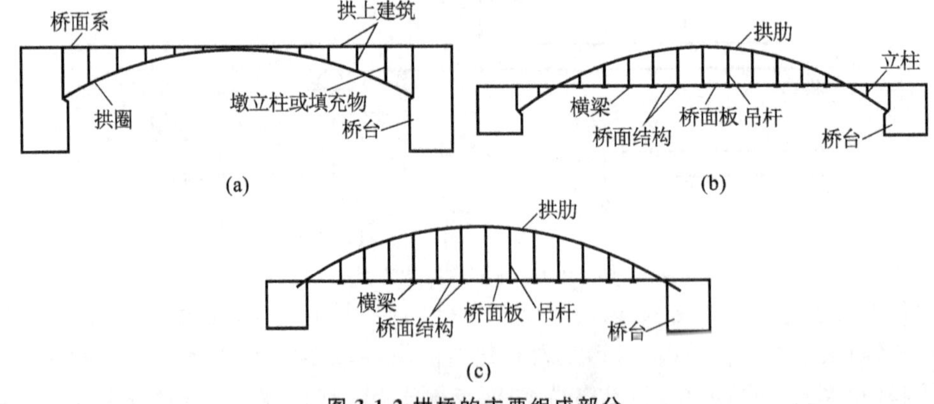

图 3-1-2 拱桥的主要组成部分

(a) 上承式拱桥；(b) 中承式拱桥；(c) 下承式拱桥

上承式拱桥的上部结构由主拱圈和拱上建筑组成。主拱圈是拱桥的主要承重结构。由于拱圈是曲线形，一般情况下车辆无法直接在弧面上行驶。所以在桥面系与拱圈之间需要有传递压力的构件和填充物，以使车辆能在平顺的桥道上行驶。桥面系和这些传力构件或填充物统称为拱上结构或拱上建筑。拱上建筑完全填实充满的上承式拱桥，称为实腹式拱桥。

中承式拱桥的拱圈由分离的拱肋所组成，由横梁及支承于其上的桥面板等构成的桥面结构位

于拱肋立面的中部，利用设在横梁处的吊杆将荷载传递到拱肋，桥面结构位于拱肋以上的部分则由立柱支撑在拱肋及墩、台上。

下承式拱桥的拱圈也由分离的拱肋所组成，桥面结构与中承式拱桥相似，但其位于拱肋立面的底部且均由吊杆悬吊在拱肋上。

拱圈的最高处称为拱顶，拱圈与墩台连接处称为拱脚(或起拱面)。拱圈各横向截面(或换算截面)的形心连线称为拱轴线。拱圈的上曲面称为拱背，下曲面称为拱腹。起拱面和拱腹相交的直线称为起拱线。拱顶截面形心至相邻两拱脚截面形心的连线的垂直距离称为计算矢高(f)。拱顶截面下缘至起拱线连线的垂直距离称为净矢高(f_0)。相邻两拱脚截面形心点之间的水平距离称为计算跨径(l)。每孔拱跨两个起拱线之间的水平距离称为净跨径(l_0)。拱圈(或拱肋)的矢高(或净矢高)与计算跨径(或净跨径)之比称为矢跨比，即 $D=f/l$ 或 $D_0=f_0/l_0$。

拱桥的下部结构由桥墩、桥台及基础等组成，用以支承桥跨结构，将桥跨结构的荷载传至地基。桥台还起着与两岸路堤相连的作用，使路桥形成一个协调的整体。

1.2.2　拱桥的主要类型

拱桥发展历史长，形式多种多样，构造各有差异。为了便于研究，可以按照不同的方式将拱桥分为各种类型。例如：

(1)拱桥按照建桥材料(主要是针对主拱圈使用的材料)可以分为圬工拱桥、钢筋混凝土拱桥、钢拱桥和钢-混凝土组合拱桥等。

(2)拱桥按照桥面系在上部结构立面中的位置可以分为上承式拱桥、中承式拱桥和下承式拱桥。

(3)拱桥按照结构体系的类型可以分为简单体系拱桥、桁架拱桥、刚架拱桥和梁拱组合体系桥。

(4)拱桥按照截面的形式可以分为板拱桥、混凝土肋拱桥、箱形拱桥、双曲拱桥、钢管混凝土拱桥和劲性混凝土拱桥。

(5)拱桥按照拱圈轴线采用的线形可以分为圆弧拱桥、抛物线拱桥和悬链线拱桥等。

(6)上承式拱桥按照拱上结构的形式可以分为实腹式拱桥和空腹式拱桥。

(7)拱桥按照是否对下部结构作用水平推力可分为有推力拱桥和无推力拱桥。

现仅根据下面两种不同的分类方式对拱桥的主要类型做一些介绍。

1.2.2.1　按结构的体系分类

(1)简单体系拱桥。

在简单体系拱桥中，桥面系结构(拱上结构或拱下悬吊结构)与拱圈之间无刚性联结或联结较弱，不参与主拱肋(圈)一起受力或与拱圈的共同作用可以近似不计，主拱肋(圈)以裸拱的形式作为主要承重结构。这种体系的拱桥，按照不同的静力图示，拱圈又可以做成三铰拱、无铰拱和两铰拱。

①三铰拱[图 3-1-3(a)]属于静定结构。温度变化、混凝土收缩、支座沉陷等原因引起的变形不会在拱圈内产生附加内力。所以，在地基条件很差或寒冷地区修建拱桥时可以采用三铰拱。但是由于铰的存在，使其构造复杂、施工困难，而且降低了整体刚度，尤其是减小了抗震能力，因此主拱圈一般不采用三铰拱。而三铰拱常作为空腹式拱上建筑中的腹拱。

②两铰拱[图 3-1-3(b)]属于一次超静定结构。它的特点介于三铰拱与无铰拱之间。因取消了跨中铰，结构整体刚度较三铰拱大。由于结构在地基沉降下不会产生附加内力，故在地基条件较差而不宜修建无铰拱时可考虑采用两铰拱。

③无铰拱[图 3-1-3(c)]属于三次超静定结构。在自重力及外荷载作用下，由于拱的内力分布

比三铰拱均匀，因此它的材料用量较三铰拱节省。又由于拱圈没有设铰，使结构的整体刚度大，而且构造简单、施工方便，因此实际使用广泛。但是，由于无铰拱结构的超静定次数高，温度变化、材料收缩，特别是墩台位移会在拱内产生较大的附加内力，因此无铰拱一般适合修建在地质条件良好的地区。不过，随着跨径的增大，附加力的影响也相对减小，因此钢筋混凝土无铰拱桥仍是大跨径桥梁的主要桥型之一。

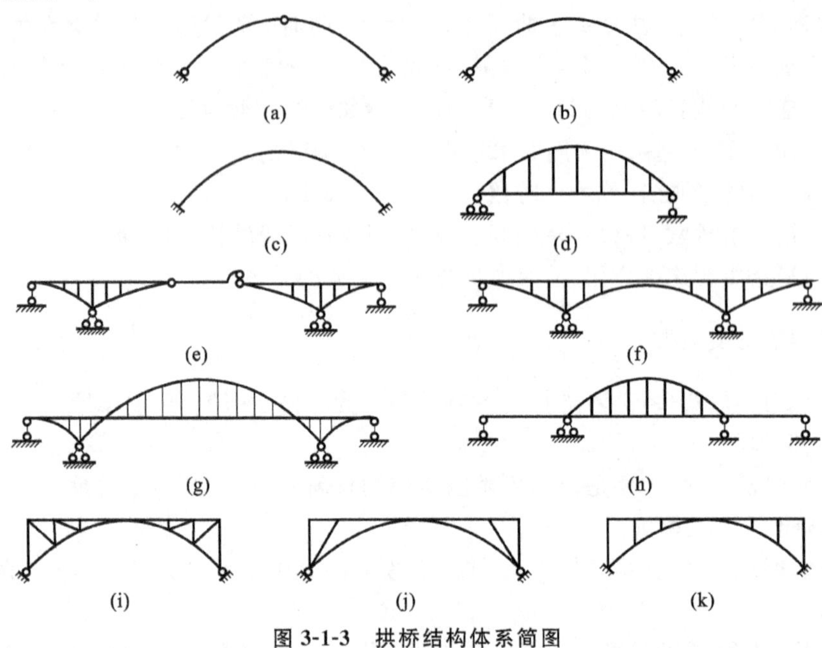

图 3-1-3 拱桥结构体系简图

(a) 三铰拱；(b)两铰拱；(c)无铰拱；(d)简支拱式组合桥；(e)单悬臂拱式组合桥；
(f)～(h)连续拱式组合桥；(i)桁架拱；(j)拱片桥；(k)刚性梁的柔性拱

(2)桁架拱桥。

桁架拱桥的主要承重结构是桁架拱片。如图 3-1-4 所示，桁架拱桥由拱和桁架两种结构体系组合而成，因此具有桁架和拱的受力特点。即由于受推力的作用，跨间的弯矩得以大大减小；由于把一般拱桥的传力构件(拱上建筑)与承重结构(拱肋)联合成整体桁架，结构整体受力，能充分发挥各部分构件的作用，结构刚度大、自重小、用钢量省。桁架拱的拱脚一般采用铰接方式，以减少次内力影响。

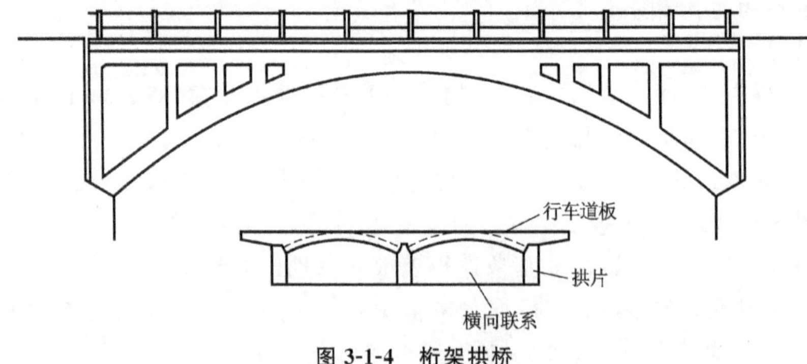

图 3-1-4 桁架拱桥

(3)刚架拱桥。

刚架拱桥是在桁架拱桥、斜腿刚架桥等基础上发展起来的另一种桥型，属于有推力的高次超静定结构，如图 3-1-5 所示。它具有构件少、质量小、整体性好、刚度大、施工简便、造价低和造型美观等优点。

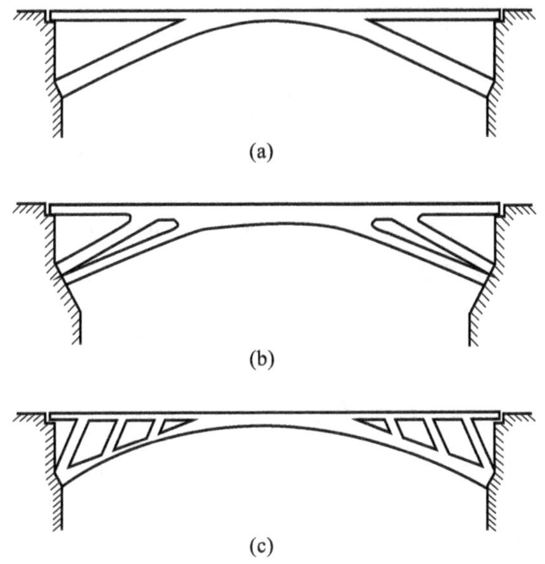

图 3-1-5　刚架拱桥

(4)梁拱组合体系桥。

如图 3-1-6 所示，梁拱组合体系桥是将梁和拱两种基本结构组合起来共同承受荷载，充分发挥梁受弯、拱受压的结构特性。其一般可分为有推力和无推力两种类型。

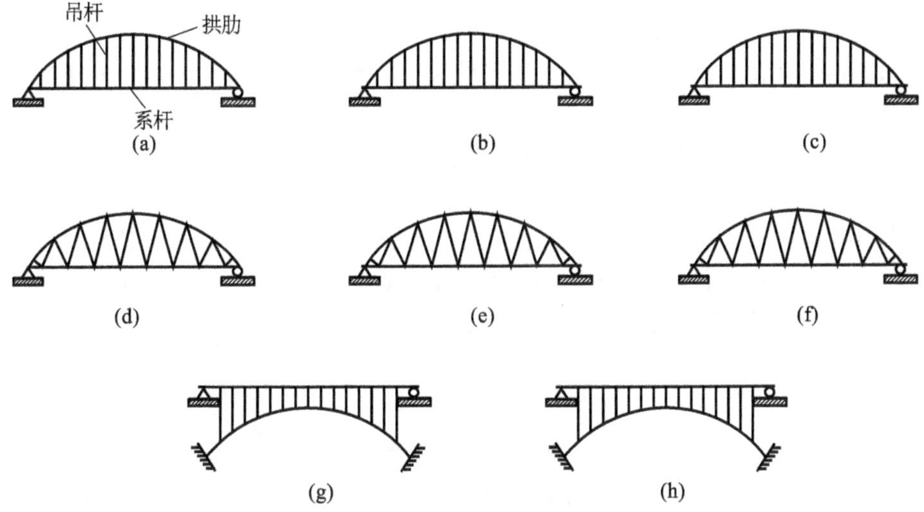

图 3-1-6　组合体系拱桥

①无推力的梁拱组合体系桥。拱的推力由系杆承受，墩台不承受水平力。根据拱肋和系杆的刚度大小及吊杆的布置形式，拱可分为以下几种形式：

a. 具有竖直吊杆的柔性系杆刚性拱——系杆拱[图 3-1-6(a)]。

b. 具有竖直吊杆的刚性系杆柔性拱——蓝格尔拱[图 3-1-6(b)]。

c. 具有竖直吊杆的刚性系杆刚性拱——洛泽拱[图 3-1-6(c)]。

以上三种拱，当用斜吊杆来代替竖直吊杆时，称为尼尔森拱，见图 3-1-6(d)、(e)、(f)。

②有推力的梁拱组合体系桥。此种组合体系拱没有系杆，由单独的梁和拱共同受力。拱的推力仍由墩台承受，图 3-1-6(g)所示为刚性梁柔性拱(倒蓝格尔拱)，图 3-1-6(h)所示为刚性梁刚性拱(倒洛泽拱)。

组合式拱桥在经济上、施工上、使用上各具特点，并得到了广泛应用。

1.2.2.2 按照主拱的截面形式分类

拱圈沿拱轴线可以构成等截面或变截面的形式。沿桥跨方向，等截面拱圈的横截面是相同的[图 3-1-7(a)]，变截面拱圈的横截面是逐渐变化的。无铰拱通常采用从拱顶向拱脚逐渐增大的截面形式[图 3-1-7(b)]；在三铰拱或两铰拱中，由于最大内力的截面位置分别约在 1/4 跨径或跨中处，因此常采用图 3-1-7(c)或图 3-1-7(d)(俗称镰刀形)所示的截面形式表示。由于等截面拱的构造简单、施工方便，因此它是目前采用最为普遍的形式。

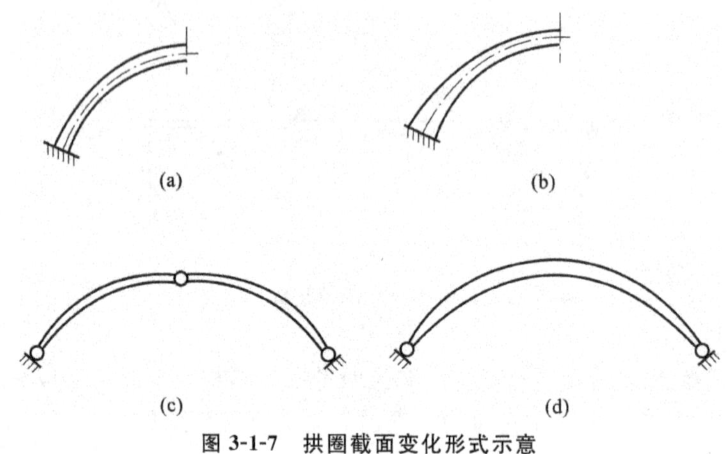

图 3-1-7 拱圈截面变化形式示意

(a)等截面；(b)～(d)变截面

拱圈的横截面形式是多种多样的，最常用的有以下几种形式(图 3-1-8)。

(1)板拱桥。

主拱圈采用矩形实体截面的拱桥称为板拱桥[图 3-1-8(a)]，其宽度和与之相配的道路宽度相当。它的构造简单，施工方便。但在相同的截面条件下，实体矩形截面比其他形式的抵抗矩小。如果为了获得与其他形式截面相同的截面抵抗矩，必须增大截面尺寸，这就相应地增加了材料用量和结构自重，这是不经济的。所以通常只在地基条件较好的中、小跨径圬工拱桥中采用板拱形式。为提高拱圈的抗弯刚度，可以在较薄的拱板上增加几条纵向肋，这就构成板拱的另一种形式，即板肋拱[图 3-1-8(b)]。

(2)肋拱桥。

肋拱桥[图 3-1-8(c)]通常是由两个(布置在桥面两侧)或三个(桥面两侧和中间分隔带各一个)相对较窄而高的截面组成，肋与肋之间由横系梁相连。其优点是用料不多，而抗弯刚度大大增加，从而减轻了拱桥的自重，因此多用于大、中跨径的拱桥。

(3)双曲拱桥。

主拱圈的横截面是由数个横向小拱组成，使主拱圈在纵向及横向均是曲线形，故称之为双曲拱[图 3-1-8(d)]。这种截面抵抗矩较相同材料用量的板拱大，它的预制部件分得细，吊装质量轻，在公路桥梁上曾获得广泛应用。但其截面组成划分过细，整体性能较差，建成后出现裂缝较多。

(4)箱形拱。

箱形截面拱圈的拱桥[图 3-1-8(e)]，外形与板拱相似，由于截面挖空，箱形拱的抵抗矩较相同材料用量的板拱大很多，故节省材料较多，对于大跨径拱则效果更为显著。又由于它是闭口箱形截面，截面抗扭刚度大，横向整体性和结构稳定性均较双曲拱好，故特别适用于无支架施工。因此，它是国内外大跨径钢筋混凝土拱桥主拱圈截面的基本形式。

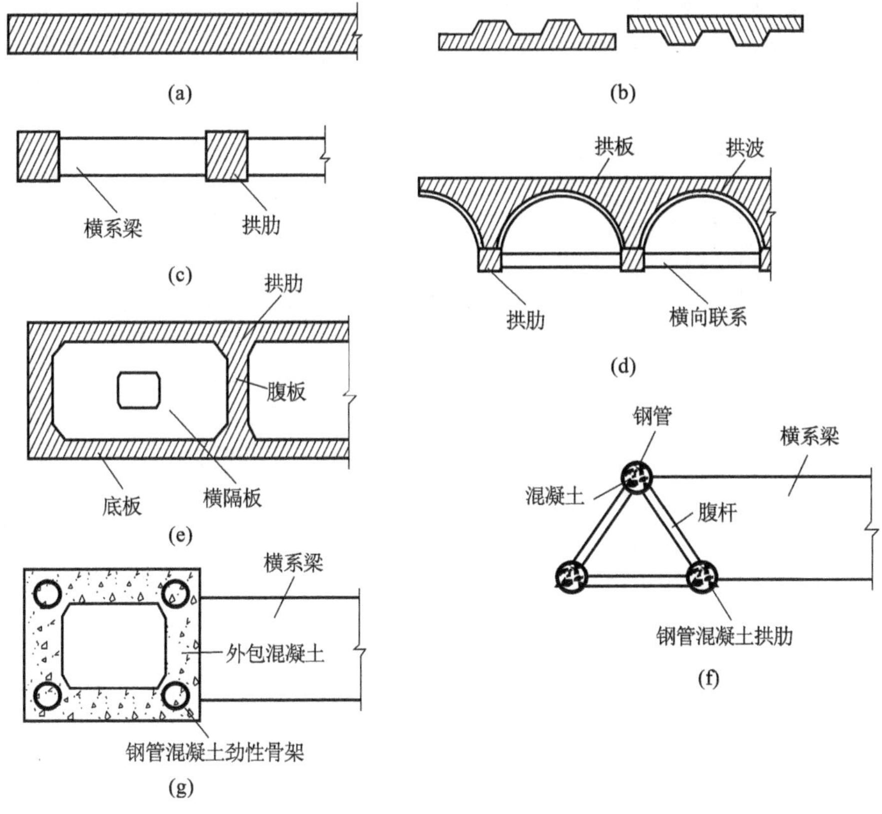

图 3-1-8　主拱圈的横截面形式图

(a)板拱；(b)板肋拱；(c)肋拱；(d)双曲拱；(e)箱形拱；(f)钢管混凝土拱；(g)劲性骨架混凝土拱

(5)钢管混凝土拱桥。

钢管混凝土拱[图 3-1-8(f)]属于钢-混凝土组合结构中的一种，主要用于以受压为主的结构。它一方面借助于内填混凝土增强钢管壁的稳定性，同时又利用钢管对其混凝土的套箍作用，使填充混凝土处于三向受压状态，从而使其具有更高的抗压强度和抗变形能力。

(6)劲性骨架混凝土拱桥。

劲性骨架混凝土拱桥是指以钢骨桁架作为受力筋，它既可以是型钢，也可以是钢管。采用钢管作为劲性骨架的混凝土拱又可称为内填外包型钢筋混凝土拱[图 3-1-8(g)]，它主要解决大跨度拱桥施工的“自架设问题”。首先架设自重轻，强度、刚度均较大的钢管骨架，然后在空钢管内灌注混凝土形成钢管混凝土，再在钢管混凝土骨架外挂模板浇筑外包混凝土，形成钢筋混凝土结构。在这种结构中，钢管和随后形成的钢管混凝土主要是作为施工的劲性骨架来考虑的。成桥后，它可以参与受力，但其用量通常是由施工设计控制的。

本章小结

1.拱桥的受力特点：在竖向荷载作用下，梁在支承处将仅受竖向反力作用，而拱桥在竖向荷载作用下，两端支承处除有竖向反力外，还产生水平推力。正是这个水平推力的作用，使拱承受的弯矩将比相同跨径的梁小很多，使之成为偏心受压构件。

2.按照桥面系在上部结构立面中的位置拱桥可以划分为上承式拱桥、中承式拱桥和下承式拱桥；按照结构体系的类型拱桥可以分为简单体系拱桥、桁架拱桥、刚架拱桥和梁拱组合体系桥。

3.按照拱圈的横截面形式，拱桥可以分为：板拱桥、肋拱桥、双曲拱桥、箱形拱、钢管混凝土拱桥、劲性骨架混凝土拱桥等；按照拱圈轴线采用的线形，拱桥可以分为圆弧拱桥、抛物线拱桥和悬链线拱桥等。

思考题

1.拱桥的受力特点是什么？

2.拱桥的优缺点有哪些？

3.按截面形式划分拱桥有哪些类型？分别适用于什么情况？

2 拱桥的设计与构造

2.1 拱桥的总体布置

云桂铁路南盘江特大桥施工

在通过桥址方案比较，确定了桥位之后，即可根据当地水文、地质、地形等具体情况，进行拱桥的总体布置。拱桥总体布置的主要内容包括拟定桥梁的长度、跨径、孔数、桥面标高和主拱圈的矢跨比等。

2.1.1 确定桥梁长度及分孔

当通过水文水力计算和技术经济等方面的比较，确定了两岸桥台台口之间的总长度之后，在纵、平、横三个方向综合考虑桥梁与两头路线的衔接，可以确定桥台的位置和长度，桥梁的全长便被确定下来。在桥梁全长确定后，再根据桥址所处的地形、地质等情况，并结合选用的结构体系和结构形式、施工条件，可以进一步确定选择单孔还是多孔。

采用多孔拱桥的形式时，如何进行分孔，是总体布置中一个比较重要的问题。如果跨越通航河流，在确定孔数与跨径时，一般分为通航孔和不通航孔两部分。分孔时，除应保证净孔径之和满足设计洪水安全通过的需要外，还应确定一孔或两孔作为通航孔。通航孔跨径和通航标高的大小应满足航道等级规定的要求，并与航道部门协商。通航孔的位置多半布置在常水位时的河床最深处或航行最方便的地方。对于航道可能变迁的河流，必须设置几个通航的桥跨，一旦主流位置变迁，也能满足通航的要求。对于不通航孔或非通航河段，桥孔划分可按经济原则考虑，尽量使上下部结构的总造价最低。

在分孔中，有时为了避开深水区或不良的地质地段（如软土层、溶洞、岩石破碎带等）而可能将跨径加大。在水下基础结构复杂、施工困难的地方，为减少基础工程，也可考虑采用较大跨径。

对跨越高山峡谷、水流湍急的河道或宽阔水库的拱桥，建造多孔小跨不如建造大跨来得经济合理。在条件容许时，通过技术经济比较，甚至可采用单孔大跨拱桥。

分孔中，还应考虑施工的方便性和可能性。通常，全桥宜采用等跨的或分组等跨的分孔方案，并尽量采用标准跨径，既便于施工和修复，又能改善下部结构的受力和节省材料。

此外，分孔中，还需注意整座桥的造型和美观，有时，这可能作为一个主要因素加以考虑。

2.1.2 确定桥梁的设计标高和矢跨比

(1)桥梁的设计标高和矢跨比的确定。

拱桥的标高主要有四个，即桥面标高、拱顶底面标高、起拱线标高、基础底面标高，如图 3-2-1 所示。这几项标高的合理确定对拱桥的设计有直接的影响。

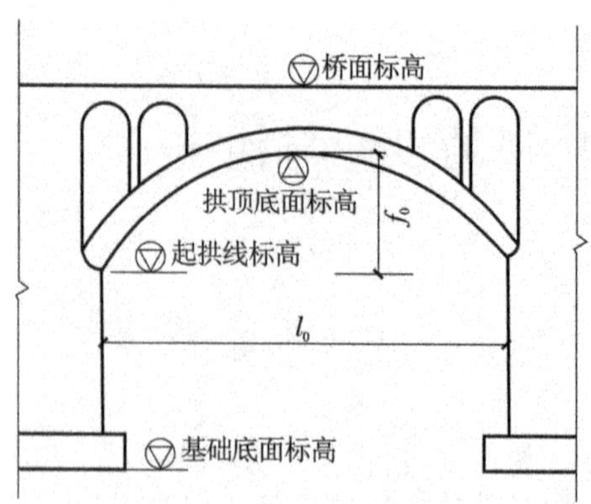

图 3-2-1 拱桥的主要标高示意图

拱桥桥面标高，是指桥面与缘石相接处的高程，一方面由两岸线路的纵断面设计来控制，另一方面还要保证桥下净空能满足泄洪及通航的要求。设计时应按规定，综合考虑有关因素，并与有关部门（如航运、防洪、水利等）商定。当桥面标高确定之后，由桥面标高减去拱顶处的建筑高度即可得到拱顶底面的标高。拱顶处的建筑高度包括拱顶填料厚度（30～50cm）及拱圈厚度。

拟定起拱线标高时，为了减小墩台基础底面的弯矩，节省墩台的圬工数量，一般宜选择低拱脚设计方案。但在具体设计时，拱脚的位置往往又受到通航净空、排洪、流水等条件的限制。《桥规》中规定：对于有铰拱桥，拱脚需高出设计洪水位以上 0.25m，有铰拱的拱脚允许被洪水淹没，但不宜超过拱圈高度的 2/3，且拱顶底面至计算水位的净高不得小于 1.0m。如图 3-2-2 所示，为了防止冰害，不管是有铰拱还是无铰拱，拱脚均应高出最高流水冰面至少 0.25m。

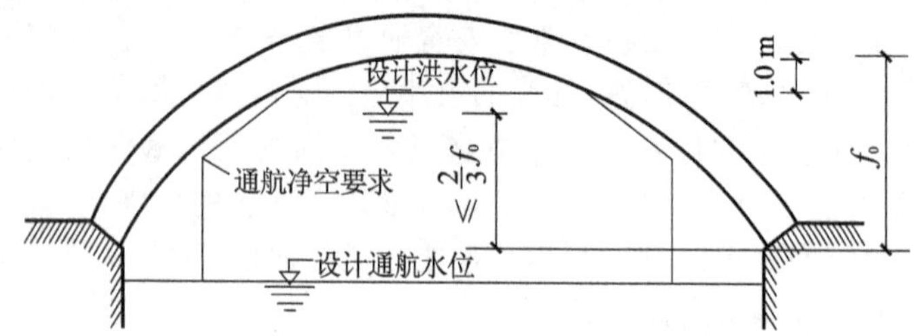

图 3-2-2 拱桥桥下净空的有关规定

至于基础底面的标高，主要根据冲刷深度、地质情况及地基承载能力等因素确定。

当拱顶、拱脚的标高确定后，根据分孔时拟定的跨径，即可确定拱的矢跨比（f/l）。拱桥主拱圈的矢跨比是拱桥设计的主要参数之一。它不仅影响拱圈内力、拱桥施工方法的选择，还与拱桥的外形能否与周围景物相协调有很大关系。

计算结果表明，恒荷载的水平推力 H_g 与垂直反力 V_g 的比值，随矢跨比的减小而增大。当矢跨比减小时，拱的推力增大，反之则推力减小。众所周知，推力大，相应地在主拱圈内产生的轴向力也大，这对主拱圈自身的受力状况是有利的，但对墩台基础不利。同时，当拱圈受力后因其弹性压缩，或因温度变化、混凝土收缩、墩台位移等原因，都会在无铰拱的拱圈内产生附加内力，而拱愈平坦（矢跨比愈小），附加内力愈大，对主拱圈就愈不利。对于多孔拱桥，矢跨比小的连拱作用较矢跨比大的连拱作用显著，对主拱圈也不利。当拱的矢跨比过大时，拱脚区段过陡，给拱圈的砌筑或混凝土的浇筑都带来困难。因此，在设计时，矢跨比的大小应经过综合比较进行合理选择。

通常，混凝土板拱桥及双曲拱桥的矢跨比为 1/8～1/4，钢筋混凝土箱形拱桥的矢跨比为 1/8～1/5，拱桥的矢跨比不宜小于 1/12。对矢跨比大于或等于 1/5 的拱桥称为陡拱，矢跨比小于 1/5 的拱桥称为坦拱。

(2)不等跨连续拱桥的处理方法。

多孔连续拱桥最好选用等跨分孔的方案。仅在受到地形、地质、通航等条件的限制，或引桥很大，考虑与桥面纵坡协调一致时，或对桥梁的美观有特殊要求时，可以考虑采用不等跨的分孔。如一座跨越水库的拱桥，全长376m，谷底至桥面最高处达80余米。根据地形、地质条件和技术经济比较等综合考虑后，以采用不等跨分孔为宜。于是，跨越深谷的主孔跨径采用116m，而两边的边孔均采用72m(图3-2-3)。

由于不等跨拱桥相邻孔的恒荷载推力不相等，使桥墩和基础承受由两侧拱圈传来的恒荷载不平衡推力。这种不平衡推力不仅使桥墩和基础的受力极为不利，还在采用柔性墩的多孔连续拱桥中产生连拱作用，使计算和构造复杂。为了减小这个不平衡推力，改善桥墩、基础的受力状况，可采用以下措施。

①采用不同的矢跨比。

在跨径一定时，推力的大小与矢跨比成反比。在相邻两孔中，大跨径孔采用较陡的拱(矢跨比较大)，小跨径孔采用较坦的拱(矢跨比较小)，使相邻孔在恒荷载作用下的不平衡推力尽量减小。

②采用不同拱脚标高。

由于采用了不同的矢跨比，两相邻孔的拱脚标高不在同一水平线上。因大跨径孔的矢跨比较大，拱脚降低，减小了拱脚水平推力对基底的力臂，这样可以使大跨与小跨的恒荷载水平推力对基底所产生的弯矩得到平衡(图3-2-4)。但因拱脚不在同一水平，使桥梁外形欠美观，构造也稍复杂。

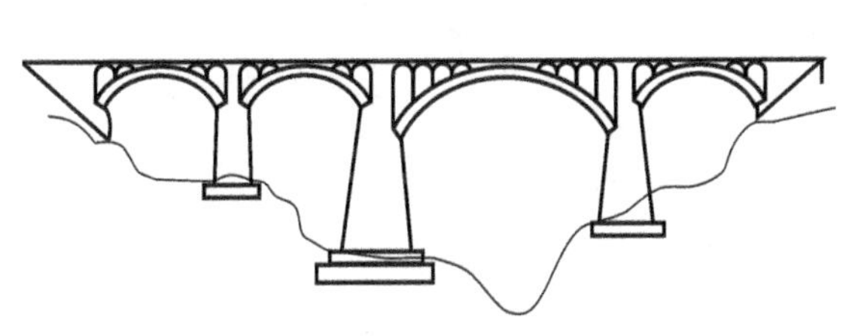

图3-2-3　不等跨分孔

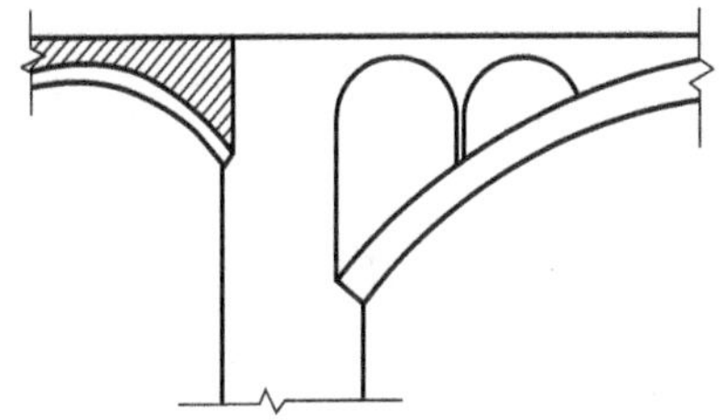

图3-2-4　大跨与小跨的拱脚标高

③调整拱上建筑的恒荷载重量。

在相邻两孔中，大跨径采用轻质的拱上填料或空腹式拱上建筑，小跨径采用重质拱上填料或实腹式拱上建筑，以改变恒荷载重量来调整拱桥的恒荷载水平推力。

④采用不同类型的拱跨结构。

小跨径孔采用板拱结构，大跨径则采用分离式肋拱结构，以减轻大跨径孔的恒荷载重量来减小恒荷载的水平推力。有时，为了进一步减小大跨径孔的恒荷载推力，可加大大跨径拱肋的矢高，而做成中承式肋拱桥。

在具体设计时，可采用上述措施中的任意一种或同时采用几种。如果仍不能达到完全平衡恒荷载推力的目的，则需设计成体形不对称的或加大尺寸的桥墩基础来解决。

2.2　主拱的构造

2.2.1　板拱

板拱桥多为石砌拱桥，其主拱圈通常都是做成实体的矩形截面，所以又称为石板拱，按照砌筑拱圈的石料规格，又可以分为料石拱、块石拱及片石拱等类型。

用来砌筑拱圈的石料，要求是未经风化的，其强度等级不得小于 MU30。砌筑用的砂浆强度等级，对于大、中跨径拱桥不得小于 M7.5，小跨径拱桥不得小于 M5。为了节省水泥，在有条件的地方，可以用小石子混凝土代替砂浆砌筑片石或块石拱圈。小石子粒径一般不宜大于 2cm。采用小石子混凝土砌筑片石板拱，其砌体强度比用相同强度等级的水泥砂浆的砌体强度高，而且一般可以节省水泥用量 1/4～1/3。

拱石的规格为：对于粗料石拱石，其厚度（拱轴方向）不小于 20cm，高度应为厚度的 1.5～2.0 倍，长度为厚度的 1.5～4.0 倍。当拱石上下砌缝宽度相差超过 30%时，拱石宜制成楔形，否则可制成矩形。对于块石拱，拱石可制成大致方正的形状，厚度不小于 20cm，宽度为厚度的 1.0～1.5 倍，长度为厚度的 1.5～3.0 倍。拱石上下的弧线差可用灰缝宽度调整。对于片石拱，其拱石的厚度不小于 15cm，将尖锐突出部分敲掉即可。各类拱石，石料层面应与拱轴线垂直。由于料石加工要求较高，因此对于中、小跨径的公路石拱桥，如果条件允许，应尽量采用片石拱，以节省劳动力，降低工程造价。

根据设计的要求，石拱圈可以采用等截面圆弧拱、等截面或变截面的悬链线拱。用粗料石砌筑拱圈时，为便于拱石的加工，根据拱轴线和截面形式的不同，需将拱石分别进行编号。等截面圆弧线拱圈，因截面相等，又是单心圆弧线，拱石规格较少，编号比较简单，如图 3-2-5 所示。当采用变截面悬链线拱圈时，由于截面发生变化，拱石类型较多，编号较复杂，给施工带来很大的麻烦，如图 3-2-6(a)所示。

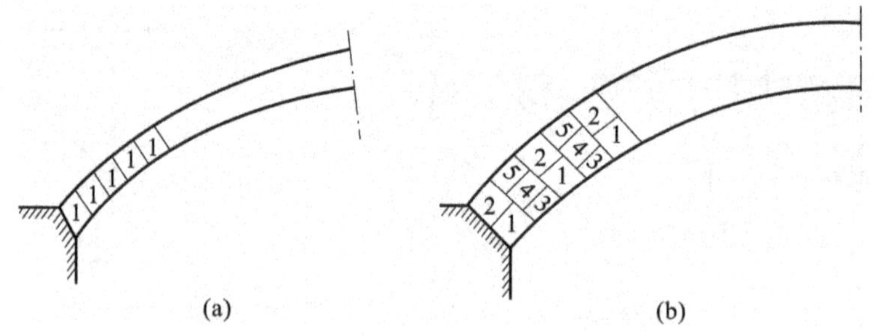

图 3-2-5 等截面圆弧拱的拱石编号

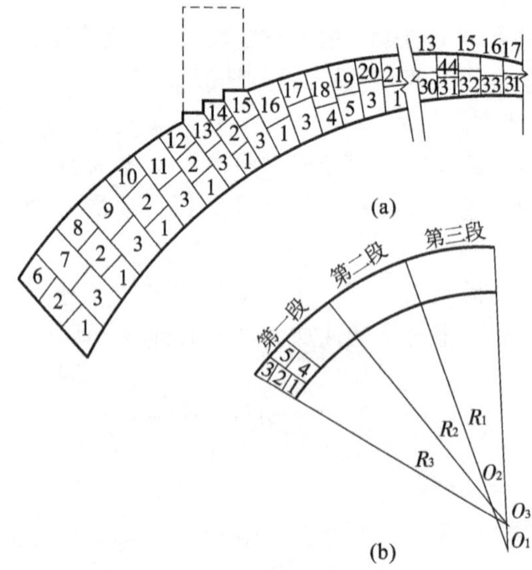

图 3-2-6 悬链线拱的拱石编号

(a)变截面悬链线拱；(b)等截面悬链线拱

等截面悬链拱圈，内外弧线与拱轴线平行，拱石编号大为简化，同时，还可以采用多心圆弧线代替悬链线放样，如图 3-2-6(b)所示。因此，目前修建等截面石拱桥较为普遍。

砌筑料石拱圈，根据受力需要，构造上应满足以下几点要求：

(1)拱石受压面的砌缝应是辐射方向，即与拱轴线相垂直。这种辐向砌缝一般可做成通缝，不必错缝。

(2)当拱圈厚度不大时，可采用单层拱石砌筑[图 3-2-5(a)]；当拱厚较大时，可采用多层拱石砌筑[图 3-2-5(b)及图 3-2-6]，对此要求垂直于受压面的顺桥向砌缝错开，其错缝间距不小于 10cm(图 3-2-7)。

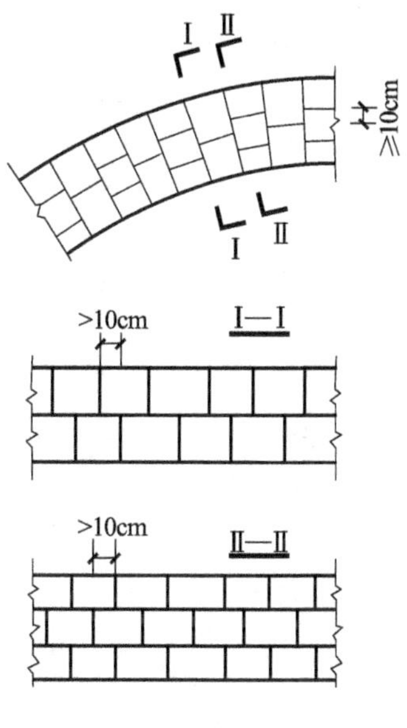

图 3-2-7　拱石的错缝要求

(3)在拱圈的横截面内，拱石的竖向砌缝应当错开，其错开宽度至少 10cm，见图 3-2-7 中的 Ⅰ—Ⅰ截面及Ⅱ—Ⅱ截面。这样，在纵向或横向剪力作用下，可以避免剪力单纯由砌缝内的砂浆承担，从而可以增大砌体的抗剪强度和整体性。

(4)砌缝的缝宽不应大于 2cm。

(5)拱圈与墩台、空腹拱上建筑的腹孔墩与拱圈相连接处，应采用特制的五角石[图 3-2-8(a)]以改善连接处的受力状况。五角石不得带有锐角，以免施工时易破坏和被压碎，现在为了简化施工，也常采用现浇混凝土拱座及腹孔墩底梁[图 3-2-8(b)]来代替制作复杂的五角石。

当用块石或片石砌筑拱圈时，应选择较大的平整面与拱轴线垂直，并使石块的大头向上、小头向下。石块间的砌缝必须相互交错，较大的缝隙应用小石块嵌紧。同时还要求砌缝用砂浆或小石子混凝土灌满。

在缺乏合格天然石料的地区，板拱可以用素混凝土来建造。混凝土板拱拱圈可以采用整体现浇或预制砌筑。整体现浇混凝土拱圈，拱内收缩应力很大，受力不利，需用拱架、模板；耗费大量的木料；工期长，花费劳动力多，质量也难以控制，故现在已较少采用。预制砌筑拱圈是将拱圈沿纵横向划分成一些块件，先进行预制，然后砌筑成拱。预制块混凝土的强度等级一般采用 C15～C25，砌筑块件所用砂浆采用 M7～M10。

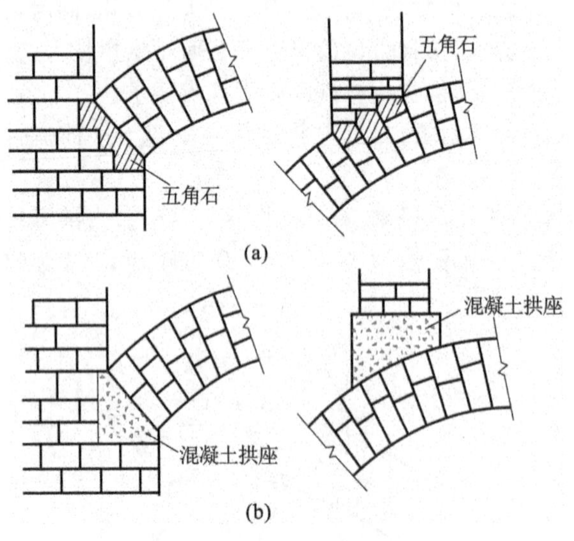

图 3-2-8 拱圈与墩台及腹孔墩连接

2.2.2 肋拱

用两条或多条分离式的平行拱肋来代替拱圈，如图 3-2-9 所示，即为肋拱桥。由于肋拱更多地减轻了拱体重量，拱肋恒荷载内力减小，相应活荷载内力的比重增大，钢筋可以较好地承受拉应力，能充分发挥建筑材料的作用。肋拱常常用于一些矢跨比很大的高桥中，其跨越能力较大。

拱肋是肋拱桥的主要承重结构，通常由混凝土或钢筋混凝土做成。拱肋的数目和间距以及拱肋的截面形式等，均应根据使用要求(跨径、桥宽等)、所用材料和经济性等条件综合比较选定。为了简化构造，宜选用较少的拱肋数量。同时，与其他形式拱桥一样，为了保证肋拱桥的横向整体稳定性，肋拱桥两侧的拱肋最外缘间的距离，一般也不应小于跨径的 1/20。

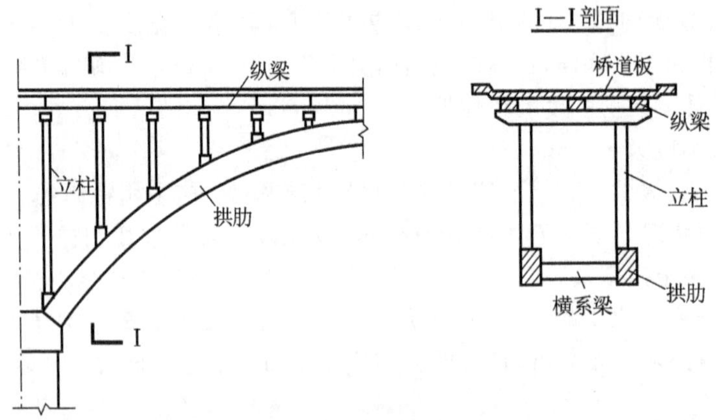

图 3-2-9 肋拱桥

拱肋的截面，根据跨度的大小和载重的等级，可选用矩形、工字形或箱形等，矩形截面[图 3-2-10(a)]施工简单，常用于中、小跨度的肋拱桥中，其肋高为跨径的 1/60～1/40，肋宽为肋高的 1/2～2。在较大跨径中，拱肋常做成工字形或箱形截面[图 3-2-10(b)]，由于截面核心距比矩形的大，可以降低截面拉应力的数值，从而适应拱内弯矩更大的场合，但其构造复杂，施工比较麻烦，而在材料的使用上，它比矩形截面经济、合理，可减小更多的圬工体积。工字形和箱形截面的肋高为跨径的 1/35～1/25，肋宽为肋高的2/5～1/2。工字形截面腹板厚度常采用0.3～0.5m。箱形截面的腹板或翼板厚度，一般不小于0.25～0.3m，以便布置钢筋和浇筑混凝土。对于箱肋，还必须在立杆支承处按一定的间距设置内隔板，以保证拱肋截面局部稳定的需要。隔板厚度为0.2～0.3m。在立柱支承处隔板的厚度还应满足立柱与箱肋固结的需要。

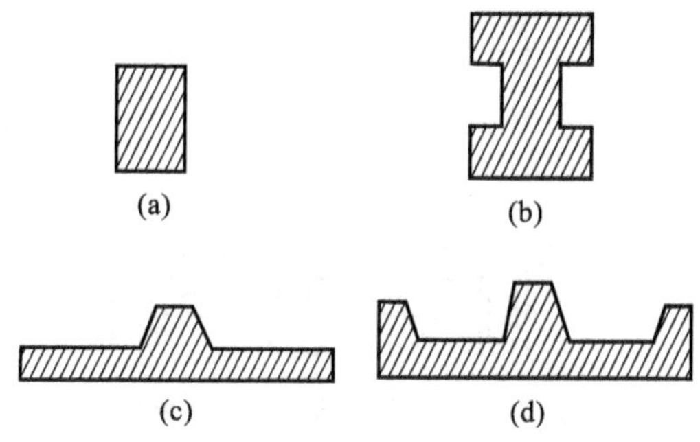

图 3-2-10　拱肋截面形式

在分离的拱肋间需设置横系梁，以增强肋拱桥的横向稳定性。横系梁的截面一般采用矩形或工字形。横系梁高度可取拱肋高度的0.8～1.0，宽度可取拱肋高度的0.6～0.8。

拱肋的钢筋配置按计算确定。无铰拱肋的受力钢筋应与墩台牢固地固结，其锚入深度为：拱肋为矩形截面时，应不小于拱脚截面高度的1.5倍；拱肋为工字形或箱形截面时，不小于截面高度的1/2。横系梁四角应设置直径不小于16mm的纵向钢筋，并设直径不小于8mm的箍筋。其间距不应大于横系梁短边尺寸或40cm。

除钢筋混凝土结构外，也可因地制宜，就地取材，采用石料砌筑拱肋。常用石肋拱截面形式有两种，一种是图3-2-10(c)、(d)所示的板肋组合形式，俗称板肋拱，它是在石板拱的基础上稍做改进而成的。它不但能增大截面抵抗矩，减轻自重，节省圬工量，而且保持了石板拱施工简便的优点，适用于中、小跨径石拱桥。另一种是分离式肋拱，如我国已建成的一座净跨78m的石肋拱桥，拱肋就是由两条分离的等截面石砌拱肋所构成。拱肋为厚1.5m、宽2.0m的矩形截面，两肋中距为5m。用M15砂浆砌MU60粗料石。两肋间设置了13根钢筋混凝土横系梁，用20号(强度等级接近C20)钢筋混凝土桥面板跨盖分离式拱上建筑。这座桥与相同跨径的空腹式石板拱桥相比，可减轻重量1/2，节省料石50%，节省拱架60%以上。

2.2.3　双曲拱

双曲拱桥主拱圈通常是由拱肋、拱波、拱板和横向联系等几部分组成。双曲拱桥的主要特点是将主拱圈以“化整为零”的方法按先后顺序进行施工，再以“集零为整”的组合方式形成主拱圈整体。因此，双曲拱的构造与板拱、肋拱相比较就有其独特之处，尤其适用于无支架吊装施工且无大型起吊机具时的情况。

(1)主拱圈的截面形式。

双曲拱桥主拱圈截面可以做成多肋多波或双肋单波形式(图3-2-11)。

在公路双曲拱桥中采用最多的是多肋多波的截面形式，如图3-2-11(a)、(b)、(c)所示。在拱宽一定的情况下，一般说来，肋的间距宜大一些，以加大拱波矢高，增加拱圈的截面刚度，截面较为经济，整体性也好。但考虑无支架施工的起吊能力，拱肋间距又不宜过大，以免加大拱肋截面尺寸，增加吊装重量，给施工带来麻烦。一般公路桥梁常用4～7波的截面。随着施工机械吊装能力的提高，主拱圈截面有向少波发展的趋势；采用在两个边肋上悬半波的截面，可节省一根拱肋，减小侧墙高度。桥梁外形轻巧美观，但施工稍为复杂。在跨径和载重量较小的单车道桥梁中，还可以采用单波的截面形式[图 3-2-11(d)]。

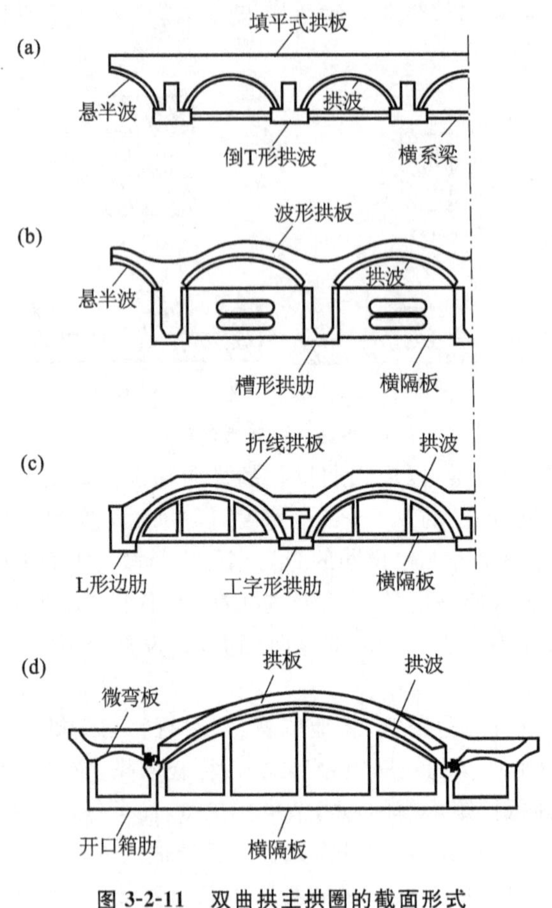

图 3-2-11 双曲拱主拱圈的截面形式

(a)～(c)多肋多波；(d)多肋单波

(2)拱肋。

拱肋是双曲拱桥主拱圈的骨架。在砌筑拱波过程中，它承受本身自重、横向联系构件及拱波重量和相应的施工荷载，在浇筑拱板的过程中，拱肋作为肋波组合截面的一部分承受荷载。因此，拱肋的设计，除应能满足在吊装阶段的强度和纵横向稳定的要求外，还应满足截面在组合过程中各阶段荷载作用下强度的要求。

常用的拱肋截面形式有倒 T 形(凸形)、槽形、L 形、工字形和箱形等(图 3-2-11)。一般根据跨径大小、受力性能、施工难易条件综合选择合理的截面形式，要求所选拱肋截面有利于增强主拱圈的整体性，制作简单且保证施工安全。

倒 T 形和工字形截面是应用较多的截面。倒 T 形截面的直梗还可做成上宽下窄的形式，肋板的结合就更牢固。工字形截面实际上是倒 T 形截面加上一个上翼缘板，这样，拱肋在无支架吊装过程中受力更为合理。倒 T 形截面和工字形截面由于它们的腹板伸入到现浇层内，增大了拱板与拱肋的结合面，提高了结合面的抗剪和抗拉能力。同时，也使肋波结合缝离整个拱圈组合截面的重心轴较远，使肋波结合缝处的剪应力减小，克服了采用矩形截面拱肋时，在肋波结合缝处常出现的裂缝，增强了截面的整体性。

拱肋应按施工及使用阶段的受力计算配置钢筋。为了加强拱圈的整体性，可在拱肋顶部设置

齿槽或锚固钢筋(图 3-2-12)。齿槽设在拱脚至 $L/4$ 范围,有直梗的拱肋,齿槽常设在梗部的顶面或侧面,槽长 10cm,深 2cm,齿长 50～100cm,拱脚附近齿可短些,$L/4$ 附近齿可长些。锚固钢筋直径一般为 8～10mm,间距一般不宜大于 40～60 倍直径,拱脚至 $L/4$ 段可密一些。

为了保证无铰拱拱脚的固结作用,拱脚与墩台帽的连接应加强。对于利用支架现浇的拱肋,其纵向主筋应伸入墩台帽内,钢筋伸入长度应不小于规定的钢筋锚固长度。对于预制安装的拱肋,有两种连接方式(图 3-2-13):一种是把拱按原截面做得长一些,拱肋插入拱座的预留槽内,插入长度一般为 20～50cm;一种是在起拱线以下,肋端增加一个方头,使拱肋搁置比较平稳,也便于调整墩(台)在施工中产生的误差,在调整就位后,用钢板或铁板把方头卡紧,然后浇筑砂浆封固。大跨径的双曲拱桥,常将拱肋自 $L/8$ 开始逐渐加宽至拱脚,以满足拱脚截面压应力的需要。

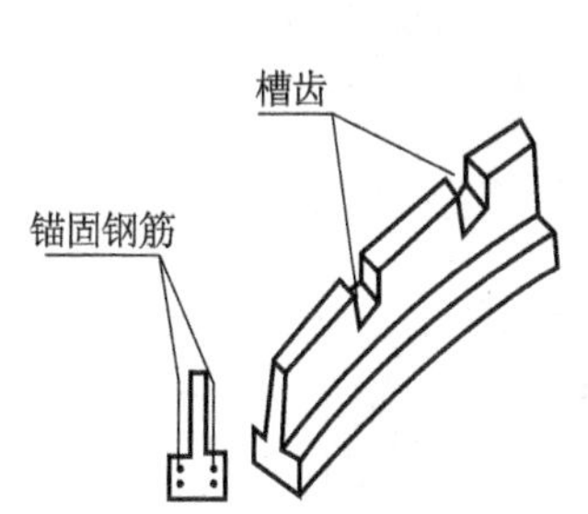

图 3-2-12　拱肋齿槽和锚固钢筋

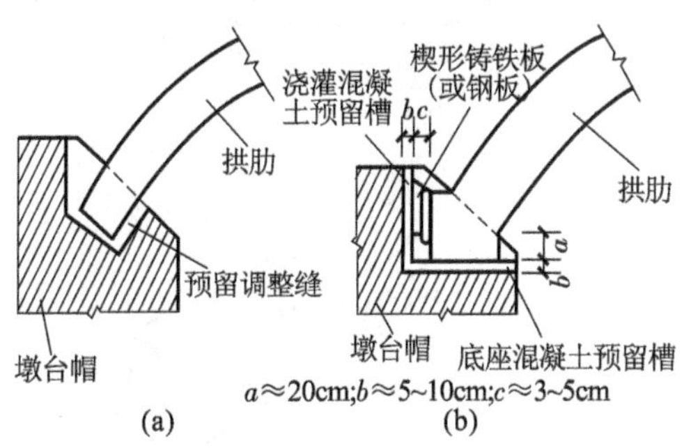

图 3-2-13　拱肋与拱座的连接

(a)拱肋插入拱座;(b)方头拱肋

拱肋通常采用有支架现浇混凝土或预制安装的方法施工。预制的拱肋,跨径在 30m 以下时,可以单根拱肋整体预制吊装;跨径再大,根据吊装能力,常将一根拱肋分成数段预制吊装。由于拱顶往往是受力最不利的截面,因此拱肋分段时接头不宜布置在拱顶。为了避开拱顶接头,一般按奇数分为 3 或 5 段,同时,为了保证拱肋在吊装中的稳定性,每段拱肋的长度一般也不宜超过拱肋宽度的 50 倍。

拱肋的接头,应做到构造简单,结合牢固,操作方便。制作时,应特别注意尺寸准确。在简易排架上施工的拱肋,可采用主筋焊接、绑扎或环状套接等现浇混凝土接头,对于无支架施工的拱肋,常用的有电焊钢板对接接头、环氧树脂水泥胶卡砌接头、电焊主筋搭接接头或法兰盘螺栓对接接头等,各种接头见图 3-2-14。

接头处的现浇混凝土强度等级,应较拱肋混凝土高一级。连接钢筋、钢板(或型钢)的截面尺寸,应由计算确定。钢筋的焊缝长度,以及钢筋绑扎的最小搭接长度,应符合《桥规》中的规定。焊接时,应注意防止周围混凝土过热烧伤。法兰盘螺栓接头,螺栓拧紧后应焊死。

(3)拱波。

拱波一般用混凝土预制成圆弧形。拱波不但是参与主拱圈共同承受荷载的组成部分,而且在浇筑拱板混凝土时,起模板的作用。对于多肋多波的截面,拱波的路径(即拱肋净距)一般为 1.3～2.0m,厚度为 6～8cm,矢跨比为 1/5～1/2,宽度为 3050cm,图 3-2-15 为其大样图。对于少波和单波的截面,拱波路径一般为 3～5m,厚度为 6～8cm,矢跨比为 1/6～1/3,宽度为 2.5～5m,而拱波分块宽度还要由横隔板的间距确定,故宽度不完全相等;各块拱波纵向须按所在部位的坐标放样,曲率各不相同,吊装时需对号就位。大型拱波内一般布置直径为 4～6mm 的钢筋网,网格间距为 30cm×30cm。为了增强拱波与现浇拱板混凝土的结合,可将拱波截面做成图 3-2-16 所示的形式。

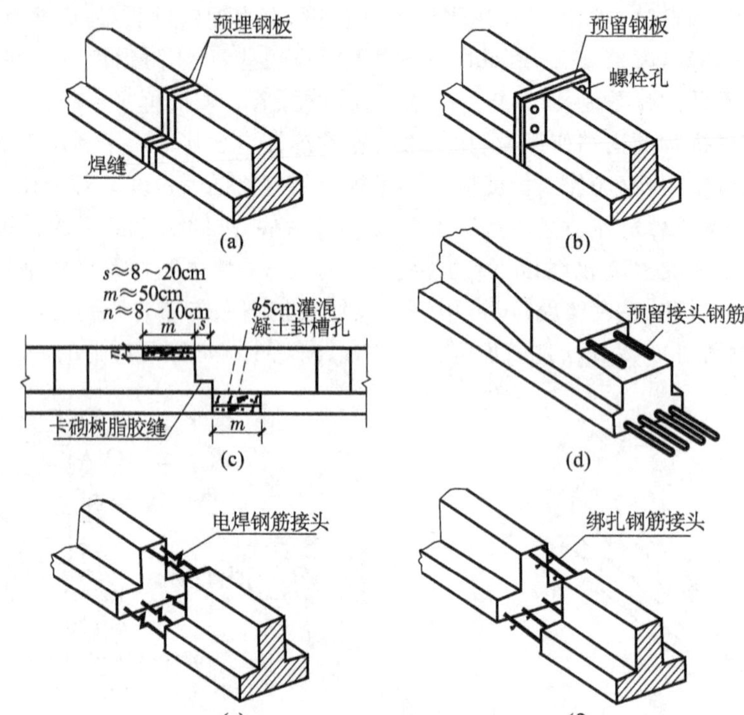

图 3-2-14　拱肋接头

(a)钢板电焊接头；(b)法兰螺栓接头；(c)环氧树脂水泥胶卡砌接头；(d) 预留接头钢筋；(e)钢筋电焊现浇混凝土接头；(f)绑扎钢筋现浇混凝土接头；(g)环状钢筋现浇混凝土接头(俯视图)

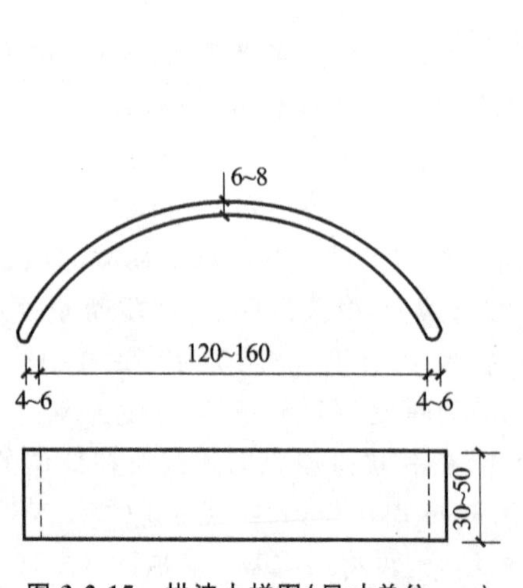

图 3-2-15　拱波大样图(尺寸单位：cm)

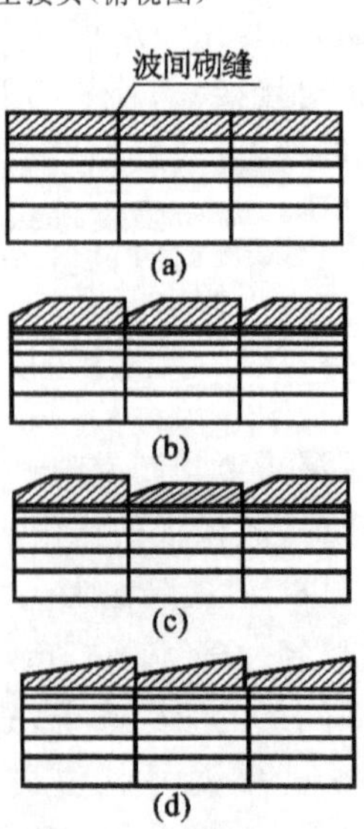

图 3-2-16　拱波的形式

拱板采用现浇混凝土，把拱肋、拱波结合成整体。目前常用波形或折线形拱板，如图 3-2-11(b)、(c)所示，其厚度不小于拱波的厚度。这种拱板，可节省材料，减轻自重，使截面刚度分布较均匀，截面重心轴大致居中，受力较合理。图 3-2-11(a)中填平式拱板，截面刚度在波顶及波脚相差较大，在混凝土收缩、温度变化及荷载反复作用下，波顶易产生纵向裂缝，现已很少采用。

拱板中的钢筋应根据受力情况设置。即使计算不需受力钢筋，仍须在拱板顶部设置纵向构造钢筋，中等跨径的双曲拱一般设置 2～3 根直径为 12～16mm 的纵向钢筋。对拱脚截面，当荷载效应不利组合的设计值小于混凝土的抗力效应设计值时，按构造钢筋设置，并与拱顶纵向构造钢筋相接，一起与墩、台拱座伸出的钢筋焊接，形成沿拱圈全弧长的纵向钢筋；当荷载效应不利组合的设计值大于混凝土的抗力效应设计值时，按大偏心受压构件设置钢筋。

拱顶、拱脚部位的拱板上缘，宜适当设置横向分布钢筋，并与拱肋的锚固钢筋、板顶的纵向钢筋相连接，并予以张紧，从而提高主拱圈的整体性。

(4)横向连接构件。

主拱圈设置横向连接构件，可以大大加强主拱圈的整体性，使主拱圈在活荷载作用下受力较均匀，避免拱波顶可能出现的纵向裂缝。同时，在无支架施工中，可以利用横向联系将几根拱肋在横向连成整体，形成一个拱形框架，加强拱肋的横向刚度，保证拱肋的横向稳定。

横向连接构件，常用的有横隔板和横系梁两种(图 3-2-17)。横系梁一般用于中、小跨，其厚度一般为 15～20cm，每 3～5m 设置一道，常采用正方形或矩形截面。横隔板的横向刚度大，一般用于大、中跨桥和宽桥，其厚度一般为 15～20cm，每 3～5m 设置一道。横隔板可伸入拱板中，伸入拱板部分最好与拱板一起现浇，以免留工作缝。

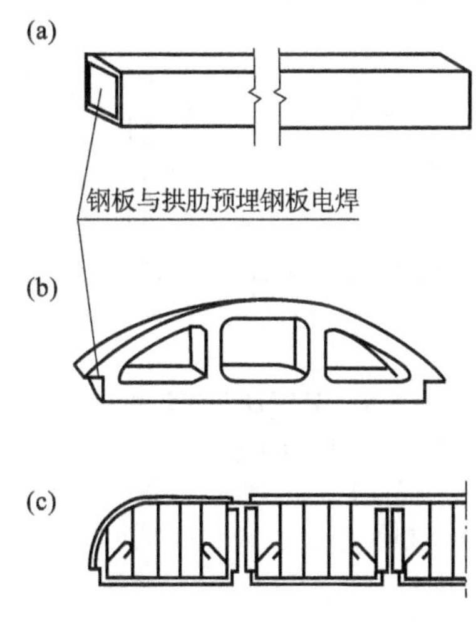

图 3-2-17　横向连接构件

横系梁与横隔板可以间隔使用。在拱顶、立柱(横墙)及其拱肋接头处等部位，均应设置横向连接构件。横向连接构件一般按构造要求确定其尺寸和配筋，一般横系梁设置 4 根钢筋，横隔板则设置 8 根，直径均为 10～16mm，并尽量与拱肋的主筋相连接。

2.2.4　箱形拱

大跨径拱桥的主拱圈，可以采用箱形截面。为了采用预制装配的施工方法，在横向将拱圈截面划分成一些箱肋，在纵向箱肋分段，待箱肋拼装成拱后，再用现浇混凝土把各箱肋连成整体，形成箱形截面的主拱圈。

(1)箱形桥的主要特点。

①截面挖空率大，可达全截面的 50%～70%，因此，与板拱相比，可节省大量圬工体积，减轻重量。而双曲桥的挖空率一般只占全截面的 30%～40%。

②箱形截面的中性轴大致居中，对于抵抗负弯矩具有几乎相等的能力，能较好地适应主拱各截面正负弯矩变化的情况。

③由于是闭合空心截面，抗弯抗扭刚度大，拱圈的整体性好，应力分布比较均匀。

④主拱圈横截面由几个闭合箱组成，可以单箱成拱，单箱的刚度较大，构件间接触面积大，便于无支架吊装。

⑤预制箱肋的宽度较大，施工操作安全，易保证施工质量。

⑥预制构件的精度要求较高，起吊设备较多，适用于大跨径拱桥的修建。

因此，箱形截面是大跨径拱桥中一种比较经济、合理的截面形式，国外修建的大跨径钢筋混凝土拱桥，绝大多数采用箱形截面。

(2)箱形拱的组合形式。

箱形拱截面由底板、箱壁、顶板、横隔板等组成。无支架施工时，为了减轻吊装重量，将主拱圈分为预制的箱肋和现浇混凝土两部分施工。其组合形式有以下几种：

①U 形肋多室箱组合截面。如图 3-2-18 所示，将底板和箱壁预制成 U 形拱肋(内有横隔板)，纵向分段吊装合龙后安装预制盖板，再现浇顶板及箱壁接缝混凝土，组成多室箱截面。盖板可做成平板[图 3-2-19(a)]，也可以做成微弯板[图 3-2-19(b)]。U 形肋预制时不需顶模，仅在拱胎上立侧模预制，虽是开口箱，但吊装时仍有足够的纵横稳定性。不足之处是现浇混凝土量大，盖板在参与拱圈受力时作用不大，且又增加了主拱圈的重量。

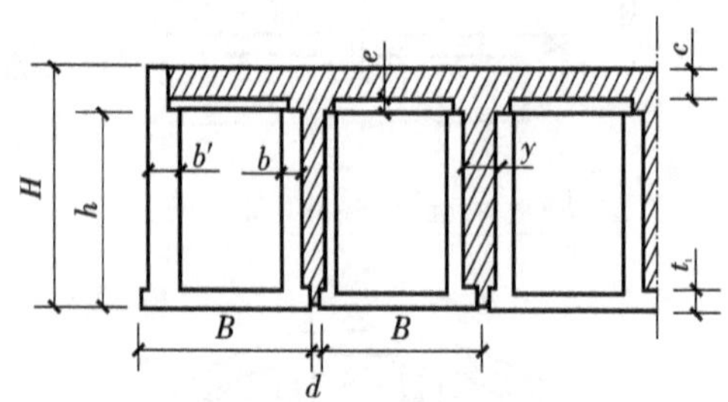

图 3-2-18 U 形肋多室箱组合截面

H—拱圈总高度；B—预制拱箱宽度；h—预制拱箱高度；b—中间箱壁厚度，8～10cm；b'—边上箱壁厚度；t_1—底板厚度，10～14cm；e—盖板厚度，6～8cm；c—拱箱上现浇混凝土厚度，10～15cm；d—相邻两箱下缘间净空，4～5cm；阴影部分是现浇混凝土部分

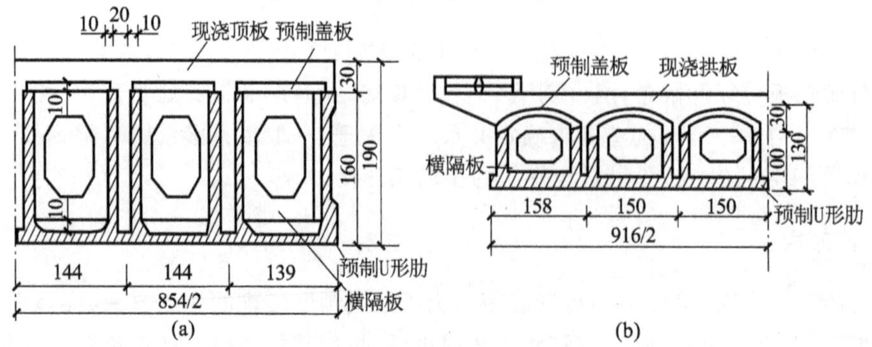

图 3-2-19 U 形肋组合箱截面形式

四川省宜宾市的岷江大桥，是主跨为2×100m的钢筋混凝土U形肋组合箱拱桥。其主拱圈的矢跨比为1/6，拱轴系数为3.5，主跨每平方米的桥面用料：混凝土为1.37m³，钢筋为44kg。拱箱全高为1.6m，由6个箱组成，全宽8.0m。U形箱为35号（强度等级接近于C35）钢筋混凝土预制构件，箱肋宽1.3m，箱壁厚9cm，底板厚13cm 。图3-2-20为其拱箱构造与横向连接示意图，拱箱每隔204cm设厚8cm的横隔板一道。

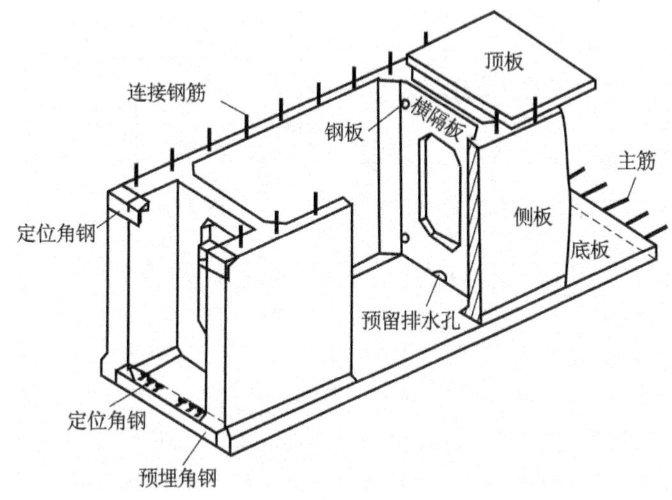

图3-2-20　拱箱构造

②工字形肋多室箱组合截面。由工字形拱肋组合的箱形拱，按其翼缘板的长度分为两种：一种是短翼缘工字形肋，拱肋合龙后在其肋上安装预制的底板，再现浇底板和盖板的加厚层混凝土，形成闭合箱。云南省继红大桥就是由6片短翼缘工字形肋组合成箱形截面的拱桥[图3-2-21(a)]。另一种是宽翼缘工字形肋，翼缘板对接后，即组合成箱形截面，省去了现浇混凝土部分，减少了施工工序。图3-2-21(b)是四川岷江大桥的截面形式，它由8片宽翼缘工字形肋组合成箱形截面拱。工字形拱肋的缺点是吊装稳定性较差，焊接下翼缘和横隔板的连接钢板时工作条件差。

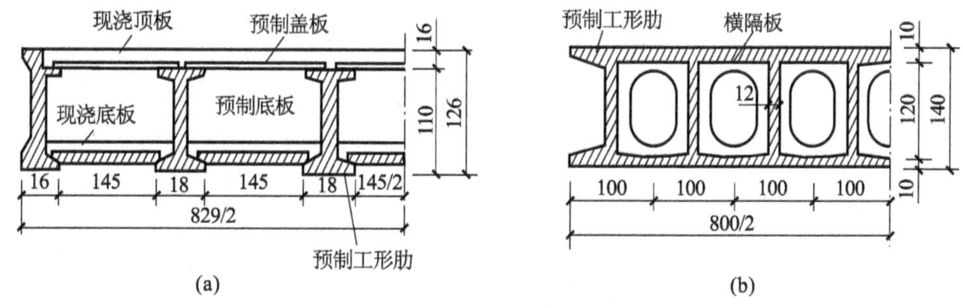

图3-2-21　工字形组合箱(尺寸单位:cm)

③闭合箱组合截面。此种箱肋的特点是在预制过程中，箱壁采用了分段预制再组合拼装成箱的工艺。先将预制好的箱壁及横隔板按拱箱尺寸拼装起来[图3-2-22(a)]，再浇筑底板混凝土及接头混凝土，组合成开口的U形箱，最后在U形箱内立支架及上模板，浇筑顶板混凝土形成闭合箱肋。为了加强块件之间的连接，在箱壁和横隔板四周预留环状剪力钢筋及连接钢筋[图3-2-22(b)]。闭合箱肋吊装拱后，在箱壁间浇筑填缝混凝土形成多室箱形截面(有的还在箱顶上现浇一层混凝土以加厚顶板)。闭合箱肋的优点是：箱壁分块预制，可改为卧浇，采用干硬性混凝土、振动台、翻转脱模等工艺，节省大量模板，提高工效，厚度虽用得很薄(3～4cm)，仍可保证质量(U形肋的箱壁是立浇的，在脱模之后常出现蜂窝现象)。闭合箱在吊装时，其抗弯抗扭的刚度均较开口箱大。

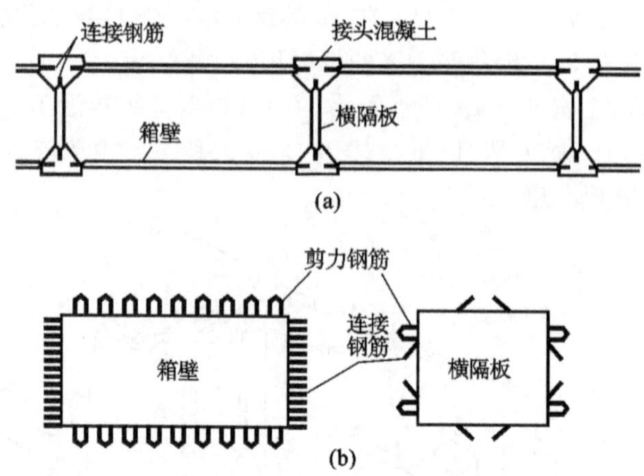

图 3-2-22 箱壁横隔板连接示意

(a)短翼缘工字形组合箱;(b)宽翼缘工字形组合箱

④单室箱形截面。如图 3-2-23 所示,主拱圈由一个单室箱构成,它采用桁架悬臂法施工时,将箱壁、底板、顶板分开预制,将整跨的箱壁、拱上立柱作为下弦杆和竖杆,再配上临时的上弦杆和斜杆组成桁架式的拱片,然后用横系梁和临时对角斜撑将两拱片组成一个整体框构,用人字扒杆向外分段悬拼,直到箱壁合龙成拱,再安装顶、底板及横隔板,接头处用现浇混凝土连接为整体,组成主拱单室箱形截面。顶板可用微弯板或平板,微弯板的矢跨比为 1/18～1/14。由于拱顶区段的顶板直接承受车辆荷载,其厚度要大一些,若采用平板,还可在板内设横向预应力钢筋,做成预应力混凝土板。

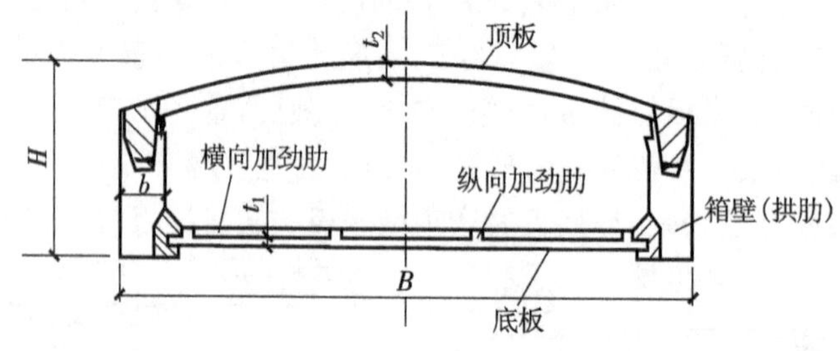

图 3-2-23 单室箱形截面

H—拱圈总高度;B—拱圈宽度;b—箱壁厚度,20～40cm;

t_1—底板厚度,8cm,设纵、横向加劲肋,拱脚段适当加厚;t_2—顶板厚度,12～18cm;阴影部分为现浇混凝土部分

(3)拱肋的分段及其接头形式。

无支架吊装拱肋(箱),其纵向分段视跨径大小及吊装能力来确定。分段多,不但施工工序多,接头工作量大,而且也增加了拱肋(箱)稳定性控制和拱轴线调整的困难。在吊装能力许可时,分段宜少,一般为 3～5 段,对 100m 以上的拱桥,可分为 7～9 段,但接头必须可靠,并采取加强侧向浪风等措施,以保证拱肋的施工稳定和拱轴线的控制。

拱肋的接头应满足以下要求:易于操作,便于就位;有足够的刚度,保证接头点的固结;受力均匀,避免局部受压或偏心。

拱肋接头的形式有拱座接头、中间接头等。

①拱座接头。

一般在墩台帽上预留凹槽,槽深 30～40cm,并将拱箱端部接头处的箱壁或顶底板局部加厚至 20～30cm,以适应局部应力的需要。凹槽内预埋钢板,待拱箱定位合龙后与拱箱壁、板内的预埋钢板焊接,然后用混凝土封填凹槽。

②中间接头。

接头处的箱壁、板应同样加厚并预埋角钢，拼装时角钢平抵平接。角钢上钻有螺栓孔，可以定位及用螺栓临时连接，定位合龙后，再在接头角钢上加盖钢板焊接，最后用混凝土封填。

(4)箱形拱的横向连接。

为了加强箱壁的局部稳定性，提高拱箱抗扭能力，拱箱内每隔一定距离设一道横隔板。除在箱肋接头处、吊扣点及拱上立柱处必须设置外，其余部分每 3～5m 设一道横隔板，其厚度为 6～8cm。为了减轻重量并便于施工人员通行，横隔板中间挖空或做成桁架式横隔板。

对于多室箱组合截面，为了加强拱箱的整体性，箱与箱之间要做横向连接。横向连接的做法，一般有以下几种：

①在横隔板两侧的箱壁上、下预留孔洞，用短钢筋穿过，与横隔板上预埋钢板焊接，并用现浇混凝土将箱室连成整体。

②在横隔板位置的顶板上预埋钢板，用短钢筋搭焊连接，并在底板上预留横向分布钢筋，待拱箱合龙后，将分布钢筋弯起交叉勾住，再现浇填缝混凝土。

③将拱箱之间的混凝土与顶板现浇混凝土一起浇筑，拱箱上的竖向筋外伸，埋入顶板的现浇混凝土中，并沿全拱宽设置通长钢筋网，浇筑在顶板上的现浇混凝土中。

(5)钢筋的布置。

目前大跨径箱形拱桥的主拱圈设计，在运营阶段一般均为压应力控制，混凝土的拉应力很小或无拉应力，因此，主拱截面一般来说按钢筋混凝土截面设计，但必须配置构造钢筋以及构件在吊装过程中的受力钢筋。对于闭合箱，此部分受力钢筋对称布置在顶、底板上；对于开口箱，配置在箱壁的上缘和底板上。钢筋的数量主要由箱段在吊运和悬挂过程中的受力情况计算确定。当拱圈全截面形成后，此部分吊装钢筋如达到最低含筋率的要求，在拱的截面计算中应将此部分钢筋计入。沿箱壁的高度应布置分布钢筋，钢筋间距不大于 25cm。

2.3　拱圈截面变化规律和截面尺寸的拟定

2.3.1　拱圈截面的变化规律

拱桥主拱圈截面有等截面和变截面两种形式。所谓等截面拱，就是拱圈任一法向截面的横截面形状和尺寸是相同的。而变截面拱的主拱法向截面，从拱顶到拱脚是逐渐变化的。变截面拱圈的做法通常有两种：一种是拱圈沿拱轴方向不变宽度而只变厚度，一种是厚度不变而改变拱圈的宽度，如图 3-2-24 所示。

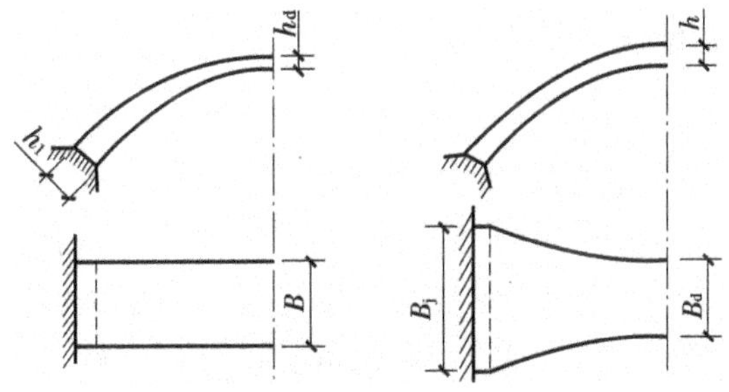

图 3-2-24　变截面拱圈的两种形式

拱圈横截面沿路径变化的规律，要能适应主拱圈内力变化的情况，有利于充分发挥主拱圈每个截面的材料强度。同时，截面变化的形式，还应考虑使其构造简单，便于设计和施工。

拱圈的内力有轴向力 N、弯矩 M 及剪力 Q。轴向力可表示为 $N\approx H/\cos\varphi$，H 为水平推力，φ 为任意截面处的拱轴线水平倾角。由于 $\cos\varphi$ 值由拱顶向拱脚逐渐减小，轴向力 N 就由拱顶向拱脚逐渐增大，弯矩 M 及剪力 Q 沿拱轴线的变化比较复杂，但一般情况下拱脚处的弯矩常常比拱顶处要大一些。因此，为了使各截面的应力值趋于相等，拱圈的截面也应自拱顶向拱脚逐渐增大。在相同条件(跨径、矢高、荷载)下，变截面拱圈的圬工数量较等截面拱圈少，拱圈稳定性也较好，但施工较麻烦，特别是料石拱，所需料石规格繁多，给备料和砌筑带来困难，即使是混凝土拱，制模工作也较复杂。

在一般情况下，为了方便施工，拱桥宜采用等截面形式。目前在无铰拱桥设计中，对于跨径小于 50m 的石板拱桥，跨径小于 100m 的双曲拱、箱形拱或钢筋混凝土肋拱桥，均可采用等截面形式。只有在更大跨径或很陡的圬工拱桥中，为了节省圬工，减轻拱圈自重，可考虑采用拱圈截面由拱顶向拱脚增厚的变截面形式。其截面变化规律(图 3-2-25)常采用下式表示：

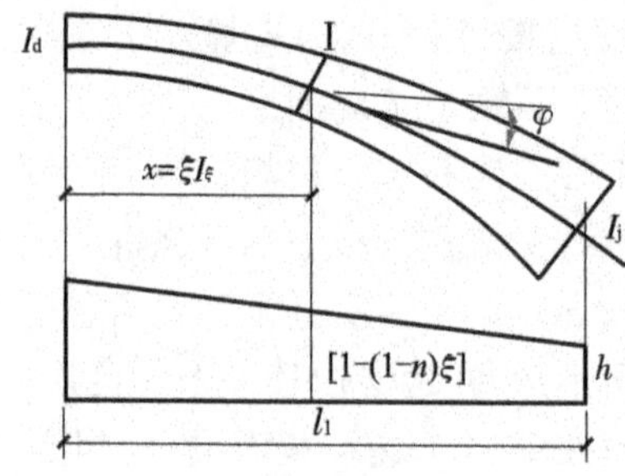

图 3-2-25 变截面悬链线拱的截面变化

$$\frac{I_d}{I\cos\varphi}=1-(1-n)\xi \quad 或 \quad I=\frac{I_d}{[1-(1-n)\xi]\cos\varphi}$$

$$n=\frac{I_d}{I_j\cos\varphi_j}$$

式中 n——拱厚变换系数；

I——拱任意截面惯性矩；

I_d——拱顶截面惯性矩；

I_j——拱脚截面惯性矩；

φ——拱任意截面处的拱轴线水平倾角；

φ_j——拱脚截面处的拱轴线水平倾角。

在设计中，可先拟定拱顶和拱脚两截面的尺寸，求出 n，再求其他截面的 I；也可先拟定拱顶截面尺寸的拱厚系数 n，再求 I。

2.3.2 拱圈截面尺寸的拟定

(1)拱圈宽度。

拱圈的宽度，取决于桥面的宽度(行车道宽度和人行道宽度之和)。中、小跨拱桥的栏杆(宽 15～25cm)，一般布置在帽石的悬出部分上，如图 3-2-26(a)所示。这样，拱圈的宽度就接近桥宽。

在大跨径拱桥中，为了减小主拱圈的宽度，可将人行道布置在钢筋混凝土悬臂上。钢筋混凝土人行道悬臂的做法大致有两种：一种是设置单独的人行道悬臂构件[图 3-2-26(b)、(c)]；另一种是采用横贯全桥的钢筋混凝土横挑梁，在挑梁上再安设钢筋混凝土人行道板[图 3-2-26(d)]。采用悬臂式人行道结构，虽然用钢量较不设悬臂者多，但减小了主拱圈宽度及墩台尺寸，节省了较多的圬

工量，从而能获得更大的经济效益，因此使用广泛。但悬出长度也不宜太大，一般以1.0～2.0m为宜，否则，将增加悬臂的钢筋用量。同时，为了确保拱的横向稳定性，拱圈宽度一般不宜小于跨径的1/20，否则，应验算拱圈的横向稳定性。

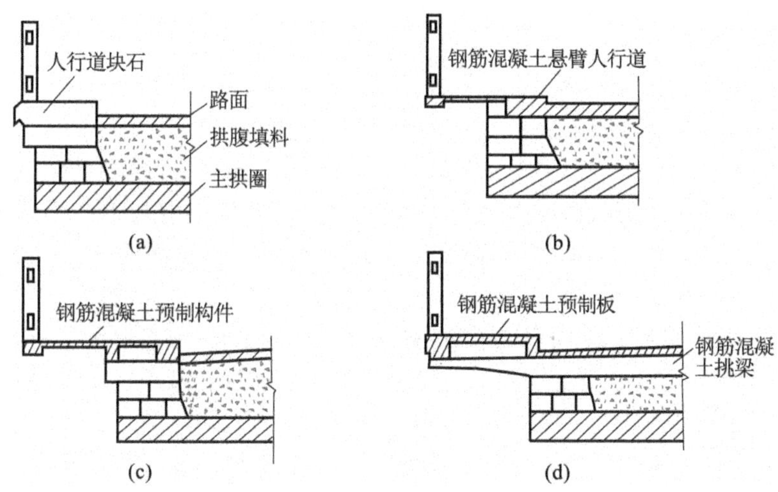

图3-2-26　拱圈宽度的确定及人行道的布置

(2)拱圈高度及主要构造的尺寸拟定。

①实体板拱。

对中、小跨径的石板拱桥，其拱圈厚度可用经验公式计算：

$$d=mk\sqrt[3]{l_0}$$

式中　d——拱圈厚度，cm；

l_0——拱圈净跨径，cm；

m——系数，一般为4.5～6.0，其取值随矢跨比的减小而增大；

k——荷载系数，汽车荷载为公路-Ⅱ级时取1.2。

大跨径石拱桥，其拱圈厚度可参照已建成拱桥的设计资料或其他经验公式进行估算。

②双曲拱。

双曲拱主拱圈高度，当拱肋中距不大于2.0m时，可按下式估算：

$$d=\left(\frac{l_0}{100}+35\right)k$$

式中　d——主拱圈高度，即拱板顶至拱肋底的高度，cm；

l_0——主拱圈净跨径，cm；

k——荷载系数，汽车荷载为公路-Ⅱ级时取1.4。

当拱肋中距大于2.0m及主拱圈矢跨比小于1/10时，d值适当加大。

拱波的跨径(即拱肋之间的净距)一般为1.2～1.6m，对于有支架施工的双曲拱桥，拱波跨径还可适当加大。拱波的宽度，当采用预制及人工安装时，一般为0.3～0.5m；当采用预制机具吊装时，可以适当增大，但要考虑拱肋的弧形对拱波宽度的影响。拱波厚度一般为6～8m，矢跨比为1/5～1/3。

现浇混凝土拱板的厚度不宜小于预制拱波的厚度，一般为8～10cm。拱板截面面积以占主拱圈全截面面积的1/4为宜。

③箱形拱。

箱形拱主拱圈高度的经验公式为

$$d=\left(\frac{l_0}{100}+a\right)k$$

式中 d——拱圈厚度；

l_0——拱圈净跨径；

a——系数，单室箱 $a=70$，多室箱 $a=60$；

k——荷载系数，汽车荷载为公路-Ⅱ级时取 1.4。

箱形拱拱圈截面形式有单室箱和多室箱两种。单室箱考虑顶板的横向受力，其顶板的跨径不宜太大，箱的宽度与高度之比在 2.5～3.5 之间，且单室拱箱宽度不宜大于 6.0m，顶板厚度应大于 10cm，底板厚度应大于 8cm，需要时可设置纵、横向加劲肋。拱脚区段的底板由于压应力较大，应适当加厚，腹板厚度一般为 20～40cm。

对于多室箱的截面，拱圈宽度确定之后，在横向划分成几个箱，主要取决于所采用的施工方法，当采用无支架吊装时，每个拱箱宽度一般为 1.3～1.6m，箱壁厚度通常为 8～10cm，底板厚度视跨径大小而定，中、小跨径箱拱的底板厚度一般为 6～8cm，大跨径箱拱一般为 12～15cm；顶板厚度因箱形截面组成方式不同而不同。当采用预制盖板的形式时，预制盖板厚度可用 8cm，其上现浇的整体混凝土层厚度不宜小于预制盖板的厚度，一般为 8～12cm，并布置直径为 6～10cm 的钢筋网；当采用闭合式预制拱箱时，顶板厚度一般为 12～14cm。相邻箱壁间需留现浇混凝土缝隙，一方面可增强拱箱的横向整体性，另一方面也可以防止吊装时拱箱中线的横向偏移。缝宽一般为 10～14cm。

采用在拱架上现场浇筑的大跨径箱形拱桥，多室箱拱的箱宽一般为 2.5～4.0m，顶板厚度大于 10cm，底板厚度大于 8cm，腹板厚度一般为 20～35cm。

为了加强箱壁的局部稳定性，提高箱拱的抗扭刚度，拱箱内需设置横隔板，横隔板的布置视拱桥跨径大小及桥宽而定，除了宜在腹孔墩处布置外，一般间距为 2.0～3.5m，不宜大于 5.0m。横隔板的厚度为 6～8cm，中间可挖空，以减轻重量、方便施工及养护人员通行。

2.4 拱上建筑和其他细部构造

2.4.1 拱上建筑的构造

按照拱上建筑采用的不同构造方式，拱桥可分为实腹式和空腹式两种。由于实腹式拱上建筑的构造简单，施工方便，而填料的数量较多，恒荷载较重，一般情况下，小跨径拱桥多采用实腹式；大、中跨径拱桥多采用空腹式，以利于减小恒荷载，并使桥梁显得轻巧美观。

2.4.1.1 实腹式拱上建筑

实腹式拱上建筑由侧墙、拱腹填料、护拱以及变形缝、防水层、泄水管和桥面等部分组成。拱腹填料的做法，可分为填充和砌筑两种方式。填充的方式是在拱圈两侧砌筑侧墙，以承受拱腹填料及车辆荷载所产生的侧压力(推力)。侧墙一般用石块或片石砌筑。为了美观需要，可用粗料石或细料石镶面。侧墙厚度一般按构造要求确定，其顶面宽 0.50～0.70m，向下逐渐增厚，墙脚厚度一般为侧墙高度的 2/5。特殊情况下侧墙厚度由计算确定。填充用的材料尽量做到就地取材，通常采用砾石、碎石、粗砂或卵石夹黏土并加以夯实。这些材料的透水性较好，成本较低，而且还能减小对侧墙的推力。在地质条件较差地区，为了减轻拱上建筑的重量，可以用其他轻质材料(如炉渣、石灰、黏土等混合料)做填料。填充材料不易取得时，可改用砌筑的方式，也就是采用干砌圬工或浇筑贫混凝土作为拱腹填

料。当用贫混凝土时，往往不另设侧墙，而在外露混凝土表面用砂浆饰面或设置镶面。在多孔拱桥中，为了便于敷设防水层和排出积水，又设置了护拱。护拱一般用现浇混凝土或砌筑块片石修筑。

2.4.1.2　空腹式拱上建筑

(1)空腹式拱上建筑的布置。

大、中跨径的拱桥，特别是当矢高较大时，实腹式拱上建筑的填料用量多、重量大，因而以采用空腹式拱上建筑为宜。空腹式拱上建筑除具有与实腹式拱上建筑相同的构造外，还有腹孔和支承腹孔的腹孔墩。拱上腹孔的布置应结合主拱的类型、构造、几何尺寸以及施工方法和桥位处的具体情况来进行。其中，应注意以下几点：

①腹孔可以布置成梁式或拱式。前者重量轻，但用钢量大，后者重量较重。一般钢筋混凝土拱多用梁式，圬工拱桥多用拱式。近年来已逐步向梁、板框架式拱上建筑发展。

②腹孔可以对称地布置在主拱圈(肋)上建筑高度所容许的范围内。一般每半跨的腹孔总长宜超过主拱跨径的1/4～1/3。一般情况下，主拱跨径小，腹孔数目宜少；反之，腹孔数目可多。每半跨一般以3～6孔为宜。有时，孔数过少会影响桥梁立面的美观。

③腹孔的跨径不宜过大或过小。腹孔跨径过大，腹孔墩处的集中荷载增大，对主拱的受力不利；腹孔跨径过小，对减轻拱上建筑的重量不利。腹孔跨径一般不大于主拱圈跨径的1/15～1/8。腹孔的构造应统一，以便施工。

④无支架施工的悬链线主拱圈，宜采用轻型的拱上建筑布置，腹孔布置范围应适当加大。

⑤在软地基上，为减小基础的承压应力，应尽量采用轻型的拱上建筑布置，可以加大腹孔的布置范围。必要时，可以采用拱顶无填料的拱上建筑。

⑥靠墩台的腹孔有两种做法：一种是直接支承在墩台上；另一种是跨过墩顶，使桥墩两侧的腹孔相连。拱式腹孔应做成三铰拱，梁式腹孔应设缝分开。

(2)腹孔及腹孔墩的构造。

①腹孔。

a.梁式腹孔。

采用梁式腹孔(图3-2-27)的拱上建筑，可以使桥梁造型轻巧美观，减轻拱上重量和地基的承压力，以便获得更好的经济效果。大跨径的钢筋混凝土拱桥绝大多数采用梁式腹孔。梁式腹孔的桥道梁体系可以做成简支、连续、连续刚架式等形式。在简单体系的大跨径钢筋混凝土拱桥中，由于拱内活荷载内力占总内力的比重较小，为了简化桥道梁及其支承立柱的设计计算，一般可不考虑拱上建筑与拱圈的联合作用，桥道梁的设计可按一般的方法进行，也可采用标准设计。桥道梁的截面可以做成箱形、T形或空心板等形式；可以采用钢筋混凝土或预应力混凝土结构。

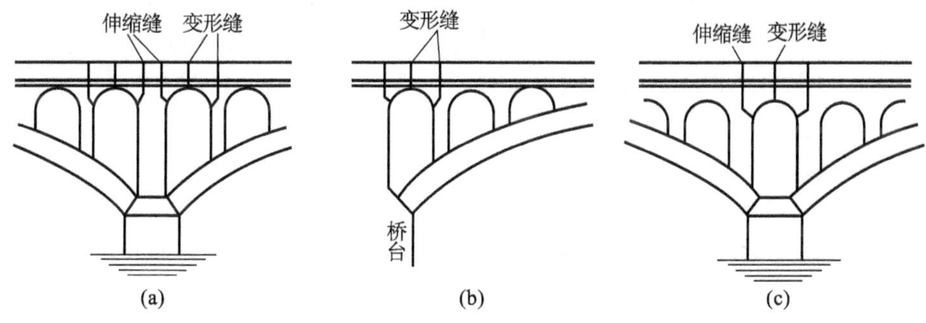

图3-2-27　梁式腹孔

b.拱式腹孔。

拱式腹孔拱上建筑，在一般的圬工拱桥上采用较多，外观显得笨重，对地基的要求也高。腹拱的跨径一般选用 2.5～5.5m，且不宜大于主拱圈跨径的 1/15～1/8，其比值随主拱圈跨径的增大而减小。腹拱宜做成等跨，对腹拱墩的受力有利。

腹拱的拱圈，可采用板拱、微弯板和扁壳等形式。板拱的矢跨比一般为 1/6～1/2，微弯板的矢跨比为 1/12～1/10。腹拱的拱轴线多用圆弧线。

腹拱圈的厚度，当跨径小于 4m 时，可采用厚度不小于 0.3m 的石板或厚度不小于 0.15m 的混凝土板拱，也可采用厚度为 0.14m(其中预制厚 0.06m，现浇 0.08m)的微弯板。当腹拱跨径为 4～6m 时，也可采用混凝土拱圈，厚度一般为 0.3m 左右。

②腹孔墩。

腹孔墩常采用横墙式或立柱式。横墙式通常用石料、混凝土预制块砌筑，或现浇混凝土做成实体墙，为了节省圬工，减轻重量或便于检修人员在拱上建筑内通行，横墙也可在横向挖空。横墙的厚度，用浆砌片、块石时，不宜小于 0.6m；用混凝土浇筑时，一般应大于腹拱圈厚度的 1 倍。横墙施工简便，节省钢材，常用于基础较好及河流有漂浮物的情况。

立柱式腹孔墩是由立柱和盖梁组成的钢筋混凝土排架或刚架式结构。立柱较高时，在立柱间应设置横系梁，其上下间距不宜大于 6m。立柱钢筋应向上伸入盖梁的中线以上，向下伸入拱轴线以下，并应有足够的锚固长度(图 3-2-28)。立柱采用现浇，施工慢，耗用支架材料多，应尽量采用预制安装，此时接头钢筋必须焊接牢固，并用混凝土包住。也可在接头处预埋钢板，焊接装配，以加快进度。立柱与盖梁的接头，可在盖梁中留出空洞，把立杆预留钢筋伸入洞内，用高强度等级砂浆封口。

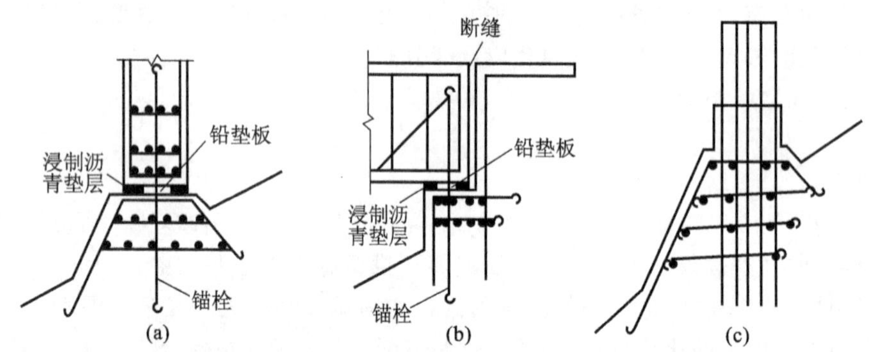

图 3-2-28 立柱与拱肋的连接和腹孔梁的支承

(a)立柱与拱肋的铰接；(b)桥道梁在拱顶的支承；(c)立柱与拱肋的刚接

立柱沿桥向的厚度，一般采用 25～40cm，横桥向的厚度通常大于纵桥向的厚度，一般可用 50～90cm。对于高度超过 10m 的立柱，其尺寸应按其在拱平面内的纵向挠曲计算而定。为了施工方便，最好所有立柱采用相同的厚度，或按立柱高度分级采用。在河流有漂流物或流冰时，立柱式腹孔墩还应采取必要的防护措施。

为了使立柱或横墙传递下来的压力能较均匀地分布到主拱圈(肋)上，同时，为了有一个工作平面，便于横墙砌筑或立柱的安装，在立柱或横墙下面还设置了底梁(座)。底梁(座)高度不宜小于立柱间净距的 1/5，宽度每边较立柱或横墙放宽 5cm，以便于施工放样。立柱的底梁一般仅布置构造钢筋，下与拱圈钢筋相连，上与立柱钢筋相连。横墙的底梁无须配筋。

盖梁一般整根预制。采用拱式腹孔时，截面用倒 T 形或削角矩形；采用梁式腹孔时用矩形。横墙上可设混凝土腹孔墩帽，不配筋，截面形式同盖梁。腹孔墩帽或盖梁的底宽略大于横墙或立柱的宽度。

通常,腹孔墩的侧面都做成竖直的,以利于施工。如需采用斜坡式,则以不超过 30∶1的坡度为宜。

2.4.2　拱桥的其他细部构造

(1)拱上填料、桥面及人行道。

拱上建筑中的填料,既能起扩大车辆荷载分布面积的作用,同时还能减小车辆荷载的冲击作用,但也增加了拱桥的恒荷载重量。一般情况下,无论是实腹式还是空腹式拱桥,主拱圈及腹拱圈的拱顶处,填料厚度(包括路面厚度)均不宜小于 0.30m。根据《桥规》的规定,填料厚度(包括路面厚度)大于或等于 0.50m 的拱桥、涵洞以及重力式墩台,设计时不计汽车荷载的冲击力,参见图3-2-29。

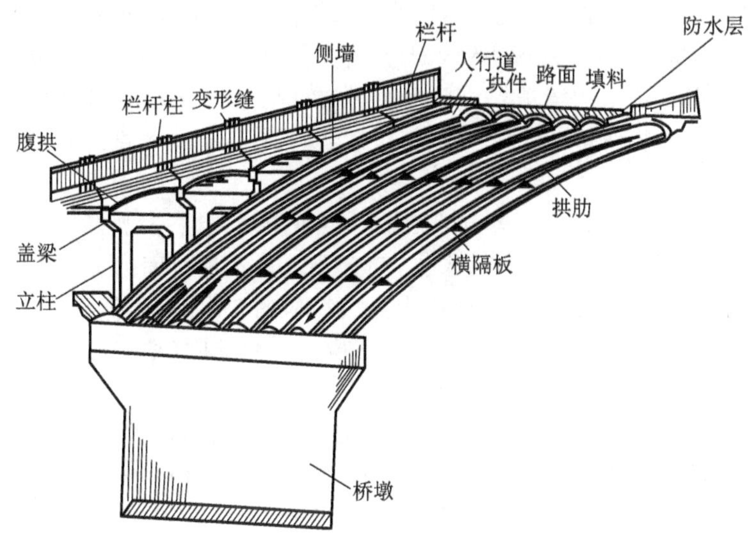

图 3-2-29　拱桥的细部构造

在地基条件很差的情况下,为了进一步减轻拱上建筑重量,可以减薄填料厚度,甚至可以不要填料,直接在拱顶上铺筑混凝土路面。但其行车道边缘的厚度至少为 8cm。为了分布轮重,拱顶部分的混凝土桥面可设小直径的钢筋网。混凝土桥面应适当布置横向伸缩缝。计算时还应计入汽车荷载的冲击力。

对具有拱顶实腹段的梁式空腹拱(肋拱除外),拱及实腹段的拱上填料与上述相同。对全空腹梁式空腹拱不存在拱上填料问题。

拱桥行车道部分的桥面铺装,根据桥梁所在的公路等级以及使用要求、交通量大小等条件综合考虑,也可以根据交通量发展情况进行分期修建,逐步提高。目前采用较多的是碎(砾)石路面沥青混凝土路面。为利于桥面排水,应根据桥面的不同类型设置 1.5%～30%的横坡(单幅桥为双向,双幅桥为单向)。

拱桥行车道两侧,根据需要可设人行道及栏杆。其构造与梁桥的相似,不再赘述。

(2)伸缩缝与变形缝。

拱上建筑与主拱圈,在构造和受力上都有密切的联系。由于拱上建筑与主拱圈的共同作用,一方面拱上建筑能够提高主拱圈的承载能力,但另一方面,它对主拱圈的变形又起约束作用,在主拱圈和拱上建筑内产生附加内力,而使构造的计算复杂。为了使结构的计算图示尽量与实际的受力情况相符合,避免拱上建筑不规则开裂,保证结构的安全使用和耐久性,除在设计计算上应做充分的考虑外，还需在构造上采取必要的措施。故用设置伸缩缝及变形缝来使拱上建筑与墩、台分离，并使拱上建筑和主拱圈一起自由变形。

对于实腹式拱桥，在主拱圈拱脚的上方设置伸缩缝，缝宽 2～3cm，直线布置，纵向贯通侧墙全高。横桥向贯通全宽，从而使拱上建筑和主拱圈一起自由变形。目前多将伸缩缝做成直线形，以使构造简单，施工方便。

对于大跨径主腹式拱桥的拱式腹拱拱上建筑，一般将紧靠墩、台的第一个腹拱圈作成三铰拱，并在靠墩(台)的拱铰上方的侧墙设置伸缩缝，在其余两铰上方的侧墙设置变形缝(断开而无缝宽)。特大跨径的拱桥，在靠近主拱圈拱顶的腹拱，宜设置成两铰或三铰拱，腹拱上方的侧墙仍需设置变形缝。

对于梁式腹孔，若边腹孔梁在与墩(台)衔接处使用端立柱，则用细缝与墩(台)分开[图 3-2-27(b)、(c)]；若边腹孔梁直接支承在墩(台)上，则必须用完善的活动支座，并设置伸缩缝[图 3-2-27(a)]。

在设置伸缩缝或变形缝处的人行道、栏杆、缘石和混凝土桥面，均应相应设置伸缩缝或变形缝。

在 2～3cm 的伸缩缝缝内填料，可用锯末沥青，按 1:1的重量比制成预制板，施工时嵌入缝内。上缘一般做成能活动而不透水的覆盖层。缝内填料亦可采用沥青砂等其他材料。变形缝不留缝宽，其缝可干砌，或用油毛毡隔开，或用低强度等级砂浆砌筑，以适应主拱圈的变形。

(3)排水及防水层。

修建在大自然中的拱桥，雨、雪水等自然因素对拱桥的耐久性、美观等均有较大影响，因此，对于拱桥，不但要求能够及时排除桥面的雨、雪水，而且要求将透过桥面铺装渗入到拱腹内的雨水也能及时排除。因为这些渗水不及时排出，会增大拱腹填料的含水量，降低承载能力，影响路面层的强度，使路面更易开裂破坏；并且渗水会沿着拱上结构的一些缝隙(如变形缝或裂缝等)渗透，在冬季冰冻时使结构产生冻胀损坏。

小桥的桥面雨水，可利用顺桥向的纵坡，将水引到两端桥台后面排出，但应注意防止冲刷桥头路堤。大、中桥面应设横坡，并每隔适当距离设置泄水管，将桥面雨水排出。对于混凝土和沥青桥面的横坡，一般为 1.5%～2.0%，对碎石桥面不宜小于 3%。人行道应设置与行车道反向的横坡，一般为 1.0%～2.0%。

通过桥面铺装渗入到拱腹内的水，应通过防水层汇集于预埋在拱腹内的泄水管排出，防水层和泄水管的敷设方式，与上部结构的形式有关。

实腹式拱桥，防水层应沿拱背护拱、侧墙铺设。如果是单孔，可不设拱腹泄水管，积水沿防水层流至两个桥台后面的盲沟，然后沿盲沟排出路堤。如果是多孔桥，可在 1/4 跨径处设泄水管。对于空腹式拱桥，防水层应沿腹拱上方与主拱圈跨中实腹段的拱背设置，泄水管布置在 1/4 跨径处。

防水层在全桥范围内不宜断开，当通过伸缩缝或变形缝处时应妥善处理，使其既能防水又可以适应变形。

防水层有粘贴式与涂抹式两种。粘贴式是由 2～3 层油毛毡与沥青胶交替贴铺而成，效果较好，但造价较高，施工麻烦。涂抹式是由沥青或柏油涂抹于砌体表面，施工简便，造价低，但效果较差，适合于少雨地区。当要求较低时，可采用石灰三合土(厚 15cm，水泥、石灰、砂的配合比为 1:2:3)、石灰黏土砂浆、黏土胶泥等代替粘贴式防水层。

排水管可用铸铁管、混凝土管或陶瓷(瓦)管，其内径一般为 6～10cm，严寒地区需适当加大，但不宜大于 15cm。为便于排水管的检查和清理，排水管应用直管、短管，并尽可能减少管节数量，泄水管应伸出结构表面，以不小于 10cm 为宜，以免雨水顺着结构物的表面流下。

排水管不宜设置在墩、台边缘附近，以免排水集中冲刷砌体。排水管在横桥向的位置，以离人行道(缘石)边缘 20cm 左右为宜。也可在缘石侧面开孔斜向设置，排水管的数目，以每平方米桥面

不小于 $4cm^3$ 的排水体积为宜。

排水管进口处周围的桥面应做成集水坡度，以利于雨水向排水管汇集。桥面上的排水管口要有保护设施，在拱腹内的进水口，须围以大块碎石做成倒滤层，以免杂物堵塞。

(4)拱桥中铰的设置。

通常，拱桥中有四种情况需设铰：一是主拱圈按二铰拱或三铰拱设计时；二是空腹式拱上建筑，其腹拱圈按构造要求需要采用二铰或三铰拱，或高度较小的腹孔墩上、下端与顶梁、底梁连接处需设铰时；三是在施工过程中，为消除或减小主拱圈的部分附加内力，以及对主拱圈内力做适当调整时，往往在拱脚或拱顶设临时铰；四是主拱圈转体施工时，需要设置拱铰。前两种为永久性铰，必须满足设计要求，并能保证长期正常使用。后两种为临时性铰。永久性铰的要求较高，构造较复杂，又需经常养护，所以费用较高。临时性铰是为适应施工需要而暂时设置的，待施工结束时，将其封固，故构造较简单。

拱铰的形式，按照铰所处的位置、受力大小、使用材料等条件综合考虑选择，目前常用的形式有弧形铰、铅垫铰、平铰、不完全铰、钢铰。

本章小结

1. 拱桥总体布置的主要内容包括拟定桥梁的长度、跨径、孔数、桥面标高和主拱圈的矢跨比。

2. 主拱圈矢跨比是拱桥设计的主要参数之一。矢跨比大于或等于 1/5 的拱桥称为陡拱，矢跨比小于 3/5 的称为坦拱。板拱桥多为石砌拱桥，其主拱圈通常都做成实体的矩形截面。用两条或多条分离式的平行拱肋来代替拱圈即为肋拱桥。双曲拱桥的主拱圈通常由拱肋、拱波、拱板和横向联系等几部分组成。大跨径拱桥的主拱圈通常采用箱形截面。

3. 拱桥主拱圈有等截面和变截面两种形式。变截面主拱的做法通常有两种：一种是拱圈沿拱轴方向不变宽度而只变厚度，另一种是厚度不变而改变拱圈的宽度。

4. 按照拱上建筑采用的不同构造方式，拱桥可分为实腹状和空腹状两种。实腹拱拱上建筑由侧墙、拱腹填料、护拱以及变形缝、防水层、泄水管和桥面等部分组成。空腹拱拱上建筑除具有实腹式拱上建筑相同的构造外，还有腹孔和支承腹孔的腹孔墩。

5. 拱桥中设置的铰可分为永久性铰和临时性铰。拱铰常用的形式有弧形铰、铅垫铰、平铰、不完全铰和钢铰。

思考题

1. 拱桥的总体布置包括哪些内容？
2. 拱桥设计中主要确定哪几个标高？
3. 相邻不等跨拱桥为了改善不平衡推力对下部结构不利因素，可采用哪些处理方法？
4. 矢跨比对拱桥的内力及施工会带来哪些影响？
5. 简述板拱桥、肋拱桥、双曲拱桥和箱形拱桥的主要构造。
6. 双曲拱桥在施工中是如何实现“化整为零”和“集零为整”的？这样做有何意义？
7. 拱圈截面变化规律的公式及式中符号意义是什么？
8. 拱上填料的作用是什么？实腹拱拱上建筑的拱背填料做法有哪几种方式？
9. 空腹式拱上建筑的腹孔墩主要有哪几种形式？
10. 叙述伸缩缝和变形缝的作用，它们主要设置在什么位置？

3 拱桥计算

3.1 拱轴线的选择和确定

3.1.1 拱轴线的选择

拱式结构在竖向荷载作用下，支承处不仅产生竖向反力，还产生水平推力。正是由于水平推力的存在，拱内的弯矩和剪力大大减小。主拱圈主要承受压力。拱轴线型则直接影响着拱圈的内力分布及大小。因此，选择拱轴线的原则，就是要尽可能降低由竖向荷载产生的弯矩数值。最理想的拱轴线与拱上各种荷载作用下的压力线相吻合，使拱圈截面内只受轴向压力而无弯矩作用，截面应力均匀分布，充分利用材料的强度和圬工材料的抗压性能，这样的拱轴线称为合理拱轴线。但事实上这种拱轴线是不可能获得的，这是因为除恒荷载外，拱圈还要受到活荷载、温度变化和材料收缩等因素的作用。

一般来说，拱桥设计中所选择的拱轴线应满足以下四方面的要求：①尽量减小拱圈截面的弯矩，使主拱圈在弹性压缩、温度变化、混凝土收缩等影响下各主要截面的应力相差不大，且最大限度减小截面拉应力，最好是不出现拉应力；②对于无支架施工的拱桥，应能满足各施工阶段的要求，并尽可能少用或不用临时性施工措施；③计算方法简便，易为生产人员掌握；④线型美观，便于施工。

目前拱桥常用的拱轴线型有以下几种：

①圆弧拱线型简单，全拱曲率相等，施工放样方便，易为施工人员掌握。但在一般情况下，圆弧拱轴线与恒荷载压力线有偏离，当矢跨比 f/l 较小时，两者偏离不大，随着矢跨比 f/l 的增大，偏离逐渐增大，当矢跨比 f/l 接近 1/2 时，恒荷载压力线的两端将位于拱脚截面中心线以上较远处（实际中，常在拱脚处设置护拱，如图 3-3-1 所示，以帮助拱圈受力）。这将在截面上产生较大的弯矩，且使各截面受力不均匀。因此圆弧拱轴线一般常用于 20m 以下的小跨径拱桥。有些大跨径钢筋混凝土拱桥，为了方便各拱节段的预制拼装、简化施工，也有采用圆弧线作为拱轴线的。

②在均布荷载作用下，拱的合理拱轴线是二次抛物线。故对于恒荷载分布比较接近均匀的拱桥，例如矢跨比较小的空腹式钢筋混凝土拱桥、钢筋混凝土桁架拱和刚架桥等，可以采用二次抛物线作为拱轴线。

③实腹式拱桥，其恒荷载集度（单位长度上的恒重量）是由拱顶向拱脚连续分布、逐渐增大的，如图 3-3-2(b)所示，这种荷载分布图示的拱圈的压力线是一条悬链线。因此，实腹式拱桥采用悬链线作为拱轴线。在恒荷载作用下，当不计拱圈由恒荷载弹性压缩产生的影响时，拱圈将只承受中心压力而无弯矩，即不计入弹性压缩时实腹拱的合理拱轴线悬链线。一般情况下，实腹式拱以悬链线作为拱轴线为宜。

空腹式拱桥的恒荷载从拱顶到拱脚不是连续分布的，如图 3-3-2(a)所示，其空腹部分的荷载由两部分组成，即拱圈自重分布恒荷载和拱上立柱（横墙）传来的集中恒荷载。因此，其相应的恒荷载压力线不再是平滑的悬链线，而是一条在腹孔墩处有转折点的多段曲线。在实际设计中一般采用与恒荷载压力线相近的悬链线作为拱轴线，使拱轴线与恒荷载压力线在拱顶、跨径四分之一和拱脚五个截面相重合（称为五点重合法）。这时恒荷载压力线与拱轴线将存在一定的偏离。理论分析证

明，这种偏离对拱圈控制截面的内力是有利的，它可以减小由于弹性压缩在控制截面上产生的弯矩。同时，用悬链线作为拱轴线，对各种空腹式的拱上建筑适应性较强，并且已有现成和完备的计算图表可以简化计算。因此为了设计方便起见，空腹式拱桥也广泛采用悬链线作为拱轴线。悬链线是目前我国大、中跨径拱桥采用最普遍的拱轴线型。

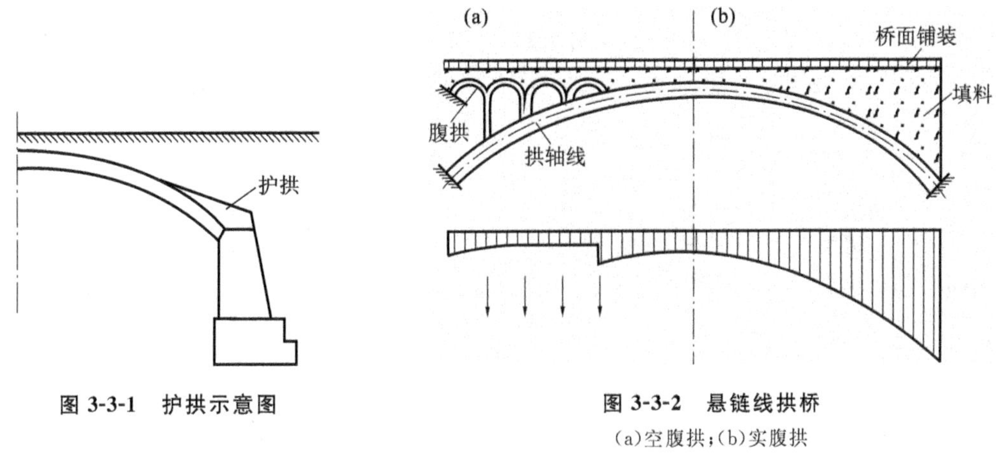

图 3-3-1 护拱示意图

图 3-3-2 悬链线拱桥

(a)空腹拱；(b)实腹拱

3.1.2 悬链线拱轴方程及几何性质

图 3-3-3 表示半跨拱桥及选取的坐标系。设其拱轴线即为恒荷载压力线，故在恒荷载作用下拱顶截面处弯矩 $M=0$，由于对称性剪力 $Q=0$，只作用有恒荷载推力 H_g 对拱脚截面取矩，则有：

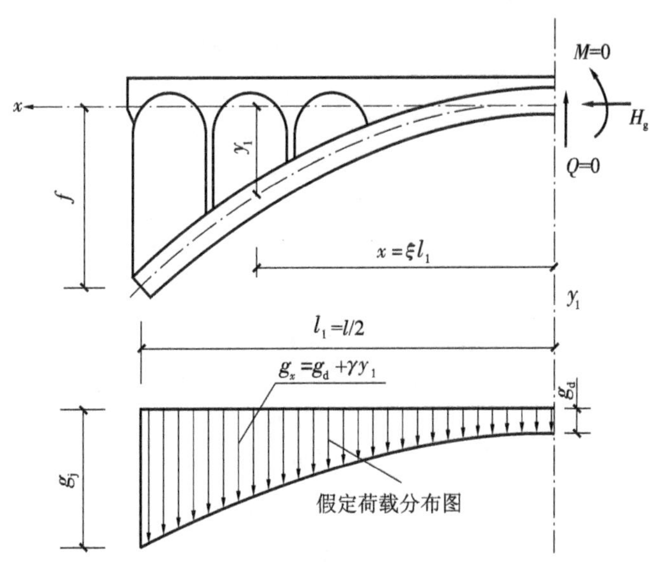

图 3-3-3 悬链线拱轴方程解析图示

$$H_g=\frac{\sum M_j}{f} \tag{3-3-1}$$

式中 $\sum M_j$—— 半跨恒荷载对拱脚截面的弯矩；

H_g——拱的恒荷载水平推力(不考虑弹性压缩)；

f——拱的计算矢高。

对任意截面取矩，可得：

$$y_1=\frac{M_x}{H_g} \tag{3-3-2}$$

式中　M_x——x 截面以右全部恒荷载对 x 截面的弯矩；

y_1——以拱顶为坐标原点，拱轴上任意点的纵坐标。

式(3-3-2)即为数解法计算恒荷载压力线的基本方程。

为了得到拱轴线(恒荷载压力线)的一般方程(连续函数表达式)，必须知道恒荷载的分布规律。假定恒荷载是沿拱跨连续分布的，其恒荷载集度与拱轴纵坐标呈线性关系，则任意点的恒荷载强度 g_x 可用下式表示：

$$g_x=g_d+\gamma y_1 \tag{3-3-3}$$

式中　g_d——拱顶的恒荷载强度；

γ——拱上材料的单位体积重量。

由式(3-3-3)得拱脚的恒荷载强度为：

$$g_j=g_d+\gamma f$$

$$\gamma=\frac{g_j-g_d}{f}=\frac{g_d}{f}(m-1) \tag{3-3-4}$$

式中　m——拱轴系数，其计算式为：

$$m=\frac{g_j}{g_d} \tag{3-3-5}$$

将式(3-3-4)代入式(3-3-3)得：

$$g_x=g_d+\frac{g_d}{f}(m-1)y_1=g_d\left[1+(m-1)\frac{y_1}{f}\right] \tag{3-3-6}$$

将恒荷载压力线的基本方程(3-3-2)两边对 x 两次求导数得：

$$\frac{d^2y_1}{dx^2}=\frac{1}{H_g}\cdot\frac{d^2M_x}{dx^2}=\frac{g_x}{H_g} \tag{3-3-7}$$

此式即为恒荷载压力线(拱轴线)的基本微分方程。

将式(3-3-6)代入式(3-3-7)，并引入参数 ξ：

$$x=\xi l_1,\quad dx=l_1d\xi,\quad dx^2=l^2d\xi^2$$

得：

$$\frac{d^2y_1}{d\xi^2}=\frac{l_1^2}{H_g}g_d\left[1+(m-1)\frac{y_1}{f}\right]$$

令：

$$k^2=\frac{l_1^2g_d}{H_gf}(m-1) \tag{3-3-8}$$

则：

$$\frac{d^2y_1}{d\xi^2}=\frac{l_1^2g_d}{H_g}+k^2y_1 \tag{3-3-9}$$

上式为二阶非齐次常数线性微分力程。解此微分方程，便得拱轴线方程为：

$$y_1=\frac{f}{m-1}[\cosh(k\xi)-1] \tag{3-3-10}$$

此式称为悬链线拱轴方程。

以 $\xi=1$，$y_1=f$ 代入上式，得：

$$\cosh k=m$$

如 m 已知，则 $k=\cosh^{-1}m=\ln(m+\sqrt{m^2-1})$。

任意点的拱轴纵坐标 y_1 可由式(3-3-10)得出。

如 $m=1$ 时，则 $g_x=g_d$，即表示恒荷载为均布荷载，其压力线为抛物线，任意点的拱轴纵坐标 y_1 可按 $y_1=f\xi^2$ 求之。

由式(3-3-10)可看出，当拱的矢跨比 f/l 确定后，悬链线的形状将取决于拱轴系数 m。不难理解，m 越大(g_j 对 g_d 的比值大)，则曲线在拱脚处越陡，而曲线的四分点位置越高。曲线四分点的纵坐标 $y_{1/4}$ 与 m 值有如下的关系。

当 $\xi=\frac{1}{2}$ 时，$y_1=y_{1/4}$，由式(3-3-10)得：

$$y_{1/4}=\frac{f}{m-1}\left(\cosh\frac{k}{2}-1\right)$$

因为

$$\cosh\frac{k}{2}=\sqrt{\frac{\cosh k+1}{2}}=\sqrt{\frac{m+1}{2}}$$

所以

$$\left.\begin{aligned} y_{1/4}&=\frac{f}{m-1}\sqrt{\frac{m+1}{2}}-1=\frac{f}{\sqrt{2(m+1)}+2} \\ m&=\frac{1}{2}(f/y_{1/4}-2)^2-1 \end{aligned}\right\} \tag{3-3-11}$$

由上式可见，$y_{1/4}$ 随 m 增大而减小(拱轴线抬高)，随 m 减小而增大(拱轴线降低)。当 $m=1$ 时，由式(3-3-11)可得 $\frac{y_{1/4}}{f}=0.25$，成为悬链线中最低的一条曲线，即二次抛物线。

按式(3-3-10)，在 $\frac{y_{1/4}}{f}$ 为 0.18～0.25 的范围内，$\frac{y_{1/4}}{f}$ 与 m 的对应关系见表 3-3-1。

表 3-3-1　**拱轴系数 m 与 $\frac{y_{1/4}}{f}$ 的关系表**

m	1.000	1.167	1.347	1.543	1.756	1.988	2.240	2.514	2.814	3.142	3.500	…	5.321
$\frac{y_{1/4}}{f}$	0.250	0.245	0.240	0.235	0.230	0.225	0.220	0.215	0.210	0.205	0.200	…	0.180

将式(3-3-10)对 ξ 取导数得：

$$\frac{dy_1}{d\xi}=\frac{fk}{m-1}\sinh(k\xi) \tag{3-3-12}$$

因为

$$\tan\varphi=\frac{dy_1}{dx}=\frac{dy_1}{l_1 d\xi}=\frac{2dy_1}{l d\xi}$$

以式(3-3-12)代入上式得：

$$\tan\varphi=\frac{2fk\cdot\sinh(k\xi)}{l(m-1)}=\eta\sinh(k\xi) \tag{3-3-13}$$

式中：

$$\eta=\frac{2kf}{l(m-1)}$$

由上式可见，拱轴线的水平倾角 φ 与拱轴系数 m 有关。拱轴线上各点的水平倾角的正切值，可直接由《公路桥涵设计手册：拱桥》(以下简称《拱桥》)中表(Ⅲ)-2 查出。

3.1.3 拱轴系数的确定

如前所述，悬链线拱轴方程的主要参数是拱轴系数 m。m 确定后，悬链线拱轴的各点纵坐标就可求得。以下介绍确定拱轴系数的方法。

(1)实腹拱拱轴系数 m 的确定。

实腹拱的恒荷载分布规律，完全符合推导拱轴方程时关于荷载的基本假定。其拱顶及拱脚处的恒荷载强度分别为(图 3-3-4)：

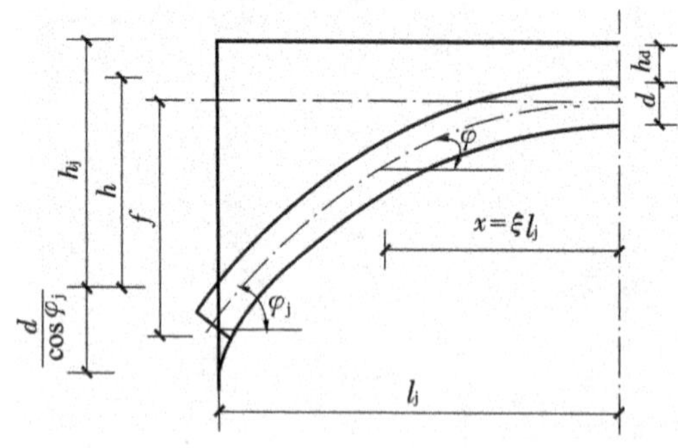

图 3-3-4 实腹拱拱顶和拱脚恒荷载强度

$$\left.\begin{aligned} g_d &= \gamma_1 h_d + \gamma_2 d \\ g_j &= \gamma_1 h_d + \gamma_2 \frac{d}{\cos\varphi_j} + \gamma_3 h \end{aligned}\right\} \tag{3-3-14}$$

式中 $\gamma_1, \gamma_2, \gamma_3$——拱顶、拱圈以及拱腹填料的重度；

h_d——拱顶填料厚度；

d——拱圈厚度；

h——$h = f + \frac{d}{2} - \frac{d}{2\cos\varphi_j}$；

φ_j——拱脚处拱轴线的水平倾角。

从式(3-3-14)可以看出，除了 φ_j 为未知数，其余数值均为已知。

由于 φ_j 为未知，故不能直接算出 m 值，常用逐次近似法确定。即先根据跨径和矢高比假设 m 值，由《拱桥》附录表(Ⅲ)-20 查得拱脚处的 $\cos\varphi_j$ 值，代入式(3-3-14)求得 g_j 后，再与 g_d 一同代入式(3-3-5)求得 m 值。然后与假设的 m 值比较，如两者相符，即假定的 m 为真实值；如两者相差较大(差值大于半级，即相邻 m 值的差值的一半)，则以计算出的 m 值作为假设值(为了计算的方便，值应按表 3-3-1 所列数值假定)，重新计算，直到两者接近为止。

(2)空腹拱拱轴系数 m 的确定。

空腹式拱桥的恒荷载不是连续分布的[图 3-3-5(a)]，其相应的恒荷载压力线亦不是一条平滑的曲线。为了计算方便，空腹式拱桥亦多用悬链线做拱轴线。为了使拱轴线与恒荷载压力线偏离较小，不宜像实腹式拱桥那样根据 $m=g_j/g_d$ 确定拱轴系数。一般采用“五点重合法”来确定，即要求悬链线拱轴(虚拟恒荷载压力线)有五点(拱顶、两个 1/4 点和两个拱脚)与恒荷载压力线重合。欲达此目的，可根据上述五个点弯矩为零的条件确定 m 值。具体做法是先用数解法求出空腹拱恒荷载压力线在拱跨 1/4 点的纵坐标 $y_{1/4}$ 与 f 的比值，然后从悬链线拱轴坐标表中找出相应的 m 值。例如求出 $\frac{y_{1/4}}{f}=0.20$，则其相应的 $m=3.5$。$\frac{y_{1/4}}{f}$ 值可按下列公式计算。

根据拱脚和拱跨 1/4 点的截面弯矩为零的条件，可得：

$$H_g = \frac{\sum M_{1/4}}{y_{1/4}} \quad 和 \quad H_g = \frac{\sum M_j}{f}$$

则

$$\frac{y_{1/4}}{f} = \frac{\sum M_{1/4}}{\sum M_j} \tag{3-3-15}$$

式中 $\sum M_{1/4}$—— 自拱顶至拱跨 1/4 点的恒荷载对 1/4 截面的力矩；

$\sum M_j$—— 半跨恒荷载对拱脚截面的力矩。

欲求得 $\sum M_{1/4}$ 及 $\sum M_j$，首先要确定恒荷载，而恒荷载又与拱轴线形状有关，故空腹拱拱轴系数 m 仍需用逐次近似法确定。即先假定一个 m 值，定出拱轴线，布置拱上建筑，然后计算拱圈和拱上建筑恒荷载对拱脚和 1/4 截面的力矩，利用式(3-3-15)及表 3-3-1 求出 m 值，与假定的 m 值相比较，如不相符合并出入较大，则应以求得的 m 值为假定值，重新计算，逐渐接近。

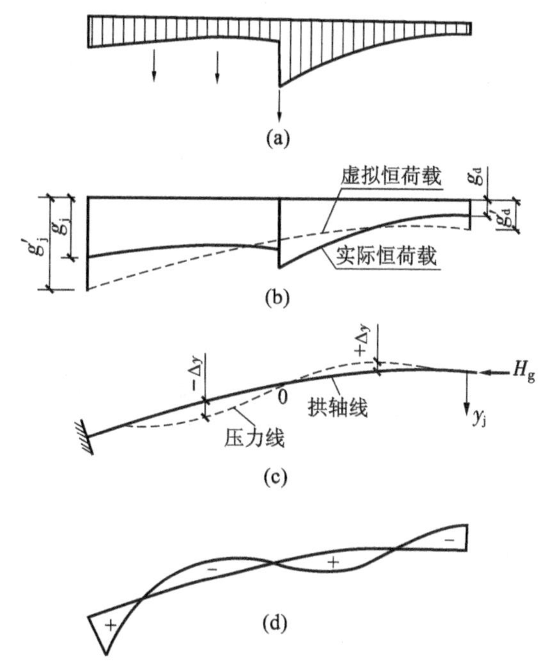

图 3-3-5　空腹式拱桥恒荷载分布

(a)空腹式拱实际荷载；(b)虚拟恒荷载和实际(近似)恒荷载；(c)压力线与拱轴线；(d)无铰拱恒荷载偏离弯矩

必须指出，用上述方法确定的拱轴线，只保证了五点与恒荷载压力线吻合，其他点存在偏离。在实腹段范围内(从拱顶 1/4 点附近)，压力线在拱轴线之上，而在空腹段范围内(从 1/4 点附近到拱脚)，压力线则在拱轴线之下，拱轴线与压力线存在一个正弦波形的曲线差[图 3-3-5(c)]。这种偏离，在空腹式悬链线无铰拱内产生弯矩和剪力。其弯矩图形如图 3-3-5(d)所示，拱顶为负值而拱脚为正值，恰好与该两截面的控制弯矩符号相反。这说明在空腹式拱桥中，用“五点重合法”确定的悬链线拱轴，其偏离弯矩对拱顶、拱脚都是有利的。

由于悬链线拱具有便于制表、计算的优点，以及恒荷载偏离弯矩能够改善拱顶、拱脚截面受力情况，因此采用悬链线做空腹拱的拱轴线还是比较合理的。

3.2　悬链线无铰拱的内力计算

拱桥计算一般分解为主拱计算与拱上建筑计算，并假定作用在桥跨结构上的活荷载由主拱承受，把拱上建筑当作将荷载传递给拱的局部受力构件，不与主拱共同工作。这种假定，其目的是为了简化结构物的计算图示。但在实际上，主拱与拱上建筑是程度不同地联合受力的。主拱的弹性变位影响拱上建筑的内力，而拱上建筑则约束着主拱的变位。这种现象称为“拱上建筑与主拱的联合作用”。计入联合作用，拱的实际内力显然不同于拱的一般计算结果。研究表明，联合作用对拱式拱上建筑的内力影响较大；对梁板式拱上建筑的内力影响较小；使主拱所受的弯矩有所减小。因此，拱上建筑计算，尤其是拱式拱上建筑，应考虑联合作用的影响。而主拱的计算不考虑联合作用还是偏安全的。

本节主要介绍等截面无铰拱主拱的内力计算，计算中不考虑联合作用的影响。

3.2.1　基本结构和弹性中心

计算无铰拱内力时，常利用弹性中心，求解时，采用悬臂曲梁[图 3-3-6(a)]或简支曲梁[图 3-3-6(b)]作为基本结构。将三个超静定赘余力 X_1、X_2、X_3 作用在弹性中心上，根据弹性中心的特性，则副变位均等于零。这样就可以很方便地直接求解超静定赘余力 X_1、X_2、X_3。

当拱左右对称时，弹性中心位于其对称轴上，距拱顶的纵坐标为：

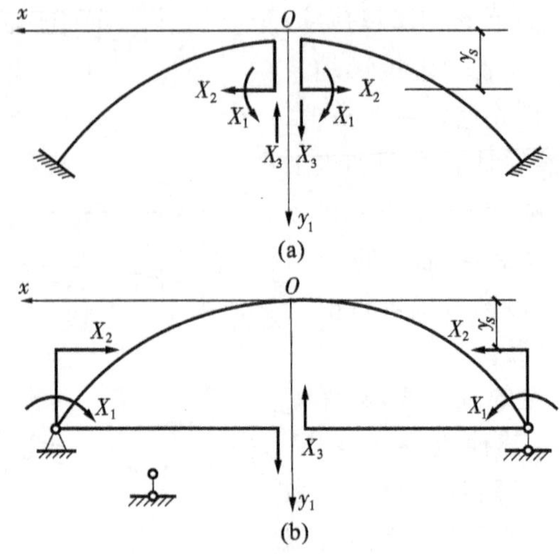

图 3-3-6　无铰拱内力计算图示

$$y_s = \frac{\int_s \frac{y_1 \mathrm{d}s}{EI}}{\int_s \frac{\mathrm{d}s}{EI}}$$

式中：

$$y_1 = \frac{f}{m-1}[\cosh(k\xi) - 1]$$

$$\mathrm{d}s = \frac{\mathrm{d}x}{\cos\varphi} = \frac{1}{2} \cdot \frac{\mathrm{d}\xi}{\cos\varphi}$$

其中 $\cos\varphi = \frac{1}{\sqrt{1+\tan^2\varphi}} = \frac{1}{\sqrt{1+\eta^2\sinh^2(k\xi)}}$。

对于等截面拱，EI 为常数，则

$$y_s = \frac{\int_s y_1 \mathrm{d}s}{\int_s \mathrm{d}s} = \frac{f}{m-1} \cdot \frac{\int_0^1 [\cosh(k\xi) - 1]\sqrt{1+\eta^2\sinh^2(k\xi)}\mathrm{d}\xi}{\int_0^1 \sqrt{1+\eta^2\sinh^2(k\xi)}\mathrm{d}\xi} = \alpha_1 f \tag{3-3-16}$$

式中　α_1——弹性中心坐标系数，与拱轴系数 m 有关，可由《拱桥》中表(Ⅲ)-3 查得。

3.2.2　恒荷载内力计算

当采用恒荷载压力线做拱轴线时，如果拱是绝对刚性，即拱轴长度是不变的，则在恒荷载作用下拱内仅产生轴向压力而无弯矩和剪力。但拱圈并非绝对刚性，它在轴向压力作用下，将发生弹性压缩变形，拱轴要缩短，因此会在拱中产生弯矩和剪力，这就是所谓的弹性压缩影响。拱圈的轴向力主要是在恒荷载和活荷载作用下发生的，因此，拱圈弹性压缩对内力的影响也要在恒荷载和活荷载内力计算中分别计入。拱圈弹性压缩影响与恒荷载、活荷载作用下产生的内力是同时发生的，但为了计算上的方便，先计算不考虑弹性压缩时的内力，再计算弹性压缩引起的内力，然后两者叠加起来。如果拱轴线对恒荷载压力线有偏离，则还要计算拱轴偏离引起的恒荷载内力。

3.2.2.1　不考虑弹性压缩时的恒荷载内力

(1)实腹拱。

实腹式悬链线拱的拱轴线与恒荷载压力线完全吻合，所以，在恒荷载作用下，主拱各截面上仅

产生轴向压力。根据力的平衡条件,拱脚的竖直反力为:

$$V_g=\int_0^{l_0} g_x \mathrm{d}x=\int_0^1 l_1 g_d\left[1+(m-1)\frac{y_1}{f}\right]\mathrm{d}\xi=K'_g g_d l \tag{3-3-17}$$

式中

$$K'_g=\frac{\sqrt{m^2-1}}{2[\ln(m+\sqrt{m^2-1})]}$$

由式(3-3-8)可得恒荷载水平推力为:

$$H_g=\frac{m-1}{4k^2}\frac{g_d l^2}{f}=K_g\frac{g_d l^2}{f}$$

$$K_g=\frac{m-1}{4k^2} \tag{3-3-18}$$

系数 K'_g、K_g 可自《拱桥》中表(Ⅲ)-4 查得。

主拱各截面的轴向力可按下式计算,而恒荷载弯矩和剪力均为零。

$$N=\frac{H_g}{\cos\varphi} \tag{3-3-19}$$

(2) 空腹式拱。

空腹式悬链线无铰拱,如暂不考虑拱轴偏离影响,则拱的恒荷载推力$\frac{H_g}{\cos\varphi}$和拱脚竖直反力 V_g,可直接由力的平衡条件求得:

$$\left.\begin{aligned}H_g&=\frac{\sum M_j}{f}\\V_g&=\sum P\end{aligned}\right\} \tag{3-3-20}$$

式中 $\sum M_j$—— 半拱恒荷载对拱脚的力矩;

$\sum P$—— 半拱恒荷载重力。

有了 H_g 之后,即可利用式(3-3-19)求出主拱各截面的轴向力,并认为恒荷载弯矩和剪力均为零。

3.2.2.2 恒荷载作用下弹性压缩引起的内力

如前所述,在恒荷载轴向压力作用下,主拱的弹性压缩引起拱轴沿跨径方向缩短 Δl_g。为了平衡这一弹性压缩,就必有一个作用于弹性中心而方向向外的水平力 ΔH_g,如图 3-3-7(a)所示。

根据变形协调条件可得:

$$\Delta H_g\delta_{22}-\Delta l_g=0$$

$$\Delta H_g=\frac{\Delta l_g}{\delta_{22}} \tag{3-3-21}$$

从拱中取一微段 ds[图 3-3-7(b)],其在恒荷载轴向压力作用下缩短 $\Delta\mathrm{d}x$,则整个拱轴缩短的水平分量为:

$$\Delta l_g=\int_0^1\Delta\mathrm{d}x$$

而:

$$\Delta\mathrm{d}x=\Delta\mathrm{d}s\cdot\cos\varphi=\frac{N\mathrm{d}s}{EA}\cos\varphi=\frac{N\mathrm{d}x}{EA}=\frac{H_g}{\cos\varphi}\cdot\frac{\mathrm{d}x}{EA}$$

故:

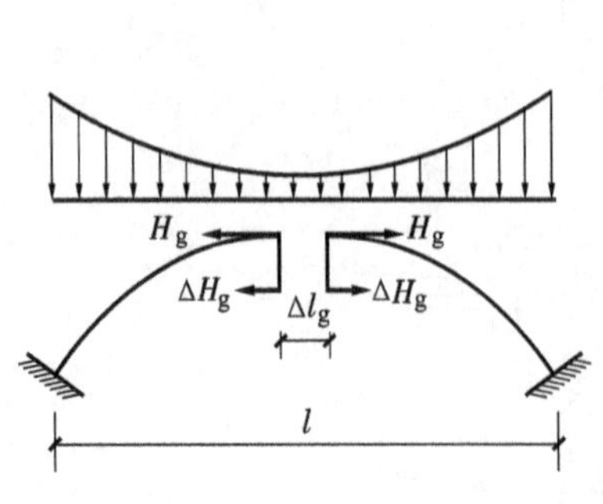

(a)

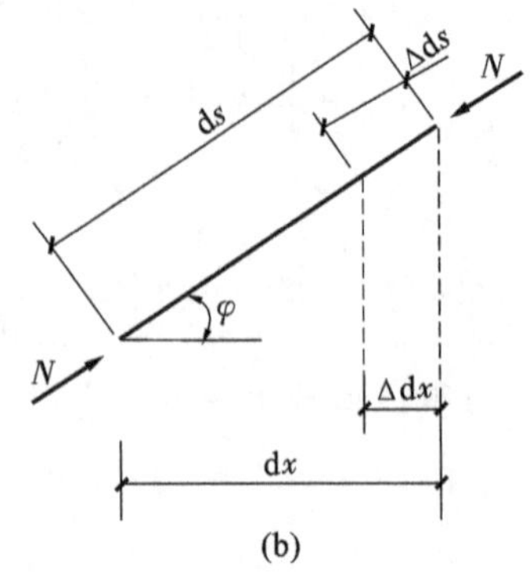

(b)

图 3-3-7 弹性压缩引起拱轴缩短

$$\Delta l_g = \int_0^l \frac{H_g \mathrm{d}x}{EA\cos\varphi} = H_g \int_0^l \frac{\mathrm{d}x}{EA\cos\varphi} \tag{3-3-22}$$

由于单位水平力作用在弹性中心,其产生的水平位移(考虑轴向力的影响)为:

$$\delta_{22} = \int_s \frac{\overline{M}_2^2 \mathrm{d}s}{EI} + \int_s \frac{\overline{N}_2^2 \mathrm{d}s}{EA} = \int_s \frac{y^2 \mathrm{d}s}{EI} + \int_s \frac{\cos^2\varphi \mathrm{d}s}{EA} = (1+\mu)\int_s \frac{y^2 \mathrm{d}s}{EI} \tag{3-3-23}$$

式中:

$$y = y_s - y_1$$

$$\mu = \frac{\int_s \frac{\cos^2\varphi \mathrm{d}s}{EA}}{\int_s \frac{y^2 \mathrm{d}s}{EI}} \tag{3-3-24}$$

将式(3-3-22)、式(3-3-23)代入式(3-3-21)得:

$$\Delta H_g = \frac{H_g}{1+\mu} \cdot \frac{\int_0^l \frac{\mathrm{d}x}{EA\cos\varphi}}{\int_s \frac{y^2 \mathrm{d}s}{EI}} = H_g \frac{\mu_1}{1+\mu} \tag{3-3-25}$$

式中

$$\mu_1 = \frac{\int_0^l \frac{\mathrm{d}x}{EA\cos\varphi}}{\int_s \frac{y^2 \mathrm{d}s}{EI}} \tag{3-3-26}$$

在 μ 和 μ_1 的两个公式中,分母项可查《拱桥》中表(Ⅲ)-5,分子项可改写为:

$$\int_s \frac{\cos^2\varphi}{EA} \mathrm{d}s = \frac{l}{EA}\int_0^1 \cos\varphi \frac{\mathrm{d}x}{l} = \frac{l}{EA}\int_0^1 \frac{\mathrm{d}\xi}{\sqrt{1+\eta^2 \sinh(k\xi)}} = \frac{l}{EA} \cdot \frac{1}{v} \tag{3-3-27}$$

$$\int_0^l \frac{\mathrm{d}x}{EA\cos\varphi} = \frac{l}{EA}\int_0^1 \frac{1}{\cos\varphi}\frac{\mathrm{d}x}{l} = \frac{l}{EA}\int_0^1 \sqrt{1+\eta^2 \sinh(k\xi)}\mathrm{d}x = \frac{1}{EA} \cdot \frac{1}{v_1} \tag{3-3-28}$$

于是:

$$\mu = \frac{l}{EvA\int_s \frac{y^2 \mathrm{d}s}{EI}} \tag{3-3-29}$$

$$\mu_1 = \frac{l}{Ev_1 A\int_s \frac{y^2 \mathrm{d}s}{EI}} \tag{3-3-30}$$

式中，v、v_1 值可自《拱桥》中表(Ⅲ)-10、表(Ⅲ)-8查得。由于 ΔH_g 的作用，在拱内产生弯矩、剪力和轴力，各内力的正向如图3-3-8所示。则在恒荷载作用下，考虑弹性压缩后拱的内力为：

$$\left.\begin{aligned}&\text{轴向力} && N=\frac{H_g}{\cos\varphi}-\frac{\mu_1}{1+\mu}H_g\cdot\cos\varphi\\&\text{弯矩} && M=\frac{\mu_1}{1+\mu}H_g(y_s-y_1)\\&\text{剪力} && V=\mp\frac{\mu_1}{1+\mu}H_g\sin\varphi\end{aligned}\right\}\tag{3-3-31}$$

上面剪力公式中上边符号适用于左半拱，下边符号适用于右半拱。

从上式可见，考虑了弹性压缩后，主拱各截面将产生弯矩。例如在拱顶产生正弯矩，该处压力线上移；在拱脚产生负弯矩，压力线下移，即实际的恒荷载压力线不可能与拱轴线重合。

对于跨度较小而矢跨比较大的拱桥，可不计弹性压缩影响。《桥规》规定，在下列情况下，设计时可不计弹性压缩的影响：$l\leqslant 30$m，且$\frac{f}{l}\geqslant\frac{1}{3}$；$l\leqslant 20$m，且$\frac{f}{l}\geqslant\frac{1}{4}$；$l\leqslant 10$m，且$\frac{f}{l}\geqslant\frac{1}{5}$。

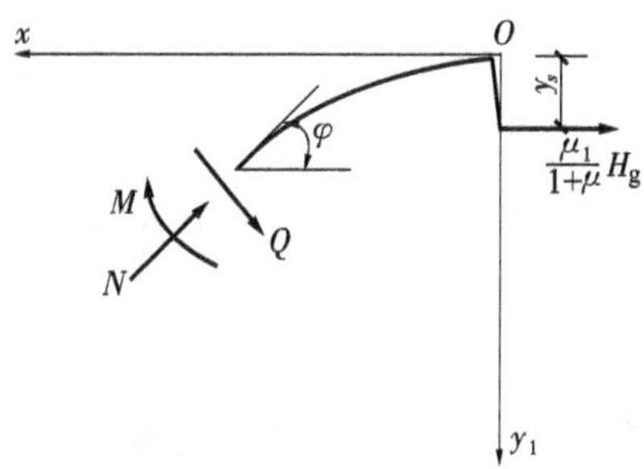

图3-3-8　ΔH_g 作用，在拱内产生的内力符号

3.2.2.3　拱轴线偏离恒荷载压力线的附加内力

如前所述，悬链线空腹拱的拱轴是利用与恒荷载压力线在拱顶、拱脚及 $l/4$ 处五点重合的方法确定的，除此五点外其他各点均与压力线有偏离，使拱内产生附加内力。

设恒荷载压力线上任意点 i' 的纵坐标为 y_1'，拱轴线上的相应点 i 的纵坐标为 y_1，如图3-3-9所示，则：

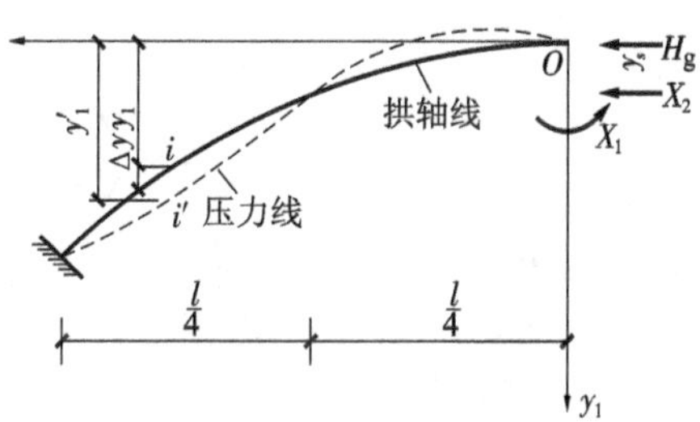

图3-3-9　压力线偏离拱轴线情况

$$y_1'=M_i/H_g$$

偏离值 $\Delta y=y_1-y_1'$，故基本体系中由于拱轴偏离压力线产生的弯矩为：

$$M_p=H_g\cdot y_1-M_i=H_g\Delta y$$

由于偏离弯矩 M_p 的存在，在无铰拱弹性中心上产生附加赘余力 X_1 和 X_2，其值分别为：

$$X_1=-\frac{\Delta_{1M}}{\delta_{11}}=-\frac{\int_s \frac{M_p}{EI}\mathrm{d}s}{\int_s \frac{\mathrm{d}s}{EI}}=-\frac{\sum_{i=0}^{n}\frac{M_{pi}\Delta x}{EI_i\cos\varphi}}{\int_0^1 \frac{\mathrm{d}x}{EI\cos\varphi}}$$

$$X_2=-\frac{\Delta_{2M}}{\delta_{22}}=-\frac{\int_s \frac{(y_1-y_s)M_p}{EI}\mathrm{d}s}{\int_s \frac{(y_1-y_s)^2}{EI}\mathrm{d}s}=-\frac{\sum_{i=0}^{n}\frac{y_1 M_{pi}\Delta x}{EI_i\cos\varphi}}{\int_s \frac{y^2\mathrm{d}s}{EI}}$$

式中 n——半跨拱分段数；

Δx——分段水平长度。

由于上面两式的分子不易积分，故改为数值积分求解。

于是，考虑拱轴线偏离恒荷载压力线时的附加内力为：

$$\Delta N=X_2\cos\varphi$$

$$\Delta M=X_1+X_2(y_1+y_s)+H_g\Delta y \tag{3-3-32}$$

$$\Delta V=X_2\sin\varphi$$

偏离附加内力的大小与荷载的具体布置有关，一般是拱上腹孔跨度越大，偏离影响也越大。对于大跨度空腹拱桥，应该计算这种偏离影响。

将式(3-3-32)叠加到式(3-3-31)上去，即得设计恒荷载内力。

3.2.3 活荷载内力计算

求无铰拱活荷载内力时，一般先求出赘余力影响线，然后用叠加方法求出拱的支点反力和控制截面的内力影响线，最后在内力影响线上按最不利位置布载计算出截面最大内力。为计算方便，先不考虑弹性压缩影响，即暂不考虑轴向力对变位的影响，然后计算弹性压缩影响。

3.2.3.1 不考虑弹性压缩影响的活荷载内力

(1)赘余力影响线。

为了使积分连续，便于制表，在此采用了简支曲梁作为基本结构，如图 3-3-10(a)所示。图中赘余力 X_1、X_3 作用在刚性悬臂端点，并通过弹性中心。设图 3-3-10(b)所示内、外力方向和与内力同向的变位均为正值。作用在弹性中心的赘余力，可按下式求算：

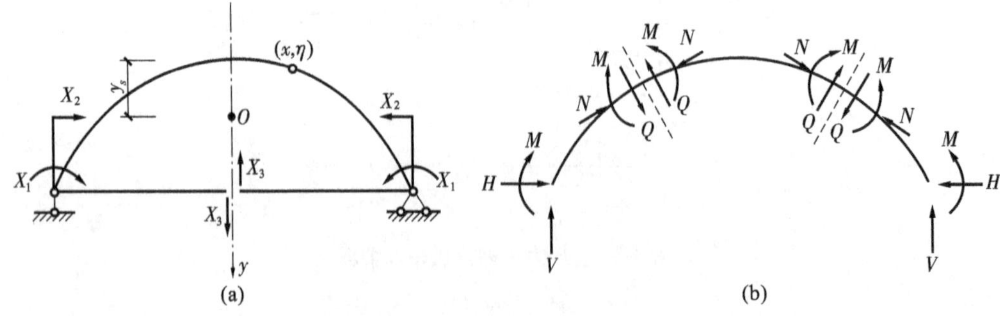

图 3-3-10 拱的计算基本结构

$$\left.\begin{aligned} X_1\delta_{11}+\Delta_{1p}=0,\quad X_1=-\frac{\Delta_{1p}}{\delta_{11}} \\ X_2\delta_{22}+\Delta_{2p}=0,\quad X_2=-\frac{\Delta_{2p}}{\delta_{22}} \\ X_3\delta_{33}+\Delta_{3p}=0,\quad X_3=-\frac{\Delta_{3p}}{\delta_{33}} \end{aligned}\right\}\tag{3-3-33}$$

上式中分母为弹性中心的常变位值，分子为载变位值。

如暂不考虑轴向力对变位的影响(即暂不计拱轴弹性压缩影响)，且不计剪力及曲率对变位的影响，则：

$$\left.\begin{aligned} \delta_{11}&=\int_s\frac{\overline{M_1^2}\mathrm{d}s}{EI} \\ \delta_{22}&=\int_s\frac{\overline{M_2^2}\mathrm{d}s}{EI} \\ \delta_{33}&=\int_s\frac{\overline{M_3^2}\mathrm{d}s}{EI} \end{aligned}\right\}\tag{3-3-34}$$

$$\left.\begin{aligned} \Delta_{1p}&=\int_s\frac{\overline{M_1}M_p\mathrm{d}s}{EI} \\ \Delta_{2p}&=\int_s\frac{\overline{M_2}M_p\mathrm{d}s}{EI} \\ \Delta_{3p}&=\int_s\frac{\overline{M_3}M_p\mathrm{d}s}{EI} \end{aligned}\right\}\tag{3-3-35}$$

式中　$\overline{M_1}$——当 $X_1=1$ 时，其在基本结构任意截面上所产生的弯矩，$\overline{M_1}=1$；

$\overline{M_2}$——当 $X_2=1$ 时，其在基本结构任意截面上所产生的弯矩，$\overline{M_2}=y_1-y_s$；

$\overline{M_3}$——当 $X_3=1$ 时，其在基本结构任意截面上所产生的弯矩，$\overline{M_3}=\pm x$；

M_p——单位荷载作用在基本结构任意截面上所产生的弯矩，如图 3-3-11(a)所示。

为了简化 Δ_{1p}、Δ_{2p}、Δ_{3p}的计算，可将单位荷载分解为正对称和反对称两组荷载(图 3-3-11)，并设荷载作用在右半拱。

由于结构的对称性，Δ_{1p}、Δ_{2p}只需考虑正对称荷载作用下的情况(反对称时为零)；而 Δ_{3p}只需考虑反对称荷载作用下的情况(正对称时为零)。

正对称时：

AB 段　　$M_p=\frac{1}{2}(l_1-x)$

BC 段　　$M_p=\frac{l_1}{2}(1-a)$

反对称时：

AB 段　　$M_p=\mp\frac{a}{2}(l_1-x)$

BC 段　　$M_p=\mp\frac{x}{2}(1-a)$

上述公式中上边符号适用于左半拱，下边符号适用于右半拱。

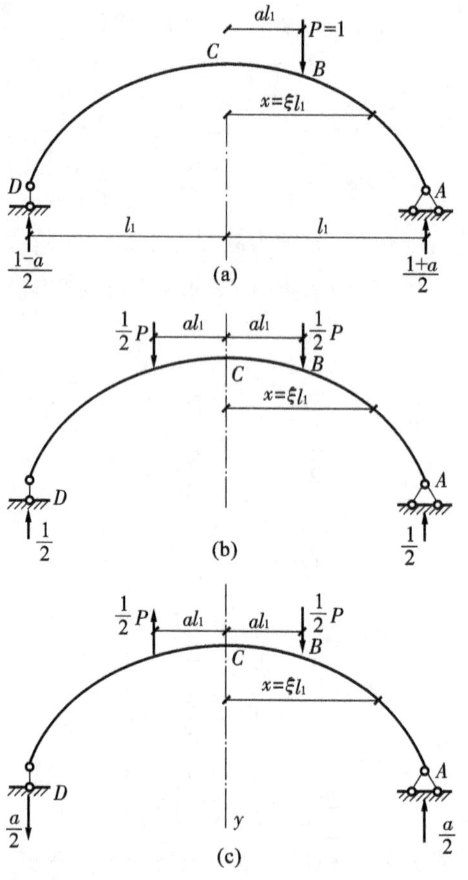

图 3-3-11　将荷载分解成正、反对称

将$\overline{M_1}$、$\overline{M_2}$、$\overline{M_3}$代入常变位及载变位公式[式(3-3-34)及式(3-3-35)]得：

$$\delta_{11}=\int_s\frac{\overline{M_1^2}\mathrm{d}s}{EI}=\int_s\frac{\mathrm{d}s}{EI}=\frac{l}{EI}\int_0^1\sqrt{1+\eta^2\sinh(k\xi)}\mathrm{d}\xi=\frac{l}{EI}\cdot\frac{1}{v_1}$$

$$\delta_{22}=\int_s\frac{\overline{M_2^2}\mathrm{d}s}{EI}=\int_s\frac{(y_1-y_2)^2}{EI}\mathrm{d}s$$

根据弹性中心的特性，即：

$$\int_s(y_1-y_s)\frac{\mathrm{d}s}{EI}=0$$

则：

$$\left(y_s+\frac{f}{m-1}\right)\int_s(y_1-y_s)\frac{\mathrm{d}s}{EI}=0$$

故：

$$\delta_{22}=\int_s\left[(y_1-y_2)^2+(y_1-y_s)\left(y_s+\frac{f}{m-1}\right)\right]\frac{\mathrm{d}s}{EI}=\int_s(y_1-y_s)\left(y_1+\frac{f}{m-1}\right)\frac{\mathrm{d}s}{EI}$$

$$=\frac{l}{EI}\int_0^1\left\{\frac{f}{m-1}[\cosh(k\xi)-1]-y_s\right\}\left[\frac{f}{m-1}\cosh(k\xi)\right]\sqrt{1+\eta^2\sinh^2(k\xi)}\mathrm{d}\xi=\theta\frac{lf^2}{EI}$$

$$\delta_{33}=\int_s\frac{\overline{M_3^2}\mathrm{d}s}{EI}=\int_s\frac{x^2\mathrm{d}x}{EI}=\frac{l^3}{4EI}\int_0^1\xi^2\sqrt{1+\eta^2\sinh^2(k\xi)}\mathrm{d}\xi=\gamma\frac{l^3}{EI}$$

以上三式中,$\frac{1}{v_1}$、θ、γ 值可分别自《拱桥》中表(Ⅲ)-8、表(Ⅲ)-5 和表(Ⅲ)-6 查得,$1\times\frac{1}{v_1}=$ 拱轴线弧长 s。

$$\Delta_{1p}=\int_s\frac{\overline{M_1}M_p}{EI}\mathrm{d}s=\frac{(1-a)l^2}{4EI}\int_0^a\sqrt{1+\eta^2\sinh^2(k\xi)}\mathrm{d}\xi+\frac{l^2}{4EI}\int_a^1(1-\xi)\sqrt{1+\eta^2\sinh^2(k\xi)}\mathrm{d}\xi$$

$$\Delta_{2p}=\int_s\frac{\overline{M_2}M_p}{EI}\mathrm{d}s=\frac{l^2}{4EI}\left\{(1-a)\int_0^a\left\{\frac{f}{m-1}[\cosh(k\xi)-1]-y_s\right\}\sqrt{1+\eta^2\sinh^2(k\xi)}\mathrm{d}\xi+\int_a^1\left\{\frac{f}{m-1}[\cosh(k\xi)-1]-y_s\right\}(1-\xi)\sqrt{1+\eta^2\sinh^2(k\xi)}\mathrm{d}\xi\right\}$$

$$\Delta_{3p}=\int_s\frac{\overline{M_3}M_p}{EI}\mathrm{d}s=-\frac{l^3(1-a)}{8EI}\int_0^a\xi^2\sqrt{1+\eta^2\sinh^2(k\xi)}\mathrm{d}\xi-\frac{l^3a}{8EI}\int_a^1\xi(1-\xi)\sqrt{1+\eta^2\sinh^2(k\xi)}\mathrm{d}\xi$$

当荷载 $P=1$ 作用于不同位置时,即可利用上式分别求出赘余力 X_1、X_2、X_3 的各点影响线坐标,其图形如图 3-3-12(b)、(c)、(d) 所示。

(2) 支点反力和内力影响线。

求得赘余力影响线后,拱脚支点反力以及任意截面的内力影响线,可利用静力平衡条件和叠加方法求得。

①水平推力影响线。由 $\sum x=0$,得水平推力 $H_1=X_2$,即 H_1 的影响线与赘力 X_2 的影响线是完全一致的,其坐标值可从《拱桥》中表(Ⅲ)-12 查得。

②拱脚竖向反力影响线。由 $\sum y=0$,得竖向反力 $V_R=V_0\mp X_3$(上边符号适用于左半拱,下边符号适用于右半拱),式中 V_0 为简支梁反力。故 V_R 的影响线由 V_0 与赘余力 X_3 两条影响线叠加而成,如图 3-3-12(e) 所示(图中虚线为左拱脚竖向反力影响线)。显而易见,拱脚竖向反力 V_R 影响线的总面积为 $l/2$。

③任意截面的内力影响线。由图 3-3-12(a)可知,任意截面的内力为:

$$\left.\begin{aligned}&\text{弯矩}&&M=M_0-H_1y\pm X_3x+X_1\\&\text{轴向力}&&N=Q_b\sin\varphi+H_1\cos\varphi\\&\text{径向剪力}&&Q=\pm H_1\sin\varphi-Q_b\sin\varphi\end{aligned}\right\}\qquad(3\text{-}3\text{-}36)$$

式中　M_0——简支梁弯矩。

Q_b——作用于截面以左的竖向外力总和,称为梁式剪力,正值表示向上,负值表示向下。当单位荷载在截面左边时,$Q_b=V_{左}-1$;当单位荷载在截面右边时,$Q_b=V_{左}$。$V_{左}$ 为左支承竖向反力。

式(3-3-36)中上边符号适用于左半拱,下边符号适用于右半拱。

根据式(3-3-36)可叠加求得拱任意截面的内力影响线,其形状可见图 3-3-13。

在实际计算中,任意截面的轴向力 N 和剪力 Q,一般不作影响线,而利用推力 H_1 和竖向反力 V 的影响线求得。

$$\text{轴向力}\begin{cases}\text{拱顶}:N=H_1\\\text{拱脚}:N=H_1\cos\varphi_j+V_R\sin\varphi_j\\\text{其他截面}:N\approx H_1/\cos\varphi_x\end{cases}$$

$$
剪力\begin{cases}拱顶:数值很小,一般不计\\拱脚:Q=H_1\sin\varphi_j-V\cos\varphi_j\\其他截面:数值较小,一般不计\end{cases}
$$

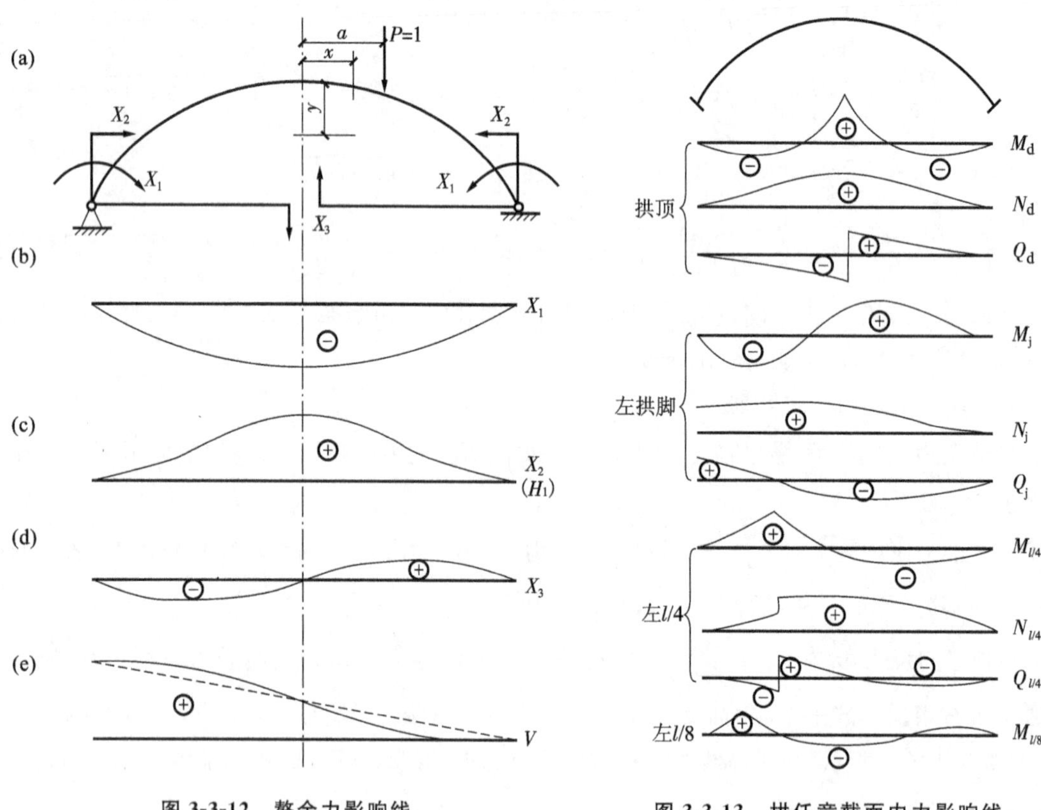

图 3-3-12　赘余力影响线　　　图 3-3-13　拱任意截面内力影响线

以上公式是根据单位荷载作用于右半拱推导出来的,如单位荷载作用在左半拱,则 Δ_{3p} 的公式要变号。

(3)活荷载内力计算。

拱桥属于空间立体结构,当活荷载作用于桥跨结构时,在桥梁的横断面上会出现内力的不均匀分布,这种现象称为“活荷载的横向分布”。《桥规》中规定,对拱上建筑为排架的板拱(包括双曲拱、箱形截面拱),应考虑活荷载的横向分布;对于其他的拱桥,活荷载按整体平均分布。

有了内力影响线和明确了活荷载的横向分布之后,即可按最不利荷载位置布载,以求得最大内力。

拱是偏心受压构件,最大正应力是由弯矩 M 和轴向力 N 共同确定的,但荷载布置往往不可能使 M 和 N 同时达到最大。在实际计算中,考虑拱桥的抗弯性能远差于抗压性能,一般可以在弯矩影响线上按最不利情况加载,求得最大(或最小)弯矩,然后求出与这种加载情况相应的 H_1 和 V 的数值,以求得与最大(或最小)弯矩相应的轴向力。

不考虑弹性压缩的影响,汽车荷载内力可利用下式求得:

$$S_q=(1+\mu)\xi\eta(q_k\omega+P_k y)$$

式中　S_q——汽车荷载在结构上产生的效应,一般是弯矩、轴向力或剪力;

η——汽车荷载横向分布系数,当活荷载均匀分布于拱圈全宽时,$\eta=C/B$,其中 C 为车道数,B 为拱圈宽度(此时 η 按单位宽度计)或拱箱个数;

ω——内力影响线面积；

y——车道荷载的集中荷载对应的内力影响线峰值。

对于拱跨 $l/4$ 截面，其轴向力可近似按下式计算：

$$N_{l/4} \approx \frac{H_1}{\cos\varphi_{l/4}}$$

下面以拱脚截面为例，说明如何在内力影响线上加载计算活荷载内力。

【例 3-3-1】 等截面悬链线无铰拱，$l=50\text{m}$，$f=10\text{m}$，$m=2.240$，汽车荷载为公路-Ⅱ级，求拱脚最大正、负弯矩及其相应的轴向力。

【解】 (1)拱脚最大正弯矩 $M_{\max}$及其相应的轴向力 N。

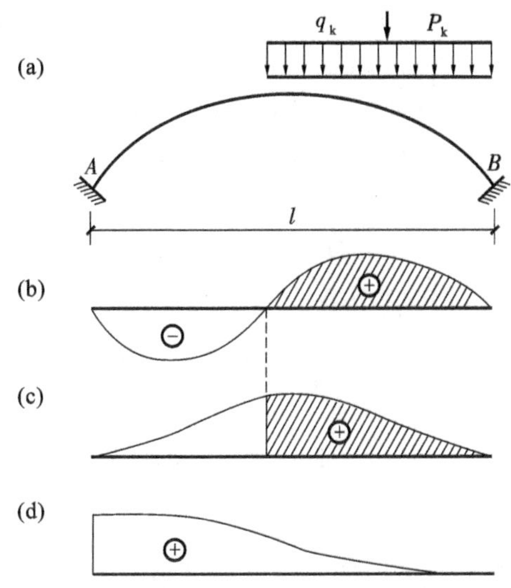

图 3-3-14　求拱脚 $M_{\max}$及相应 H_1 的布载图示

(a) 主拱车道荷载计算图；(b)M_j 影响线；(c)H_1 影响线；(d)V 影响线

图 3-3-14 为左拱脚的弯矩 M_j 影响线、水平力 H_1 影响线和竖向反力 V 影响线。求拱脚的最大正弯矩时，将荷载布置在弯矩影响线的正面积部分。

①根据 $m=2.240$，$f/l=1/5$，由《拱桥》中表(Ⅲ)-20 查得拱脚处水平倾角的正弦及余弦为：

$$\sin\varphi_j=0.68284,\quad \cos\varphi_j=0.73057$$

②根据 $m=2.240$，$f/l=1/5$，由《拱桥》中表(Ⅲ)-13 查出内力影响线的峰值如下。

$M_{\max}$的影响线峰值：$y_M=0.05227l$。

相应 H_1 的影响线峰值：$y_H=0.23265l/f$。

相应 V 的影响线峰值：$y_V=0.62009$。

③根据 $m=2.240$，$f/l=1/5$，由《拱桥》中表(Ⅲ)-14 查出 $M_{\max}$时的影响线面积为：

$$\omega_M=0.01905l^2,\quad \omega_H=0.09067l^2/f,\quad \omega_V=0.5\times0.6009^2 l$$

④拱脚 $M_{\max}$及其相应的轴向力 N：

$M_{\max}=0.75\times10.5\times0.01905\times50^2+0.75\times284\times0.05227\times50=931.7(\text{kN}\cdot\text{m})$

相应的 $H_1=0.75\times10.5\times0.09067\times50^2\div10+0.75\times284\times0.23265\times50\div10=426.3(\text{kN})$

相应的 $V=0.75\times10.5\times0.5\times0.62009^2\times50+0.75\times284\times0.62009=207.8(\text{kN})$

相应的 $N=H_1\cos\varphi_j+V\sin\varphi_j=426.3\times0.73057+207.8\times0.68284=453.3(\text{kN})$

(2)拱脚最大负弯矩 $M_{\min}$及其相应的轴向力 N。

求拱脚最大负弯矩时，应将荷载布置在弯矩影响线的负面积部分。

①由《拱桥》中表(Ⅲ)-13 查得：

$$y_M=-0.06059l,\quad y_H=0,\quad y_V=0.62009$$

②由《拱桥》中表(Ⅲ)-14 查得：

$$\omega_M=-0.01465l^2,\quad \omega_H=0.03675l^2/f,\quad \omega_V=15.3875$$

③$M_{\min}$及其相应的轴向力 N：

$$M_{\min}=0.75\times10.5\times(-0.01465)\times50^2+0.75\times236\times(-0.06059)\times50=-824.6(\text{kN}\cdot\text{m})$$

$$\text{相应的 }H_1=0.75\times10.5\times0.03675\times50^2\div10=72.35(\text{kN})$$

$$\text{相应的 }V=0.75\times10.5\times15.3872+0.75\times236\times0.62009=230.9(\text{kN})$$

$$\text{相应的 }N=72.35\times0.73057+230.9\times0.68284=210.5(\text{kN})$$

3.2.3.2 活荷载作用下弹性压缩引起的内力

与求恒荷载弹性压缩影响的原理相同，活荷载轴向力引起拱轴沿跨径方向变位 Δl。为了平衡此弹性压缩，必须在弹性中心上施加一方向向外的水平拉力 ΔH。因而考虑弹性压缩后拱的活荷载推力为：

$$H=H_1-\Delta H$$

式中，H_1 为不考虑弹性压缩的活荷载推力，ΔH 按下式计算：

$$\Delta H=\frac{\Delta l}{\delta_{22}}=\frac{\int_s \frac{N\,\mathrm{d}s}{EA}\cos\varphi}{\delta_{22}}$$

在竖直力 P 作用下，拱任意截面上产生轴向力 N、弯矩 M 和剪力 Q，如图 3-3-15 所示。所有的力均投影在水平方向，则轴向力为：

$$N=\frac{H_1-Q\sin\varphi}{\cos\varphi}=\frac{H_1}{\cos\varphi}=\frac{H_1}{\cos\varphi}\left(1-\frac{Q}{H_1}\sin\varphi\right)$$

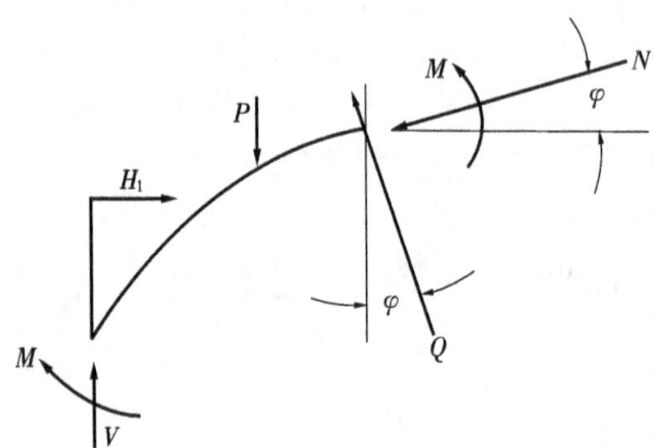

图 3-3-15 拱任意截面在竖直力作用下产生的内力

上式中第二项数值比第一项小很多，略去$\frac{Q}{H_1}\sin\varphi$ 项，得：

$$N=\frac{H_1}{\cos\varphi}$$

于是：

$$\Delta H=\frac{H\int_0^1 \frac{\mathrm{d}x}{EA\cos\varphi}}{\delta_{22}}=\frac{H_1\int_0^1 \frac{\mathrm{d}x}{EA\cos\varphi}}{(1+\mu)\int_s \frac{y^2\,\mathrm{d}s}{EI}}=H_1\,\frac{\mu_1}{1+\mu} \tag{3-3-37}$$

上式中 μ 和 μ_1 同式(3-3-29)及式(3-3-30)。

由弹性压缩引起的内力为：

$$\left.\begin{aligned}&\text{弯矩} && \Delta M=\Delta H\cdot y=\frac{\mu}{1+\mu_1}H_1\cdot y\\&\text{轴向力} && \Delta N=-\Delta H\cos\varphi=-\frac{\mu}{1+\mu_1}H_1\cdot\cos\varphi\\&\text{剪力} && \Delta Q=\mp\Delta H\cdot\sin\varphi=\mp\frac{\mu}{1+\mu_1}H_1\cdot\sin\varphi\end{aligned}\right\}\qquad(3\text{-}3\text{-}38)$$

上述剪力公式中上边符号适用于左半拱，下边符号适用于右半拱。

将不考虑弹性压缩的活荷载内力与活荷载弹性压缩产生的内力叠加起来，即得活荷载作用下的总内力。

3.2.4　温度变化和混凝土收缩引起的内力计算

在超静定拱中，温度变化、混凝土收缩都将产生附加内力。

(1)温度变化引起内力。

与计算弹性压缩时一样，设温度变化引起跨径方向的变位为 Δl_1，为消除这一变位就需在弹性中心施加一水平推力 H_t(图 3-3-16)。显然，温度上升时，H_t 为正(向内作用)；温度下降时，H_t 为负(向外作用)。则 H_t 为：

$$H_t=\frac{\Delta l_1}{\delta_{22}}=\frac{\alpha l(t_2-t_1)}{(1+\mu)\int_s\frac{y^2\mathrm{d}s}{EI}}\qquad(3\text{-}3\text{-}39)$$

式中　α——材料的线膨胀系数，混凝土或钢筋混凝土为 0.00001，石砌体为 0.000008；

t_1——封拱(或合龙)时的温度；

t_2——当地最高或最低月平均气温。

式(3-3-39)中的 μ 同式(3-3-29)。

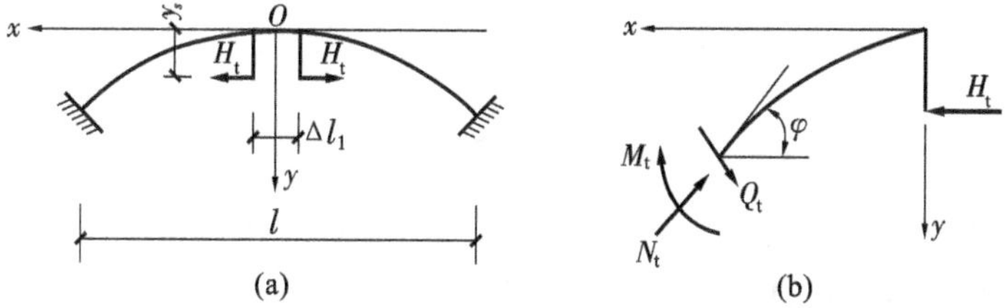

图 3-3-16　温差内力计算图示

由于 H_t 的作用，拱各截面的内力[图 3-3-16(b)]为：

$$\left.\begin{aligned}M_t&=-H_t y=-H_t(y_s-y_1)\\N_t&=H_t\cos\varphi\\Q_t&=\pm H_t\sin\varphi\end{aligned}\right\}\qquad(3\text{-}3\text{-}40)$$

上式中上边符号适用于左半拱，下边符号适用于右半拱。

《桥规》中规定，对于跨径不大于 25m 的砖、石、混凝土预制块砌体的拱桥，当矢跨比大于或等于 1/5 时，可不计温度变化影响力。

(2)混凝土收缩引起的内力。

混凝土在结硬过程中的收缩变形，其作用与温度下降相似。通常将混凝土收缩的影响，折算为温度的额外降低。《桥规》建议：

①整体浇筑的混凝土结构的收缩影响，对于一般地区相当于降低温度20℃，干燥地区为30℃；整体浇筑的钢筋混凝土结构的收缩影响，相当于降低温度15～20℃。

②分段浇筑的钢筋混凝土或钢筋混凝土结构的收缩影响，相当于降低温度10～15℃。

③装配式钢筋混凝土结构的收缩影响，相当于降低温度5～10℃。

计算拱圈的温度变化和混凝土收缩影响时，可根据实际资料考虑混凝土徐变的影响，如缺乏实际资料，计算内力可乘以下列系数：温度变化影响力，0.7；混凝土收缩影响力，0.45。

3.2.5 拱脚变位引起的内力计算

在软土地基上建造拱桥，墩台常发生水平位移、不均匀沉降和转动，这些变位也将在超静定拱内产生附加内力。

(1)拱脚相对水平位移引起的内力。

在图3-3-17中设左拱脚发生水平位移Δ_{HA}，右拱脚发生水平位移Δ_{HB}，两拱脚相对水平位移为：

$$\Delta_H=\Delta_{HB}-\Delta_{HA}$$

式中，Δ_{HA}、Δ_{HB}分别表示左、右拱脚水平位移，自原位置右移为正，左移为负。这时在弹性中心处也将产生Δ_H的相对水平位移，但相对转角和垂直位移为零。由变形协调条件可得弹性中心处的赘余力X_2为：

$$X_2=\frac{\Delta_H}{\delta_{22}}$$

式中，$\delta_{22}=\int_s\frac{y^2\mathrm{d}s}{EI}$，可由《拱桥》中表(Ⅲ)-5查得。

任意截面的内力为：

$$\left.\begin{aligned}M&=-X_2(y_s-y_1)=\frac{\Delta_H}{\delta_{22}}(y_s-y_1)\\N&=X_2\cos\varphi=-\frac{\Delta_H}{\delta_{22}}\cos\varphi\\V&=\pm X_2\sin\varphi=\mp\frac{\Delta_H}{\delta_{22}}\sin\varphi\end{aligned}\right\}\qquad(3\text{-}3\text{-}41)$$

上式中上边符号适用于左半拱，下边符号适用于右半拱。

(2)拱脚相对垂直位移引起的内力。

在图3-3-18中，拱脚相对垂直位移：

$$\Delta_V=\Delta_{VB}-\Delta_{VA}$$

式中 Δ_{VB}，Δ_{VA}——左、右拱脚垂直位移，自原位置向下移为正，上移为负。

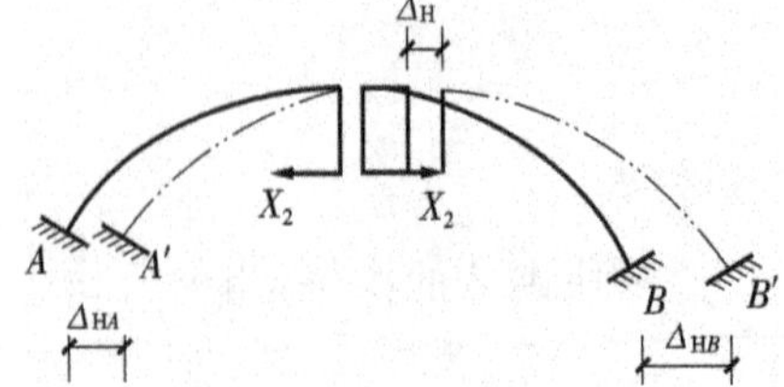

图3-3-17 拱脚水平位移引起的内力计算图示

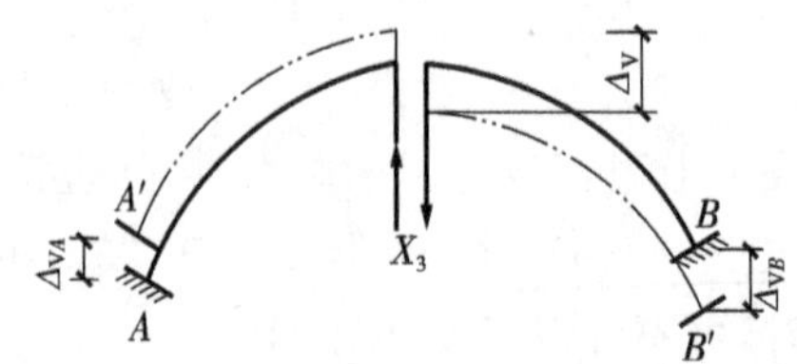

图3-3-18 拱脚垂直位移引起的内力计算图示

在弹性中心处也将产生相对垂直位移 Δ_V，但相对转角和水平位移均为零。由变形协调条件可得弹性中心处的赘余力 X_3 为：

$$X_3 = -\frac{\Delta_V}{\delta_{33}}$$

式中，$\delta_{33} = \int_s \frac{x^2 ds}{EI}$，可由《拱桥》中表(Ⅲ)-6 查得。

任意截面的内力为：

$$\left.\begin{aligned} M &= \pm X_3 x = \mp\frac{\Delta_V}{\delta_{33}}x \\ N &= \pm X_3 \sin\varphi = \mp\frac{\Delta_V}{\delta_{33}}\sin\varphi \\ V &= X_3\cos\varphi = -\frac{\Delta_V}{\delta_{33}}\cos\varphi \end{aligned}\right\} \quad (3\text{-}3\text{-}42)$$

上式中上边符号适用于左半拱，下边符号适用于右半拱。

(3)拱脚相对转角引起的内力。

在图 3-3-19 中，表示拱脚 B 发生相对转角 θ_B（θ_B 顺时针为正），这时，在弹性中心处除了产生相同的转角 θ_B 外，还引起相对的水平位移 Δ_H 和垂直位移 Δ_V。由变形协调条件可得弹性中心的三个赘余力 X_1、X_2 和 X_3 为：

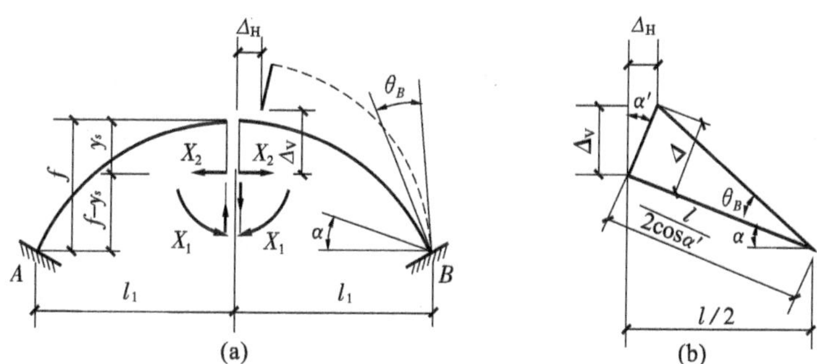

图 3-3-19　拱脚相对转角引起的内力计算图示

$$\left.\begin{aligned} X_1 &= -\frac{\theta_B}{\delta_{11}} \\ X_2 &= -\frac{\Delta_H}{\delta_{22}} \\ X_3 &= +\frac{\Delta_V}{\delta_{33}} \end{aligned}\right\} \quad (3\text{-}3\text{-}43)$$

上式中 θ_B 是已知的，而 Δ_H 和 Δ_V 可由图 3-3-18 求得：

$$\Delta = \theta_B \cdot l/(2\cos\alpha')$$

$$\tan\alpha' = (f - y_s) \cdot 2/l$$

$$\Delta_H = \Delta\sin\alpha' = \theta_B(f - y_s)$$

$$\Delta_V = \Delta\cos\alpha' = \theta_B \cdot l/2$$

而 $\delta_{11} = \int_s \frac{\overline{M_1^2} ds}{EI} = \int_s \frac{ds}{EI} = \frac{l}{EI}\cdot\frac{1}{v}$，其中$\frac{1}{v}$ 可自《拱桥》中表(Ⅲ)-8 查得。

拱脚相对转角引起任意截面的内力为：

$$\left.\begin{aligned}M&=X_1-X_2y\pm X_3x\\N&=\mp X_3\sin\varphi+X_2\cos\varphi\\Q&=X_3\cos\varphi\pm X_2\sin\varphi\end{aligned}\right\}\tag{3-3-44}$$

以上公式是假设右半拱顺时针转动推导出来的，若逆时针转动 θ_B，则式(3-3-43)中的 θ_B 均应以负值代入。如左拱脚顺时针转动 θ_A，则以 $-\theta_A$ 代替式(3-3-43)前两项中的 θ_B，以 $+\theta_A$ 代替式(3-3-43)第三式中的 θ_B。如果左、右两拱脚同时产生转角，则可采用叠加方法进行计算。

用上述各式计算拱脚变位引起的内力时，必须先要知道拱脚变位的数值，一般可根据墩、台的地基情况进行计算，或采用估计与实测相结合的方法，即先参考已成桥估计一个变位值，然后实测，以进行校核和控制。考虑墩、台长期位移引起拱的塑性变形，以及使墩、台尺寸不致过大，拱脚变位引起的拱的内力可乘以 0.5 的折减系数。

3.2.6 拱圈自重作用下的内力计算

在拱桥搭架施工过程中，为了提高拱架的周转率，往往在主拱圈合龙达到一定强度后，就卸落拱架。在无支架施工中，亦存在裸拱状态。这时，须计算拱圈自重作用下的内力。

在拱圈自重作用下(不考虑拱上建筑)，其压力线与拱轴线是不符合的，在拱内将产生弯矩和轴向力，计算时可采用悬臂曲梁为基本结构，如图 3-3-20 所示，则在弹性中心作用的弯矩 M_S 和水平力 H_S 为：

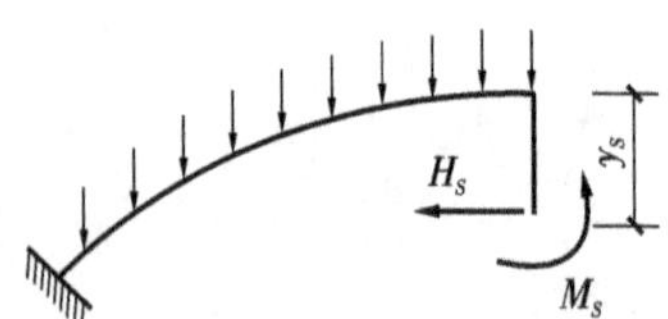

图 3-3-20　拱圈自重内力计算

$$M_S=-\frac{\Delta_{1p}}{\delta_{11}}=-\frac{\int_s\frac{\overline{M_1}M_p\mathrm{d}s}{EI}}{\int_s\frac{\overline{M}_1^2\mathrm{d}s}{EI}}=\frac{\int_s\frac{M_p\mathrm{d}s}{EI}}{\int_s\frac{\mathrm{d}s}{EI}}$$

$$H_S=-\frac{\Delta_{2p}}{\delta_{22}}=-\frac{\int_s\frac{M_py\,\mathrm{d}s}{EI}}{(1+\mu)\int_s\frac{y^2\mathrm{d}s}{EI}}$$

将上两式展开可得：

$$\left.\begin{aligned}M_S&=\frac{A\gamma l^2}{4}V_1\\H_S&=\frac{A\gamma l^2}{4(1+\mu)f}V_2\end{aligned}\right\}\tag{3-3-45}$$

式中　A——拱圈截面面积；

γ——拱圈的重度；

V_1，V_2——系数，可自《拱桥》中表(Ⅲ)-15、表(Ⅲ)-16 查得。

式(3-3-45)中 μ 同式(3-3-29)。

由静力平衡条件得拱圈任意截面在自重作用下的弯矩和轴向力为：

$$\left.\begin{aligned}M_i&=M_S-H_S(y_s-y_1)-\sum_{12}^{i}M\\N_i&=H_S\cos\varphi_i+\sin\varphi_i\sum_{12}^{i}P\end{aligned}\right\}\tag{3-3-46}$$

式中　$\sum_{12}^{i}M$——拱顶至拱任意截面间拱圈自重对该截面的弯矩，可自《拱桥》中表(Ⅲ)-19 查得；

$\sum_{12}^{i} P$—— 拱顶至拱任意截面间拱圈自重的总和,可自《拱桥》中表(Ⅲ)-19 查得。

计算表明,在拱圈自重作用下,拱顶、拱脚一般都产生正弯矩。拱轴线的 m 通常比裸拱恒荷载压力线的 m 值要大;其差值越大,则拱顶、拱脚由自重产生的正弯矩就越大。因而,采用无支架施工或早期脱架施工的拱桥,宜适当降低拱轴线的 m 值。

3.2.7　组合截面的几何特性计算

双曲拱桥的主拱横截面为组合截面,各部分材料不同,各部分的弹性模量和计算强度亦不相同。为了反映出不同材料在受力方面的差异,目前都是通过材料换算系数来体现。所谓材料换算系数,就是该层材料的极限强度与标准层材料的极限强度的比值。由于拱板在主拱截面中所占的面积大,故通常选用拱板为标准层。

(1)材料换算系数 η。

在图 3-3-21 中,设 R_{a0}、R_{a1}、R_{a2} 分别为拱板、拱肋和拱波材料的极限强度,则在取拱板为标准层时:拱肋材料的换算系数为 $\eta_1=\dfrac{R_{a1}}{R_{a0}}$;拱波材料的换算系数为 $\eta_2=\dfrac{R_{a2}}{R_{a0}}$;拱板材料的换算系数为 1。

(2)主拱截面几何特性的计算。

在计算双曲拱主拱的截面面积时,由于拱肋、拱波和拱板的材料不同,必须将各层的截面面积统一换算为标准层的截面面积。经换算后的面积,称为换算截面面积。图 3-3-21 所示双曲拱的换算截面面积为 A,则:

$$A=A_0+\eta_1 A_1+\eta_2 A_2 \tag{3-3-47}$$

式中　A_0——标准层的截面面积;

A_1,A_2——拱肋及拱波的截面面积。

图 3-3-21　双曲拱主拱圈组合截面换算

有了换算截面面积之后,在确定截面重心轴的位置、截面惯性矩和截面抵抗矩等几何特性时均应根据换算截面面积去求。

显然,换算截面惯性矩 I 可由下式确定:

$$I=I_0+\eta_1 I_1+\eta_2 I_2 \tag{3-3-48}$$

式中　I_0——标准层对换算截面重心轴的惯性矩;

I_1,I_2——拱肋及拱波对换算截面重心轴的惯性矩。

确定了换算截面的几何特性(换算面积、换算惯性矩及换算截面抵抗矩)以后,各种内力的计算步骤和方法与一般空腹式拱桥的计算基本相同。

3.3　主拱的强度及稳定性验算

求出了各种荷载作用下的拱圈内力后,即可进行最不利荷载效应组合,进而验算拱圈的截面强度及拱的稳定性。一般无铰拱桥拱圈的控制截面为拱顶、1/4 拱跨和拱脚。对于小跨径的无铰拱桥,只验算拱顶、拱脚即可。

3.3.1　主拱强度验算

根据《桥规》规定,对于圬工拱桥,其拱圈内力按分项安全系数的极限状态设计。其设计原则是荷载效应不利组合的设计值小于或等于结构抗力效应的设计值，以方程式表示为：

$$S_d(\gamma_{a0}\psi\sum\gamma_{a1}Q)\leqslant R_d\left(\frac{R^j}{\gamma_m},a_k\right) \tag{3-3-49}$$

式中 S_d——荷载效应函数。

Q——荷载在结构上产生的效应。

R_d——结构抗力效应函数。

R^j——材料或砌体的极限强度，按《桥规》采用。

a_k——结构的几何尺寸。

γ_{a1}——荷载安全系数，按《桥规》采用。

γ_{a0}——结构的重要性系数，按《桥规》采用。

ψ——荷载组合系数，按《桥规》采用。

γ_m——材料或砌体的安全系数，按《桥规》采用。对于组合截面可按下式计算：

$$\gamma_m=\frac{\gamma_{m1}A_1+\gamma_{m2}A_2+\cdots+\gamma_{mn}A_n}{A_1+A_2+\cdots+A_n} \tag{3-3-50}$$

式中 γ_{mi}，A_i——第 i 层的安全系数和截面面积。

砖石及混凝土拱圈为偏心受压构件，其正截面强度按下列公式计算：

$$N_j\leqslant\alpha AR_a^j/\gamma_m \tag{3-3-51}$$

式中 N_j——按式(3-3-49)等号左边计算的纵向力。

A——构件的截面面积，对于组合截面应按式(3-3-47)计算换算面积。

R_a^j——材料的抗压极限强度，按《桥规》采用。

α——纵向力的偏心影响系数，按下式计算：

$$\alpha=\frac{1-\left(\frac{e_0}{y}\right)^m}{1+\left(\frac{e_0}{r_w}\right)^2} \tag{3-3-52}$$

式中 e_0——纵向力的偏心距，对于组合截面为纵向力到换算截面重心轴的距离，按《桥规》规定，其值不得超过(0.6～0.7)y。

y——截面或换算截面重心至偏心方向截面边缘的距离。

r_w——在弯曲平面内截面的回转半径。

m——截面形状系数，对圆形截面取 2.5；对 T 形或双曲拱截面取 3.5；对箱形或矩形截面取 8。

当 e_0 超过容许值时，可按下式计算确定截面尺寸：

$$N_j\leqslant\frac{AR_{w1}^j}{\left(\frac{Ae_0}{W}-1\right)\gamma_m} \tag{3-3-53}$$

式中 N_j——按式(3-3-49)等号左边计算的纵向力；

R_{w1}^j——受拉边边层的弯曲抗拉极限强度；

W——截面受拉边缘的弹性抵抗矩，对于组合截面应按弹性模量比换算截面计算。

拱圈正截面直接受剪时，按下式计算：

$$Q_j\leqslant A\frac{R_j}{\gamma_m}+\mu N_j \tag{3-3-54}$$

式中 Q_j——按式(3-3-49)等号左边计算的剪力；

R_j——砌体截面的抗剪极限强度；

A——受剪截面面积；

μ——摩擦系数，对实心砖砌体，$\mu=0.7$。

3.3.2　拱的稳定性验算

拱圈或拱肋的稳定性验算分为纵向稳定与横向稳定。实腹式拱桥，跨径不大时，可不验算纵、横向稳定性；在拱上建筑合龙后再卸落拱架的大、中跨径拱桥，由于拱上建筑与主拱圈的共同作用，不致产生纵向失稳，此时，无须验算拱的纵向稳定性。采用无支架施工或在拱上建筑合龙前就脱架的拱桥，应验算拱的纵向稳定性。当拱圈宽度小于跨径的 1/20 时，应验算拱的横向稳定性。

(1)纵向稳定性验算。

目前验算拱的稳定性时，将拱圈(肋)换算为相当长度的压杆，按平均轴向力计算，如图 3-3-22 所示。拱圈正截面稳定性的验算公式为：

$$N_j \leqslant \varphi\alpha A R_a^j/\gamma_m \qquad (3\text{-}3\text{-}55)$$

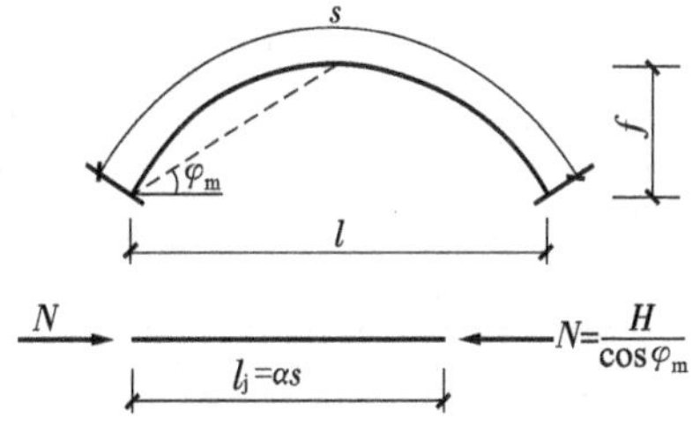

图 3-3-22　拱圈纵向稳定性验算

式中　N_j——按式(3-3-49)等号左边计算的平均轴向力，$N_j=H\cos\varphi_m$，其中 H 为计算荷载作用下拱的水平推力，φ_m 为半拱的弦与水平线间的夹角，$\cos\varphi_m=\dfrac{1}{\sqrt{1+4\left(\dfrac{f}{l}\right)^2}}$；

φ——受压构件的纵向弯曲系数。

中心受压构件的纵向弯曲系数 φ 按《桥规》规定采用。拱圈为偏心受压构件，弯曲平面内的纵向弯曲系数 φ 按下式计算：

$$\varphi=\frac{1}{1+\alpha\beta^2\left[1+1.33\left(\dfrac{e_0}{r_w}\right)^2\right]} \qquad (3\text{-}3\text{-}56)$$

式中　α——与砂浆强度有关的系数，对于 M5、M2.5、M1 砂浆，α 分别采用 0.002、0.0025、0.004，对混凝土 α 采用 0.002。

β——对于矩形截面，$\beta=\dfrac{l_0}{h_w}$；对于非矩形截面，$\beta=\dfrac{l_0}{r_w}$。

h_w——矩形截面偏心受压构件在弯曲平面内的高度。

l_0——构件计算长度，无铰拱 $l_0=0.36s$，双铰拱 $l_0=0.54s$，三铰拱 $l_0=0.58s$。

s——拱轴线的弧长。

r_w——在弯曲平面内构件截面的回转半径。

(2)横向稳定性验算。

拱的横向稳定性验算，目前尚无成熟的计算办法，工程上常用与纵向稳定相似的公式来验算拱的横向稳定性。即：

$$K=\frac{N_j}{N_L}\geqslant 4\sim 5 \qquad (3\text{-}3\text{-}57)$$

式中　K——拱的横向稳定安全系数；

N_j——按式(3-3-49)左边计算的平均轴向力；

N_L——拱丧失横向稳定时的临界轴向力。

①对于板拱或采用单肋合龙时的拱肋，丧失横向稳定时的临界轴向力，常用竖向均布荷载作用下，等截面抛物线双铰拱的横向稳定公式计算：

$$N_L=\frac{H_L}{\cos\varphi_m} \tag{3-3-58}$$

式中　φ_m——半拱的弦与水平线间的夹角。

H_L——临界水平推力，按下式计算：

$$H_L=K_2\frac{EI_y}{8fl} \tag{3-3-59}$$

式中　K_2——临界荷载系数，与矢跨比、拱端固定方式等有关，在设计中，为了简化计算，按表 3-3-2确定。

I_y——拱截面对自身竖轴的惯性矩。

表 3-3-2　　**等截面抛物线双铰拱横向稳定临界荷载系数**

f/l	0.1	0.2	0.3
K_2	28.0	40.0	36.5

实验与计算表明：无铰拱的临界荷载比有铰拱大得多。对于悬链线无铰拱的横向稳定，采用双铰拱的计算公式计算临界轴向力显然是偏于安全的。

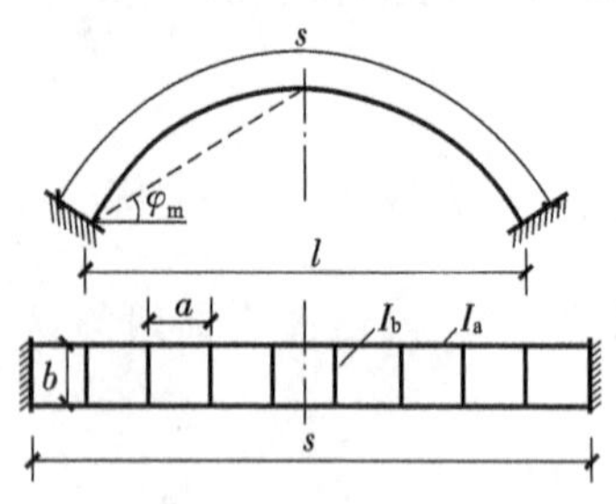

图 3-3-23　肋拱稳定计算图示

②对于肋拱或无支架施工时采用双肋合龙的拱肋，在验算横向稳定性时，可视为组合压杆(图 3-3-23)，组合压杆的长度等于拱轴长度 s，临界轴向力可按下式计算：

$$N_L=\frac{\pi^2E_aI_y}{l_0^2} \tag{3-3-60}$$

式中　I_y——两拱肋截面对桥纵轴(y—y 轴)的惯性矩。

E_a——拱肋材料的弹性模量。

l_0——组合压杆计算长度，$l_0=\rho\cdot\alpha\cdot s$。

α——计算长度系数，无铰拱为 0.5，两铰拱为 1.0。

ρ——考虑剪力对稳定的影响系数，按下式计算：

$$\rho=\sqrt{1+\frac{\pi^2E_aI_y}{L_j^2}\left(\frac{ab}{12E_bI_b}+\frac{a^2}{24E_aI_a}\right)}$$

$$L_j=\alpha s$$

式中　a——横系梁(或夹木)的间距。

b——两拱肋中距，即横系梁的计算长度。

I_a——单根拱肋对自身竖轴的惯性矩。

I_b——单根横系梁(或夹木)对自身竖轴的惯性矩。

E_b——横系梁(或夹木)材料的弹性模量。

以上验算是针对圬工拱桥。对于钢筋混凝土拱桥，根据《桥规》规定应按承载能力极限状态计算。桥梁构件承载能力极限状态计算采用下列表达式：

$$\gamma_0S\leqslant R$$

$$R=R(f_d,a_d)$$

式中　γ_0——桥梁结构的重要性系数，按公路桥涵的设计安全等级，一级、二级、三级分别取用 1.1、

1.0、0.9；桥梁的抗震设计不考虑结构的重要性系数。

S——作用(或荷载)效应(其中汽车荷载应计入冲击系数)的组合设计值。

R——构件承载力设计值。

$R(\cdot)$——构件承载力函数。

f_d——材料强度设计值。

a_d——几何参数设计值，当无可靠数据时，可采用几何参数标准值 a_k，即设计文件规定值。

3.4　主拱内力调整

主拱在计算中，常出现算出的拱脚负弯矩和拱顶正弯矩过大的情况。为了减小拱脚、拱顶的偏大弯矩，可从设计或施工方面采取一些措施调整拱圈内力。下面介绍用假载法和在施工中设置临时铰以及用千斤顶调整主拱内力的方法。

3.4.1　假载法调整内力

所谓假载法，实质上就是通过改变拱轴系数来变更拱轴线，使拱顶、拱脚两截面的控制内力接近相等。理论和计算表明，拱脚负弯矩过大，通过将拱轴线抬高，即将拱轴系数 m 值增大，可减小拱脚的负弯矩。反之，拱顶正弯矩过大，通过将拱轴线降低，即将拱轴系数 m 值减小，可减小拱顶的正弯矩。实践证明，m 值的调整幅度不宜太大，一般调整半级到一级。

在图 3-3-24 所示的实腹式拱中，设调整前的拱轴系数 $m=g_j/g_d$，调整后的拱轴系数 $m'=g_j'/g_d'$。

由图 3-3-24 可知：

$$m'=\frac{g_j'}{g_d'}=\frac{g_j \mp g_x}{g_d' + g_x} \tag{3-3-61}$$

式中　g_x——假想减去[图 3-3-24(b)]或增加[图 3-3-24(c)]的一层均布荷载，习惯上称为假载。

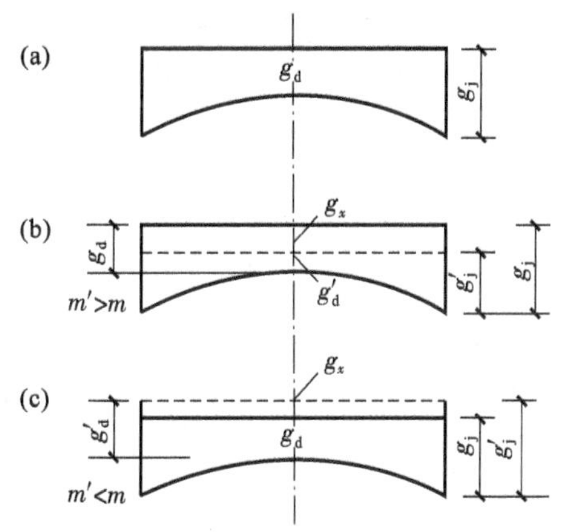

图 3-3-24　实腹拱假载内力计算图示

事实上，在图 3-3-24(b)中，减去的假载 g_x 是实际恒荷载的一部分，因而，拱的实际恒荷载内力为按 $m'(m'>m)$ 算出的恒荷载内力加上 g_x 所产生的内力。同样，在图 3-3-24(c)中，增加的假载 g_x 事实上是不存在的，因而，拱的实际恒荷载内力为按 $m'(m'<m)$ 算出的恒荷载内力减去 g_x 所产生的内力。

由于拱顶、拱脚两个截面的弯矩影响线都是正面积比负面积大，因而增加一层假载时[图 3-3-24(b)]，在拱顶、拱脚两截面都产生正弯矩；而减少一层假载时[图 3-3-24(c)]，在拱顶、拱脚都产生负弯矩。鉴于拱脚截面常以负弯矩控制设计，因而，适当提高 m 时，对拱脚截面有利。同样，拱顶截面常以正弯矩控制设计，因而，适当降低 m 可以改善拱顶截面的受力。

根据 m' 确定拱轴线之后，拱的几何尺寸应按 m' 来计算；所有的荷载内力，均应根据 m' 确定。为了便于利用《拱桥》中的表格计算拱的几何尺寸及各项内力，总是令 m' 等于表中的值(如 1.756、2.240 等)。按拱轴系数为 m' 计算恒荷载内力时，因拱轴线与考虑假载后的恒荷载压力线完全吻合，因而可按纯压拱计算其内力。至于假载 g_x 所产生的内力，可以很方便地利用内力影响线计算。

将 g_x 布置在 M、H 和 V 等内力影响线的全部面积上，即可求得 g_x 所产生的内力值。

空腹式拱桥，拱轴线的变更是通过改变 $y_{l/4}$ 来实现的。设调整前的拱轴系数为 m，拱跨 $l/4$ 点的纵坐标为 $y_{l/4}$；调整后的拱轴系数为 m'，相应点的纵坐标为 $y'_{l/4}$。假想均布荷载 g_x 可由下式解出：

$$\frac{y'_{l/4}}{f}=\frac{\sum M_{l/4}\mp\frac{g_x l^2}{32}}{\sum M_j\mp\frac{g_x l^2}{8}} \tag{3-3-62}$$

g_x 前的符号同式(3-3-61)一样：当 $m'>m$ 时取负，$m'<m$ 时取正。

空腹拱桥恒荷载内力的计算方法与实腹拱桥相似。在恒荷载和假载 g_x 共同作用下，不计弹性压缩的恒荷载推力按下式计算：

$$H_g=\frac{\sum M_j\pm\frac{g_x l^2}{8}}{f} \tag{3-3-63}$$

应该指出，改变拱轴系数的办法，始终不能同时改善拱顶、拱脚两个控制截面的内力。例如，增大 m 值，拱脚负弯矩减小，而拱顶正弯矩则相应增加；反之，减小 m 值时，拱顶正弯矩减小，而拱脚负弯矩则相应增加。所以，应全面考虑，适当调整。

3.4.2 临时铰法、千斤顶法调整内力

主拱圈施工时，在拱顶、拱脚用铅垫板做成临时铰。拆除拱架后，由于临时铰的存在，拱圈成为静定的三铰拱。待拱上建筑完成后，再用高强度等级水泥砂浆封固，成为无铰拱。由于拱圈在恒荷载作用下是静定三铰拱，拱的恒荷载弹性压缩以及封铰前已发生的墩台变位均不产生附加内力，从而减小了拱中的弯矩。

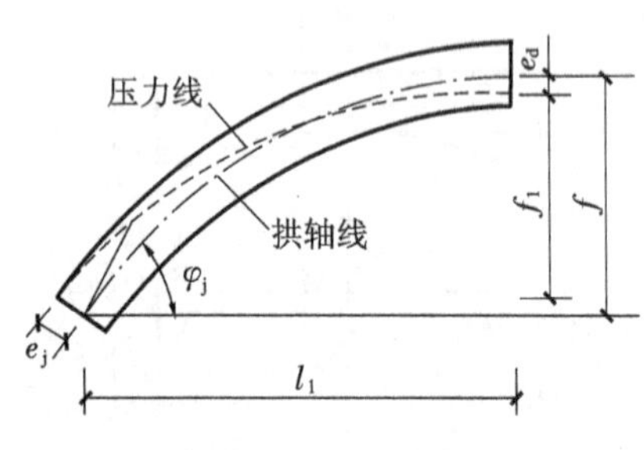

图 3-3-25 临时铰调整应力

如将临时铰偏心布置，尚可进一步消除日后因混凝土收缩引起的附加内力。设混凝土收缩在拱顶引起的正弯矩为 M_d，在拱脚引起的负弯矩为 M_j，为了消除此项弯矩，可将临时铰偏心布置(图 3-3-25)。即拱顶截面的临时铰布置在拱轴线以下(距拱轴为 e_d)，而拱脚截面的临时铰则布置在拱轴线以上(距拱轴为 e_j)。为使恒荷载作用时在拱顶、拱脚处产生的偏心弯矩恰好与由混凝土收缩产生的弯矩值相等而方向相反，偏心距 e_d、e_j 可按下述方法确定。

设置临时铰后，压力线的矢高(图 3-3-25)为：

$$f_1=f-e_d-e_j\cos\varphi_j$$

此时，拱的恒荷载推力值变为：

$$H'_g=H_g\cdot\frac{f}{f_1} \tag{3-3-64}$$

式中 H_g——不设置临时铰拱的恒荷载推力。

根据需要调整的弯矩值 M_d、M_j，可求偏心距：

$$\left.\begin{aligned}e_d&=\frac{M_d}{H'_g}=\frac{M_d}{H_g}\cdot\frac{f_1}{f}\\e_j&=\frac{M_j}{H'_g\cos\varphi_j}=\frac{M_j}{H_g\cos\varphi_j}\cdot\frac{f_1}{f}\end{aligned}\right\}\tag{3-3-65}$$

所以

$$f_1=f-\frac{1}{H_g}\cdot\frac{f_1}{f}(M_d+M_j),\quad f_1=\frac{H_g\cdot f^2}{H_g\cdot f+M_d+M_j}$$

国外大跨径钢筋混凝土拱桥，大多采用千斤顶调整应力。用千斤顶调整内力的方法是：将千斤顶平放在拱顶预留的空洞内，利用千斤顶对两个半拱缓缓施加推力，使两半拱既分开又抬升。当千斤顶值达到计算所需推力时，保持油压一个时期，以消除部分混凝土的徐变影响，然后进行合龙封顶。封顶时，先在拱顶缝隙处对称插入若干预制配筋薄板(其厚度可预先计算)，再缓缓放松千斤顶并撤出，随之即焊连主筋和配置的构造筋，并用混凝土封填整个缺口。千斤顶施力时，拱被抬升使拱架易于卸除；同时拱桥基础立即产生的变形影响亦可消除；调整千斤顶施力点的位置和加力的大小，可达到调整主拱内力的目的。

用临时铰法和千斤顶法调整内力效果显著，但其施工相当复杂。

3.5　圆弧线无铰拱计算要点

3.5.1　圆弧拱的几何性质

设 $\widehat{AOB}$ 为一圆弧拱轴线(图 3-3-26)，取拱顶 O 为坐标原点，采用图 3-3-26 所示直角坐标系，则拱轴方程为：

$$x+y_1^2-2Ry_1=0\tag{3-3-66}$$

$$x=R\sin\varphi\tag{3-3-67}$$

$$y_1=R(1-\cos\varphi)\tag{3-3-68}$$

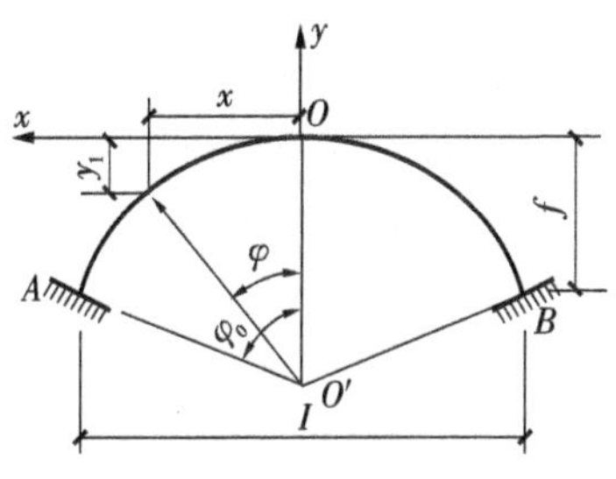

图 3-3-26　圆弧拱轴方程图示

式中　R——圆弧拱半径；

x,y_1——圆弧拱任意点坐标；

φ——圆弧拱任意点至圆心 O' 的连线与垂线间的交角。

若计算矢高 f 及计算路径 l 为已知，则：

$$R=\frac{l}{2}\left(\frac{1}{4}\times\frac{l}{f}+\frac{f}{l}\right)=\frac{l}{2}\left(\frac{1}{4D}+D\right)\tag{3-3-69}$$

式中，$D=\frac{f}{l}$。

由图 3-3-26 可知：

$$\left.\begin{aligned}\sin\varphi_0&=\frac{l}{2R}\\\cos\varphi_0&=1-\frac{f}{R}\end{aligned}\right\}\tag{3-3-70}$$

半圆心角：

$$\varphi_0=\arcsin\frac{l}{2R}=\arccos\left(1-\frac{f}{R}\right)\tag{3-3-71}$$

若计算半径 R 和半圆心角 φ_0 为已知，则：

$$\left.\begin{aligned}f&=R(1-\cos\varphi_0)\\l&=2R\sin\varphi_0\end{aligned}\right\}\tag{3-3-72}$$

圆弧拱各几何量之间的关系见《拱桥》中表(Ⅲ)-2。

3.5.2 圆弧线无铰拱计算要点

计算圆弧无铰拱时，可借助《拱桥》中附录(Ⅰ)的计算用表以简化计算工作。在编制圆弧拱的计算用表时，将拱轴线沿弧长划分为 20 等份，这与悬链线拱沿跨径等分为 48(或 24)等份是不同的。圆弧无铰拱与悬链线无铰拱的计算步骤和方法大体相似。

(1)拱圈的几何性质。

设拱的净跨径 l_0 及净矢高 f_0 为已知值，假定拱圈厚度为 d，根据净矢跨比 f_0/l_0，由《拱桥》中表(Ⅲ)-2 查得水平倾角(或半圆心角)φ_0。

$$\left.\begin{aligned}&\text{拱的计算跨径：}\quad l=l_0+d\sin\varphi_0\\&\text{拱的计算矢量：}\quad f=f_0+\frac{d}{2}(1-\cos\varphi_0)\end{aligned}\right\}\tag{3-3-73}$$

其他拱圈截面几何性质的计算与前述计算方法无异。

(2)恒荷载内力计算。

圆弧无铰拱的恒荷载内力计算，与超静定拱一般分析方法是一致的。在恒荷载作用下，圆弧拱拱中各截面存在着弯矩，恒荷载内力的计算分为三步：①计算拱的弹性中心；②计算弹性中心的赘余力；③计算各截面的内力。

①圆弧拱的弹性中心。

$$y_s=\frac{\int_s\frac{y_1\mathrm{d}s}{EI}}{\int_s\frac{\mathrm{d}s}{EI}}=\alpha R\tag{3-3-74}$$

式中 α——系数，可根据矢跨比由《拱桥》中表(Ⅰ)-4 查得。

②弹性中心的赘余力。

由于结构和荷载均对称，故在拱的弹性中心仅有两个赘余力——弯矩 Z 和水平力 H。计算等截面实腹式圆弧拱的恒荷载内力时，为了计算方便，可将恒荷载分为三部分，即：Ⅰ——桥面，Ⅱ——拱腹填料，Ⅲ——拱圈。先用弹性中心法对每一部分分别计算，然后叠加，得弹性中心内力计算公式如下。

$$\left.\begin{aligned}&\text{弯矩}\quad Z=(B_1g_1+B_2g_2+B_2g_3)R^2\\&\text{推力}\quad H=(C_1g_1+C_2g_2+C_3g_3)R\end{aligned}\right\}\tag{3-3-75}$$

式中 g_1——桥面填料自重，$g_1=r_1h_d$；

g_2——拱腹填料自重，$g_2=r_2\left[R+\frac{d}{2}-\sqrt{\left(R+\frac{d}{2}\right)^2-\frac{l^2}{4}}\right]$；

g^3——拱圈自重，$g_3=r_3d$；

r_1,r_2,r_3——桥面、拱腹填料及拱圈材料单位体积重量；

$B_1\sim B_3,C_1\sim C_3$——系数，由《拱桥》中表(Ⅰ)-4 查得。

③各截面内力。

有了弹性中心的赘余力之后，可根据静力平衡条件求得各截面的内力。

拱顶截面：

$$\left.\begin{aligned}M&=Z-Hy_s\\N&=H\end{aligned}\right\}\tag{3-3-76}$$

其他截面：

$$\left.\begin{aligned}M&=Z-Hy+M_p\\N&=H\cos\varphi+P_p\sin\varphi\end{aligned}\right\}\tag{3-3-77}$$

式中：

$$\left.\begin{aligned}P_p&=(a_1g_1+a_2g_2+a_3g_3)R\\M_p&=-(b_1g_1+b_2g_2+b_3g_3)R^2\end{aligned}\right\}\tag{3-3-78}$$

在式(3-3-76)～式(3-3-78)中，1/4 拱跨及拱脚处的 $a_1\sim a_3$、$b_1\sim b_3$、y、$\sin\varphi$、$\cos\varphi$ 均可自《拱桥》中表(Ⅰ)-5 查得。

(3)活荷载内力计算。

求圆弧拱的活荷载内力，仍是利用影响线。圆弧无铰拱的影响线与悬链线无铰拱对应的影响线十分接近。拱顶、1/4 拱跨处和拱脚截面各项内力影响线面积见《拱桥》中表(Ⅰ)-42。计算活荷载内力时，通过在内力影响线上按最不利情况加载，即可得到各截面的活荷载内力。

圆弧拱的强度验算，与本章第三节相同。鉴于圆弧拱一般跨径不大，通常不必验算拱的横向稳定性。

本章小结

1. 拱桥常用的拱轴线型有圆弧线、抛物线、悬链线三种。悬链线是我国大、中跨径拱桥采用最普遍的拱轴线型。

2. 由拱轴线方程可知，当拱的矢跨比 f/l 确定后，悬链线的形状取决于拱轴系数。实腹拱拱轴系数需用逐次近似法确定；空腹拱拱轴系数也用逐次近似法确定，但只保证五点(拱顶、两个 $l/4$ 点和两个拱脚)与恒荷载压力线重合。

3. 在简单体系的拱桥中，主拱的内力计算一般都不考虑拱上建筑与主拱的联合作用。为了简便，计算拱内力时，先计算不考虑弹性压缩的内力，再计算弹性压缩引起的内力，然后两者加起来，便得总内力。对于空腹式无铰拱，恒荷载内力还应计入拱轴线偏离恒荷载压力线使拱内产生的附加内力。

4. 活荷载内力计算，按《桥规》规定，对拱上建筑为排架的板拱(包括双曲拱、箱形截面拱)，应考虑活荷载的横向分布；对于其他的拱桥，活荷载按整体平均分布。

5. 在超静定拱中，温度变化、混凝土收缩和拱脚变位都会在拱内产生附加内力。采用无支架施工或早期脱架施工的拱桥，须计算拱圈自重作用下的内力。

6. 主拱横截面为组合截面的双曲拱，在确定了换算截面的几何特性之后，各种内力的计算与一般空腹式拱桥基本相同。

7. 拱圈的验算包括拱圈的强度验算和纵向稳定验算及横向稳定验算。

8. 为了减小拱脚、拱顶的偏大弯矩，可以采用假载法和在施工中设置临时铰，以及用千斤顶等方法进行调整。

9. 圆弧无铰拱与悬链线无铰拱的计算步骤和方法大体相同。

思考题

1.什么叫作拱轴线、压力线和起拱线？什么是理想拱轴线？拱轴线型有哪几种？

2.拱轴系数的物理意义和几何意义是什么？

3.叙述实腹式悬链线无铰拱拱轴系数的确定方法。

4.什么是“五点重合法”？如何用“五点重合法”确定空腹式悬链线拱的拱轴系数 m？

5.在现行设计中，为什么一般不计压力线与拱轴线偏离产生的偏离弯矩的影响？

6.什么称为“拱上建筑联合作用”？为什么设计中一般不考虑它？

7.拱桥计算中，什么情况下可以近似地不计荷载横向分布的影响？什么情况下必须考虑？

8.拱圈除进行强度验算之外为什么还需要进行偏心验算？

9.拱圈在结构重力、活荷载和温度变化引起的内力求出之后，接着验算其强度，强度即使足够，下面还要进行裸拱圈强度验算，为什么？

10.调整主拱圈应力的方法有哪几种？

11.假载法如何调整拱圈内力？

4 桁架拱桥、刚架拱桥与钢管混凝土拱桥

整体型上承式拱桥包括桁架拱桥和刚架拱桥。这些桥型进一步减轻了拱桥自重，增强桥梁结构的整体性，充分发挥装配式结构工业化程度高、施工进度快等优点，扩大了拱桥的使用范围。而钢管混凝土拱桥充分发挥了钢材和混凝土两种材料的优点，增强了结构的承载能力，提高了材料的韧性和塑性，同时降低了结构的自重，从而提高了钢管混凝土拱桥的跨越能力，且造价方面均比普通圬工拱桥及钢筋混凝土拱桥有所降低。

4.1 桁架拱桥

4.1.1 概述

桁架拱桥又称拱形桁架桥。桁架拱桥是一种有水平推力的桁架结构，其上部结构由桁架拱片、横向联结系和桥面组成。湖北省某桁架拱桥正在施工，如图 3-4-1 所示。桁架拱片是主要承重结构，由上、下弦杆，腹杆和实腹段组成，其立面布置如图 3-4-2 所示。

图 3-4-1 湖北省某桁架拱桥

桁架拱桥是指中间用实腹段，两侧用桁架拱片构成的拱桥。桁架拱片之间用桥面系与横向联结系（横向撑架、剪刀撑）连接成整体。其特点是实腹段与两侧桁架拱片起着拱的受力作用，拱脚有水平推力，可减小跨中弯矩；这种桥比一般带拱上建筑的肋拱桥受力合理，可节省材料，减小自重，适用于地基较差的场合。

4.1.2 结构形式

根据其构造不同，桁架拱可以分为斜（腹）杆式、竖（腹）杆式、桁肋式和组合式四种。

（1）斜（腹）杆式。

斜杆式桁架拱桥又可分为三角形式、带竖杆的三角形式、斜压杆式和斜拉杆式四种。三角形式

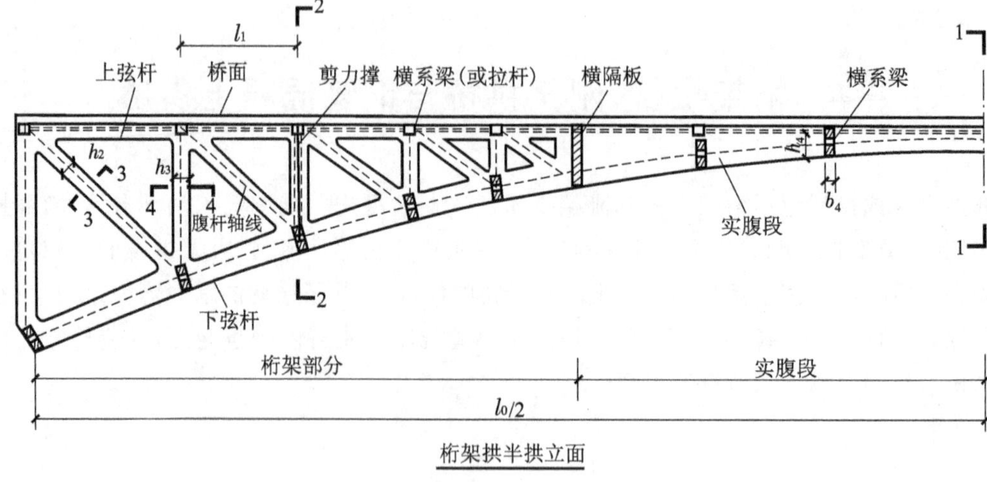

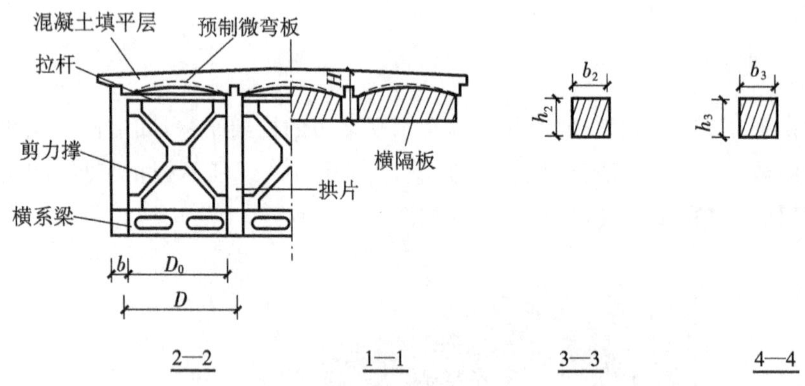

图 3-4-2　桁架拱桥的主要组成部分

的腹杆总长度最短，因此腹杆用料省，整体刚度较大。但是当拱跨较大，节间过长时，上弦杆承受局部弯矩所需的钢筋较多，因此宜设置竖杆来减小节间长度，成为带竖杆的三角形桁架拱。根据斜杆倾斜方向不同，又有斜压杆和斜拉杆两种。斜压杆式斜杆受压，竖杆受拉，且斜杆的长度随矢高和节间长度的增大而显著增大，尤其是第一个节间内的斜杆长度更大。为了防止斜杆失稳而需要增大截面尺寸，可采用不同截面尺寸的斜杆以节省材料，但施工麻烦。斜拉杆式则斜杆受拉，竖杆受压，为避免拉杆及节点开裂，并节省材料，可采用预应力混凝土斜拉杆，其外形美观，是常采用的一种形式。

(2)竖(腹)杆式。

竖杆式的腹杆只有竖杆，没有斜杆，竖杆与上、下弦杆组成多个四边形框架。这种形式腹杆少，质轻，节点上只有三根杆件相交，钢筋布置较为简单，混凝土浇筑方便，外形也较整齐美观。其受力特点是框架杆件以受弯为主，故需配筋较多。另外，竖杆与上、下弦杆连接点易开裂，适用于活荷载较轻的中、小跨径的桥梁。

(3)桁肋式。

这种形式相当于将肋拱桥的拱肋做成桁架结构，而拱上建筑仍保留。桁架肋拱的桁架高度小、吊装方便，适宜于无支架施工和较大跨径的桥梁。但由于桁架在拱脚处固结，基础变位、温度变化和混凝土徐变引起的附加内力较大，拱脚上弦杆易开裂。

(4)组合式。

桁式组合拱主要用于大跨径预应力混凝土拱桥,它与普通桁架拱的不同之处在于上弦杆断点位置不同。普通桁架拱的上弦杆简支于墩台上,上弦杆与墩台之间没有断缝(即断点);而桁式组合拱上弦杆断点(断缝)位置设在墩台顶部至拱顶之间的某个部位,这样,从断点到墩台顶部形成一个悬臂桁架,而两断点之间成为一普通桁架拱,但下弦杆仍保持连续。从力学上看,桁式组合拱相当于普通桁架拱支承于两端的悬臂桁梁上,从而形成拱梁组合体系。

4.1.3　结构特点

作为主要承重结构的桁架拱片在施工期间单独受力,在竣工后与桥面板共同受力。其中下弦杆为拱形,上弦杆一般与桥道结构组合成一个整体共同工作,在跨中部分,因上、下弦杆很靠近而做成实腹段。桁架拱在荷载作用下具有水平推力,使跨中实腹段在恒荷载作用下弯矩减小,主要承受轴向压力,在活荷载作用下将承受弯矩,成为一偏心受压构件,即具有拱的受力特点。同时,由于它相当于把普通型上承式拱的传载构件(拱上构件)与拱肋连成整体,拱与拱上结构共同受力,相当于加大了拱圈高度,各杆件又主要承受轴力,因此又具有桁架的受力特点。由于桁架拱具备了桁架和拱式结构的有利因素,因此能充分发挥材料的受力性能。

由于桁架拱外部通常采用两铰结构,因而基础位移、温度变化等产生的附加内力较小,适合于软弱地基。钢筋混凝土普通桁架拱的应用范围以 20～50m 的中等跨径为宜。

4.1.4　结构构造

4.1.4.1　桁架拱片

从结构布置来看,上弦杆和实腹段构成桁架拱片的上边缘,上弦杆轴线平行于桥面,考虑桥面板参与受力,上弦杆和实腹段轴线应是包括桥面板在内的截面重心的连线。下弦杆相当于桁架拱的拱肋。由于桁架拱为有推力体系,腹杆内力与桁架拱下弦杆轴线有关,下弦杆的轴线可以采用圆弧线、二次抛物线和悬链线等。通常是结构自重压力线越接近下弦轴线,腹杆内力越小。

(1)桁架段。

桁架拱片中下弦杆为主要受压构件,应有足够的截面面积,下弦杆多用矩形截面,其高度可为净跨径的 1/100～1/80。桁架拱片宽度在 25～50cm 之间,可为等截面,也可为变截面。上弦杆的断面形式跟桥面板构造有关。当采用空心板时,上、下弦可采用矩形截面;当采用微弯板时,则需采用凸形(边肋为 L 形)。腹板常用矩形截面,高度一般为下弦杆高度的 1/2～2/3,对受压腹杆宜用工字形截面。

(2)实腹段。

实腹段长度与拱底曲线有关。陡拱时,实腹段就短,坦拱时则长。在确定其长度时还应考虑实腹段与桁架段之间强度与刚度的差别、外观上的协调以及要便于施工的要求。通常,实腹段长度在计算跨径的 3/10～1/2 之间,实腹段跨中截面高度(包括桥面板在内)与跨径、矢跨比、拱片数(或间距)等有关,初拟时可取为净跨径的 1/50～1/40。

(3)节间大小。

桁架拱片的节间大小与上弦杆局部受力有关。节间大,节点就少,结构简化,但上弦杆需增大截面和自重,所以,节间长度一般不大于计算跨径的 1/12～1/8。对斜杆式桁架拱,还应使其与上弦杆间的夹角在 30°～50°之间，以避免产生过大的内力和变形，这就要求节间长度自端部向拱顶递减。

(4)节点。

桁架拱片杆件的节点是一个很重要的部位，其构造和形式随拱跨大小、腹杆布置方式等有所不同。节点的构造应保证足够的强度和符合构造要求。桁架拱片各杆件的轴线应于节点处相交，以免产生附加弯矩；相邻杆件外缘交角应以圆弧或曲线过渡，过渡段内不得出现锐角与直角，避免应力集中。

(5)片数及间距。

桁架拱片的片数及间距与桥宽、跨径、荷载、材料、施工以及桥面板构造有关。一般来说，片数越多，材料越多，但桥面板跨径越小。反之，桁片用材减少，但桥面板跨度增大。在跨径较大时，采用较少片数较为经济，且外形美观，同时可减少预制安装工程量，但需考虑桥面板的跨越能力。采用微弯板桥面时，双车道可采用 3～4 片，采用空心板桥面时，则可采用 2～3 片。

(6)矢跨比。

与一般拱桥相同，矢跨比也是桁架拱片需要确定的重要因素。桁架拱片矢跨比的确定应从桥址情况、桥下净空、桥面高程、构造形式、受力与施工诸方面综合考虑确定。当矢跨比小时，立面外形轻巧美观，腹杆较短，刚度大，吊装质量轻，节省材料。但矢跨比越小水平推力越大，造成墩台负担增大。当矢跨比大时，情况相反。一般其净矢跨比在 1/10～1/6 之间选用。

4.1.4.2　横向联系

为把桁架拱片连成整体，使之共同受力，并保证其横向稳定，需在桁架拱片之间设置横向联系。横向联系根据设置部位不同，分为横拉杆、横系梁、横隔板和剪刀撑等，如图 3-4-2 所示。

横系梁和横拉杆分别设置在上、下弦杆节点处，拱顶实腹段每隔 3～5m 也应设置横系梁。横拉杆常用矩形截面，高度与上弦杆根部(翼缘)相同，宽为 12～20cm。横系梁也用矩形截面，高度同下弦杆，并不小于其长度的 1/15，宽 12～20cm。横隔板一般设在实腹段与桁架部分连接处及跨中，它在高度方向直抵桥面板，与横系梁同厚。横桥向的剪力撑一般设在 1/4 跨径附近的上、下节点之间及跨径端部，剪力撑杆件常用边长为 10～18cm 的正方形截面。

4.1.4.3　桥面系

桁架拱桥桥面板既承受局部荷载，又与桁架拱片形成整体，共同受力。桥面结构形式很多，有横向微弯板、纵向微弯板和预应力混凝土空心板等。

4.1.4.4　桁架拱片与墩台的连接

桁架拱片与墩台的连接形式包括上、下弦杆与墩(台)的连接和多孔桁架拱桥桥跨之间的连接。连接构造随上、下部结构的形式，施工方法，美观要求等而异。下弦杆与墩(台)的连接一般是在墩(台)帽上预留 10cm 左右(或与肋高相同)的槽孔，将下弦杆插入并封以砂浆。在跨径较大时，由于墩(台)位移等原因，往往造成支承面局部承压，引起反力偏心和结构内力变化，故宜采用较完善的铰接。桁架拱上部在墩台处的连接以及多跨拱间的连接分为悬臂式[图 3-4-3(a)、(b)]、过梁式[图 3-4-3(c)、(d)]和伸入式[图 3-4-3(e)、(f)]三种，一般以受力明确的过梁式为好。与桥台的连接分为过梁式和伸入式两种。

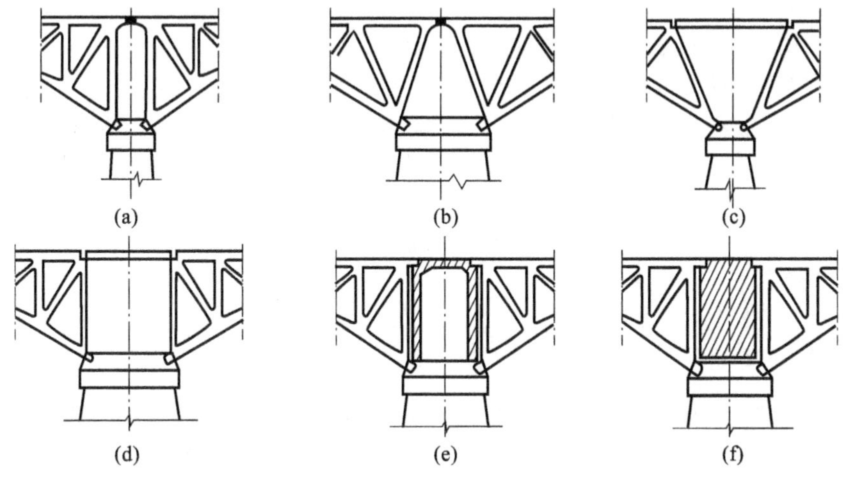

图 3-4-3　桁架拱与墩(台)的连接形式

4.2　刚 架 拱 桥

刚架拱桥的上部结构由刚架拱片、横向联结系和桥面等部分组成,如图 3-4-4 所示。刚架拱桥是在桁架拱桥、斜腿刚架桥基础上发展起来的一种轻型钢筋混凝土拱与斜腿刚构的组合体系结构,属于有推力的高次超静定结构。

刚架拱桥具有构件少、质量轻、整体性好、刚度大、施工简便、造价低、造型美观等优点,可在软土地基上修建,其适用跨径为 25～70m。

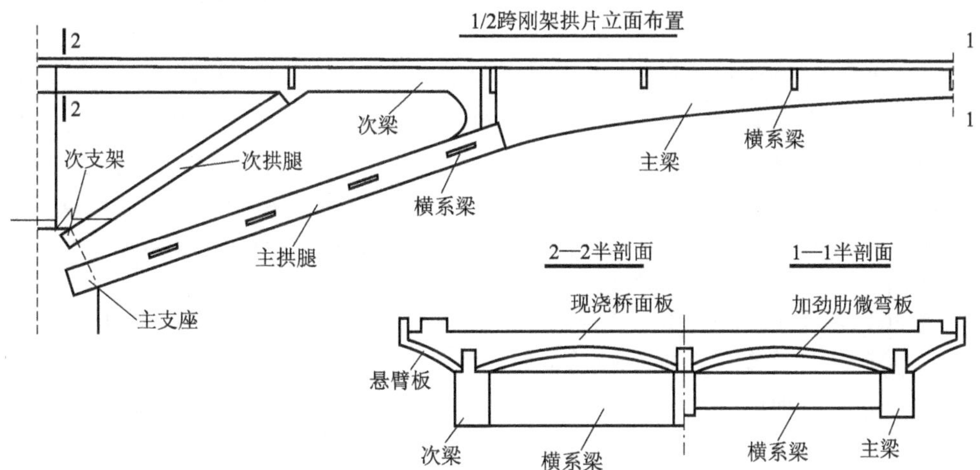

图 3-4-4　刚架拱桥的主要组成部分

拱片是刚架拱桥的主要承重结构,一般由跨中实腹段的主梁、空腹段的次梁、主拱腿(主斜撑)、次拱腿(次斜撑)等构成,与桥面板一起形成刚架拱的主拱片。主梁和主拱腿的交接处称为主节点,次梁和次拱腿的交接处称为次节点。节点构造一般均按固结设计。

主梁和主拱腿构成的拱形结构的几何形状是否合理,对全桥结构的受力有显著的影响,其设计原则是在恒荷载作用下弯矩最小。主梁和次梁的梁肋上缘线一般与桥面纵向平行,主梁下边缘线一般可采用二次抛物线、圆弧线或悬链线,使主梁成为变截面构件。主拱腿可根据跨径大小和施工方法等不同,设计成等截面直杆或微曲杆。有时从美观考虑,也可采用与主梁同一曲线的弧形杆,但需注意其受压稳定性。

横向联系的作用是将刚架拱片联成整体共同受力，并保证其横向稳定。

刚架拱片可以采用现浇或预制安装的方法施工，应根据运输条件和安装能力具体确定，目前大多数采用后者。为了减小吊装质量，可将主梁和次梁、斜撑等分别预制，用现浇混凝土接头连接。当跨径较大时，次梁还可分段预制。

4.3 钢管混凝土拱桥

4.3.1 概述

钢管混凝土(CFST，Concrete Filled Still Tube)是由钢和混凝土组合而成，在钢管内填充混凝土而形成的一种复合材料，如图 3-4-5 所示，通常用于受压结构中。钢管对核心混凝土的套箍作用，使得核心混凝土处于三向受压状态，从而使其具有更高的抗压强度和抵抗变形的能力；而核心混凝土可以增强钢管的稳定性，同时，钢管本身相当于混凝土的外模板，在施工时可以先将空钢管拱肋合龙，再通过施工机械压注混凝土入钢管，最终形成钢管混凝土拱桥。

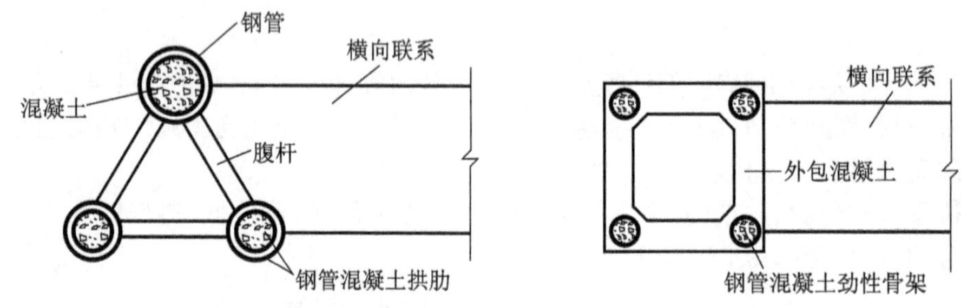

图 3-4-5 钢管混凝土拱

钢管混凝土结构充分发挥了混凝土的抗压能力及钢材的抗压、抗拉能力，是主要用于承受轴向压力的构件。早期钢管混凝土结构多用于桥梁工程的基础工程之中。随着对钢管混凝土构件工作性能的深入研究以及计算机技术的不断发展，从 20 世纪 80 年代起钢管混凝土开始用于拱桥结构。拱桥的拱圈是以承受轴向压力为主的构件，这恰好充分利用了钢管混凝土结构的优点。由于钢管混凝土结构的重量相对较轻，加之拱桥的转体施工技术，故拱桥的跨径大幅度增加。此外钢管混凝土柱也大量地用于桥梁下部结构，以使得桥梁结构更加秀丽美观。

钢管混凝土拱桥(Concrete Filled Steel Tubular Arch Bridge)，简称 CFST 拱桥，其主跨径一般在 40～400m，矢跨比的范围在 1/6～1/3。常用跨径在 80～280m，常用矢跨比为 1/5～1/4。我国第一座钢管混凝土拱桥即四川旺苍东河大桥建于 1990 年 10 月，其跨度为 115m，矢跨比为1/6。20 世纪建成的钢管混凝土拱桥中，跨径最大的是广西的三岸桥。其跨径为 270m，矢跨比为 1/5，1999 年建成。

4.3.2 钢管混凝土拱桥的特点

4.3.2.1 钢管混凝土拱桥的优点

钢管混凝土作为一种复合材料，决定了钢管混凝土拱桥具有如下优点。

(1)总体性能方面。

由于钢管混凝土承载能力大，正常使用状态是以应力控制设计，外表不存在混凝土裂缝问题，因而可以使主拱圈截面及其宽度相对减小，这样便可以减小桥面上由拱圈所占的宽度，提高了中、

下承式拱桥桥面宽度的使用效率。

(2)施工方面。

钢管作为混凝土的外模板,具有高强轻质,易于吊装或转体施工的特点,省去了支模、拆模等先期工序,并可适应先进的泵送混凝土工艺,降低了大跨径拱桥施工的难度。

4.3.2.2　钢管混凝土拱桥的缺点

钢管混凝土复合材料同样也具有一定的缺点。钢管作为外壁且热敏感性远高于混凝土,在日光照射下,钢管膨胀,容易造成钢管和内填混凝土之间出现脱空现象;且由于施工工艺原因,泵送管内混凝土也常出现不能完全填充饱满的现象,这将引起拱圈实际受力与设计应力不符,从而降低钢管混凝土结构的安全度,存在受力隐患。

此外,由于施工时钢管先于混凝土受力,往往造成钢管应力偏高而混凝土不能发挥应有的作用,引起拱圈受力不明确等问题。这些问题都需要予以解决。

本章小结

1.桁架拱桥由上、下弦杆,腹杆和实腹段组成,是一种有水平推力的桁架结构,其上部结构由桁架拱片、横向联结系和桥面组成。

2.根据其构造不同,桁架拱桥可以分为斜(腹)杆式、竖(腹)杆式、桁肋式和组合式四种。

3.桁架拱外部通常采用两铰结构,因而基础位移、温度变化等产生的附加内力较小,适合软弱地基。钢筋混凝土普通桁架拱的应用范围以20～50m的中等跨径为宜。

4.刚架拱桥是一种轻型钢筋混凝土拱与斜腿刚构的组合体系结构,属于有推力的高次超静定结构。可在软土地基上修建,其适用跨径为25～70m。

5.刚架拱桥的上部结构由刚架拱片、横向联结系和桥面等部分组成。

6.钢管混凝土是由钢和混凝土组合而成,在钢管内填充混凝土而形成的一种复合材料,通常用于受压结构中。钢管混凝土拱桥,其主跨径一般在40～400m,矢跨比的范围在1/6～1/3。常用跨径在80～280m,常用矢跨比为1/5～1/4。

思考题

1.钢管混凝土拱桥具有哪些优点和缺点?

2.主拱圈的截面形式有哪几种?

3.在其他条件不变的情况下,拱桥的矢跨比越大,则拱圈轴力越小,因此拱圈的稳定性越好。这种说法对吗?为什么?

4.桁架拱片与墩台的连接形式有哪几种?

5.刚架拱桥的特点是什么?

知识拓展

拱桥施工

第 4 篇

斜拉桥与悬索桥

1 斜 拉 桥

1.1　斜拉桥的结构特点和结构体系

1.1.1　斜拉桥的结构特点

斜拉桥是由高强度钢索(拉索)、塔柱和主梁构成的组合体系。其基本构想是利用由塔柱引出的斜向拉索悬吊跨越桥孔的主梁,使主梁像跨径显著缩小的多跨弹性支承连续梁一样工作。斜拉索的两端分别锚固在主梁和索塔上,把主梁的恒荷载和车辆荷载传递给索塔,再通过索塔传递给地基。由于拉索提供多点弹性支承,使其主梁弯矩、挠度显著减小,这不但可以使主梁尺寸大大减小,而且使结构自重减轻,节省材料,使得斜拉桥的跨越能力大大增强。斜索拉力的水平分力为主梁提供预压力,可提高主梁的抗裂性能,节省高强度钢材的用量。图 4-1-1 为杨浦大桥斜拉桥桥形布置图。

沪通长江大桥视频

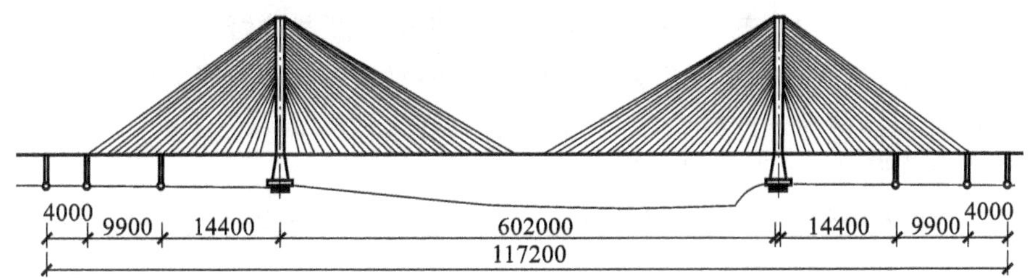

图 4-1-1　杨浦大桥斜拉桥桥形布置图(尺寸单位:cm)

1.1.2　斜拉桥的结构体系

根据梁、索、塔三者结合方式,斜拉桥可分为四种不同的结构体系。

(1)飘浮体系。

塔墩固结,塔梁分离,主梁除梁端有支承设置外,其余全部用拉索吊起而在纵向稍做浮移的具有多点弹性支承的单跨梁,称为飘浮体系,如图 4-1-2 所示。

由于斜拉索不能给梁以有效的横向支承,为抵抗因风力作用等产生的横向水平力,应在塔柱和主梁间嵌设板式或盆式橡胶支座以施加横向约束。飘浮体系的主要优点是:满载时,塔柱处主梁不出现负弯矩峰值;温度及混凝土收缩、徐变内力均较小,在密索情况下,其主梁各截面的内力和挠度的变化平缓,全桥满载时塔柱位置无负弯矩尖峰,其值还不到其他三种体系的一半。地震时允许梁体纵向漂移而吸振消能。当悬臂施工时,其塔柱处主梁需临时固结,以抵抗施工过程中的不平衡弯矩和纵向剪力。

现代大跨度混凝土斜拉桥大多采用飘浮体系。美国的哥伦比亚桥、东亨丁顿桥及日照高架桥，我国的武汉长江公路桥、重庆长江二桥和铜陵长江大桥、上海南浦大桥和杨浦大桥（钢-混凝土结合梁）都采用这种体系。

(2)半飘浮体系。

半飘浮体系是指塔墩固结，塔梁分离，主梁在塔墩上设置支点，如图 4-1-3 所示，成为具有多点弹性支承的三跨连续梁。通常设四个活动支座，可避免因一侧存在纵向水平约束而导致极不均衡的温度变位，它将使无水平约束一侧的塔柱内产生很大的附加弯矩。

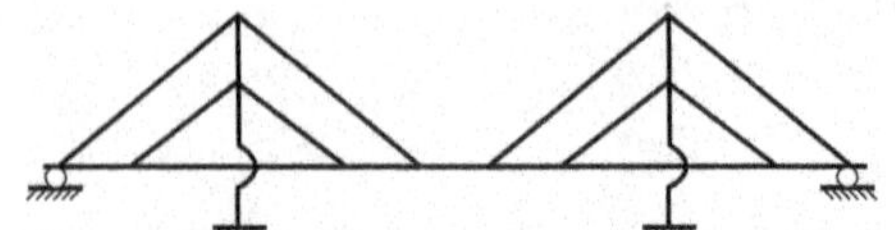

图 4-1-2 飘浮体系斜拉桥

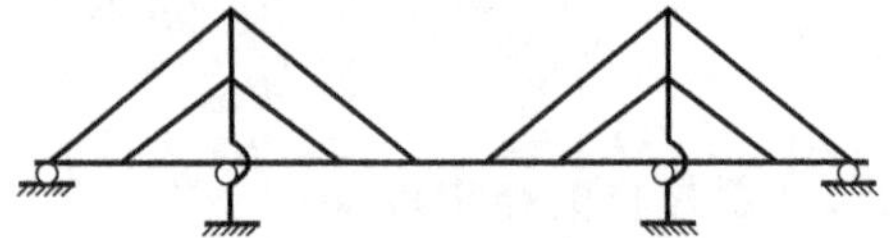

图 4-1-3 半飘浮体系斜拉桥

当全桥满载时，塔柱处有较大负弯矩尖峰。半飘浮体系的温变和混凝土收缩徐变次内力较大，若在支点设置可调节高度的弹簧支座并在成桥时调整支座反力，可消除大部分收缩徐变等不利影响。半飘浮体系在悬臂法施工中不需额外设置临时支点，施工比较方便。

(3)塔梁固结体系。

塔梁固结体系是指塔梁固结并支承于墩上，为斜拉索提供多点弹性支承的连续梁，如图 4-1-4 所示。

主梁和塔柱内的内力和挠度直接与梁、塔柱截面弯曲刚度比值有关。支座配置通常采取一个塔柱支座固定，其余为活动支座的形式。主要优点是可减小塔墩弯矩和主梁中央段轴向拉力。但当中跨布载时，主梁在墩顶处转角会使塔柱倾斜，显著增大主梁跨中挠度和边跨负弯矩，这是塔梁固结体系的弱点。上部结构恒荷载和活荷载反力都需由支座传向桥墩，往往需设很大吨位的支座，大跨径斜拉桥一般为万吨级以上，故支座的设计、制造和日后的养护、更换都比较困难。

(4)刚构体系。

刚构体系是指梁、塔、墩相互固结，形成在桥跨内具有多点弹性支承的刚构，如图 4-1-5 所示。

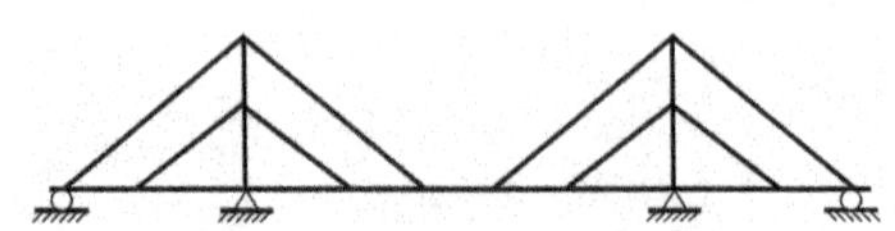

图 4-1-4 塔梁固结体系斜拉桥

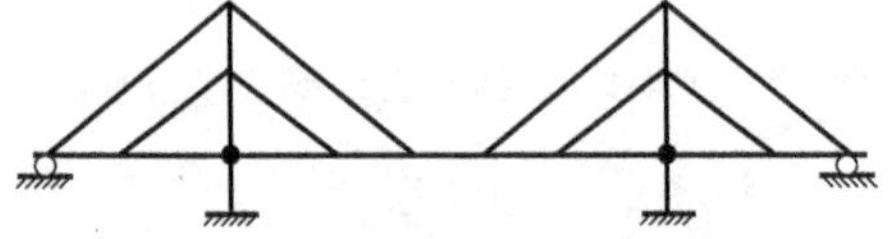

图 4-1-5 刚构体系斜拉桥

其优点是避免了大型支座设置，满足悬臂施工的稳定要求，结构整体刚度大，主梁挠度小；缺点是主梁固结处负弯矩大，为消除很大的温度内力，刚构体系一般做成带挂梁的形式，这将导致车行不平顺和结构抗风、抗地震能力削弱。

当塔墩很高时，宜采用由两片薄壁所组成的柔性墩来适应温变、混凝土收缩徐变和活荷载等对结构产生的水平变形。

总之，主梁结构体系的选用，应根据地形地质条件、支座吨位、施工方法、行车平顺性和抗风、抗震要求等因素综合考虑。飘浮体系由于受力较匀称，有足够刚度，抗风、抗震性能较好，主梁可用等截面以简化施工，是采用较多的结构体系；塔梁固结体系的塔、墩内力最小，温变内力也小，仅主梁边跨负弯矩较大，也是可以考虑采用的结构体系。

斜拉桥案例图

1.2　斜拉桥的构造

斜拉桥主要组成部分为拉索、主梁和索塔，根据它们不同构造、相互连接形式及不同材料形成多种体系。

1.2.1　拉索与锚具

(1)拉索的索面布置。

拉索是展示斜拉桥特点的一个重要结构部件。桥跨结构重量和桥上活荷载，绝大部分或全部通过斜拉索传至塔柱，它对主梁提供多点弹性支承，其刚度对全桥影响很大。

拉索造价占斜拉桥全桥的25%～30%，其重要性虽在经济上居于次席，但在受力上却举足轻重。

拉索的索面布置可分为单索面、竖向双索面、斜向双索面，见图4-1-6。

①单索面，竖直布置在桥梁纵轴线处。它对要求设置分车带的桥梁最适宜，桥宽小，塔常用独柱，而塔、墩尺寸小；拉索无交错、重叠，景观简洁明丽；行人车辆畅通无压抑感，通视良好。但单索面只能承受竖向荷载而不能抗扭，由于横向不对称活荷载和风力的作用，主梁自身应有足够的抗弯、抗扭刚度，故主梁尺寸、重量加大且需采用闭合箱。

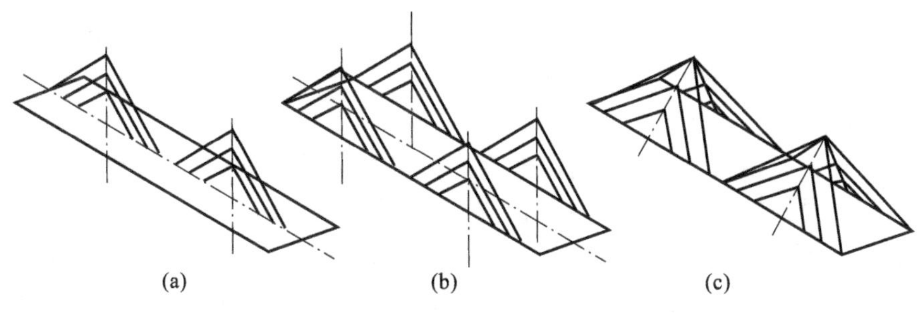

图4-1-6　斜拉索横向布置方式

(a)单索面；(b)竖向双索面；(c)斜向双索面

②竖向双索面，指两个索面相互平行且与桥面垂直。当索面布置在桥宽范围之外时，其桥面可不受索、塔妨碍而能充分利用，但需从主梁两侧伸出强大的悬臂横梁以供索的锚固并承受弯矩与剪力，且使塔下桥墩横桥向宽度加大。如在桥宽内布置索面，桥宽因增设拉索防护带而加大，而人行道在塔脚处往往需绕塔而过，但可省掉主梁附设的强大悬臂横梁。

③斜向双索面，指两个索面向内倾斜而在塔顶部相交。主要优点是双斜面拉索有助于提高全桥的抗扭性能，与之相配的横A形或倒Y形横向刚度加大，故其抗风动力稳定好，对大跨径斜拉桥颇为适合；缺点是结构分析与施工难度加大，塔高增加，拉索横向分力对主梁有不利影响。

鉴于双索面能加强全桥抗扭刚度，不强调主梁采用闭合整体箱形截面，因此，目前在大跨径斜拉桥布置中，双索面仍占有很大优势。

(2)拉索的索面形式。

拉索在纵向所采用的不同布置形式有辐射形、竖琴形、扇形、星形四种类型,如图 4-1-7 所示。

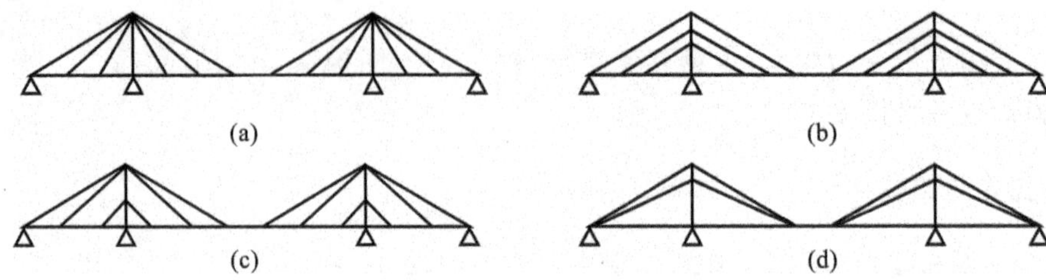

图 4-1-7 索面形式

(a)辐射形;(b)竖琴形;(c)扇形;(d)星形

①辐射形,指全部拉索汇集于塔顶,故各根拉索倾角较大,为满足垂直力需要的相应斜拉力较小,拉索用钢量省,其锚固与张拉易于处理。但是,塔顶锚头拥挤,各索倾角不同,构造布置较难,且塔身从顶至脚均受到最大压力,其压曲稳定要求增大塔身刚度,拉索总长较大,防锈工作量增加。

②竖琴形(平行形),指各拉索彼此平行,倾角相同,连接在塔的不同高度处。其外形无视觉交叉从而简洁美观,索锚分散。锚具垫座的制作、安装方便,塔中压力逐段向下加大,有利于塔的稳定,各拉索均对梁产生较大的水平预压力。如将中间斜索以边孔内的辅助墩锚固,则可使塔柱、边孔的弯矩与变形明显减小。其缺点为斜索倾角小,总拉力最大,费钢材。

③扇形,介于辐射形与竖琴形之间,通常在塔、梁上分别按等间距布置。目前,大跨径斜拉桥常采用这种形式。

④星形。其布置在美学上虽很别致,但拉索集中在梁的一点上,不符合尽量分散以减小梁跨弯矩的原则,且使锚固复杂化,故很少采用。仅在边跨不大时,采用边跨星形布置与中跨扇形布置相结合,有助于加大桥的整体刚度。

(3)索距的选择。

斜拉桥的索距,应由主梁受力、斜索拉力、锚固构造、施工吊装能力、材料规格等因素综合考虑。目前广泛采用密索体系,它与早期使用的稀索布置相比,有如下突出优点:索距减小使主梁弹性支承点加多,主梁内力显著降低,且较均匀,梁高减小;提高主梁刚度,减小其跨中挠度;有利于悬臂法施工,减少因承受施工荷载而过多增加辅助钢材;索力分散,每根拉索拉力小,锚固相对简单。密索体系的缺点是:通行闭塞感较突出,且结构分析超静定次数明显加大。对于钢梁,稀索间距为 30~60m;对于混凝土梁,稀索间距为 15~30m,密索间距为 6~8m。

(4)拉索的构造。

拉索宜采用抗拉强度高、抗疲劳性能好、弹性模量大的钢材,目前,国内外采用较多的钢索有平行钢筋索、平行钢丝索、钢绞线束、封闭式钢缆等,如图 4-1-8 所示。

①平行钢筋索。平行钢筋索由若干根高强度钢筋平行组成,钢筋直径有 16mm、26.5mm、32mm、38mm 等几种规格。所有钢筋在金属管道内由聚乙烯定位板固定,索力调整后,在套管内采用柔性防护。这种钢索配用夹片式群锚。平行钢筋索必须在现场架设过程中形成,操作过程复杂,而且由于钢筋的出厂长度有限(15~20m),用于大跨度斜拉桥时,钢筋接头较多,影响疲劳强度。

②平行钢丝索。平行钢丝索是将多根钢丝按六角形紧密排列,平行并拢扎紧,穿入聚乙烯套管,在张拉结束后采用柔性防护而成。这种索适于现场制作,可按设计要求改变截面大小,且疲劳强度与弹性模量较高,但防锈与安装较费时且费用较高。钢丝索配用镦头锚或冷铸锚,或高强度钢丝制作。目前钢丝索普遍采用 $\phi 5$ 或 $\phi 7$ 高强度钢丝制作。

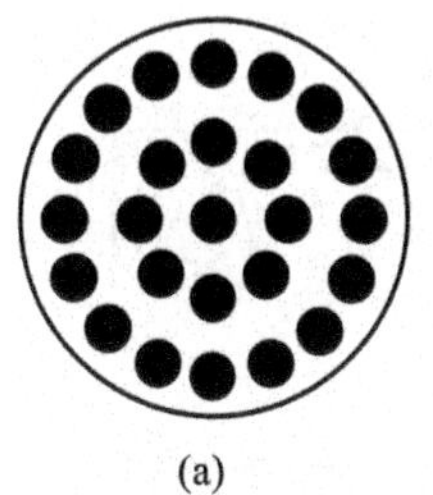
(a)
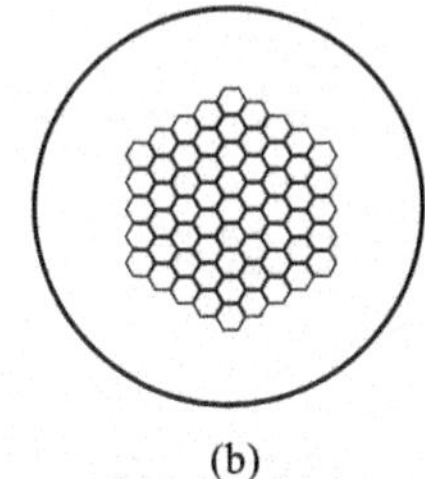
(b)
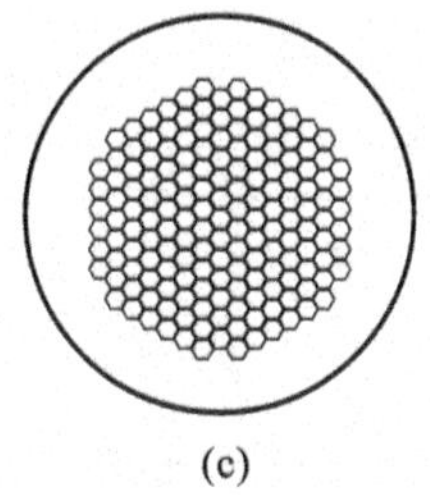
(c)

(d)

图 4-1-8　钢索的基本类型

(a)平行钢筋索;(b)平行钢丝索;(c)钢绞线束;(d)封闭式钢缆

③钢绞线束。钢绞线束是利用高强度钢丝扭结的钢绞线,既可平行并排,也可集中后轻度扭结形成半平行排列。由于钢绞线都在工厂预制,运输方便,现场工作量小;钢绞线标准强度现已达到1860MPa,拉索重量相应减轻。

④封闭式钢缆。封闭式钢缆是以一较细的钢绞缆为芯,逐层绞裹断面为楔形或Z形的钢丝,相邻各层的捻向相反,其构造紧密,表面封闭,水分不易侵入,运输、安装方便且防锈效果好,但只能在工厂中制作,价格较贵。

钢绞线束与封闭式钢缆的弹性模量较低,受力时因断面紧缩、螺距加大而形成较大的非弹性变形,这对拉索变形敏感的斜拉桥较为不利,但可在拉索使用前进行预张拉予以改善,其张拉力以不超过破断拉力的55%为宜。

(5)拉索的防护。

为提高拉索使用寿命,减少养护工作量,对拉索采取防护措施非常必要。不锈钢丝是最理想的材料,但价格昂贵。故通常采用镀锌钢丝,防锈效果也不错,但应注意运输和制索过程中妥善保护,以防止面层受伤。

拉索的防护,目前最常用且较有效的方法是热挤压高密度聚乙烯(PE)套管,其成本低廉。当然,在热挤压前也可先对拉索喷涂锌、铝粉或用聚酯带缠包。热挤压所用的PE材料,其老化年限不应低于30年,现一般采用掺炭黑或其他防老化助剂的电缆用PE材料。拉索与锚具的接合部位,为防止水汽侵入拉索内部,应设置橡胶密封垫块等有效隔离止水设施。

(6)锚具。

锚具是极为重要的部件,其质量和性能对整个结构的工作可靠性有直接影响。拉索锚具有热铸锚、墩头锚、冷铸墩头锚、夹片群锚等。

1.2.2　主梁

主梁及与其连接在一起的桥面系,直接支承交通线路,是斜拉桥主要组成部分,其造价约占全桥的50%。

(1)主梁的截面形式。

主梁截面形式应按照跨径、索面布置与索距、桥宽等不同需要,根据其受力要求、抗风稳定性、施工方法综合考虑选用。

①混凝土主梁。

常用的混凝土主梁截面形式如图4-1-9所示。

图4-1-9(a)所示为板式截面,该截面建筑高度小,构造简单,抗风性能良好,适用于双索面密索布置且桥宽较小的桥。当板厚较大时,可做成留有圆孔或椭圆孔的空心板断面。

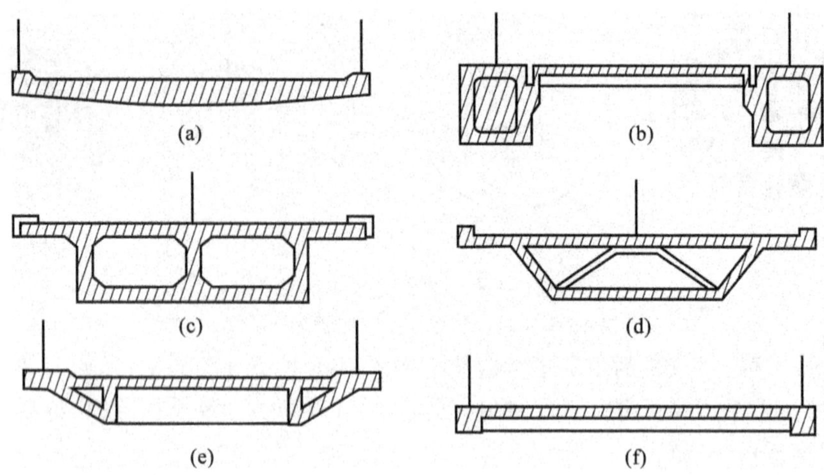

图 4-1-9　混凝土主梁常用截面形式

图 4-1-9(b)、(f)所示为分离式双箱截面，两个分离箱梁用于锚固拉索与承重，其中心应对准斜拉索面位置，箱梁之间设置桥面系。其优点是施工方便，如用悬臂法，两箱分别施工，悬浇时可采用纵向滑模工艺，挂篮承重减轻；悬拼时构件吊重显著减小；然后安装横梁和现浇混凝土桥面。桥全截面抗扭刚度较差是其重要缺点。

实际上，由于主梁断面尺寸小，空心箱所节省的混凝土数量不多，但相应带来的内模装拆、横梁钢筋布置和拉索锚固的复杂困难却不少，故近年已倾向于采用梁板式断面取代。

图 4-1-9(c)、(d)所示为整体闭合箱截面，闭合箱具有强大的抗弯和抗扭刚度，当其宽高比为8～10时，抗风性能尚佳，适用于双索面稀索体系和单索面布置的斜拉桥。而倾斜式腹板者在体形美观、抗风性能和减小墩宽等方面均优于竖直腹板者。

图 4-1-9(e)所示为半封闭箱截面，其横断面两侧为三角形或梯形封闭箱，外缘做成风嘴状以减小迎风阻力，端部加厚用以锚固拉索，两箱间为整体桥面板，除个别段落需要外，不设底板。这种断面既满足一定的抗弯、抗扭刚度要求，又具有优良的抗风动力稳定性能，特别适用于风荷载较大的双索面密索体系宽桥。

②钢梁。

常用的钢梁截面形式有：双主梁、钢箱梁、桁架梁等。

③钢-混凝土结合梁(叠合梁)。

与混凝土主梁相比，钢-混凝土结合梁的自重较轻、施工方便。

(2)拉索与混凝土梁的锚固区构造。

锚固区是主梁与拉索相连接的重要结构部位，其锚固方式的选择，应考虑下列因素：保证索、梁联结的可靠性，能使集中索力均匀分散传递至全截面；具有防锈蚀能力，避免拉索产生颤振应力腐蚀；如需要在梁端张拉，应保证足够操作空间；便于拉索养护与更换。

主梁与拉索相连接的锚固主要有顶板锚固、箱内锚固、斜隔板锚固等几种形式。

顶板锚固用于单索面整体闭合箱的锚固，是在箱梁顶板与一对斜撑交叉处设置锚块，其所用混凝土数量很少。

箱内锚固用于双索面分离双箱的锚固，箱内设斜向横梁，其斜度与拉索一致，为便于张拉，将拉索与穿过横梁的两锚杆连接，锚头既可外露也可缩至底板以内，前者受力好，但外形欠佳，后者反之。

大中型桥墩、桥台、索塔实景图

1.2.3　索塔

索塔除承受塔身自重外，还将承担作为桥面系主梁多点弹性支承的诸斜索的竖向分力，因此其轴压力巨大，往往在数千吨以上。由于活荷载及其制动力、风力、温度变化、混凝土收缩等因素影响和悬臂施工中的不平衡加载，索塔还将出现较大弯矩。索塔结构形式、塔高与截面尺寸的确定，应满足构造简单、受力明确、造价经济、施工便捷等功能要求，并注意与跨径、桥宽、索面布置等匹配。

至今，斜拉桥大多采用钢筋混凝土索塔，为避免塔内拉应力过大，可加适当预应力。它比钢塔造价低，可塑成优美体形，养护、维修简便。大跨径斜拉桥的塔柱多采用箱形截面。

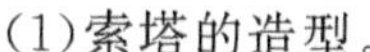

(1)索塔的造型。

①按横桥方向，索塔结构有独柱、门式、斜腿门式、A 形、宝石形、倒 Y 形、花瓶形等，如图 4-1-10 所示。

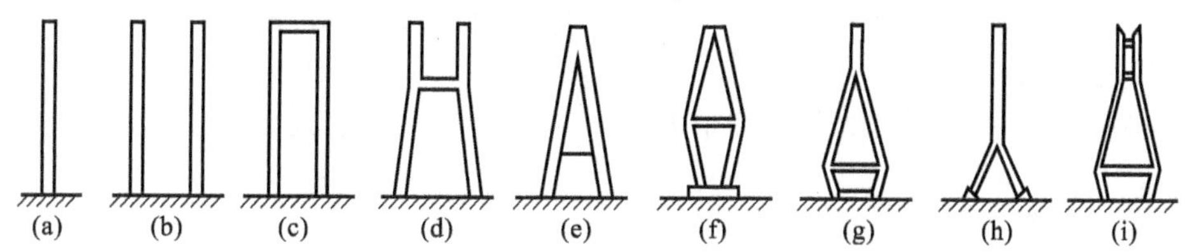

图 4-1-10　索塔横向布置形式

独柱塔构造简单，与单索面布置相配合，塔柱四角应做成切角或圆弧，以减小风的涡流。双柱塔适应双索面布置。柱式塔的共同弱点是承受横向水平荷载的能力差。

门式塔是在双塔柱之间加一至数道横梁组成门式框架，其抵抗横向水平荷载能力有所提高。

斜腿门塔是将双柱相对向外倾斜，其横向刚度与抗风稳定性较门式塔为优，且塔柱不占用桥面宽度，但塔墩及基础相应扩大。当斜腿斜度加大，在顶部合为一体即为 A 形塔，其优点是结构横向刚度大，比门式塔省料，可适应单索面和空间倾斜双索面布置；缺点是基础加宽，施工难度较大。

如在较矮的 A 形塔上方加竖直段则成为倒 Y 形塔，它仅能适应单索面布置。

宝石形与花瓶形塔均在桥面以下设有内收的下塔腿，可相应减小塔墩与基础尺寸，但构造、受力复杂，施工难度高，现用于抗风、抗震要求较高的大跨径或特大跨径斜拉桥。

索塔高度与斜拉桥主跨跨径、索面类型、索距、斜拉索水平倾角等相关。如塔高低、斜拉索倾角小，则斜拉索竖向分力对主梁的支承作用小，拉索用钢量将增加；但塔高大，将增加塔柱用材与施工难度。故对双塔三跨斜拉桥，其塔高与主跨径之比取 0.25 左右为宜。

②按顺桥方向，索塔结构有单柱式、A 形与倒 Y 形三种，如图 4-1-11 所示。单柱式构造简单，而后两者索塔刚度大，能抵抗较大的纵向弯矩。

(2)索塔构件组成。

组成索塔的主要构件是塔柱、塔柱之间的横梁或其他联结构件,如图 4-1-12 所示。

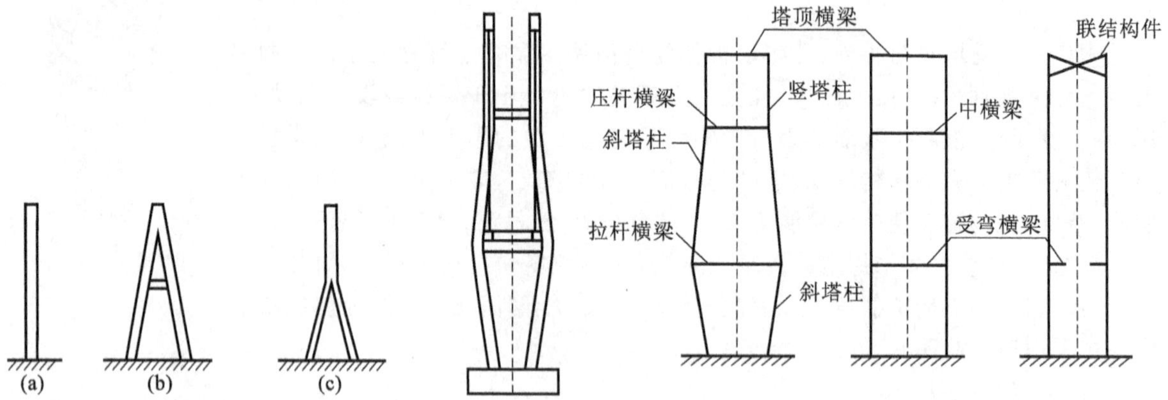

图 4-1-11　索塔纵向布置构造　　　图 4-1-12　索塔构件组成

塔柱之间的横梁一般可分为承重横梁与非承重横梁。前者为设置主梁支座的受弯横梁,以及塔柱转折处的压杆横梁或拉杆横梁;后者为塔顶横梁和塔柱无转折的中间横梁。

(3)索塔与拉索的连接构造。

索塔与拉索的连接锚固部位,应保证将拉索集中力安全、均匀地发散传递到塔柱。拉索锚固构造的布置类型主要有以下两类。

①拉索在塔上连续通过塔顶鞍座。

鞍座设 U 形槽,供斜拉索集中连续通过。为防止索滑动,可用螺栓、盖板压紧。为减小塔内弯矩,往往在鞍座的下端设铰。鞍座多采用铸钢制造,其制造、安装难度较大,仅适于拉索数量少的稀索体系。

②拉索在索塔上锚固。

a. 交叉锚固,如图 4-1-13(a)所示。塔两侧拉索交叉通过索塔轴线后,交叉锚固在塔柱实心段上,利用塔壁的锯齿形凹槽或凸形牛腿锚固拉索。拉索可在塔端或梁端张拉,为防止塔受扭,应注意保持塔柱轴线两侧拉索横桥向布置的对称性。

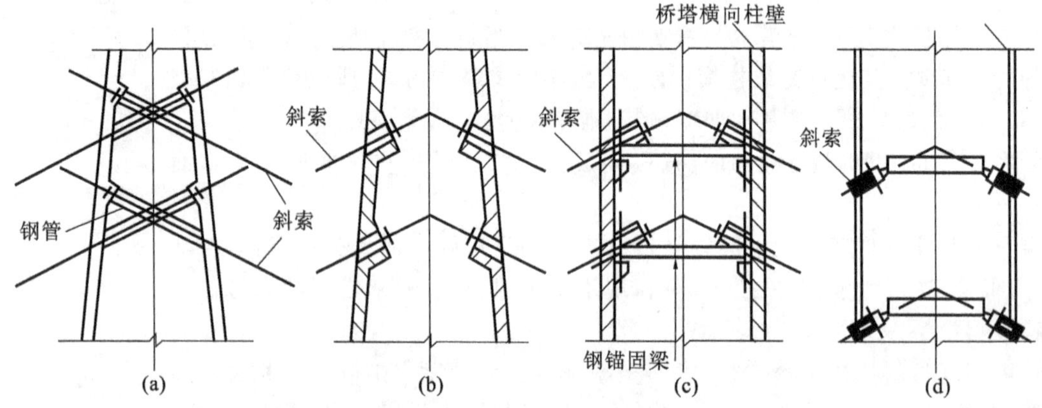

图 4-1-13　拉索在索塔上锚固

b. 在空心塔上做非交错锚固,如图 4-1-13(b)所示。其构造与上述相同,但需在桥塔的壁板内配置环向预应力钢筋,以抵抗拉索在箱壁内产生的拉力。

c. 采用钢锚固梁来锚固,如图 4-1-13(c)所示。这是将钢锚固梁搁置在混凝土塔柱内侧的牛腿上,斜索通过埋设在塔壁中的钢管锚固在钢锚固梁两端的锚块上。

当塔柱两侧的索力及斜索倾角相等时，水平分力由钢梁的轴向受拉及两端的偏心弯矩来平衡，与塔柱无关，垂直分力则由钢锚固梁通过牛腿凸块传给塔柱。当塔柱两侧的索力或斜索倾角不等时，如图4-1-14(b)所示，水平分力的不平衡值$\Delta H=H_1$，H_2由挡块传给柱壁；垂直反力R_1及R_2通过牛腿凸块传给塔柱。

d.利用钢锚箱锚固，如图4-1-13(d)所示。整个钢锚箱是由各层钢锚箱进行上下焊接而成，然后将锚箱用焊钉使之与混凝土塔身连接，另外还要用环形预应力筋将锚箱夹在混凝土的塔柱内，以增加对拉索水平荷载的抵抗力。

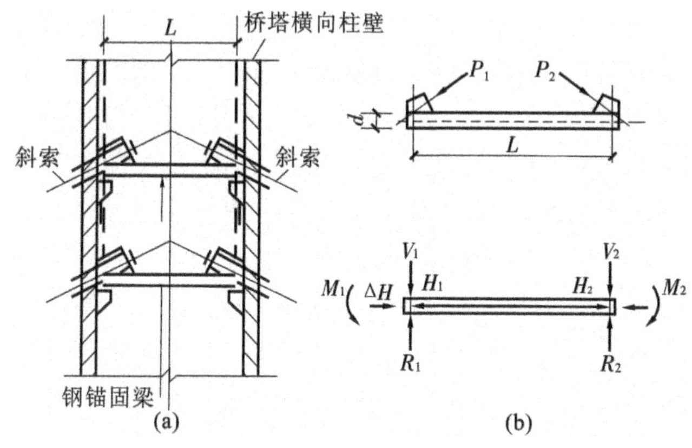

图4-1-14　钢锚固梁受力解析

本章小结

1.斜拉桥主要由拉索、主梁和索塔组成。拉索采用封闭式钢索、平行钢丝或钢绞线，主梁一般用混凝土结构、钢结构以及它们的组合结构。我国斜拉桥的索塔都是混凝土结构。

2.斜拉桥的主梁、索塔、桥墩不同的连接方式形成四种主梁的支承体系：支座支承体系、塔梁固结体系、刚构体系和飘浮体系。拉索锚固构造可锚固于主梁内或主梁外。

3.斜拉桥的总体布置包括斜拉桥的分跨和采取构造措施控制主梁的弯矩与挠度。

4.斜拉桥主梁通常为等高度梁。选择梁高时要考虑索间距、主梁承受的压力、横梁跨度、索与梁的锚固要求等因素。对大跨度斜拉桥还要考虑宽跨比。拉索的设计包括拟定索间距、确定拉索的最小倾角、拉索面积估算。索塔高度由拉索最小倾角确定，拟定索塔的截面尺寸应满足塔自身的稳定性及抗压弯强度要求。

思考题

1.斜拉桥与悬索桥的不同之处在哪里？

2.斜拉桥拉索纵、横平面布置常采用哪种形式？

3.混凝土斜拉桥主梁常采用哪些截面形式？各有何特点？

4.按照梁、墩结合方式，斜拉桥分为哪几种体系？

5.从顺桥向看，索塔有哪些形式？从横桥向看，索塔有哪些形式？

6.拉索的间距在哪个范围内较合适？

2 悬 索 桥

2.1 悬索桥的结构特点和主要构造

悬索桥(图 4-2-1)的特点是依靠固定于索塔的主缆支承梁跨,梁似多跨弹性支承梁,梁内弯矩与桥梁的跨度基本无关,而与吊索的间距有关。它适用于大跨、特大跨度桥梁。当今跨越能力最大的桥型要推悬索桥。

现代悬索桥以 1883 年美国建造主跨为 486m 的布鲁克林桥为起点,至今已经历一个多世纪 。随着理论及技术进步,尤其在 20 世纪后期,悬索桥无论在跨径还是在技术上都有重大突破。我国的现代悬索桥起步较晚,1995 年建成的广东汕头海湾桥,中跨 452m,采用预应力混凝土箱形加劲梁,是世界上第一座混凝土箱梁型悬索桥,也是我国的第一座现代悬索桥。

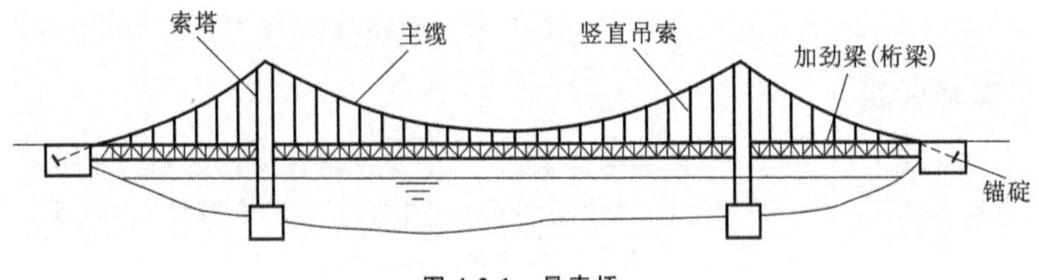

图 4-2-1 悬索桥

悬索桥主要由主缆、加劲梁、吊索、索塔、锚碇和鞍座 6 部分组成,如图 4-2-1 所示。

(1)主缆。主缆是悬索桥的主要承重构件,除承受自重和吊索重外,又通过吊索承受加劲梁、桥面系恒荷载及活荷载。

①主缆结构。

大跨度结构图——悬索结构

悬索桥大都采用双面主缆,一般是一侧布置一根,个别有一侧用两根主缆的设计。大多数悬索桥主缆由平行高强度钢丝束股合成。主缆分束股是为了便于架设和锚固。每根束股由几十根乃至几百根单根平行钢丝组成。由于架设方法不同,平行钢丝束股分空中纺线法(AS 法)与预制钢丝束股法(PWS 法或 PS 法)两种。空中纺线法是早期唯一的平行钢丝束股的施工方法,它是将单股钢丝架到桥上后才合成束股。预制平行钢丝束股,则是在工厂预制,运到工地架设。预制钢丝束股法能保证钢丝的平行,架设工期短,一般比较经济。但是架设方法的选择很大程度上取决于施工单位对施工方法掌握的熟练程度、已有经验和设备。

主缆外形多按六角形配置,一般有平顶型和尖顶型两种,如图 4-2-2(a)、(b)所示,以采用尖顶型居多。图 4-2-2(c)是预制钢丝束股每束股钢丝的排列。

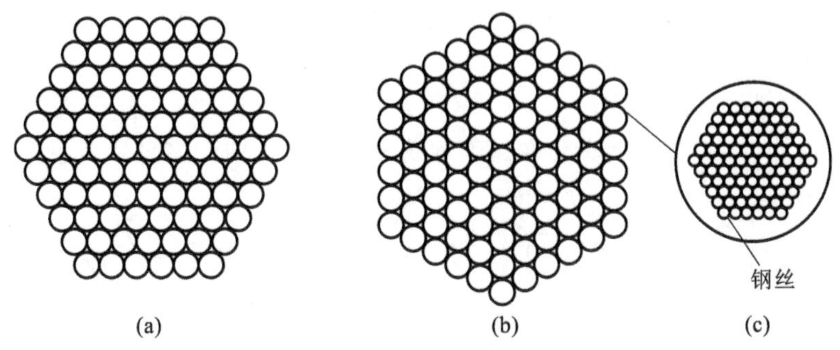

图 4-2-2 主缆断面

(a)平顶型;(b)尖顶型;(c)钢丝束股断面

②主缆防锈。

目前悬索桥主缆通常都采用镀锌钢丝。为了进一步增强防锈蚀能力,在主缆索四周涂以锌粉膏等防锈剂,再用直径为4mm软退火的镀锌钢丝缠绕,然后在上面涂油漆,形成双重防锈蚀措施。也有用合成树脂的塑料包缠主缆,但实例不多。为了完全防水,主缆箍处产生的间隙要填充密实材料。

在锚碇区主缆分散开来。锚固到锚块,无法用镀锌钢丝缠绕,常采用在锚碇箱内吹风除湿措施,保持箱内空气干燥。

(2)加劲梁。加劲梁的主要功能是提供桥面系和防止桥面发生过大的挠曲和扭曲变形。

①加劲梁结构形式。

现今悬索桥加劲梁主要有两种形式:钢桁梁和扁平钢箱梁。

钢桁梁开始时全部铆钉连接,后来将工地铆接改为高强度螺栓连接。用钢量较多,适宜于需要双层桥面的桥。钢桁梁的桥面板可以是钢筋混凝土板或钢桥面板,采用后者,重量减轻。钢桥面板一般与加劲梁分离。

为保证钢板受压稳定,顶板加劲肋间距一般为30~40倍钢板厚,腹板、底板加劲肋间距可大些。横隔板间距一般为0~35m。

个别悬索桥也采用混凝土箱梁,我国汕头海湾桥,加劲梁采用预应力混凝土箱梁,其断面形状及尺寸如图4-2-3所示。混凝土箱梁抗风性能好、自重大、结构刚度大,一般无须养护,但由于混凝土梁自重大,只宜在跨度不大(≤500m)的悬索桥中应用。

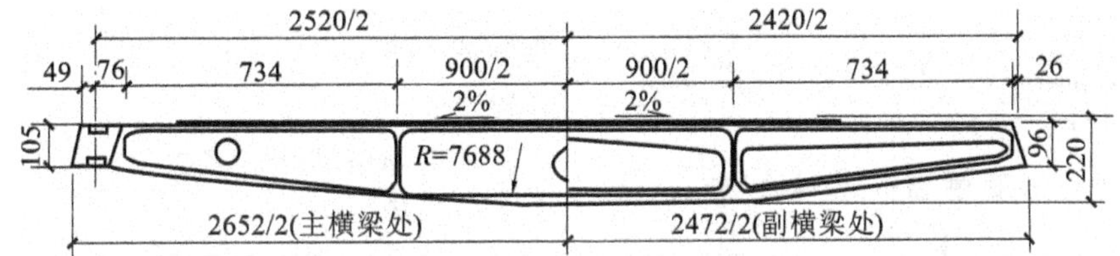

图 4-2-3 汕头海湾桥混凝土箱梁断面形状及尺寸(尺寸单位:cm)

②加劲梁的支承形式。

加劲梁在塔墩上的支承,分为简支与连续两种。简支形式的优点是:加劲梁构造简单;制造和架设时的误差对加劲梁无影响;简支的加劲梁不需通过桥塔,桥塔横向两塔柱的距离比连续加劲梁要小,因此其基础尺寸也相应小。连续梁并不省钢,它的优点是:梁端转角小,在索塔处不产生折角,有利于车辆行驶;可以减小加劲梁的挠度。

(3)吊索。吊索也称吊杆,它将加劲梁恒荷载和活荷载传递到主缆。

①吊索形式。

吊索有直吊索和斜吊索两种(图 4-2-4)。其上端通过索夹与主缆相连,下端与加劲梁连接。目前,对斜吊索存在不同看法,对其利弊尚在探索和研究中。工程中大多采用直吊索。

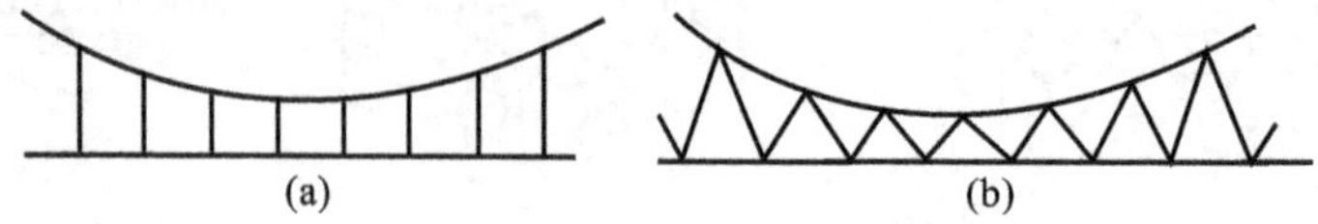

图 4-2-4 吊索形式
(a)直吊索;(b)斜吊索

②吊索与主缆、加劲梁的连接。

吊索与主缆的连接方式有鞍挂式和销连接式两种。两者都是通过主缆套箍与主缆连接。套箍由两个半圆筒合成,用高强度螺栓紧固。鞍挂式套箍有固定吊索的沟槽,它们由铸钢制成。由于主缆倾斜,吊索的竖直拉力使套箍沿主缆产生滑动力,因此,套箍螺栓要有一定紧固力,以产生摩擦力保持平衡,但也不能太大,太大反会引起紧固力的降低。一般侧压力控制在 10MPa 以内。

鞍挂式的特点是:索夹应力不直接受吊索拉力的影响,结构简单;由于主缆倾斜角变化,套箍沟槽要随之变化,铸造形式多。吊索与主缆的连接多用鞍挂式。

为了与加劲梁连接,钢丝绳两头散开,伸入连接套筒,浇入合金使钢丝绳两端形成锚头。锚头通过垫圈以承压方式顶住加劲梁。对于桁架梁,一般是顶住上弦节点;对于扁平钢箱梁,一般是顶住其横隔板的加劲肋下端。

(4)索塔。索塔是支承主缆的重要构件,恒荷载和活荷载大都通过索塔传到塔墩和基础。索塔还承受作用于塔身、加劲梁及主缆上的风力。

索塔的材料可以是混凝土或钢,以往悬索桥大多采用钢塔。现在,因为混凝土强度增强、施工方法改进、价格较低,许多新桥已改用混凝土塔,我国的悬索桥都采用混凝土塔。

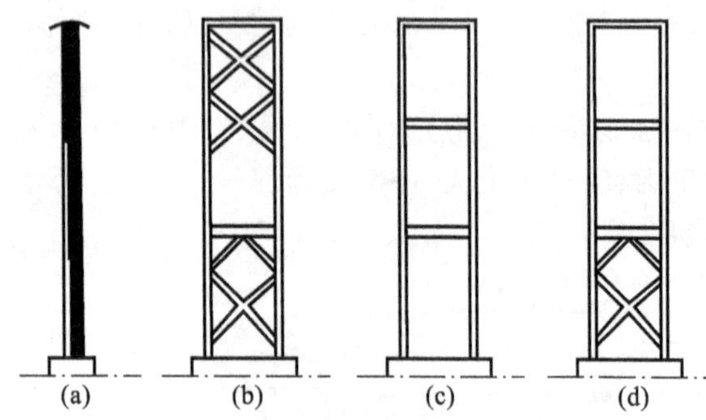

图 4-2-5 索塔顺、横桥向结构形式

索塔形式分顺桥方向与横桥方向。顺桥方向为柱型等宽或从塔顶向塔底以一定坡度扩大、塔底固定(图 4-2-5)。索塔承受弯矩和轴力,可看成梁-柱构件。由于轴向压力很大,一般弯曲的边缘不会产生拉应力。横桥方向为底部固定的平面桁架[图 4-2-5(a)]或刚架[图 4-2-5(b)]或混合式[图 4-2-5(c)],混凝土塔宜采用平面刚架。

索塔的塔柱断面多数为箱形,钢塔也有采用十字形箱等。

(5)锚碇。锚碇是主缆的锚固体,与索塔一样是支承主缆的重要部分,它将主缆的拉力传递给地基。锚碇一般由锚碇基础、锚块、主缆的锚碇架及固定装置、遮棚等部分组成。当主缆需要改变方向时,锚碇中还包括主缆支架和锚固鞍座。

①锚块。

锚块的形式可分为重力式和隧道式(图 4-2-6)。重力式锚块是最常采用的形式,依靠混凝土重量来抵抗主缆的拉力。隧道式锚块用于坚固、节理少的基岩外露的情况,是在岩心凿隧洞,其内埋入锚碇架,然后填充混凝土抵抗主缆拉力。

②主缆的锚碇架及固定装置。

主缆的锚碇架及固定装置将主缆拉力分散传布到锚块，通常由前梁、后梁、锚杆及支承并定位这些构件的支撑结构组成。主缆锚固构架是一个相当大的钢结构骨架。锚杆为高强度长螺杆或预应力钢丝束。它将主缆拉力传至锚固块，锚杆埋在混凝土锚块内。如果在后梁对锚杆进行张拉、锚固，则在混凝土锚块内先按设计位置埋入套筒以隔离锚杆，待张拉、锚固后，在套管内压浆。在锚碇设计时，要特别注意锚杆的锚固长度，以防止锚杆从混凝土中拔出。已设计的悬索桥重力式锚碇锚固长度都大于 15m，隧道式锚碇锚固长度则都大于 40m。

③主缆支架。

当主缆在锚碇处改变方向时，需设置主缆支架[图 4-2-6(a)]。主缆支架设计必须适应主缆伸缩要求。

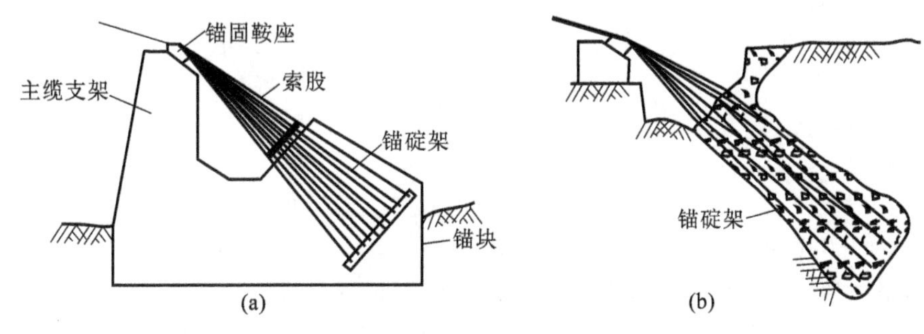

图 4-2-6 锚块形式

(a)重力式；(b)隧道式

(6)鞍座。

①塔顶鞍座。

由主缆传来的很大的竖直力通过鞍座均匀分布到塔柱顶截面。悬索桥鞍座早期都为大型铸钢构件。现代鞍座改用焊接钢结构，比较轻。鞍座底部与塔顶箱体吻合，且两者的内部构造、加劲肋板位置也尽可能保持一致，以使鞍座上竖直力直接传给塔柱。鞍座和塔顶板用螺栓连接。鞍座上设索槽，安设主缆。成桥状态主缆对鞍座不发生相对滑动。

②主缆支架鞍座。

主缆支架鞍座主要功能是改变主缆方向，并把主缆的钢丝束股在水平及竖直方向分散开来，然后把这些钢丝束股引入各自的锚固位置。其构造类似塔顶鞍座。

如果主缆进入锚块之前不需要改变方向，则无须扩展鞍座，可利用喇叭形索夹扩散主缆。

2.2 悬索桥设计简介

2.2.1 主缆、加劲梁和塔的力学特性

在进行悬索桥设计时，掌握主缆、加劲梁、塔的力学特性是十分必要的。

(1)主缆的力学特性。

主缆在恒荷载作用下，具有较大的初拉力，使主缆保持一定的几何形状。初拉力对外荷载作用下产生的位移存在着抗力，当外荷载作用时，主缆发生几何形状的改变，位移使主缆的抗力与外荷载得到平衡。主缆拉力大，发生较小的位移就能得到平衡，因此主缆力的大小体现了主缆的刚度。加大恒荷载，增大主缆初拉力，即提高了主缆的刚度，可减小加劲梁的竖向变位。

恒荷载在主缆拉力中占主要比例，跨度越大，恒荷载力越大，恒荷载比例也越大。1000m 以上

的公路悬索桥主缆恒荷载拉力占全部拉力的80%以上。主缆恒荷载拉力及所占比例增大,可减小活荷载引起的竖向变形。也就是说,主缆依靠悬索桥的恒荷载使其在活荷载作用下的变形减小,从而提高悬索桥的刚度。这说明了为什么悬索桥能应用于特大跨度桥梁。

下面列出恒荷载索力的计算式。

恒荷载引起的水平分力 H(图4-2-7)为:

$$H=\frac{wl^2}{8f} \tag{4-2-1}$$

式中 w——主缆恒荷载集度;

l——跨长;

f——主缆垂度。

主缆拉力:

$$T=\frac{H}{\cos\varphi} \tag{4-2-2}$$

主缆竖直分力:

$$V=H\tan\varphi \tag{4-2-3}$$

式中 φ——主缆切线的倾斜角。

缆索拉力最大值产生在 φ 最大的位置,一般在塔顶处。

在活荷载作用下,无论活荷载作用在哪个跨间及位置,主缆的拉力总是增加的,如图4-2-8所示。

(2)加劲梁的力学特性。

加劲梁竖直方向的弯矩和挠度,随活荷载位置不同,可能正或负(图4-2-8)。加劲梁刚度变化时,梁弯矩大体上成比例变化,梁内应力不会减小。一般1000m级的悬索桥采用钢桁架加劲梁时,由活荷载和风荷载控制加劲梁设计,随着跨度的增大,则由静的和动的风荷载决定加劲桁梁设计。对加劲梁为钢箱梁的悬索桥,一般多由风动力稳定控制加劲梁的设计。

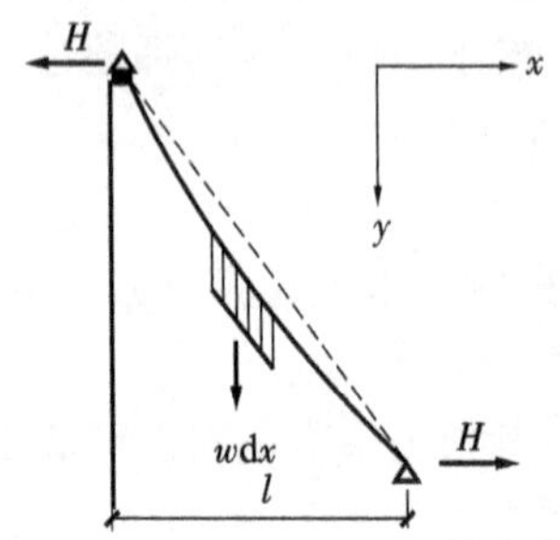

图4-2-7 在均布荷载下的索力

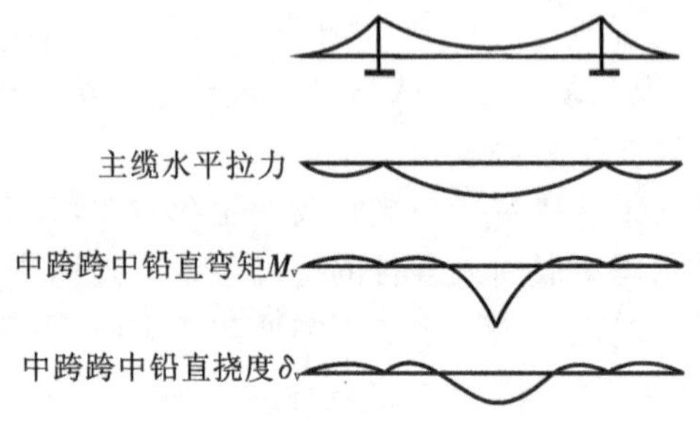

图4-2-8 三跨简支梁加劲的悬索桥影响线

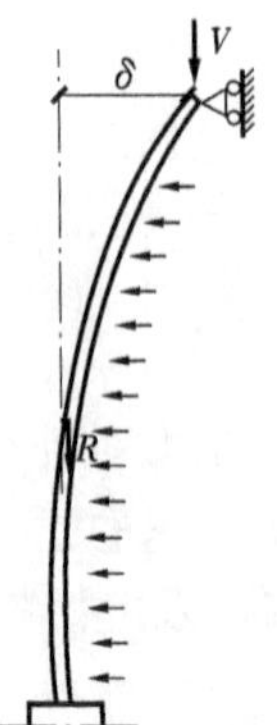

图4-2-9 索塔纵向受力简图

(3)索塔的力学特性。

索塔建成后,一般呈垂直状态,塔顶两侧主缆的水平拉力平衡,索塔仅承受主缆垂直分力,为中心受压。由于一般设计的索塔,主缆对塔顶不能做相对滑动,塔底为固结,要求索塔在顺桥向有一定的柔性。在活荷载作用或温度变化时,索塔顶的水平变位使塔顶两侧主缆的水平分力得到平衡。如当在主跨加载时,主跨主缆拉力增加,塔向主跨方向倾斜,同时边跨主缆垂度随之减小。由式(4-2-1)可知,边跨主缆水平分力增加,塔顶一直变位到两侧水平力得到平衡。由于索塔较柔,塔顶基本上不产生水平力。因此,索塔在纵向有图4-2-9所示受力简图,图中水平分布力是风荷载。

2.2.2 悬索桥总体设计与计算要点

(1)主跨、边跨拟定。

拟定主跨或边跨,要综合桥址地形、河床断面、地质条件、通航要求等进行分析。首先要合理选择主跨长,一般说主跨跨度小比较经济,但如果由此造成桥塔基础置于深水处,有可能引起下部结构工程数量的大幅度增加。边跨跨长要考虑锚碇设置位置及其所处地质条件。

从式(4-2-2)可知,如果塔顶两侧主缆的倾斜角相等,则主跨与边跨主缆最大索力相等,可充分利用主缆的强度,使主缆截面面积最小。如果减小边跨,则边跨主缆倾斜角变大,边跨主缆拉力增大,要增大主缆断面面积或在边跨增加主缆断面面积。

边跨一般有两种结构形式:边跨主缆悬挂吊索吊住加劲梁;不悬挂吊索,即悬索桥为单跨。

(2)确定垂跨比。

这里主要指主跨主缆垂跨比,边跨垂度取决于主跨垂度。

垂跨比的大小影响悬索桥的内力与刚度。减小垂跨比,主缆拉力增大,刚度增大,可减小加劲梁的弯矩与变形及减小塔高。减小垂跨比也有利于提高悬索桥的横向刚度。对大跨度悬索桥,主缆重量占整个上部结构的比例大,采用较大的垂跨比,有利于减轻主缆重量。对悬吊结构重量大的悬索桥,可取较大的垂跨比,以限制主缆拉力。对于自重较小的箱梁,可取较小的垂跨比,以提高悬索桥的整体刚度。已建成的大跨度悬索桥的垂跨比为1/12～1/9。设计时一般拟定几个垂跨比做经济比较。

(3)主缆截面面积估算。

主缆承受的荷载力仍按式(4-2-1)和式(4-2-2)计算,而 w 的计算式为:

$$w=g+q_1+q_2(1+\mu) \tag{4-2-4}$$

式中 g——恒荷载集度。

q_1——人群荷载集度。

q_2——汽车荷载集度。汽车荷载可按 4kN/m^2 估算;当车队多于2行时,按《桥规》规定,应相应乘以荷载折减系数,$q_2=4\eta B$,B 为行车道宽,η 为汽车荷载车道折减系数。

μ——冲击系数。

按式(4-2-2)计算时,应分别计算主跨、边跨主缆的最大拉力,取其中最大值,设为 N。

主缆截面面积估算值 A:

$$A=\frac{KN}{R_{\mathrm{p}}^{\mathrm{b}}} \tag{4-2-5}$$

式中 $R_{\mathrm{p}}^{\mathrm{b}}$——主缆抗拉标准强度;

K——主缆强度安全系数,一般取2.0～3.0。

(4)拟定加劲梁的梁高与梁宽。

在加劲梁形式选定后,主要拟定梁高与梁宽。加劲梁高度增加可提高梁的竖向刚度,但对挠度变形的直接影响并不大,对梁端挠角变形的影响较显著;从增大加劲梁高度,增加恒荷载、主缆拉力,提高主缆刚度意义上说,可减小加劲梁的挠曲变形;加大梁高,可提高抗扭刚度,对抗风动力稳定特别有利。

增加加劲梁横向宽度,可提高横向刚度及抗扭刚度,也增加梁的恒重,有利于减小竖向、横向挠曲变形及抗风稳定设计。

加劲梁重量加大的不利一面是：梁重量增加，主缆、索塔、下部结构材料用量都会增大；加劲梁增高，会增加挡风面积，使风荷载及应力加大。

(5)吊索。

①拟定吊索间距。吊索间距的确定主要从经济及施工等方面考虑。对加劲箱梁，吊索间距影响桥面系纵、横梁受力及预制箱梁的起吊重量。对于桁架梁，吊索间距影响弦杆、腹板长度，斜腹杆斜度，桁架受风面积及桥面系纵、横向受力。为了做到经济设计，可拟定几个吊索间距，做经济比较。另外，对鞍挂式吊索在拟定吊索间距时，要考虑吊索直径与曲率半径比例的要求。

②吊索截面面积估算。吊索传递的荷载包括：吊索自重，加劲梁、桥面、人行道、栏杆等恒荷载及活荷载。每排吊索传递索间距内恒荷载及人群荷载。对于汽车荷载，不考虑加劲梁的荷载分配效应，可按 $4kN/m^2$ 估算。则每个吊索传递的荷载力 N 为：

$$N=[g+q_1+q_2(1+\mu)]a/n \tag{4-2-6}$$

式中 μ——对吊索的冲击系数，计算时加载长度取 a 值；

a——索间距；

n——每排吊索的吊索数。

其他符号意义同式(4-2-4)。

在吊索拉力计算时，要计入：吊索夹（图 4-2-10）所引起的吊索拉力增加$\left(计入后为\dfrac{N}{\cos\alpha}\right)$，由架设误差引起的吊索的附加拉力，吊索弯曲的二次内力等。汕头海湾桥的吊索弯曲二次内力达到吊索拉力的 20%。吊索截面面积 A 估算为：

$$A=\frac{KN'}{R_p^b} \tag{4-2-7}$$

式中 N'——吊索荷载力；

K——吊索强度安全系数；

R_p^b——吊索标准强度。

对于吊索强度安全系数，各国取值不一致。日本的道路桥规范规定，对直线部分的吊索强度安全系数不小于 3.5，对曲线部分不小于 4.0。

③吊索的曲率半径。如果吊索为鞍挂式，为限制吊索弯曲应力，弯曲半径不能太小，日本的道路桥规范规定，吊索的曲率半径不能小于吊索直径的 5.5 倍。

(6)鞍座。

为限制主缆弯曲内力，一般设计的鞍座曲率半径为主缆直径的 8～12 倍。日本的道路桥规范规定鞍座的曲率半径应为主缆直径的 8 倍以上。

为防止主缆在鞍座上滑动，其抗滑安全系数 f 必须大于或等于 2。抗滑安全系数按艾泰尔温公式计算，即

$$f=\frac{\mu\alpha}{\lg(T_S/T_C)} \quad (T_S>T_C) \tag{4-2-8}$$

式中 μ——主缆和鞍座间的摩擦系数，一般 $\mu=0.15$；

α——图 4-2-11 所示的中心角；

T_S,T_C——索塔两侧主缆索力。

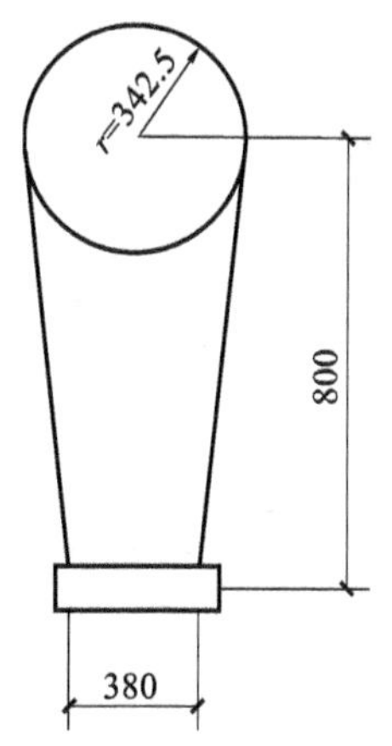

图 4-2-10 吊索夹使拉力增加(尺寸单位:m)

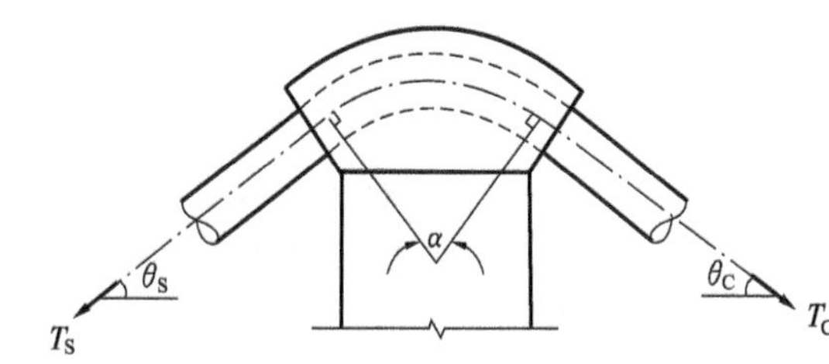

图 4-2-11 鞍座和主缆的几何关系

(7)确定索塔截面。

塔柱的高度由主缆主跨垂度、主缆与加劲梁之间的净距确定。主缆与加劲梁间最小净距,要满足能安装缠丝机,一般不小于 1m。索塔的截面取决于塔柱稳定及纵、横向强度要求。索塔刚度的变化,几乎不影响塔顶的水平变化及加劲梁的挠曲。

(8)锚碇体积估算。

锚碇可以看作是一个刚体,承受主缆的拉力,并将其传给地基。主缆作用于锚碇上的力可以分为水平分力和竖直分力。锚碇整体验算同墩台基础验算。锚碇在主缆的水平分力作用下不得产生滑动,即要设计一定的锚碇体积,它的重量扣去主缆向上的竖直分力后,产生的摩阻力要大于水平分力,且有一定的安全系数。此外,锚碇底面的压应力不得超过地基容许应力。

2.2.3 计算特点

对于悬索桥,弹性理论分析将带来很大的计算误差,这是因为悬索桥存在不可忽略的几何非线性。几何非线性主要表现在:

①主缆是几何可变体。受载时,主缆几何形状改变,影响体系平衡。在进行结构分析时,力的平衡方程应依据变形后结构的几何位置来建立。力与变形关系是非线性的。

②主缆在恒荷载作用下,具有较大的初拉力,使主缆保持着一定的几何形状。当外荷载作用时,主缆发生几何形状改变,初拉力对外荷载作用下产生的位移会产生附加抗力,它和位移有关,因此不能采用恒荷载与活荷载叠加原理,反映出几何非线性性质。

悬索桥计入非线性影响,应该采用非线性弹性理论(挠度理论)进行分析。尽管这种理论应用时比较复杂,但可得到精确的计算结果。由于计算机技术的发展,其得以较广泛地应用。

一般结构计入非线性影响后,其内力比按弹性理论计算的大,但其影响所占的比例一般不很大。而悬索桥计入非线性影响后,则相反,其内力比按弹性理论计算的小,且差别很大。这可以从下面分析得出。

按弹性理论,叠加原理适用,恒荷载算完后,活荷载作用引起加劲梁 x 处的弯矩 M_L(图 4-2-12):

$$M_L = M_0 - H_q y \tag{4-2-9}$$

式中 M_0——相应简支梁的活荷载弯矩;

H_q——活荷载引起的主缆水平分力;

y——主缆承受活荷载前的纵坐标值。

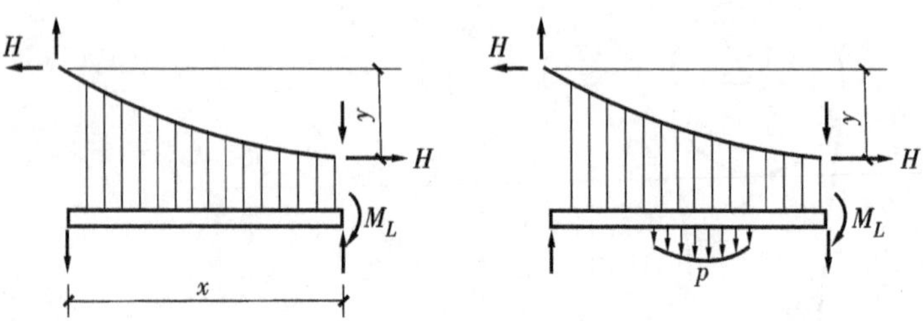

图 4-2-12 按弹性理论进行悬索桥内力分析

如果计入主缆的几何变形(图 4-2-13),按平衡条件,活荷载引起加劲梁 x 处的弯矩 M_q 计算式为:

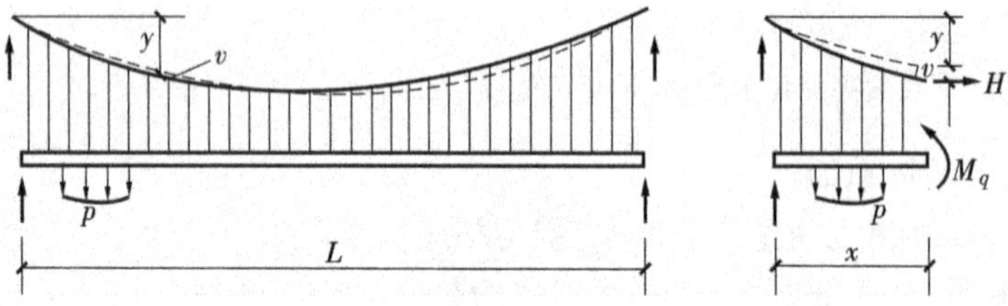

图 4-2-13 计入主缆几何变形的内力分析图

$$M_q = M_0 - H_g v - H_q (y+v) \tag{4-2-10}$$

式中 H_g——恒荷载引起的主缆水平分力;

v——主缆几何变形引起的变位(由活荷载引起)。

对比式(4-2-9)和式(4-2-10),两式差别是:$-(H_g - H_q)v$ 。虽然 v 值不大,但是 H_g 很大,使得 $-(H_g - H_q)v$ 不可忽略。注意,这是一个负值,使加劲梁正弯矩减小。

计入主缆的几何变形,减小了悬索桥的内力,这就可能节省材料,减轻桥梁自重,获得一定的经济效果。

2.3 悬索桥施工简介

贵州坝陵河大桥施工动画

悬索桥由主缆、加劲梁、塔柱和锚碇构成(图 4-2-14)。与拱桥作为承重结构的拱肋相同,悬索桥的承重结构——主缆也是曲线状;但拱肋以受压为主,是刚性的,而悬索则只受拉,且是柔性的。同其他桥式相比,跨度越大,悬索桥的优势越明显。

矮寨大桥施工过程三维仿真动画

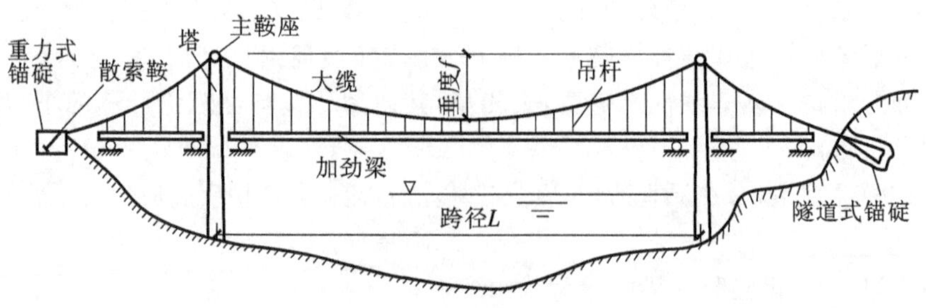

图 4-2-14 悬索桥简图

在材料用量和截面设计方面，其他各种桥型的主要承重构件的截面面积，总是随着跨度的增加而增加，致使材料用量增加很快。但大跨度悬索桥的加劲梁(就工程数量讲，加劲梁在悬索桥中要占相当大的比例)却不是主要承重构件，其截面面积并不需要随着跨度而增加。

在构件设计方面，许多构件截面面积的增大容易受到客观制约，如梁的高度、杆件的外廓尺寸等，但悬索桥的主缆、锚碇和塔这三项主要承重构件在扩充其截面面积或承重能力方面所遇到的困难则较小。

在受力形式方面，作为主要承重构件的主缆具有非常合理的受力形式。由于主缆受拉，且其截面设计较容易，因此悬索桥的跨越能力是目前所有桥型中最大的。

在施工方面，悬索桥的施工总是先将主缆架好，这样，主缆就是一个现成的悬吊式脚手架。在架梁过程中，梁段可以挂在主缆之下，虽然也必须采取一定的措施防御大风的袭击，但同其他桥所用的悬臂施工方法相比，风险较小。

悬索桥由于跨越能力大，常可因地制宜地选择一跨跨过江河或海峡主航道的布置方案，以避免深水桥墩的修建，满足通航要求。由于跨度大，相对来讲，悬索桥的构件就显得特别柔细，外形美观。因此，大跨度悬索桥的所在地几乎都成为重要的旅游景点。

悬索桥也有一些缺点：由于悬索是柔性结构，刚度较小，当活荷载作用时，悬索会改变几何形状，引起桥跨结构产生较大的挠曲变形；在风荷载、车辆冲击荷载等动荷载作用下容易产生振动。

悬索桥的施工主要包括桥台及锚碇施工、猫道架设、主缆架设、索夹及吊索安装、加劲梁吊装架设等。

2.3.1　桥塔及锚碇施工

(1)桥塔施工。

钢桥塔一般采用预制吊装的施工方法。先用钢板预制连接成格子形截面的节段，节段在现场吊装拼接成塔柱。钢塔节段在工厂焊接制造，然后运输到工地架设并用高强度螺杆连接。钢塔柱一般支承在一块与桥墩混凝土栓接的厚钢板上，通过厚钢板把塔柱压力均匀传递到桥墩中去。也可以在桥墩混凝土中埋设锚固构架，用高强度螺栓将塔柱锚固在构架上，通过构架将压力均匀传递到混凝土中。混凝土塔柱的施工与斜拉桥塔柱的施工相同，一般以就地浇筑为主，采用滑模、爬模等技术连续浇筑。

南京长江第四大桥北锚碇超大规模沉井施工关键技术视频

(2)锚碇施工。

锚碇一般是大体积混凝土结构，可根据施工单位的能力和温度控制的可行方案对锚块进行平面分层和竖向分层。施工时按照一定的施工计划分期分层进行浇筑和养护。

2.3.2　猫道施工

猫道位于主缆之下(1.3～1.5m)，沿着主缆设置，是悬索桥施工中在空中架设的工作走道，它是主缆编制和架设必不可少的临时设施。它是由猫道承重索、猫道面层结构(包括栏杆立柱及扶手等)、横向天桥及抗风索等组成的。牵引索架设完毕，首先由牵引索将猫道索牵引引拉就位。当每个猫道的若干根猫道索架设好之后，即可铺设透风性好的钢丝网片作为猫道面板，形成空中工作场地。猫道宽度不大，为防止被风吹翻，同时也为使上、下游猫道之间能互相交通，一般要在两猫道之间设置横向天桥，中跨可设 3～5 道，边跨设 1 道。另外，由于猫道自重轻，在风力作用下极不稳定，故在猫道下方一般需设抗风索。抗风索除了能增强抗风稳定性外，还能通过抗风吊索的张拉力调整猫道的线形，以适应主缆的形状。在立面上，抗风索呈向上凸出的曲线形，其两端则扣在塔和锚碇的下方。在猫道主索和抗风索之间设若干根竖向(或斜向成 V 形的)细绳，互相绷紧，就形成一空间抗风体系。这样设置的抗风索势必侵入航运净空，故必须得到航运部门同意。沿抗风索还须按规定悬挂信号灯，以防船舶将它撞坏。在风力不大的地区，也可以通过增加横向天桥的数量来提高猫道的抗翻转能力，从而不设置抗风索。

2.3.3 主缆施工

缆、索、链、绳都是柔性大的构件。独立的、直径较大的，称为缆。其特点是抗弯刚度很小，而抗拉刚度可以很大，故只适于受拉。悬索桥的主缆形式一般是全桥设有两根并且平行布置。主缆一般在跨度范围内通过吊索与加劲梁相连。但有的悬索桥(如丹麦大贝尔特桥)为减小竖向变位和增大扭转刚度，在跨中将主缆与加劲梁直接连在一起，形成缆结，使主缆对跨中一点相当于斜拉索作用。悬索桥的主缆一般有以下基本要求：单位有效截面面积的拉力强度大；截面密度大；结构延伸率小；弹性模量大；疲劳强度大，徐变小；容易运输，易于架设；锚固和防腐容易；价格便宜。在设计悬索桥主缆时要全面综合考虑以上几点。

为使主缆的构造同其锚固相适应，缆内钢丝应分成若干根丝股(索股)。用预制索股法架缆，每股一般不超过 127 丝。用空中送丝法架缆则无此限制，例如美国金门大桥每股 452 丝(每缆 61 股)，日本下津井桥每股 552 丝(每缆 44 股)。为使主缆截面最终被压紧成圆形，一般是将丝股先排成正六边形，则每一缆内的丝股数目只能是 19、37、61、91、127、169、217 股等。但施工实践表明，即使不排成正六边形也不难挤压成圆形。例如英国博斯普鲁斯第二桥丝股共 32 根，其排列如图 4-2-15(c)所示。

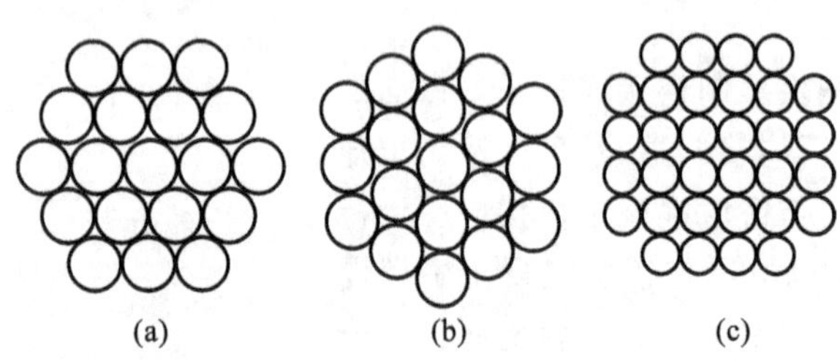

图 4-2-15 丝股排列方式

图 4-2-15 表示几种丝股排列方式，图 4-2-15(a)方式是将两平边放在水平位置，这种摆法当丝股根数不多时，用主缆成形器来保持其相对位置比较方便。图 4-2-15(b)方式是将两平边放在竖直位置，其优点是丝股分成几竖列，可以在各竖列之间插入分隔片，有助于丝股间的通风，使各丝股温度容易一致，有利于保证丝股长度调整的精度。图 4-2-15(c)方式是竖向和水平向都可插入分隔片，其四角各缺一根，紧缆时，只需在紧缆机前方用大木槌敲松丝股排列，则挤成圆形并无困难。

主缆施工的要点包括：钢丝接头、调整长度、挤紧、防护及架设等。

(1)钢丝接头。

空中纺线法用的镀锌钢丝是成盘供应的，一盘的质量为 200～400kg，必须在工地上接长。图 4-2-16所示为一种钢丝连接器的构造，它是长 50.8mm 的套管，内有丝扣。将钢丝的端头分别按左手螺旋及右手螺旋压制丝扣，并将丝头斜着切断。连接时，将两钢丝端头穿进套管两头，旋转套管，使被接长的钢丝拉到一起抵紧。这样，在钢丝受拉时，两钢丝的斜切面就彼此卡住，不会因旋转而脱离。施工规范中常见的要求是：取接头构造数的 2％作为试件进行检验，测得的强度不得低于原钢丝强度的 95％。

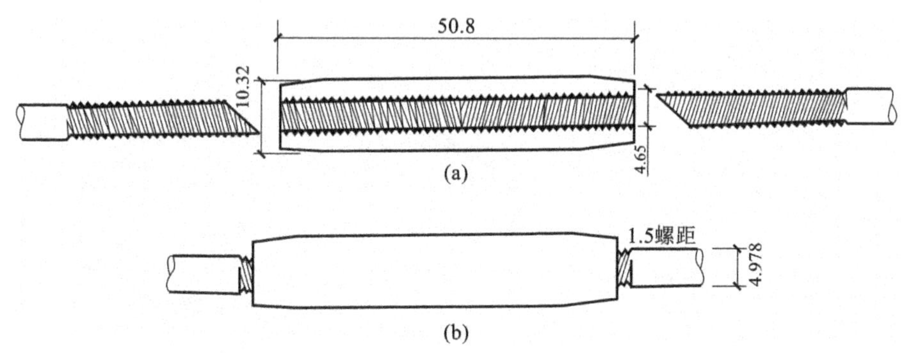

图 4-2-16　钢丝连接器

(a)拼接前的套管及钢丝；(b)已完成的钢丝拼接接头

(2)调整长度。

无论是空中纺线法或预制索股法，都必须有调整长度的措施，称为调丝或调索股。

主缆在自由悬挂状态下的长度可以根据施工时的温度、边界条件、水平距离等因素计算出来。需注意的是，主缆内各钢丝由于位置高度不同，其长度是不一样的。按上述长度设置一根基准丝，它在自由悬挂状态下的垂度是可以计算出来的。理论上，实测值应符合计算值，但实际上由于温度、水平距离、边界条件等因素的偏离，计算值和实测值都要精密计算并进行校正。

空中纺线法基准丝的数目和位置，应以能适应钢丝的垂度校核为原则。对于每一丝股在安装时的第一根丝(或头几根丝)应该取为基准丝，随后安装的丝就可以用先前安装的基准丝来校核。校核的原则就是让钢丝处于自由悬挂状态，要求其垂度同基准丝(或已经用基准丝校正的先前安装的丝)一样。

预制索股法各丝股的长度也是不同的，在每一丝股中，其转角处应设一根基准丝，如图 4-2-17 所示，其他各丝乃至整股的长度都是以它为基准丝来制造的。其左上角是带色丝，用来检查安装在主缆中的丝股是否扭曲。各主缆架设的第一根丝股称为基准股，它是以后各丝股垂度调整的基准，必须精确测量其垂度。垂度偏差有一定的允许值，若偏差超过允许值，就应在一端锚碇处放松或收紧丝股来调整。测量时应用千斤顶在塔顶鞍座处将丝股顶高少许，使之处在自由悬挂状态。

基准股以外的其他各股称为一般股。一般股采用相对垂度调整法，即测出待调整股与基准股的垂度差，将实测垂度差与理论垂度比较，得出相对垂度差 Δf，然后根据悬链线弦长与垂度的关系由 Δf 求得相应的放松(或收紧)量 Δs。丝股调整好以后必须在鞍座内及时锁定，它和相邻丝股的关系是似靠非靠、若即若离的。

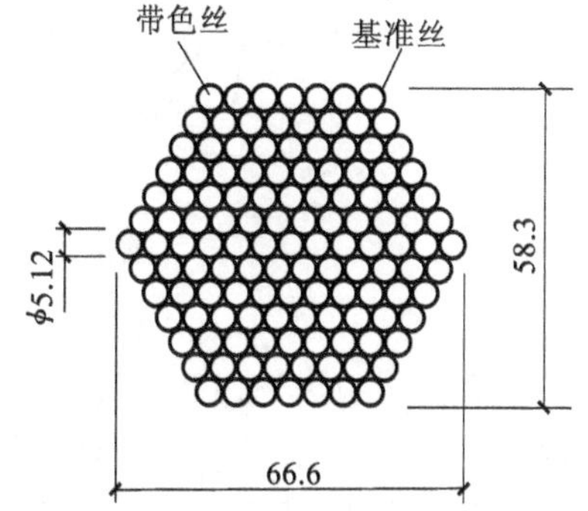

图 4-2-17　平行丝股基准丝和带色丝

(3)主缆紧缆。

①主缆预紧缆。

主缆预紧缆的目的是为了下一步紧缆做准备，预紧缆在气温稳定的夜间进行。首先在主跨1/4、1/2、3/4 和边跨 1/2 处确定钢丝束排列有无差异、钢丝是否平行，若有则及时调整。然后用 ϕ10 小钢丝绕两圈，两端用倒链滑车连于猫道横梁上，边收紧倒链边用木槌敲打。预紧缆作业宜采用先疏后密的方法进行，预紧固的时间间隔和移动顺序宜视其完成的主缆形状而定，且应每隔 5m 左右紧固一次，以保证主缆达到 26%～28%的目标空隙率。

预紧缆作业完成后，使用紧缆机将主缆截面紧固为圆形，并达到设定的空隙率，索夹处18%，索夹间20%。

②主缆正式紧锚。

主缆紧缆机包含一个安装在主缆外面的环状刚性钢架，内有6个(或8个，乃至12个)置于径向的千斤顶，千斤顶可以是液压式或螺旋式，在各千斤顶的活塞顶端装有按主缆最终直径制造的圆弧状靴块，千斤顶的另一端则抵紧在上述环状钢架上。一般需要配备4台紧缆机，首先从两主塔向中跨跨中挤紧，然后从主塔分别向两边跨挤紧，挤紧间距宜为1m，挤紧后在挤紧压块前后各用钢带捆扎一道，间距约0.5m。挤紧前应拆除丝股的定型包扎带和预紧缆的捆扎带。开机后应控制千斤顶的顶压力，每一千斤顶的顶压力一般是700～1000kN。紧缆机能够沿着主缆移动，在紧缆机离开5m之后测量主缆的竖向及横向直径，算出空隙率。

(4)主缆防护。

主缆防护应在桥面铺装完成后进行。防护前必须清除主缆表面灰尘、油污和水分等污物，临时覆盖，待对该处进行涂装及缠缆时再揭开。主缆涂装应按涂装设计进行。

缠缆工作应在大部分恒荷载作用之后进行，此时主缆截面因拉应力作用而稍稍收缩且索夹均已安装到位，故缠丝机应有越过索夹的功能。缠丝机主要部件包含一个可以开闭的钢环，钢环隔着圆弧形衬板骑在主缆之上。缠在环上的软钢丝被一迅速旋转的飞轮抽出，紧紧缠在主缆之外。图4-2-18所示是国产LSC550型主缆缠丝机，其由主机、前后夹持架和导梁组成。它能在主缆上自行，并具备自动跨越索夹的功能；缠丝动作与行走速度两者匹配，故能密匝缠丝；它的缠丝张力可调并能显示，故缠丝非常紧密；它可缠丝达每个节间全程不留死角。该机已在汕头海湾大桥、西陵长江大桥、厦门海沧大桥等悬索桥建造中成功使用。

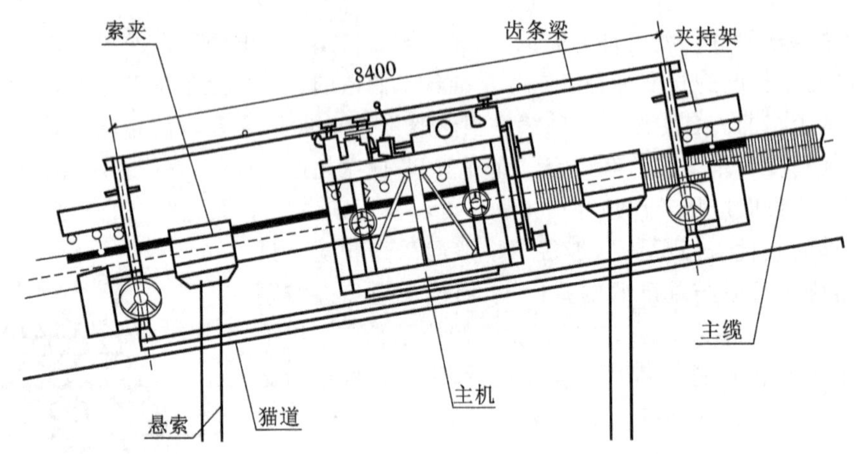

图4-2-18　LSC550型主缆缠丝机示意图

缠丝材料以选用软质镀锌钢丝为宜。缠丝总体方向宜由高处向低处进行，而两个索夹之间则应从低到高，以保证缠丝的密实程度。缠丝之前要在主缆钢丝表面涂以铅丹膏，在缠丝过程中，铅丹膏会被挤出，应随时将挤出的铅丹膏刮去，不让铅丹膏结硬在缠丝表面，随后再在缠丝之外进行油漆。缠丝机只能在索夹之间工作，缠丝的头要固结焊于索夹边缘。节间内钢丝需要焊接时，宜用闪光对接焊。对于缠丝和索夹之间的缝隙，需要用铅毛(极细的小段铅丝)嵌塞。但位于主缆下面的缝隙都不必嵌塞，以使侵入主缆内部的水分可以从这里泄出。钢丝缠绕中须保持设计张力，缠绕应紧密均匀，电源应稳定。

主缆缠丝涂装实际上是对主缆进行防护的一种方法，随着科学技术的发展，也许有一些更先

进、更简单的方法出现。对缠丝的主要要求是达到紧固主缆、丝与丝之间密贴和保持一定的张力。

(5)主缆架设。

悬索桥的钢缆有钢丝绳钢缆和平行线钢缆。前者一般用于中、小跨度的悬索桥，后者主要用于主跨 500m 以上的大跨度悬索桥。平行线钢缆根据架设方法分为空中纺线法(AS 法)及预制索股法(PWS 法)。

2.3.4　索鞍施工

索鞍是设在塔顶及桥台上直接支承主缆并将主缆荷载传递给塔及桥台的装置。设在塔顶的索鞍叫作主索鞍，用作主缆跨过塔顶的支承，承受主缆产生的巨大压力并传递给桥塔。若边跨较大，致使主缆在边跨靠岸端的坡度平缓，为了使主缆对水平线的倾角变陡，以便进入锚碇，可以在边跨靠岸端的墩或钢排架顶上设置一索鞍，称为副鞍。副鞍的主要作用是改变主缆在竖直面内的方向，因此仅在需要改变主缆方向的桥上才设置副鞍。在锚碇前墙处(或在锚碇之内支架处)主缆需要散开成丝股。主缆在散开的同时有一个向下的转折角时，就需要在这里设置展索鞍(或散索鞍)，其功能一是改变缆索的方向，二是把主缆的丝股在水平和竖直方向分散开，然后将丝股引入各自的锚固位置。若主缆散索中不改变其方向，则只需设散索套。在采用空中纺线法制成的主缆中，位于丝股和锚杆之间的中介环节，称为鞍跟。

(1)主索鞍。

为便于加工、运输和现场吊装，一般将主索鞍分成基本对称的两半体制造后栓合。索鞍毛坯依其制造方法可分为整体铸造式、分体铸造拼接式和铸焊式三种。

整体铸造式索鞍是其整体或半体采用普通铸造方法(铸钢)浇铸而成，它能较为简便地解决索鞍外形复杂、自重较大的问题。特别是索鞍槽道为系列同心阶梯圆弧曲面，一般需铸造成型后再进行精加工。

拼装式索鞍各部分分体铸造，经机械加工后，采用螺栓连接成整体。当采用铸焊式结构的技术条件不具备时，此法不失为一种简便的处理方法，且无焊接变形及焊后热处理问题。但此法对其分体各部分的结合面的加工精度和装配质量要求较高，整体性能对此较为敏感，其自重较同规格整铸式索鞍为重。典型的拼装式索鞍如图 4-2-19 所示，图 4-2-19(a)为索鞍整体或半体以侧壁某一位置分成上、下两部分分别铸造，机加工其结合面后栓接；图 4-2-19(b)为单独铸出槽道镶块，镶入槽底。

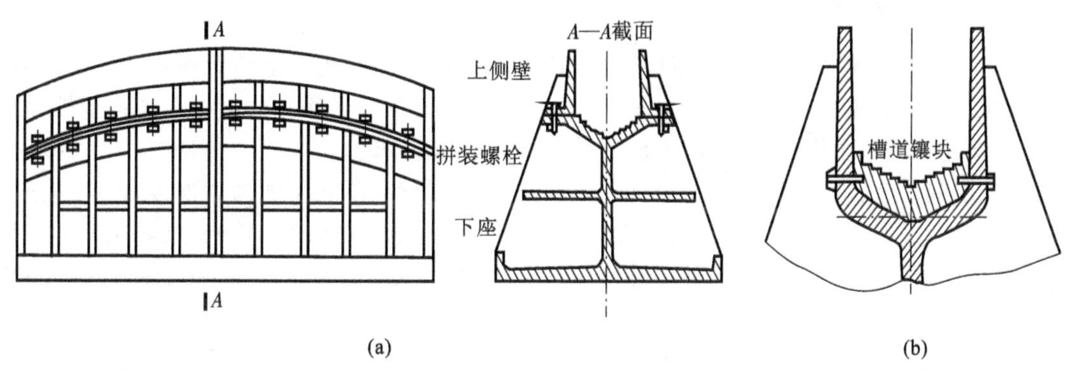

图 4-2-19　拼装式索鞍示意图

铸焊式索鞍是槽道部分铸造而成，下底板及结构加强肋则用厚钢板制造，彼此对位后焊接。这种索鞍由于采用了分体铸造方法，使铸造工作相对简单，铸造缺陷有所减少且较易发现和处理。其主要技术问题是厚板焊接技术及焊后无损检测问题。许多迹象表明，由于焊接工艺及设备的不断发展，对于如索鞍这类大型单件结构采用铸焊结构将会越来越经济，其发展潜力很大。

在悬索桥架梁过程中，随着缆力增长，主缆要带着主索鞍向河侧移动，为使塔身所受到的施工应力较小，并使主索鞍两边的主缆水平分力接近于相等，就需要让主索鞍在施工过程中能有控制地做相对于塔顶的纵向移动。为此，需在索鞍下放置辊轴，或在索鞍底面涂抹石蜡。

(2)副鞍。

主缆在副鞍处的转角一般不大，其施于副鞍的压力也较小，使副鞍的制造比较容易。从副鞍到锚块混凝土前锚面还有相当大的距离，随着缆力的增加，副鞍也将发生向河侧的纵移，故副鞍应设置在摇轴或摆柱或辊轴上，在施工过程中也应先使副鞍向岸侧有一个预偏量。美国旧金山市海湾桥、纽波特桥、英国福斯桥均设有副鞍。

(3)散索鞍及散索套。

与副鞍原理相同，散索鞍下面也应设摇轴、摆柱或辊轴。如汕头海湾大桥是在散索鞍下面设置盆式橡胶支座，两侧有卡板、螺栓，以防止其侧向移动；其槽道呈漏斗状，主缆从小口进入，在大口处散开，形状为系列阶梯形空间曲面。

如果主缆在散开的同时不改变其总方向，那就不用散索鞍而用散索套。散索套的槽道与散索鞍基本相同。在散索套安装就位后，由于侧向力的作用，仍有可能向着主缆未散开的那个方向滑移，为此，应在散索套小口之外设置"挡圈"。挡圈的构造同索夹相似，即凭借高强度螺栓使挡圈抱紧主缆，由此而产生摩擦力以阻挡散索套的移动。

(4)靴跟及锚杆。

在采用空中纺线法制成的主缆中，位于丝股和锚杆之间的连接构件是靴跟及其附件。靴跟的功能有二：一是传力，丝股套在靴跟的槽道上，而锚杆则连接在靴跟的销钉上；二是调节长度，丝股的实际长度将因施工误差等因素而有出入，靴跟中有调节长度的附件，可以纠正施工误差，使丝股的长度符合设计要求。

在采用预制索股法制成的主缆中，当钢丝束(预制索股)拽拉至锚碇时，先将两端的锚头临时锚固，然后调整线形，精确测量其长度。目前预制绳股的锚杆多采用高强度螺杆，在钢丝束的锚头底部配以穿心式千斤顶穿在高强度螺杆上，调整长度时，钢丝束的收紧或放松通过千斤顶的拽拉及调整锚头下的垫片来实现。

2.3.5 索夹及吊索施工

作用于悬索桥加劲梁上的恒荷载及活荷载通过吊索传给主缆，为保证传力途径的安全可靠，需在主缆上安装索夹。索夹由铸钢制作，分成左、右两半或上、下两半，安装之后，用高强度螺栓将两半拉紧，使索夹内壁对主缆产生压力，防止索夹沿主缆向低处滑动。

吊索可用钢丝绳、平行钢丝束或钢绞线等材料制作。吊索的下端与加劲梁连接，上端连接有两种方式。一种方式是采用销钉连接，在索夹(此时为上、下两半)下半的下垂板(又称吊耳)上设置钉孔眼，吊索上端设开口套筒，两者通过销钉相连，这类吊索可采用钢丝绳或平行钢丝束。另一种方式是让吊索绕过索夹(此时为左、右两半)，让吊索骑挂在索夹上，这类吊索常用钢丝绳制作。为避免过大直径钢丝绳绕过索夹时钢丝绳破断力降低太多，在每一索夹处常用两对直径较小的吊索。目前销钉连接方式用得较多。

设吊索总力为 P，吊点处主缆切线同水平线间的夹角为 α，则其沿主缆切线的分力为 $P\sin\alpha$，此即使索夹沿主缆滑动的力。由此可以求得全部高强度螺杆必需的预拉力为：

$$\sum N = P\sin\alpha / f$$

式中，f 为摩擦系数，其经验值可达 0.6。这是因为当螺杆预拉力相当大时，主缆直径在索夹处局部缩小，使索夹滑动受到较大的阻力。

在施工及营运中，螺栓预拉力的损失显著，这主要是因为螺杆钢材的松弛、主缆钢丝相互位置在重复加载中自行调整及镀锌层的受挤变形等。为此，在施工时需要重复拧紧螺栓。图 4-2-20 所示为吊索与索夹的连接方式。

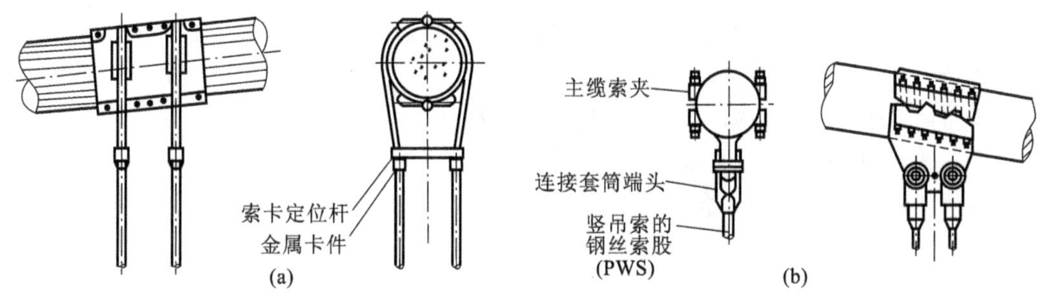

图 4-2-20　吊索与索夹的连接方式

(a)四股骑跨式；(b)双股销铰式

2.3.6　加劲梁的制造与架设

钢加劲梁在工程分段制造。加劲梁的制造节段长度一般与钢桁梁的节间长度或其纵向的吊索间距及钢箱梁的纵向吊索间距相同，但架设节段一般由两个制造节段组拼而成。节段制造完成后必须进行相邻节段的试拼装，试拼合格、做好对接标志后运到施工现场等待吊装。加劲梁的节段架设顺序主要有两种：①先从主孔跨中及两侧桥台分别向桥塔的两侧推进；②从桥塔两侧分别向两侧桥台及主孔跨中推进。无论采用哪种架设顺序，均须考虑主缆变形对加劲梁线形的影响，应尽可能在施工前通过模型试验和施工模拟计算进行研究比较之后，再结合桥梁本身的特点确定施工工序。

加劲梁的架设以主缆作为脚手架，通过可以在主缆上沿纵桥向行走的提升架（或称跨缆起重机）分段提升悬挂在吊索上。梁段用驳船浮运到安装位置下方，提升梁上的卷扬机放下提升钢丝绳，钢丝绳通过平衡梁与加劲梁节段连接，卷扬机将梁段提升到吊索位置后，将吊索下端与梁段上的吊点连接，同时将本梁段与相邻梁段临时铰接，然后松开平衡梁，本梁段吊装完成。

本章小结

1. 悬索桥是以受拉主缆为承重构件的桥跨结构。当今跨越能力最大的桥型要推悬索桥。

2. 悬索桥主要由主缆、加劲梁、吊索、索塔、锚碇和鞍座 6 部分组成。主缆是悬索桥的主要承重构件；加劲梁的主要功能是提供桥面系和防止桥面发生过大的挠曲和扭曲变形；吊索将加劲梁恒荷载和活荷载传递到主缆；索塔是支承主缆的重要构件，同时还要承受作用于塔身、加劲梁及主缆的风力；锚碇是主缆的锚固体，与索塔一样是支承主缆的重要部分；鞍座将主缆传来的很大竖向力均匀分布到塔柱顶截面。

3. 在进行悬索桥设计时，应该掌握主缆、加劲梁和索塔的力学特性。悬索桥的总体布置包括主跨、边跨的拟定，确定垂跨比，主缆截面面积估算，拟定加劲梁的梁高和梁宽，拟定吊索间距、估算吊索截面面积和设计吊索的曲率半径，根据塔柱稳定及纵横截面强度要求确定索塔的截面，以及估算锚碇的体积等。

4.主缆在恒荷载作用下,具有很大的初始拉力,使主缆保持一定的几何形状。当外荷载作用时,主缆不仅几何形状发生改变,还会产生附加拉力,它和位移有关。不能采用恒荷载和活荷载的叠加原理,反映出主缆的几何非线性性质。悬索桥计入非线性影响,应采用非线性弹性理论进行分析。

思考题

1.为什么悬索桥跨越能力特别大?

2.悬索桥有哪些主要构件?各主要构件的功能是什么?

3.加劲梁的支承形式有哪几种?各自有何优点?

4.悬索桥的吊索有哪几种形式?吊索采用何种材料?

5.吊索与主缆、加劲梁是如何连接的?

6.悬索桥的锚碇由哪几部分组成?它有哪几种形式?

第 5 篇

桥梁墩台

1 桥梁墩台类型和构造

1.1 墩台的类型及实用性

桥梁墩台是桥梁结构的重要组成部分，它主要由墩（台）帽、墩身和基础三部分组成。桥梁墩台承担着桥梁上部结构所产生的荷载，并将荷载有效地传递给地基基础，起着“承上启下”的作用。

桥墩一般是指多跨桥梁中的中间支承结构物。它除承受上部结构产生的竖向力、水平力和弯矩外，还承受风力、流水压力及可能发生的地震力、冰压力、船只和漂流物的撞击力。桥台设置在桥梁两端，除了支承桥跨结构外，它又是衔接两岸接线路堤的构筑物，既要能挡土护岸，又能承受台背填土及填土上车辆荷载所产生的附加侧压力。因此，桥梁墩台不但自身应有足够的强度、刚度和稳定性，而且对地基的承载能力、沉降量、地基与基础之间的摩阻力等也都提出一定的要求，避免在上述荷载作用下产生危害桥梁整体结构的水平、竖向位移和转角位移。

确定桥梁下部结构应遵循安全耐久，满足交通要求，造价低，维修养护少，预制施工方便，工期短，与周围环境协调，造型美观等原则。桥梁的墩台设计与结构受力有关，与土质构造和地质条件有关，与水文、流速及河床性质有关。因此，桥梁墩台要置于稳定可靠的地基上，要通过设计和计算确定基础形式和埋置深度。从桥梁破坏的实例分析，桥梁下部结构要经受洪水、地震、桥梁活荷载等的动力作用，要确保安全、耐久，必须充分考虑上述各种因素的组合。

墩台的施工方法与结构形式有关，桥梁墩台的施工主要有在桥位处就地施工与预制装配两种。就桥墩来说，目前较多的采用滑动模板连续浇筑施工，它对于高桥墩、薄壁直墩和无横隔板的空心墩有较高的经济效益。而装配式墩常在带有横隔板的空心墩、V形墩、Y形墩等形式中采用。在墩台施工中，今后应从实际情况出发，因地制宜地提高机械化程度，大力采用工业化、自动化和施加预应力的施工工艺，提高工程质量，加快施工速度。

1.1.1 桥墩的类型及适用性

(1)梁、板式桥桥墩。

桥墩的类型主要由墩身的结构形式来划分，一般可分为实体墩、空心墩、柱式墩、排架墩及杆式（板式）结构墩等五种类型；还可按受力后变形特征分为刚性墩和柔性墩；按建筑材料分为木桥墩、石砌墩、混凝土墩、钢筋混凝土墩、预应力混凝土墩和钢桥墩等。现按结构形式分类进行介绍。

①实体桥墩。

实体桥墩是指桥墩由实体结构组成，又称重力式桥墩。这种类型桥墩的特点主要是依靠自身重力（包括上部结构重力）来平衡外力保证桥墩的稳定，其体积和自重都较大，可就地取材，一般不设受力钢筋，用块（片）石、圬工砌体或素混凝土修建，是一般跨径桥梁较适宜的结构形式。实体桥墩截面形式主要有圆形、方形、矩形、尖端形、圆端形等。圆形截面或方形截面多用于铁路桥。为减小实体墩墩身圬工体积，常将墩帽部分悬出，墩身收缩，做成双悬臂或托盘式桥墩。

②空心桥墩。

空心桥墩是墩身为空腔体的桥墩，是实体墩向轻型化发展的一种较好的结构形式，多为混凝土

或钢筋混凝土结构，广泛应用于较高的桥墩。这种桥墩可大量节省墩身体积 ，一般混凝土墩可节省20%～30%，钢筋混凝土空心高墩可节省50%以上。墩身壁厚混凝土不小于50cm，钢筋混凝土不小于30cm。钢筋混凝土空心墩，一般要设横隔板、通风孔、检查孔道及扶梯等。对于较高的空心墩，可采用预应力拼装的薄壁空心墩，它是以箱形预制块为基本构件，在四周预留孔道用以布穿垂直预应力钢筋，叠砌后张拉钢筋形成整体。墩柱的应力分析是将垂直预应力钢筋产生的张拉力考虑为和外力相当的轴向力，当作是空心截面的钢筋混凝土(简称 RC)结构进行设计。悬臂墩帽梁一般也划分为预制块拼接，其应力分析作为全截面有效来设计。预制块接缝处使用树脂类黏结剂黏合，不能贯通布置抗拉钢筋，因此接缝处要按照设计荷载作用时不允许产生拉应力的全预应力条件设计。

空心墩除按各种荷载作用下进行验算配筋外，还应考虑墩内外温差及太阳辐射侧晒产生的影响而增加配筋，其具体内容将在后文专门讲述。

③桩柱式桥墩。

当采用桩基础时，可一桩到顶，上加盖梁作为墩帽，形成桩柱式桥墩；还可在其他各类基础上，设计成桩柱式墩身而形成柱式桥墩。柱式桥墩可根据桥宽而修筑为单柱、双柱、多柱式桥墩。当河中有漂流物或流冰时，为避免在柱间卡住而阻塞河道，宜在柱间加隔墙连接，使这部分墩身成为哑铃形，亦可与实体墩混合使用，以增加抗冲击稳定性。由于圆柱墩身变化余地较少，一般多采用矩形截面墩柱，墩帽梁与墩身以弧形曲线相连接，墩壁角用斜面过渡，墩身壁面以凸凹变化结合纹理来增强其修饰性。

对于桩柱式桥墩，当墩柱高度大于桩的间距1.5倍时，为增加墩柱刚度而需要在桩顶设置横系梁。但在北方寒冷地区应注意横系梁的位置，或采用横系梁下换土的方法，避免横系梁在土冻结时受到法向冻胀力的作用。横系梁可按构造要求选取尺寸和配筋，而不做受力计算。

在城市立交桥设计中，为使桥下主梁底面积平顺整齐，减弱盖梁高度对主梁走向的干扰影响，尤其对宽桥，减小盖梁高度可使桥下净空显得畅通开阔，可设计成隐式盖梁。

④柔性墩。

设计经验证明，桥墩所受水平力的大小，直接影响墩身截面尺寸。如果将刚度不等的桥墩通过主梁连为一体，这样纵向水平力就会按各桥墩的剪力刚度进行分配，大部分传向刚度大的桥墩和桥台，小部分传给刚度小的桥墩，使那些刚度小的桥墩在顺桥方向的墩身可以做得很薄，叫作柔性墩。钢筋混凝土排架墩和薄壁墩是常用的典型柔性墩。

柔性墩的组合布置有两种形式：一种是全部用柔性排架墩，由预制的单排或双排的钢筋混凝土桩上修建钢筋混凝土盖梁组成。整体受力的段长(或称联长)由温度墩——两排互不联系的桩墩来分割，而该段(联)中的水平力主要由刚度大的双排墩来承受。一般以每段不超过4孔，长度不超过40～50m为宜，此种布置全部使用固定支座。另一种组合布置是刚性墩和柔性墩联合使用，水平力主要由段(联)内的刚性墩及桥台承受，以活动支座分割段(联)长。要求刚性墩(双排墩)布置在地面(河床)较高、地层较好的位置上。

⑤杆、板式结构轻型桥墩。

随着城市桥梁的建设，钢筋混凝土和预应力钢筋混凝土杆式、板式结构轻型桥墩，因适应桥梁建筑艺术、桥下净空和总体布置的要求得以发展。

V形墩上部结构有多种形式，可以是连续梁或者其他梁式体系，此时支座布置在斜撑的顶部。V形墩与上部结构固结则形成V形刚架结构。采用V形墩的主要优点是缩短上部结构跨径并减小支点负弯矩，造型也显得强劲美观。为了减小桥墩基础尺寸或增大桥墩高度，可以从V形的交点向下延伸成Y形墩。

V 形斜撑与水平面间的夹角，依桥下净空要求和桥梁总体布置确定，通常采用大于 45°角。斜撑的受力大小依据结构图和主梁与斜撑的刚度比确定。H 形由承台向上逐渐展宽，转角处均以优美的弧线连接，具有挺拔而又轻盈的感觉。L 形悬臂式预应力桥墩，是一种应用于山区，有利于保护环境的桥墩形式。

⑥其他类型桥墩。

从桥墩的受力和设计的复杂性来说，斜拉桥和悬索桥的塔墩是比较特殊的桥墩。目前，斜拉桥多采用塔墩固结体系，桥墩除要承受桥塔及上部结构的全部荷载外，还要承受塔身在各种荷载作用下传来的很大的弯矩和剪力。由于一般塔和墩一体，所以塔墩的造型协调就显得很重要。

斜拉桥中的辅助墩和过渡墩又称拉力墩、锚固墩，是在斜拉桥设计中为了增加结构刚度而在边跨设置的中间支墩，其作用是为了防止当活荷载作用于中跨时边跨上拱度过大，避免边跨斜拉索可能出现松弛或退出工作的现象，故其支座能够承受负反力(拉力)。一般辅助墩不要求承受恒荷载反力，它还可使边跨的挠度明显地减小，当索塔刚度不大时，跨中的受力也有明显的改善。现常用的辅助墩和边墩多为空心墩，用钢索将主梁端部锚固在墩柱底的横隔板上，主要承受上拔力。由于允许有水平位移，锚固钢索要尽可能地长。墩上可设支座承受压力。

当水面辽阔、水深较深，不便在水中修筑固定的桥墩和基础时，可用钢筋混凝土浮箱作为水中的浮桥墩，在其上架设贯通的桥面系统而形成沟通两岸交通的架空桥梁结构。浮动支墩必要时可设锚碇以固定其位置。

钢塔架桥墩是以型钢为基本构件，在现场拼装外形呈塔架状的桥墩，一般用于地质地形条件差，又缺少施工用水的地方。其基础多为现浇混凝土，墩身与基础通过铸钢法兰盘连接，多用于较高桥墩。

(2)多层立体交叉桥墩。

为了扩大桥下视野，减小体量少占地，同时也从美观角度考虑，城市及高等级公路立体交叉桥墩可采用钢筋混凝土或预应力混凝土杆、板式结构，向轻型化、装配化发展。有时根据立交结构设计要求，桥墩布置形式除单层外，还有多层对称和非对称布置。这种桥墩设计时，要注意在不对称荷载作用下的整体和局部抗扭验算，以及在离心力、横向力矩作用下受力验算问题。

(3)拱桥桥墩。

拱桥是一种超静定推力结构，拱圈传给桥墩的力，除了竖向力外，还会有较大的恒荷载(不等跨时)和活荷载的水平推力，这是与梁式桥最大的不同之处，所以拱桥没有柔性墩。

常用的无铰拱桥桥墩墩帽与拱圈连为整体，直接承受由拱圈传来的压力，故这部分墩帽又称为拱座。对于砌体拱桥，拱圈的拱脚与墩台连接处拱座是采用特别加工的五角石，把径向拱石转化为水平方向，也可以现浇混凝土拱座代替五角石。对于预制安装的肋拱拱座，是在墩帽处做一预留供插入拱肋的孔槽，拱脚为增加接触面积、放置平稳而放大为方头，就位后再浇筑高强度等级混凝土封固。对于大跨度肋拱桥，还可在拱座背面和地面加设一些钢筋网。

拱桥桥墩按其构造分类，有重力式墩和柱式墩。

按承受的水平力情况来分类，拱桥桥墩又可分为普通墩和单向推力墩两种。单向推力墩包括恒荷载单向推力墩和分段墩。《公路桥涵地基与基础设计规范》(JTG D63—2007)规定，对于多跨拱桥应根据使用要求，每隔 3～5 孔须设置恒荷载单向推力墩，以免一孔受毁全桥坍塌。多孔拱桥施工时，为使拱架周转使用，亦需分段施工而设置“分段墩”。实际上，“分段墩”也就是承受施工中拱结构恒荷载的单向推力墩。

由于单向推力墩墩身基础体积大，圬工数量多，施工困难，因而一般可以尽量在非单向推力墩

上采取适当措施，以减小水平推力作用效应，减小墩身体积。—悬臂墩，拱脚支撑在悬臂端，以较小的拱的跨度获得较大的桥的孔径，减小拱脚传来的水平推力。同时，当一孔坍塌时，悬臂又增大了相邻孔竖向反力抵消水平力对墩身的作用效应，减小墩身截面弯矩，承受拱的单向恒荷载水平推力。

当需要增大基础底面面积修筑扩大基础时，考虑美观可以将常水位以上与以下墩身设计为不同侧坡而修成变坡墩。对于相邻两孔不等跨的桥墩，除根据跨度变更两孔矢跨比和调整拱座位置外，还可将墩身立面做成不对称布置，形成不对称墩，使两孔作用的恒荷载合力接近墩身底面和基础底面的形心，尽量减小偏心距。

1.1.2　桥台的类型及适用性

桥台的主要功能，除了支撑上部结构和传递主梁自重及桥面上的活荷载外，另一重要作用是衔接引道挡土，承受很大的土压力，因而桥台的基本结构受其功能要求而比较固定。桥台处于路和桥的分界处，有时因为桥头建筑艺术要求而利用桥台修建一些标志性建筑，此时桥台要进行特殊设计。

1.1.2.1　梁、板式桥桥台

按照桥台的结构形式，其一般分为重力式、埋置式、轻型、组合式和承拉桥台。

(1)重力式桥台。

重力式桥台也称实体式桥台，又称 U 形桥台。它是由台身(前墙)、台帽、基础与两侧的翼墙(侧墙)组成，前墙与侧墙在平面上呈 U 字形。重力式桥台主要依靠自重与台腔内填土重平衡台后的土压力，保持桥台的稳定性。前墙上有台帽支撑桥跨结构，并承受台后土压力；侧墙后缘伸入路堤内起着衔接引道的作用，同时也参与前墙共同承受土压力。

重力式桥台由石砌、片石混凝土或混凝土等圬工材料建造，并采用就地施工方法。重力式桥台构造简单，基础承压面大，应力较小，但圬工体积大，一般用于填土高度为 8～10m 的中等以上跨径的桥梁。

对于河岸稳定、桥台不高、河床不压缩(人工河道)或压缩很小的中小跨径桥梁、城市立交桥，可利用侧墙挡土而不修锥坡时，将 U 形桥台前墙与翼墙设变形缝分开，形成独立的翼墙。此时，台身与翼墙斜交时为八字式桥台；台身与翼墙在同一平面时为一字式桥台。

(2)埋置式桥台。

埋置式桥台是将台身埋在锥形护坡中，只露出台帽以安置支座及上部结构。这样桥台所受的土压力大为减小，桥台的体积相应减小，也减小了基础圬工量。

埋置式桥台将侧墙改为短小的钢筋混凝土耳墙，耳墙与路堤衔接，伸入路堤的长度一般不小于 700mm，耳墙按嵌固在台身的悬臂板计算。台帽部分的内角至护坡表面距离不应小于 500mm，否则应在台帽两侧设置挡板，防止土、雪等进入台帽支承平面上去。

埋置式桥台按台身结构形式分为实体直立埋置式和后倾埋置式桥台、肋墙埋置式桥台、桩(柱)埋置式桥台和框架埋置式桥台。

①实体后倾式桥台实质上属于重力式桥台，它的工作原理是依靠台身后倾，使重心落在基底截面的形心之后，以平衡台后填土的倾覆力矩从而保证桥台具有较好的稳定性，可适用于高达 10m 和 10m 以上的高桥台。

埋置式桥台和钢筋混凝土灌注桩或排架桩式桥台，其锥坡坡度不应陡于 1∶1.5，对不受洪水冲刷的锥坡，加强防护时可采用不陡于 1∶1.25 的坡度。

②肋墙式桥台是实体埋置式桥台的改进形式，可更多地减小台身圬工体积，台身两片或两片以上后倾的肋墙可用混凝土或钢筋混凝土做成，上面用盖梁做台帽，台高 10m 以上应在肋墙间设支

撑梁，盖梁、撑梁、耳墙均用钢筋混凝土做成，台身与基础间需设置锚固连接钢筋。

③桩(柱)埋置式桥台是一种应用较广的桥台形式，对于各种土壤地基都适宜。根据桥宽和地基土承载能力、基础类型可以采用双柱、三柱或多柱的形式，适用于跨径一般不超过 30m，填土高度不超过 5m 的桥梁。

④框架埋置式桥台比桩(柱)式桥台有更好的刚度，比肋墙式桥台挖空率更高，宜用于填土高度大于 5m，桥跨 20m 以上的梁式桥。其不足之处是必须用双排基桩。

埋置式桥台的共同缺点是溜坡深入到桥孔，压缩了河道。为了不压缩河道，要适当增加桥长。

埋置式桥台台前溜坡虽然用片石做防护，但仍存在着被洪水冲毁的可能性。《桥规》规定，对埋置式桥台，当验算截面强度和稳定性时，可考虑来自桥台台后填土及台前溜坡两方向的土侧压力，同时，还应验算台前溜坡被冲刷时承受来自桥台台后单向主动土压力的受力情况。

(3)轻型桥台。

①支撑梁轻型桥台。

这种桥台的特点是，台身为直立的薄壁墙，台身两侧有翼墙，在轻型桥台之间或台与墩之间设置 3～5 根水平支撑梁，上部结构与桥台通过锚栓连接，使上部结构与支撑梁共同支撑桥台，承受台后土压力，形成四铰框架的受力体系。

支撑梁应设在冲刷线以下或铺砌层以下。在北方寒冷地区，支撑梁底面应设在最大冻结线以下，或者将支撑梁下换为不冻胀土，一般也可用加厚河床铺砌来代替支撑梁。

轻型桥台可分为一字式轻型桥台、八字式轻型桥台、耳墙式轻型桥台。一字式或八字式轻型桥台的台身可采用圬工结构，一般当桥的跨径不超过 6m，台高不超过 4m 时，可用 C15 浆砌块石；当跨径大于 6m，台高大于 4m 时，需用 C15 混凝土浇筑，台帽用 C20 或 C20 以上的钢筋混凝土。耳墙式轻型桥台由台墙、耳墙及边柱三部分组成。耳墙附于边柱上部，耳墙可视为水平土压力作用下的悬臂板计算。边柱除承受由耳墙重力产生的竖直荷载和弯矩外，尚应计算耳墙上水平土压力对柱身所产生的扭矩和剪力。

②钢筋混凝土薄壁桥台。

钢筋混凝土薄壁桥台的特点是利用钢筋混凝土结构的抗弯能力，来减小圬工体积而使桥台轻型化，薄壁轻型桥台适用于软弱地基条件。

钢筋混凝土薄壁轻型桥台常用的形式有悬臂式、扶壁式、撑墙式及箱式等。薄壁轻型桥台可依据桥台高度、地基强度和土质等因素选定。一般常用的钢筋混凝土扶壁式桥台，由挡土墙和侧墙构成，挡土墙由厚度不小于 150mm(一般为 150～300mm)的前墙和间距为 2.5～3.5m 的扶壁所组成，并支撑上面台帽，以放置上部结构。两侧薄壁墙可以与前墙垂直形成 U 形薄壁桥台；与前墙斜交则形成八字形薄壁桥台。

(4)组合式桥台。

为使桥台轻型化，桥台本身主要承受桥跨结构传来的竖向力和水平力，相当于桥墩的受力情况，而台后的土压力由其他结构来承受，形成组合式桥台。

①锚碇板式桥台。

锚碇板式桥台的特点是由埋置于路堤土中的锚碇板、拉杆、立柱和挡土板组成配套的锚碇板结构来承受土压力，可分为分离式和接合式两种形式。分离式锚碇板桥台是台身与立柱、挡土板分开，桥台与锚碇板的基础分离，互不影响，上端做成伸缩缝，台身只承受上部结构传来的竖向力和水平力，相当于桥墩的受力状态，桥台受力明显，但结构复杂，施工不方便。接合式锚碇板桥台是将锚碇板结构与台身接合在一起，台身兼作立柱或挡土板，作用于台身的所有水平力假定均由锚碇板的抗拔力来平衡，台身仅承受竖向荷载。接合式结构简单，施工方便，工程量较省，但受力不很明显，若台顶位移量计算不准，可能会影响施工和营运使用。

②加筋土桥台。

加筋土桥台目前在我国已经开始应用。组合式桥台是常规的桩柱式桥台和加筋体共同组成的一种复合式桥台，根据桩柱位置分为内置组合式和外置组合式两种。无论何种形式，上部结构均由桩柱顶部盖梁支承，加筋体不承受支座传递的荷载。因此桩柱与盖梁的设计与常规桥涵设计要求相同，应按公路桥涵有关设计规范进行。

对于加筋土桥台的形式，通常采用U形、八字形和一字形。选择时应考虑加筋土结构的构造特点和桥台与路堤的平顺衔接。当桥涵斜交角较小或与带有支挡构造物的路堤衔接时，采用U形比较合适；当桥台斜交角较大或填方路堤衔接时，则宜选择八字形或一字形桥台。

③桥台-挡土墙组合式桥台。

梁式桥组合式桥台分为两种结构形式：桥台与挡土墙用梁结合在一起的桥台，为过梁式组合桥台；当梁与桥台、挡土墙刚结，形成框架式组合桥台。

近年在软土地基高填方的高速公路上，采用一种刚构式组合桥台，这种桥台是将钢筋混凝土桩柱式桥台和相邻引桥一小跨桩柱式桥墩，通过桥面纵梁和柱底的承台梁（沿桥横向各设两道）连成整体，在桥纵向形成"Π"形刚构的组合桥台。由于台后填土容许通过立柱间空间向台前放坡（坡面一般与斜撑并齐），桥台仅有后排立柱受土压力，此压力又由前后两排桩柱共同承受，因而桥后的纵向水平位移甚小，避免了桩柱的开裂。

(5)承拉桥台。

在连续梁桥或T构桥中，有时根据受力特点，可能出现负反力情况，要求桥台具有承压和承拉的功能，在桥台构造和设计中必须满足这种受力要求。该桥上部结构为单箱单室截面，箱梁的两个腹板呈牛腿状延伸至桥台形成悬臂腹板，它与桥台上顶帽之间设置氯丁橡胶支座受拉，悬臂腹板与下台帽之间设置氯丁橡胶支座支承上部结构，并可设置扁千斤顶，以备调整用。如上拉力较大，基础可设计为抗拔桩基础。

对于预应力混凝土连续梁桥，当边孔与中孔的跨径之比小于0.3时，其受力特性近似固端梁，在恒荷载和活荷载作用下，桥台支座可能受拉，应设计成承拉桥台。

大跨度斜拉桥与自锚式悬索桥，斜索（或主缆）除施加于加劲梁很大的轴向压力外，还有一部分向上的竖向力，所以桥台（或过渡墩）要设计成特殊形式来承受上拔力。

1.1.2.2　拱桥桥台

拱桥桥台因受拱圈传来的较大的单向推力，受力复杂，体积较大，多采用刚性圬工实体式桥台。由于拱桥桥台拱座位置较低，因此拱脚以上的台身部分多以挖空来减轻自重，一般有以下几种类型。

(1)拱桥重力式桥台。

拱桥重力式(U形)桥台与梁、板式桥重力式(U形)桥台结构形式差不多，其工作特点是以自重和土压力来平衡拱脚传来的水平推力，只不过外形尺寸更大一些，圬工量更多。拱桥重力式(U形)桥台由前墙、侧墙、拱座等组成，适用于地质条件良好，采用扩大基础，跨径不超过30m的拱桥。

(2)空腹式桥台。

为减轻拱桥重力式桥台自重大对地基土的负担，将台身挖空用空腹拱代替，形成空腹式桥台。空腹式桥台由前墙、后墙、基础板和撑墙等部分组成。前墙承受拱圈传来的荷载，后墙承受台后土压力，如基础以上桥台内部挖空，拱座(前墙)与后墙间需设置撑墙以增加前、后墙，拱座，基础板的整体刚度。这种桥台刚性大，整体性好，自重轻，能充分利用台后土压力，一般应用于软土地基，河床无冲刷或冲刷轻微，水位变化小的大中跨径拱桥。

(3)后座式组合桥台。

后座式组合桥台由前台和后座两部分组成。前台可采用桩基或沉井基础，以承受拱的竖向力为主；拱的水平推力则主要由后座基底的摩阻力及台后土侧压力来平衡。后座多采用重力式U形桥台。台身与后座之间设构造缝，构造缝必须严格按要求施工，既不能约束后座桥台的垂直位移，又不能使前面部分受力后产生较大的塑性变形。水平推力由台后主动土压力和后座基底的摩阻力来平衡，若推力很大不足以平衡，则按桥台与土壤共同变形来承受水平力。后座的基底高程，在考虑沉降后应低于拱脚截面底缘高程；长度为3～4倍台高的台背填土应在拱圈合龙前完成。台后填土必须分层夯实，其密实度不应小于96%，施工时应控制填土速度，并切实做好台后填土的防护工程，防止受水流侵蚀和冲刷。地基土质较差时，应注意桩基周围地基沉降引起的负摩阻力，应防止后座的不均匀沉降引起前台向后倾斜，而导致前台或拱圈开裂。后座式桥台能大大减少主体台身的基础工程量，稳定可靠，不会产生较大的水平、竖直位移。组合式桥台适用于以桩基础或沉井为基础的中、小跨径拱桥，在土质条件欠佳的地区应用较多。

(4)拱桥轻型桥台。

拱桥轻型桥台的特点是它允许桥台在拱的水平推力作用下产生绕基底形心轴向路堤方向转动，并考虑由此产生的土抗力与静止土压力共同平衡拱的水平推力，从而使台身尺寸、圬工量大大小于重力式桥台。

拱桥轻型桥台类型主要依据台身平面形状划分，有一字形、八字形、U形、Π形、E形等。

拱桥轻型桥台要求基础埋置要有一定深度，以防止基底向河中侧滑动；台后填土必须严格按照规定的密实度(大于或等于90%)分层夯实，并要切实做好台后填土防护工作，防止受水流侵蚀冲刷。该类桥台主要适用于小跨径拱桥。

(5)齿槛式桥台。

齿槛式桥台就是在基底(又称底板)下面设置齿槛以增强其抗滑动能力。齿槛式桥台由前墙、后墙、侧墙、底板和撑墙等组成，其工作原理是利用后墙墙背老土(原状土)的弹性土抗力，前墙背面填土侧压力和地基土对齿槛的抗剪强度共同平衡拱的水平推力。

齿槛的宽度和深度一般均不宜小于0.5m；在底板上后墙与拱座间需设撑墙增加刚度；后墙要靠在原状土上，可将后墙墙背设计成与土坡一致的斜板，以获得较大的土抗力。该类桥台适用于软土地基上冲刷很小，水位变化不大的中、小跨径的拱桥。

1.2 墩台的一般构造与要求

桥梁墩台是桥梁结构的重要组成部分，它主要由墩(台)帽、墩(台)身和基础三部分组合而成。

1.2.1 桥墩的构造要求与尺寸拟定

1.2.1.1 梁、板式桥桥墩的构造要求和尺寸拟定

(1)墩帽。

墩帽直接支撑在上部桥跨结构，是利用放置其上的支座将上部桥跨结构自重及车辆、人群活荷载向下传递，因而墩帽受力集中，要求强度高。一般在构造方面有如下要求：

①一般墩帽材料采用强度等级为C25以上的钢筋混凝土修筑，小桥亦可用不低于C20强度等级的混凝土修筑。

②墩帽钢筋一般可参照图 5-1-1 按构造配置，为了提高支座下墩帽局部受压强度并使应力分布均匀，支座下面应设置钢筋网。根据要求，可设置一层或多层，钢筋可用 $\phi 8 \sim \phi 10$，网格一般为 70mm×70mm～100mm×100mm，钢筋网横桥向要宽于 2 倍支座底垫板宽，顺桥向可等于墩帽宽。

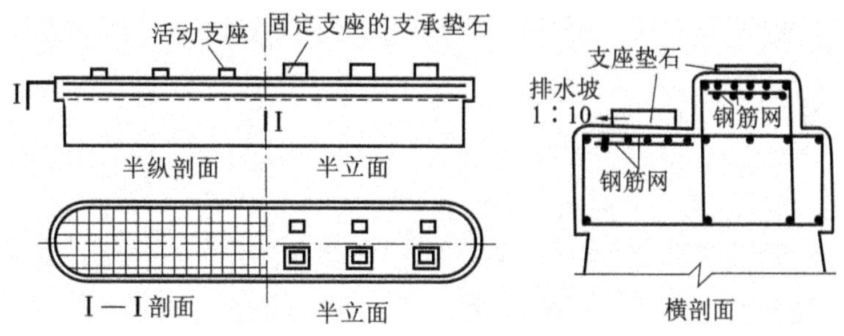

图 5-1-1 墩帽配筋示意图

③当桥墩需安置不同高度的支座时，可用支承垫石的高度调整，支承垫石尺寸、配筋需根据荷载与支座底板尺寸计算确定。

④墩帽平面一般设置不小于 3%的排水坡，并要使支承垫石顶面高于排水坡上棱，以防止雨水侵蚀支座。

梁、板式桥墩帽厚度，特大、大跨径桥梁不小于 500mm，中小跨径桥梁不小于 400mm，挑檐宽一般取 50～100mm。

墩帽尺寸拟定，除要满足安放支座的要求外，还应考虑温度影响下梁的伸缩和荷载作用下梁挠曲后引起梁端转动的要求，一般按下述方法确定。

①顺桥向墩帽（盖梁）最小宽度 b 的确定，参考图 5-1-2，即：

$$b \geqslant f + \frac{a}{2} + \frac{a'}{2} + 2c_1 + 2c_2 \qquad (5\text{-}1\text{-}1)$$

式中 f——相邻两跨支座间的中心距离，mm；

a,a'——支座底垫板顺桥向宽度，mm，根据标准图或支座设计确定；

c_1——支座边缘至墩身边缘的最小距离，mm，具体尺寸按表 5-1-1 规定取值，参考图 5-1-2；

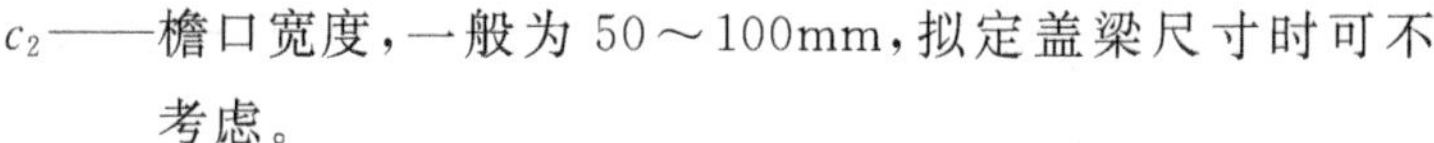

c_2——檐口宽度，一般为 50～100mm，拟定盖梁尺寸时可不考虑。

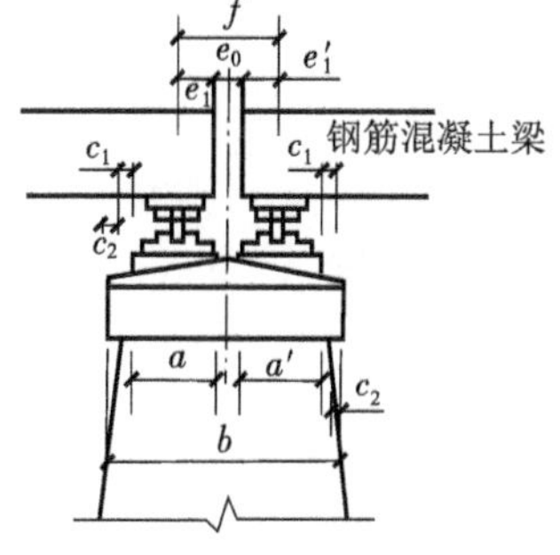

图 5-1-2 墩帽尺寸拟定示意图

表 5-1-1 支座边缘至墩、台身边缘的最小距离

桥向跨径/m	顺桥向/mm	横桥向/mm	
		圆弧形端头（自支座边角量起）	矩形端头
$l \geqslant 150$	300	300	500
$50 \leqslant l < 150$	250	250	400
$20 \leqslant l < 50$	200	200	300
$5 \leqslant l < 20$	150	150	200

注：当采用钢筋混凝土或预应力混凝土悬臂墩帽时，可不受本表限制，应以便于施工、养护和更换支座确定。

f 值应按下式确定：

$$f = e_1 + e_0 + e_1' \qquad (5\text{-}1\text{-}2)$$

式中 e_1，e_1'——支座中心到梁端的距离，等跨时 $e_1=e_1'$，一般可从桥梁上部结构标准图中查出，特殊情况可通过梁端抗剪计算确定；

e_0——相邻两跨梁端间的最小允许距离，一般称为伸缩缝，考虑温度变化、主梁挠曲变形、施工架梁可能出现的误差等根据跨度确定，中、小跨度桥可取 20～50mm，大跨度桥梁需经计算确定。

温度引起的主梁水平伸缩长度为：

$$e_0=\alpha l\Delta t \tag{5-1-3}$$

式中 l——桥跨主梁长度，为相邻两孔桥跨之和；

Δt——施工温度（月平均）与当地最高、最低月平均气温差；

α——材料的线膨胀系数，钢筋混凝土为 0.000010。

主梁受载挠曲引起梁端转动的水平位移为（参考图 5-1-3）：

$$\Delta a=h\cdot K \tag{5-1-4}$$

式中 h——主梁高度；

K——挠度曲线按二次抛物线计得的系数，可由表 5-1-2 确定。

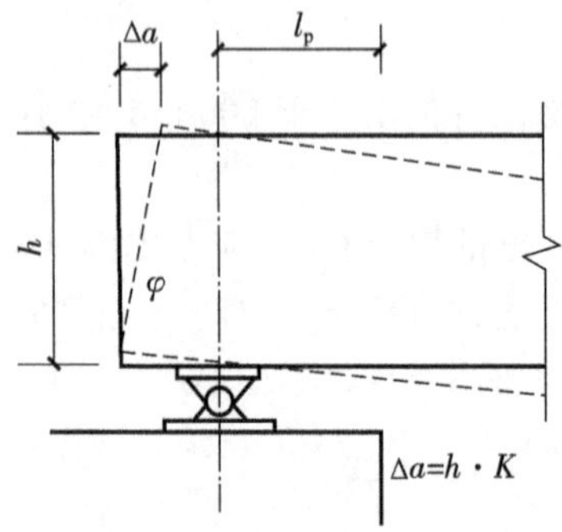

图 5-1-3 梁端转动位移计算

表 5-1-2 **梁端转动位移计算系数 K 值表**

l_p/δ	400	500	600	700	800	900	1000	1500	2000
φ/rad	1/100	1/125	1/150	1/175	1/200	1/225	1/250	1/375	1/500
K	0.0100	0.0080	0.0067	0.0057	0.0050	0.0044	0.0040	0.0027	0.0020

注：l_p 为桥梁的计算跨径；δ 为跨径中点的挠度；φ 为梁端部转角。

当考虑防震要求，为避免落梁设置挡块时，一般要加宽墩帽尺寸，其顺桥向梁支座边缘至墩（台）帽或盖梁边缘的最小距离 d 尚应符合表 5-1-3 的要求。

表 5-1-3 **d 值表**

跨径/m	10～13	16～20	25～30	35～40
d/mm	250	300	350	400

②横桥向墩帽（盖梁）最小宽度 B 的确定：

$$B\geqslant B_1+a(\text{或 } a')+2c_1+2c_2 \tag{5-1-5}$$

式中 B_1——桥跨结构横桥向两边主梁中心距离。

其他符号意义同前。

对于顺桥方向按最小尺寸拟定 b 的圆端形墩帽，横桥向墩帽最小宽度为

$$B=B_1+a(\text{或 } a')+b$$

墩帽(盖梁)横桥向尺寸拟定,还需考虑施工架梁在墩上放置架梁设备要求的宽度。

墩帽平面尺寸的合理确定,直接影响着墩身的平面尺寸和材料的选用。例如,当顺桥向的墩帽宽度较小而桥墩又较高时,墩身就显得薄,此时可能需要采用钢筋混凝土墩身,或为了加厚墩身而加大墩帽尺寸。如果墩身在横桥向宽度较小,或采用柱式墩身,又反过来影响墩帽(盖梁)的受力、尺寸及其配筋。因此要精心拟定墩帽尺寸,还必须考虑墩身的影响和协调一致。

(2)墩身。

墩身是桥墩的主体。桥墩不但支承上部结构传递荷载,而且在水中部分受水流冲击,船只、漂流物、流冰等的碰撞、侵蚀、磨损,所以对墩身材料有一定的要求。

①实体墩身。

对石砌实体墩身,石料强度小桥涵墩台不低于 MU30 石材,砌体砂浆最低强度等级为 M5;大、中桥墩台不低于 MU40 石材,砂浆最低强度等级为 M7.5。当采用混凝土实体墩身时,小桥涵墩台现浇混凝土不低于 C20,预制块不低于 C25;大、中桥墩台及轻型桥台现浇混凝土不低于 C25,预制块不低于 C30。《公路圬工桥涵设计规范》(JTG D61—2005,以下简称《公圬桥规》)规定,在寒冷地区累年最冷月平均气温低于或等于-10℃的地区,所用的石材抗冻性指标应符合表 5-1-4 的规定。为节约水泥,可在中间掺入不多于 20%的片石,对轻型桥墩墩身,应采用强度等级不低于 C25 的混凝土或钢筋混凝土。

表 5-1-4　　**石材抗冻性指标**

结构物部位	大、中桥	小桥及涵洞
镶面或表面石材	50	25

注:1. 抗冻性指标,指材料在含水饱和状态下经过-15℃的冻结与 20℃融化的循环次数。试验后的材料应无明显损伤(裂缝、脱层),其强度不应低于试验前的 75%。

2. 根据以往实践经验证明材料确有足够抗冻性能者,可不做抗冻试验。

在有强流冰、泥石流或大量漂浮物和冲击物的河流中的石砌墩身,其表面应选择强度不小于 MU60 的石料或强度等级不低于 C40 的混凝土预制块镶面。镶面砌体的砂浆强度等级不应低于 M20。混凝土桥墩迎水面,应设置钢筋网。

具有强烈流冰的河流中的桥墩,宜在迎水面设置破冰棱。破冰棱应高于最高流冰水位 1.0m,并低于最低流冰水位时冰层底面下 0.5m。破冰棱的倾斜度一般为 3∶1～10∶1。

墩身尺寸主要以墩帽尺寸确定。《公圬桥规》还规定:实体桥墩侧坡宜采用 20∶1～30∶1(竖∶横),小跨径桥梁的桥墩也可采用直坡。实体桥墩墩身的顶宽,小跨径桥不宜小于 800mm(轻型桥墩不宜小于 600mm);中等跨径桥不宜小于 1000mm;大跨径桥梁墩身顶宽,视上部结构类型而定。

②空心墩墩身。

空心桥墩在构造要求上应符合下列规定:

a. 墩壁最小厚度,对于钢筋混凝土不宜小于 0.30m,对于混凝土不宜小于 0.50m。一般用壁厚与中面直径(即同一截面的中心线直径或宽度)之比 t/D 来区分,$t/D \geq 1/10$ 称为厚壁(多用于混凝土浇筑),$t/D < 1/10$ 称为薄壁。

b. 墩身内应设置横隔板或纵、横隔板,以加强墩壁的局部稳定。通常对墩高 40m 以上的高墩,无论壁厚如何,均按 6～10m 的间距设置横隔板。若采用滑模施工,对横截面较大的空心墩,则宜采用纵向横隔板且增大 t/D 值。

c. 墩身周围应设置适当的通风孔或泄水孔,孔的直径不小于 0.2m,墩顶应设置厚度不小于

1.0～2.0m 的实体过渡段。

1.2.1.2　拱桥桥墩构造要求和尺寸拟定

由于拱桥上部结构恒荷载大，因而拱桥墩帽承受由拱圈传来的较大压力，一般要采用强度等级为 C25 以上的混凝土或 MU40 以上的块石修筑。

按无铰拱设计的肋拱桥，为保证拱脚固结，拱肋插入拱座内的长度不宜小于拱肋高度，而且拱座预留孔要用强度等级不低于 C30 的混凝土浇筑。

拱桥墩帽顺桥方向宽度，要根据拱的跨度、拱圈厚度、腹拱构造（即墩上是否设置腹拱立墙）来确定。《公圬桥规》规定：等跨拱桥的实体桥墩的顶宽（单向推力墩除外），混凝土墩可按拱跨的 1/25～1/15估算；石砌墩可按拱跨的 1/20～1/10（其比值随跨径的增大而减少）估算，且不宜小于 800mm。墩帽如设挑檐，其厚度不小于 400～500mm。墩帽横桥向宽度，每侧要宽于边肋宽度且不小于 200mm。

拱桥墩身尺寸主要根据墩帽尺寸拟定，其他方面的要求同梁、板式桥墩身。

1.2.2　桥台的构造要求和尺寸拟定

1.2.2.1　梁、板式桥台构造要求和尺寸拟定

(1)台帽。

台帽的配筋和材料要求同墩帽，不同之处是台帽上只设单排支座，所以台帽平面的顺桥向宽度 b 按下式确定（图 5-1-4）：

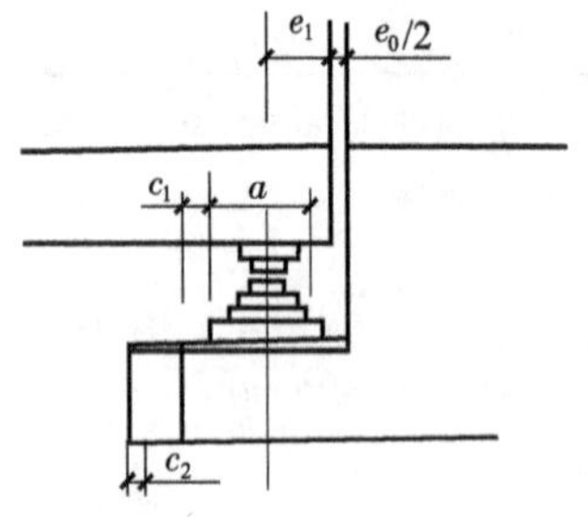

图 5-1-4　台帽顺桥向尺寸

$$b \geqslant e_1 + \frac{e_0}{2} + \frac{a}{2} + c_1 + c_2 \tag{5-1-6}$$

式中符号意义和确定同墩帽。

台帽以上为背墙，是台身前墙向上延伸挡路堤土的部分，其顶宽不宜小于 500mm。背墙一般做成垂直的，并与两侧侧墙连接形成 U 形桥台。台帽横桥向宽度，考虑与引道和桥上车行道的衔接，一般要求大于或等于桥面宽度，或等于引道路基宽度。

(2)台身。

由于桥台台身受较大的路堤填土侧压力，截面受力随深度增加而加大，因此竖直剖面呈梯形变化。台身外轮廓尺寸一般确定如下。

①台身横桥向宽度按台帽宽度确定。顺桥向长度为保证桥台与引道的可靠衔接，《公圬桥规》规定：桥台侧墙后端伸入路基锥坡顶点以内的搭接长度不宜小于 750mm，并设 1.0m 竖直段；锥坡与桥台（正交桥）两侧相交线的坡度，当有铺砌时，路肩边缘下的第一个 6m 高度内不宜陡于 1∶1，在 6～12m 高度内不宜陡于 1∶1.25，高于 12m 的路基，其 12m 以下的边坡应由计算确定，但不应陡于 1∶1.5；经常受水淹没部分的边坡坡度不应陡于 1∶2。

②台身各细部尺寸。《公圬桥规》规定：U 形桥台的前墙，其任一水平面的宽度，不宜小于该截面至墙顶高度的 2/5；U 形桥台的侧墙，其任一水平截面的宽度，对于片石砌体不小于该截面至墙顶高度的 2/5；块石、料石砌体或混凝土不小于 35%与 30%。侧墙顶宽对于块石、料石砌体和混凝土不宜小于 50cm。

③在非岩土类地基上，桥台宜每隔 10～15m 设置一道沉降缝。现浇混凝土桥台台身及基础，应根据当地气候条件及施工条件，每隔 5～10m 设置一道伸缩缝。U 形桥台两侧墙间应填以渗水性良好的土，并做好排水措施。一般可在略高于高水位的平面上铺一层向路堤方向设有斜坡的夯

实黏土作为不透水层，并在黏土上再铺一层碎石，将积水引向设于台后横穿路堤的盲沟内排出。在北方寒冷地区，为防止侧墙与前墙冻胀破坏，台腔内应填以不冻胀土。

1.2.2.2　拱桥桥台构造要求和尺寸拟定

拱桥桥台台帽材料、拱座的构造要求等同拱桥桥墩。

台帽顺桥方向尺寸往往由拱脚下起拱线处桥台前墙宽度 b（又称台口宽度）控制，再按经验公式 $b=0.15L_0$（L_0 为净跨径）估算。拱座边缘至边肋外边缘距离不小于 200mm，与梁、板式 U 形桥台一样，还要考虑桥面与引道衔接需要的宽度。

拱桥 U 形桥台前墙、侧墙构造要求和尺寸，台后填土排水等要求均同梁、板式桥 U 形桥台。下面简单介绍几种拱桥桥台尺寸拟定的方法。

(1)拱桥 U 形桥台用作图法初拟尺寸。

拱桥作为推力结构，恒荷载所占比重大，其桥台尺寸拟定原则是尽量使台身圬工各截面和基底的应力比较均匀，尽量减小桥台转动弯矩，一般应考虑使恒荷载压力线与各截面重心曲线尽量接近或重合，由于桥台压力曲线的位置只有在桥台形状确定后才能定出，因而可采用作图法先初步拟出桥台形状。

如图 5-1-5 所示，起拱线、基底埋深已定，先由拱脚截面中心点 A，用拱轴线的规律曲线向下延伸与基底线交于 B 点，由拱脚下缘作垂线交基底于 D 点，以 BD 长作 $BC=BD$，采用基础高度 h，并取襟边宽 C，台口宽取 b，再取任意点 G 做垂直于 OB 的线交 AD 于 F，取 $GE=GF$。可做几条类似线后，经调整细化，即可定出前墙背坡长度。用锥坡推出桥台顺桥长度，再按细部要求定出前墙上立墙及侧墙尺寸，即可得到拱桥 U 形桥台初拟尺寸。

(2)空腹桥台尺寸拟定。

如图 5-1-6 所示，台高 $h=h_1+h_2$，其中：

$$h_1=f+t+D\pm i \tag{5-1-7}$$

式中　f——主拱圈矢高；

t——主拱圈厚度；

D——拱上填料及路面厚度；

i——桥面纵坡影响值。

根据地质条件确定 h_2，也可初估 $h_2=(1/3\sim1/2)h_1$。以拱脚上缘线作为撑墙的顶面，按 1∶1坡线推算出桥台长 a_1，桥台宽度取路基宽度，桥台高度方向在主拱圈上缘以上部分挖空，即得空腹式桥台尺寸图。

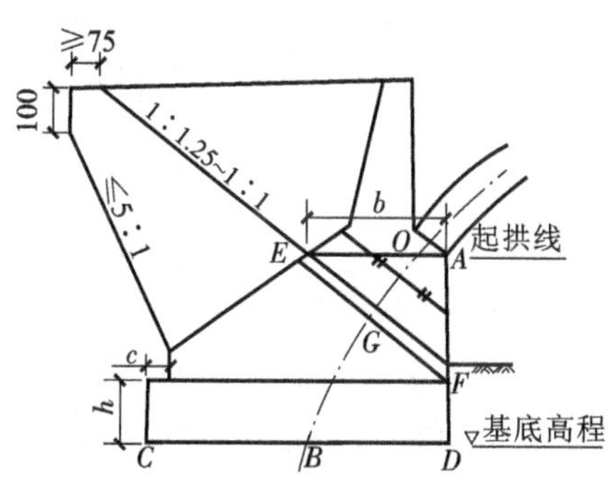

图 5-1-5　拱桥 U 形桥台作图法初拟尺寸示意图(尺寸单位:cm)

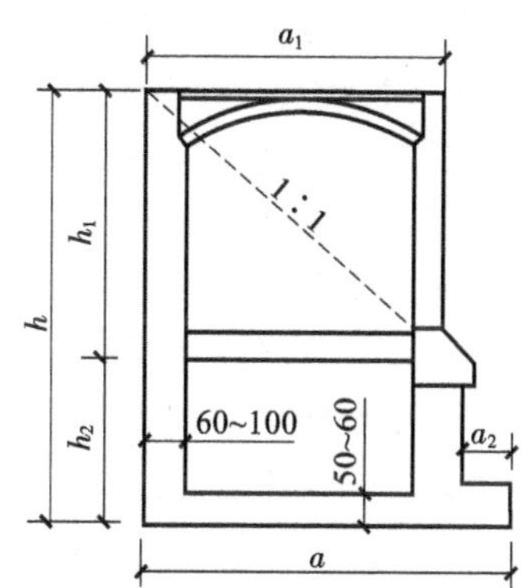

图 5-1-6　空腹式桥台尺寸拟定图(尺寸单位:cm)

1.3 墩台的作用计算及有关规定

作用在桥梁墩台上的永久作用有恒荷载、土重和侧向土压力、预应力(组合式桥墩)、混凝土收缩及徐变的影响力、水的浮力;可变作用有汽车荷载、汽车冲击力、离心力、汽车荷载引起的侧向土压力、人群荷载、挂车或履带车荷载及其引起的土侧压力、风力、汽车制动力、流水压力、冰压力、支座摩阻力,在超静定结构中尚需考虑温度变化的影响力;偶然作用有船只或漂流物撞击力、施工荷载和地震力;另外,在某些特殊河道,存在涌潮等现象,则除上述作用外,还需考虑涌潮等间歇性作用对结构产生的影响。在这些作用中,有永久存在的作用,也有可变作用、偶然作用,还有在所设计的墩台中不可能发生的荷载。因此,在墩台设计计算过程中,应根据墩台的受力与工作阶段,给出可能同时存在的作用效应组合,以确定出最不利的受力状态。

1.3.1 作用

(1)恒荷载和水的浮力。

桥梁上部结构恒荷载传至墩台的计算值,由桥梁支座反力计算确定。对于墩台在水下和土中部分自重的计算方法,要根据地基土的性质加以考虑。

水下土的浮力计算是一个至今尚未完全解决的问题,其关键在于土的空隙中能否传递静水压力。在土力学中,土中孔隙水主要分为自由水与结合水两大类。自由水能够传递静水压力,而结合水(特别是强结合水及弱结合水的内层)是不能传递静水压力的。由于砂性土的土颗粒较大,主要由原生矿物组成,故孔隙水主要是自由水,水下的砂性土肯定受到浮力作用。而黏性土的孔隙水中既有自由水又有结合水,它们各自所占的比例又与土的含水量有关。当黏性土的含水量接近或超过液限时,土处于流动状态,土孔隙中主要是自由水,所以这时土受到浮力作用;若黏性土的含水量小于塑限时,土处于固体状态,这时土孔隙中主要是结合水,故土不受浮力作用;若土的含水量在液限与塑限之间,土处于塑性状态,土孔隙中结合水与自由水都有,这时土是否受到浮力作用就很难肯定,一般都是按不利状态考虑。

公路桥梁设计规范中,在考虑水的浮力时,对不同的土质和不同的计算内容做了不同的规定。位于透水性地基上的墩台,在验算稳定时,应采用设计高水位的浮力;在验算地基应力时,仅考虑低水位时的浮力,或不考虑水的浮力。基础嵌入不透水性地基的墩台,可不考虑水的浮力。当地基是否透水未定时,按透水与不透水,以最不利荷载组合计算。

水对水下墩台或土的固体颗粒的浮力作用,可用墩台圬工的浮容重或土的浮容重来反映。圬工的浮容重等于圬工容重减去水的重量,土的浮容重可以根据土质资料得到不同的物理指标,如天然容重、天然含水量、相对密度或饱和容重。

(2)侧向土压力。

土体对结构物产生的侧向土压力有主动土压力、被动土压力和静止土压力的区别。桥台土压力计算时,采用哪种土压力,应根据桥台位移及压力传播方式而定。梁式桥台承受的水平压力主要是台后滑动土体(及滑动土体上的荷载)所产生的侧压力,它使桥台发生向河心的移动。因此,梁桥桥台的侧土压力,一般按主动土压力计算。当桥台刚度很大,不可能产生微量移动,滑动土体不可能形成时,可按静止土压力计算。

公路桥梁设计规范中的主动土压力计算采用库仑土压力公式,一般根据实例分析,认为按库仑土压力公式求得的主动土压力 E 值还是比较接近实际的。若土质分层有变化,或水位影响各层计

算数据，应做分层计算。在计算土压力时，有下述几种情况值得注意。

①当台背外倾时，如图 5-1-7 所示，土压力可分为主动土压力的竖直分力和水平分力。

土压力的竖直分力 E_{Ay} 按下式计算：

$$E_{Ay}=\frac{1}{2}B\mu\gamma H^2\sin\theta_1 \tag{5-1-8}$$

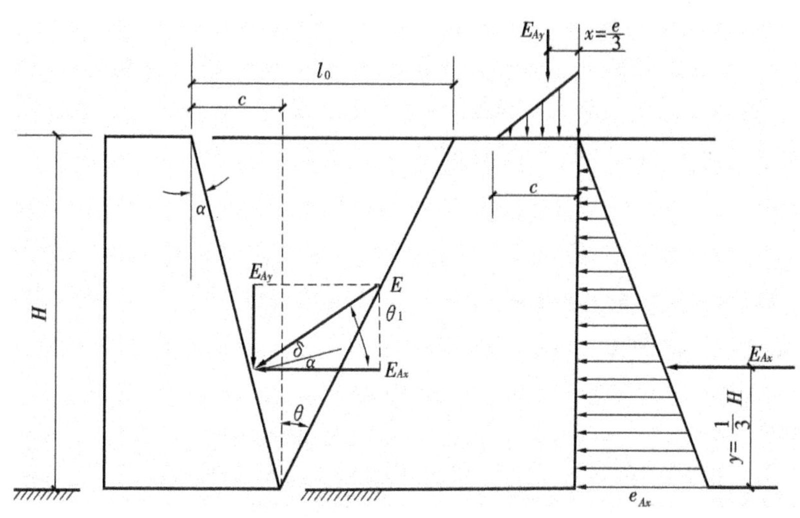

图 5-1-7　台背外倾时的土压力计算图示

式中　μ——主动土压力系数，按公路桥梁设计规范中有关公式计算，或查阅《公路设计手册·墩台与基础》中的有关表格；

θ_1——台背外倾时 $\theta_1=\delta+\alpha$，台背竖直时 $\theta_1=\delta$，台背向内倾斜时 $\theta_1=\delta-\alpha$。

土压力的水平分力 E_{Ax} 按下式计算：

$$E_{Ax}=\frac{1}{2}B\pi\gamma H^2\cos\theta_1$$
$$e_{Ax}=rH\mu\cos\theta_1 \tag{5-1-9}$$

式中符号的意义见《桥规》。

要指出的是，如果在台身高度范围内有地下水，则在土侧压力计算中，应根据地下水位确定相应的土侧压力。

②台前溜坡土压力。对埋置式桥台，当台前溜坡有适当防护措施，不致被冲去时，可考虑台前溜坡对桥台产生的主动土压力，其计算图示见图 5-1-8。由基底外缘 A 点向上引竖直线与溜坡交于 B 点，AB 即作为土压力计算高度，作用在整座桥台上的台前溜坡土压力 E' 作用于竖直面 AB 上。如不考虑桥台前身与土体间摩阻角及台身前墙倾斜，则：

$$E'=\frac{1}{2}\gamma H^2\mu' B$$
$$e'=rH\mu' \tag{5-1-10}$$

图 5-1-8　台前溜坡的土压力计算图示

式中　γ——溜坡填土的容重。

H——AB 高度。

B——桥台的计算宽度，一般桥台为横桥向全宽，桩柱式桥台另行计算。

μ'——系数，可按下式计算：

$$\mu' = \frac{\cos^2\varphi}{\left[1+\sqrt{\frac{\sin\varphi\sin(\varphi+\beta)}{\cos\beta}}\right]^2} \tag{5-1-11}$$

式中　φ——溜坡填土的内摩擦角；

β——溜坡坡角。

③桩柱式桥台土压力的计算宽度。桩柱式桥台或岸墩，每根桩柱所受到的土压力的计算宽度应大于实际桩柱的宽度。《桥规》规定：当桩柱间净距小于或等于桩柱直径或宽度时，不考虑桩柱间空隙的折减，作用在每根桩柱上的土压力计算宽度按下式计算：

$$b = \frac{nD + \sum_{i=1}^{n-1} l_i}{n} \tag{5-1-12}$$

式中　b——每根桩柱土压力的计算宽度；

D——桩柱的直径或宽度；

l_i——桩柱间净距；

n——桩柱数。

当桩柱间净距大于桩柱直径或宽度时，应根据桩柱的直径或宽度考虑桩柱间空隙的折减。如果桩柱直径小于或等于1m，作用在每根桩柱的土压力计算宽度为：

$$b=\frac{D(2n-1)}{n} \tag{5-1-13}$$

如果桩柱直径大于1m，作用在每根桩柱上的土压力计算宽度为：

$$b=\frac{n(D+1)-1}{n} \tag{5-1-14}$$

④当桥台后填土破坏棱体上有车辆荷载时，车辆荷载引起的侧向土压力，可换算成等代的均布土层厚度，按桥台的横桥向全宽均布进行计算。

(3)汽车荷载冲击力。

钢筋混凝土桩柱式墩台以及其他轻型桥台，在计算汽车荷载时应计入冲击力。但对于重力式实体墩台，冲击力的作用衰减很快，因此，验算时可不计冲击影响。汽车冲击力的标准值为汽车荷载标准值乘以冲击系数μ。冲击系数μ可按下式计算：

$$\left.\begin{array}{l} \text{当 } f<1.5\text{Hz 时}, \mu=0.05 \\ \text{当 } 1.5\text{Hz}\leqslant f\leqslant 14\text{Hz 时}, \mu=0.1767\ln f-0.0157 \\ \text{当 } f>14\text{Hz 时}, \mu=0.45 \end{array}\right\} \tag{5-1-15}$$

式中　f——结构基频（自振频率），Hz，宜采用有限元方法计算。对于简支梁桥、连续梁桥、拱桥等常规结构，可采用《桥规》条文说明的计算公式估算。

(4)汽车荷载的制动力。

汽车荷载的制动力是桥梁墩台承受的主要纵向水平力之一，当汽车荷载在桥上制动或减速时，在车轮与桥面之间产生相互作用力，此时桥面受到方向与车辆行进方向相同的力，称为制动力。制动力可按《桥规》中的有关规定计算。在计算梁式桥墩台时，制动力可移至支座中心（铰或滚轴中心）或滑动支座、橡胶支座、摆动支座的底座面上。

(5)流水压力及冰压力。

①流水压力。

流水压力标准值按下式计算：

$$F_W = KA\frac{\gamma v^2}{2g} \tag{5-1-16}$$

式中 F_W——流水压力标准值，kN；

γ——水的重度，kN/m^3；

v——设计流速，m/s；

A——桥墩阻水面积，m^2，计算至一般冲刷线处；

g——重力加速度；

K——桥墩形状系数，按《桥规》规定取用。

流水压力的合力作用点，假定在设计水位以下1/3水深处，即假定河底的流速为零，作用力的分布呈倒三角形。

②冰压力。

严寒地区位于有冰凌河流或水库中的桥梁墩台，应根据当地冰凌的具体情况及墩台形状计算冰压力。冰压力有竖向和水平向作用力，主要是水平向作用力。竖向力是由冰层水位升降而对桥梁墩台产生的作用力；水平向作用力包括因风和水流作用于大面积冰层而产生的静压力，冰锥整体推移产生的静压力，河流流冰产生的动压力等。

冰压力标准值按下式计算：

$$F_i = mC_ibtR_{ik} \tag{5-1-17}$$

式中 F_i——冰压力标准值，kN。

m——桩或墩迎冰面形状系数，按《桥规》规定取用。

C_i——冰温系数，按《桥规》规定取用。

b——桩或墩迎冰面投影宽度，m。

t——计算冰厚，m，可取实际调查的最大冰厚或河期堆积冰厚。

R_{ik}——冰的抗压强度标准值，kN/m^2，可取当地冰温0℃时的冰抗压强度；当缺乏实测资料时，对海冰可取$R_{ik}=750kN/m^2$；对河冰，流冰开始时$R_{ik}=750kN/m^2$，最高流冰水位时可取$R_{ik}=450kN/m^2$。

(6)船只或漂流物的撞击力。

船只或漂流物的撞击力，虽是桥梁墩台的偶然荷载，但是对桥墩结构的危害性很大。对于通航河道或有漂流物的河流中的墩台，设计时应考虑船只或漂流物的撞击力。

漂流物的撞击力，在无实际资料时可按下式估算：

$$F = \frac{Wv}{gT} \tag{5-1-18}$$

式中 W——漂流物重力，kN，应根据河流中漂流物情况，按实际调查确定；

v——水流速度，m/s；

T——撞击时间，s，应根据实际资料估计，在无实际资料时，可用1s；

g——重力加速度。

船只的撞击力可根据河道等级和船只的撞击力方向按《桥规》规定计算。实际上，如航道中有大吨位船只航行，则应根据具体情况另做分析确定。

船只撞击力的作用点，假定在计算通航水位线上，墩台身的宽度或长度的中点处；当设有与墩、台分开的防撞击的防护构造时，可不计船只撞击力。

(7)地震力。

在地震区建造的桥梁，地震力是一项十分重要且危害性大的偶然荷载，在墩台设计计算时要进行抗震验算和必要的防护构造措施设计。

桥梁下部结构在地震时可能会出现的震害有：受到地震力后，墩台和基础截面强度、延性和稳定性不够，以致发生结构开裂、折断、位移而引起落梁；地基土液化使墩台下沉、位移、倾斜，桥梁损坏；引道、岸坡滑移下沉致使墩台损坏，危及上部结构等。因此，深入研究地震力对桥梁下部结构的作用力、作用方式，在结构设计和地基处理方面进行抗震验算是不可缺少的。

1.3.2 作用效应组合

桥梁墩台计算时，预先很难确定哪一种荷载组合最不利。通常需要对各种可能的荷载进行组合计算，满足各种不同的要求。在墩台的计算中，尚需考虑按顺桥向(与行车的方向平行)和横桥向分别进行，故在荷载组合时也需按纵向和横向分别计算。

在所有荷载中，车辆荷载的变动对荷载组合起着支配作用。桥墩计算中，一般需要验算墩身截面的强度、作用在墩身截面上合力的偏心距及桥墩的稳定性等。因此，需根据不同的验算内容选择各种可能的最不利荷载组合。例如将汽车荷载在纵向布置在相邻的两孔桥跨上，并且将重轴布置在计算桥墩处，这时桥墩上的竖向力最大，但偏心较小，如图 5-1-9(a)所示。当汽车荷载只在一孔桥跨上布置时，同时有其他水平荷载，如风荷载、船舶或漂流物的撞击作用、流水压力或冰压力等作用在墩身上，这时竖向力最小，而水平荷载引起的弯矩作用大，可能使墩身截面产生很大的合力偏心距，或者此时桥墩的稳定性也是最不利的，见图 5-1-9(b)。在横向计算时，桥跨结构上的汽车荷载可能一列靠边行驶，这时产生最大横向偏心距；也可能多列满布，使竖向力较大而横向偏心较小，见图 5-1-10。

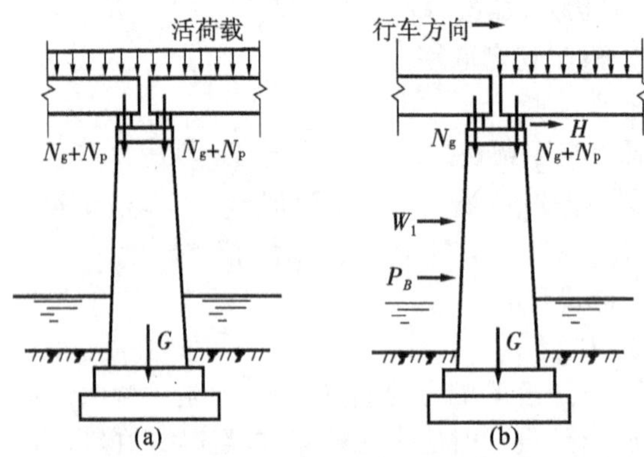

图 5-1-9 产生最大竖向荷载时的外力组合

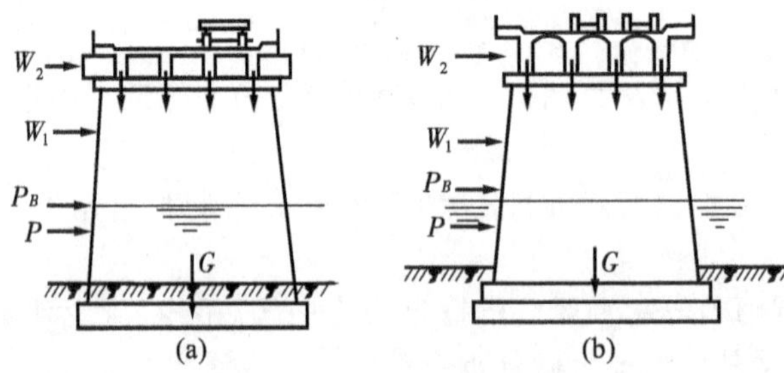

图 5-1-10 桥梁横向布载情况

综上所述，在桥墩计算中，可能出现的作用效应组合有：

①桥墩各截面产生最大竖向力的组合；

②桥墩各截面在顺桥向产生最大偏心距和最大弯矩的组合；

③桥墩各截面在横桥向产生最大偏心距和最大弯矩的组合；

④桥墩在施工阶段的作用效应组合；

⑤需要进行地震力验算的桥墩，要有地震作用参与的效应组合。

桥台的作用效应组合和桥墩一样，根据可能同时出现的作用按《桥规》规定进行效应组合。由于活荷载可以布置在桥跨结构上，也可布置在台后，因此在确定最不利效应组合时，通常按桥上无活荷载而在台后布置活荷载(最大水平力和最大后端弯矩组合)，桥上满布活荷载(最大前端弯矩)，桥上、台后同时布置活荷载(最大竖向力组合)等几种不利情况，分别进行组合与验算，见图 5-1-11。

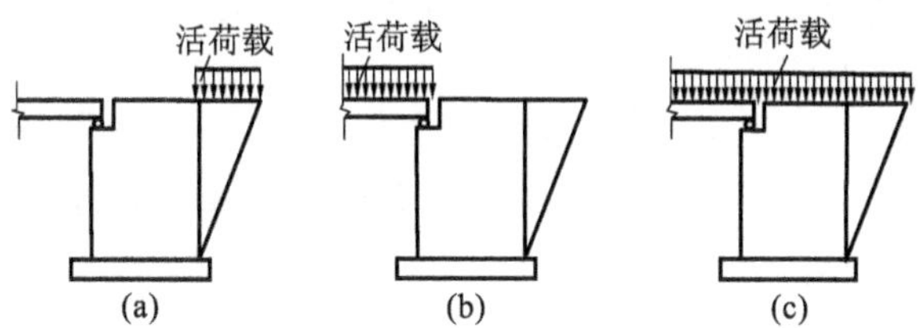

图 5-1-11　桥台活荷载布置图示

1.4　墩台的附属结构物

桥台除包含主体台帽、台身和基础三部分外，还有锥体填土、锥体护坡及溜坡、破冰体、桥台搭板等附属建筑物。

(1)锥体填土。

路基前方伸入桥台部分呈锥体状，称为桥台锥体填土。其作用是保持台后路基稳定，并使桥台与路基很好地衔接，增加桥台的稳定性，锥体及台后一段路基填方，在顺路线方向上，上方不小于桥台高度加 2m，下方不小于 2m 长度范围内，均应以渗水土填筑，并严格夯实；严寒地带，应采用砂土或其他透水性良好的土填筑；确有困难时，除严寒地区，可用一般黏土填筑，但应夯实达最佳密度的 90%，且需加强排水措施。

(2)锥体护坡及溜坡。

U 形桥台、埋置式桥台、钢筋混凝土桩(柱)式岸墩应在两侧及岸墩向河内侧设置锥形护坡(岸墩前称为溜坡)。锥体护坡是为了保护锥体填土免受洪水冲刷，保证后台线路稳定而设。锥体护坡一般沿锥体填土坡面全高进行铺砌，并根据流速、流冰、流木等情况确定铺砌标准。铺砌标准一般有浆砌片石铺砌、双层干砌片石铺砌和单层干砌片石铺砌三种。为防止锥体填土被水淘走，干砌片石铺砌时，应加设厚度不小于 10cm 的碎石或卵石垫层。淹没区以外，当护坡高度不大于 6m、坡度不陡于 1∶1.5 时，可用草皮或播种草籽加固。铺砌高度：大、中桥应高出设计洪水位(包括壅水及浪高)不小于 0.5m，小桥涵高出壅水位(不计浪高)0.25m。锥体护坡的坡脚埋入河床的深度，应考虑一般冲刷的影响。桥台侧墙后端伸入桥头两侧锥坡顶点以内不宜小于 0.75m。

旱桥的锥体是否需要防护以及防护类型，视边坡和填料的安息角而定。

(3)破冰体。

破冰体应与实体墩构成一体。在中等或强烈流冰地区，实体桥墩可在迎水面设置破冰棱，破冰棱设在最低流冰水位以下 0.5m 到最高流冰水位以上 1.0m 处。实体墩的其他部位要用钢筋网加强。

在中等流冰、漂流物地区，在排架式、桩柱式及钢筋混凝土薄壁墩的迎水面前应修筑破冰体，以保护桥墩构造物免受水流与漂流物、排筏的直接撞击。破冰体应设在墩身上游，距离墩台 2～10m(视流冰速度、桥跨大小而定)处。

(4)桥台搭板。

为防止桥头路基沉降不均匀引起行车颠簸，应在路堤与桥台的衔接处设置桥头搭板。高等级公路行车速度快，搭板长度可适当加长，一般不宜小于6～8m。在设置搭板的同时，还必须严格控制台后路基的填料及填筑密实度，以尽量减小路堤的沉降，使搭板能有效地避免跳车。搭板的受力一般按弹性地基板计算。

本章小结

1.桥梁墩台是桥梁结构的重要组成部分，承担着桥梁上部结构所产生的荷载，并将荷载有效地传递给地基基础，起着"承上启下"的作用。

2.梁、板式桥墩主要由墩身的结构形式来划分，一般可分为实体墩、空心墩、柱式墩、排架墩及杆式(板式)结构墩等五种类型。拱桥是一种超静定推力结构，拱桥桥墩按其构造分类，有重力式墩和柱式墩。

3.桥台的主要功能，除了支撑上部结构和传递主梁自重及桥面上的活荷载外，还能衔接引道挡土，承受很大的土压力。其按照桥台的结构形式，一般分为重力式、埋置式、轻型、组合式和承拉桥台。

4.桥梁墩台主要由墩(台)帽、墩(台)身和基础三部分组成。墩帽直接支撑在上部桥跨结构，是利用放置其上的支座将上部桥跨结构自重及车辆、人群活荷载向下传递，因而墩帽受力集中，要求强度高。墩帽尺寸拟定，除要满足安放支座的要求外，还应考虑温度影响下梁的伸缩和荷载作用下梁挠曲后引起梁端转动的要求。墩身是桥墩的主体。桥墩不但支承上部结构传递荷载，而且在水中部分受水流冲击，船只、漂流物、流冰等的碰撞、侵蚀、磨损，所以对墩身材料有一定的要求。重力式桥墩墩身尺寸主要以墩帽尺寸确定。

5.作用在桥梁墩台上的荷载有永久作用、可变作用、偶然作用，在墩台设计计算过程中，应根据墩台的受力与工作阶段，给出可能同时存在的作用效应组合，以确定最不利的受力状态。桥梁墩台计算时，预先很难确定哪一种荷载组合最不利。通常需要对各种可能的荷载进行组合计算，满足各种不同的要求。在墩台的计算中，尚需考虑按顺桥向(与行车的方向平行)和横桥向分别进行，故在荷载组合时也需按纵向和横向分别计算。在所有荷载中，车辆荷载的变动对荷载组合起着支配作用。

6.桥台除包含主体台帽、台身和基础三部分外，还有锥体填土、锥体护坡及溜坡、破冰体、桥台搭板等附属建筑物。

思考题

1.试说明重力式桥墩和空心墩的特点及使用范围。

2.梁桥桥墩有哪几种类型？桥台有哪几种类型？

3.拱桥墩台与梁式桥墩台的最大区别是什么？

4.简述各类埋置式桥台的适用范围。

5.轻型桥墩有哪些类型？轻型桥台有哪些类型？

6.桥墩墩帽的主要结构尺寸如何确定？

7.墩台计算时应考虑哪些荷载？

8.墩台计算时作用效应组合有哪些？

9.简述梁桥桥台顺桥向活荷载布置的几种不利情况。

10.墩台的附属结构物包括哪些部分？

2 桥墩的设计与计算

桥墩的构造形式、主要尺寸初步拟定之后，就要通过力学检算来验证初拟尺寸是否合理并修正，有时为了求得经济合理的尺寸，需反复修正数次。但也应指出，合理尺寸的确定，并不是只取决于力学检算的需要，有些尺寸是考虑施工、运营、养护维修以及其他特殊要求而确定的。这里仅从安全、经济两方面的要求来论述桥墩力学验算的基本原理和方法。

2.1 实体式(重力式)桥墩

对于桥梁和拱桥的重力式桥墩的计算，虽然在荷载组合的内容上稍有不同，但是就某个截面而言，这些外力都可以合成竖向的和水平方向的合力（分别用 $\sum N$ 和 $\sum H$ 表示）以及绕该截面 $x—x$ 轴和 $y—y$ 轴的弯矩（分别用 $\sum M_x$ 和 $\sum M_y$ 表示），如图 5-2-1 所示。因此，它们的验算内容和计算方法基本相同，均应满足现行规范的各项要求。下面将叙述重力式桥墩的一般计算程序。

重力式桥墩图

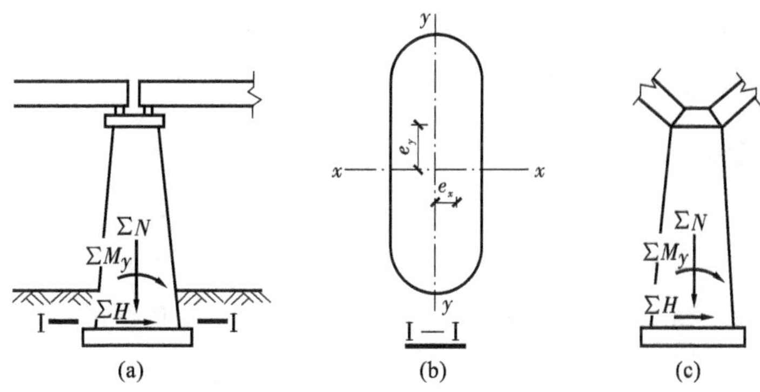

图 5-2-1 墩身底截面强度验算

2.1.1 桥墩墩身截面强度验算

对于较矮的桥墩，一般验算墩身的底截面和墩身的突变截面；对于较高的桥墩，由于危险截面不一定在墩身底部，此时应沿竖向每隔 2～3m 验算一个截面，其步骤如下。

(1) 内力计算。作用于每个截面上的外力应按顺桥方向和横桥方向分别进行作用效应组合，以求得相应的竖向力 $\sum N$、水平力 $\sum H$ 和弯矩 $\sum M$。各种效应组合设计值按下式计算：

$$S_{ud} = \sum_{i=1}^{m} \gamma_{Gi} S_{Gik} + \gamma_{Q_1} S_{Q1k} + \psi_C \sum_{j=2}^{n} \gamma_{Qj} S_{Qjk} \tag{5-2-1}$$

式中各符号意义见第 1 篇第 5 章。

(2)截面强度的验算。对于轴心受压和偏心受压的桥墩,可按《公圬桥规》与《公预规》的相关规定,即:圬工结构应按承载能力极限状态设计,并满足正常使用极限状态的要求(根据圬工结构的特点,其正常使用极限状态的要求,一般情况下可由相应的构造措施来保证);钢筋混凝土或预应力混凝土结构则应按承载能力极限状态和正常使用极限状态进行设计。受压承载力按下式计算(偏心受压构件):

$$\gamma_0 N_d \leqslant \varphi A f_{cd} \tag{5-2-2}$$

式中 N_d——竖向力组合设计值;

γ_0——结构重要性系数;

A——验算截面面积;

f_{cd}——材料的抗压强度;

φ——竖向力偏心影响系数。

采用有关公式进行验算后,如果与上述桥规要求相差较大(过大或过小),则应修改墩身尺寸,重新验算。

(3)偏心距 e 的验算。桥墩承受偏心受压荷载时,对圬工结构应按《公圬桥规》进行受压偏心距限值范围内的承载力验算。对于钢筋混凝土结构,应按《公预规》第 5.3 条受压构件的相关公式进行验算。

(4)抗剪强度的验算。当拱桥桥墩相邻两孔的推力不相等时,需要验算拱座底截面的抗剪强度。圬工构件可按《公圬桥规》第 4.0.13 条,钢筋混凝土构件按《公预规》第 5.5.3～5.5.4 条的相关公式进行验算。

对多阶段受力的组合构件(如双曲拱桥等),可用相关公式分别验算各阶段的承载能力,验算时构件在各阶段的总作用效应按内力叠加原则进行计算。

2.1.2 墩顶水平位移的验算

实体式矮墩,由于截面尺寸较大,相对刚度大,墩台身在水平力作用下的弹性变形所产生的墩台顶位移可忽略不计,只计算由于基础转动引起的墩台顶的水平位移。基础竖直方向的转动角度,可用偏心边缘与非偏心边缘沉降差来计算;也可用水平力和偏心竖向力产生的弯矩来计算:

$$\tan\varphi = \frac{12M}{ab^3C} \tag{5-2-3}$$

式中 M——水平力与偏心竖向力对基础重心轴的弯矩;

a——垂直验算方向基础长度;

b——平行于验算方向的基础宽度;

C——地基土竖向地基系数。

墩台顶水平位移 $\Delta = h \cdot \tan\varphi$,$h$ 为基底至墩台顶高度。

桥墩墩顶水平位移过大将会影响桥跨结构的正常使用功能,对于高度超过 20m 的重力式桥墩,认为墩身相当于一个固定在基础或承台顶面的悬臂梁,不考虑上部结构对墩顶位移的约束作用,应验算墩顶顺桥向的弹性位移。实际墩身顶水平位移包括基础或承台转动引起的位移 Δ_1 和墩身的弹性变形引起的位移 Δ_2。Δ_1 的计算前面已经介绍,Δ_2 位移计算如下。

等截面时:

$$\Delta_2 = \Delta_H + \Delta_M = \frac{Hh^3}{3EI} + \frac{Mh^2}{3EI} \tag{5-2-4}$$

变截面墩台弹性位移按近似计算公式计算：

$$\Delta_2=\frac{1}{EI}\left[Mh^2\left(\frac{1}{2}+\frac{K}{3}\right)+Hh^3\left(\frac{1}{3}+\frac{K}{6}\right)+q_1h^4\left(\frac{1}{8}+\frac{K}{24}\right)+q_2h^4\left(\frac{1}{30}+\frac{K}{144}\right)\right] \quad (5\text{-}2\text{-}5)$$

式中　Δ_H——水平力产生的挠曲位移；

Δ_M——弯矩产生的挠曲位移；

I——墩台身底面的惯性矩；

M——由结构重力、汽车荷载偏心作用力及制动力等在墩台顶产生的弯矩；

H——作用在墩台顶的水平力；

K——惯性矩系数，$K=(I-I_{h/2})/I_{h/2}$，$I_{h/2}$为 $h/2$ 处墩台身截面惯性矩；

q_1——由于风力等沿墩台高均匀分布的水平外力；

q_2——由于风力等其他外力沿墩台高呈三角形分布的水平荷载。

墩顶水平位移的计算值不得超过桥墩顶端水平位移的允许极限值：

$$\Delta\leqslant 0.5\sqrt{l} \quad (5\text{-}2\text{-}6)$$

式中　l——相邻墩台间最小跨径长度，m，跨径小于 25m 时，取 25m；

Δ——墩顶计算水平位移值，cm。

2.1.3　桥墩的整体稳定性验算

(1)倾覆稳定性验算。

验算桥墩的抗倾覆稳定性，目的在于保证桥墩不至于向一侧倾倒(绕基底的某一轴转动)。基础的转动轴假定在最大受压边的外缘，如图 5-2-2 所示，则桥墩的抗倾覆稳定系数 k_0 按下式计算：

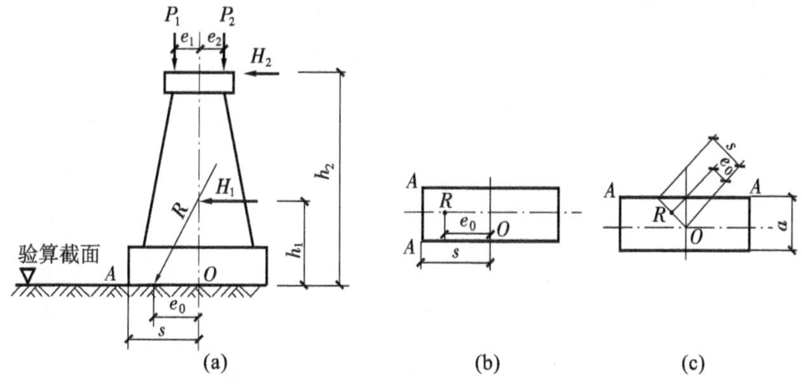

图 5-2-2　基础倾覆稳定性验算示意图

$$k_0=\frac{s}{e_0}=\frac{s\sum P_i}{\sum P_ie_i+\sum H_ih_i} \quad (5\text{-}2\text{-}7)$$

式中　k_0——桥墩抗倾覆稳定系数；

s——在截面重心至合力作用点的延长线上，自截面重心至验算倾覆轴的距离，m；

e_0——所有外力和合力 R 在验算截面的作用点对基底重心轴的偏心距；

P_i——不考虑其分项系数和组合系数的作用标准值组合或偶然作用(地震除外)标准组合引起的竖向力，kN；

e_i——竖向力 P_i 对验算截面重心的力臂，m；

H_i——不考虑其分项系数和组合系数的作用标准值组合或偶然作用(地震除外)标准组合

引起的水平力,kN;

h_i——水平力对验算截面的力臂,m。

(2)滑动稳定性验算。

桥墩在水平推力作用下沿基础地面滑动的可能性即基础抗滑动安全度的大小,可用基底与土之间的摩擦阻力和水平推力的比值 k_c 来表示,k_c 称为抗滑动稳定系数,即

$$k_c = \frac{\mu \sum P_i + \sum H_{ip}}{\sum H_{ia}} \tag{5-2-8}$$

式中 k_c——桥涵墩台基础的抗滑动稳定系数。

$\sum P_i$—— 竖向力总和。

$\sum H_{ip}$—— 抗滑稳定水平力总和。

$\sum H_{ia}$—— 滑动水平力总和。

μ——基础底面与地基土之间的摩擦系数,通过试验确定;当缺少实际资料时,可参照表 5-2-1 采用。

表 5-2-1 **基底摩擦系数**

地基土分类	μ	地基土分类	μ
黏土(流塑、坚硬)、粉土	0.25	软岩(极软岩、较软岩)	0.40～0.60
砂土(粉砂、砾砂)	0.30～0.40	硬岩(较硬岩、坚硬岩)	0.60～0.70
碎石土(松散、密实)	0.40～0.50		

抗倾覆和抗滑动稳定系数不得小于表 5-2-2 所列的规定值。

表 5-2-2 **抗倾覆和抗滑动稳定系数 k_0、k_c**

作用组合		验算项目	稳定系数
使用阶段	永久作用(不计混凝土收缩及徐变、浮力)和汽车、人群的标准效应组合	抗倾覆 k_0	1.5
		抗滑动 k_c	1.3
	各种作用(不包括地震作用)的标准效应组合	抗倾覆 k_0	1.3
		抗滑动 k_c	1.2
施工阶段作用的标准效应组合		抗倾覆 k_0	1.2
		抗滑动 k_c	

2.1.4 基础应力和合力偏心距验算

墩台基础是桥梁的重要组成部分,基础与基底持力层必须有足够的强度和稳定性,以确保桥梁的安全。因此在墩台设计中,应按墩台在建造时与使用期间可能同时发生的各项最不利的作用效应组合,对基础的稳定性和基底岩土的承载力加以验算,必要时还要验算基础的沉降量。

(1)基底应力验算。

基础底面岩土的承载力,当不考虑嵌固作用时,可按下式验算。

①当基底只承受轴心荷载时:

$$p = \frac{N}{A} \leqslant [f_a] \tag{5-2-9}$$

式中　p——基底平均压应力；

N——《桥规》中规定的作用效应短期组合在基底产生的竖向力；

A——基础底面面积；

$[f_a]$——修正后的地基承载力容许值。

②当基底单向偏心受压时，除满足式(5-2-9)外，尚应符合下列条件：

$$p_{max}=\frac{N}{A}+\frac{M}{W}\leqslant\gamma_R[f_a] \tag{5-2-10}$$

式中　p_{max}——基底最大压应力；

M——《桥规》中规定的作用效应短期组合产生于墩台的水平力和竖向力对基底重心轴的弯矩；

W——基础底面偏心方向面积抵抗矩；

γ_R——地基承载力容许值抗力系数，其值为1.0～1.5，按《桥规》采用。

③当基底双向偏心方向受压时，除满足式(5-2-9)外，尚应符合下列条件：

$$p_{max}=\frac{N}{A}+\frac{M_x}{W_x}+\frac{M_y}{W_y}\leqslant\gamma_R[f_a] \tag{5-2-11}$$

式中　M_x，M_y——作用于基底的水平力和双向力绕 x 轴、y 轴对基底的弯矩；

W_x，W_y——基础底面偏心方向边缘绕 x 轴、y 轴的面积抵抗矩。

当设置在基岩上的基底承受单向偏心荷载，其偏心距 e_0 超过核心半径 ρ 时，可仅按受压区计算基底最大压应力（不考虑基底承受拉应力，见图5-2-3）。基底为矩形截面的最大压应力 p_{max} 按下式计算：

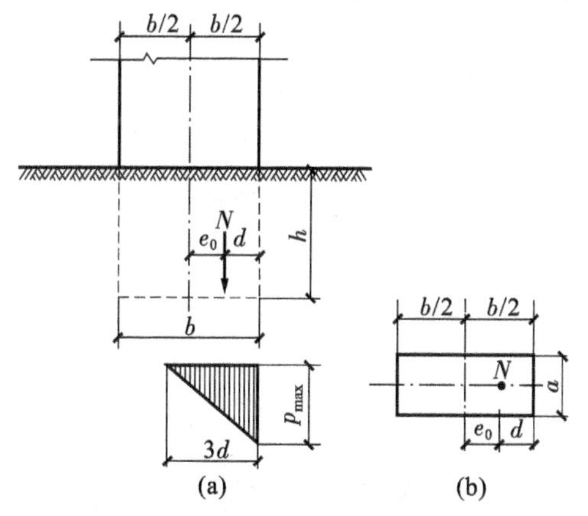

图5-2-3　基底单向偏心受压应力重分布

$$p_{max}=\frac{2N}{3da}=\frac{2N}{3\left(\frac{b}{2}-e_0\right)a} \tag{5-2-12}$$

式中　b——偏心方向基础底面的边长；

a——垂直于 b 边基础底面的边长；

d——N 作用点至基底受拉边缘的距离；

e_0——N 作用点至截面重心的距离。

当设置在基岩上的基底承受双向偏心压应力，且 $e_0/\rho>1.0$ 时，可仅按受压区计算基底压应力（不考虑基底承受拉应力），墩台基底最大压应力可按《桥规》附录确定。

(2)基底合力偏心距验算。

为了使基底合力分布比较均匀，防止基底两侧应力相差过大，导致基底产生不均匀沉陷和影响桥墩的正常使用，在设计时，应对基底合力偏心距加以限制，墩台基底的合力偏心距容许值 $[e_0]$ 应满足表5-2-3的要求。

表5-2-3　**墩台基底的合力偏心距容许值**

作用情况	地基条件	合力偏心距	备注
墩台仅承受永久作用标准值效应组合	非岩石地基	桥墩 $[e_0]\leqslant0.1\rho$	拱桥、刚构桥墩台，其合力作用点应尽量保持在基底重心附近
		桥台 $[e_0]\leqslant0.75\rho$	

续表

作用情况	地基条件	合力偏心距	备注
墩台承受永久作用标准值效应组合或偶然作用(地震作用除外)标准值效应组合	非岩石地基	$[e_0]\leqslant\rho$	拱桥单向推力墩不受限制,但应符合《桥规》规定的对抗倾覆稳定系数的要求
	较破碎、极破碎岩石地基	$[e_0]\leqslant1.2\rho$	
	完整、较完整岩石地基	$[e_0]\leqslant1.5\rho$	

表 5-2-3 中:

$$\rho=\frac{e_0}{1-\frac{p_{\min}}{N}};\quad e_0=\frac{M}{N}\leqslant[e_0]$$

式中 ρ——墩台基础底面的核心半径;

$p_{\min}$——基底最小压应力,当为负值时表示拉应力,$p_{\min}=\frac{N}{A}-\frac{M_x}{W_x}-\frac{M_y}{W_y}$;

e_0——N 作用点至截面重心的距离;

N——作用于基底的竖向力;

M——作用于墩台的竖向力和水平力对基底截面重心的弯矩。

2.1.5 重力式桥墩计算示例

(1)设计资料。

①上部结构为简支装配式钢筋混凝土空心板,横截面内共有 12 片空心板,中板宽度为 1.02m,边板宽度为 1.025m,上部结构恒荷载支点反力为 291.12kN。标准跨径 $l_b=16$m(两桥墩中心线距离);预制板长度 $L=15.96$m(伸缩缝宽度为 4cm);计算跨径 $l=15.60$m(支座重心距离板端 18cm);桥面宽度为净-11.25+2×0.5m(防撞墙)。

②支座为板式橡胶支座,平面尺寸为 200mm×20mm,支座高度为 60mm。

③汽车荷载为公路-Ⅰ级。

④桥墩高度 $H=8$m。

⑤采用圆端形实体桥墩。

⑥墩帽采用 C25 钢筋混凝土,重度为 25kN/m;墩身和基础用 MU30 片石混凝土,重度为 24kN/m。

⑦地基为岩石地基,地基允许承载力$[\sigma]=2000$kPa。

(2)拟定桥墩尺寸。

①墩帽尺寸。

a. 顺桥向尺寸。按照上部结构布置,相邻两孔支座中心距离为 0.4m,支座顺桥向宽度为 0.2m,支座边缘离墩身的最小距离为 0.15m,墩帽顺桥向宽度为

$$B\geqslant f+a+2c_1+2c_2=0.4+0.2+2\times0.1+2\times0.15=1.1(\text{m})$$

从抗震构造措施的角度,梁端至墩台边缘的最小距离 a(cm)还应满足《建筑抗震设计规范(2016 年版)》(GB 50011—2010)第 4.43 条规定,即 $a\geqslant50+l$,则 $a=50+15.6=65.6$(cm)。墩帽宽度为 2×0.656+0.04=1.352(m);取满足上述要求的墩帽宽度为 1.40m,墩帽厚度取为 0.4m。

b. 横桥向尺寸。上部构造为 12 片空心板,边板宽 1.025m,中板宽 1.02m,整个板宽为1.025×2+1.02×10=12.25(m)。两边各加 0.05m,台帽矩形部分长度为 12.35m。两端各加直径为

1.40m 的圆端头，高出墩帽顶面 0.3m 作为防震挡块，墩帽全长 13.75m。

②墩身顶部尺寸。因墩帽宽度为 1.40m，两边挑檐宽度各采用 0.10m，则墩身顶部宽度为 1.20m。墩身顶部矩形部分长度采用 12.35m，两端各加直径为 1.20m 的半圆形端部，则墩身顶部全长为 13.55m。

③墩身底部尺寸。墩身侧面按 25∶1向下放坡，墩身底部宽度为 1.81m，长度为 12.35＋1.81＝14.16(m)。

④基础尺寸。采用两层台阶式片石混凝土基础，每层厚度为 0.75m，每层四周放大 0.25m，上层平面尺寸为 2.31m×14.66m，下层平面尺寸为 2.81m×15.16m。

桥墩一般构造及尺寸如图 5-2-4 所示。

(3)荷载计算。

①上部结构恒荷载计算。上部构造恒荷载反力 $G_0=3291.12$kN。

②墩身自重计算。桥墩共分为五段(图 5-2-5)，其中墩帽为 1 段(S_1)，墩身为 4 段(S_2、S_3、S_4、S_5)。

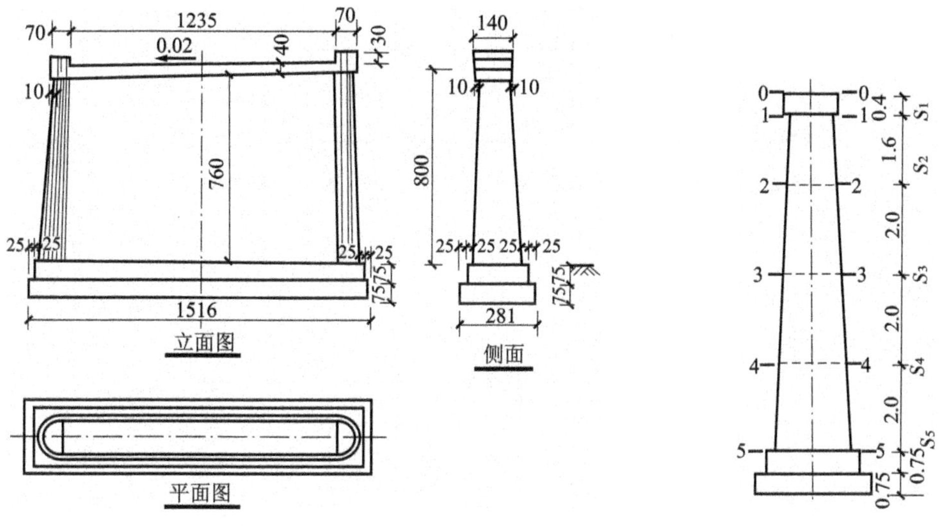

图 5-2-4　桥墩一般构造图　　图 5-2-5　桥墩分段示意图

墩帽重力计算：

$$G_1=(1.4\times12.35\times0.4+\pi/4\times1.4^2\times0.7)\times25=199.84(\text{kN})$$

墩身重力计算，设墩身 i 截面宽度为 B_i，材料重度为 γ，则其面积为

$$A_i=\frac{\pi}{4}\times B_i^2+12.35B_i$$

墩身分段重力为：

$$G_i=\frac{A_{i-1}+A_i}{2}h_i\gamma$$

计算过程及结果见表 5-2-4。

基础重力及基础襟边上的土重力：

$$\begin{aligned}G_7&=(2.31\times14.66+2.81\times15.16)\times0.75\times24+(2.81+14.66)\times2\times0.25\times0.75\times18\\&=1376.36+117.92=1494.28(\text{kN})\end{aligned}$$

表 5-2-4　　墩身重力计算

项目 分段	B_i	$A_{i-1}=\frac{\pi}{4}\times B_{i-1}^2+12.35B_{i-1}/\mathrm{m}^2$	$A_i=\frac{\pi}{4}\times B_i^2+12.35B_i/\mathrm{m}^2$	$G_i=\frac{A_{i-1}+A_i}{2}h_i\times 24/\mathrm{kN}$
$S_1\sim S_2$	1.33	15.95	17.81	648.19
$S_2\sim S_3$	1.49	17.81	20.15	911.04
$S_3\sim S_4$	1.65	20.15	22.52	1024.08
$S_4\sim S_5$	1.81	22.52	24.9	1138.8
合计				3722.11

(4)车道荷载计算。

①车道荷载纵向布置。双孔荷载、双车道布置如图 5-2-6 所示。

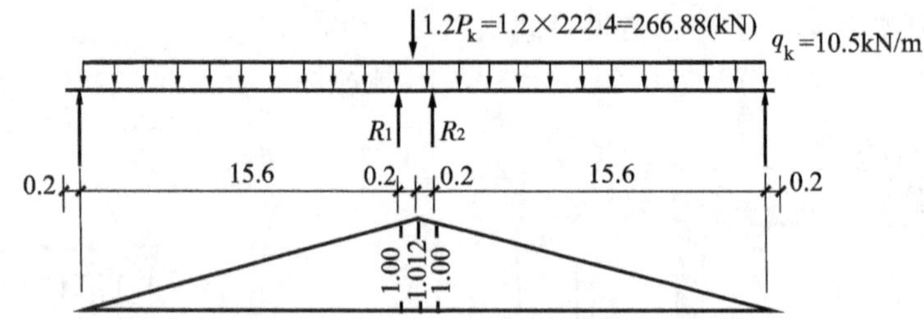

图 5-2-6　双孔布置车道荷载图(尺寸单位:m;轴重力单位:kN)

$$R_1=R_2=\frac{2\times(15.6+0.2)\times 1.012\times 10.5}{2}+\frac{266.88}{2}\times 1.012\times 2=437.973(\mathrm{kN})$$

对墩中心产生的弯矩 $M=0$。

单孔荷载、双车道布置如图 5-2-7 所示。

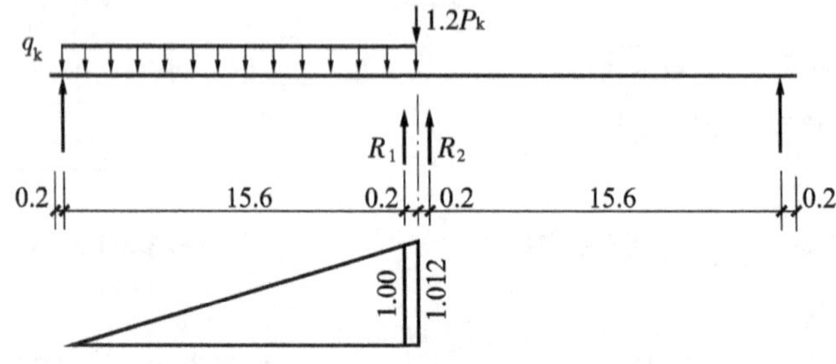

图 5-2-7　单孔布置车道荷载图(尺寸单位:m;轴重力单位:kN)

$$R_1=\left[\frac{1}{2}\times 1.012\times(15.6+0.2)\times 10.5+1.2\times 222.4\times 1.012\right]\times 2=708.056(\mathrm{kN})$$

对墩中心产生的弯矩:

$$M=708.056\times 0.2=141.61(\mathrm{kN\cdot m})$$

②车道荷载横向排列(图 5-2-8)。在横向桥车道荷载靠一边布置时,单车道荷载的合力偏离桥中线 4.225m,双车道荷载的合力偏离桥中线 2.675m。对于实体桥墩,不考虑活荷载冲击力。

对墩中心产生的弯矩:

双孔单车道　　$M_{单}=437.973\times 4.225=1850.44(\mathrm{kN\cdot m})$

双孔双车道　　$M_{双}=(437.973+437.973)\times 2.675=2343.155(\mathrm{kN\cdot m})$

③水平荷载计算。本例为双车道,单向为一个设计车道,制动力应按加载影响线长度上计算的总重力的 10%计算,但不小于 165kN。

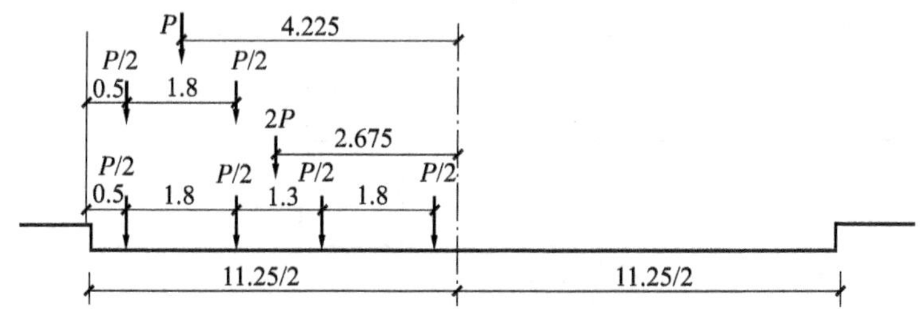

图 5-2-8　车道荷载横向布置图(尺寸单位:m)

一个设计车道上车道荷载产生的制动力为

$$F_{bk}=[(15.6+0.4+15.6)\times10.5+1.2\times222.4]\times0.1=59.868(\mathrm{kN})<165\mathrm{kN}$$

故 $F_{bk}=165\mathrm{kN}$。

制动力对墩身各截面产生的弯矩(按制动力作用点在板式橡胶支座顶面计算,支座高度暂按6cm计)为:

1—1 截面　　$M_{1-1}=165\times0.46=75.9(\mathrm{kN}\cdot\mathrm{m})$

5—5 截面　　$M_{5-5}=165\times8.06=1329.9(\mathrm{kN}\cdot\mathrm{m})$

基地截面　　$M_{基}=165\times9.56=1577.4(\mathrm{kN}\cdot\mathrm{m})$

(5)内力汇总及组合。

顺桥向内力汇总及组合见表 5-2-5,横桥向内力汇总及组合见表 5-2-6。

表 5-2-5　　顺桥向内力汇总及组合

编号	项目	1—1 截面			5—5 截面			基底截面		
		N/kN	H/kN	M/(kN·m)	N/kN	H/kN	M/(kN·m)	N/kN	H/kN	M/(kN·m)
1	上部结构	3291.12		0	3291.12		0	3291.12		0
2	桥墩	199.84		0	3921.95		0	5416.23		0
3	车道荷载单跨双车道布载	708.06		141.61	875.95		0	875.95		141.61
4	车道荷载双跨双车道布载	875.95		0	875.95		0	875.95		0
5	车道荷载制动力		165	75.9		165	1329.9		165	1577.4
内力组合	(一)1.2±(1+2)+1.4×3	5180.43	0	198.25	9646.97		198.25	9415.41	0	141.61
	(一)1.2±(1+2)+1.4×4	5415.48	0	0	9882.01		0	9583.30	0	0
	(二)1.2±(1+2)+1.4×3+5	5180.43	165	283.26	9646.97		1687.74	7532.33	165	1719.01
	(一)1.2±(1+2)+1.4×4+5	5415.48	165	85.01	9882.01		1489.49	7566.64	165	1577.4

表 5-2-6　　　　横向桥内力汇总及组合

编号	项目	5—5 截面			基底截面		
		N/kN	H/kN	M/(kN·m)	N/kN	H/kN	M/(kN·m)
1	上部构造	3291.12		0	3291.12		0
2	桥墩	3921.95		0	5416.23		0
3	车道荷载单列双孔布载	437.97		1850.44	437.97		1850.44
4	车道荷载双列双孔布载	875.94		2343.16	875.91		2343.16
5	地震力		802.97	5222.97		802.97	6427.42
内力组合	(一)1.2±(1+2)+1.4×3	9268.84	0	2590.61	9145.32	0	1850.44
	(二)1.2±(1+2)+1.4×4	9882	0	3280.42	9583.27	0	2343.16

(6)墩身正截面强度验算。

横桥向内力不控制设计,故不计算横桥向截面强度。本例仅以5—5截面为例说明墩身验算的过程。

①偏心距验算。对于5—5截面[组合(二)控制设计]:

$$e_x=M_{dt}/N_d=3280.42/9882=0.332(\text{m})$$

$$e_y=M_{dt}/N_d=1489.49/9882.01=0.151(\text{m})$$

$$e=\sqrt{e_x^2+e_y^2}=0.365\text{m}$$

$$\theta=\arctan(e_x/e_y)=65.543°$$

截面重心至偏心方向边缘距离 $s=0.905/\cos\theta=2.186\text{m}$。

$e/s=0.365/2.186=0.17<0.6$,满足要求。

②墩身底截面强度验算。由式(5-2-2)

$$\gamma_0 N_d\leqslant\varphi A f_{cd}$$

其中

$$\gamma_0 N_d=1.0\times9882.01=9882.01(\text{kN})$$

$$\varphi=\frac{1}{\dfrac{1}{\varphi_x}+\dfrac{1}{\varphi_y}-1}$$

$$\varphi_x=\frac{1-\left(\dfrac{e_x}{x}\right)^m}{1+\left(\dfrac{e_x}{i_y}\right)^2}\cdot\frac{1}{1+\alpha\beta_x(\beta_x-3)\left[1+1.33\left(\dfrac{e_x}{i_y}\right)^2\right]}$$

$$\varphi_y=\frac{1-\left(\dfrac{e_y}{y}\right)^m}{1+\left(\dfrac{e_y}{i_x}\right)^2}\cdot\frac{1}{1+\alpha\beta_y(\beta_y-3)\left[1+1.33\left(\dfrac{e_y}{i_x}\right)^2\right]}$$

在以上各式中,$x=7.08\text{m}$,$y=0.905\text{m}$,$e_x=0.332\text{m}$, $e_y=0.151\text{m}$,$m=8$; $I_y=394.9616\text{m}^4$(墩身底截面绕 y 轴惯性矩),$A=24.9265\text{m}^2$,$i_y=\sqrt{I_y/A}=3.9806\text{m}$; $I_x=6.6295\text{m}^4$(墩身底截面绕 x 轴惯性矩),$i_x=\sqrt{I_x/A}=0.5157\text{m}$。

β_x 和 β_y 为构件 x 方向、y 方向的长细比,在 β_x 和 β_y 的计算式内,对变截面墩身,其回转半径近似地取平均截面的回转半径。

$$I_{ya}=496.3241\text{m}^4,\quad A_a=28.7739\text{m}^2,\quad i_{ya}=\sqrt{I_{ya}/A_a}=4.0387\text{m}$$

$$I_{xa}=9.8808\text{m}^4,\quad i_{xa}=\sqrt{I_{xa}/A_a}=0.5860\text{m}\quad（按上端自由、下端固结的柱考虑）$$

$$l_0=2\times8=16(\text{m}),\quad \gamma_a=1.3,\quad \alpha=0.002$$

$$\beta_x=\frac{\gamma_a l_0}{3.5i_{ya}}=\frac{1.3\times16}{3.5\times4.0387}=1.471\quad（\beta_x<3取为3）$$

$$\beta_y=\frac{\gamma_a l_0}{3.5i_{xa}}=\frac{1.3\times16}{3.5\times0.5860}=10.141$$

因此

$$\varphi_x=\frac{1-\left(\frac{0.332}{7.08}\right)^8}{1+\left(\frac{0.332}{3.9806}\right)^2}\times\frac{1}{1+0.002\times3\times(3-3)\times\left[1+1.33\times\left(\frac{0.332}{3.9806}\right)^2\right]}=0.993$$

$$\varphi_y=\frac{1-\left(\frac{0.151}{0.905}\right)^8}{1+\left(\frac{0.151}{0.5157}\right)^2}\times\frac{1}{1+0.002\times10.141\times(10.141-3)\times\left[1+1.33\times\left(\frac{0.151}{0.5157}\right)^2\right]}=0.793$$

$$\varphi=\frac{1}{\frac{1}{\varphi_x}+\frac{1}{\varphi_y}-1}=\frac{1}{\frac{1}{0.993}+\frac{1}{0.793}-1}=0.789$$

$A=24.9265\text{m}^2$，$f_{cd}=4.48\text{MPa}$，则

$\varphi Af_{cd}=0.789\times24.9265\times10^6\times4.48=88.108\times10^6(\text{N})>\gamma_0N_d=9882.01\text{kN}$　（满足要求）

(7)基底应力验算。

基底应力按《公路桥涵地基与基础设计规范》(JTG D63—2007)进行验算。基础如图5-2-4所示，采用MU30片石混凝土，地基为岩石地基，允许承载力2000kPa。基底荷载标准值见表5-2-5、表5-2-6。

①汽车荷载采用双跨双车道布置。

a.按表5-2-5、表5-2-6荷载组合(一)。

基底应力 $p_{\min}^{\max}=\frac{N}{A}\pm\frac{M_x}{W_x}\pm\frac{M_y}{W_y}$，其中：

$$N=3291.12+5416.23+875.95=9583.3(\text{kN}),\quad M_x=0,\quad M_y=2343.16\text{kN}\cdot\text{m}$$

$$W_x=19.951\text{m}^3,\quad W_y=107.635\text{m}^3,\quad A=42.6\text{m}^2$$

所以基底应力为

$$p_{\min}^{\max}=\frac{9583.3}{42.6}\pm\frac{0}{19.951}\pm\frac{2343.16}{107.653}=224.96\pm21.77$$

$$=\frac{246.73}{203.19}(\text{kPa})<2000\text{kPa}\quad（满足要求）$$

b.按表5-2-5、表5-2-6荷载组合(二)。

$$N=3291.12+5416.23+875.95=9583.3(\text{kN}),\quad M_x=1577.4\text{kN}\cdot\text{m}$$

$$M_y=2343.16\text{kN}\cdot\text{m}$$

$$W_x=19.951\text{m}^3,\quad W_y=107.635\text{m}^3,\quad A=42.6\text{m}^2$$

所以基底应力为

$$p_{\min}^{\max}=\frac{9583.3}{42.6}\pm\frac{1577.4}{19.951}\pm\frac{2343.16}{107.653}=224.96\pm79.06\pm21.77$$

$$=\frac{325.79}{124.13}(\text{kPa})<1.25\times2000=2500(\text{kPa})\quad（满足要求）$$

按地基承受作用短期作用组合(二),地基承载力应乘以抗力系数 1.25。

②汽车荷载采用单跨双车道布载。

a. 按表 5-2-5、表 5-2-6 荷载组合(一)。

$$N=3291.12+5416.23+708.06=9415.41(\text{kN}),\quad M_x=141.61\text{kN}\cdot\text{m}$$

$$M_y=1850.44\text{kN}\cdot\text{m}$$

$$W_x=19.951\text{m}^3,\quad W_y=107.635\text{m}^3,\quad A=42.6\text{m}^2$$

所以基底应力为

$$p_{\min}^{\max}=\frac{9415.41}{42.6}\pm\frac{141.61}{19.951}\pm\frac{1850.44}{107.653}=221.02\pm7.10\pm17.19$$

$$=\frac{245.31}{196.73}(\text{kPa})<1.25\times2000=2500(\text{kPa})\quad(\text{满足要求})$$

按地基承受作用短期作用组合(二),地基承载力应乘以抗力系数 1.25。

b. 按表 5-2-5、表 5-2-6 荷载组合(二)。

$$N=3291.12+5416.23+708.06=9415.41(\text{kN}),\quad M_x=1719.01\text{kN}\cdot\text{m}$$

$$M_y=1850.44\text{kN}\cdot\text{m}$$

$$W_x=19.951\text{m}^3,\quad W_y=107.635\text{m}^3,\quad A=42.6\text{m}^2$$

所以基底应力为

$$p_{\min}^{\max}=\frac{9415.41}{42.6}\pm\frac{1719.01}{19.951}\pm\frac{1850.44}{107.653}=221.02\pm86.16\pm17.19$$

$$=\frac{324.37}{117.67}(\text{kPa})<1.25\times2000=2500(\text{kPa})\quad(\text{满足要求})$$

按地基承受作用短期作用组合(二),地基承载力应乘以抗力系数 1.25。

(8)桥墩稳定性验算。

桥墩抗倾覆稳定性和抗滑动稳定性在此仅作短期作用(二)纵向受力验算。

①抗倾覆稳定性验算。

抗倾覆稳定系数 $k_0=\frac{s}{e_0}$,其中

$$e_0=\frac{\sum P_ie_i+\sum H_ih_i}{\sum P_i}=\frac{141.61+1577.4}{9583.3}=0.179(\text{m})$$

s 为在截面重心至合力作用点的延长线上,自截面重心至验算倾覆轴的距离,取 2.186。所以抗倾覆系数为

$$k_0=\frac{2.186}{0.179}=12.21>1.3\quad(\text{满足要求})$$

② 抗滑动稳定性验算。

$$k_c=\frac{\mu\sum P_i+\sum H_{ip}}{\sum H_{ia}}$$

μ 为基础与地基摩擦系数,由表 5-2-1 取为 0.65,所以

$$k_c=\frac{\mu\sum P_i+\sum H_{ip}}{\sum H_{ia}}=\frac{0.65\times(3291.12+5416.23)+165}{165}=35.30>1.3\quad(\text{满足要求})$$

2.2 柱(桩)式桥墩

桩(柱)式桥墩的计算包括盖梁和桩柱两个部分。

2.2.1 盖梁设计

桩(柱)式桥墩的墩帽即为盖梁,桩柱的钢筋伸入到盖梁内,与盖梁的钢筋绑扎或焊接成整体,盖梁与桩柱刚接呈刚架结构。《公预规》规定盖梁计算的相关内容如下:

①墩台盖梁与桩柱应按刚构计算。

②当盖梁与柱的线刚度(EI/l)之比大于5时,双柱式墩台一般可以忽略节点不均衡弯矩的分配及传递,按简支梁或双臂梁计算和配筋,多根桩柱的盖梁可按连续梁计算;当线刚度比小于5或桥墩承受较大横向力时,盖梁应作为横向刚架的一部分进行计算。计算盖梁支点负弯矩时应考虑桩柱支承宽度的影响,圆形截面柱可换算为边长等于80%直径的方形截面柱。

③按简支梁计算的盖梁,其计算跨径应取 I_c 和 $1.15I_n$ 两者中较小者(I_c 为盖梁支承中心之间的距离,I_n 为盖梁的净跨径)。在确定圆形截面柱可换算为边长等于80%直径的方形截面柱,当盖梁作为连续梁或刚构分析时,计算跨径可取支承中心距离。

(1)作用计算。

①永久作用。包括上部构造恒荷载(行车道、桥面铺装、人行道、栏杆)、盖梁自重及预应力等。

②可变作用。分别按其在盖梁上可能产生的最不利情况,求出支点最大反力(车道荷载要乘以冲击系数)作为盖梁的可变作用。车道荷载及人群荷载横向分布计算:当对称布置时,按杠杆原理法计算;当非对称布置时,可按偏心压力法[或铰接(梁)法、刚接梁法、G-M法等]计算,具体依据主梁横向分布计算的方法确定。

③施工吊装荷载。盖梁在施工过程中,荷载的不对称性很大,各截面将产生很大的弯矩,因而要根据架桥施工方案可能出现的施工荷载进行组合,对控制截面的受弯、受剪进行验算。构件吊装时,构件重力应乘以动力系数1.2或0.85,并视构件具体情况做适当增减。施工阶段应力计算按《公预规》第7.2节进行。

(2)作用效应计算。

公路桥梁桩柱式墩的盖梁通常采用双臂式,计算时的控制截面通常选在支点和跨中截面。在计算支点负弯矩时,采用非对称性布置车道荷载、人群荷载与恒荷载的反力;在计算跨中正弯矩时,采用对称布置车道及人群荷载与恒荷载的反力。桥墩沿纵向的水平力以及当盖梁在沿桥纵向设置两排支座时,上部结构可变作用的偏心力对盖梁将产生扭转,计算中应加以考虑。

(3)盖梁内力计算时墩柱支承宽度影响的考虑。

由于支承盖梁的墩柱面积较大,简化成点支承使盖梁内力计算偏大而显得太保守,所以规范规定应考虑支承宽度的影响。

①负弯矩削峰。在计算盖梁柱顶截面负弯矩时,可采用负弯矩包络图在柱顶削峰的方法减小负弯矩值。削峰宽度理论上认为方柱时为柱宽 b,圆柱时为 $0.8d$(d 为直径)。但支承宽度对内力的影响除与柱宽有关外,还与盖梁跨度、高度和宽度有关,这是一个很复杂的问题。考虑墩柱尺寸小于盖梁尺寸,建议在实际设计时,方形柱取 $0.9b$,圆形柱取 $(0.6\sim0.8)d$。

②正弯矩减小跨径。按简支梁计算的盖梁,其计算跨径应取 l_c 和 $1.15l_n$ 两者较小值,其中 l_c

为盖梁支承中心之间的距离，l_n 为盖梁的净跨径。在确定盖梁的净跨径时，圆形截面柱可换算为边长等于80%直径的方形截面柱。

③对缩头墩，悬臂长度 $l'=l_1+\Delta l_1$，l_1 为墩身范围外净悬臂长度；Δl_1 假定为嵌固深度，$\Delta l_1=\frac{1}{3}R$（或 b）。

(4)截面验算及配筋。

对于钢筋混凝土盖梁，其配筋验算的方法与钢筋混凝土梁配筋类同，应根据弯矩包络图配置受弯钢筋，根据剪力包络图配置弯起钢筋和箍筋。在配筋时，还应计算各控制截面扭矩所需的箍筋及纵向钢筋。

钢筋混凝土盖梁两端位于柱外的悬臂部分设有外边梁时，当外边梁作用点至柱边缘的距离大于盖梁截面高度时，其正截面和斜截面承载力按《公预规》第5章有关规定计算。当边梁作用点至墩柱边缘的距离小于或等于盖梁截面高度时，可按《公预规》第8.5.3条"撑杆-系杆体系"方法计算悬臂部分正截面抗弯承载力；斜截面抗剪承载力可按钢筋混凝土一般受弯构件计算。另外，还应对钢筋混凝土盖梁的挠度和最大裂缝宽度进行验算。但对高跨比 $h/l \geqslant 0.5$ 的钢筋混凝土盖梁可不做挠度验算。

当采用预应力混凝土盖梁时，其配筋和验算方法同预应力混凝土梁。

2.2.2 墩柱的设计计算

2.2.2.1 作用计算

(1)永久作用效应计算，包括上部结构、盖梁、系梁及墩身等重力产生的内力效应。

(2)可变作用效应计算。

①按设计荷载布置车道及人群荷载，以得到最不利加载位置。

②计算墩柱反力的横向分布系数。

③求得车道及人群荷载最大墩柱反力。

④计算墩柱沿纵向水平力。

⑤计算横向水平力。

桥墩沿纵向水平力有制动力、温度作用、支座摩阻力及地震力等，横向水平力有风力、撞击力等。设有板式橡胶支座的简支梁、连续桥面简支梁或连续梁排架式柔性墩台，应根据支座和墩台的抗推刚度的刚度集成情况分配和传递制动力；设有板式橡胶支座的简支梁刚性墩台，按单跨两端的板式橡胶支座的抗推刚度分配制动力；设有固定支座、活动支座的刚性墩传递的制动力，见表1-5-8，每个活动支座传递的制动力不应大于其摩阻力，大于其摩阻力时按摩阻力计算。

进行各种作用效应组合，通过比较选取最不利作用效应组合控制墩柱设计。

2.2.2.2 截面配筋

按《公预规》中有关钢筋混凝土轴心受压或偏心受压构件的规定，配置墩柱截面钢筋和箍筋并进行验算。受力钢筋的截面不得小于截面混凝土计算面积的0.5%。

关于桩柱式桥墩计算得更为详细的内容可参见《公路桥涵设计手册：墩台与基础》。

2.3 柔性排架桩桥墩

柔性排架桩桥墩是由单排或双排的钢筋混凝土桩与钢筋混凝土盖梁连接而成的一联多孔或多联多孔的连续铰接（对简支梁）或连续刚接（对连续刚架）的超静定框架结构。其主要特点是，可以通过一些构造措施，将上部结构传来的水平力(制动力、温度影响力等)传递到全桥的各个柔性墩台，从而达到减小桩墩截面的目的。

现对连续铰接进行分析，连续刚接由于梁与墩无相对位移，计算原理与一般钢构相同，无须特殊考虑。连续铰接柔性墩桥是以结构联分组做整体计算。

2.3.1　柔性墩的计算图示

由于按节点处设水平弹簧支承的连续框架计算比较烦杂，为计算简便，一般将柔性墩简化为单墩计算(图 5-2-9)。简化的基本假设如下：

①柔性墩视为上端铰支、下端固接的超静定梁，下端固定位置按桩基础考虑地基土性质确定 l_p 的要求处理。

②引起墩顶位移的各种影响力分别进行力学分析计算，忽略这些力的相互作用影响，内力计算采用叠加原理。

③计算制动力时，按联内各墩、台的抗推刚度[使墩(台)顶产生单位水平位移时所需在墩(台)顶施加的水平力]分配。

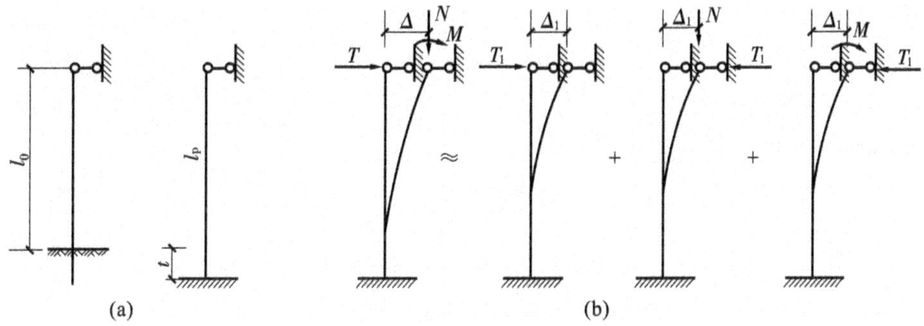

图 5-2-9　柔性墩结构简化计算图示

(a)结构图示；(b)墩顶水平反力计算图示

柔性墩顺桥向内力计算应计及下列因素：①汽车制动力；②梁受竖向荷载时下缘的伸长；③温度变化时梁的伸缩；④水平力作用时固定支座缝隙变化；⑤梁体混凝土收缩和徐变；⑥架梁时残留的墩顶位移；⑦支座竖向反力及其偏心力矩；⑧墩身风力；⑨墩身在日照下产生的温度力；⑩墩身施工偏差及架梁偏差。

一般对于公路桥梁②、④项可以不考虑，第⑩项根据具体施工情况自定。

2.3.2　顺桥向墩顶水平位移计算

墩顶位移由上述各因素分项计算合成。

(1)汽车制动力引起的墩顶位移。

不考虑梁在水平力作用下的纵向变形，则一联内各墩水平位移相同，由制动力引起的墩顶位移可以近似按式(5-2-13)计算，即：

$$\Delta_1 = \frac{T}{\sum K_i} \tag{5-2-13}$$

式中　Δ_1——汽车制动力作用下联内各墩(台)顶水平位移；

T——作用联内的制动力；

K_i——联内各墩(台)的抗推刚度。

其中

$$K_i=\frac{1}{\delta_i},\quad \delta_i=\frac{l_p^3}{3EI}$$

式中 δ_i——单位力作用在第 i 个柔性墩顶时产生的水平位移；

l_p——第 i 个柔性墩的计算高度；

EI——墩身刚度。

当桩在土中嵌固点较深需考虑桩侧土的弹性抗力时，δ_i 则按“基础工程”课程中桩基础的有关公式计算。

(2)温度变化时梁的伸缩引起的墩顶位移。

在架梁后，梁体会因为外界温度的升高与降低(相对架梁时温度)而伸长或缩短，从而使柔性墩顶产生水平位移。在计算墩的位移时，首先需要确定温度变化时位移零点的位置。

如图 5-2-10 所示，用式(5-2-14)计算，即：

$$X_0=\frac{\sum_{0}^{n} iK_i}{\sum_{0}^{n} K_i}L \tag{5-2-14}$$

式中 X_0——0—0 线至 0 号墩的距离；

i——墩的序号，$i=0,1,2,\cdots,n$，n 为总墩数减 1；

L——桥梁跨径。

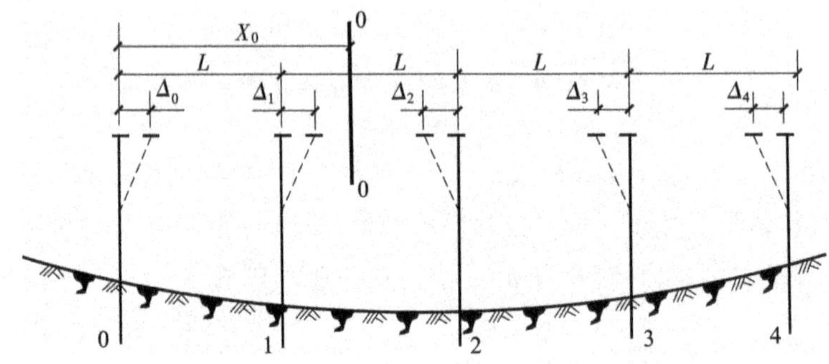

图 5-2-10 温度变化时柔性墩的墩顶位移

如果用 $X_1,X_2,\cdots,X_i$ 表示各墩至 0—0 线的距离，则得各墩顶由温度变化引起的水平位移为：

$$\Delta_2=\alpha\Delta tX_i \tag{5-2-15}$$

式中 Δ_2——温度变化时梁的伸缩引起的墩顶水平位移；

α——梁体混凝土线性膨胀系数；

Δt——计算最高(低)温度与架梁时温度的差值。

(3)梁体混凝土收缩徐变产生的墩顶位移。

梁体混凝土收缩徐变产生的墩顶水平位移，按如下两种情况计算。

①钢筋混凝土梁。

$$\Delta_3=n\gamma\alpha LT_s \tag{5-2-16}$$

式中　Δ_3——梁体混凝土收缩徐变产生的墩顶位移；

n——计算墩与联内刚性墩之间梁的孔数；

T_s——相应的温度变化幅度，架桥机架梁时可采用5～10℃；

γ——相应于梁收缩徐变时柔性墩徐变的应力效应系数，可按表5-2-7采用架设时梁的混凝土龄期，当T_s=5℃时按180d计，当T_s=10℃时按90d计。

其余符号意义同前。

表5-2-7　**相应于梁收缩徐变时柔性墩徐变的应力效应系数**

架设时墩的混凝土龄期/d	架设时梁的混凝土龄期/d											
	60				90				180			
	β=1	β=2	β=3	β=4	β=1	β=2	β=3	β=4	β=1	β=2	β=3	β=4
60	0.39	0.51	0.61	0.69	0.44	0.57	0.67	0.74	0.51	0.65	0.75	0.81
90	0.42	0.55	0.67	0.75	0.46	0.61	0.72	0.79	0.53	0.69	0.79	0.85
120	0.45	0.60	0.72	0.81	0.49	0.65	0.76	0.84	0.56	0.72	0.83	0.89
180	0.51	0.68	0.81	0.89	0.55	0.72	0.84	0.91	0.61	0.78	0.88	0.94
270	0.59	0.79	0.90	0.96	0.63	0.81	0.91	0.96	0.69	0.86	0.94	0.97
360	0.67	0.86	0.95	0.98	0.70	0.88	0.96	0.99	0.76	0.91	0.97	0.99
540	0.82	0.95	0.98	1.00	0.84	0.96	0.99	1.00	0.88	0.97	0.99	1.00
720	0.92	0.98	1.00	1.00	0.94	0.99	1.00	1.00	0.96	0.99	1.00	1.00

注：1. 预应力混凝土梁的龄期应按梁建立预应力时起算。

2. 徐变增长速度系数β，在湿、冷地区取较小值，旱、热地区可取较大值。

②预应力混凝土梁。

$$\Delta_3=\eta\gamma(\Delta L_1+\Delta L_2)(1-C) \tag{5-2-17}$$

$$\Delta L_1=0.8\left(\varepsilon_\infty+0.8\frac{\delta_h}{E_h}\varphi_\infty\right)L \tag{5-2-18}$$

$$\Delta L_2=6.4f_c\gamma_c/L \tag{5-2-19}$$

式中　C——梁体建立预加力后至架设的间隔时间；

ΔL_1——由于梁体混凝土收缩和预加力作用下徐变的轴向变形终极值；

ΔL_2——由于梁体预加力作用产生的徐变上拱使梁下缘缩短的终极值；

ε_∞——混凝土收缩应变终极值；

δ_h——梁内预加力产生的混凝土平均应力；

E_h——梁体混凝土的弹性模量；

φ_∞——混凝土徐变系数的终极值；

f_c——徐变终极上拱度；

γ_c——梁端换算截面重心轴至梁底距离。

其余符号意义同前。

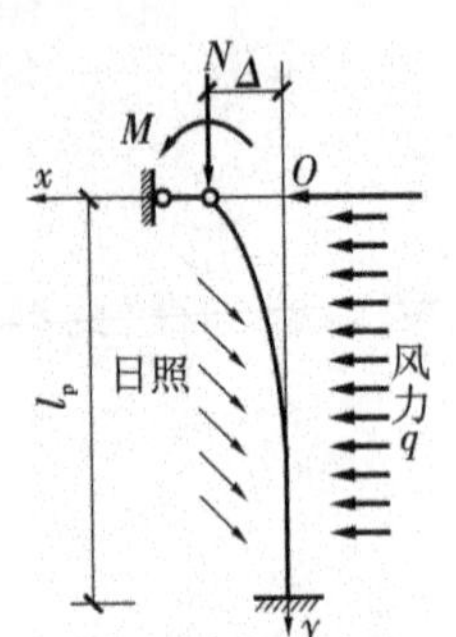

图 5-2-11 最不利外力组合图

(4)架梁时残留的墩顶位移。

施工架梁过程中，墩顶在架梁施工荷载作用下会发生部分水平位移，由于柔性墩桥为一超静定结构，架梁后，部分位移不能自由恢复而使墩身产生内力。规范规定，通过每个柔性墩单独考虑，可采用 $\Delta_4=0.3\text{cm}$。

以上四项墩顶位移为公路桥梁一般应该考虑的项目，也可结合实际情况进行取舍组合，确定墩顶发生的总水平位移 $\Delta=\Delta_1+\Delta_2+\Delta_3+\Delta_4$，此后即可按图 5-2-11 计算，通过结构力学方法求得水平位移下的墩身各截面的内力。

2.3.3 墩身内力计算

(1)墩顶水平位移产生的内力计算。

前述墩顶产生的总水平位移 Δ 的水平力 T_1 按结构力学方法求出：

$$T_1=-\frac{3EI}{l_p^3}\cdot\Delta \tag{5-2-20}$$

y 处截面弯矩为：

$$M_{y1}=-\frac{3EI}{l_p^3}\cdot\Delta\cdot y \tag{5-2-21}$$

(2)顺桥向风力产生的内力计算。

$$T_2=\frac{3}{8}ql_p \tag{5-2-22}$$

$$M_{y2}=\frac{3}{8}ql_py-\frac{1}{2}qy^2 \tag{5-2-23}$$

式中 q——风力强度。

式(5-2-23)的计算结果为单位墩宽的内力。

(3)墩顶偏心弯矩产生的内力计算。

$$T_3=\frac{3M}{2l_p} \tag{5-2-24}$$

$$M_{y3}=M-\frac{3M}{2l_p}\cdot y \tag{5-2-25}$$

(4)墩顶轴向力产生的内力计算。

如图 5-2-12 所示，由于墩顶有侧向约束，并已有 Δ 的水平位移，因此轴力 N 在竖直作用的同时还会产生相应的侧向水平力，使墩身产生弯矩。设墩顶产生水平位移后墩身挠曲曲线为：

$$x=\frac{1}{2l_p^3}(2l_p^3-3l_py+y^3\Delta) \tag{5-2-26}$$

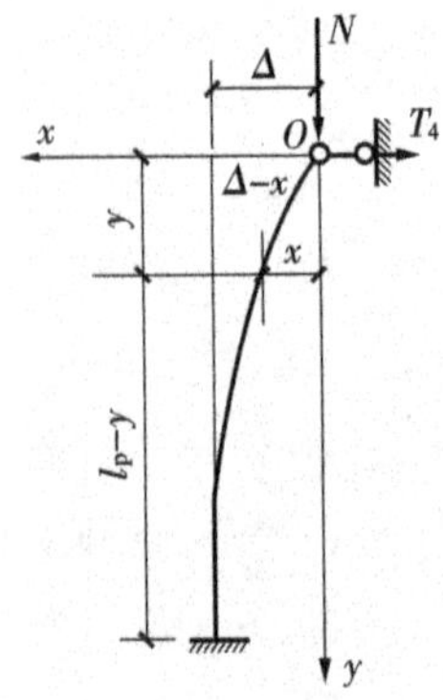

图 5-2-12 柔性墩墩身挠曲曲线

在墩顶作用单位力时墩顶水平位移为：

$$\delta_{11}=\int_0^{l_p}\frac{y^2\,\mathrm{d}y}{EI} \tag{5-2-27}$$

在 N 作用下产生的墩顶水平位移为：

$$\delta_{1N}=\int_0^{l_p}\frac{N(\Delta-X)y}{EI}\mathrm{d}y \tag{5-2-28}$$

则考虑 Δ 的存在，N 使墩顶产生的水平力 T_4 为：

$$T_4=\frac{\delta_{1N}}{\delta_{11}}=\frac{6N\Delta}{5l_p} \tag{5-2-29}$$

(5)墩身日照产生的温度内力。

$$M_{y4}=T_4y+N(\Delta-x) \tag{5-2-30}$$

该项可参照空心墩相关内容。

将以上5项内力计算结果进行叠加，就得柔性墩的计算内力值。

2.4 空心薄壁墩

空心式桥墩是桥墩向轻型化、装配化、机械化方向发展的途径之一。因其可以充分利用材料强度，故可节省用料，减轻桥墩自重，降低了对地基的承载能力要求，并且采用机械化施工方法，既可保证工程质量，又能加速施工进度。国内高速交通建设发展迅速，由于设计车速大，线性要求高，跨越深沟峡谷的高桥墩增多，60m以上的高桥墩绝大多数是空心墩。

空心桥墩图

空心墩的设计，应根据墩高、上部构造的跨径及结构尺寸、线形与河流沟谷情况、地质条件与施工方法等因素，来选择空心墩的类型、截面和立面形状。

薄壁空心墩属于壳体结构，其受力与实体墩有差别，可视为空间壳体或组合板结构(按壁厚大小区分)。理论分析和模型试验表明，对于空心高墩，可按悬臂梁式长壳结构图示进行计算。从国内已建成的混凝土和钢筋混凝土空心墩来看，t/D 一般为1/8～1/6，大于薄壁判别值1/10，不必按壳体计算；如按薄壳结构处理，也只能是近似的。通常空心墩设计可按一般材料力学方法计算其应力和墩顶位移，计算内容除按一般重力式墩计算外，尚应验算以下一些特别项目。

(1)空心墩的承载力和稳定计算。

在承载力计算中，按钢筋混凝土偏心受压构件验算截面混凝土和钢筋的强度及整体稳定性，验算时可依据《桥规》的有关规定进行。配筋率一般在0.5%左右，是按构造或承受局部应力等配筋的。计算应力时，不考虑应力重分布和截面合力偏心距的要求。

(2)墩顶位移计算。

在验算墩顶位移时，要考虑温差产生的位移。空心墩墩顶位移应包括外力(如离心力、制动力、偏心作用的竖向力等)引起的水平位移和日照作用下向阳面和背阳面温差引起的位移及地基不均匀沉降产生的墩顶位移。计算方法如下。

①动力作用下的位移 Δ 值的计算。

设计时将墩视为固定在地基上的等(或变)截面悬臂杆件。制动力及梁上风力作用下墩顶位移计算[图5-2-13(a)]：

$$y_1=\frac{Pl^3}{3EI} \tag{5-2-31}$$

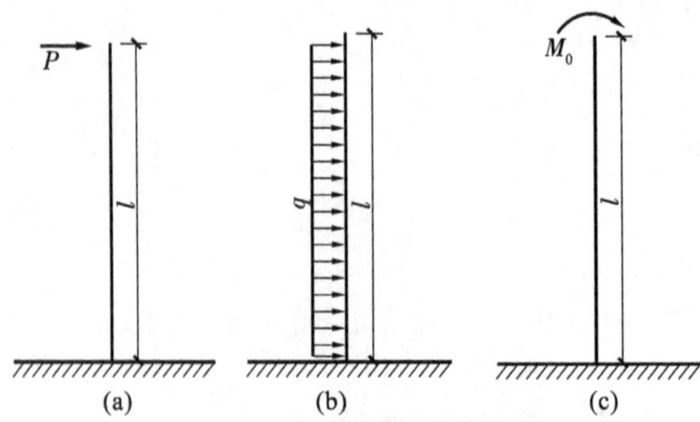

图 5-2-13　墩顶位移计算图示

风力作用下墩顶位移计算[图 5-2-13(b)]：

$$y_2=\frac{ql^4}{8EI} \tag{5-2-32}$$

弯矩作用下墩顶位移计算[图 5-2-13(c)]：

$$y_3=\frac{M_0 l^2}{2EI} \tag{5-2-33}$$

式中　P——墩顶集中力；

l——桥墩高度；

E——弹性模量；

I——截面惯性矩；

q——均布荷载；

M_0——墩顶集中弯矩。

②温度位移。

日照引起的桥墩温度位移是不可忽视的，但目前对其尚无统一的计算公式。当墩顶无支承约束时，最大墩顶位移 Δ_{max} 按下式计算：

$$\Delta_{max}=\frac{\alpha T_0 H^2}{2I_0}(bK_4-b_0C_4) \tag{5-2-34}$$

式中　H——墩高；

α——钢筋混凝土的膨胀系数，$\alpha=1\times10^{-5}/℃$；

T_0——墩身截面的最大温差；

b,b_0——截面宽度与空心部分截面宽度；

I_0——墩身截面重心轴惯性矩；

K_4,C_4——常数。

$$K_1=\frac{1-e^{-ah}}{a},\quad K_2=\frac{1-e^{-ah}(1+ah)}{a},\quad K_3=\frac{K_2}{K_1},\quad K_4=K_1(n-K_3)$$

$$C_1=\frac{e^{-a\delta}-e^{-a(h-\delta)}}{a},\quad C_3=\frac{C_2}{C_1}$$

$$C_2=\frac{e^{-a\delta}\times(1+a\delta)-e^{-a(h-\delta)}[1+a(h-\delta)]}{a^2},\quad C_4=C_1(n-C_3)$$

式中 h——桥墩顺桥向宽度；

a——指数，取 $a=10$；

δ——墩壁厚度，m；

n——$n=h/2$。

墩顶总水平位移必须满足墩顶水平位移的容许极限值($\Delta=0.5\sqrt{L}$)的要求。

(3)墩壁的局部稳定性验算。

空心墩的局部稳定与桥墩壁厚及是否设置横隔板有关。通过对圆柱形、圆锥形和矩形空心墩混凝土模型试验和理论分析表明，空心墩的局部稳定可按板壳空间结构进行分析，而且局部失稳在弹塑性范围内发生，因此，可以近似地用中心受压作用下的弹塑性临界应力计算。对于圆形空心墩，在中心受压下，由理论推导可知，其墩壁局部稳定的丧失可能有两种形式：其一是所谓短波局部失稳；其二是所谓长波局部失稳。圆形空心混凝土或钢筋混凝土桥墩中心受压短波局部稳定的临界应力简化公式为：

$$\delta_{c1}\approx 0.59Et/R \tag{5-2-35}$$

式中 E——弹性模量；

t——壁厚；

R——中面半径。

可见短波失稳的临界应力值与比值 t/R 有关，与梁横隔间距无关。其失稳形态如图 5-2-14 所示。对于通常比值($t/R=1/10\sim1/5$)的混凝土桥墩，不会存在短波局部稳定问题。

圆形空心墩在中心受压下长波失稳的临界应力公式为：

$$\delta_{c2}=\left[\left(\frac{\lambda}{n}\right)^2+K\left(\frac{n}{\lambda}\right)^2(n^2-1)^2\right]\times\frac{E}{n^2+1} \tag{5-2-36}$$

式中 K——$K=\frac{1}{12}\left(\frac{t}{R}\right)^2$；

λ——$\lambda=m\pi R/l$；

l——桥墩高度；

m——高度方向失稳时的变形状态系数；

n——反映失稳时截面变形状态系数(图 5-2-15)。

可见长波局部稳定临界应力不仅与 t/R 有关，还与 l 有关；但其最低值即控制值，是当 $n=2$，$m=1$ 时，仅与 t/R 及 E 值有关。一般可表示为：

$$\delta_{c2\min}\approx 0.35Et/R$$

以 $t/R=1/15$，$E=2.7\times10^4$ MPa 为例，可得最小的 $\delta_{c2}=630$MPa，此值远大于混凝土的抗压极限强度。因此，可由式 $\delta_{c2\min}\approx0.35Et/R$ 控制混凝土或钢筋混凝土墩的计算。需要说明的是，实际混凝土的应力应变曲线是非线性的，失稳时一般在弹塑性范围内工作。实际临界应力的求取只需将公式中的弹性模量改为实际应力所在点的切线模量即可。

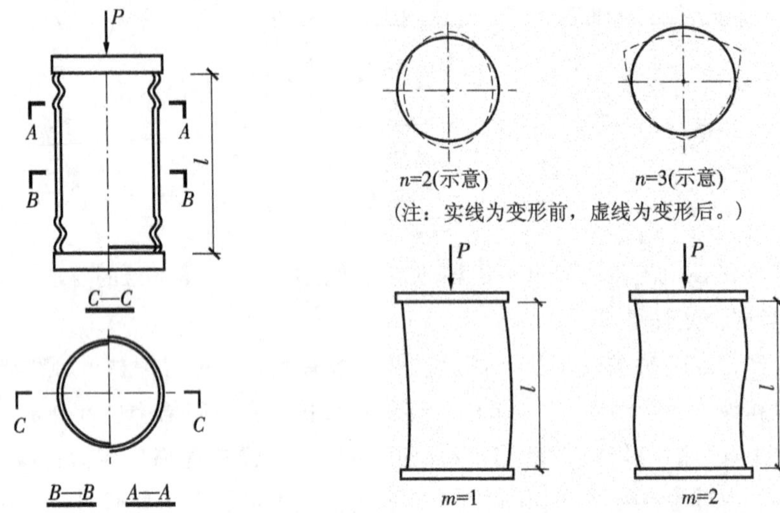

图 5-2-14　墙壁失稳形态　　　　图 5-2-15　墩壁局部稳定计算图示示例

对于矩形空心桥墩，其计算方法与圆形墩不同，可把矩形墩的每块板视作各自单独均匀受压的长板，两边的支承条件均为铰支，如图 5-2-16 所示宽度为 b 的板。为偏安全计算，墩壁的临界应力计算公式为：

$$\delta_{c3}=4\pi^2 EK \tag{5-2-37}$$

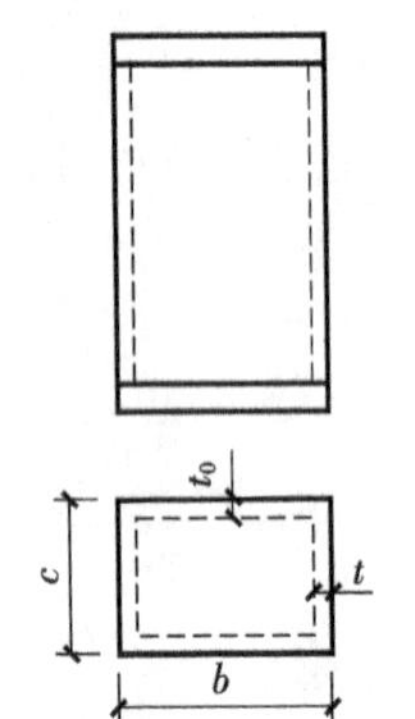

图 5-2-16　矩形墩板

式中

$$K=\frac{1}{12}\left(\frac{t_0}{b}\right)^2 \quad \left(适用范围\frac{ct}{bt_0}\leqslant 1\right)$$

为保证墩壁的局部稳定，空心墩壁厚应满足：对于圆形墩，$t\geqslant(1/15\sim1/10)R$；对于矩形墩，$t_0\geqslant(1/15\sim1/10)b$。

(4)固端应力估算。

混凝土空心墩模型试验和光弹模型试验以及圆柱薄壳应力分析的结果都表明，在距墩顶和墩底实体段一定距离[$(0.5\sim1.0)R$ 外]的截面上，其应力分布尚符合材料力学的计算结果，故可把空心墩视为偏心受压构件，用结构设计原理有关公式进行计算。但在两端部分[$(0.5\sim1.0)R$]，则应考虑固端应力的影响。由于空心墩承受偏心荷载和横向弯曲荷载，受力情况要比上述中心受压的情况复杂得多，故目前主要根据试验资料估算空心墩的固端应力。在一些设计中建议，垂直方向的固端应力计算按桥墩弯曲应力平均值的 50%计算。

(5)温度应力。

在桥梁中，温度变化能产生相当大的温度应力，某种情况下，可与永久作用、可变作用产生的应力属同一个数量级。空心墩由于墩内通风条件差，加以混凝土导热性能低，在气温突变时，墩壁内外产生温差，因而使墩壁内外变形不协调，不能按温度各部分自由变形，在墩壁产生外约束和内约束温度应力。

温度应力分别按气温温差、太阳辐射温差(侧晒)和寒潮温差进行计算。一般是日照“正温差”，外壁受压，内壁受拉；当寒潮降温时为“负温差”，外壁受拉，内壁受压。根据计算经验，温度应力一般是日照内壁与寒潮外壁拉应力控制设计。

在日照侧晒作用下，温度沿壁厚方向的分布可按《桥规》对混凝土箱形梁温度梯度曲线来计算，如图 5-2-17 所示。日照反温差乘以−0.5。

在温度应力计算时，往往是计算内外壁处应力，需要用内外壁温差 T_1。《桥规》表 4.3.10-3 是对桥梁上部结构，考虑不同桥面铺装对箱梁顶板表面温度的影响，而空心墩则是日照直晒的箱壁表面温度，所以 T_1 值要大一些。一般情况可根据热传导理论，利用太阳辐射强度及表面温度计算确定。根据目前统计资料，当墩壁厚度为 0.5～0.7m 时，建议中南、华东地区气温与最大辐射温差之和可取 $T_1=25℃$，计算降温温差可取 $T_1=10℃$；东北地区（吉林和黑龙江省）可分别加上 5℃。

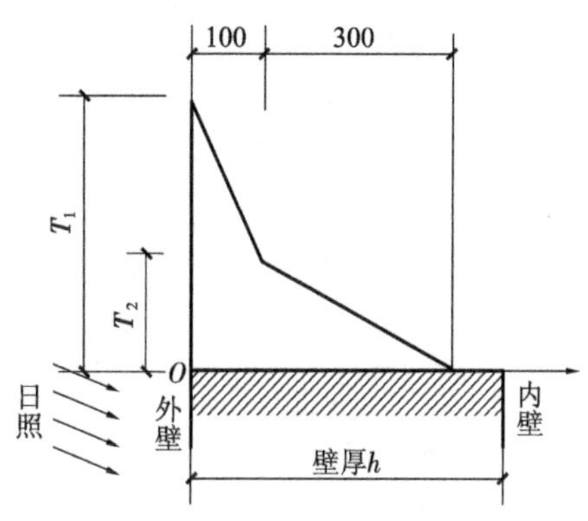

图 5-2-17 温差沿壁厚的变化

温差应力计算，对自约束应力计算方法同上部结构；对纵向外约束应力可根据桥墩支承条件，用结构力学方法或有限元分析方法求解；对横向箱形墩截面也是用结构力学方法或有限元分析方法按横向框架来计算。当太阳斜晒影响两个壁面温差时，可按叠加原理先分别计算两个方向的温差应力，然后叠加。

(6)空心墩墩帽计算。

空心墩墩帽周边支承的厚板，除满足构造要求外，还应通过计算确定墩帽高度。如果墩帽的刚度不够，其弯曲变形将会对空心墩壁产生附加弯矩，并使空心墩颈口处压弯破坏。因此，应从刚度要求确定墩帽高度。

(7)空心墩的动力影响。

空心墩在风荷载和地震作用时，必须保证桥墩具有足够的动力刚度。在高桥墩自振计算中，不考虑阻尼的影响，在计算各振型频率和振型函数时，为了保证高桥墩的动力刚度，对各种振型中的最大自振周期值仍应加以一定的限制。目前我国对高桥墩的振动机理还处在研究阶段，在尚未制定出具体容许限制的情况下，采用下式计算自振周期限制：

$$T_1 \leqslant 0.25\sqrt{H} \tag{5-2-38}$$

式中 T_1——桥墩自振周期；

H——桥墩墩顶至基础顶面的高度，m。

现在一般用能量法计算高桥墩的自振频率，用柔度矩阵法计算频率和振型，其具体计算方法参照《结构力学》教材中相关内容。

本章小结

1. 对于桥梁和拱桥的重力式桥墩的计算，虽然在荷载组合的内容上稍有不同，但是就某个截面而言，这些外力都可以合成为竖向的和水平方向的合力以及绕该截面 $x—x$ 轴和 $y—y$ 轴的弯矩。重力式桥墩的计算程序一般为：桥墩墩身截面强度验算、墩顶水平位移的验算、桥墩整体稳定性验算、基础应力及合力偏心距验算。

2. 桩柱式桥墩的计算包括盖梁和桩柱两个部分。桩柱式桥墩的墩帽即为盖梁，桩柱的钢筋伸入到盖梁内，与盖梁的钢筋绑扎或焊接成整体，盖梁与桩柱刚接呈刚架结构。墩台盖梁与桩柱应按刚构计算。

3.柔性排架墩计算重点是墩顶水平位移和墩身内力计算。柔性墩顺桥向内力计算应计及下列因素：①汽车制动力；②梁受竖向荷载时下缘的伸长；③温度变化时梁的伸缩；④水平力作用时固定支座缝隙变化；⑤梁体混凝土收缩和徐变；⑥架梁时残留的墩顶位移；⑦支座竖向反力及其偏心力矩；⑧墩身风力；⑨墩身在日照下产生的温度力；⑩墩身施工偏差及架梁偏差。

4.空心墩的设计，应根据墩高、上部构造的跨径及结构尺寸、线形与河流沟谷情况、地质条件与施工方法等因素，来选择空心墩的类型、截面和立面形状。通常空心墩设计可按一般材料力学方法计算其应力和墩顶位移。计算内容除按一般重力式墩计算外，尚应验算以下一些特别项目：①空心墩的承载力和稳定性计算；②墩顶位移计算；③墩壁的局部稳定性验算；④固端应力估算；⑤温度应力；⑥空心墩墩帽计算；⑦空心墩动力影响。

思考题

1.重力式桥墩验算的内容有哪些？

2.为何要进行基底合力偏心距验算？

3.怎样验算桥墩倾覆、滑动稳定性？

4.桩柱墩盖梁计算为什么要考虑墩柱支承宽度的影响？主要有哪些方面的影响？

5.为计算简便，一般将柔性墩简化为单墩计算，简化的基本假设是什么？

6.公路桥梁柔性排架墩计算中，墩顶水平位移的计算考虑哪些项目？

3 桥台的设计与计算

计算桥台所考虑的作用与桥墩计算基本相同,不同之处在于:对于桥台尚要考虑台后的土侧压力,特别地,应包括车辆荷载所引起的土侧压力。计算表明,这种土侧压力对桥台尺寸的影响非常显著,不需计及纵、横向风力,流水压力,冰压力,船只或漂浮物的撞击力等。

3.1 实体(重力式)桥台的计算

(1)桥台主要尺寸的拟定。

实体桥台按构造特点和台背填土等情况分类,可分为U形桥台、埋置式桥台、八字形桥台、埋置衡重式高桥台等。桥梁上最常采用的为U形桥台。

U形桥台由支承桥跨的前墙(台身)与连接路堤两边的侧墙(翼墙)组成,适用于填土高度为4~10m的桥梁。其主要尺寸可按下述有关规定拟定。

①梁桥U形桥台。

桥台的前墙顶宽,对片石砌体不小于0.50m,对块石、料石砌体及混凝土不小于0.40m。前墙任一水平截面的宽度不小于该截面至墙顶高度的2/5。背坡一般采用5∶1~8∶1,前坡为10∶1或直立。侧墙顶宽一般为0.6~1.0m,任一水平面的宽度,对片石砌体不小于该截面至墙顶的2/5;对块石、料石砌体及混凝土不小于35%;如桥台内填料为透水性良好的砂性土或砂砾,则上述两项可相应减为35%和30%。台帽与基础尺寸的拟定可参照桥墩。

②拱桥U形桥台。

拱桥桥台一般较梁桥桥台要大,并在向河心一侧设置拱座。拱座应设计成与拱轴线呈正交的斜面,由于拱座承受着较大的拱圈压力,通常应采用C20以上的整体式混凝土、混凝土预制块或C40以上的块石砌筑,有时在拱座孔底或孔壁还应增设一些加强钢筋网。

拱桥桥台尺寸可参照梁桥桥台拟定,但前墙背坡应改为2∶1~4∶1,前坡改为20∶1~30∶1或直立。前墙顶宽比梁桥要大,其值可按经验公式$b=0.15L$进行估算(式中,b为起拱线至前墙背坡顶间的水平距离;L为拱桥的计算跨径)。

(2)作用效应及其组合。

重力式桥台的计算与验算内容与重力式桥墩类似,包括验算台身截面强度、地基应力以及桥台的稳定性等,但对于桥台只需做顺桥方向的验算。故桥台在进行布载及作用效应组合时,只考虑顺桥向的最不利组合。

①梁桥重力式桥台。

为了求得重力式桥台的最不利作用效应组合,首先必须对汽车荷载进行最不利的布置。通常有以下三种最不利布置情况:

a.在桥跨结构上布置车道荷载,温度下降,向桥孔方向的制动力,并考虑台后土侧压力[图5-3-1(a)]。

b.在台后填土的破坏棱体上布置车辆荷载,温度下降,并考虑台后土侧压力[图5-3-1(b)]。

c.在桥跨结构和台后填土的破坏棱体上同时布置车道荷载(当桥台尺寸较大时,还要考虑在桥跨结构上、台后破坏棱体上和桥台上同时布置车道荷载的情况)，温度下降，制动力及台后土侧压力[图 5-3-1(c)]。

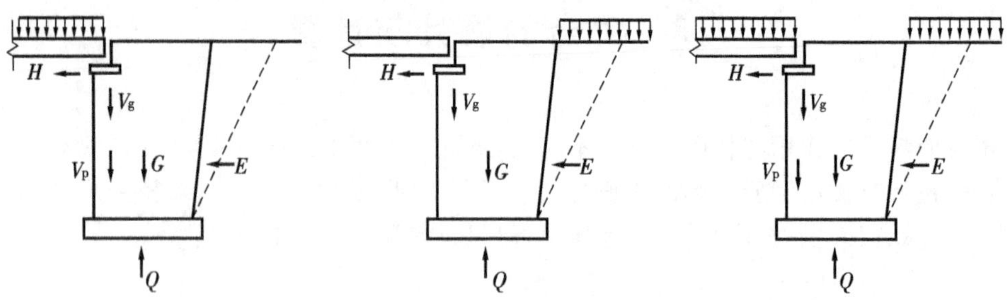

图 5-3-1 梁桥桥台荷载组合图示

此外，在个别情况下，还要考虑在架梁之前，台后已填土完毕并在其上布置有施工荷载的情形。一般重力式桥台以上述 a 和 c 两种情况控制设计，但需根据具体情况进行分析比较后才能确定。

还需指出的是，在计算台后的土侧压力时，一般按主动土压力计算，其大小与土的压实程度有关。因此，在计算桥台前端的最大应力、向桥孔一侧的偏心距和向桥孔方向的倾覆与滑动时，按台后填土尚未压实考虑(摩擦角取小值)；当计算桥台后端的最大应力、向路堤一侧的偏心距和向路堤方向的倾覆与滑动时，则按台后填土已经压实考虑(摩擦角取大值)。土压力的计算范围：当验算台身强度和地基承载力时，计算基础顶至桥台顶面范围内的土压力；当验算桥台稳定性时，计算基础底至桥台顶面范围内的土压力。

②拱桥重力式桥台。

拱桥桥台一般按以下两种情况布置汽车荷载并进行组合：

a. 桥上满布车道荷载，使拱脚水平推力达到最大值，温度上升，制动力向路堤方向，台后按压实土考虑土侧压力，并考虑拱圈材料收缩力，使桥台有向路堤方向偏移的趋势。

b. 仅在台后破坏棱体上布置车辆荷载，温度下降，台后按未压实土考虑土侧压力，拱圈材料收缩作用使桥台有向桥跨方向偏移的趋势。

(3)桥台验算。

台身强度、基底承载力和偏心距以及桥台整体稳定性验算与桥墩相同，但只做顺桥方向的验算。如果 U 形桥台两侧墙宽度不小于同一水平截面前墙全长的 2/5 时，桥台台身截面强度验算应把前墙和侧墙作为整体考虑其受力。否则，台身前墙应按独立的挡土墙进行验算。

3.2 轻型桥台

设有支撑梁的轻型桥台是利用上部构造及下部的支撑梁作为桥台与桥台或者桥台与桥墩之间的支撑，以防止桥台受土侧压力而向河中方向移动，使整个结构成为四铰框架系统。

3.2.1 轻型桥台的特点和构造要求

跨径不大于 13m、桥长不大于 20m、桥孔不多于三孔的梁(板)式上部结构，其下部结构可采用轻型桥台。轻型桥台的主要特点是：

(1)利用上部构造和下部的支撑梁作为桥台的支撑，以防止桥台向跨中移动；

(2)整个构造形成四铰刚架系统；

(3)除台身按上下铰接支承的简支竖梁承受水平土压力外，桥台还应作为弹性地基上的梁加以验算。

对于耳墙式轻型桥台，应对耳墙和边柱进行验算，耳墙按受水平土压力的悬臂板计算；边柱除承受耳墙重量所产生的弯矩外，还应计算耳墙上水平土压力对柱身产生的扭矩和剪力。耳墙和边柱接合处应加腋。轻型桥台的斜交角(台身与桥纵轴线的垂直线的交角)不应大于15°。轻型桥台下端两外侧应设置平行于桥周线的支撑梁，中间应设置垂直于桥台的支撑梁。对于八字形桥台，应视八字翼墙为承受水平土压力的独立挡土墙验算。

为了保持轻型桥台的稳定性，除了构造物应牢固地埋入土中外，还应保证铰接处有可靠的支撑，锚固上部块件的栓钉孔、上部构造与台背间以及上部构造各块件间的连接缝，均需用与上部构造同强度等级的小石子混凝土填实。

台帽应用钢筋混凝土浇筑，混凝土的强度等级不低于C20，高度不小于0.25～0.30m，并有50～100mm的挑檐。台身可用混凝土或浆砌块石砌筑，混凝土强度不低于C20，砂浆强度不低于M7.5，块石强度不低于C25，桥台的台墙厚度不宜小于0.60m。桥台沿基础长度方向应按支承于弹性地基上的梁进行验算，为使基础有较好的整体性，一般采用混凝土基础。当基础长度大于12m时，应按构造要求配置钢筋。

轻型桥台基础的埋置深度，一般在原地面(无冲刷河流)或局部冲刷线以下不小于1.0m。当河底有可能受到冲刷时，河底应用石料铺砌。下部支撑梁应设置于铺砌层或冲刷线以下，可用矩形截面(0.20m×0.30m)的钢筋混凝土构件，如采用混凝土或块石砌筑，其截面尺寸不宜小于0.4m×0.4m。支撑梁按基础长度的中线对称布置，其间距为2～3m；如果基础嵌入风化岩层0.15～0.25m时，可不设置支撑梁。当基底压应力超过地基容许承载力时，应进行地基处理或改用桩基础。

3.2.2 设计与计算要点

轻型桥台的计算主要有三方面内容：

①将桥台(顺桥向)视为上、下端铰支的，承受竖向荷载和横向荷载作用(考虑侧向土压力作用)的竖梁，验算台身截面偏心受压强度和抗剪强度。

②将桥台(包括基础)在竖向荷载作用下，横桥向作为一根弹性地基上的短梁进行截面强度验算。为简化计算，可近似假定桥台的刚度在整个基础长度内是常值，验算桥台在本身平面内的弯曲强度。

③基础底面及地基应力验算。

另外，对于耳墙式轻型桥台，还应对耳墙及边柱进行验算。耳墙按受水平土压力的悬臂板计算，边柱除承受耳墙重量所产生的弯矩外，尚应计算耳墙上水平土压力对柱身所产生的扭矩和竖直荷载。对于八字形桥台，还应将八字翼墙作为承受水平土压力的独立挡墙验算。

3.2.2.1 梁桥轻型桥台

(1)桥台竖梁的承载力。

通常取单位桥台宽度进行验算，其步骤如下。

①计算截面处的竖直力 N。

其包括三项内容：桥跨结构恒荷载在单位宽度桥台上的支点反力 N_1，单位宽度台帽的自重 N_2，计算截面以上单位宽度台身的自重 N_3。于是：

$$N=N_1+N_2+N_3 \tag{5-3-1}$$

②土压力计算。

计算土压力时，对桥台的最不利作用效应组合是桥上无车辆荷载，台背填土破坏棱体上有车辆荷载。其荷载分布如图 5-3-2 所示。

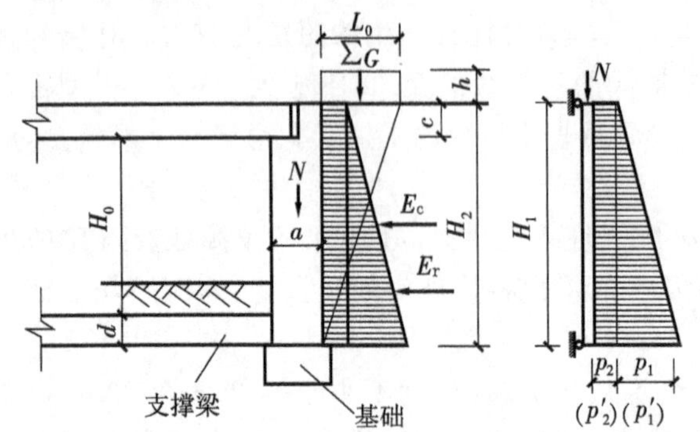

图 5-3-2 轻型桥台土压力计算图示

单位台宽由填土本身引起的土压力 E_r 呈三角形分布，其计算公式为：

$$E_r=\frac{1}{2}\gamma H_2^2\tan^2\left(45°-\frac{\varphi}{2}\right) \tag{5-3-2}$$

单位台宽由车辆作用引起的土压力 E_c 呈均匀分布，其计算公式为：

$$E_c=\gamma H_2 h\tan^2\left(45°-\frac{\varphi}{2}\right) \tag{5-3-3}$$

单位台宽的总土压力 E：

$$E=E_r+E_c \tag{5-3-4}$$

等代土层厚度 h：

$$h=\frac{\sum G}{BL_0\gamma} \tag{5-3-5}$$

式中 γ——台后填土容重；

φ——土的摩擦角；

$\sum G$——布置在 $B\times L_0$ 面积内的车轮重；

B——桥台计算宽度；

L_0——台后填土的破坏棱体长度，且 $L_0=H_2\tan\left(45°-\frac{\varphi}{2}\right)$。

③台身作用效应计算。

a. 计算图示。

台身按上下铰接的简支梁计算。对于有台背的桥台，因上部构造与台背间的缝隙已用砂浆或小石子混凝土填实，保证有可靠的支撑作用。因此，台身受弯的计算跨径为：

$$H_1=H_0+\frac{1}{2}d+\frac{1}{2}c \tag{5-3-6}$$

式中 H_0——桥跨结构与支撑梁间的距离；

d——支撑梁的高度；

c——桥台背墙的高度。

对于无台背的桥台，承受土压的台身作为简支梁计算的跨径为：

$$H_1=H_0+\frac{1}{2}d \tag{5-3-7}$$

对于受剪的计算跨径则取 H_0。

b. 作用效应计算（土压引起的弯矩和剪力）。

在计算截面弯矩 M 时，轴力 N 的影响忽略不计，在承载力验算中再予以考虑。对于跨中截面，其弯矩为：

$$M=\frac{1}{8}p_2H_1^2+\frac{1}{16}p_1H_1^2 \tag{5-3-8}$$

在台帽顶部截面的剪力为：

$$Q=\frac{1}{2}p_2'H_0+\frac{1}{6}p_1'H_0 \tag{5-3-9}$$

在支撑梁顶面处的剪力为：

$$Q=\frac{1}{2}p_2'H_0+\frac{1}{3}p_1'H_0 \tag{5-3-10}$$

式中 p_1, p_2——受弯计算跨径 H_1 处的土压力强度；

p_1', p_2'——受剪计算跨径 H_0 处的土压力强度。

c. 计算截面($H_1/2$)的垂直力。

$$P=P_1+P_2+P_3 \tag{5-3-11}$$

式中 P_1——上部结构重力引起的支座反力；

P_2——台帽的重力；

P_3——在 $H_1/2$ 截面以上部分台身重力。

④截面承载力验算。

按《公预规》有关公式对 $H_1/2$ 截面和支点截面(抗剪)进行承载力验算。

(2)桥台在本身平面内的弯曲强度验算。

轻型桥台是一较长的平直薄墙，在竖向荷载作用下，本身平面内发生弯曲，弯曲的程度和地基的变形系数 α 有关(图 5-3-3)。

当桥台长度 $L>4/\alpha$ 时，把桥台当作支承在弹性地基上的无限长梁计算；当 $L<1.2/\alpha$ 时，把桥台当作支承在弹性地基上的刚性梁计算(即不考虑桥台本身平面内发生弯曲)；当 $1.2/\alpha<L<4/\alpha$ 时，把桥台当作支承在弹性地基上的短梁计算。在一般情况下轻型桥台的长度大多处于 $4/\alpha$ 和 $1.2/\alpha$ 之间，因此，在此仅介绍短梁计算的公式。

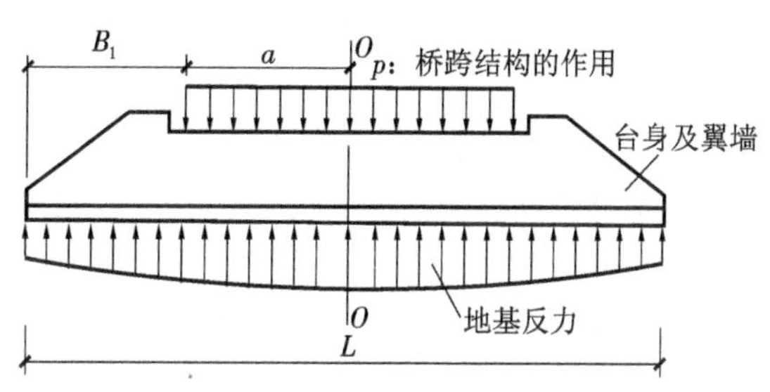

图 5-3-3 桥台受力图示

设梁上作用着一段对称的均布荷载，则梁的最大弯矩产生在中点，其计算公式为：

$$M=\frac{p}{\alpha^2}\cdot\frac{B_{B_1}C_{\frac{L}{2}}-C_{B_1}B_{\frac{L}{2}}}{A_{\frac{L}{2}}B_{\frac{L}{2}}+4C_{\frac{L}{2}}D_{\frac{L}{2}}} \tag{5-3-12}$$

式中 α——变形系数，$\alpha=\sqrt{kb/(4EI)}$；

A——函数值，$A=\cosh(\alpha x)\cos(\alpha x)$，可按不同的 αx 值从表 5-3-1 查用；

B——函数值，$B=[\cosh(\alpha x)\sin(\alpha x)+\sinh(\alpha x)\cos(\alpha x)]/2$，可按不同的 αx 值从表 5-3-1 查用；

C——函数值，$C=\sinh(\alpha x)\sin(\alpha x)/2$，可按不同的 αx 值从表 5-3-1 查用；

D——函数值，$D=[\cosh(\alpha x)\sin(\alpha x)-\sinh(\alpha x)\cos(\alpha x)]/4$，可按不同的 αx 值从表 5-3-1 查用；

p——作用在桥台上的均布荷载(包括桥跨结构重力荷载和化为均布的车辆荷载)；

k——地基土弹性抗力系数，一般由试验确定，无试验资料时按表 5-3-2 取用；

b——地基梁宽度，即桥台基础宽度；

E——地基梁(桥台)弹性模量；

I——纵桥向竖剖面的惯性矩，假定整个地基梁的 I 值不变；

B_1——函数角标，表示 $x=B_1$ 时，αx 的函数值；

$L/2$——函数角标，表示 $x=L/2$ 时，αx 的函数值。

表 5-3-1 轻型桥台用的双曲函数值表

αx	A	B	C	D	αx	A	B	C	D
0	1.0000	0.0000	0.0000	0.0000	2.45	−4.4961	−0.3534	1.8339	2.0381
0.06	1.0000	0.0600	0.0018	0.0001	2.50	−4.9128	−0.5885	1.8105	2.1293
0.10	1.0000	0.1000	0.0050	0.0002	2.54	−5.2593	−0.7920	1.7829	2.2012
0.15	0.9999	0.1500	0.0113	0.0006	2.60	−5.8003	−1.1236	1.7256	2.3065
0.20	0.9997	0.2000	0.0200	0.0014	2.66	−6.3661	−1.4885	1.6474	2.4078
0.24	0.9995	0.2400	0.0288	0.0023	2.70	−6.7565	−1.7599	1.5827	2.4725
0.30	0.9987	0.2999	0.0450	0.0045	2.75	−7.2588	−2.1012	1.4865	2.5493
0.36	0.9972	0.3538	0.0648	0.0078	2.80	−7.7759	−2.4770	1.3721	2.6208
0.40	0.9957	0.3997	0.0800	0.0107	2.84	−8.1995	−2.7965	1.2667	2.6736
0.45	0.9932	0.4494	0.1012	0.0152	2.90	−8.8471	−3.3079	1.0838	2.7443
0.50	0.9895	0.4990	0.1249	0.0208	2.96	−9.5158	−3.8588	0.8690	2.8031
0.54	0.9858	0.5385	0.1457	0.0262	3.00	−9.9669	−4.2385	0.7063	2.8346
0.60	0.9784	0.5974	0.1798	0.0360	3.05	−10.5317	−4.7611	0.4817	2.8644
0.66	0.9684	0.6559	0.2174	0.0479	3.10	−11.1119	−5.3023	−0.2303	2.8823
0.70	0.9600	0.6944	0.2444	0.0571	3.16	−11.8045	−5.9898	−0.1083	2.8862
0.75	0.9473	0.7421	0.2803	0.0702	3.20	−12.2656	−6.4711	−0.3574	2.8769
0.80	0.9318	0.7891	0.3168	0.0852	3.25	−12.8383	−7.0988	−0.6960	2.8507
0.84	0.9171	0.8261	0.3509	0.0986	3.30	−13.4048	−7.7549	−1.0678	2.8068
0.90	0.8931	0.8804	0.4021	0.1211	3.34	−13.8501	−8.3000	−1.3888	2.7577
0.96	0.8587	0.9329	0.4565	0.1469	3.40	−14.5008	−9.1507	−1.9121	2.6589
1.00	0.8337	0.9668	0.4945	0.1657	3.46	−15.1238	−10.0896	−2.4878	2.5272
1.05	0.7980	1.0076	0.5438	0.1918	3.50	−15.5198	−10.6525	−2.9014	2.4195
1.10	0.7568	1.0465	0.5952	0.2203	3.55	−15.9881	−11.4403	−3.4537	2.2608
1.14	0.7196	1.0760	0.6376	0.2449	3.60	−16.4218	−12.2506	−4.0459	2.0735
1.20	0.6561	1.1173	0.7035	0.2852	3.64	−16.7405	−12.9142	−4.5491	1.9017
1.26	0.5824	1.1545	0.7716	0.3294	3.70	−17.1622	−13.9315	−5.3544	1.6049
1.30	0.5272	1.1767	0.8183	0.3612	3.76	−17.5067	−14.9720	−6.2214	1.2579
1.35	0.4508	1.2012	0.8777	0.4036	3.80	−17.6875	−15.6761	−6.8343	0.9969
1.40	0.3556	1.2217	0.9383	0.4490	3.85	−17.8513	−16.5649	−7.6403	0.6352
1.44	0.2907	1.2348	0.9865	0.4875	3.90	−17.9387	−17.4599	−8.4909	0.2321
1.50	0.1664	1.2486	1.0620	0.5490	3.94	−17.9480	−18.1779	−9.2037	−0.1217
1.56	0.0268	1.2545	1.1371	0.6149	4.00	−17.8498	−19.2524	−10.3265	−0.7073
1.60	−0.0753	1.2535	1.1873	0.6615	4.06	−17.6030	−20.3169	−11.5138	−1.3622

续表

αx	A	B	C	D	αx	A	B	C	D
1.64	−0.1849	1.2484	1.2374	0.7099	4.10	−17.3472	−21.0160	−12.3404	−1.8392
1.70	−0.3644	1.2322	1.3118	0.7863	4.15	−16.9160	−21.8731	−13.4127	−2.4828
1.76	−0.5628	1.2042	1.3850	0.8673	4.20	−16.3505	−22.7055	−14.5274	−3.1812
1.80	−0.7060	1.1789	1.4326	0.9237	4.24	−15.7939	−23.3485	−15.4484	−3.7806
1.85	−0.8980	1.1389	1.4906	0.9968	4.30	−14.7722	−24.2669	−16.8773	−4.7501
1.90	−1.1049	1.0888	1.5464	1.0727	4.36	−13.5070	−25.1164	−18.3591	−5.8069
1.94	−1.2185	1.0411	1.5890	1.1354	4.40	−12.5180	−25.6373	−19.3743	−6.5615
2.00	−1.5656	0.9558	1.6490	1.2325	4.45	−11.1069	−26.2074	−20.6712	−7.5517
2.06	−1.8734	0.8528	1.7033	1.3332	4.50	−9.4890	−26.7447	−21.9959	−8.6290
2.10	−2.0923	0.7735	1.7359	1.4019	4.54	−8.0368	−27.0957	−23.0730	−9.5304
2.15	−2.3814	0.6618	1.7718	1.4897	4.60	−5.5791	−27.5057	−24.7117	−10.9638
2.20	−2.6882	0.5351	1.8018	1.5791	4.66	−2.7663	−27.7581	−26.3705	−12.4962
2.24	−2.9466	0.4224	1.8210	1.6515	4.70	−0.6812	−27.8274	−27.4823	−13.5732
2.30	−3.3562	0.2335	1.8408	1.7614	4.74	+1.5799	−27.8101	−28.5955	−14.6948
2.36	−3.7922	0.0191	1.8485	1.8722	4.80	+5.3146	−27.6052	−30.2589	−16.4604
2.40	−4.0976	−0.1386	1.8461	1.9461					

表 5-3-2 **非岩石类地基土的弹性抗力系数 k 值**

土的分类	$k/(\mathrm{kN/m^3})$	土的分类	$k/(\mathrm{kN/m^3})$
流塑黏性土 $I_L \geqslant 1$，淤泥	100000～200000	坚硬，半坚硬黏性土 $I_L<0$，粗砂	650000～1000000
软塑黏性土 $0.5 \leqslant I_L<1$，粉砂	200000～450000	砾砂，角砾砂、圆砾砂、碎石、卵石	1000000～1300000
硬塑性黏土 $0<I_L<0.5$，中砂	450000～650000	密实卵石夹粗砂，密实漂卵石	1300000～2000000

(3)基底应力验算。

桥台的基底应力为桥台重力引起的和桥跨结构、车辆荷载引起的应力之和。桥台重力引起的基底应力可按台身因自重不致发生弯曲的假定计算，荷载引起的基底最大应力可按下式计算：

$$\sigma=\frac{p}{b}\left[\frac{\cosh(\alpha L)+1}{\sinh(\alpha L)+\sin(\alpha L)}\sinh(\alpha a)\cos(\alpha a)+\frac{\cos(\alpha L)+1}{\sinh(\alpha L)+\sin(\alpha L)}\cosh(\alpha a)\sin(\alpha a)+1-\cosh(\alpha a)\cos(\alpha a)\right] \tag{5-3-13}$$

式中 b——基础宽度；

a——桥台中心线至分布荷载边缘的距离。

其余符号意义同前。

轻型桥台用的双曲函数值见表 5-3-1。

3.2.2.2 拱桥轻型桥台

如前所述，拱桥重力式 U 形桥台的计算，是假定桥台不能产生水平变位，水平推力由桥台自重和台后填土的主动土压力平衡。然而对圬工体积较小的轻型桥台，这种假定就不符合实际情况了。在水平推力作用下，轻型桥台将绕基底重心产生一定的转动，因而路堤对台背和土基对基底均产生土的弹性抗力。于是，整个台身在外力作用下(结构自重和上部构造传来的作用)将由桥台自重、台后填土的静止土压力和土的弹性抗力来平衡，由于土抗力的作用，桥台本身所受的水平推力大为减小，因而减小了桥台尺寸。这是和重力式桥台计算的根本不同点。

(1)拱桥轻型桥台计算基本假定。

①桥台只绕基底转动而无滑动；

②台后计算土压力是由静止土压力和桥台变位所引起的土的弹性抗力所组成；

③桥台的刚度较大，它本身的变形相对于整个桥台的位移可以忽略不计。

(2)静止土压力计算。

如图 5-3-4 所示，任意高度 h_i 处的静止土压力强度 $p_{j(i)}$ 一般式为：

$$p_{j(i)}=\xi\gamma h_i \tag{5-3-14}$$

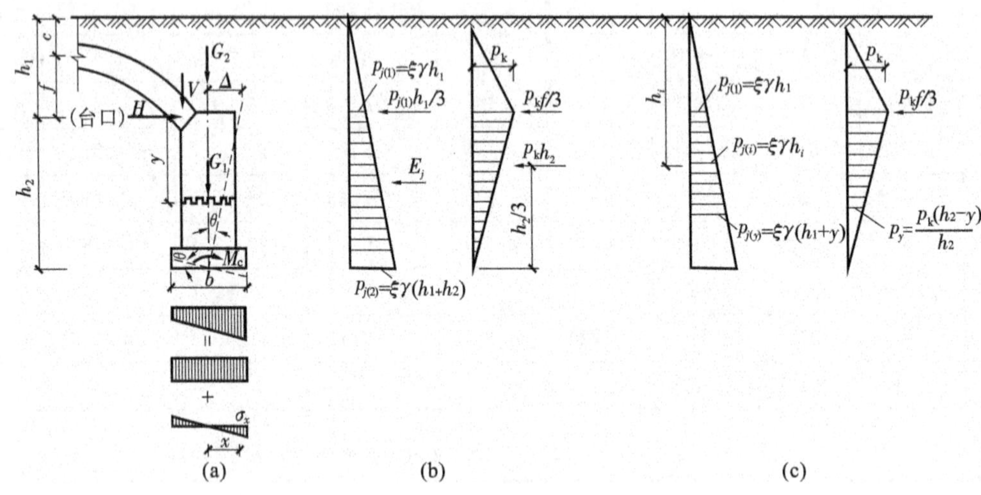

图 5-3-4　台身弹性土抗力计算图示

将台口以上的土压力化为等效节点力时，则作用在台口处的集中力 W_j 为(取 1m 长的桥台宽度计算)：

$$W_j=\frac{1}{3}p_{i(1)}h_1 \tag{5-3-15}$$

作用于台身部分的总静止土压力 E_j(1m 长桥台宽度)：

$$E_j=\frac{\xi\gamma h_2}{2}(2h_1+h_2) \tag{5-3-16}$$

式中　γ——土的容重，t/m^3；

h——填土顶面至任意一点的高度，m；

$p_{i(1)}$——台口处的静止土压力强度；

ξ——压实土的静止土压力系数(表 5-3-3)，也可直接采用试验值。

表 5-3-3　**压实土的静止土压力系数 ξ**

土的名称	ξ	土的名称	ξ
砾石、卵石	0.20	亚黏土	0.45
砂	0.25	黏土	0.55
亚砂土	0.35		

(3)土的弹性抗力强度计算。

至基底重心的水平距离为 x 的土的弹性抗力强度为：

$$\delta_x = k_0 \theta x = \frac{k_0}{k} \cdot \frac{x}{h_2} \cdot p_k \tag{5-3-17}$$

式中　p_k——设在台口处土的弹性抗力强度，$p_k = k\Delta$；

θ——相应的桥台绕基底重心的刚体转角，$\theta = \frac{\Delta}{h_2}$。

台背土抗力对基底重心的力矩：

$$M_{pk} = \frac{1}{2} p_k h_2 \cdot \frac{2}{3} h_2 + \frac{1}{3} p_k f h_2 = \frac{1}{3} h_2 (h_2 + f) p_k \tag{5-3-18}$$

基底土抗力对基底重心的力矩：

$$M_0 = \frac{I_0}{x} \cdot \delta_x = \frac{k_0}{k} \cdot \frac{I_0}{h_2} \cdot p_k \tag{5-3-19}$$

由平衡条件可知：

$$\sum M_c = M_{pk} + M_0 = \frac{1}{3} h_2 (h_2 + f) p_k + \frac{k_0}{k} \cdot \frac{I_0}{h_2} \cdot p_k \tag{5-3-20}$$

故：

$$p_k = \frac{\sum M_c}{\frac{1}{3} h_2 (h_2 + f) + \frac{k_0}{k} \cdot \frac{I_0}{h_2}} \tag{5-3-21}$$

式中　$\sum M_c$——作用于桥台1m宽度上的水平推力 H、垂直反力 V、桥台自重 G_1 及地基以上土重 G_2、台后静止土压力 W_j 和 E_j 等对基底重心的力矩，向路堤方向转动者为正。

f——拱的计算矢高。

I_0——基底截面惯性矩。

h_2, x, θ, Δ——高度、水平距离(基底重心至最大边缘的距离)、转角和位移，参见图5-3-4。

k, k_0——台背土和地基土的弹性抗力系数(表5-3-2)，也可以直接采用试验值。当地基土与台背土为同一类土时，$k_0/k = 1.25$。

(4)台身承载力验算(图5-3-4)。

①台口抗剪强度可用下式验算(取1m桥台宽度计算)。

按《公圬桥规》第4.0.13条规定，砌体构件或混凝土构件直接受弯时，应按下式计算：

$$\gamma_0 V_d \leqslant A f_{Vd} + \frac{1}{1.4} \cdot \mu_f \cdot N_k \tag{5-3-22}$$

式中　γ_0——结构重要性系数；

V_d——剪力设计值，$V_d = H - \frac{1}{3} p_k f - \frac{1}{3} p_{j(1)} h_1$；

A——受剪截面面积；

f_{Vd}——砌体或混凝土抗剪强度设计值，按《公圬桥规》表3.3.2采用；

μ_f——摩擦系数，采用 $\mu_f = 0.7$；

N_k——与受剪截面垂直的压力标准值(即为1m桥台宽度上的垂直力及台顶面以上土重)。

②台身承载能力验算[图5-3-4(c)]。

台身的承载能力验算按压弯构件进行，由于验算的最大受力截面不在基础顶面，因此求最大受力截面比较复杂，不易精确定出它的所在位置。为了简化计算，近似地用最大弯矩截面来代替最大受力截面，其误差不大。

截面最大弯矩的计算，可取拱脚中心为坐标原点，计算各力对深度 y 处的截面重心轴的弯矩 M_y，并以 $\frac{dM_y}{dy}=0$，解得最大弯矩截面处的位置 y，以求出最大弯矩值和相应的垂直力。

对于矮的桥台台身(高度小于 2m)，可取台身底面作为验算截面。台身承载力的计算与桥墩相同。

(5)基底应力验算。

当基础设置在非岩石和岩石地基上，且合力偏心距不超过基底核心半径时，均可按下式计算。

$$\left.\begin{aligned}\sigma_{\max}&=\frac{V+\sum G}{A}+\frac{k_0}{k}\cdot\frac{x_1}{h_2}\cdot\frac{x_1}{h_2}\cdot p_k<[\sigma]\\ \sigma_{\min}&=\frac{V+\sum G}{A}-\frac{k_0}{k}\cdot\frac{x_2}{h_2}\cdot p_k\geqslant[\sigma]\quad\text{(对非岩石地基)}\end{aligned}\right\}\tag{5-3-23}$$

式中 x_1,x_2——基底重心至最大和最小应力边缘的距离；

$[\sigma]$——地基容许承载力。

其他符号意义同前。

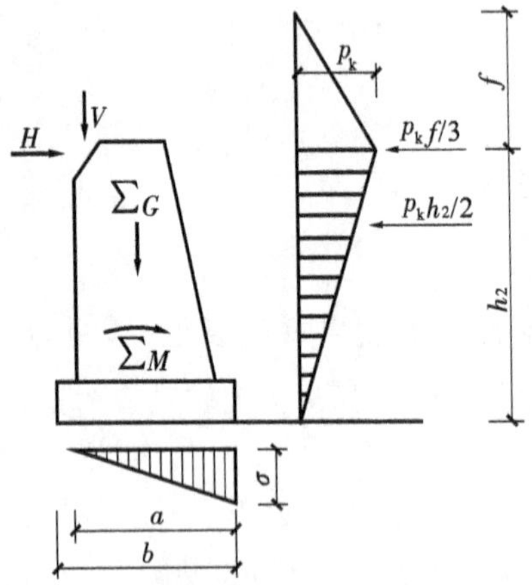

图 5-3-5 基底出现拉应力时的计算图示

当基础设置在坚密岩石地基上，基底合力偏心距 e_0 超出核心半径 ρ 时，仅按受压区计算基底的最大压应力，不考虑基底承受拉力，以最大边缘压应力控制设计。其计算原理如下：根据基底弹性抗力对基底重心力矩等于作用在台上各力对基底重心力矩的原理，当不计基底拉应力时，可按图5-3-5的计算图示计算。计算时可取 1m 的桥台宽度，对矩形基底截面，最大边缘压应力 σ 的计算如下：

$$\sigma=\frac{a}{h_2}\cdot\frac{k_0}{k}\cdot p_k\leqslant[\sigma]\tag{5-3-24}$$

基底的受压宽度 a 可根据总垂直外力 $V+\sum G$ 应与基底的总承载能力相等的原则推得：

$$a=\sqrt{\frac{2h_2}{p_k}\cdot\frac{k}{k_0}\left(V+\sum G\right)}\quad\begin{cases}\geqslant 0.75b & \text{(坚岩)}\\ \geqslant 0.80b & \text{(较差岩石)}\end{cases}\tag{5-3-25}$$

式中符号意义同前。

(6)稳定性验算(取 1m 的桥台宽度计算)。

①路堤稳定性验算。

当桥台向台后方向偏转时，保证台后填土不破裂的安全系数 K_c 按下式计算：

$$K_c=\frac{p_b}{p_{j(1)}+p_k}\geqslant 1.3\tag{5-3-26}$$

式中 $p_{j(1)}$——台口处静止土压力强度，$p_{j(1)}=\xi\gamma h_1$，ξ 为压实土的静止土压力系数。

p_k——台口处弹性抗力强度。

p_b——台口处静止土压力强度：

$$p_b=\gamma h_1\tan^2\left(45^\circ+\frac{\varphi}{2}\right)+2c\cdot\tan\left(45^\circ+\frac{\varphi}{2}\right)$$

式中　c——土的黏聚力；

　　φ——土的内摩擦角。

②抗滑稳定性验算。

为了保证桥台基底只有转动而无滑动，应根据作用布置的两种不同情况进行抗滑稳定性验算。

桥跨上布满车辆荷载（考虑静止土压力加土抗力），验算向路堤方向滑动的安全系数 K_c，即：

$$K_c = \frac{f_1(V + \sum G)}{H - E_j - p_k\left(\frac{h_2}{2} + \frac{f}{3}\right)} \tag{5-3-27}$$

式中　E_j——桥台台身部分所受的静止土压力；

　　f_1——圬工与地基间的摩擦系数；

　　H——考虑拱背部分静止土压力在内的水平推力。

台后布置车辆荷载（考虑包括车辆荷载所引起的主动土压力），验算向河心滑动的安全系数。对于小跨径陡拱，在高路堤情况下，不应忽视这项验算。

3.3　框架式桥台

(1)框架式桥台的一般构造与使用条件。

框架式桥台是一种与桩基础配用的轻型桥台，使用与地基承载力较低、台身高度大于 4.0m、跨径大于 10m 的桥梁，如图 5-3-6 所示；其构造形式常用的有柱式（或称桩柱式）、墙式（或称肋板式）及构架式。

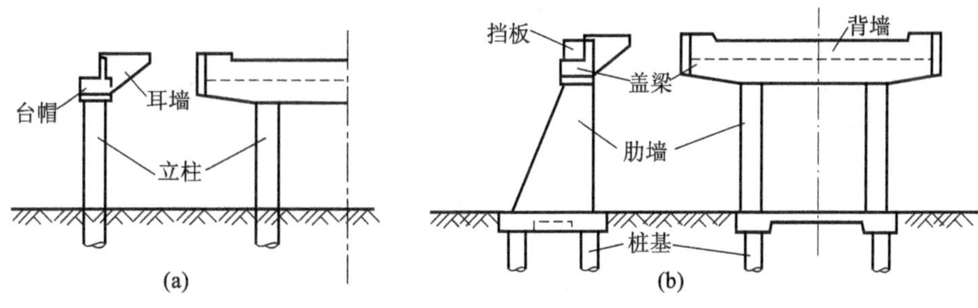

图 5-3-6　框架式桥台

(a)双柱框架式；(b)肋墙式

桩柱式桥台一般适用于台后填土高度小于 5.0m，且应先填土后钻桩，以减小桥台水平位移；填土高度大于 5.0m 时，宜用墙式或构架式，墙厚一般为 0.4～0.8m，并配有适当的钢筋。框架式桥台常用钻孔灌注桩做基础，桩径一般为 1.0～1.2m，桩数应根据受力情况并结合地基承载力确定。

(2)框架式桥台的设计与计算要点。

框架式桥台的计算与桩柱式桥墩的计算有许多相似之处，也包括台帽（盖梁）和台（或柱）身两个部分。

①台帽计算。

框架式桥台的台帽均由盖梁、背墙、耳墙和挡板组成。盖梁视为双悬臂的简支梁，计算时可不考虑背墙与盖梁共同受力，此时，背墙仅起到挡土墙的作用。必要时，也可考虑背墙与盖梁共同受力，把盖梁作为 L 形的截面构件进行设计。

耳墙视为单悬臂的固端梁，水平方向承受土压力及活荷载水平压力。

挡板仅起到侧面挡土作用,厚度可取为 15～25cm,受力很小,不必计算,可按构造配筋。若考虑挡板在地震力作用时能起到防止梁体侧移的作用,则其厚度与配筋应予适当增强。

②台身计算。

台身的构造形式不同,外力计算方法类似,内力计算会有所不同。下面仅对墙式台的计算做简单说明:墙式台的台墙承受上部结构的恒荷载、汽车荷载、支座摩阻力、制动力、台后土及溜坡主动力等外力。台前溜坡主动土压力只有在确保溜坡不致被冲毁时予以考虑。

计算汽车荷载反力时,应将荷载在桥上靠边排列找出荷载的合力位置,按杠杆法计算。支座摩阻力或制动力则由两片墙平均承受。计算台后土侧压力(包括车辆荷载引起的土侧压力)时,应首先按照《桥规》第 4.2.3 条规定计算宽度,再按主动土压力计算。

计算墙身内力时,应分别按盖梁底面、墙身中部、墙身底面、承台底面等处进行计算。可先按素混凝土计算,若不满足作用效应最不利组合设计值的要求,可设置受力钢筋。还应对台顶位移情况进行合理的验算。

这类桥台由于采用桩基础,一般情况下可不验算抗倾覆及抗滑移稳定性,但在特殊情况下,应考虑桩基向前移动和被剪断的可能性。

台顶水平位移按下式计算:

$$\Delta=\alpha_0+\beta_0 h_0 \tag{5-3-28}$$

式中 Δ——台顶位移;

α_0——承台水平位移;

β_0——承台角变位;

h_0——台帽顶至承台底面距离。

③基础计算。

桩基础的计算方法,可参见《基础工程》。在一般情况下,桩基可不验算抗倾覆及抗滑动的稳定性,但在特殊情况下,应考虑桩基向前移动和被剪断的可能性。

3.4 组合式桥台简介

前面已介绍过组合式桥台的构造,本节仅介绍组合式桥台的设计与计算要点。

加筋土桥台、锚碇(拉)板式桥台的台帽与台柱可参考一般桥台计算,其他有关部分的各构件,其主要计算内容如下:

(1)构造尺寸拟定及拉杆布置。

(2)土压力计算,应考虑顶面有无车辆荷载与作用至面板顶处一定距离等各种情况下面板内侧承受填料产生的主动土压力。

(3)拉杆受力与拉杆长度计算。

(4)加筋土结构内部稳定性验算(可按局部平衡法计算),包括单根拉杆的抗拔稳定性、面板抗拔稳定性;加筋土结构外部稳定性分析,应包括地基承载力、基底滑移和倾覆稳定,必要时增加整体滑动验算;筋带截面计算应考虑车辆荷载引起的拉力;筋带锚固长度计算可不计车辆荷载引起的抗拔力。

(5)拉杆截面承载力验算。

(6)整体稳定性验算,按常规的圬工结构验算方法进行各项验算。

局部平衡原理是根据作用在填料中最大拉应力点上的应力,计算拉筋截面最大拉应力,用来确定筋带面积与长度。

其他组合式桥台的计算，与其他类型桥台类同，主要内容是：作用计算与作用效应组合、组成构件的截面承载力验算、基底地基应力验算以及桥台整体稳定性验算等。

本章小结

1. 桥台计算与桥墩计算所考虑的作用基本相同，不同之处在于：①对于桥台尚要考虑台后的土侧压力，特别地，应包括车辆荷载所引起的土侧压力。计算表明，这种土侧压力对桥台尺寸的影响非常显著。②不需计及纵、横向风力，流水压力，冰压力，船只或漂浮物的撞击力等。

2. 桥梁上最常采用的实体(重力式)桥台为U形桥台，重力式桥台的计算与验算内容与重力式桥墩类似，但对于桥台只需做顺桥方向的验算。故桥台在进行布载及作用效应组合时，只考虑顺桥向的最不利组合；台身强度、基底承载力和偏心距以及桥台整体稳定性验算，只做顺桥方向的验算。

3. 轻型桥台的计算主要有三方面内容：验算台身截面偏心受压强度和抗剪强度；验算桥台在本身平面内的弯曲强度；基础底面及地基应力验算。

4. 框架式桥台的计算与桩柱式桥墩的计算有许多相似之处，也包括台帽(盖梁)和台(或柱)身两个部分。

5. 组合式桥台的主要计算内容如下：构造尺寸拟定及拉杆布置；土压力计算；拉杆受力与拉杆长度计算；加筋土结构内部稳定性验算；拉杆截面承载力验算；整体稳定性验算。

思考题

1. 桥台计算要考虑哪些荷载作用？与桥墩计算相比有哪些不同之处？
2. 轻型桥台的主要特点有哪些？
3. 轻型桥台的计算主要有哪些方面内容？
4. 简述组合式桥台的计算内容。

4 桥梁墩台施工要点

桥梁墩台的施工质量不但关系上部结构制作与安装的质量，而且其强度和稳定性还直接关系桥梁的使用功能。因此，在施工时，必须保证正确设计桥梁墩台，严密组织施工工序，严格执行施工规范规定，确保施工质量。

桥梁墩台施工方法通常分为两大类：其一是现场就地浇筑与砌筑；其二是拼装预制的混凝土砌块、钢筋混凝土砌块或预应力混凝土构件。浇筑的墩台工序简便，机具较少，技术操作难度小，因而应用较多，但施工期限长，需要较多的劳力与物力。装配式墩台结构形式轻便，建桥速度快，预制构件质量有保证，减轻了工人劳动强度，克服了工程技术难关，主要用于山谷架桥，跨越平缓无漂流物的河沟、河滩等的桥梁，特别是在工地干扰多、施工现场狭窄、缺水与砂石供应困难地区，其效果更显著。20 世纪 80 年代以来，随着国民经济与交通工程事业的迅速发展，国内施工机具（如起重机械、运输机械、桩工机械及架桥机械等）也有了长足进步。因而，采用预制装配构件建造桥梁墩台的施工方法有了飞速发展。

4.1 石砌墩台和混凝土墩台

4.1.1 石砌墩台

石砌墩台具有就地取材和经久耐用等优点，在石料丰富的山区，只要施工期限许可，应优先考虑石砌墩台方案。

石砌墩台施工的主要内容有：石料和砂浆的备料，施工支架的搭设，石料的砌筑与质量检验。具体施工操作工艺应严格遵循《公路桥涵施工技术规范》(JTG/T F50—2011)相关条文进行。

墩台砌体质量应符合以下规定：

(1)砌体所用的各项材料类别、规格及质量符合要求；

(2)砌缝砂浆及小石子混凝土铺填饱满，强度符合要求；

(3)砌缝宽度、错缝距离符合规定，勾缝坚固、整齐，深度和形式符合要求；

(4)砌筑方法正确；

(5)砌体位置及外形尺寸不得超过表 5-4-1 所示的容许偏差。

表 5-4-1 墩台砌体位置及外形尺寸容许偏差

项次	检查项目	砌体类别	容许偏差/mm
1	跨径 L_0	$L_0 \leqslant 60$m	±20
		$L_0 > 60$m	$\pm L_0/3000$
2	墩台宽度及长度	片石镶面砌体	+40，-10
		块石镶面砌体	+30，-10
		粗料石镶面砌体	+20，-10

续表

项次	检查项目	砌体类别	容许偏差/mm
3	大面平整度 (2m 直尺检查)	片石镶面	50
		块石镶面	20
		粗料石镶面	10
4	竖直度或坡度	片石镶面	0.5%H
		块石、粗料石镶面	0.3%H
5	墩台顶面高程		±10
6	轴线偏位		10

注:1. 跨径 L_0 对于拱式桥涵、箱涵、圆管涵为净跨径,对于梁式桥涵为两桥涵墩中线或桥涵墩中线与台背前缘间距离。

2. H 为墩台高度。

3. 混凝土预制块砌体和砖砌体的容许偏差参照粗料石镶面标准。

4.1.2 混凝土墩台

就地浇筑的混凝土墩台施工工艺一般是:采取吊梁法支设墩台底模板,然后绑扎钢筋,支设侧模板,浇筑墩台下部厚 500～800mm 的混凝土,待其强度达到设计强度的 70%以上,足以支撑上部拟浇筑的混凝土荷载及其他施工荷载时,再继续进行上部混凝土的施工。如此,直至完成整个墩台的浇筑。对于小型墩台,也可采取墩台下部 500～600mm 厚混凝土在陆上预制(预制时在桩柱位置上预留出桩柱孔),用起重船起吊安装,使柱顶的外伸筋扎入预制体的预留孔。再浇筑桩顶节点混凝土,然后继续进行上部施工的工艺。墩(台)施工的工艺流程如图 5-4-1 所示。本节重点介绍两道主要的施工工序:制作与安装墩台模板、浇筑混凝土。

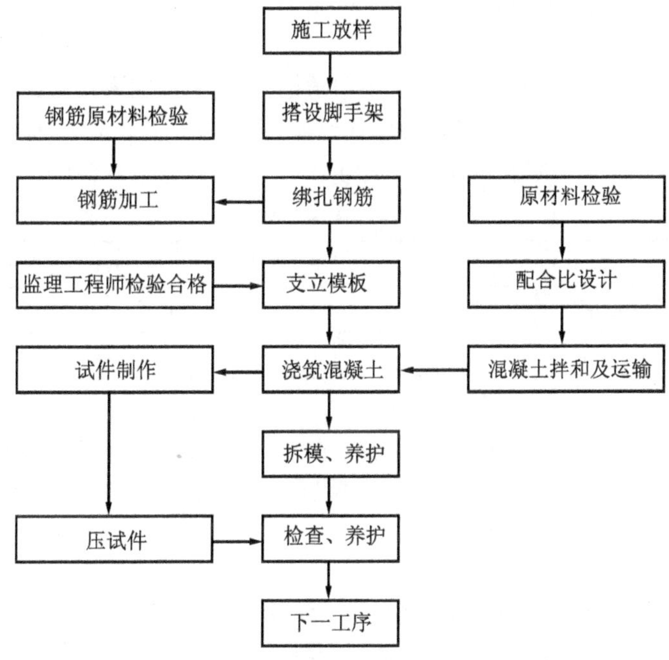

图 5-4-1 墩台施工工艺流程图

4.1.2.1 模板的类型与要求

混凝土及钢筋混凝土墩台常用的模板，一般包括四种类型：固定式、拼装式、整体吊装式和组合定性式。

(1)固定式模板。

固定式模板一般用木材或竹材制作，其各部件均在现场加工制作和安装。固定式模板主要由立柱、肋木、壳板、撑木、拉杆、钢箍、枕梁与铁件组成。

固定式模板的优点：整体性好，模板接缝少，适应性强，能根据墩、台形状进行制作和组装，不需要起重设备，运输安装方便。但其存在显著的缺点，就是重复使用率很低，材料消耗量大，装拆、清理费时费工，不经济。固定式模板一般只适用于中小规模的墩、台。

根据墩、台外形的不同，模板可由竖直平面、斜平面、圆柱面和圆锥面等组成。立柱、肋木、拉杆和钢箍形成骨架。骨架的立柱安放在基础枕梁上，肋木固定在立柱上，木壳模板竖直布置在肋木上，立柱两端用钢拉杆连接，使模板有足够的刚度。

木模半圆形端头采用圆弧形肋板分段对接，双层交错叠合，形成紧密的半圆，两端与水平肋木用螺栓连接，肋木之间设置拉杆。若桥墩较高，则要加设斜撑或横撑式抗风拉索。

对于桥台而言，其模板多了背墙、耳墙等部位，比桥墩复杂，但其基本构造仍如上述，拉杆螺栓均应穿通到立柱，并且在拆模后，将表面的孔穴用砂浆填实。

(2)拼装式模板。

拼装式模板是由各种尺寸的标准模板利用销钉连接并与拉杆、加劲构件等组成墩台形状的模板，又称盾状模板。其优点是预制构件尺寸准确，拆装容易，运输方便，可周转使用。它适用于高大桥墩或在同类墩台较多时。拼装模板可用钢材或木材加工制作。钢模板采用2.5～6mm厚的薄钢板并以型钢为骨架，可重复使用，装拆方便，节约材料，成本较低。但钢模板需机械加工，稍有不便。木模则耗用木材较多，周转使用次数少，只适用于中、小桥梁。

①标准模板。

一般采用钢、木、胶合板等材料制作，边框多用角钢制作，面板宜采用薄钢板、胶合板等，亦可采用木面板。标准模板的尺寸可根据构造物的形状和需要确定，见表5-4-2。标准模板宜用各种类型的销钉，如销扣与销钉、套环与销钉、回形销等连接。

表5-4-2 **标准模板尺寸表**

宽/mm	300		200	150		100
长/mm	1800	1500	1200	900	750	600
肋高/mm	55		55	55		55

②异性模板。

对墩、台圆弧或拐角处，可按需要制作一定数量的异性模板，如角模或梯形模板。角模用于墩台拐角处，分内角模和外角模。梯形模板与标准模板配合使用，组成墩台弧形模板，并能满足桥墩收坡要求。

③拉杆。

拉杆保证了内、外模板较精确的间距，并提高了模板承受混凝土的侧压力的能力，从而保证结构尺寸达到施工规范要求的精度。一般拉杆采用圆钢制作，防止浇筑表面不平整，可用混凝土块做撑垫，再用螺母拧紧或雏形螺母与拉杆连接。

④加劲构件。

为了增加模板的强度、刚度和稳定性，在模板的外侧应安装横肋和立柱，其数量由计算确定。横肋宜用型钢(角钢、槽钢或木枋)制作。立柱常用的有单柱和桁架两种，单立柱宜用较大的型钢加工，如工字钢、槽钢或较大的木枋制作；桁架立柱宜用钢桁架。

(3)整体吊装模板。

整体吊装模板的组装方法：根据墩台高度分层支模和浇筑混凝土，每层的高度应视墩台尺寸和模板数量、浇筑混凝土的能力以及吊装能力而定，一般宜为2～4m。用吊机吊起大块板扇，按分层高度安装好第一层模板，其组装方法与低墩台组装模板的方法相同。模板安装完后在浇筑第一层混凝土时，应在墩、台身内预埋支承螺栓，以支承第二层模板和安装脚手架。

整体吊装模板的优点是：安装时间短，施工进度快，大大缩短工期，不留工作缝；将拆装模板的高空作业改为平地操作，施工安全；模板刚度大，可少设拉筋，节约钢材；可利用模板外框架作简易脚手架；结构简单，装拆方便，可重复使用。其缺点是需要一套吊装设备，且起吊质量大。

对于圆形、方形柱式墩，可根据施工现场的吊装能力，分节组装成整体模板，以加快施工进度、减轻劳动强度和保证施工安全。为了保证整本模板具有足够的强度和刚度，吊装前应相应地验算。

(4)组合钢模板。

组合钢模板是因其轻型、装拆方便，成为运用较多的一种模板类型。它由钢模板和配件两大部分组成。钢模板包括平面模板、阴角模板、阳角模板、连接角模等通用模板和倒棱模板、柔性模板、搭接模板、可调模板及嵌补模板等专用模板。钢模板采用模数制设计，通用模板的宽度模数以50mm进级，长度模数以150mm进级(长度超过900mm时，以300mm进级)。配件的连接包括U形卡、L形插销、钩头螺栓、紧固螺栓、对拉螺栓、扣件等，配件还有不同形式的支承件。

组合钢模板能节约大量木材，组装拆卸方便，通用性好，可多次周转使用，具有较好的经济收益。它是桥梁墩台施工中常用的模板之一，也是其他土木工程施工中常用的模板之一。下面仅列出组合钢模板的拼配原则。

①尽量使用规格最大的钢模板，可使模板块数少，拼接少，节省连接和支承配件，减少装拆工作量，增强模板整体刚度。

②对于构造上无特殊要求的转角，可使用连接角模代替阳角模板。阴角模板宜用于长度较大的转角处。

③配板时应将钢模板的长度沿着墙、柱、墩台的高度方向和梁的长度方向排列，以利于用长度规格较大的钢模板和增大钢模板的支承跨度。

④钢模板的制作偏差和拼接安装误差，一般板长4m以内可不考虑，超过4m，则每4.5m留3～5mm的富余，一般可在安装端头时统一处理。

⑤选择连接点和支撑点位置时，应尽量利用材料和地形，以便于安装操作与达到美观要求。

4.1.2.2　*混凝土浇筑*

(1)混凝土拌制。

①混凝土搅拌的顺序宜按下列要求进行：

a. 当无外加剂、混合料时，进入上料斗的顺序依次为粗集料→水泥→细集料。

b. 当有掺混合料时，其顺序宜为粗集料→水泥→混合料→细集料。

c. 当掺干粉状外加剂时，其顺序宜为粗集料→外加剂→水泥→细集料或粗集料→水泥→细集料→外加剂。

②为了保证混凝土拌合物的质量，根据混凝土的拌制方式和拌制设备采用相应的搅拌时间。

为保证混凝土拌合物搅拌均匀，对于拌和程序和时间，应通过拌和试验确定。一般而言，混凝土搅拌的最短时间，必须符合表 5-4-3 的规定。通常设置时间控制装置，以检查拌和时间。

③在每次应用搅拌机拌和第一罐混凝土之前，应先开动搅拌机空机运转，运转正常后，再加搅拌料，搅拌好的混凝土要做到基本卸尽，在全部混凝土卸出之前不得再投入拌合料，不得采用边出料边进料的办法。

表 5-4-3 **混凝土的搅拌时间** （单位：s）

混凝土坍落度/mm	搅拌机类型	搅拌机容积/L		
		＜250	250～500	＞500
≤30	自落式	90	120	150
	强制式	60	90	120
＞30	自落式	90	90	120
	强制式	60	60	90

注：1. 搅拌细砂或掺有外加剂的混凝土时，搅拌时间应适当延长；

2. 搅拌时间也不宜过长，每一工作班至少抽查两次；

3. 当采用其他形式的搅拌设备时，搅拌的最短时间应按设备说明书的规定或试验确定。

冬期施工混凝土的搅拌。室外日平均气温连续 5d 稳定低于 5℃时，混凝土拌制应采取冬期施工措施，并应及时采取气温突然下降的防冻措施。

冬期拌制混凝土应优先采用加热水的方法。水泥不得直接加热，宜在使用前运入暖棚内存放。当集料不加热时，水可加热到 100℃，但水泥不应与 80℃以上的水直接接触。其投料顺序与普通混凝土的投料顺序不同，先投入集料和已加热的水，然后投入水泥。对于混凝土拌制时间以及具体温度都有一定的限制，冬期拌制时间应取常温时的 1.5 倍；混凝土拌合物的出机温度不宜低于 10℃，入模温度不低于 5℃。

(2)混凝土运输。

①运输方式和设备选择。

混凝土从搅拌处至浇筑地点的运输过程中，应采取措施使混凝土保持均匀性和规定的坍落度，不出现漏浆、失水、离析等现象，保证在初凝前有充分的时间进行浇筑和捣实，否则需在浇筑前进行二次搅拌。根据运输量和运距，采用不同的运输设备，总的要求是运输能力适应混凝土凝结速度和浇筑速度的需要，当混凝土拌合物运距较近时，可采用无搅拌器的运输工具运输；当运距较远时，宜用搅拌运输车、混凝土泵车等运输。对于运输工具，要求不吸水、不漏浆。

②采用搅拌运输车运输要求。

混凝土运输车装料前应将搅拌筒内、车斗内的积水排净。运输途中搅拌筒保持 3～5r/min 的慢速转动。

混凝土应以最少的装载次数和最短时间，从搅拌地点运到浇筑地点。混凝土从搅拌机中卸出到浇筑完毕的延续时间不宜超过表 5-4-4 的规定。

表 5-4-4 **混凝土从搅拌机中卸出到浇筑完毕的延续时间** （单位：min）

混凝土强度等级	气温	
	≤25℃	＞25℃
≤C30	210	180
＞C30	180	150

注：对掺外加剂或快硬水泥拌制的混凝土，其延续时间应按试验确定。

③用混凝土泵送混凝土要求。

混凝土泵的选型、配管设计，应根据工程和施工场地特点、混凝土浇筑方案、要求的最大输送量及混凝土浇筑计划，参照《混凝土泵送施工技术规程》确定。对于混凝土的配合比，必须满足一定的规定。同时在采用混凝土泵时，应注意如下几点：

a. 输送管接头应严密，运送前应用水泥浆润滑内壁。

b. 混凝土运送作业宜连续进行，如有间歇应经常使混凝土泵转动，以防输送管堵塞，时间过长时，应将管内混凝土排出并冲洗干净。

c. 泵送时，应使料斗内经常保持约 2 /3 的混凝土，以防管路吸入空气，导致堵塞。

d. 多台混凝土泵或泵车同时浇筑时，选定的位置要使其各自承担的浇筑量接近，最好能同时浇筑完毕，避免留置施工缝。

e. 混凝土输送管的固定，不得直接支承在钢筋、模板及预埋件上。

f. 应避免混凝土泵的油污染混凝土。

(3)混凝土浇筑。

①浇筑混凝土前的检查。

浇筑混凝土前，应对支架、模板、钢筋和预埋件进行检查，合格后方可进行，并将基础顶面冲洗干净，凿除表面浮浆。倘若运至浇筑地的混凝土有离析现象或坍落度不符合要求，应重新搅拌均匀，直到满足坍落度要求方能入模。

在明挖基础上浇筑墩台第一层混凝土时，要防止水分被基底吸收或基底水分渗入混凝土而降低强度。对桥梁墩台基底的处理，除可按有关要求和规定外，还应注意做到以下几点：

a. 基底为非黏性土或干土时，应将其湿润。

b. 基底为岩石时，应加以湿润，并铺一层厚 2～3cm 的水泥砂浆，然后在水泥砂浆凝结前浇筑第一层混凝土。

②墩台混凝土浇筑。

A. 墩台混凝土浇筑速度。控制混凝土的浇筑速度，以满足浇筑质量。其计算公式如下：

$$v \geqslant Ah/t \tag{5-4-1}$$

式中　v——混凝土配制、输送及浇筑的容许最小速度，m^3/h；

A——浇筑的面积，m^2；

h——浇筑层的厚度，m；

t——所用水泥的初凝时间，h。

如混凝土的配制、输送及浇筑需要时间较长，则应符合：

$$v \geqslant Ah/(t-t_0) \tag{5-4-2}$$

式中　t_0——混凝土的配制、输送及浇筑所消耗的时间，h。

B. 墩台分块浇筑。对于墩台及基础混凝土，由于其体积庞大，一般整个平截面范围水平分层进行浇筑。大体积墩台基础混凝土，当平截面过大，不能在前层混凝土初凝或能重塑前浇筑完成次层混凝土时，可分块进行浇筑。分块浇筑时须符合以下要求：

a. 分块合理布置，各分块面积不宜小于 $50m^2$。

b. 每块高度不宜超过 2m。

c. 块与块之间的竖向接缝应与基础平截面短边平行，与平截面长边垂直。

d. 上下邻层混凝土间竖向接缝应错开位置做成企口，并按施工缝处理。

(a)在施工缝处浇筑混凝土时，已浇筑的混凝土的抗压强度必须达到 1.2MPa 以上。在施工缝施工时，应在已硬化的混凝土表面上，清除水泥薄膜和松动的石子以及软弱的混凝土层，同时还应加以凿毛，用水冲洗干净并充分湿润，一般不宜少于24h，残留在混凝土表面的积水应予清除。并在施工缝位置处铺一层水泥砂浆或与混凝土内成分相同的水泥砂浆。

(b)注意施工缝位置附近需弯钢筋时，要做到钢筋周围的混凝土不受松动和损坏。钢筋上的油污、水泥砂浆及浮锈等杂物也应清除。

(c)重要部位及有抗震要求的钢筋混凝土结构，应在施工缝处补插锚固钢筋；有抗渗要求的施工缝宜做成凹形、凸形或设置止水带。

(d)施工缝为斜面时，应浇筑成或凿成台阶状。

C. 混凝土分层浇筑。混凝土应按一定厚度、顺序和方向分层浇筑，应在下层混凝土初凝或能重塑前浇筑完成上层混凝土。上下层同时浇筑时，上层与下层前后浇筑距离应保持1.5m以上。在倾斜面上浇筑混凝土时，应从低处开始逐层扩展升高，保持水平分层。混凝土分层浇筑厚度不宜超过表5-4-5的规定。

表5-4-5　**混凝土分层浇筑厚度**

捣实方法		浇筑层厚度/mm
用插入式振动器		300
用附着式振动器		300
用表面振动器	无筋或配筋稀疏时	250
	配筋较密时	150
人工捣实	无筋或配筋稀疏时	200
	配筋较密时	150

D. 混凝土振捣。在振捣成型之前，应根据施工对象及混凝土拌合物性质选择适当的振捣器，并确定振捣时间。一般除少量塑性混凝土可用人工捣实外，宜采用振动器振实。用振动器振实时应符合下列规定：

a. 使用插入式振动器时，移动间距不应超过振动器作用半径的1.5倍；与侧模应保持50～100mm的距离；插入下层混凝土50～100mm；每一处振动完毕后应边振动边徐徐提出振动棒；应避免振动棒碰撞模板、钢筋及其他预埋件。

b. 表面振动器的移位间距，应以使振动器平板能覆盖已振实部分100mm左右为宜。

c. 附着式振动器的布置距离，应根据构造物形状及振动器性能等情况并通过试验确定。

d. 对每一振动部位，必须振动到该部位混凝土密实为止。密实的标志是混凝土停止下沉，不再冒出气泡，表面平坦、泛浆。

E. 毛石混凝土的浇筑。浇筑大体积的混凝土墩台及其基础，可在混凝土中填充厚度不小于15cm的块石，其填充量不得超过混凝土体积的20%，并且必须满足下列要求：

a. 块石必须经过挑选，无裂纹和夹层且未被烧，具有抗冻性能。

b. 块石的抗压强度不应低于30MPa及混凝土的强度。

c. 块石在使用前应清洗干净，使用时再用水润湿。

d. 块石应嵌在新浇筑的流态混凝土上，不应在初凝后在混凝土上放置；块石应在捣实的混凝土中埋入一半左右，露出一半与次层混凝土结合。

e. 块石应均匀分布，间距不小于100mm，至结构侧面和顶面的净距不小于150mm，块石不得接触钢筋和预埋件。

(4)大体积混凝土温度应力控制措施。

桥梁墩台结构体积一般都偏大，属于大体积混凝土工程。对桥台与墩身来说，因常年浸泡在泥、水中，除需满足结构强度外，还必须具备良好的耐久性和抗渗性，同时还应有较好的抗冲击、抗震及耐侵蚀性能。因此，严格控制大体积墩台混凝土温度应力，减少温度裂缝的产生，是保证桥梁工程质量的关键。

对于大体积混凝土而言，一般是降温收缩和自身收缩共同的作用。其主要是通过减小混凝土中的水化热，使其各部位的温差不超过 25℃，温度梯度不超过 10℃。在实际施工中，可采取如下措施：

①掌握混凝土浇筑时的外界温度和控制出机温度。由于混凝土内部散热慢，而表面散热速度快，这样就造成了混凝土内外部温度差加大。所以，掌握好外界温度来降低混凝土的浇筑温度，不仅可以直接降低混凝土浇筑的温度，减小温度应力，同时还可以使浇筑温度降低到周围环境温度以下，形成负的初始温差。这种温差初期将在混凝土体内引起压应力，以抵消内外温差及温度梯度引起的表面拉力，有利于防止早期混凝土的表面裂缝。对混凝土的浇筑，在正确掌握好外界温度的同时还要控制好出机温度。出机温度一般是根据搅拌前混凝土原材料总的热能与搅拌后混凝土总热量相等的原理来得出。因此如碰到高温天气，尽可能采取降温措施(必要时要加冰屑)，可利用晚上气温低时浇筑，对于一些粗细集料最好搭设遮阳篷防止日晒，或在使用前用冷水冲洗。

②控制混凝土水化热。桥梁墩台中混凝土强度一般较高，水泥的用量也较大，这样就造成浇筑完成的混凝土由于水泥的水化热引起内部温度急剧升高，体积膨胀也增大。对于这个问题，施工中尽量采用低水化热的水泥(如大坝水泥、矿渣水泥、粉煤灰水泥等)配制混凝土；或者在混凝土中掺入少量粉煤灰来取代部分水泥，不仅能改善混凝土的工作性和可泵送性，还能明显地降低混凝土的水化热。

③埋入石块，降低水泥用量。如前所述，埋入相应要求的块石，能减少水泥用量。

④合理的分层浇筑。

⑤做好混凝土的养护及表面温度控制。为了降低温差，采用蓄水养护。即在每层混凝土浇筑完毕待终凝后立即在上面作蓄水养护，蓄水深度应在 30cm 以上，以推迟混凝土表面温度的迅速散失，控制混凝土表面温度与内部中心温度或外界气温的差值，防止周围产生温度裂缝。除此以外，可采用塑料成膜养护法，即在混凝土外露部分全面均匀地喷洒一层塑料薄膜，进行面膜养护；外观无特殊要求时也可采用湿麻袋、草帘或湿砂遮盖，并经常洒水湿养。

⑥采用降温法人为控制结构内部温度。墩台施工时预埋一定数量的水平冷水管，利用流动冷水的冷却能有机地控制整个结构的内部温度，减小大体积混凝土内外温差。

⑦严格控制混凝土配合比。

4.1.2.3 *混凝土养护*

(1)在养护工序中，应控制混凝土处在有利于硬化及强度增长的温度和湿度环境中，使硬化后的混凝土具有必要的强度和耐久性。应在浇筑完成后 12h 以内对混凝土加以覆盖并保湿养护。

(2)一般混凝土的养护时间为 7d，但对有抗渗要求或表观质量要求比较高的混凝土时，混凝土浇水养护的时间宜为 14d。

(3)应根据施工对象、环境、水泥品种、外加剂以及对混凝土性能的要求，提出具体的养护方案，并严格执行规定的养护制度。为了满足清水混凝土的表观质量要求，宜采用覆盖塑料薄膜的方法进行养护，保证混凝土在不失水的情况下得到充足的养护，同时保持薄膜布内有凝结水。

(4)自然养护混凝土时，应每天记录大气气温的最高和最低温度以及天气的变化情况，并记录养护方式和执行人。采用薄膜养护时，应经常检查薄膜的完整情况和混凝土的保湿效果。

(5)冬期浇筑的混凝土，应养护到具有抗冻能力的临界强度后，方可拆除养护措施。对于采用硅酸盐水泥或普通硅酸盐水泥配制的清水混凝土，其临界强度应为设计要求的强度等级标准值的 30%。

(6)冬期施工时，模板和保温层应在混凝土冷却到 5℃后方可拆除。当混凝土与外界温度相差大于 20℃时，拆模后的混凝土应临时覆盖，使其缓慢冷却。

4.2 装配式墩台

装配式墩台的特点是：结构形式轻便，施工速度快，圬工用量省以及预制构件质量有保证等。目前经常采用的有砌块式、柱式和管节式或圈式墩台等。

(1)砌块式墩台。

砌块式墩台的施工与石砌墩台大体相同，只是预制砌块的形式因墩台形状不同而有较大变化。如 1975 年建成的浙江兰溪大桥，墩身采用预制的素混凝土壳块分层砌筑而成，如图 5-4-2 所示。

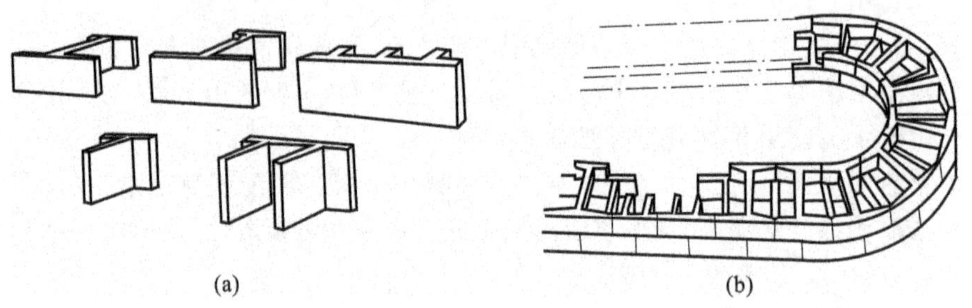

图 5-4-2 兰溪大桥预制砌块墩身示意图

(2)柱式(排架)墩。

装配式柱式(排架)墩是将桥墩分解成若干轻型部件，在工厂或预制场地集中预制，再运输到桥址现场装配成墩台。其形式有双柱式、Y 形、排架式和刚架式等。施工的主要内容为：部件预制、运送组装、连接与混凝土湿接缝以及养护等。其中拼装接头是关键工序，既要安全牢固，又要结构简单，施工便利。

常用的拼装接头有承压式接头、钢筋锚固接头、焊接接头、扣接式接头以及法兰盘接头等。

装配式柱式墩台应注意以下几点：

①墩台柱构件与基础顶面预留的杯形基座应编号，并检查各个墩、台高度和基座高程是否符合设计要求；基座杯口四周与柱边的空隙不得小于 20mm。

②墩台柱吊入基杯内就位时，应在纵横方向测量，使柱身竖直度或倾斜度以及平面位置均符合设计要求；对重大、细长的墩柱，需用风缆或撑木固定，方可摘除吊钩。

③在墩台柱顶安装盖梁前，应先检查梁口预留槽眼位置是否符合设计要求，否则应事先修凿正确。

④柱身与盖梁(顶帽)安装完毕，经检查符合要求后，可在基杯空隙与盖梁槽眼处浇筑稀砂浆，待其硬化后撤去楔子、支撑或风缆，再在余留空隙处灌填砂浆。

在基础或承台上安装预制混凝土管节、环圈做墩台的底模时，为使墩台身与基础连接牢固，应由基础或承台中伸出预埋的钢筋，插入管节或环圈中间的现浇混凝土内。插入所需的钢筋数量和

锚固长度，应通过计算或按设计规范要求来确定。

(3)预应力混凝土装配式墩。

预应力混凝土装配式墩分为基础、实体墩身和装配墩身三大部分。其中装配墩身由基本构件、隔板、顶板和顶帽四种不同形状的构件组成，用高强度预应力钢丝或钢绞线传入预留的上下贯通的孔道内，张拉锚固后孔道压浆即成桥墩；实体墩身是装配墩身与基础间的连接段，其作用为锚固预应力钢筋、调节装配墩身的高度以及抵御洪水时漂浮物的撞击等。

施工的主要内容有实体墩身浇筑、构件预制和墩身装配等三项主要工序。在实体墩身浇筑时，应按装配构件的孔道位置，预留张拉孔道及工作孔。装配构件的预制，除保证构件质量外，应分清构件类型并分别编号。墩身装配时最关键的操作要领是"平、稳、准、实、通"五个字，即起吊平，构件顶面平，内外壁砂浆接缝要抹平；起吊、降落就位，松钩要稳；构件尺寸准，孔道位置准，中线准及预埋件位置准；砂浆填缝要密实；预应力钢筋孔道要畅通。构件装配的水平拼装缝采用C35水泥砂浆，砂浆厚度为15mm，以便于调整构件水平高程，不使误差积累。预应力钢筋的张拉位置可以在顶帽上张拉，也可以在实体墩身下张拉，一般在顶帽上张拉居多；张拉采用一次张拉工艺，张拉顺序从墩截面的长边中心线开始，对称张拉，逐次向短边方向推进，最后张拉短边中心线处。孔道先用高压水冲洗干净，再用纯水泥浆压浆，压浆由下向上压注，并分初压与复压两个步骤，初压后约停1h，待砂浆初凝即刻进行复压，复压压力可取0.8～1.0MPa。预应力钢筋封锚前，应先将构造钢筋复位，然后用与墩身相同强度的混凝土封锚。

(4)装配式墩台施工的容许偏差。

《公路桥涵施工技术规范》(JTG/T F50—2011)规定，构件安装前必须检查其外形和预埋件尺寸与位置，其容许偏差不得超过设计要求；构件安装就位完毕后，经过检查校正完全符合要求后，方可焊接或浇筑混凝土以固定构件；分段安装的构件继续安装时必须在先安装的构件固定和受力较大的接头混凝土达到设计要求的强度后方可进行。装配式墩台全过程都贯穿着质量检查工作。装配式墩台完成时的容许偏差为：

①墩台柱埋入基座内的深度和砌块墩台埋置深度，必须符合设计规范。

②墩台倾斜为0.3%H(H为墩台高)，最大不得超过20mm。

③墩台顶面高程为±10mm；墩台中线平面位置为±10mm，相邻墩、台柱间距为±15mm。

4.3　其他新型桥墩

4.3.1　无承台大直径钻孔埋入式空心墩

无承台大直径钻孔埋入式空心桩墩，是由预钻孔、预制桩墩节和组装盖梁部分组成。其中预制桩墩节逐次吊拼成墩身后，用预应力钢筋连成整体，并在预钻孔内的预制桩节周围填石压浆；在桩底高压压浆，使墩身与基础桩构成一体。该项成果综合了预制桩质量的可靠性，钻孔成桩的工艺简便、成本低、适应性强等优点，摒弃了管桩技术设备复杂、成本高、不易穿透砂砾层、桩身偏位及钻孔灌注桩桩身混凝土质量难以保证等缺陷，集当今桩基先进施工技术之大成。该方法自20世纪90年代以来已在国内桥梁工程中被广泛应用。

钻埋预应力空心墩的技术特点如下：

①桩径大(一般大于2.5m)，承载能力大。钻埋空心桩桩径已达5.0m，沉挖空心桩桩径已达6～8m。由于在桩周填石压浆，桩底高压注浆，桩节间通过预应力钢筋形成一体，故桩基承受的竖

向作用和水平作用成倍增大。

②无承台、空心界面桩，施工节省了围堰工程，减小了墩柱的混凝土体积，不仅简化了施工工序，还将大桥下部结构费用从占全桥费用的50%以上，降至30%～40%。

③预制管节、墩节与钻孔平行进行，施工快速，工期缩短，大大加速了工程进度。

④钻孔空心桩适用于土质地基，挖埋空心桩适用于松散的砂砾、漂石和风化岩层地基，施工时振动小、低噪声，环境效果良好。

⑤桩节与墩节预制，桩周与桩底压浆，管节间用高强度预应力钢筋连成整体，各项作业技术含量高，桩墩质量完全有保障。

钻埋空心墩施工的关键在于钻孔机具设备与成孔技术、桩节(墩节)预制与拼装、预应力钢筋的张拉锚固以及桩周桩底的压浆技术环节。

4.3.2 特殊外形墩台混凝土施工

V形桥墩图

鉴于现代桥梁墩台形式的多变性，如V形、Y形和X形桥墩结构特殊，其施工方法与桥梁结构体系有密切关系，下面以V形和Y形桥墩为例进行说明。

(1)V形墩台施工。

通常这类桥梁分为V形墩结构、锚跨结构和挂孔部分三个施工阶段。其中V形墩是全桥施工重点，它由两斜腿和其顶部主梁组成倒三角形结构。某大桥V形墩施工如图5-4-3所示。

①将斜腿内的高强度钢丝束、铺具与高频焊管连成一体，并和第1节劲性骨架一起安装在墩座及斜腿位置处，浇筑墩座混凝土，如图5-4-3(a)所示。

②安装平衡架、角钢拉杆及第2节劲性骨架，如图5-4-3(b)所示。

③分两段对称浇筑斜腿混凝土，如图5-4-3(c)所示。

④张拉临时斜腿预应力拉杆，并拆除角钢拉杆及部分平衡架构件，如图5-4-3(d)所示。

⑤安装V形腿间墩旁膺架，浇筑主梁0号节段混凝土，张拉外腿及主梁钢丝束或粗钢筋，最后拆除临时预应力拉杆及墩旁膺架，使其形成V形结构，如图5-4-3(e)所示。

采用劲性骨架和临时预应力拉杆的作用：一是吊挂斜腿模板及承受其他施工荷载；二是在结构中替代部分主筋及箍筋；三是可减小施工时的斜腿截面内力。一般为保证施工中结构自身的稳定性和刚度，将两侧劲性骨架用钢拉杆连接在平衡架上。两斜腿间主梁的施工，是在膺架上分三段浇筑，其大部分自重力由膺架承受并传至基础上。只有在V形墩顶主梁合龙时，合龙段有1/3自重力由斜腿承受。

(2)Y形墩台施工。

Y形桥墩结构特殊，施工的难点主要有如下几点：

①模板的拼装和就位。

②必须保证混凝土浇捣的质量，尤其是中横梁和上节柱的交接处混凝土的密实度。

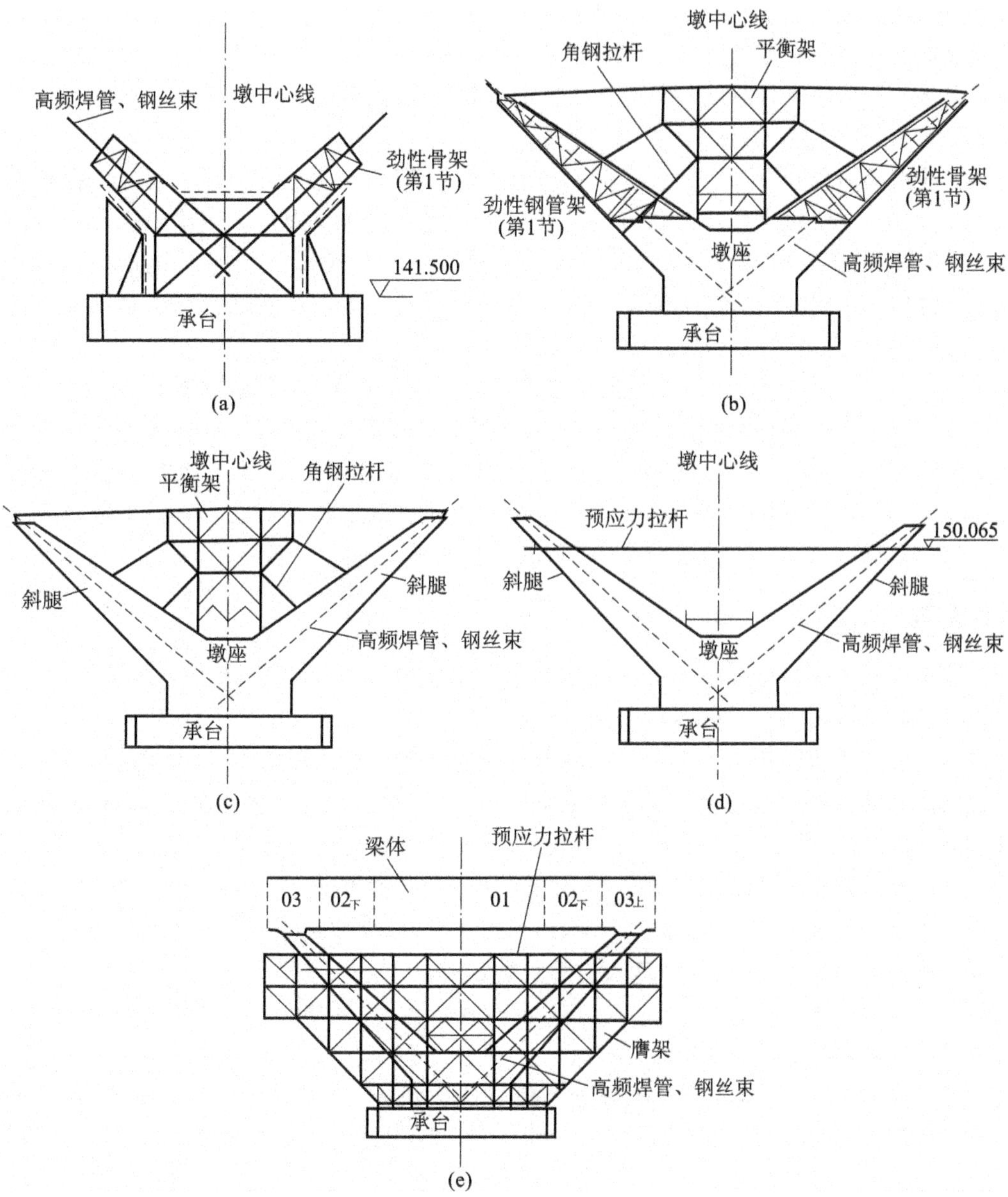

图 5-4-3 V 形墩施工步骤

③拆模时保证 Y 形柱根部不受自重力影响。

Y 形墩台一般常规的施工顺序为：下节柱、中横梁、上节柱、盖梁。这样占用周转材料多，一次性投入大，施工周期长，对于工期要求比较紧的墩台施工不宜采用。如某 Y 形墩台施工，结合现场实际情况，将 Y 形墩台分三次浇捣成型，即下节柱、中横梁和上节柱、盖梁。

根据此施工方案，针对三个施工难点分别制订下列相应的施工措施。

①Y 形墩模板拼装就位。

定型钢模板先拼装好，然后用吊车套入绑扎好的斜柱钢筋，再进行斜率及垂直校正。斜柱模板的斜率及垂直度校正完毕，在同一跨的两个斜柱之间用排架联系杆加设钢管剪力撑，并加设缆风绳，以保证排架的刚度和模板稳定性，这样既不会损伤模板又加快了施工速度。

模板施工流程为：定位放线→下立柱施工→按照地面的定位线打设柱墩外侧排架支撑→横梁

面定出斜率控制线及柱墩中心线→上节斜柱及中横梁钢筋施工及验收→上节斜柱模板吊装下滑及中横梁模板拼装→水平围檩固定→上节斜柱斜率及垂直校正→加设缆风绳→复核、校正→浇筑中横梁混凝土→上节斜柱底部浇筑并封门子板→上节斜柱继续浇筑。

②中横梁和Y形墩混凝土一次性浇筑施工。

在斜柱的内侧底部开设一定大小的门子板，用于横梁及斜柱交叉的混凝土浇筑密实。具体方法是：先对斜柱的模板吊装调整，再开启钢模的门子板用手拉葫芦固定在空中。这样，在进行中横梁混凝土浇捣时，施工人员就可以从此开口处将振动棒伸入中横梁与Y形柱连接部位，进行混凝土振捣，以确保混凝土的质量；在中横梁混凝土浇捣到面层开始进行斜柱混凝土浇捣时，迅速将门子板封上，然后进行上节斜柱的混凝土浇筑施工。

③整个Y形墩没有全部形成前，采取换撑拆模的办法不让Y形墩受自重力的影响。

在上节柱混凝土达到一定的强度后，用槽钢将顶上的两个Y形柱钢筋对拉形成约束后，拆除Y形柱最上部分的模板，保持根部至自重力点以上一段模板和排架不动，以承受柱自重力。同时在上部模板拆除后，立即将上部排架恢复，并利用对拔榫在柱混凝土和排架之间进行加固撑紧，以替代下部排架的受力，然后拆除Y形柱下部的模板。

本章小结

1. 桥梁墩台施工方法通常分为两大类：其一是现场就地浇筑与砌筑；其二是拼装预制的混凝土砌块、钢筋混凝土砌块或预应力混凝土构件。

2. 石砌墩台施工的主要内容有：石料和砂浆的备料；施工支架的搭设；石料的砌筑与质量检验。

3. 就地浇筑的混凝土墩台施工工艺一般是：采取吊梁法支设墩台底模板，然后绑扎钢筋，支设侧模板，浇筑墩台下部厚500～800mm的混凝土，待其强度达到设计强度的70%以上，足以支撑上部拟浇筑的混凝土荷载及其他施工荷载时，再继续进行上部混凝土的施工。

4. 装配式墩台的特点是：结构形式轻便，施工速度快，圬工用量省以及预制构件质量有保证等。目前经常采用的有砌块式、柱式和管节式或圈式墩台等。

5. 钻埋空心墩施工的关键在于钻孔机具设备与成孔技术、桩节（墩节）预制与拼装、预应力钢筋的张拉锚固以及桩周桩底的压浆技术环节。

6. V形墩台施工分为V形墩结构、锚跨结构和挂孔部分三个施工阶段。Y形墩台一般常规的施工顺序为：下节柱、中横梁、上节柱、盖梁。这样占用周转材料多，一次性投入大，施工周期长。

思考题

1. 石砌墩台的主要施工内容有哪些？
2. 叙述混凝土墩（台）的施工工艺流程。
3. 叙述混凝土拌制的顺序。
4. 简述装配式柱式墩台施工的注意事项。
5. 叙述钻埋预应力空心墩的施工技术特点。

附　录

附录Ⅰ　铰接板荷载横向分布影响线竖坐标表

铰接板荷载横向分布
影响线竖坐标表

附录Ⅱ　G-M 法 K_0、K_1、μ_0、μ_1 值的计算用表

G-M 法 K_0、K_1、μ_0、μ_1
值的计算用表

参考文献

[1]中华人民共和国交通运输部.JTG D60—2015 公路桥涵设计通用规范.北京:人民交通出版社，2015.

[2]中华人民共和国交通部.JTG D62—2004 公路钢筋混凝土及预应力混凝土桥涵设计规范.北京:人民交通出版社,2004.

[3]中华人民共和国交通运输部.JTG/T F50—2011 公路桥涵施工技术规范.北京:人民交通出版社,2011.

[4]中华人民共和国交通部.JTG D61—2005 公路圬工桥涵设计规范.北京:人民交通出版社，2005.

[5]范立础.桥梁工程:上册.2版.北京:人民交通出版社,2012.

[6]陈宝春.桥梁工程.北京:人民交通出版社,2009.

[7]张继尧,杨耀铨,刘效尧,等.公路桥涵设计手册(梁桥).北京:人民交通出版社,2011.

[8]李辅元.桥梁工程.北京:人民交通出版社,2013.

[9]强士中.桥梁工程:上册.北京:高等教育出版社,2004.

[10]强士中.桥梁工程:下册.北京:高等教育出版社,2004.